Register

zur allgemeinen

Gerichtsordnung

für die

Preussischen Staaten,

in Verbindung

mit den

ergänzenden Verordnungen

herausgegeben

von

A. J. Mannkopff,

Königlich Preussischem Kammergerichts-Rath.

Berlin, 1839.

Im Verlage von G. Reimer.

I.

Sachregister

zum

Texte der Allgemeinen Gerichtsordnung und zu den ergänzenden Verordnungen.

Bemerkung.

Der mit lateinischen Lettern gedruckte Theil des nachfolgenden Registers bildet das Sachregister zur Allgemeinen Gerichtsordnung selbst, die mit deutschen Lettern gedruckten Zwischensätze dagegen gewähren den Nachweis der die letztere ergänzenden, abändernden und erläuternden Verordnungen; die hierbei gebrauchten römischen Ziffern bedeuten den Band des vorliegenden Werkes, und die arabischen Ziffern die Seitenzahl des betreffenden Bandes desselben. In dem mit lateinischen Lettern gedruckten Sachregister der Allgemeinen Gerichtsordnung dagegen bedeutet: die römische Zahl den Theil der Gerichtsordnung, die erste arabische Ziffer den Titel, die zweite mit dem vorgesetzten Zeichen § den Paragraphen und die eingeklammerte Zahl den Paragraphen des Anhangs zur Gerichtsordnung; R. u. C. R. bezeichnet das dem dritten Theile der Gerichtsordnung angehängte Registratur- und Canzleireglement.

A.

Abgaben, s. Lasten und Abgaben.

Abgeordneter des Gerichts, s. Instruent.

Ablehnung des Richters, s. Perhorrescenz.

Ablösung der Dienste und anderer Prästationen von Grundstücken; Zulässigkeit derselben, Kompetenz der Generalkommissionen und Verfahren überhaupt, III. 211 u. f., 248 u. f., 265 u. f. Rechtsmittel in Ablösungssachen und Berechnung des Streitobjekts, III. 255. Wahrnehmung der fiskalischen Rechte bei Ablösungen, III. 256. Wahrnehmung und Sicherstellung der Realgläubiger und anderer Realberechtigten, Deposition und Vertheilung der Ablösungskapitalien, III. 257 u. f. Kosten in Ablösungssachen, III. 291. Schiedsrichterliches Verfahren und Anwendung desselben, III. 266. 276. 284., siehe auch Regulirung der gutsherrlichen und bäuerlichen Verhältnisse, Gemeinheitstheilungen.

Abnutzung, s. Früchte und Nutzungen.

Abschätzung, s. Taxe.

Abt, dessen Gerichtsstand, s. Eximirte.

Abwesender, in wiefern die Suspension seiner Prozesse statt finde, I. 20. §. 13. sqq., in welchen Fällen sie unzulässig sei, §. 16. Anordnung der Curatel über sein Vermögen, 37. §§ 1. 2. 3. Verfahren gegen ausgetretene oder abwesende Vasallen oder Unterthanen, 36. §. 47 — 53. 52. (281.)

Abzüge vom Gehalt im Wege der Execution, s. Besoldung, Execution, Pension.

Abzüge vom Gehalt im Wege der Exekution und Vertheilung der Gehaltsabzüge zwischen mehreren Gläubigern, II. 374 u. f.; s. übrigens Exekution.

Abzweigung der Urkunden bei Partialcessionen, Verfahren dabei, IV. 87.

Accise und Zollbediente, in wiefern deren Besoldung kann verkümmert werden, I. 29. §. 22. (197.)

Accise und Zollsachen, bei Untersuchungen, deren Gegenstand sie sind, findet die dritte Instanz nicht statt, I. 35. §. 103.

Accise- und Zollsachen, s. Steuerkontraventionen, fiskalische Untersuchung.

Acten, deren Einrichtung, s. Registratur.

Acten, Cassation und Verkauf derselben, IV. 459., desgl. der Manualacten, IV. 462. Verpackung der Acten bei Versendung derselben mit der Post, IV. 491.

Actien, in welcher Art die der Assecuranzgesellschaft, Seehandlungscompagnie und der Emdenschen Heringsfischerei in Beschlag genommen werden können, I. 29. §. 19., s. auch Seehandlungsactien.

Actiones, genera et formulae derselben, s. Klage.

Activcapitalien, Verfahren bei Beschlagnehmung derselben im Wege der Execution, I. 24. §. 101. sqq., in wiefern Jemand die Activforderungen seines Schuldners mit Arrest belegen könne, 29. §. 5. oder Sicherheitsbestellung mittelst derselben bei Indultgesuchen statt finde, I. 47. §. 20. und 23., wie es bei der Distribution in Concursen mit der Beitreibung illiquider Activorum zu halten, 50. §. 552 und 560. Prioritätsverfahren über Activa, 51. §. 51. s. auch Capitalien, Capitalsaufkündigungen, Deposition.

Activcapitalien, eidliche Manifestation derselben, II. 361. Ueberweisung und Anweisung derselben und resp. Veräußerung derselben im Wege der Exekution. II. 362 u. f.; s. auch Execution.

Activmasse, von deren Ausmittelung und Constituirung in Concursen, I. 50. §. 194. sqq. Siegelung, §. 195. sqq. §. 197. (334). §. 238. (348). Besonders wegen Einleitung der Administration bei Handlungen und Fabriken, §. 197. (334). Von der Bestellung eines Administrators hierzu. (335). Vom Zweck dieser Administration (336). Von den Rechten und Pflichten eines solchen Administrators. (337 — 339.) s. auch Versiegelung. Beschlagnehmung der Activforderung durch Befehle und Currenden an die bekannten Schuldner der Masse, §§. 204. 205. desgleichen §. 225. durch Erlassung des offenen Arrests in Ansehung der unbekannten, §. 206. sqq., s. auch Offener Arrest. Weiterer Betrieb der Sache durch den Curator, §§. 211. 212., s. auch Curator und Contradictor. Inventur, §. 214. sqq., s. auch Inventur in Concursen. Constituirung der Masse, §. 226. 1) in Ansehung des Mobiliarvermögens, s. auch Auction, Gold und Silber, Kostbarkeiten, Schiffe. 2) in Ansehung der Activcapitalien, §. 233. sqq., s. auch Curator und Contradictor. Obliegenheiten des Gerichts in Ansehung derselben, §§. 235. 236. 3) In Ansehung einer Kaufmannshandlung, §§. 238. (348.) 239., s. auch Kaufmannshandlung. 4) In Absicht der Besoldungen, Pensionen etc. des Gemeinschuldners, §. 240. 5) In Ansehung der Immobilien, §. 241. A) Administration derselben, §. 242., a) bei städtischen Grundstücken, §. 243., b) bei Landgütern, §. 244. sqq. besonders, ob Verpachtung eintreten soll, oder nicht, §. 249 u. (349), und wegen Zurückgabe des antichretisch benutzten Pfandes, §. 250. (350.), s. auch Immission, Landgüter, Sequestration, Städtische Grundstücke. B) Veräusserung der Immobilien, §. 260. sqq. Verfahren, wenn das Grundstück unveräusserlich ist, §. 265. ob über Exmission des Schuldners ein Prozess zulässig ist, §. 266. (351.), wie es mit dem nach Befriedigung aller Gläubiger etwa übrigbleibenden Ueberreste der Masse zu halten, ebend. §. 486.

S. übrigens: Bergwerkseigenthum, Creditmasse, Erbschaftlicher Liquidationsprozess, Gemeine Masse, Immobiliarmasse, Passivmasse, Specialmasse, Vertheilung der Masse in Concursen.

Activmasse. Die Bank und Seehandlung sind zur Einlieferung der bei ihr verpfändeten Effecten zur Concursmasse nicht verpflichtet, desgl. die öffentlichen städtischen Leihanstalten, III. 450. Beitreibung der zur Masse gehörigen Effecten, III. 450. Verpachtung der zur Masse gehörigen Landgüter, III. 459. Nichtbefugniß der Gläubiger, die Aushändigung der Concursmasse zur eigenen Versilberung und Vertheilung zu verlangen, III. 399.

Actuarius, wenn es bei einem Untergerichte daran mangelt, müssen Gerichtsbeisitzer zugezogen werden, I. 25. §. 51., s. auch Protokollführer. In wiefern er bei Handlungen freiwilliger Gerichtsbarkeit die Stelle des Richters vertreten könne, II. 2. §. 15., s. auch freiwillige Gerichtsbarkeit.

Actuarius, in wiefern derselbe die Richter vertreten kann, und Nichtbefugniß der Actuarien, Handlungen der freiwilligen Gerichtsbarkeit aufzunehmen, IV. 44. 45. Qualification der Actuarien zur Aufnahme von Taxen, IV. 137. Umfang der Geschäfte, zu welchen Actuarien gebraucht werden können, IV. 341. Prüfung und Qualification der Actuarien, IV. 321. Amtscaution der Actuarien, IV. 338., s. Caution.

Adcitation, davon und von Litisdenunciation überhaupt, I. 17. §. 1. sqq. von der Adcitation, die der Richter von Amtswegen verfügt, I. 17. §. 5. sqq. von der Adcitation oder Litisdenunciation durch die Parteien, s. Litisdenunciation.

Adcitation; s. Litisdenunciation.

Adel, s. Eximirte.

Adeliges Landgut, s, Gerichtsstand, Landgut, Licitationshandlung, Subhastation, Taxe, Zuschlag.

Adjudication, s. Zuschlag.

Adjudicationsbescheid bei nothwendigen Subhastationen, I. 52. §§. 58. 59. Wirkung derselben, §. 60. sqq., s. auch Appellation. Verfahren wenn der Käufer nicht Zahlung leistet, §. 62. sqq.

Adjudicationsbescheid, Publication und Ausfertigung desselben, III. 701. Wirkung desselben gegen dritte Besitzer des subhastirten Grundstücks, III. 703. Verwendung des Werthstempels, III. 719.; s. übrigens Subhastationsprozeß, Nichtigkeitsbeschwerde.

Administration, s. Sequestration. Von ihrer Einleitung bei Concursen über Kaufleute und Fabrikanten, s. Activmasse.

Administration der Grundstücke, Instruction für Berlin, II. 729. Anwendung derselben bei andern Gerichten, II. 466.; s. Execution, Sequestration.

Aggravation. Zulässigkeit des Aggravationsrechtsmittels in Injuriensachen, II. 726., desgl. in fiscalischen Untersuchungen, III. 82 — 85.

Adoption, s. Annahme an Kindes Statt.

Aebtissin, deren Gerichtsstand, s. Eximirte.

Agnaten, s. Gesammthändler und Agnaten.

Agnitionsresolution. Wann sie abzufassen ist, I. 8. §. 14., 15., 16. (63.)

Agnitionsresolution kann abgefaßt werden, wenn die Forderung von Seiten einer öffentlichen Behörde schriftlich, obschon nicht gerichtlich anerkannt worden, I. 393. In wiefern gegen dieselbe die Appellation oder die Nichtigkeitsbeschwerde statt findet, II. 83. 94.

Akademie der Wissenschaften und Künste, deren Mitglieder und Officianten, s. Eximirte. Sie geniesst die Kostenfreiheit, I. 23. §. 46. (145.)

Akademisches Gericht, demselben sind Doctoren, Licentiaten, Magister etc. nur dann unterworfen, wenn sie sich auf Universitäten aufhalten, I. 2. §. 74., desgleichen die in wirklichen Diensten stehenden Professoren, §. 75., s. auch Eximirte, auch die Studenten, §. 76. Vom Gerichtsstande der zu den Universitäten gehörigen Personen. § 76. (24.)

Akademisches Gericht; demselben sind nur die Studirenden, nicht auch andere Universitätsverwandte unterworfen, I. 203. Umfang der akademischen Gerichtsbarkeit und Verwaltung der Disciplin und Polizeigewalt auf den Universitäten, I. 203—210.

Alimentation des Arrestaten, wie es damit zu halten, I. 24. §. 143. desgleichen 29. §. 77. sqq.

Alimentation der Schuldgefangenen, wie sie zu bewirken, und Obliegenheit des Extrahenten des Arrests in Ansehung derselben, II. 500. u. f.

Alimente, bei Klagen auf laufende Alimente findet keine Cautionsforderung statt, I. 21. §. 2. n. 1. zu ihrer Zahlung kann die Hälfte des Gehalts des Schuldners im Wege der Execution abgezogen werden, 24. §. 106 — 108. (168.) die einer Wittwe zukommen, können mit Arrest belegt werden, 29. §. 26. rückständige unehelicher Kinder gehören in die sechste Klasse, 50. §. 420. und §. 461. auch Alimente, die ein Erbe dem andern zu entrichten hat, in sofern sie nicht auf ein gewisses Grundstück angewiesen sind, als in welchem Falle sie in der fünften Klasse angesetzt werden, §. 460., auch andere Alimente, wozu der Gemeinschuldner aus einer unerlaubten Handlung verpflichtet ist, gehören in die sechste Klasse, §. 461. jedoch alle diese Arten der Alimente nur in Ansehung Einjähriger Rückstände; ältere kommen in die siebente Klasse, §. 462. Alimente aus einer blossen Freigebigkeit werden post omnes locirt, §. 463. Vergleiche über künftige Alimente gehören vor den persönlichen Richter, II. 1. §. 6.

S. übrigens: Appellation hat nur effectum devolutivum, Execution, Interimisticum, Leistungen jährliche, Moratorium.

Alimente; Compensation und Zurückforderung der, in Gemäßheit des ersten Erkenntnisses, zu viel gezahlten Alimente, II. 10. Exekution wegen laufender Alimente auf Grund des ersten Erkenntnisses, II. 9. In wie weit Besoldungen und Pensionen wegen laufender Alimente in Beschlag genommen werden können, II. 397. 402. Alimente während des Ehescheidungsprozesses, III. 167.

Allodium, dessen Absonderung vom Lehn oder Fideicommiss, s. Auseinandersetzung.

Altentheil, die darin wohnenden Personen sind nicht als Mitglieder der Gemeine anzusehen, ihren Aussagen für die Gemeine jedoch nicht volle Beweiskraft beizulegen, I. 20. §. 223. n. 10. Die Aussetzung des Antheils gehört vor den persönlichen Richter. II. 1. §. 6.

Altentheil. Verträge über die Aussetzung desselben müssen gerichtlich geschlossen werden, IV. 13. Berücksichtigung des Altentheils bei der Abschätzung bäuerlicher Grundstücke, IV. 147.

Altentheilspräſtationen, Execution in solche, II. 373.

Amortisation verlorner Instrumente, s. Aufgebot. Der Pfandbriefe, s. diese. Der Seehandlungsactien, s. Actien.

Amortisation verlorner Instrumente, III. 601. u. f., s. Aufgebot.

Amt, die Uebernehmung derselben an einem gewissen Orte begründet einen Wohnsitz, I. 2. §. 11.

Amtsbehörde, derselben ist Nachricht zu ertheilen, 1) wenn ein Offiziant zum Personalarrest gebracht wird, I. 24. §. 145. sqq. desgleichen I. 29. §. 75. und 35. §. 44. (257.), 2) wenn dessen Vermögen inventirt werden soll, 50. §. 215., wenn einer ihrer Officianten vor Gericht geladen wird, 7. §. 1. (52.), 4) wenn gegen einen solchen eine fiskalische Untersuchung eingeleitet werden soll, 35. §. 34. (252.), 5) bei Regress- und Injurienklagen in Amtssachen gegen solche, und bei Geldforderungen, die gegen ihre Kassenofficianten eingeklagt werden, 6. §. 8. (49.)

Amtscaution, s. Caution.

Amtseid, s. Dienſteid.

Amtsschriften und Geräthschaften sind von der Einlassung in den Concurs frei, I. 60. §. 295.

Amtsſuspenſion, wenn ſie gegen Juſtizbeamte zu verhängen iſt und Verfahren dabei, III. 42. Amtsſuspenſion der Juſtizkommiſſarien bedarf der Genehmigung des Juſtizminiſters, III. 45.

Amtsverschwiegenheit, s. Instruent, Räthe bei den Landesjustizcollegien.

Amtsverſchwiegenheit der Beamten, Beſtrafung ihrer Verletzung, IV. 224.

Anerkenntniss, gerichtliches; kann auch von einem Gerichtsdeputirten aufgenommeu werden, I. 10. §. 125. (78.)

Anmeldung der Klage, von wem und wie sie geschehen könne, I. 4. §. 1. was sie enthalten müsse, §. 2. zur Aufnahme derselben, wobei es der Zuziehung eines Protocollführers nicht bedarf, soll an jedem Vormittage eine Gerichtsperson an der Gerichtsstelle bereit sein, §. 3., s. übrigens: Bevollmächtigter, auch Referendarius. Was nach aufgenommenem Klageanmeldungsprotokoll von der aufnehmenden Gerichtsperson zu beobachten, §. 4. und was darauf von dem Gerichte zu verfügen, §. 5. sqq. worauf der Decernent bei dem Vortrage einer schriftlich angemeldeten Klage vorzüglich Rücksicht nehmen, und was darauf verordnet werden müsse, §. 13. sqq, darauf kann, wenn sie vollständig ist, eben so, wie auf ein eigentliches Klageprotokoll verfügt werden, §. 22. sqq., s. auch Aufnehmung der Klage.

Annahme an Kindes Statt muss von dem Obergerichte der Provinz bestätigt werden, II. 1. §. 7.

Annahme an Kindesſtatt. Competenz zur Beſtätigung derſelben, namentlich bei Adlichen, IV. 18.

Annullirte Geschäfte, Soluta aus denselben sind von der Einlassung in den Concurs frei, I. 50. §. 291.

Anstellungsansprüche der verabschiedeten Militairpersonen zu Subaltern- und Unterbeamtenstellen, IV. 298. u. f. Verleihung der Anstellungsfähigkeit zum Subalterndienst an andere Individuen. IV. 319.

Antichretischer Pfandvertrag, Verfahren bei Aufnehmung desselben. II. 3. §. 14.

Antichretischer Pfandvertrag bedarf zu seiner Gültigkeit der gerichtlichen Bestätigung, IV. 8.

Appanagen, der Prinzen des Königlichen Hauses, geniessen die Kostenfreiheit, I. 23. §. 46. (146.)

Appellation, in welchem Falle es derselben nicht bedürfe, s. Declaration. Wann sie statt findet, s. Appellation ist unzulässig. Wirkung derselben, wenn über mehrere Punkte erkannt und nicht über alle appellirt ist, I. 14. §. 10. soll zwischen den prozessführenden Parteien keine gemeinschaftliche Rechtswohlthat sein, §. 11. indessen kann der Appellat unter gewissen Umständen die anfänglich unterlassene Appellation vor dem Schlusse der Sache in zweiter Instanz nachholen, §. 12. Wirkung derselben bei mehrern Litisconsorten, §. 13. sqq. Anmeldung und Einleitung derselben, §. 16., 1) wenn die gegenwärtige Partei mit einem Assistenten versehen ist, §. 17. sqq. binnen welcher Frist der Appellationsbericht in diesem Falle eingereicht werden müsse, §. 21., s. auch Appellationsbericht, Appellationsfrist, Manualakten; 2) wenn sie mit keinem Rechtsbeistande versehen ist, §. 27. sqq.; 3) wenn eine abwesende Partei a) einen Rechtsbeistand hat, §. 30 sqq. Bestimmung der Appellationsfrist in diesem Falle, §. 31. und Restitution gegen die Verabsäumung derselben, s. Appellationsfrist, Restitution, b) wenn sie mit keinem Rechtsbeistande versehen ist, §. 37., in welchem Falle von Seiten des Beklagten nicht ein Restitutionsgesuch, sondern Appellation gegen ein Contumacialerkenntniss angebracht werden müsse, s. Contumacialerkenntniss. Dagegen muss der Kläger jedesmal die Appellation einwenden, wenn er sich dabei nicht beruhigen will, §. 79. Verfahren, wenn beide Theile appelliren, §. 62. (122.) Verweisung zur besondern Verhandlung, wann bei der Instruction in der Appellationsinstanz Gegenforderungen angewendet sind, §. 76. (128.), die Appellation eines Ausländers, der die Bestellung der Caution wegen der Prozesskosten verweigert, muss, wenn diese berichtigt ist, suspendirt werden, 21. §. 13.

S. übrigens: Appellation in Bagatellsachen, Appellation bei Untergerichten, Appellationsbericht, Appellationsfrist, Appellationsinstanz, Classificationsurtel im Concursprozess, Classificationsurtel im Liquidationsprozess, Rechtsmittel, Weitere Vertheidigung.

Appellation; in welchen Fällen dieselbe per decretum zurückgewiesen werden kann, II. 8., daß ein, gegen ein Contumacial-Erkenntniß angebrachtes Restitutionsgesuch, falls dasselbe unbegründet, als Appellationsanmeldung anzusehen ist, II. 19. Verhandlung einer, bei der Appellation wider ein Contumacial-Erkennt-

niß angebrachten Widerklage, II. 39. In wie fern die Appellation gegen eine Agnitions-Resolution statt findet, II 94. Befugniß eines Intervenienten zur Einlegung der Appellation, II 145. Appellationsverfahren im summarischen und Bagatellprozeß, II. 619; s. summarischer und Bagatellprozeß. Zulässigkeit der Appellation in Grenzstreitigkeiten und Bausachen, III. 198. 201. Zulässigkeit der Appellation in Gemeinheitstheilungs- und Ablösungssachen, so wie bei gutsherrlichen und bäuerlichen Regulirungen und Berechnung des Streitobjekts hierbei. III. 241. 247. 251. 254. 259. Zulässigkeit und Berechnung des Streitobjekts bei schleunigen Miethsprozessen, III. 323. Berechnung des Streitobjekts bei Interventions- und Retentionsstreitigkeiten, II. 142.

Appellation ist unzulässig 1) wenn summa appellabilis nicht vorhanden; und diese ist bei den Obergerichten über 50, bei Untergerichten über 20 Rthlr., I. 14. §. 3. (108.), auch, wenn in einem Prozesse mehrere Forderungen aus einem Hauptgeschäfte nur zusammen diese Summe ausmachen, (109.); 2) wenn eine Partei bloss durch den Kostenpunkt beschwert zu sein glaubt, und die Kosten nicht über 30 Rthlr. betragen, vergl. §. n. 2. (110.) 31. §. 18. (215.); 3) wenn auf eine durch die Gerichtsordnung bestimmte Geld- oder Gefängnissstrafe erkannt; s. auch Milderungsgesuch; 4) wenn eine Partei für unfähig erkannt worden, einen nothwendigen Eid zu schwören; s. auch Vertheidigung (Rechtsmittel der weitern); 5) wenn die Beschwerden bloss Incidentpunkte betreffen, I. 14. §. 3., oder wenn die Appellation gegen eine ganz unzweifelhafte Entscheidung und zum Verschleif der Sache eingewendet ist, §. 4. (111.); 6) im Prozessorio summarissimo, 31. §. 18.; 7) im Diffamationsprozess, wenn bloss darüber erkannt worden, ob die Diffamation für bescheinigt, oder ob sie für nicht bescheinigt anzunehmen, 32. §§. 16. 17. 8) Bei Verbal- oder leichten Realinjurien a) unter Leuten gemeinen Standes, 34. §. 4., b) unter Personen des mittlern oder höhern Bürgerstandes, wenn nur auf 50 Rthlr. Geld- oder 4 Wochen Gefängnissstrafe erkannt worden, §. 15.; 9) in fiskalischen Untersuchungen a) von Seiten des Denunciaten, wie ad 8. b. 35. §. 87., b) von Seiten des Denuncianten, §. 97. Ausnahme §. 98. (ad 8 u. 9., s. auch Milderungsgesuch). 10) Bei Wahn- und Blödsinnigkeitserklärungen, von Seiten der mit ihrem Antrage darauf abgewiesenen Verwandten, 38. §. 8.; 11) wenn gegen den Widerspruch der Verwandten auf die Aufhebung der Prodigalitätserklärung, §. 43.; 12) wenn bei Auseinandersetzung der Lehns- und Allodialerben auf ein Interimisticum erkannt, 46. §. 32., 13) wenn ein Erbe des beneficii legis et inventarii in contumaciam für verlustig erklärt worden, in welchem Falle er jedoch binnen 10 Tagen moram purgiren kann. 51. §, 16. 14) gegen einen Adjudicationsbescheid, 52. §. 60. Derjenigen Partei, welche glaubt, dass ihre Appellation widerrechtlich als unzulässig verworfen worden, steht der Recurs offen, 14. §. 4. b.

Anmerkung. Wegen derjenigen Fälle, wo kein Erkenntniss, sondern nur eine Resolution oder ein Decret erfolgt, wogegen kein Rechtsmittel statt findet; s. Resolution.

Appellation ist unzulässig, wegen mangelnder summa appellabilis in summarischen und Bagatellsachen, wenn ein Kollegium erkannt hat und das Object nicht über 50 Rthlr. beträgt, desgl. wenn ein einzelner Richter erkannt hat, und das Object nicht über 20 Rthlr. beträgt, II. 619. 644. Zulässigkeit der Appellation wegen des Kostenpuncts in Possessoriensachen, II. 700. Appellation ist unzulässig in Injuriensachen. II. 721.

Appellation hat nur effectum devolutivum 1) wenn jemand Alimente zu geben verurtheilt worden, I. 14. §. 6. n. 1. u. (112.); 2) wenn Gefahr beim Verzuge ist, §. 6. sqq., besonders in welchen Fällen bei Prozessen zwischen Herrschaften und Gesinde, §. 6. n. 2. (113.); 3) wenn jemand mit einem Einwande gegen die verhängte Execution abgewiesen worden, 24. §. 40.; 4) in Wechselsachen, in Ansehung des Beklagten, 27. §. 33.; 5) im Executionsprozess in Ansehung des Beklagten, 28. §. 5.; 6) in Arrestsachen, der Arrest mag nun in dem ersten Erkenntniss für gerechtfertigt geachtet, oder auf dessen Aufhebung erkannt worden sein, 29. §. 60., s. auch Appellationsfrist; 7) bei Prodigalitätserklärungen, in Ansehung des Provokaten, 38. §. 25. Ausnahme, §. 30.; 8) bei Miethssachen, 44. §. 63., nicht aber bei Pachtsachen, 44. §. 41. (299.); 9) im Specialmoratorio, a) wenn bloss die Versagung des Indults den Gegenstand der Appellationsbeschwerden ausmacht, 47. §. 29., b) wenn auf den Antrag des Gläubigers der Schuldner des Indults verlustig erklärt worden, §. 42.; 15) im Generalmoratorio a) wenn der Schuldner unter Festsetzung gewisser die Sicherheit der Gläubiger beabsichtigender Modalitäten dazu verstattet, §. 88., b) wenn er mit dem Indultgesuch gänzlich abgewiesen worden, I. 47. §. 89.; 16) bei Gesuchen um Verstattung zur Rechtswohlthat der Cession, 48. §. 26. sqq. und 17) der Competenz, 49. §. 19.

S. übrigens: Erkenntniss erster Instanz gilt während der übrigen als Interimisticum, auch Resolutio.

Appellation hat nur effectum devolutivum, wenn jemand zur Prästation eines Altentheils, nicht jedoch auch einer Pension, verurtheilt worden, II. 10.; in Prozessen zwischen Herrschaften und Gesinde, wenn die Ersteren zur Abschaffung des Letzteren für befugt erkannt worden sind, II. 11. Im Exekutivprozesse und in summarischen Prozessen in Fällen, in welchen früher Executivprozeß statt fand, II. 573. 620. Wirkung der Appellation in Pachtsachen und in schleunigen Miethssachen, III. 301. 310. 316. 323.

Appellation in Bagatellsachen, 1) bei Obergerichten, I. 26. §. 9. sqq.; 2) bei Untergerichten, §. 21. sqq.

Appellation bei Untergerichten 1) der ersten Klasse, I. 25. §. 21. sqq., von Anmeldung derselben, §. 23., von der weitern Instruction und in wiefern dieselbe bei den Untergerichten erfolgt, §. 24. 25. oder bei dem Obergerichte geschieht, §. 26. sqq. u. (181.). Verfahren bei dem Obergerichte, a) wenn das Appellatorium von dem Untergericht instruirt worden, §. 29., b) wenn es bei dem Obergericht instruirt werden soll, §. 32. sqq. 2) Von Appellationen gegen die Erkenntnisse der Untergerichte zweiter Klasse, §. 67. sqq. Anmeldung und Aufnehmung derselben, §§. 72. 73. Einsendung der Acten an das

Obergericht, §. 74., weiteres Verfahren bei dem Obergerichte, §. 75. sqq., s. auch Deduction.

Appellation bei Untergerichten, in wiefern sie statt findet, II. 516. Die Instruction des Appellatorii muß bei dem Obergericht erfolgen, wenn Appellant nicht die Verhandlung bei dem Untergericht beantragt, II. 519. Appellationssumme und Verfahren in summarischen und Bagatellprozessen, s. diese.

Appellationsbericht, Verfügung darauf, 1) wenn keine Nova in facto vorkommen, I. 14. §. 38. sqq., §. 43. (116.), s. auch Inrotulation, Ordnungsstrafe, Schlussbericht; und der an dem Sitze des Gerichts sich aufhaltende Appellat die Instruktion erster Instanz selbst und allein abgewartet hat, §. 47., wenn in diesem Falle der Appellat abwesend ist, §. 48, 2) Verfügung darauf, wenn er neue Thatsachen oder Beweismittel enthält, §. 49. sqq. Verfahren, wenn beide Theile appelliren, §. 62. (122.), s. auch Appellationsinstanz, Instructionstermin, Instruent.

Appellationsbericht, Einreichung derselben bei den Untergerichten, II. 517.

Appellationsdeductionen, s. Deduction.

Appellationsfrist läuft zehn Tage lang von der Publikation des Urtels an gerechnet, I. 14. §. 21. Berechnung derselben bei einer abwesenden Partei, §. 31., in wiefern gegen die versäumte Appellationsfrist Restitution statt finde, §. 34. und (114 — 116.), s. auch Restitution. In Arrestsachen, wo die Arrestsache nicht mit der Hauptsache zugleich verhandelt worden, muss die Appellation binnen drei Tagen angezeigt werden, 29. §. 68 u. (200.), in Mercantilprozessen binnen vier und zwanzig Stunden, 30. §. 31., in fiscalischen Civilprozessen von Seiten des Fiscals binnen acht Wochen, 34. §. 22., in Bausachen binnen drei Tagen, 42. §. 38.

Appellationsfrist beträgt sechs Wochen und für den Fiskus zwölf Wochen vom Tage der Zustellung des Erkenntnisses an gerechnet, II. 17. Gegen den Ablauf derselben findet wegen persönlicher Ehehaften des Mandators keine Restitution statt, II. 118. Daß die sechswöchentliche Frist zur Einlegung der Appellation auch bei den schleunigen Prozeßarten Anwendung findet, II. 110 — 113. Appellationsfrist in Concursen, III. 442.

Appellationsinstanz, wenn in derselben der Appellat sich eines beharrlichen Ungehorsams wegen der Einlassung auf die neuen Thatsachen schuldig macht, werden diese in contumaciam für eingeräumt geachtet, I. 14. §. 55., hat der Appellant nur neue Beweismittel angeführt, so wird in diesem Falle in contumaciam mit deren Aufnahme verfahren, §. 56. Kosten der Appellationsinstanz, 23. §. 6. sqq. Verweisung zur besondern Verhandlung, wenn bei der Instruction in der Appellationsinstanz Gegenforderungen angemeldet sind, I. 14. §. 76. (128.)

S. übrigens; Deduction, Inrotulation, Instruent, Ordnungsstrafe, Sachverständiger, Status causae et controversiae. Urtelsverfasser, Verlegung der Termine.

Appellationsinstanz, Verfahren in derselben, wenn die Parthei keinen Mandatar bestellen will, II. 21. Verfahren im summarischen und Bagatellprozeß, s. diese.

Appellationssumme, bei Berechnung derselben kommt es nicht auf den Unterschied, ob ein Ober- oder Untergericht, sondern darauf an, ob ein Gericht erkannt hat, welches ein Collegium bildet oder nicht, II. 3. Die Vorschrift, daß die Appellation, wenn ein Collegium erkannt hat, nur bei Beschwerdepunkten über 50 Rthlr. statt findet, bezieht sich lediglich auf summarische Prozesse, II. 3 — 4. Bei Bestimmung der Appellationssumme in dem ostrheinischen Theile des Regierungsbezirks Coblenz kommen die Vorschriften des §. 3. Nr. 1 und 2. Tit. 14. der Prozeßordnung und der Anh. §§. 108 — 110. zur Anwendung, II. 2. Berechnung der Appellationssumme bei gutsherrlichen und bäuerlichen Regulirungen, Gemeinheitstheilungen und Ablösungen, III. 254. Berechnung der Appellationssumme in Miethsprozessen, III. 323. Appellationssume in Concursen und andern analogen Verfahren, III. 439. Appellationssumme bei Interventions- und Retentionsprozessen, II. 142., desgl. in Grenz- und Bausachen, III. 198. 201., s. auch Revisionssumme.

Archivarius bei einem Landesjustizcollegium muss in Ansehung seines Ressorts die Vorschriften für die Hauptregistratur befolgen, R. u. C. R. §. 97., s. auch Registrator, Registratur.

Armenanstalten geniessen die Kostenfreiheit, I. 23. §. 46. (145.)

Armenrecht, davon handelt I. 23. §. 30. sqq., wer darauf Anspruch machen könne, §. 31, was nachgewiesen werden müsse, §. 32., weiteres Verfahren, §. 33., Formel des Armeneides, §. 34. Wirkung des Armenrechts, §. 35. u. (140.) §. 36. (141. 142.), die Zulassung dazu soll der andern Partei auf keine Weise lästig werden, §. 36., davon können, wenn Ein Litisconsorte dasselbe erhalten hat, die übrigen keinen Vortheil ziehen, §. 38., befreit nicht von dem Ersatz der Kosten an dem Gegentheil in Fällen, wo derselbe gesetzlich ist, §. 39., in wiefern die zum Armenrechte verstattete Partei die Kosten nachzahlen und die Stempel nachbringen müsse, §. 40. Strafe der ungebührlichen Anmassung desselben, §. 41., vom Armenrecht in Injurienprozessen, 34. §. 32. (237.), das Armenrecht befreit in Concursen nur unter Bewilligung sämmtlicher übrigen Interessenten von dem Beitrage zu den Communkosten, 50. §. 535.

Armenrecht wegen der Kosten, namentlich bei Gerichten verschiedener auswärtiger Staaten, II. 212. Zulassung zum Armenrechte nach beendigtem Prozesse, II. 219.

Arme Parteien, sollen durch die Referendarien vernommen werden, s. Referendarien.

Arme Parteien, in wiefern sie in Sequestrations- und Subhastationssachen von Kostenvorschüssen entbunden werden müssen, II. 258., III. 645.

Arrest, davon handelt I. 29. (vom Arrest an Personen, s. Personalarrest). Begriff und Eintheilung, §. 1., ist nur gegen den Schuldner selbst, nicht gegen den, der bloss seine Stelle vertritt, zulässig, §. 2., gegen welche Personen Arrestschlag statt finde oder nicht, §. 3. sqq., s. auch Activcapitalien, Bürge, Ehefrau, Erbe, Gemeine, Grundstücke, Handlungsgesellschafter. Welche Sachen mit Arrest belegt werden können oder nicht, §. 13. sqq. 24. §. 106. (160 — 170.) I. 29. §. 22. (197.), s. auch Accise- und Zollbediente, Actien, Alimente, Bank, Besoldung, Churmärkische Landschaft, Competenz, Execution. Feuersocietäts- und Bauhülfsgelder, Früchte, Materialien, Pension, Post-

wesen, Seehandlungsgesellschaft, Verderben (demselben unterworfene Sachen). Vorsicht bei Anlegung des Arrests, §. 28., allgemeine Erfordernisse zu einem Arrestschlage, §. 29. A) Anbringung schleuniger Arrestgesuche, §. 30. Begründung derselben, §. 31. sqq., s. auch Caution. Verfügung darauf, §. 35., weiteres Verfahren, §. 36. sqq., Einleitung der Hauptsache 1) wenn der arrestirende Richter zugleich in der Hauptsache competent ist, §. 42., 2) wenn ein anderer der competente Richter in der Hauptsache ist, §. 43. sqq. (auch I. 2. §. 118.). B) Begründung eines gewöhnlichen Arrestgesuchs, §. 47. sqq., besonders gegen Ausländer, I. 29. §. 48. (198.) Verfügung darauf. §. 61. sqq. Wird im Haupturtel der Arrest für zulässig erklärt, so muss er sofort angelegt werden, §. 52. (199.), s. auch Deposition; ferneres Verfahren 1) bei Realarresten, §. 56. sqq., a) wenn der Arrest durch ein rechtskräftiges Erkenntniss schlechterdings aufgehoben ist, §. 62., b) wenn vor Entscheidung der Hauptsache die Relaxation des Arrests gesucht wird, §. 63. sqq. Eine Verlängerung der, zur Anzeige der Appellationsbeschwerden festgesetzten, dreitägigen Frist findet nie statt, §. 68. (200.), s. auch Appellation hat Effectum devolutivum. Erkenntniss, Revision ist unzulässig. 2) Verfahren bei Personalarresten, §. 70. sqq., s. auch Alimentation, Amtsbehörde, Auswärtiges Departement, Personalarrest. Wirkung des Arrests, §. 80. sqq., von Arresten der Fremden gegen Fremde, §. 88. sqq. Wider regierende deutsche Fürsten, wider abgetheilte Fürsten aus den Häusern der regierenden deutschen Fürsten, und wider fremde, am hiesigen Hofe accredirte Gesandten und Geschäftsträger, in sofern letztere nicht der hiesigen Gerichtsbarkeit unterworfen geblieben sind, findet kein Arrest statt, §. 76., 88 — 90. (201.), wohl aber gegen andere Fürsten, und gegen fremde durchreisende Gesandten und Hof-, Kriegs- und Staatsbedienten; jedoch mit welcher Massgabe, (202. 203.). Verfahren, wenn die Qualität solcher durchreisender Personen nicht bekannt oder zweifelhaft ist, (204.). Gegen andere Fremden ist der Arrest zulässig; doch mit welcher Massgabe, wenn sie von angesehenem Range sind, (205.). Verfahren gegen Fremde bei der Arrestlegung, (206.), besonders wegen der ihnen zu machenden Eröffnung, dass Caution sie vom Arrest befreie, (207. 208.). Verfahren bei Bestellung, Annahme und Zulässigkeit dieser Caution, (209 — 211.). Verfahren über die Zulässigkeit der Aufhebung eines wider Fremde verhängten Arrests, (212.) Ein Gläubiger des Erben kann die Verhängung des Arrests in dem seinem Schuldner zugefallenen Nachlass suchen, II. 5. §. 12.

S. übrigens: Offener Arrest.

Arrest. Verbindung eines Arrestsgesuchs mit der Mandatsklage, II. 591. Unzulässigkeit des Arrests wegen einer noch nicht existirenden, sondern erst künftig möglichen Forderung, II. 652. Arrestschlag gegen Beneficialerben, II. 653. In wiefern der Arrest gegen Grundstücksbesitzer zulässig ist, II. 655. Anlegung des Arrests auf Grundstücke durch Eintragung einer Protestation, II. 656. Arrestanlegung auf die mit der Post eingehenden Gelder, II. 658. Unzulässigkeit der

Beschlagnahme des Post-Fuhrlohns der Posthalter, II. 659. Arrestschlag auf Feuerkassengelder und Retablissementsgelder, II. 660. Beschlagnahme von Pensionen und Besoldungen, II. 660—661. Erlassung von Steckbriefen gegen ausgetretene Schuldner, II. 663. In wiefern ein angelegter und nicht justificirter Arrest die Injurienklage begründe, II. 665. Arrestanlegung auf das in hiesigen Landen befindliche Vermögen eines Ausländers II. 666. Zulässigkeit des Arrests gegen Fremde und Verfahren dabei, II. 667. 681. Unzulässigkeit des Arrests gegen den Fiskus eines auswärtigen Staats, II. 682. Bescheinigung zur Begründung eines Arrestantrags, und daß Eidesdelation nicht als eine solche anzusehen, II. 669. Anlegung des Arrests, wenn derselbe per decretum zurückgewiesen, in dem hiernächst ergangenen Erkenntnisse aber für zulässig erachtet worden, II. 671. Wiederaufhebung des Arrests, wenn die Hauptklage binnen einer zu bestimmenden Frist nicht angestellt wird, II. 677. Befreiung der Beamten und activen Militairpersonen vom Personalarrest, II. 678. Verfahren, wenn bei einem Arrestantrage gegen einen Officier dessen Verabschiedung behauptet wird, II, 668. Verfahren bei Personal-Arrestgesuchen gegen Mitglieder standesherrlicher Familien, II. 494.

Arzt erhält den einjährigen Rückstand seines Jahrgehalts in der zweiten Classe, I. 50. §. 371. n. 2., steht in Ansehung der Beschlagnahme seiner Einkünfte den Civilbeamten nicht gleich, 24. §. 106—108. (161.), s. Execution.

Arzt genießt in Ansehung der Beschlagnahme des Einkommens nicht die Rechte der Beamten, wohl aber ein Kreisphysikus, II. 381.

Assecuranzgesellschaft, Actien derselben, s. Actien.

Assecuranzprämien, in wiefern sie in der zweiten oder in der vierten Classe angesetzt werden, I. 50. §. 384., desgl. §. 427.

Assecuranzstreitigkeiten sollen in erster Instanz vor Schiedsrichtern verhandelt und entschieden werden, I. 30. §. 48. Verfahren dabei, §. 49. sqq. Revision ist dabei unzulässig, §. 56. (213.), s. auch Revision, Schiedsrichter.

Assecuranzstreitigkeiten, Verfahren bei solchen, II. 695. Verfahren bei gerichtlicher Regulirung von Havariesachen, II. 695. Competenz des Appellations-Senats des Kammergerichts zur Entscheidung der Streitigkeiten bei der Berlinischen Lebensversicherungsgesellschaft, I. 255.

Assessoren können bei den Landesjustizkollegien angestellt werden; sie haben aber nur in den ihnen zum Decretiren und Referiren zugeschriebenen Sachen ein volles Votum, III. 3. §. 62., s. auch Bevollmächtigter, Gerichtsbeisitzer.

Assessoren, Votum der Obergerichts-Assessoren, IV. 235. Bestellung der Assessoren bei demjenigen Obergericht, bei welchem sie als Referendarien gearbeitet haben, soll in der Regel nicht statt finden, IV. 236. Heirathsconsens der commissarisch beschäftigten Obergerichtsassessoren, IV. 236. Beschäftigung der Obergerichts-Assessoren bei Verwaltungsbehörden, IV. 236.

Assistent, denselben kann die Partei selbst wählen, oder dessen Zuordnung nachsuchen, I. 3. §. 14., dessen Pflichten, §. 15. sqq., in wiefern er sich durch Vollmacht legitimiren müsse, §. 20., welche Gerichtspersonen nicht Assistenten sein können, §. 22. (45.), als Assistenten müssen auch, neben den Rechtsbeiständen, andere Personen, in welche die Partei ihr Ver-

trauen setzt, zugelassen werden, §. 21., eines Rechtsbeistandes kann der Denunciat in fiskalischen Untersuchungen sich bei den Verhandlungen über den status causae et controversiae bedienen, 35. §. 59., die Zuziehung der Rechtsbeistände der Localcommissionen in Dienststreitigkeiten ist in der Regel nicht erforderlich, 41. §. 35. Pflichten der Mitglieder eines Justizcollegii, wenn sie als Assistenten zugeordnet werden, III. 3. §. 21. S. übrigens: Auditeur, Zeugenabhörung.

Assistenten, welche den Parteien von dem Gericht zugeordnet werden, bedürfen keiner Vollmacht, I. 280. Daß auch in summarischen und Bagatellprozessen den Parteien durch das Gericht Stellvertreter zugeordnet werden können und daß die Letzteren in diesen Fällen gleichfalls keiner besonderen Vollmacht bedürfen, ebendaselbst. Wer außer den Justizkommissarien und den von dem Richter beigeordneten Assistenten als Rechtsbeistand der Parteien in den Terminen zuzulassen ist, I. 281. Ueber die, den des Lesens- und Schreibens unkundigen Personen bei gerichtlichen Verhandlungen zu bestellenden Beistände, I. 425 — 431. Qualification der bei gutsherrlichen und bäuerlichen Regulirungen ꝛc. zulässigen Beistände III. 253.

Attest eines Landescollegii, Magistrats oder Gerichts ist ein Documentum publicum extrajudiciale, I. 10. §. 127. u. (79.), s. auch Kirchenbuch.

Atteste. Form und Glaubwürdigkeit gerichtlicher Atteste, I. 466., s. auch Urkunden.

Auction, Verfahren dabei, wenn dieselbe abgepfändete Mobilien zum Gegenstande hat, I. 24. §. 78. sqq., s. auch Getreide. Auction der Mobilien in Concursen, 50. §. 227. sqq., s. auch Gold und Silber, Kostbarkeiten, Schiffe. Die gelöseten Gelder müssen in das Depositum abgeliefert werden, §. 131. Sie darf nie an Sonn- und Festtagen abgehalten werden. II. 2. §. 11. (420.)

Auction. Berechtigung der Steuerbehörde bei dem Verkauf von Brennereigeräthschaften, II. 351. Gebühren der Auctionscommissarien für die Gelderhebung, II. 352. Zuziehung eines Justizbedienten bei dem Verkaufe der im administrativen Wege abgepfändeten Gegenstände, II. 349.

Auctionatoren, Bestellung der Caution derselben, IV. 339., s. Caution.

Auditeur kann zwar als Rechtsbeistand gegenwärtiger, nicht aber als Bevollmächtigter abwesender Parteien zugelassen werden, I. 3. §. 22.

Auditeure sollen in Prozessen als Bevollmächtigte für Offiziere nicht zugelassen werden, I. 282. Beschäftigung der Auditeure bei den Civilgerichten, Behufs ihrer Vorbereitung zum dritten Examen, IV. 260. Qualification der Referendarien zur Anstellung als Auditeure, IV. 277., s auch Militairgerichte, Generalauditoriat. Militairgerichtsstand der Auditeure, I. 166. 172.

Aufgebot eines Fideikommisskapitals oder Lehnstammes, I. 51. §. 52., liegender Gründe oder einzelner darauf eingetragener Forderungen, §. 99. sqq.; 1) vom Aufgebot der Grundstücke gegen unbekannte Realprätendenten, §. 100. sqq , wer dasselbe ausbringen könne, s. Successor singularis. Den bekannten Realprätendenten wird der anstehende Termin bloss zu ihrer Nachricht bekannt gemacht, §. 102. Das Aufgebot erstreckt

sich auch auf unbekannte, d. h. nicht eingetragene Gerechtigkeiten und Servituten, §. 103. a) Bestimmung des Termins, §. 123. b) Verfahren in demselben, §. 104. Abfassung des Präclusionsurtels, §. 105., s. auch Präclusionsurtel bei Aufgeboten. Die Kosten des Aufgebots trägt in der Regel der Verkäufer, §. 108. 2) Aufgebot eingetragener Posten, deren Inhaber unbekannt sind, §. 110. sqq. u. (383); 3) verlorner Instrumente, §. 115. sqq. u. (384.) §. 116. u. (387.), davon soll dem Haupt-Bankodirectorium jedesmal von Amtswegen Nachricht gegeben werden, §. 117., welches überhaupt bei dem Aufgebot eines jeden billet au porteur geschehen muss, §. 144., s. auch Manifestationseid a) Aufgebot der Pfandbriefe, s. Pfandbriefe; b) der Seehandlungsacten, s. Actien und Seehandlungsactien, bei blossen Zinscoupons von Pfandbriefen ist kein Aufgebot erforderlich, I. 51. §. 137. Verfahren beim Aufgebot: c) von Privaturkunden, §. 115. (385.); d) von auf jeden Inhaber zahlbaren Wechseln (386.); e) von verloren gegangenen Obligationen der Bank, Seehandlungssocietät, Hauptnutzholz- und Hauptbrennholzadministration und überhaupt aller öffentlichen Anstalten, §. 120. (388.)

S. übrigens: Baugläubiger unbekannte, Cassengläubiger unbekannte, Contravenienten unbekannte, Edictalvorladung unbekannter Prätendenten, Erbesinteressenten unbekannte, Gesammthändler und Agnaten, Handlungsgläubiger unbekannte, Societätsgläubiger unbekannte.

Aufgebot, öffentliches. Unzulässigkeit des öffentlichen Aufgebots der Gläubiger einer Privatperson, III. 567. Aufgebot eines Fideicommißcapitals oder Lehnstamms zum Zwecke der Befriedigung mehrerer Gläubiger, welche die Zinsen desselben in Anspruch nehmen, findet nicht mehr statt, III. 577. Aufgebot der Realprätendenten zum Zwecke der Berichtigung des Besitztitels, III. 598., desgl. bei Subhastationen, III. 664. 709. Aufgebot eingetragener Posten, wenn das Document nicht herbeigeschafft werden kann, III. 599. Wirkung des Aufgebots einer eingetragenen Post, III. 599. Aufgebot solcher Documente, auf welchen die Anmeldung zur Eintragung von der Hypothekenbehörde bescheinigt ist, III. 601. Aufgebot der an jeden Inhaber ausgestellten Schulddokumente, III. 602. Amortisation eines auf den Inhaber ausgestellten Wechsels, wenn das Datum der Ausstellung nicht bekannt ist, III. 603. Amortisation eines Documents, wenn keine Abschrift desselben beizubringen ist, III. 604. Bestimmung des Termins bei dem Aufgebot verlorner Hypothekendocumente, III. 604. Daß es bei dem Aufgebot der Hypothekeninstrumente der Insertion in die Zeitungen nicht bedarf, wohl aber bei dem Aufgebote anderer Schuldurkunden au porteur, III. 605. Der Benachrichtigung der Bank von dem Aufgebote verlorner Schuldinstrumente bedarf es nicht mehr, III. 605. Ableistung des Manifestationseides bei dem Aufgebote verlorner Hypothekeninstrumente, wenn der Verlierer nicht mehr am Leben ist, III. 606. In wiefern es des öffentlichen Aufgebots Behufs der Amortisation eines Hypothekenrecognitionsscheins bedarf, III. 607. Verfahren und Ableistung des Manifestationseides bei dem Aufgebot öffentlicher Schulddokumente, III. 609. desgl. der Anerkenntnisse getragener Kriegslasten, III. 610., desgl. der Staatsschuldscheine, der Sächsischen Central-Steuerobligationen und anderer Staatsschuldpapiere, III. 610 — 617. Unzulässigkeit des Aufgebots der Zinscoupons zu Staatsschuldscheinen, III. 614. Unzulässigkeit des Aufgebots Fürstlich Wittgensteinscher Obligationen bei hiesigen Gerichten, III. 617. Aufgebot verlorner

Pfandbriefe und der Zinscoupons derselben, III. 618. 623. Aufgebot gekündigter Pfandbriefe, deren Inhaber unbekannt sind, III. 621. Aufgebot der von dem Königl. Creditinstitute in Schlesien ausgegebenen Pfandbriefe, III. 624. Aufgebot unbekannter Erben, und Ableistung des Diligenzeides bei demselben, III. 627. Ableistung des Manifestationseides bei dem Aufgebot herrenloser Erbschaften, III. 627. Aufgebot unbekannter Legatarien, III. 628. Aufgebot der Lehnsagnaten und deren Präclusion in Pommern, III. 629. Aufgebot der Depositalgelder, deren Eigenthümer unbekannt sind, und Abführung solcher Gelder an die Justiz-Officianten-Wittwenkasse, III. 633 — 637. Aufgebot unbekannter Depositalinteressenten, III. 637. Oeffentliche Vorladung der fiskalischen und Militairkassengläubiger, III. 637. Anwendung dieses Verfahrens auf die Gläubiger anderer öffentlicher Kassenverwaltungen und auf die Rückgabe bestellter Amtscautionen, III. 639. Oeffentliche Vorladung unbekannter Steuer- und Polizeicontravenienten, III. 643.

Aufnehmung der Klage, wenn in dem dazu anstehenden Termin der Kläger nicht erscheint, so muss die Klageanmeldung reponirt werden, I. 4. §. 20. wie dabei zu verfahren, 5. §. 1. sqq. dazu muss über folgende Punkte Information eingezogen werden: 1) über den Gerichtsstand, 2) über eine etwanige Rechtshängigkeit, 3) über das Objekt der Klage, 4) über die dabei zum Grunde liegenden Thatsachen, 5) über das Gesuch des Klägers, 6) über den Legitimationspunkt, 7) über die etwa vorhandenen mehrern Theilnehmer a) von Seiten des Klägers, b) von Seiten des Beklagten; 8) wegen eines etwa vorhandenen auctoris, 9) über die etwanige exceptionem plus petitionis tempore, oder 10) excussionis et ordinis, 11) wegen der Cautionsbestellung, 12) über die Beweismittel, 13) über die vermuthlichen Einwendungen des Beklagten, 5. §. 4. sqq. die Aufnehmung der Klage soll erst nach eingezogener vollständiger Information erfolgen, §. 10. in wie fern das Informationsprotokoll zugleich die Stelle der Klage vertreten könne, §. 14. in welchen Fällen aus dem Informationsprotokoll ein besonderes Klageprotokoll gezogen werden müsse, §. 15.
S. übrigens: Information, Klage.

Augenschein, Einnehmung desselben, Fälle, in welchen dieselbe geschehen muss, I. 10. §§. 380. 381. in wie fern dieselbe von den Deputirten des Gerichts oder von einem auswärtigen Commissarius vorzunehmen, §. 382. in wie fern Sachverständige dabei zuzuziehen, §. 383. und welche Personen dazu zu bestellen, §. 384. dazu müssen die Parteien und Zeugen, so wie alle, die bei der Sache interessirt sind, vorgeladen werden, §§. 385. 386. Verfahren bei der Einnehmung des Augenscheins selbst, §. 387. sqq. insbesondere, wenn sich dabei ein Unterschied zwischen dem über den Befund der Sachverständigen aufgenommenen Protokoll und den Aussagen der Zeugen äussert, §. 396.

Auscultator, dessen Bestellung, III. 4. §. 1. sqq. Jeder Rechtskandidat muss sich, wenn er zur Prüfung gelangt sein will, über die Vollendung seines dreijährigen akademischen Cursus ausweisen, §. 1. (448.) und ein lateinisches Curriculum vitae anfertigen, (449.) Prüfung §§. 3—5. (469.) Beschäftigungen,

§. 6. sqq. (451.). Prüfung zum Referendariat, §. 9. sqq. dessen Verpflichtung, §. 37. (456.). In wie fern Auscultatoren zu wichtigeren Aemtern zuzulassen, ohne bei einem Landesjustizcollegium gearbeitet zu haben. III. 8. §. 10. (472.)
S. übrigens: Referendarius, Untergerichte.

Auscultator. Anstellung der Auscultatoren in Neuvorpommern, IV. 238. Prüfung und Anstellung der Auscultatoren, namentlich Nachweis des Triennii academici und Beibringung der academischen Zeugnisse, Behufs desselben, IV. 239 242. Beibringung und Berücksichtigung der Schulzeugnisse bei der Prüfung der Auscultatoren, und Zurückweisung derjenigen, welche das Maturitätszeugniß nicht erlangt haben, IV. 241. Aussetzung der Prüfung und Verfahren, wenn der Candidat an einer Studentenverbindung Theil genommen hat, IV. 242. Nachweis der Subsistenzmittel während der Auscultatur und des Referendariats, IV. 244. Verfahren bei der Prüfung der Rechtscandidaten, und worauf solche zu richten, IV. 245—248. Daß die Prüfung der Auscultatoren mit Strenge vorzunehmen, und Verfahren bei der Zurückweisung, IV. 249. 250. Versetzung der Auscultatoren, IV. 250. Verpflichtung der Auscultatoren, IV. 251. Beschäftigung der Auscultatoren bei Untergerichten und Inquisitoriaten, IV. 251. Kürzeste und längste Dauer der Beschäftigung als Auscultator, IV. 252. Erledigung der Militairpflicht vor der Referendariatsprüfung, IV. 253. Militairpflichtigkeit der im Königlichen Justizdienst angestellten Ausländer, IV. 253. Versetzung unfleißiger Auscultatoren von den Obergerichten an Untergerichte, IV. 263. Gefängnißstrafen als Ordnungsstrafen sind gegen dieselben nicht zulässig, IV. 263. Benachrichtigung der Universitäten von der amtlichen Anstellung ehemaliger Studirender, denen Collegienhonorare gestundet sind, IV. 264.

Auseinandersetzung der Gemeinheiten, davon handelt, I. 43. Provocation darauf, §. 1. sqq. Begründung derselben, §. 4. sqq. Ausmittelung der Interessenten und der Theilnehmungsrechte, §. 7. sqq. Erörterung der Präjudicialpunkte, s. auch Präjudicialpunkte, desgl. Publication der Urtel. Vermessung und Bonitirung, §. 20. sqq. Vorlegung der Karte und der Vermessungsregister, §. 27. 28. Separationsplan, §. 29. 30. Verhandlung darüber, §. 31. sqq. Dabei kann ein Protocollführer zugezogen werden, §. 31. (297.) Verfahren bei Auseinandersetzungsprozessen der Mitglieder einer Dorfgemeine unter sich. (298.) Theilungsrezess bei erreichtem gütlichem Abkommen, §. 34. 35. Instruction der streitigen Punkte, §. 39. sqq. Apellation, §. 40. sqq. Revision. §. 44. Vollziehung der Separation, §. 45. 46. Aufhebung der Hütungs- und anderer Grundgerechtigkeiten oder Communionen, §. 47. sqq.
S. übrigens: Deduction. Auseinandersetzung zwischen Lehns- und Fideicommisfolgern, und Allodialerben, 46. §. 26. sqq. s. auch Appellation ist unzulässig, Interimisticum, Lehn.

Auseinandersetzung der Gemeinheiten, s. Gemeinheitstheilungen. Regulirung der gutsherrlichen und bäuerlichen Verhältnisse. Theilung des gemeinschaftlichen Eigenthums.

Auseinandersetzung bei kaufmännischen Societäten, I. 46. §. 34. sqq. s. auch Sachverständige.

Ausgetretene Cantonisten, Verfahren gegen sie, s. Confiscationsprozess.

Ausgetretene Vasallen oder Unterthanen, Verfahren gegen sie, I. 36. §§. 47—53. 52. (281.)

Ausgetretene Unterthanen; s. Auswanderung. Vorladung ausgetretener mit Landgütern angesessener Unterthanen, III. 120. Anwendung der Edictalcitation gegen ausgetretene Unterthanen, III. 120.

Ausländer, der nach seiner Entlassung aus hiesigen Militairdiensten sogleich ausgewandert ist, wird als Fremder angesehen, I. 2. §. 84. in wie fern ein Ausländer, der in hiesigen Landen mit einem Gute angesessen ist, in dem Gerichtsstande dieses Gutes auch mit persönlichen Klagen belangt werden könne, §. 114. u. (34.) ist in Arrestfällen auch in Ansehung der Hauptsache dem arrestirenden Richter unterworfen, §. 119., doch hat es deshalb bei den speciellen Verfassungen auch fernerhin sein Bewenden, §. 120. a) in wie fern in hiesigen Landen auf Trennung der Ehe gegen ihn geklagt werden könne, §. 129. S. auch Appellation, Cautionseid, Diffamation, Fremder. Besonders vom Arrest gegen ihn, s. Arrest. Wann der Confiscationsprozess gegen ausgetretene Söhne eingewanderter Ausländer nicht statt findet. 36. §. 19. (269.)

Ausländer. Zulässigkeit des Arrestes gegen Ausländer, II. 666—681. Verhältnisse der Ausländer bei hiesigen Concursverfahren, und wenn ein ausländischer Gemeinschuldner in hiesigen Landen Vermögen besitzt, III. 555—560. Militairpflichtigkeit derjenigen Ausländer, welche im Königl. Civildienst angestellt sein wollen, IV. 253. Ausländer können im Subaltern-Justizdienst nicht ohne Genehmigung des Justizministers angestellt werden, IV. 320.

Ausländisches Gericht, s. Auswärtiges Departement, Bevormundung, Gemeinschuldner.

Ausländisches Gericht. Vollstreckung fremdrichterlicher Erkenntnisse, II. 303. Legalisation der ausländischen Urkunden, IV. 20.

Auslagen, baare, wie er mit diesen zu halten, wenn eine Partei zum Armenrecht verstattet worden, I. 23. §. 36. und (141. 142.)

Auslagen, baare, sind den Zeugen aus den Salarienkassen der Gerichte zu erstatten, I. 479.; s. auch Kosten-Erstattung der baaren Auslagen in fiscalischen Untersuchungen, namentlich wegen Steuervergehen, III. 71.

Auslagen, baare, der Justizcommissarien in Armensachen, deren Erstattung aus der Salarienkasse, II. 220.

Auspfändung begründet, wenn sie vor ausgebrochenem Concurse ausgebracht worden, einen Platz in der fünften Klasse, I. 50. §. 447.
S. übrigens Exekution.

Auspfändung, s. Execution.

Aussenbleiben, Folge desselben für die aussenbleibenden Parteien, s. Aufnehmung der Klage, Beklagter, Contumacialerkenntniss, Instructionstermin, Vorladung.

Auswanderung, in wie fern sie zulässig und Verfahren gegen ausgewanderte Unterthanen, III. 95.; s. Confiscationsprozeß.

Auswärtiges Departement, demselben muss Anzeige geschehen 1) wenn Personen, die zu einer Gesandtschaft gehören, verklagt oder zu Zeugen vorgeschlagen werden, I. 1. §. 63. 64. s. auch Gesandtschaft, Klage, Zeuge; 2) Wenn gegen den Consul einer auswärtigen Nation Personalarrest verhängt werden soll, §. 65.; 3) wenn jemand, der zu einer fremden Gesandtschaft gehört, in Rücksicht hiesiger unbeweglicher Besitzungen belangt, jedoch keine eigentliche Realklage angestellt wird, §. 66., 4) wenn ein ausländisches Gericht die Insinuation verweigert, 7. §. 11. s. auch Insinuation; 5) wenn gegen einen Fremden von einigem Range Personalarrest verhängt worden, 29. §. 76. 6) wenn Grenzstreitigkeiten eine Landesgrenze mit betreffen, 42. §. 33.

B.

Bäcker, Schlächter, Schneider und Schuster werden mit ihren Forderungen aus den letzten sechs Monaten vor eröffnetem Concurs in der zweiten Classe angesetzt; jedoch die Schneider nur in Ansehung der Alltagskleidungsstücke, I. 50. §. 376.

Bagatellsachen, dabei findet keine Cautionsbestellung statt, I. 21. §. 2. von dem Verfahren in Bagatellsachen 1) bei Obergerichten, 26. §. 1. sqq. Begriff, §. 1—3. Regel von dem Verfahren dabei, §. 4. besondere Bestimmungen, §. 5. 6.; 2) von Bagatellsachen bei Untergerichten, a) unter 10 Thalern, §. 15. sqq. b) von 10 bis 50 Thalern.
S. auch Appellation bei Untergerichten, Erkenntniss, Recurs.

Bagatellsachen, welche als solche zu erachten sind, und Verfahren in denselben, II. 639. Bagatellprozeßverfahren bei Interventionsstreitigkeiten, II. 650. Desgl. in Mercantilsachen, II. 649. Vorladung der Parteien und Formulare zu den Vorladungen, II. 640. Eines Concepts der Vorladungen bei den Acten bedarf es nicht, II. 641. Auch in Bagatellsachen muß ein Verzeichniß der anstehenden Termine drei Tage zuvor an der Gerichtsstelle ausgehängt werden, II. 641. Contumacialverfahren im Bagatellprozesse, und daß es einer Benachrichtigung darüber an den Verklagten nicht bedarf, II. 641. Abfassung und Publication der Urtel in Bagatellsachen, II. 639. Verfahren in zweiter Instanz, II. 644. Prozeßsachen, deren Gegenstand in erster Instanz über 50 Rthlr. betragen, sind auch in zweiter Instanz nicht als Bagatellsachen zu behandeln, II. 639. Unzulässigkeit des Recurses gegen Erkenntnisse der Commissarien der Obergerichte in Bagatellsachen, II. 644. Zeit der Zulässigkeit der Executionsvollstreckung in Bagatellsachen, wenn das Contumacialverfahren eingetreten ist, II. 642. Nothwendigkeit der Zuziehung eines Protocollführers im Bagatellprozesse, II. 648.

Bank, in welcher Art die bei derselben zinsbar belegten Gelder mit Arrest belegt werden können, I. 29. §. 19. hat fiscalische Rechte, 50. §. 361., deren sie sich jedoch in Ansehung ihrer kaufmännischen Geschäfte begeben, §. 401. Verfahren bei der Aufbietung verloren gegangener Bankobligationen, s. Aufgebot.

Bankerutier, vorsätzlicher, kann nicht als Beweiszeuge gelten, I. 10. §. 230. n. 15.

Bankerutierprozess soll denjenigen Schuldnern gemacht werden, welche sich zur Rechtswohlthat der Competenz nicht qualificiren können, I. 48. §. 45. Ob derselbe wider den Gemeinschuldner zu eröffnen, muss jedesmal bei Eröffnung des Concurses geprüft werden, I. 50. §. 4. (313.)

Bankerutierprozeß. Sorgfältige Untersuchung strafbarer Bankerute, und Prüfung bei Concursverfahren, ob solche vorliegen, III. 387.

Bankodirectorium, s. Aufgebot verlorner Instrumente.

Bankodirectorium ist bei dem Aufgebot verlorner Instrumente nicht mehr zu benachrichtigen, III. 605.

Bankobligationen, Aufgebot der verlornen, III. 609.

Bauergüter, eigenthümliche, von einiger Beträchtlichkeit, werden nach dem wahren Ertrage taxirt, bei andern findet keine Ertragstaxe statt, II. 6. §. 14.; s. auch Landgüter, Lassgüter, Taxe.

Bauergüter, Abschätzung derselben, IV. 148.; s. auch Taxe.

Baugläubiger, in wie fern sie in der vierten oder in der sechsten Classe angesetzt werden, I. 5. §. 424. und §. 426. auf die Vorladung unbekannter Baugläubiger kann Fiskus antragen, wenn Baue auf Königliche oder andere öffentliche Rechnung geführt worden, 51. §. 169. sqq.

Bausachen, davon handelt I. 42. §. 34. sqq. deren vorzügliche Beschleunigung, §. 35—37., s. auch Deduction. Rechtsmittel, §. 38. sqq. s. auch Appellationsfrist, Erkenntniss, Revision. Das abgekürzte Verfahren in Bausachen findet nur dann Anwendung, wenn von einem schon angefangenen streitigen Bau die Rede ist, §. 42.

S. übrigens: Augenschein, Riss, Sachverständiger.

Bausachen. Verfahren bei Anordnung der Vorfluth und wegen des Wasserstandes bei Mühlen, I. 80. Zulässigkeit und Frist zur Einlegung der Appellation in Bausachen, III. 201. In welchen Baustreitigkeiten die Revision ausgeschlossen ist, III. 202.

Beamte, Königliche, s. Eximirte, auch Amtsbehörde, und Regierungsofficianten.

Beamte. Befreiungen, welche denselben bei den Executionen in das Mobiliare zu statten kommen, II. 342. Verkümmerung ihrer Besoldungen, II. 374 u. ff. Befreiung vom Personalarrest, II. 495. Bei der executio ad faciendum ist derselbe zulässig, II. 320. 177.; s. auch Execution. Wegen Injurien gegen Beamte bei Ausübung ihres Amts findet fiskalische Untersuchung statt, II. 719. Verzichtleistung derselben auf die Bestrafung wegen Injurien, II. 727. Competenz und Verfahren der Dienst- und Gerichtsbehörden bei Bestrafung der von Beamten bei Ausübung ihres Amts zugefügten Injurien, II. 742. Einleitung fiscalischer Untersuchungen gegen Beamte, III. 17. 33. 42. Disciplinarverfahren gegen Beamte, und Verfahren bei der im administrativen Wege erfolgenden unfreiwilligen Dienstentlassung und Pensionirung der Beamten, III. 35—42. IV. 214. Amtssuspension der Beamten, III. 42. Rangordnung und Amtstitel der Beamten, IV. 169.

Amtsuniform derselben, IV. 175. Verpflichtung der Beamten, IV. 210—212. Nachsuchung und Ertheilung des Urlaubs, IV. 215. Anstellung der Subalternjustizbeamten, IV. 280. Cautionsbestellung der Beamten, IV. 325.; s. Caution. Aufhebung der Gebühren für Anstellung, Versetzung und Entlassung der Beamten, IV. 291.

Beantwortung der Klage, bei der Aufnehmung der Information dazu ist auf folgende Punkte vorzüglich Rücksicht zu nehmen: 1) auf die dem Beklagten etwa zustehenden vorläufigen Einwendungen, s. Aufnehmung der Klage; 2) auf den Grund der Klage; 3) auf die Beweismittel; 4) auf die Ausstellungen gegen die Beweismittel des Klägers; 5) auf die peremtorischen Einwendungen; 6) auf die vermuthlichen Erwiederungen des Klägers, auf die etwa zu veranlassende Adcitation, 7) auf die Gegenforderungen; 8) auf die dem Beklagten zu machenden Vorhaltungen. I. 9. §. 1. sqq. die bei Einziehung derselben sich ergebenden vorläufigen Anstände müssen gehoben werden, §. 12. ferneres Verfahren, je nachdem der Termin entweder bloss zur Beantwortung der Klage, oder zugleich zur Instruction der Sache angestanden hat, §. 13—15. und §. 17—23. die Beantwortung der Klage darf nicht schriftlich eingereicht werden, §. 15. eine jede muss 1) die Thatsache, die Einwendungen des Beklagten, 2) die ihm etwa zu statten kommenden Rechtsausflüchte, 3) einen der Sache und der Absicht des Beklagten gemässen Antrag enthalten, §. 16. wenn es nach Aufnehmung derselben nur noch auf die Ergänzung blosser Nebenumstände ankommt, so muss zugleich mit Anberaumung eines Instructionstermins verfahren werden, §. 24.

S. auch Instructionstermin, Rechtsausflüchte.

Beantwortung der Klage, im summarischen Prozesse und Nothwendigkeit des Erscheinens der Partei oder ihres Stellvertreters, wenn auch die Klagebeantwortung schriftlich eingereicht ist, II. 604.

Bedingungsweise überlassene Sachen werden, wenn die Bedingung eintritt, in der ersten Classe zurückgegeben. Doch muss, wenn dieses Vorzugsrecht statt finden soll, in Ansehung der Immobilien diese Einschränkung im Hypothekenbuch vermerkt sein, I. 50. §. 335.

Beglaubigung, s. Grundstücke, Verträge.

Begnadigung, s. Ehrlosigkeit.

Begnadigung, Verfahren bei Begnadigungsgesuchen, III. 90—94.

Begräbnisskosten, was darunter zu rechnen, und auf wie hoch sie einen Platz in der zweiten Klasse erhalten, I. 50. §. 363. 364. wenn ein Dritter das Begräbniss besorgt hat, so erhält er das in dieser Classe anzusetzende Quantum, muss jedoch dafür denen, die Arbeiten dabei geleistet, oder Sachen dazu geliefert haben, gerecht werden, §. 365. die Creditmasse ist nicht schuldig für die Beerdigung eines nach eröffnetem Concurse verstorbenen Gemeinschuldners, seiner Ehefrau, Kinder oder Anverwandten zu sorgen, §. 366. die Begräbnisskosten werden, in so fern sie mehr als das in der zweiten Classe statt

findende Quantum betragen, post omnes locirt, §. 478. s. auch Trauerkosten.

Behandlung der Gläubiger, Begriff, I. 49. §. 1. Privatbehandlung, §. 2. gerichtliche, §. 3. sqq. Verfahren dabei, §. 7. a) wenn sämmtliche Gläubiger über die Annahme der Behandlungs-Vorschläge einig sind, §. 8. b) wenn sich unter den Gläubigern ein Widerspruch findet, als in welchem Falle Concurs eröffnet werden muss, §. 9. Ausnahme, §. 10. sqq. Behandlung der Gläubiger in Concursen, s. Sühneversuch in Concursen.

Behandlung der Gläubiger, III. 538. Aufhebung des Concurses im Wege des Vergleichs, und wenn über die Zulässigkeit desselben zu erkennen, III. 398. 541. 545.

Behörde, s. Amtsbehörde.

Beklagter wird, wenn er im Instructionstermin nicht erscheint, in contumaciam verurtheilt, I. 8. §. 9. sqq. s. auch Contumacialerkenntniss. Verfahren, wenn derselbe sich in dem Termin zur Aufnahme der Beantwortung der Klage oder zur Instruction der Sache meldet, §. 13. und entweder die Klage ganz, §. 14 bis 16. oder zum Theil einräumt, §§. 17. 18. oder derselben widerspricht, §. 19. s. auch Beantwortung der Klage, oder auch Verlegung des Termins nachsucht, s. Verlegung der Termine, in wie fern er durch Litisdenunciation ex nexu komme, s. Litisdenunciation.

Beklagter, s. auch Mandats-, summarischer und Bagatellprozeß.

Belag, s. Rechnungsbelag.

Belehrung der Parteien bei Handlungen freiwilliger Gerichtsbarkeit muss der Richter in jedem Falle vornehmen, wenn er mit Parteien zu thun hat, welche der Rechte unkundig und in Geschäften nicht erfahren sind, II. 2. §. 31.

Belehrung der Parteien. Belehrung der Contrahenten bei der Veräußerung von Pertinenzstücken ohne Consens der Realgläubiger, IV. 70. Certioration bei Bürgschaften der Frauenspersonen, IV. 76. Desgl. bei Verzichtleistungen und Prioritätseinräumungen, namentlich bei Partialcessionen, IV. 77. s. Bürgschaft.

Beneficialerbe, dessen Recht und Verbindlichkeiten im erbschaftlichen Liquidationsprozess, s. Erbschaftlicher Liquidationsprozess.

Beneficialerbe. Befugniß desselben, auf erbschaftlichen Liquidationsprozeß zu provociren und sich dadurch gegen eine verhängte Execution zu schützen, II. 284. Arrestschlag gegen Beneficialerben, II. 653. Löschung der Beneficialerbenqualität auf Grundstücken, III. 467. Folgen der Versäumniß der Frist zur Einreichung des Inventarii, III. 581. Verpflegung unvermögender minorenner Beneficialerben aus dem Nachlasse, III. 584. Zuziehung der Beneficialerben bei der Subhastation der Grundstücke im erbschaftlichen Liquidationsprozesse, III. 586. Ausantwortung der Liquidationsmasse an die Beneficialerben, wenn sie den Nachlaß für sufficient erachten und die Befriedigung der Gläubiger übernehmen wollen, III. 593. Subhastation auf Antrag des Beneficialerben und deren Wirkung, III. 649—651.

Beneficium cessionis bonorum, s. Cession Rechtswohlthat derselben.
Beneficium competentiae, s. Competenz Rechtswohlthat derselben.
Bereiter, die bei Ritterakademien angestellten, deren Gerichtsstand, s. Eximirte. Der Bereiter bei den Regimentern, s. Feldstallmeister und Bereiter.
Bergämter und Berggerichte, Umfang der Gerichtsbarkeit derselben, I. 251—254. Forum der von einem Bergamte nomine fisci anzustellenden Klage, I. 254. Competenz der Berggerichte in fiskalischen Untersuchungen, III. 50.
Bergantheile, Verfahren bei Subhastation derselben, I. 52. §. 65. (410.)
Bergantheile, Subhastation derselben, III. 733. 654.
Berggläubiger, s. Bergwerkseigenthum.
Bergwerke, Vorschriften bei der Verlautbarung der über ihre Veräusserung geschlossenen Verträge. II. 3. (425.)
Bergwerke, Subhastation derselben, III. 733.
Bergwerkseigenthum, wie weit dasselbe dem Arrestschlage unterworfen, I. 29. §. 27. von dem Verfahren bei Concursen, darüber handelt I. 50. §. 672. sqq. der ordentliche Richter des Concurses kann sich einer Direction der dadurch constituirten Specialmasse nicht anmassen, §. 672. 673. Verfahren, je nachdem das Bergwerkseigenthum in- oder ausserhalb derjenigen Provinz liegt, wo das Gericht des Hauptconcurses sich befindet, I. 50. §. 674. sqq. das Connotations- und Verificationsverfahren, die Abfassung der Classificationssentenz, die Administration des Bergwerkseigenthums etc. gehört lediglich vor das Berggericht, §. 676. sqq. s. auch Curator und Contradictor. Was von dem Bergtheile nach Befriedigung der Berggläubiger übrig bleibt, wächst der gemeinen Masse zu, §. 679. wogegen auch die Berggläubiger sich in subsidium an diese halten können, 680.
Berichtserstattung, Maßregeln zur Beschleunigung derselben Seitens der Untergerichte, IV. 183. Form der Berichte an den Justizminister, IV. 231.
Berlin, die Gerichtsbarkeit über das Gesinde der daselbst wohnenden Eximirten ist dem Stadtgerichte übertragen, I. 2. §. 101.
Berlin, der eximirte Gerichtsstand der Juden in Berlin ist aufgehoben, II. 153. Kammergerichts-Executionsordnung, und Reglement für den Executionsinspector des Stadtgerichts zu Berlin, II. 310. Instructionen wegen Administration der Grundstücke in Berlin, II. 429. u. ff. Instruction und Gebührentaxe für die Taxatoren der Häuser in Berlin, IV. 151.
Bescheid, s. Erkenntniss.
Beschlag, s. Arrest, Execution.
Beschleunigung der Prozesse, allgemeine dahin abzweckende Vorschriften, I. 8. §. 33. sqq. Obliegenheiten der Justizcommissarien dabei, §. 36. imgleichen der auswärtigen Commissarien, §. 37.
Beschwerden gegen Landesjustizcollegia, wie es mit deren Untersuchung zu halten, III. 1. §. 18. sqq. gegen Untergerichte,

2. §. 35. 36. und 8. §. 15. sqq. Beschwerden dürfen in rechtskräftig abgeurtelten Rechtssachen nicht angebracht werden, III. 1. §. 13. (439.) Verfahren wegen Bestrafung von Winkelconsulenten, §. 14. (440.) Vorschriften für die Bittsteller. (441.) Strafen des unnützen und ungegründeten Beschwerdeführens, §. 15. (442. 443.)

S. übrigens: Justizvisitationen, Landesjustizcollegium, Recurs, Strafe.

Beschwerden. Nothwendigkeit der Beifügung der letzten Resolution bei Beschwerden, IV. 185. Befugniß, Beschwerden für andere anzufertigen, und Bestrafung der Winkelschriftsteller und Querulanten, IV. 185—191. Verfahren bei den bei des Königs Majestät oder den Ministerien anzubringenden Beschwerden, IV. 188., s. auch Berichtserstattung.

Besitzstand, s. Possessorium summarissimum.

Besoldungen, bei Klagen darauf findet keine Cautionsforderung statt, I, 21. §. 2. in wiefern Besoldungen und Pensionen von dem Gläubiger zum Gegenstande seiner Befriedigung in Vorschlag gebracht werden können, 24. §. 106. sqq. in wie fern dieselben dem Arrestschlage unterworfen sind oder nicht, s. Accise- und Zollbediente, Seehandlungsgesellschaft, Wittwenverpflegungsanstalt. Die Besoldung und Emolumente der Staats- und anderer öffentlichen Bedienten können, wenn sie auch von dem Arrestschlage nicht ganz befreit sind, doch nur zur Hälfte mit Arrest belegt werden, 29. §. 23. Nur die Hälfte dessen, was über 400 Rthlr. geht, kann mit Beschlag belegt werden, 29. §. 23. Nur die Hälfte dessen, was über 400 Rthlr. geht, kann mit Beschlag belegt werden bei Gehalten, 24. §. 106—108 (150. 161.) bei Pensionen die Hälfte des über 200 Rthlr. Gehenden, (162.) Grundsätze hierüber in Ansehung der Officiere, (165. 166.) Ausnahmen wegen der Tafelgelder, u. s. w. (167.) Allgemeine Ausnahmen wegen Alimente, (168.) wegen Schulden aus unerlaubten Handlungen, (169.) wegen kurrenter öffentlicher Abgaben, (170.) Wenn die gemachten Abzüge aus den Cassen zu zahlen (164.)

S. auch Execution, Pension, Wittwe.

Besoldungen, Verkümmerung derselben im Wege der Execution, II. 374. u. ff. s. übrigens Execution.

Bestätigung 1) eines aussergerichtlich geschlossenen Vertrages, wie dabei zu verfahren, II. 3. §. 22. s. auch Vollmacht, 2) eines gerichtlichen, §. 23.

Bestechung, die jemand angenommen hat, um ein günstiges Zeugniss abzulegen, macht ihn dazu ganz unfähig, I. 10. §. 227. Strafe derselben, s. Strafe.

Beurlaubte, s. Militairpersonen.

Bevollmächtigter muss aus der Zahl der bei dem Gerichte zur Prozesspraxis bestellten Justizcommissarien erwählt werden, I. 3. §. 22. ist den Parteien auf ihr Verlangen aus der Zahl der Justizcommissarien oder auch der Assessoren oder Referendarien anzuweisen, §. 23. demselben kann die Partei zwar auch andere Personen zuordnen, doch liegt der Vertrieb der Sache dem eigentlichen Bevollmächtigten hauptsächlich ob, §. 24. s.

auch Vollmacht, als solcher muss auch derjenige zugelassen werden, der die Vermuthung einer Vollmacht für sich hat, §. 25. auch andere Personen sind, gegen Cautionsbestellung, in solchen Fällen zuzulassen, wo Gefahr im Verzuge ist, § 26. wegen der von diesen Bevollmächtigten (§. 25. 26.) zu erwählenden oder zu erbittenden Assistenten finden die Vorschriften von Assistenten Anwendung, §. 27. s. Assistent. Wenn die Vollmacht von dem Aussteller auch noch nicht anerkannt worden, muss der Gegner dennoch mit dem Bevollmächtigten die Sache fortsetzen, ebend. §. 70. die Zulassung desselben bei der Instruction ändert nichts in der Art derselben, §. 71. der zur Anmeldung der Klage Bevollmächtigte muss seinen Auftrag nothdürftig bescheinigen, 4. §. 9. und darüber, ob er auch zum ferneren Betrieb der Sache bevollmächtigt sei, vernommen werden, §. 10. ferneres Verfahren, §. 11. 12. Von Zugeständnissen des Bevollmächtigten, s. Zugeständniss. Wie derselbe sich bei Eides-De- und Relationen zu verhalten habe, s. Eid, von falschen Bevollmächtigten, s. Execution. In wie fern dessen Zuordnung zum Behuf der Publication eines Urtels statt finde, 13. §. 56. wie es im Wechselprozess mit Abnahme des Diffessionseides zu halten, wenn der Beklagte durch einen Bevollmächtigten erscheint, 27. §. 22. Vorschriften für den Fall, wenn der Wechselkläger seinen Bevollmächtigten nicht mit hinlänglicher Information über die Eidesannahme oder Zurückschiebung versehen hat, §. 28. was in Ansehung des nicht persönlich gegenwärtigen Beklagten in einem gleichen Falle zu beobachten, s Deposition, besonders im Executivprozess, 28. §. 4. n. 6. die Zulassung eines Bevollmächtigten für den Beklagten findet im Mercantilprozess nur als Ausnahme statt, 30. §. 19. desgleichen in fiscalischen Untersuchungen, I. 35. §. 47. muss im Concursprozess von dem abwesenden Gläubiger bestellt werden. 50. §. 67. kann in der Sache seines Machtgebers zwar nicht als Beweiszeuge gelten, wohl aber der nähern Erkundigung wegen abgehört werden, 10. §. 230. Bevollmächtigter zum Schwörensehn, s Zeugeneid.

S. übrigens: Auditeur, Generalbovollmächtigter, Justizcommissarius, Nullitätsklage, Verlegung der Termine, Vorladung.

Bevollmächtigter. Unzulässigkeit der Bevollmächtigung richterlicher Personen in Prozeß-Angelegenheiten, I. 282. Daß Auditeure als Bevollmächtigte für Offiziere in Prozessen nicht zugelassen werden sollen, ebend. Hausofficianten dürfen nur dann als Bevollmächtigte in Prozessen auftreten, wenn ihnen der Betrieb der Rechtsangelegenheiten des Dienstherrn übertragen worden, oder der Prozeß ein ihnen anvertrautes Geschäft betrifft, I. 283. 284. In summarischen und Bagatellprozessen müssen auch Personen, welche ein mandatum praesumtum haben, sich sogleich schriftlich legitimiren, II. 601. Befugniß der Prozeß-Bevollmächtigten zu Executions-Anträgen, I. 287. Daß jedoch der Bevollmächtigte des Klägers zu dem Antrage auf Subhastation des dem Verklagten gehörigen Grundstücks eine besondere Vollmacht beibringen muß, I. 287. II. 490. Prozeßbevollmächtigte bedürfen zur Zurücknahme eines Liquidats im Concurse der Special-Vollmacht, I. 288. Substitutionsbefugniß der Bevollmächtigten, I. 298. Die Privatschreiber der Justizcommissarien können nicht substituirt werden. IV. 388.

Verpflichtung der Justizcommissarien zur Vorlegung ihrer Manualakten, in welchen beleidigende Aeußerungen enthalten sind, I. 302. Bestellung eines mandatarius ad jurare videndum, I. 489. Gebühren der Bevollmächtigten, deren Festsetzung, Einziehung und Erstattung, II. 181—223.; s. Kosten. Einziehung der von ausländischen Sachwaltern deservirten Gebühren von Inländern, II 302. s. auch Generalbevollmächtigter, Justizcommissarien.

Bevormundung bei Prozessen muss von der vormundschaftlichen Behörde geschehen, I. 1. §. 10. ist diese ein ausländisches Gericht, so bleibt der Betrieb derselben den Interessenten überlassen, §. 11. und der Prozess ruht, bis sie erfolgt ist; doch kann auch in schleunigen Fällen ein Interimscurator zugeordnet werden, §. 12. s. auch Ehescheidungsprozess.

Bewegliche Sachen, s. Mobilien.

Beweis, wie derselbe bei Aufnehmung der Klage vorzubereiten, I. 5. §. 5. und bei Aufnehmung der Beantwortung der Klage, 9. §§. 4. 5. wenn die Erheblichkeit oder Unerheblichkeit desselben von einem zweifelhaften Gesetze abhängt, muss bei der Gesetzkommission angefragt werden, 10. §. 52. muss auch über den Inhalt eines fremden Landgesetzes aufgenommen werden, §. 53. desgleichen über das Dasein eines dem Gerichte unbekannten Statutes, §. 54 und der Gewohnheitsrechte, §. 55. desselben bedürfen notorische Thatsachen nicht, §. 56. s. übrigens status causae et controversiae. Vom Beweise durch Einnehmung des Augenscheins, s. Augenschein, — durch den Eid, s. Eid, — durch Urkunden, s. Urkunde — durch Zeugen, s. Zeuge, — durch Zugeständniss, s. Zugeständniss. Eine förmliche Beweisaufnahme findet bei Prozessen, deren Gegenstand die nachgesuchte Entsetzung eines Vormundes ist, nicht statt, 39. 17.

Beweis der Existenz eines englischen Gesetzes durch zwei englische Rechtsgelehrten, I. 444. Beweisführung über streitige Fälle des polnischen Rechts, I 443.

Beweis zum ewigen Gedächtniss, davon handelt I. 33. in welchen Fällen dieser Beweis, welcher sowohl durch Zeugen als durch Ocularinspection geführt werden kann, statt finde, §. 1. Verfahren dabei, §. 2. A) wenn die Hauptklage noch erst angestellt werden soll, §. 3. gegen wen der Antrag statt finde, §. 4. Begründung desselben, §§. 5. 6. wenn derselbe ungegründet befunden wird, muss der Provocant durch ein Dekret abgewiesen, §. 7. sonst wegen Aufnahme desselben das Nöthige verfügt werden, §. 8. Verfahren wenn 1) die Aufnehmung des Beweises von dem instruirenden Richter erfolgen kann, §. 9. sqq. der Provocat muss zu einem vor Aufnehmung des Beweises anzusetzenden Termin zur Ablegung seiner Erklärung vorgeladen werden, §§. 10. 11. Verfahren, wenn derselbe sich nicht meldet, §. 12. wenn er sich meldet, §. 13. und entweder das von dem Provocanten vorgetragene Factum eingesteht (als in welchem Falle es der Beweisaufnahme nicht bedarf), §. 14. oder die Thatsache leugnet, §. 15. mit den Einwendungen gegen das Factum selbst, oder gegen die vorläufige Beweisaufnahme muss der Provocat zwar gehört, aber kein Prozess darüber gestattet werden, I. 33. §. 16. Verfahren, wenn

der Provocat bei der Species facti des Provocanten etwas zu erinnern hat, §. 17., oder gegen die Qualität der Beweismittel Einwendung macht, §. 19., über die Verwerfungsursachen findet auch hier kein besonderes Erkenntniss statt, §. 19. Verfahren wenn 2) die Aufnehmung des Beweises auswärts erfolgen muss, §. 20. Verfahren in dringenden Fällen, §§. 21. 22., in wiefern ein jeder Richter, in dessen Gerichtsbezirk der Zeuge betroffen wird, dessen Abhörung zum ewigen Gedächtniss verfügen könne, §. 22. B) Verfahren, wenn der Hauptprozess schon anhängig ist, §. 23 — 25. Vorschriften für die Aufnahme der Beweismittel selbst, §§. 26. 27., die Aufnahme des Beweises zum ewigen Gedächtniss geschieht allemal auf Kosten des Provocanten, §. 28., welcher Gebrauch von den darüber aufgenommenen Protocollen bei Erörterung der Hauptsache zu machen, §. 29.

Beweiskraft der Hausbücher, s. Hausbuch; der Kerbstöcke, s. Kerbstock; der Matrikeln, s. Matrikel; der Privaturkunden, s. Urkunde, der Quittungen und Beläge, s. Quittung, Rechnungsbelag; der Urbarien, s. Dienstregister; der Zinsregister, s. Zinsregister.

Beweismittel, welche eine Thatsache vollständig nachweisen, I. 13. §. 10., in welchem Fall eine Thatsache nicht für vollkommen erwiesen anzunehmen, §. 11., von Widersprüchen unter den Beweismitteln, §. 12., a) zwischen Documenten, 10. §. 392. und 13. §. 13. sqq., b) zwischen Zeugen, 10. §. 393. und 13. §§. 16. 17., c) zwischen Documenten und Zeugen, 10. §§. 394. 395. und 13. §. 18. sqq., d) bei Eideszuschiebungen, ebend. §. 21., e) bei Ocularinspectionen, 10. §. 396. und 13. §. 22., von Unzulänglichkeit der Beweismittel, §. 24., s. auch nothwendiger Eid. Wenn die Instruction derselben ganz fruchtlos gewesen, muss diejenige Partei, welcher rechtliche Vermuthungen zu Statten kommen, ein obsiegliches Urtel erhalten, 13. §§. 27. 28., sollte ein nicht zu hebender Widerspruch in den Beweismitteln obwalten, so findet eine Theilung des Objecti litis statt, §§. 29. 30. Aufnahme neuer Beweismittel, s. Appellationsinstanz, in wiefern dieselbe noch in der dritten Instanz zulässig sei, 15. §. 11. sqq., deren Instruction soll allemal mit darauf gerichtet werden: warum diese Beweismittel erst in dritter Instanz angegeben worden, §. 15.

Beweiszeuge, s. Zeuge.

Beylbriefe, Ausfertigung derselben in Pommern, IV. 10.

Beystand, s. Assistent.

Beystand, Qualification der zulässigen Beistände bei gutsherrlichen und bäuerlichen Regulirungen ꝛc., III. 253. Welche Personen als Rechtsbeistände in Prozessen zugelassen, I. 281. s. auch Assistenten.

Billet au porteur, s. Aufgebot.

Bischof, s. Eximirte.

Bittweise überlassene Sachen, welche nicht verbrauchbar sind, werden in der ersten Classe zurückgegeben, I. 50. §. 297., wenn sie aber nicht mehr in Natur vorhanden sind, deren

Werth in der sechsten Classe angesetzt, §. 456., s. auch Fungibilis res.

Blinde können in Ansehung solcher Gegenstände, zu deren Kenntniss der Sinn des Gesichts erfordert wird, kein Zeugniss ablegen, I. 10. §. 227. n. 2. Blinde und Taubstumme, deren Verträge können vor jedem Gerichte vollzogen werden, II. 1. §. 9. Verfahren, wenn ein Blinder einen Vertrag schliessen will, 3. §. 8. I. 10. §. 19. (73.)

Blödsinnige können vor Gericht nicht zugelassen werden, I. 1. §. 3. auch kein Zeugniss ablegen, 10. §. 217. n. 1., deren Vorzugsrecht in dem Vermögen ihrer Vormünder, s. Vormund.

Blödsinnigkeitserklärung, s. Wahn- und Blödsinnigkeitserklärung.

Blödsinnigkeitserklärung, Verfahren dabei, III. 130. u. f., s. Wahn- und Blödsinnigkeitserklärung.

Bösliche Verlassung, wie die deshalb angestellte Ehescheidungsklage zu instruiren, I. 40. §. 58. sqq., s. auch Edictalvorladung.

Bösliche Verlassung; Verfahren, wenn der Ehemann die Frau bei sich aufzunehmen verweigert, oder die Ehefrau den Mann verläßt oder demselben nicht folgen will, III. 169. Verfahren, wenn ein Ehegatte im Auslande ist, III. 169.

Bonitirung und Vermessung bei Gemeinheitsauseinandersetzungen davon handelt. I. 43. §. 20. sqq.

Boten, deren Bestellung, III. 5. §§. 86. 87. Obliegenheiten, §. 88. sqq. Verpflichtung, §. 92. §. 71. (459.)

Boten. Gerichtsboten, deren Bestellung, IV. 280. u. f. Bestellung der Amtscaution derselben, IV. 337, s. Caution. Diensteinkommen der Gerichtsboten und Anweisung desselben, IV. 358.

Botenmeister und Canzleidiener, dessen Bestellung, III. 5. §§. 72. 83. Obliegenheiten, §. 74. sqq., besonders bei Vertheilung der zu insinuirenden Verordnungen unter die Boten, R. u. C. R. §. 182. sqq. Verpflichtung, III. 5. §. 82. §. 71. (459.)

Braut, was sie ihrem Bräutigam vorgeschossen oder anvertraut hat, gehört in die sechste Classe, wenn der Concurs vor der Hochzeit eröffnet worden, I. 50. §. 469.

Brautgeschenke oder Morgengaben kann die Ehefrau als ihr Eigenthum in der ersten Classe vindiciren, I. 50. §. 313.

Brennholzadministration hat fiscalische Rechte, I. 50. §. 361. Von Aufbietung verloren gegangener Obligationen derselben, s. Aufgebot.

Brodkorn, s. Saat-, Brod- und Futtergetreide.

Bücher brauchen bei Inventuren nicht taxirt zu werden, II. 5. §. 49.

Bücher, die zur Verwaltung des Amts erforderlichen können den Beamten nicht abgepfändet werden, II. 343.

Bürge haftet für den durch ein juramentum in litem gegen den Hauptschuldner ausgemittelten Betrag, I. 22. §. 15., in wiefern gegen ihn Arrestschlag statt finde, 29. §§. 8. 9., oder ihm ein

dem Hauptschuldner ertheilter Indult zu Statten komme, 47. §§. 114. 115.

Bürgschaft kann bei Indultgesuchen durch hinlänglich angesessene Leute bestellt werden, I. 47. §. 22., der Frauenspersonen kann vor jedem gehörig besetzten Gerichte vorgenommen werden, II. 1. §. 9. Verfahren bei Aufnehmung der Bürgschaften, 8. §. 16., a) insbesondere, wenn eine Ehefrau sich für ihren Ehemann verbürgt, §. 16., b) s. auch Eheleute.

Bürgschaft; Certioration der Frauenspersonen bei Bürgschaftserklärungen, IV. 76. Nothwendigkeit der Certioration, wenn eine Ehefrau in demselben Instrumente, mit ihrem Ehemanne als Bürgen, sich selbst als Hauptschuldnerin verpflichtet, IV. 79. Zuziehung eines Rechtsbeistandes bei Bürgschaften der Ehefrauen, IV. 80 In wiefern zu Prioritätseinräumungen und Verzichtleistungen Seitens einer Frauensperson die Certioration erforderlich, IV. 74. 75.

C.

Cämmerei, s. Casse.

Calumniae juramentum kann der Dritte, welcher ediren soll, von dem Editionsforderer verlangen, I. 10. §. 102., muss derjenige ableisten, der den Beweis durch Vergleichung der Handschrift führen will, §. 150., s. auch Vergleichung der Handschrift. Kann derjenigen Partei abgefordert werden, welche auswärtige an entlegenen Orten befindliche Zeugen vorschlägt, wenn sie einigen Verdacht, dass es ohne Noth geschehe, gegen sich hat, §. 174., muss auch derjenige ableisten, welcher auf die Abhörung eines sich auf Reisen befindenden Zeugen besteht, dessen Zurückkunft sich nicht bestimmen lässt, §. 226., b) von diesem Eide überhaupt handelt, I. 22. §. 37. sqq., dessen Zweck, §. 37., in welchen Fällen derselbe statt finde, §. 38., in der Regel ist nur der Richter befugt, diesen Eid zu fordern, §. 39. Verfahren, wenn die Partei sich nicht freiwillig zur Ableistung dieses Eides versteht, §. 40., in diesem Fall muss, wenn der Decernent findet, dass die Partei der Chicane wirklich verdächtig sei, ihr der Eid durch eine Resolution auferlegt werden, §. 41. Wirkung der nicht erfolgenden Ableistungen dieses Eides, §. 42., dieser Zwischenpunkt muss die Instruction der Hauptsache niemals aufhalten, §. 43., diejenige Partei, welche den Eid abgeleistet hat, und in der Folge dennoch der Chicane überführt wird, soll gleich einem Meineidigen bestraft werden, §. 33., wenn eine Partei in Messsachen Beweismittel in Vorschlag bringt, deren Aufnehmung mit beträchtlichem Zeitverlust verknüpft sein würde, so muss derselbe das juramentum calumniae abgenommen werden, 30. §. 26.

Cammergericht, s. Oberkriegscollegium.

Canzlei, Beschaffenheit der Stube dazu, R. u. C. R. §. 75.

Canzlei, Verwaltung derselben bei den Obergerichten nach dem Canzleireglement vom 19. Dezember 1833, IV. 480. Vermehrung des Canzleipersonals bei den Untergerichten, IV. 355.

Canzleidiener, s. Botenmeister.

Canzleidirektor oder Pronotarius, demselben liegt die Direction in der Registratur und Canzlei überhaupt ob, R. u. C. R. §. 1. n. 1., muss tägliche Präsenzlisten von sämmtlichen Subalternen führen, §. 5., in wiefern derselbe einem Canzleiverwandten erlauben könne, die Canzlei noch vor Ablauf der Arbeitsstunden zu verlassen; §. 10., muss die Ausgleichung der Arbeit unter den Secretarien besorgen, §. 123., dessen Amt in Ansehung der vorgeschriebenen Spruchsachen, §. 214. sqq., hat die Aufsicht über sämmtliche Subalternen, §. 238., muss die Registratur fleissig visitiren, §. 239., auf das Betragen der Secretarien Acht haben, §. 240., den Canzleiinspector unter beständiger Aufsicht halten, §. 241., dessen Obliegenheit, wenn er Unordnungen bemerkt, §. 243., s. auch Präsident.

Canzleiinspector, dessen Platz in der Canzleistube, R. u. C. R. §. 75., dessen Amt, §. 76., besonders in Ansehung der zu revidirenden und revidirten Expeditionen, §. 138. sqq., s. auch Expedition, Secretarius. In Ansehung der Beförderung der Expeditionen zum Mundiren, §. 145. sqq., und der Mundorum zur Unterschrift und Siegelung, §. 166. sqq., alle Munda müssen in der Regel von einem Siegelungstage bis zum andern gefertigt werden, §. 168. Ausnahme, §. 169. Verfahren in diesem Falle, §. 170. sqq, was der Canzleiinspector in Ansehung der gesiegelten Mundorum zu beobachten habe, §. 179., s. auch Botenmeister, in Ansehung der Concepte der zur Siegelung beförderten Mundorum, §. 187. sqq., derjenigen Verfügungen, von denen bloss simple Abschrift ertheilt wird, §. 197. sqq., der vorgetragenen Spruchsachen, §. 221. sqq., des Stempelpapiers, §. 228. sqq., der Berechnung und Vertheilung der Schreibgebühren, §. 233. sqq.

Canzleiinspector, Functionen desselben nach dem Canzlei-Reglement für die Obergerichte, IV. 482.

Canzlist, dessen Bestellung, III. 5. §. 56. 57. Obliegenheiten, §. 28. sqq., besonders in Ansehung des Mundirens, R. u. C. R. §. 161. sqq. Verpflichtung, III. 5. §. 71. (459.). Canzlist bei den Notariencollegien, s. Notariencollegium.

Canzlist, Vertretung der zur Landwehrübung eingerufenen Canzlisten, IV. 356. Anstellung und Remuneration derselben, IV. 484.

Canon, s, Erbzinsherr, Hebungen jährliche.

Canonicus, s. Eximirte.

Cantor, s. Kirchenbediente.

Cantonisten, Verfahren gegen ausgetretene, s. Cartelconvention, Confiscationsprozess, Edictalvorladung, Quoten, Todeserklärung, Vorladung.

Cantonisten, ausgetretene, Verfahren gegen dieselben, III. 97., s. Confiscationsprozeß.

Capelle, Gerichtsstand der zur Königlichen Capelle gehörigen Personen, s. Eximirte.

Capitalien darf derjenige Gemeinschuldner, welcher zum Generalmoratorium verstattet sein will, während der Verhandlung darüber nicht erheben und in seinen Nutzen verwenden, I. 47. §. 67., wie es mit deren Herbeischaffung in Concursfällen zu halten, s. Activmasse, Offener Arrest.
S. übrigens: Activcapitalien.
Capitalaufkündigungen, Verfahren bei gerichtlichen, I. 28. §. 16., in wiefern der Gemeinschuldner während der Verhandlung über sein Generalmoratoriengesuch Capitalien aufkündigen oder ausklagen könne, 47. §. 68.
Capitalsaufkündigungen, bei denselben ist die Einreichung des Documents nicht erforderlich, II. 651.
Cartellconvention; auf die mit auswärtigen Staaten bestehenden Cartellconventionen und Tractaten ist im Confiscationsprozess bei der Vorladung des Beklagten Rücksicht zu nehmen, I. 36. §. 34.
Cartellconvention, mit auswärtigen Staaten, namentlich zwischen den Staaten des deutschen Bundes, III. 109.
Cassation, deren Wirkung in Ansehung des Gerichtsstandes, s. Exemtion.
Cassation, s. Dienstentlassung.
Cassation der Acten, welche sich dazu eignen und nach welchem Zeitraume sie statt findet, IV. 459. Cassation der Manualacten, IV. 462.
Casse, was jemand einer öffentlichen schuldig ist, dagegen findet kein Moratorium statt, I. 47. §. 97. n. 2. Vorrechte der Königlichen und anderer öffentlichen in der vierten Classe, 50. 402. sqq. §. 402. (362.), s. auch Prinzliche Gesammtkammer. In wiefern Kreiscassen, Cämmereien, Salariencassen der Magisträte und anderer nicht Königlichen Gerichte in der fünften Classe angesetzt werden, §. 444.
S. auch Cassengläubiger, Gerichtsgebühren.
Cassen, Königliche, an wen sie die im Wege der Execution gemachten Gehaltabzüge zu zahlen haben, I. 24. §. 106 — 108. (164.)
Cassenbediente, Vorrechte des Fiscus in ihrem Vermögen, s. Fiscus, auch Sportelcassenbediente.
Cassenbediente; Prüfung und Qualification der Cassenrendanten, IV. 325. Regulirung des Cautionswesens der Cassenbeamten, IV. 325. u. f.
Cassengläubiger, unbekannte Gläubiger einer öffentlichen mit fiscalischen Rechten versehenen Casse können öffentlich vorgeladen werden, I. 51. §§. 171 d. 171 e. Vorladung unbekannter Gläubiger der Depositencassen, §. 171 b. (391. 392.), der militärischen Cassen, (393.)
Cassengläubiger, deren öffentliche Vorladung und Präclusion, III. 637 — 639.
Caution muss bei Arrestgesuchen in schleunigen Fällen bestellt werden, I. 29. §§. 31. 32., von dieser Cautionsbestellung ist nur der Fiscus frei, §. 33., in wiefern Kirchen, Schulen etc. davon frei sind, §. 34., derselben bedarf es bei ordentlichen und ge-

wöhnlichen Arresten nicht, §. 51., wie es zu halten, wenn der Arrestat die Relaxation des Arrestes gegen Cautionsbestellung nachsucht, §. 59. sqq. Verfahren, wenn Fremde, gegen welche Arrest gelegt ist, Caution für die Forderung des Arrestlegers bestellen wollen. §. 76. (207 — 211.), s. auch Appellation hat nur effectum devolutivum, Arrest. Revision ist unzulässig. Von welchen Personen sie, wenn sie als Bevollmächtigte zugelassen werden wollen, zu bestellen, 3. §. 26., s. auch Bevollmächtigter. In der Regel kann jeder Beklagte von dem Kläger wegen der Prozesskosten Cautionsbestellung fordern, 21. §. 1. Arten der Prozesse, in welchen keine Cautionsforderung statt findet, und Personen, welche von der Cautionsbestellung befreit sind, §. 2., s. auch Alimente, Bagatellsachen, Besoldung, Concursprozess, Deputat, Ehescheidungsprozess, Executionsprozess, Fiscus, Grundstücke, (damit angesessene Leute,) Judicat, (Klagen daraus,) Lohn, Magisträte, Mercantilsachen, Spoliensachen, Stadtgemeine, Stiftungen, Milde. Die Dispensation des Einen Mitklägers kömmt dem andern nicht zu Statten, §. 2., s. auch Kostenpunct. Zu welcher Zeit die Cautionsforderung angebracht werden müsse, §. 4. Verfahren, §. 5. sqq., wenn die Verbindlichkeit zur Cautionsbestellung und das Quantum der Caution streitig ist, so wird das Erforderliche durch ein Decret festgesetzt, gegen welches keine Appellation statt findet, §. 8., die Cautionsbestellung kann nachgefordert werden, wenn die Gründe, aus welchen der Kläger bei dem Anfange des Prozesses von derselben befreit war, sich in der Folge verändern, §. 9., zu deren Bestellung muss der dem richterlichen Befehle keine Folge leistende Kläger mittelst Execution angehalten werden, §. 10., ist diese fruchtlos, so muss der Kläger auf ausdrückliches Verlangen des Beklagten den Cautionseid leisten, §. 11., oder die Reposition der Acten gewärtigen, §. 12., von Cautionsbestellung der Ausländer, §. 13., s. auch Appellation. Andere Prozesscautionen, als die cautiones de judicio sisti, imgleichen pro reconventione bleiben abgeschafft. Die Caution de lite prosequenda bei Litisreassumtionen soll nur in dem Tit. 20. §. 20. angegebenen Falle nach richterlichem Ermessen zulässig sein, §. 14. Cautionsforderungen, die selbst Gegenstände eines Prozesses sein können, z. B. cautio fideicommissaria, usufructuaria, damni infecti etc. müssen besonders instruirt werden, §. 15., wenn der Gemeinschuldner von der Cautionsbestellung dispensirt worden, so werden die zu erstattenden Kosten in der fünften Classe angesetzt, I. 50. §. 446.

S. übrigens: Kosten, Zuschlag.

Caution; daß die Vorschriften des Tit. 21. der Prozeßordnung, wegen der cautio pro expensis auch in dem Falle, wenn der Beklagte notorisch arm ist, zur Anwendung kommen, II. 166. 167. Daß es einer Cautionsleistung von Seiten der zum Armenrechte verstatteten Ausländer in Prozessen nicht bedarf, II. 170. Amtscautionen der Staatsbeamten, Regulirung des Cautionswesens derselben und Verzinsung der Cautionen, IV. 325. u. f. Berechnung der Cautionen bei Gehaltsverbesserungen, IV. 335. Bestellung der Amtscautionen durch einen dritten, IV. 336. Höhe der von dem Depositalrendanten zu bestellenden Caution, IV. 336. Cautionsverpflichtung der Cassencontrolleurs und Höhe der Caution der

Gerichtsdiener und Executoren, IV. 337. Successive Bestellung der Caution der Gerichtsdiener durch Gehaltsabzüge, IV. 338. Amtscaution der Actuarien, IV 338. Cautionsverpflichtung der Auctionatoren, IV. 339. Befreiung verschiedener Beamten von der Cautionsbestellung, IV. 339. Der Aufnahme besonderer Cautionsinstrumente über die Bestellung der Amtscautionen bedarf es nicht, IV. 336. Zurückzahlung der Amtscautionen, IV. 332. Verfahren und öffentliche Vorladung der Interessenten bei der Zurückgabe der Amtscautionen, III. 637—639.

Cautionseid, dessen Formel, I. 21. §. 11., zu dessen Ableistung soll ein Ausländer nicht verstattet werden, §. 13.

Chef der Justiz, s. Justizdepartement, Justizminister.

Certificat über Wechselfähigkeit, s. Wechselfähigkeit.

Certioration, s. Belehrung der Parteien.

Cession, bei einer dadurch erworbenen Forderung finden in Ansehung der Eideszuschiebung die Vorschriften von der Litisdenunciation Anwendung, I. 10. §. 279. Verfahren bei Reconventionen, wenn das Geschäft, aus welchem Forderung und Gegenforderung entspringt, zwischen dem Beklagten und einem Dritten vorgefallen ist, und dieser sein Recht an den Kläger cedirt hat, 19. §§. 7. 8., gegen einen Kläger, der als Cessionarius eines Dritten klagt, kann der Beklagte wegen Forderungen, die ihm gegen den Cedenten aus einem andern Geschäft zustehen, nur unter gewissen Einschränkungen die Reconvention anstellen, §. 19., in welchen Fällen es in Concursen keiner ausdrücklichen Abtretung der Rechte des bezahlten ursprünglichen Gläubigers des Gemeinschuldners bedürfe, um in dessen Stelle zu treten, 50. §. 161.

Cession. Verfahren bei der Cession der Rechte aus einem Meistgebot bei Subhastationen, III. 693. Partialcession und Verfahren bei Abzweigung der Urkunden, IV. 87. In wiefern bei Partialcessionen mit Prioritätseinräumung Seitens einer Frau die Certioration erforderlich, IV. 77.

Cession, Rechtswohlthat derselben, Begriff und Zweck, I. 48. §. 1. sqq. Erfordernisse, §. 4. sqq. Anbringung des Gesuchs, §. 8. Aufnehmung desselben, §. 9. sqq. Verfügung darauf, §. 12. sqq., s. auch Manualacten, Resolution, Wechselgläubiger. Instruction, §. 18. sqq., s. auch Deduction. Erkenntniss, §. 12. sqq., s. auch Publication der Urtel. Rechtsmittel, §. 26. sqq., s. auch Appellation hat nur effectum devolutivum, Personalarrest, Revision. Kosten, §. 30., dieser Rechtswohlthat kann nicht im voraus entsagt werden, §. 31. Wirkung der Cession, §. 32., in welchen Fällen die Gläubiger auf die Wiederaufhebung dieser Rechtswohlthat antragen können, §. 33., sie schützt nicht gegen neue Schulden, §§. 34. 35., in wiefern dieselbe noch bei der Execution entgegen gesetzt werden könne, §. 36., was Rechtens sei 1) wenn der Schuldner zu bessern Vermögensumständen gelangt, §, 37. sqq.; 2) wenn er sich zu der Rechtswohlthat der Cession nicht qualificirt, §. 45., s. auch Bankerutierprozess. Von Cessionsgesuchen gegen einzelne Gläubiger, §. 46. sqq., wenn ein Schuldner zur Rechtswohlthat der Cession verstattet zu werden verlangt, muss der Concurs von Amtswegen eröffnet werden, 50. §. 4. n. 1., einem

zur Rechtswohlthat der Cession qualificirten Gemeinschuldner ist bis zum Verkauf des Hauses oder Landgutes die Wohnung zu verstatten, §. 266.

S. übrigens: Observation. Personalarrest.

Cession, Rechtswohlthat derselben, bei Provocationen auf dieselbe ist die Revision nicht zulässig, III. 376 Unzulässigkeit des Personalarrests gegen einen zur cessio bonorum verstatteten Schuldner und Modificationen der gegen denselben zulässigen Execution, wenn er zu bessern Vermögensumständen gelangt ist, II. 493.

Chargés d'affaires auswärtige, sind der hiesigen Gerichtsbarkeit nicht unterworfen, I. 2. §. 26.

Charte, s. Karte.

Chicane, s. calumniae juramentum.

Chirurgen, s. Compagniechirurgen, Regimentschirurgus.

Chirurgen, eximirter Gerichtsstand der Kreischirurgen, I. 189.

Churmärkische Landschaft, in wiefern die bei derselben belegten Gelder im Wege des Arrests in Beschlag genommen werden können, I. 29. §. 19.

Citation, s. Vorladung, auch Edictalvorladung.

Civilbeamte. Von der Execution gegen sie, und von den ihnen zu machenden Gehaltsabzügen, Besoldungen, Execution.

Civilbeamte, s. Beamte.

Civilgerichte dürfen sich in alle zur Militärgerichtsbarkeit gehörigen Angelegenheiten nicht mischen, I. 2. §. 52., s. auch Oberkriegscollegium. Sie üben jetzt die bürgerliche Gerichtsbarkeit über die Militärpersonen aus, §. 48. sqq. (12.), s. Militärpersonen. Ueber fremde Militärpersonen haben sie auch die Gerichtsbarkeit in Criminal- und Injuriensachen, §. 60. (22.) Müssen den Militärgerichten von jeder gegen Militärpersonen, die in bürgerliche Zünfte aufgenommen worden, angestellten Klage Nachricht geben, §. 82 c., s. auch Execution, Militärpersonen. Den Civilgerichten des Orts sind die in Garnison zurückbleibenden Ehefrauen der Unterofficiers und Soldaten, wenn die Regimenter ins Feld gehen, unterworfen, §. 38. Wann sie wider Militärpersonen und Beurlaubte die fiscalische Untersuchung führen können, 35. §. 34. (244 245.)

Uebrigens s. Generalauditoriat, Militärgerichte, Militärpersonen, Regimentsgerichte.

Civilgerichte, deren Competenz in Ansehung der Landwehrmänner und Kriegsreservisten, I. 177., desgl. bei den von Landwehrmännern während der Uebungszeit begangenen gemeinen Verbrechen, I. 183. In welchen Fällen dieselben die Führung von Untersuchungen gegen Gensd'armes übernehmen müssen, I. 186.

Civilsupernumerarien, Anstellung derselben bei den Obergerichten, IV. 301-305.

Classification der Gläubiger geschicht in sieben Classen, I. 50. §. 267., wie es mit den, vor Publication der Allgemeinen Gerichtsordnung entsprungenen, Forderungen zu halten, (352.), welche Gläubiger von der Einlassung in den Concurs frei sind, s. Einlassung in den Concurs.

Gläubiger der ersten Classe, §. 296. sqq., ihnen werden die vindicirten Sachen angewiesen, §. 355.
S. übrigens: Bedingungsweise überlassene Sachen, Bittweise überlassene Sachen, Commissionsgüter, Credit, Depositum, Diebstahl, Ehefrau des Gemeinschuldners, Fabrikant, Feuersocietäts- und Bauhülfsgelder, Fideikommiss, Geliehene Sachen, Grundstücke, Hofwehr, Kinder, Lehn, Miethe, Pfand, Saat-, Brod- und Futtergetreide, Rettungsinstitut, Standesmässiger Unterhalt.
Gläubiger der zweiten Classe, ebend. §. 365. sqq., folgen in der daselbst festgesetzten Ordnung auf einander, §. 385., und mit welcher Rücksicht auf zufolge der Indultgesetze seit 1807 verspätete Einforderung, §. 356. sqq. (357.)
S. übrigens: Arzt, Assecuranz-Prämien, Bäcker etc. Begräbnisskosten, Depositum, Dienstboten, Erbverpächter, Feuersocietäts-Beiträge, Fiscus, Fracht-Gelder, Gastwirthe, Handwerker, Kirchenbediente, Lasten und Abgaben, Medicinalkosten, Pfandgläubiger, Pflüger- und Drescherlohn, Schlächter, Schneider, Schuster, Schulbediente, Trauerkosten, Verpächter und Vermiether.
Gläubiger der dritten Classe, §. 387. sqq., deren Folge auf einander wird durch die Zeit der geschehenen Eintragung bestimmt, I. 55. §. 387. (360.)
S. auch: Erbzinsherr, Hypothekenbuch, Strafe.
Gläubiger der vierten Klasse, I. 50. §. 395. sqq. In dieser Classe werden die Ansprüche des Fiscus und der Cassen vorzüglich, die übrigen aber nach der Zeit der Entstehung befriedigt, §. 429.
S. übrigens: Assecuranzprämien, Bank, Baugläubiger, Brennholzadministration, Casse, Compagnie, Depositum, Eingebrachtes der Ehefrau, Equipage, (eines Officiers), Feuersocietätsbeiträge, Fiscus, Kinder, Kirchenbediente, Minderjährige, Nutzholz-Administration, Pflegbefohlne, Prinzliche Gesammtkammer, Schulbediente, Seehandlungsgesellschaft, Vormund, Wirthschaftsinventarium.
Gläubiger der fünften Classe, §. 430. sqq., werden ebenfalls nach der Zeit ihrer Entstehung geordnet, §. 451.
S. übrigens: Alimente, Auspfändung, Casse, Creditmasse, Ehefrau des Gemeinschuldners, Ehefrau geschiedene, Erbzinsherr, Fabrik, Gläubiger, Gold- und Silbermanufactur, Herrschaft, Immission, Kosten, Lasten und Abgaben, Lotterieentrepreneur, Lucra nuptialia, Receptitien der Ehefrau, Stiefkinder, Stiftungen milde, Versiegelung, Waisenhaus zu Potsdam.
Gläubiger der sechsten Classe, §. 452. sqq.
S. auch: Alimente, Baugläubiger, Bittweise überlassene Sachen, Braut, Brautgeschenke, Darlehn, Diebstahl, Erbgelder, Fabrikant, Fungibilis res, Gerichtsgebühren, Hochzeitgeschenke, Honorarium, Justizcommissarius und Notarius, Kaufgelder, Medicinalkosten, Pfand, Schuldinstrument, Wechselgläubiger.

Gläubiger der siebenten Classe, §§. 474. 475., s. auch Alimente, Buchschulden, Privatschuldverschreibungen. Forderungen, die post omnes locirt werden, §. 476. sqq.

S. übrigens: Alimente, Begräbnisskosten, Communkosten, Ehefrau des Gemeinschuldners, Geldstrafe, Schenkung, Strafen, Trauerkosten, Untersuchungskosten, Vermächtniss, Zinsen.

Die Gläubiger der sechsten und siebenten Classe, und diejenigen, welche post omnes locirt werden, erhalten ihre Befriedigung in tributum, I. 50. §§. 473. 474. 482. Besondere Privilegia einzelner Gläubiger, 483 — 485. Von Ueberschüssen der Masse, §. 486. Die Vorschriften der Classificationsordnung sollen auf andere bloss ähnliche Forderungen nicht ausgedehnt werden, §. 488.

Classification der Berggläubiger wird nach dem allgemeinen Landrechte bestimmt, I. 50. §. 677.

Classification der Schiffsgläubiger, I. 50. §. 685. sqq. s. auch Schiffsgläubiger.

Classificationsurtel im Concursprozess, Präclusion der nicht erschienenen Gläubiger, I. 50. §. 143 — 145., s. auch Präclusion. Eines Aushängung dieses Urtels am Orte des Gerichts bedarf es nicht, §. 143. (328.) Vorbehalt wegen der zum Concurs nicht gehörenden Ansprüche, §. 146., s. auch Einlassung in den Concurs. Erwähnung der Communkosten, § 147. Locirung der Gläubiger, §. 148., s. auch Classification der Gläubiger. Bestimmung wegen der Richtigkeit der Forderungen, §. 149., wegen der Zinsen, §. 150 — 152., besonders wegen der seit 1807 vermöge erlassener Indultgesetze aufgeschwollenen Zinsen, §. 151. (329.), s. auch Zinsen. Wegen der Kosten, §. 153. u. (330.), wegen bloss temporeller Prästationen, §. 154., wegen noch nicht fälliger Forderungen, §. 155., wegen der Compensation in Concursen, §. 156., s. auch Compensation in Concursen. Vom jure subintrandi, §. 161. u. (331.), s. auch Cession, Gläubiger. Vom Retorsionsrechte, §. 162. Fassung des Erkenntnisses, §. 163. Locirung mehrerer Forderungen Eines Gläubigers, §. 164 Abweisung ungegründeter Ansprüche, §. 165. Publication des Classificationsurtels, §. 166. u. (332.), s. auch Publication des Urtels. Restitutionsgesuche, §. 167., s. auch Restitution. Kosten dieser Restitution, §. 168., die Appellation gegen ein Classificationsurtel steht sowohl dem Contradictor als den Gläubigern offen, §. 169., aber nicht dem Gemeinschuldner, (133.), in wiefern dem Contradictor, §. 170. sqq., in wiefern einem Gläubiger, §. 174. sqq., und zwar, wenn die Appellation A) seine eigene Forderung a) in Ansehung der Richtigkeit und des Betrags derselben betrifft, §. 175., oder b) die Priorität der Forderung, §. 176., oder auch beides zugleich, §§. 175. 176., Gegenstand der Appellation ist, §. 177.; B) wenn die Appellation die Forderung eines Mitgläubigers betrifft, §. 178., in diesem Falle kömmt die Wirkung eines günstigen Appellationserkenntnisses sämmtlichen Gläubigern, die ein Interesse dabei haben, zu Statten, §§. 179. 180., doch

müssen diese zu den durch eine solche für sie günstige Appellation verursachten Kosten beitragen, §. 181. Termin zur Regulirung der Appellationen, § 182. sqq. Instruction, §. 188. sqq. Revision, §. 192. Kosten, §. 193. dessen Abfassung in Ansehung der Bergglänbiger, s. Bergwerkseigenthum.

Classificationsurtel, im Concurse. Das Präclusionserkenntniß wird gleich nach abgehaltenem Liquidationstermine besonders abgefaßt, III. 431. Zulässigkeit der Appellation gegen die Locirung einer Forderung, III. 439. Appellationsfrist und Regulirung des Appellatorii, III. 442.

Classificationsurtel im Liquidationsprozess, in wie fern dagegen nur das Th. I. Tit. 14. Abschn. 3. verordnete Rechtsmittel, oder die förmliche Appellation statt finde, I. 51. §§. 30. 31. dadurch wird in der Regel der Liquidationsprozess geendigt, §. 32.

Collegiatstift, s. Eximirte.

Collision der Beweismittel, s. Widerspruch der Beweismittel, auch Beweismittel.

Coloniegerichte des Wohnortes, darunter stehen die Mitglieder der französischen und Pfälzer Colonie, I. 2. §. 30. und zwar ohne anderweitige Rücksicht, §. 31. deren Gerichtsbarkeit sind die Grundstücke der Coloniemitglieder unterworfen, §. 32. sind nur auf diejenigen Oerter und Districte, für welche sie ausdrücklich bestellt worden, eingeschränkt, §. 33. in wie fern Fremde sich denselben unterwerfen können, §§. 35. 36. in wie fern ein Mitglied der Pfälzer Colonie sich einem französischen Coloniegerichte unterwerfen könne, §. 27. dieser Gerichtsstand ist gänzlich aufgehoben, §. 30. (9.)

Commandeur eines Regiments, dessen Gerichtsstand, s. Generalauditoriat.

Commandeur eines Regiments, wie viel demselben an Gehalt im Wege der Execution verkümmert werden kann, II. 394.

Commerzienrath, s. Exemtion.

Commissarien in den Landarmen- und Invalidenhäusern sind eximirt, I. 2. §. 78. (23.)

Commissarii perpetui der Landesjustizkollegien, in wie fern sie bei Sterbefällen die Versiegelung veranlassen müssen, s. Versiegelung.

Commissarius, in welchen Fällen die Instruction der Sache einem auswärtigen aufzutragen, I. 3. §. 7. wie derselbe zur Betriebsamkeit zu ermuntern, s. Ordnungsstrafe. In wie fern die vom Commissarius des Realrichters aufgenommenen Verträge über Immobilien keiner besonderen Verlautbarung bedürfen, II. 1. §. 3. I. n. 1. (414.)

Anm. Uebrigens s. die einzelnen Theile und Gattungen des Prozesses und anderer gerichtlichen Geschäfte.

Commissarius zur Instruction und Entscheidung der Bagatellsachen, s. Bagatellsachen.

Commissionsgüter, dem Gemeinschuldner in Commission gegebene Effecten oder Waaren werden in der ersten Classe

vindicirt, I. 50. §§. 300. 301. auch die von demselben commissionsweise für bereits angewiesene Gelder erkauften Waaren, §. 302—304.
Commodatum, s. Geliehene Sachen.
Commune, s. Gemeine.
Communio bonorum, s. Gütergemeinschaft.
Communkosten im Concurs, was darunter zu verstehen, I. 50. §. 530. u. (371—373.) werden post omnes locirt, §. 477. a. s. auch Classificationsurtel. Wer von den Beiträgen dazu befreit sei, §. 531. sqq. u. (374.) s. auch Armenrecht, Eigenthumsforderung, Fiscus, Pfandrecht, Soldaten. Wenn die gemeine Masse zur Tragung der Communkosten nicht hinreichen sollte, muss der Ausfall aus der Immobiliarmasse getragen werden, §. 536. Was sonst dabei zu merken, §. 511. (370.)

Communkosten im Concurse; Befreiung der landschaftlichen Creditsysteme von solchen, III. 527. Berichtigung der Gebühren des Curators aus der Immobiliarmasse, III. 517. Die Communkosten eines nach Einleitung der Subhastation eröffneten Concurses können nicht aus den Kaufgeldern entnommen werden, III. 730.

Compagnie, Vorschüsse zur Uebernehmung derselben, welche auf die Gewehrgelder eingetragen worden, haben das aus dieser Eintragung entstehende, sonst aber kein besonderes Vorzugsrecht, I. 50. §. 387.
Compagniechirurgen. Sie stehen unter dem Untergerichte der Garnisonstadt, I. 2. §. 48. sqq. (13.) s. Militairpersonen. Sie geniessen nicht die Kostenfreiheit, I. 23. §. 42. (143.)
Comparatio literarum, s. Vergleichung der Handschriften.
Compensation in Concursen, muss der Gläubiger sich bei einem credito puro gegen ein debitum in diem gefallen lassen, I. 50. §. 158. s. auch Zinsen, findet bei einem debito puro des Gläubigers gegen dessen creditum in diem unter Vergütigung der Zinsen bis zum Verfalltage an die Masse ebenfalls statt, §. 159. in welchen Fällen dieselbe nicht zulässig sei, §. 160.
Compensation der Kosten, s. Kosten.
Compensationsrecht befreit von der Einlassung in den Concurs, I. 50. §. 288.
Competentes Gericht, s. Gehöriges Gericht.
Competenz, Rechtswohlthat derselben, davon handelt, I. 49. §. 14. sqq. Begriff derselben, §. 14. was dazu zu rechnen, §. 16. welche Personen zur Aussetzung derselben verbunden, §. 16. s. auch Eheleute, Geschwister, Gläubiger, Handlungsgesellschafter, Schenkung, Schwiegerkinder, Stiefältern. Fälle, in denen sie nicht gegeben werden darf, §. 17. Verfahren über die Aussetzung derselben, §. 18. Erkenntniss und Rechtsmittel, §. 19. s. auch Appellation hat nur effectum devolutivum. Vertheilung des Competenzquanti unter mehrere Gläubiger, §§. 20. 21. wann die Competenz aufhöre, §. 22. sqq. von der Competenz solcher Gemeinschuldner, deren Vermögen in Renten, Besoldungen, Pensionen etc. besteht, §§. 27. 28. in welchen Fällen solche Gemeinschuldner die Aussetzung einer Competenz nicht verlangen können, §. 29. einer Wittwe, die aus der Ehestiftung Leibge-

dinge etc. zu fordern hat, muss auch von ihren eignen Gläubigern die Competenz gelassen werden, §. 30. diese Art der Competenz (§. 27. sqq.) kann auch solchen Schuldnern, die sich zur Rechtswohlthat der Cession nicht qualificiren, nicht versagt werden, §. 31. und ist sogleich nach eröffnetem Concurse zu reguliren, §. 32. Verfahren, wenn in diesem Falle Streit darüber entsteht, wie viel dem Gemeinschuldner an Competenz auszusetzen sei, §. 33. Für die Auszahlung des Competenzquanti muss das Gericht sorgen, §. 34. daraus müssen die Kosten der Krankheit des Gemeinschuldners während des Concurses bestritten werden, §. 369. kann nicht mit Arrest belegt werden, I 29. §. 21.

Compromiß; in wie fern ein Compromiß auf die Entscheidung des Geheimen Ober-Tribunals nach Maßgabe des Anh. §. 100. noch gegenwärtig statthaft ist, I. 551.

Concursmasse, s. Activmasse, Gemeinmasse, Immobiliarmasse, Passivmasse, Specialmasse.

Concursprozess, davon handelt I. 50. Begriff, §. 1. Erfordernisse der Concurseröffnung, §§. 2. 3. Fälle, in welchen dieselbe wegen notorischer Unzulänglichkeit von Amtswegen erfolgen muss, §. 4. s. auch Cession, Erbschaft, Gemeinschuldner. Ausnahme, §. 4. (311. 312.) §. 5. sqq. §. 5. a) (315.) s. auch Eheleute. Fälle, wo sie nur auf den Antrag der Gläubiger erfolgen kann, §§. 9. 10. Beim Vortrag über die Eröffnung des Concurses muss geprüft werden, ob Grund zur Eröffnung der Untersuchung wegen Bankeruts vorhanden sei, §. 4. (313.) Verfahren, wenn die Sufficienz nur scheinbar ist, §. 4. n. 1. (314) Vorladung und Verwarnung bei der Concursöffnung, wenn keine Edictalvorladungen ergehn, § 6. (316) Verfahren, wenn Erben und der überlebende Ehegatte der Erbschaft entsagt haben, §. 8. (317.) Verfahren dabei, §. 11. sqq. s. auch Deduction. Rechtsmittel, §. 19. sqq. s. auch Revision ist unzulässig. Zeitpunkt des eröffneten Concurses, §. 22. sqq. dessen Gerichtsstand, §. 25. sqq. s. auch Gerichtsstand des Concurses. Fortsetzung schon eingeleiteter Specialprozesse, §. 27. (318.), und Wechselprozesse, (319.) Wirkung der Concurseröffnung, §. 33. Wann die Concurseröffnung wieder zurückgenommen werden kann, §. 33. (320.) wie weit Dispositionen des Gemeinschuldners nach eröffnetem Concurse zulässig sind, §. 34. sqq. besonders in Ansehung der Verträge, §§. 39. 40. und in Ansehung einer ihm zugefallenen Erbschaft, oder eines andern Rechts, §. 41. s. auch Erbschaft. Wie weit des Gemeinschuldners Dispositionen vor eröffnetem Concurse gültig sind, §§. 42. 43. a) in Ansehung eines Gläubigers, §. 44. sqq. Wann die Gläubiger ein, vor der Concurseröffnung ergangenes, rechtskräftiges Erkenntniss als nichtig anfechten können, §. 46. (321.) b) in Ansehung eines Dritten, §. 48. sqq. s. auch Schenkung. Wirkung der Concurseröffnung in Ansehung einzelner Gläubiger, §. 60. in Ansehung persönlicher Verbindlichkeiten des Gemeinschuldners, §§. 61. 62. Einrichtung der Akten, §. 93. Be-

stellung des Decernenten. §§. 94. 95. des Instruenten, §. 96. Bevollmächtigte der Gläubiger, s. auch Bevollmächtigte.

S. übrigens: Activmasse, Auction, Classification der Gläubiger, Classificationsurtel, Communkosten, Compensation in Concursen, Competenz, Rechtswohlthat derselben, Creditmasse, Creditsysteme, Curator und Contradiction, Distributionsplan, Distributionsurtel, Einlassung in den Concurs, Gemeinmasse, Gemeinschuldner, Gläubiger, Gold und Silber, Immission, Immobiliarmasse, Inrotulation, Interimisticum, Inventur in Concursen, Kaufmannshandlung, Kostbarkeiten, Landgut, Liquidationstermin in Concursen, Liquidationsverfahren in Concursen, Manifestationseid, Offner Arrest, Präclusion, Publication der Urtel, Restitution, Retorsionsrecht, Schiffe, Sequestration, städtisches Grundstück, Subhastation, Sühneversuch in Concursen, Untergerichte, Verificationstermin, Versiegelung, Vertheilung der Masse, Vorladung im Concursprozess, Wohnung, Zinsen.

Von dem Verfahren im Concursprozess, wenn der Gemeinschuldner unter andern Gerichten in- oder ausserhalb Landes Vermögen besitzt, handelt I. 50. §. 647. sqq. A) wenn derselbe unter mehreren inländischen Gerichtsbarkeiten Vermögen besitzt, §§. 647. 648. besonders, wenn es Immobilien sind, §. 649., wie in diesem Falle 1) bei der Vorladung der Gläubiger zu verfahren, §. 650. sqq. 2) bei der Administration, a) wenn dieselbe der Landschaft oder Creditdirection gebührt, §. 656. b) wenn das Grundstück nicht von dieser Qualität ist, §. 657. sqq. B) Verfahren, wenn ein auswärtiger Gemeinschuldner innerhalb Landes, §. 663. sqq., §. 666. (378. 379) oder C) ein hiesiger Gemeinschuldner ausserhalb Landes Vermögen besitzt, §. 670. sqq. wobei jedoch (ad B. und C.) auf die etwanigen Verträge und Observanzen zwischen den hiesigen und auswärtigen Staaten sorgfältige Rücksicht zu nehmen, §. 668. 670. und, wenn sich dabei einiges Bedenken findet, Bericht zu erstatten, §. 679. §. 666 (378. 379.) s. übrigens Gerichtsstand des Concurses. Der Concursprozess wird durch das rechtskräftige Distributionsurtel geendigt, §. 560. unter welchen Einschränkungen derjenige, über dessen Vermögen Concurs eröffnet worden, als Beweiszeuge abgehört werden könne, 10. §. 233. in wie fern es darin einer Cautionsbestellung bedürfe, 21. §. 2. wie es dabei mit Eidesdelationen zu halten, 10. §. 280. sqq. s. auch Curator und Contradictor, Gemeinschuldner, Gläubiger. Von Vollmachten im Concursprozess, 3. §. 33. s. auch Vollmacht.

Concursprozeß. Eröffnung des Concurses bei unbedeutenden Massen, III. 386. Unzulässigkeit der Concurseröffnung über einen insufficienten Nachlaß ohne Antrag der Gläubiger, wenn der Erbe die Erbschaft sub beneficio inventarii angetreten hat, III. 386. Sorgfältige Untersuchung strafbarer Bankerute, und Prüfung bei Concursen, ob solche vorliegen, III. 387. Unzulässigkeit der Concurseröffnung über das Vermögen eines Offiziers, welcher nichts, als sein Gehalt besitzt, III. 389. Präclusion bei abgekürzten Concursverfahren, III. 390. Unzulässigkeit des offenen Arrests bei abgekürzten Concursverfahren, III. 391. Unterlassung der Concurseröffnung, wenn der überlebende Ehegatte, zwar der Erbschaft

entsagt, jedoch im Besitze des Nachlasses verbleibt, Einziehung der Nachlaßactiva und Bestellung eines Kurators in solchem Falle, III. 392. Unzulässigkeit der Concurseröffnung wegen einer angebrachten Intervention, III. 393. Execution gegen den Gemeinschuldner während der Verhandlung über die Provocation auf Concurseröffnung, III. 395. Fortsetzung der zur Zeit der Concurseröffnung in den höheren Instanzen schwebenden Prozesse, III. 396. Wiederaufhebung des Concurses, wenn sämmtliche Gläubiger darin willigen, und wenn die Masse sufficient wird, III. 398. Desgl. im Wege des Vergleichs, wenn nicht sämmtliche Gläubiger consentiren, III. 541. Nichtbefugniß der Gläubiger, die Aushändigung der Masse zur eigenen Versilberung und Vertheilung zu verlangen, III. 399. Nichtbefugniß des Cridarii, gegen Erkenntnisse, welche die Concursmasse betreffen, Rechtsmittel einzulegen, III. 400. Nichtbefugniß der Gläubiger und des Curators, die vor der Concurseröffnung gegen den Gemeinschuldner ergangenen Erkenntnisse anzufechten, III. 404. Wirkung und resp. Ungültigkeit der Verträge zahlungsunfähiger Schuldner zum Nachtheile der Gläubiger, III. 405. Rechtliches Verhältniß des Curators zu dem Concursgerichte, III. 410. Befugniß des Curators, ohne Autorisation des Gerichts Klagen anzustellen, III. 412. Befugniß des Curators, Eide zu referiren, III. 413. Rücksprache des Curators mit den Gläubigern in Subhastationssachen vor dem Licitationstermine, III. 687. Feststellung des Honorars des Curators, III. 415. Vorladung bekannter auswärtiger Gläubiger, welche sich beim Concurse nicht gemeldet haben, III. 421. Abfassung besonderer Erkenntnisse über die Forderungen einzelner Gläubiger, namentlich Pfandgläubiger, III. 428. Abfassung des Präclusionserkenntnisses, III. 431. Berichtigung der Hypothekenzinsen im Concurse, III. 433. Desgl. der Grundsteuer in den westlichen Provinzen, III. 517. Kosten der Liquidation im Concurse, III. 435. Desgl. der Vindication, III. 525. Tragung der Gebühren des Contradictors, III. 436. Berichtigung der Gebühren des Curators aus der Immobiliarmasse, III. 517. Rechte der Unterthanen Neufchatels in hiesigen Concursen, III. 437. Begründung eines Restitutionsgesuchs gegen die Präclusion im Concurse, III. 439. Appellationssumme in Concursen und anderen analogen Verfahren, III. 439. Berechnung der Appellationsfrist und Ansetzung des Termins zur Regulirung des Appellatorii in Concursen, III. 442. Die Bank und Seehandlung sind zur Einlieferung der bei ihnen versetzten Effecten zur Concursmasse nicht verpflichtet, desgl. die öffentlichen städtischen Leihanstalten, III. 450. Beitreibung der zur Concursmasse gehörigen Effecten, III. 450. Verpachtung der zur Concursmasse gehörigen Landgüter, III. 459. Anwendung der Classificationsordnung der A. G. O. auf Forderungen, welche vor der Publication derselben entstanden sind, namentlich in den neuen Provinzen, III. 463. Berichtigung der von Dominiis zu zahlenden Criminalkosten aus der Concursmasse, III. 465. Begründung des Vorrechts der Vorschüsse an Fabrikanten, III. 479. Locirung der Kriegssteuern im Concurse, III. 482. Vorzugsrecht der Vorschüsse einzelner Mitglieder einer Dammsocietät für andere, III. 484. Priorität der Grundsteuer, welche bei Veräußerung von Grundstücken vorbehalten ist, III. 492. Realrechte bei nicht vollständig regulirtem Hypothekenwesen, III. 493. Vorzugsrecht der Salarienkassen und der Gebühren der Kreisjustizräthe, III. 497. Vorzugsrecht der Ehefrau bei der Gütergemeinschaft nach lübischem Recht, III. 499. Vorzugsrecht der immittirten Gläubiger, III. 507. Aufhebung des Vorrechts des Fiscus in Ansehung der Accise- und Zollstrafen, III. 511. Berichtigung rückständiger Feuerkassenbeiträge aus der Revenüenmasse, III. 518. Unzulässigkeit der Vertheilung der Hauptimmobiliarmasse vor ergangenem Classificationserkenntnisse, III. 520. Befreiung der landschaftlichen Creditsysteme von Communkosten, III. 527. Zurückgabe der kaufmännischen Bücher des Gemeinschuldners nach beendigtem Concurse,

III. 532. Behandlung der Gläubiger im Concurse, III. 538. Aufhebung des Concurses im Wege des Vergleichs, und wenn über die Zulässigkeit desselben zu zu erkennen, III. 541. 544. Verfahren, wenn ein Gemeinschuldner außerhalb Landes Vermögen besitzt, Verabfolgung desselben und Eröffnung eines Special-Concurses über das Vermögen auswärtiger Gemeinschuldner, III. 555—560.

Concursprozess über Bergtheile, s. Bergwerkseigenthum.
— über Militairpersonen, s. Militairpersonen.
— über Schiffe, s. Schiffseigenthum.
— Eröffnung desselben im erbschaftlichen Liquidationsprozess, s. Erbschaftlicher Liquidationsprozess.

Conduitenliste muss der Präsident über das Betragen aller ihm untergebenen Justizbedienten halten, III. 2. §. 13. auf den Grund dieser Liste sollen denjenigen Räthen, die sich vortheilhaft ausgezeichnet haben, verhältnissmässige Prämien angewiesen werden, §. 14.

Conduitenlisten. Einreichung derselben, IV. 511. 515.

Confirmation, s. Bestätigung.

Confiscation des Vermögens eines Deserteurs und ausgetretenen Cantonisten, III. 102. 107.

Confiscationsprozess, davon handelt I. 36. wo derselbe anzustellen, §. 4. u. (266.) durch wen, §. 5. u. (267.) wie die Klage zu begründen, §. 6. u. (268.) unter welchen Umständen die Absicht, sich dem Kriegsdienste zu entziehen, vermuthet werde, § 7. sqq. oder der Confiscationsprozess entweder gar nicht oder doch nicht als gegen einen ausgetretenen Cantonisten statt finde, §. 18. sqq. I. 36. §. 199. (26.) Folgen der von den Verwandten des Ausgetretenen nachgesuchten Todeserklärung, §. 23. (270.) s. auch Todeserklärung. Beschlag des Vermögens, §. 29. Verfahren der Gerichte, sobald ihnen eine Austretung bekannt wird, (271.) Welches Vermögen des Ausgetretenen der Confiscation unterworfen ist, §. 30. (272.) Verfahren wegen derer, die ausgetreten sind nach Russland, §. 32. (273.) nach Nordamerika oder nach England, §. 33. (274.) wegen mehrerer zusammen vorzuladenden Ausgetretenen, §. 35. (275.) s. auch Cartelconvention, Edictalvorladung, Vorladung. Verfahren, wenn der Beklagte nicht erscheint, §§. 36. 37. was insbesondere wegen Vollstreckung des Erkenntnisses und Einziehung des Vermögens zur Invalidencasse zu beobachten, §§. 38. 39. (276—278.) s. auch Quote. Verfahren, wenn Eltern, Verwandte etc. sich melden, §. 40. wenn der Beklagte selbst sich meldet, §. 41. sqq. besonders, wenn dieses erst nach ergangenem Contumacialbescheide geschieht, §§. 45. in welchem Falle der Confiscationsprozess von den Kriegsgerichten instruirt werden müsse, §. 46. (279. 280.) s. auch Deserteur. Verfahren gegen ausgetretene Vasallen oder Unterthanen, §. 47—53. 52. (281.)

Confiscationsprozeß. Verfahren in demselben, III. 96. Cumulation der Confiscationsklagen und Kostenansatz in solchen, III. 97. Befugniß der Regierungen zur Provocation auf den Confiscationsprozeß, III. 98. Bescheinigung der Nachforschung nach dem Aufenthalte eines Ausgetretenen, III. 100. Nichtberücksichtigung der erforderlichen Größe zum Militairdienst bei Confiscationsprozessen, III.

102. Confiscation des Vermögens verstorbener Deserteurs, III. 102. Niederschlagung der Conscriptionsvergehen aus der Zeit der französischen Herrschaft, III. 103. Confiscationsprozeß gegen ausgetretene Militairpflichtige in den ehemals westphälischen Provinzen, III. 186. Beschlagnahme des Vermögens der Deserteurs in den Provinzen, in denen das A. L. R. nicht Gesetzkraft hat, III. 106. Sicherstellung des Vermögens ausgetretener Cantonisten. III. 107. Confiscation und Ausmittelung des Vermögens derselben, III. 108. 116. Verfahren gegen die in Rußland sich aufhaltenden Cantonisten, III. 108. Kartelconventionen mit verschiedenen Staaten, III. 109. Gebührenfreiheit der Insertion in die Intelligenzblätter in Confiscationsprozessen, III. 113. Vorladung der ausgetretenen mit Landgütern angesessenen Unterthanen, und Anwendung der Edictalcitation ausgetretener Unterthanen, III. 120.

Confrontation der Zeugen, s. Zeugen.

Connotation, s. Liquidationstermin im Concurse.

Constitutio liquidi, s. Liquidum.

Consul einer auswärtigen Nation steht in seinen Privatangelegenheiten unter demjenigen inländischen Gerichte, zu welchem er durch seine sonstigen persönlichen Eigenschaften angewiesen ist, I. 2. §. 65. s. auch Personalarrest.

Consul. Befugniß der englischen Consuls zur Aufnahme von Seeprotesten, IV. 10. Gerichtsstand der Consuln, I. 200.

Consulenten, unbefugte, s. Landesjustizcollegium, Strafe.

Consulenten, unbefugte, deren Bestra ung, IV. 186.

Contradictor, s. Curator und Contradictor.

Contravenienten, unbekannte, deren Vorladung, I. 51. §. 179. sqq. §. 181. (394.)

Contravention gegen landesherrliche Verordnungen, darüber finden fiscalische Untersuchungen statt, I. 35. §. 33. n. 1. Wann die Regierungen darüber durch Resolutionen entscheiden, und Verfahren dabei, s. Fiscalische Untersuchung.
S. übrigens: Defraudation, Dienstvergehung, Injuriensachen, Widersetzlichkeit.

Contravention, s. Steuercontravention, Stempelcontravention.

Controlleurs in den Landarmen- uud Invalidenhäusern sind eximirt, I. 2. §. 73. (23.)

Contumacialerkenntniss gegen einen edictaliter vorgeladenen Vagabunden, wie dasselbe zu publiciren, I. 7. §. 16., hat die Kraft eines wirklichen Urtels, 8. §. 12., s. auch Beklagter. Welche Rechtsmittel dagegen statt finden, und was dabei zu beobachten, 14. §. 69. sqq. Das Restitutionsgesuch dagegen findet auch bei Objecten statt, die keine Appellation zulassen, §. 73. u. (124.), bei diesem Restitutionsgesuch finden neue Fristgesuche zur Einbringung der Antwort auf die Klage nicht statt, I. 14. §. 74., in wiefern der Beklagte gegen eiu Contumacialerkenntniss nicht die Restitution nachsuchen könne, sondern appelliren müsse, §. 78., dagegen muss der Kläger, wenn er sich dabei nicht beruhigen will, jedesmal appelliren, §. 79. Wann gegen ein Contumacialerkenntniss appellirt werden müsse;

wann auf nachgesuchte Restitution die Instruction in erster Instanz erfolge, §. 75. 77. (125 — 127.), von Contumacialerkenntnissen bei Untergerichten, 25. §. 43., vom Contumacialverfahren und von Contumacialerkenntnissen in Wechselsachen, 27. §. 17 — 19., gegen ein solches Erkenntniss in Wechselsachen findet keine Restitution, sondern nur die Appellation statt, §. 19., von Abfassung desselben in Mercantilsachen, 30. §. 20., das Rechtsmittel dagegen muss in dieser Art des Prozesses binnen 24 Stunden nach Zufertigung des Bescheides angemeldet werden, §. 24., Verfahren, wenn gegen ein Contumacialerkenntniss in Injuriensachen ein Milderungsgesuch angebracht worden, 34. §. 13 — 16. (230.) Von Rechtsmitteln gegen ein Contumacialerkenntniss in schleunigen Miethssachen, 44. §. 63. (303.)

Uebrigens s. die besondern Gattungen des Prozesses, z. B. Confiscationsprozess, Diffamationsprozess, Fiscalische Untersuchungen etc., auch Restitution, Strafe.

Contumacialerkenntniß; Verordnung in Ansehung der in dem vormaligen Herzogthum Warschau gegen Preußische Unterthanen ergangenen Contumacialerkenntnisse, I. 36. Die Aushängnng der nach vorgängiger Ediktalcitation ergangenen Contumacialerkenntuisse ist nur da nothwendig, wo sie in den Gesetzen ausdrücklich vorgeschrieben ist, I. 363. Daß ein Contumacialerkenntniß, wenn gleich es auf das Restitutionsgesuch des Beklagten aufgehoben worden, nichts desto weniger gegen den Kläger in Ansehung der dem letzteren nachtheiligen Festsetzungen seine Kraft behält, II. 36. Daß die Instruktion der bei den Appellationen gegen Contumacialerkenntnisse in Injuriensachen angebrachten Thatsachen von dem Beklagten verlangt werden kann, II. 38. Zulässigkeit der Rechtsmittel gegen nicht gehörig insinuirte Contumacialerkenntnisse, II. 76., s. auch Restitution. Einziehung der Kosten des Contumacialverfahrens, II. 180. In Bagatellsachen tritt bei dem Ausbleiben des Verklagten die Vorladung zum Klage-Beantwortungstermin in die Kraft eines Contumacialerkenntnisses, II. 641.

Convention. Der Richter der Convention muss zur Vollstrekkung der Execution des in der Reconvention gegebenen Erkenntnisses den ordentlichen Richter des Wiederbeklagten requiriren, I. 24. §. 27. (151.). Uebrigens s. Gerichtsstand, Klage, Reconvention.

Conventual ist eximirt, I. 2. §. 45.

Corporationen und Gesellschaften, welche in der Regel als eine moralische Person zu betrachten sind, können gleich einzelnen Personen klagen und belangt werden, I. 1. §. 33., wie es mit Eidesdelationen an sie zu halten, 10. §. 270. sqq.

S. übrigens: Stiftungen milde.

Correcturen der Documente, s. Urkunde.

Correferent muss in sehr weitläufigen und wichtigen Sachen dem Referenten beigegeben werden, I. 13. §. 1., ist in der dritten Instanz jedesmal zu bestellen, 15. §. 7.

S. übrigens: Referent.

Cossäthen, wie es zu halten, wenn sie oder Hüfner, Handfröhner, Dreschgärtner, Inlieger und andere Personen, die keine

Gemeine ausmachen, vorgeladen werden, I. 7. §. 30., oder einen Eid schwören sollen, 10. §. 273.

Credit, dem Gemeinschuldner auf Credit gegebene Waaren, können in der Regel nicht in der ersten Classe vindicirt werden, I. 50. §. 305. sqq., in wiefern Waaren für creditirt zu achten, §. 309. b.

Creditdirection, s. Creditsysteme.

Creditmasse, wer mit derselben contrahirt hat, ist von der Einlassung in den Concurs frei, I 50. §. 269., die Creditmasse geniesst in dem Vermögen ihrer Curatoren, wegen der von ihnen gemachten Defecte, das Vorrecht der fünften Classe, I. 50. §. 442., von Ueberschüssen der Masse, §. 486.
S. übrigens: Concursmasse.

Creditsysteme, sind von der Einlassung in den Concurs befreit, I. 50. §. 287. Behandlung der Gläubiger in Concursen durch sie, §. 625., der Betrieb dieser Angelegenheit gehört für den Syndicus des Creditsystems, §. 626., im Termin zur Vorlegung des Vergleichsplans wird aber ein Deputirter des Creditsystems, zugezogen, welcher nicht als Partei, sondern als Gehülfe der Gerichtsdeputirten anzusehen ist, §. 627., für diese Verhandlung mit dem Creditsysteme dürfen keine Sporteln angesetzt werden, §. 628.
S. übrigens: Churmärkische Landschaft, Concursprozess, Edictal-Vorladung, Eximirte, Landgut, Pfandbriefe, Taxe, Zinsen.

Creditsysteme, Befugnisse derselben zur executivischen Einziehung der Pfandbriefzinsen, II. 270. Wahrnehmung des Interesse derselben bei dem Kaufgelderbelegungsverfahren in Subhastationssachen, III. 708.

Creiscasse, s. Casse, Lasten und Abgaben.

Cumulation der Klagen findet statt, in sofern mehrere Forderungen an einen Beklagten für einerlei Gerichtsstand und zu einerlei Art des Prozesses gehören, I. 5. §. 24., dabei ist jeder Punkt in einem besondern Protokoll zu verhandeln, §. 25., auch müssen die Klagepunkte so geordnet werden, wie sie unter einander in näherer oder entfernterer Verbindung stehen, §. 26.
S. übrigens: Diffamation, Petitorium und Possessorium, Restitution.

Cumulation der Klagen, beim summarischen Prozesse, II. 650. Cumulation der Confiscationsklagen und Kostenansatz in solchen, III. 97., desgl. bei Todeserklärungen, III. 129. Zulässigkeit der Cumulation der Klagen, wegen der Gerechtsame und Verbindlichkeiten zwischen Gutsherrschaften und Gutseinsassen, III. 172.

Curatela sexus, s. Geschlechtsvormundschaft.

Curator eines Abwesenden, s. Todeserklärung.
Uebrigens: Vormund.

Curator sexus, s. Geschlechtsvormund.

Curator und Contradictor, A) im Concursprozess, von dessen Bestellung und Obliegenheiten handelt I. 59. §. 64. sqq., von Bestellung des Interimscurators, §. 64. Verpflichtung, §. 65.,

die Bestellung des eigentlichen Curators und Contradictors erfolgter st im Liquidationstermin, §§. 66. 67., s. auch Liquidationstermin. Bestallung, §. 68., in wiefern diese Function Einem oder mehrern Subjecten aufzutragen, §. 69. sqq. Amt des Contradictors, §. 72., des Curators, §. 73. sqq. Rücksprache mit den Gläubigern, §. 77. sqq., Einziehung der Gelder in das gerichtliche Depositum, §. 86. sqq. Rechnungslegung, §§. 90. 91. Honorarium, §. 92., wie der Contradictor sich zum Liquidationstermine vorbereiten müsse, §. 115. und §. 223., er muss in demselben die Edictalcitationen, ingleichen die Zeitungen und Intelligenzblätter zu den Acten geben, §. 116., dessen Amt im Verificationstermin, §. 124. sqq. desgl. §. 132., nur zwischen ihm und den Schuldnern oder Gläubigern der Masse finden wechselseitige Eidesdelationen statt, 10. §. 281., und er darf die ihm angetragenen Eide, in sofern sie nicht seine eignen Handlungen betreffen, nur de ignorantia ableisten, §. 183., s. auch Verificationstermin. Der Curator muss, sobald er ordentlich bestellt worden, die weitern Verfügungen wegen Constituirung der Activmasse ungesäumt nachsuchen, I. 50. §§. 211. 212., auch für den Verkauf dem Verderben unterworfener oder unnütze Kosten verursachender Effecten, ingleichen für die Entlassung nicht nothwendiger Domestiken sorgen, §. 213., s. auch Activmasse, und auf den Grund des eingekommenen Inventarii die Beitreibung der Activmasse ferner besorgen, §. 226. sqq., s. auch Gold und Silber, Kostbarkeiten, Schiffe. Dessen Obliegenheiten in Ansehung der ausstehenden Activcapitalien, §. 233. sqq., soll über die deshalb schwebenden Prozesse monatlich ungefordert Bericht erstatten, §. 237., dessen Pflicht 1) in Ansehung der zur Masse gehörigen Kaufmannshandlungen, §§. 238. 239., 2) der Besoldungen und Pensionen, §. 240., 3) der sequestrirten Güter, §. 248., 4) der Veräusserung der Grundstücke, §. 261., 5) der Auseinandersetzung zwischen den Gläubigern eines Gemeinschuldners und den Interessenten eines von ihm besessenen Lehns und Fideicommisses, §. 331., s. auch Liquidationsverfahren, 6) der laufenden Lasten und Abgaben, ebend. §. 1073. Rechte der Creditmasse in dessen Vermögen, s. Creditmasse. Bei welchen kleinen Concursen es keines Curators und Contradictors bedürfe, s. Untergerichte, dessen Amt, wenn der Gemeinschuldner unter fremden Gerichten Vermögen besitzt, ebend. §. 648. sqq., muss von dem Berggerichte bestellt werden, wenn ein Bergantheil zu dem Vermögen des Gemeinschuldners gehört, §. 676., dessen Obliegenheit bei Vertheilung I) der Immobiliarmasse, ebend. §. 504. und §. 518., II) der Gemeinmasse, §. 539. sqq., durch das rechtskräftige Distributionserkenntniss wird der Curator seines Amts entlassen, §. 560., muss auch in dem Falle bestellt werden, wenn Vergleichsvorschläge zur Behandlung der Gläubiger in Concursfällen geschehen, §. 596., in wiefern derselbe bei Sühneversuchen in Concursen zuzuziehen, §. 608., derselbe muss B) im erbschaftlichen Liquidationsprozesse bestellt werden 1) wenn die Unzulänglichkeit klar ist, als in welchem Falle der Erbe mit Bewilligung der Gläubiger die

Curatel übernehmen kann, 51. §. 65., 2) wenn die Unzulänglichkeit zwar nicht klar ist, der Erbe aber sich der Administration der Masse begiebt, §. 74. Obliegenheiten des Curators in diesem Falle, §§. 75. 76.
S. übrigens: Concursprozess.

Curator und Contradictor, rechtliches Verhältniß desselben zu dem Concursgericht, III. 410. Befugniß desselben, ohne Autorisation des Gerichts Klagen anzustellen, III. 412., desgl. Eide zu referiren, III. 413. Rücksprache des Curators mit den Gläubigern in Betreff der Subhastation der zur Masse gehörigen Grundstücke, III. 687. Feststellung des Honorars des Curators, III. 415. Berichtigung der Gebühren des Curators und Contradictors, III. 436. 517., s. übrigens Concursprozeß.

D.

Darlehn, ein dem Gemeinschuldner zu seiner Unterstützung ausdrücklich ohne Zinsen überlassenes, wird in der sechsten Classe angesetzt, I. 50. §. 457. Darlehne, welche aus Militärkassen zur Anschaffung der Equipage einem Offizier gesetzmässig gegeben sind, haben vor allen andern Forderungen im Concurs ein Vorrecht, §. 268. (353.)

Darlehnsinstrument, s. Schuldinstrument.

Darlehnsvertrag, Verfahren bei Aufnehmung desselben, II. 3. §. 13.

Decernent hat folgende allgemeine Pflichten: er muss vor allen Dingen die ihm zugestellten Memorialien, Protocolle und Anzeigen fleissig lesen, mit den hervorgegangenen Verhandlungen vergleichen und sie nach den Vorschriften der Gesetze prüfen, III. 3. §§. 42. 43., der Vortrag selbst muss kurz, jedoch vollständig, §. 33., das Decret deutlich, vollständig und mit Gründen gerechtfertigt sein, auch in der Regel von der Session entworfen werden, §. 44., er darf in der Regel keine ihm zugeschriebene Sache bis zu einer der künftigen Sessionen liegen lassen, §. 45., desgl. R. u. C. R. §. 99. sqq., was er in dem ausserordentlichen Falle, wenn er die vorgetragene Piece nebst den Acten wieder mit nach Hause nimmt, zu beobachten habe, R. u. C. R. §§. 106. 115. 116., dessen Obliegenheit bei Revision der Expeditionen, ebend. §. 114. sqq., wenn eine Expedition ganz wegfällt, §. 146., wenn er nöthig findet, eine Expedition zurück zu behalten, §. 147., was derselbe 1) bei dem Vortrage der Klagen und Beantwortungen, 2) bei der Anberaumung der Instructionstermine, 3) bei Anfragen und Anzeigen des Instruenten, III. 3. §. 46., 4) bei Beschwerden über Untergerichte, §. 37. sqq., zu beobachten habe, s. auch Justizvisitation, dessen Pflicht bei Ausfertigung der Protocolle über Handlungen freiwilliger Gerichtsbarkeit, s. Ausfertigung, Protokoll.
Uebrigens s. die einzelnen Theile und Gattungen des Prozesses.

Declarationsgesuch in Ansehung eines Urtels, in welchen Fällen dasselbe zureiche, ohne dass es einer Appellation bedarf, und Verfahren, wenn ein solches Gesuch angebracht wird,

I. 14. §. 1., von Declarationsgesuchen gegen Revisionserkenntnisse, 15. §. 26. sqq.

Declaratio pro mortuo, s. Todeserklärung.

Decret, wie dasselbe beschaffen sein müsse, s. Decernent. In welchen Fällen es keines Erkenntnisses, sondern nur eines Decrets oder einer Resolution bedürfe, s. Resolution.

Deduction ist kein wesentliches Stück des Prozesses, I. 12. §. 11., wird dem Gegner mittelst Abschrift des Decrets zugefertigt, (98.), soll in der Regel im Schlusstermine mündlich zu Protocoll gegeben werden, in wichtigen Sachen kann die Partei eine schriftliche Deduction von einem selbstgewählten Rechtsgelehrten anfertigen, jedoch muss sie solche von einem bei dem Gerichte, wo der Prozess schwebt, angesetzten Justizcommissarius unterschreiben lassen, §. 12., wozu eine Frist von acht Tagen bis höchstens sechs Wochen verstattet werden soll, §. 14., die Frist zu deren Beibringung ist in erster Instanz präclusivisch, und es findet kein Schriftwechsel statt, §. 15. Verfahren, wenn eine Partei, nachdem sie mit der Deduction einmal präcludirt worden, solche noch einreicht, (99.), in der zweiten Instanz ist sie nicht präclusivisch und es wird gegendeducirt, 14. §. 62., ist präclusivisch, (118.) Wann Nachfrist zu bewilligen (119.) Wenn die Deduction zu spät einkommt, muss sie nachgeschickt werden, (120.), darf jedoch die Aburtelung nicht aufhalten, (221.) Es kann bei Untergerichten der zweiten Classe die Frist zur Einbringung der Gegendeduction, wenn in der zweiten Instanz keine neue Instruction vorkömmt, höchstens nur einmal verlängert werden, I. 25. §. 80., in der dritten Instanz ist sie wieder präclusivisch, jedoch findet Schriftwechsel statt, 15. §. 6. Anweisung zur Anfertigung derselben, 12. §. 16 — 18. Auf ganz neue Thatsachen oder Beweismittel, die erst in der Deduction vorkommen, soll für diese Instanz in der Regel keine Rücksicht genommen werden, 10. §. 3., desgl. 12. §. 19., wegen der Ausnahme, s. Neue Thatsachen. Die schriftliche Deduction ist A) geradehin unzulässig 1) in Bagatellsachen, 26. §. 5. n. 6., 2) im Wechselprozess, 27. §. 30., 3) im Executionsprozess, 28. §. 5., 4) in Arrestsachen, wenn darüber zu erkennen ist, ob vor Entscheidung der Hauptsache die nachgesuchte Relaxation des Arrests statt finde, 29. §. 65., 5) in Possessorio summariissimo, 32. §. 15, 6) im Diffamationsprozess, 32. §. 15. und 19., 7) im Provocationsprozess, ebend. §. 34., 8) in Injuriensachen bei Verbal- oder leichten Realinjurien unter Leuten gemeinen Standes, 34. §. 2. 3., 9) gegen die Defension des Denunciaten in fiscalischen Untersuchungen, 35. §. 92. (die Deduction ist dann zulässig, wenn die fiscalische Behörde glaubt, dass zu gelinde erkannt worden, §. 98., muss aber lediglich aus den Acten der ersten Instanz genommen sein, §. 99., 10) bei Prodigalitätserklärungen, 38. §. 23, 11) in Bausachen, in erster und zweiter Instanz, 42. §. 35 — 38, (in der dritten Instanz ist sie zulässig, §. 41.), 12) in Gemeinheitsaufhebungssachen, bei Streitigkeiten über den Separationsplan, in erster Instanz, 43. §. 38., 13) in Pachtsachen, a) wenn

auf Exmission des Pächters geklagt wird, in erster Instanz, 44. §. 39., b) wegen Wiedereinsetzung eigenmächtig exmittirter Pächter, §. 44., 14) in Miethssachen, §§. 62. 64., 15) in Generalmoratoriensachen, in erster Instanz, 47. §. 83., 16) bei Cessionsgesuchen, 48. §. 21., 17) bei Psozessen über die Frage: ob Concurs zu eröffnen sei, 50. §. 18. B) Die Deduction ist nur unter gewissen Einschränkungen zulässig, 1) im eigentlichen Merkantilprozess, wo die Vorlegung der Acten durch die Einbringung der Deductionen höchstens nicht über drei Tage aufgehalten werden darf, 30. §. 28, 2) in erster Instanz, in Unterthanenprozessen, bei eigentlichen Dienststreitigkeiten, 31. §. 39. n. 4. und §§. 44. 45. (in den beiden folgenden Instanzen ist sie, wie in anderen ordinairen Prozessen zulässig, §. 35.), 3) in Gemeinheitsaufhebungssachen, wenn die dabei streitigen Präjudicialpunkte nur die Theilnehmungsrechte zum Gegenstande haben, 33. §. 15. und §. 19., 4) in Pachtsachen, wegen Pachtgelderberechnungsstreitigkeiten, in erster und zweiter Instanz, 44. §. 8. und 13., (im Revisorio wird es wie im gewöhnlichen Prozesse gehalten, §. 14.), 5) bei Rechnungssachen im Defectorio in erster Instanz, I. 45. §. 20. (in den beiden folgenden Instanzen finden die allgemeinen Vorschriften Anwendung, §. 24.)

Deduction, daß die Präklusion derselben nach Ablauf der zur Einreichung bestimmten Frist aus den Gesetzen folgt und nicht nothwendig durch ein Dekret ausgesprochen zu werden braucht, I. 550. Zulässigkeit der Einreichung einer Deduktion von Seiten des Appellaten, wenn der Appellant mit der Deduktion präkludirt ist, II. 25. Daß Revisionsdeduktionen auch nach Ablauf der, zur Einreichung derselben bestimmten Frist, dem, die dritte Instanz instruirenden Gerichte überreicht werden dürfen und wie in solchen Fällen von dem Richter zu verfahren ist, II. 57. In wiefern eine Verlängerung der Deduktionsfrist in revisorio statt finden kann, ebendas. In summarischen Prozessen in erster und zweiter Instanz finden Deduktionen nicht statt, II. 608. u. f.

Defectorium, s. Rechnungssachen.

Defension in fiscalischen Untersuchungen, davon handelt I. 35. §. 66—68., desgl. §. 91. und §. 95., s. auch weitere Vertheidigung. Wann die Regierungen darüber durch Resolutionen entscheiden, und Verfahren dabei, s. Fiscalische Untersuchung.

Defraudation öffentlicher Cassen und Gefälle, deshalb findet fiscalische Untersuchung statt, I. 35. §. 34. n. 2. eines Privatzolles, wie weit dadurch ein Gerichtsstand begründet werde, s. Gerichtsstand.

Defraudation öffentlicher Gefälle, s. Steuercontravention.

Delegation der Gerichtsbarkeit des Obergerichts über niedere Königliche Bediente an die gewöhnlichen Ortsgerichte ist erlaubt, I. 2. §. 58, s. auch Forstbediente, geringere, und Postillons. Ist auch in Ansehung der niedern Dienstboten der Prinzen und Prinzessinnen und anderer Eximirten zulässig, §. 101., s. auch Berlin, mit Ausnahme der Königlichen Hofdienerschaft, mit Einschluss der Kammerdiener, Kastellane, Hofgärtner, Stallmeister etc. §. 101. (29.)

Delegation der Gerichtsbarkeit der Obergerichte über die niederen Offizianten, und das Gesinde der Eximirten, I. 193. 195., so wie über die niederen Postbedienten, an die Untergerichte, I. 195. Delegation der Gerichtsbarkeit über die niedern Postbeamten im standesherrlichen Gerichte, I. 197.

Denunciant und Denunciat, s. Assistent, Appellation ist unzulässig, Fiscalische Untersuchung, Injuriensachen.

Departement der auswärtigen Angelegenheiten, s. Auswärtiges Departement.

Depositalinteressenten, unbekannte, deren Vorladung, s. Edictalvorladung.

Depositalinteressenten, unbekannte, deren öffentliche Vorladung und Abführung der Depositalmassen, deren Eigenthümer unbekannt sind, an die Justizoffizianten-Wittwenkasse, III. 633 — 637. Wahrnehmung der Rechte der Interessenten eines Depositalactivi bei Subhastationen, III. 687.

Depositalzinsen, executivische Einziehung derselben, II. 272.

Depositalrendanten, Höhe der von denselben zu bestellenden Caution, IV. 336., s. Caution.

Depositalrevision, Verfahren dabei, IV. 435. Einreichung der Jahresrechnung, IV. 578.

Depositalverwaltung, bei den Patrimonialgerichten, IV. 424.

Deposition der Valute im Wechselprozess muss von Seiten des Beklagten geschehen, wenn derselbe nicht persönlich gegenwärtig gewesen und sich nicht binnen 24 Stunden zur Ableistung eines de- oder referirenden Eides meldet, I. 27. §. 28., in wiefern dadurch die Wechselexecution abgewendet werde, §. 61., oder die Execution im Executionsprozess, 28. §. 9., muss in Ansehung des Schuldinstruments erfolgen, wenn ein ausstehendes Activcapital verkümmert worden, 29. §. 54., befreiet unter gewissen Umständen von der Einlassung in den Concurs, 50. §. 292. Von gerichtlicher Deposition der Testamente, s. Testament.

Deposition, der Ablösungscapitalien bei gutsherrlichen und bäuerlichen Regulirungen, Gemeinheitstheilungen und Ablösungen, III. 257. u. f.

Depositum, ein noch in Natur vorhandenes wird in der ersten Classe vindicirt, welches jedoch in Ansehung deponirter Gelder Einschränkungen leidet, I. 50. §. 296., ist das Depositum nicht mehr in Natur vorhanden, so wird der Werth in der sechsten Classe vergütet, §. 456., s. auch Fungibilis res. Diejenigen, welche die Auslieferung oder Herbeischaffung desselben von dem Gemeinschuldner, in sofern er zur Verwaltung gerichtlicher Depositen in Königlichen Gerichten bestellt war, fordern, werden in der zweiten, und wenn die Gelder, ohne in das gerichtliche Depositum gekommen zu sein, von ihm vergriffen worden, in der vierten Classe angesetzt, ebend. §. 398., war der Gemeinschuldner Gerichtsherr oder Gerichtshalter bei Privatgerichten, so erfolgt die Ansetzung nach Verschiedenheit der §. 398. bemerkten Fälle in der vierten oder in der sechsten Classe, I. 50. §. 428.

Deputat, bei Klagen darauf findet wegen der Kosten keine Cautionsforderung statt, I. 21. §. 2.
S. übrigens Dienstboten, Kirchenbediente, Schulbediente.

Deputation einzelner Gerichtspersonen geschieht in der Regel — und wo nicht für gewisse Arten von Handlungen beständige Deputationen ernannt werden — nur für einen gewissen bestimmten Fall, II. 2. §. 3., s. auch Gerichtsperson.

Deputation, zur Aufnahme oder Annahme von Testamenten, sowohl der richterliche Beamte, als auch der Protokollführer müssen ausdrücklich dazu ernannt sein, IV. 92. Deputation für den summarischen Prozeß, II. 597., s. summarischer Prozeß.

Deputatus, s. Instruent.

Deserteur, wie lange die zurückgebliebene Ehefrau desselben den eximirten Gerichtsstand des Mannes beibehalte, imgleichen welchem Gerichte die Verwaltung ihres Vermögens obliege, I. 2. §. 89., ist zur Ableistung eines nothwendigen Eides unfähig, 13. §. 25., der Confiscationsprozess gegen denselben muss bei den Kriegsgerichten instruirt werden, 36. §. 46., dabei bleibt es auch noch jetzt, (279.), jedoch nicht in Ansehung der entwichenen Packknechte, in Ansehung deren der Confiscationsprozess vor die Gerichte ihres Geburts- oder Wohnorts gehört, (280.)

Deserteur. Confiscation des Vermögens der Deserteurs, III. 102. u. f., s. Confiscationsprozeß, Kartelconventionen.

Desertio malitiosa, s. Ehescheidung.

Deservit der Justizcommissarien und Notarien, s. Justizcommissarius.

Deterioration, s. Melioration.

Diätenfonds, Verwaltung desselben bei den Obergerichten, IV. 292—297.

Dictiren und Recessiren der Justizcommissarien, s. Recessiren.

Diebstahl, Effecten, die dadurch oder auf andere unerlaubte Art in des Gemeinschuldners Gewahrsam gekommen, werden in der ersten Classe vindicirt, I. 50. §. 299., sind sie aber nicht mehr in Natur vorhanden, deren Werth in der sechsten Classe angesetzt, §. 456., s. auch Fungibilis res.

Dienste, wie es mit Leistung derselben während eines darüber schwebenden Prozesses zu halten, I. 41. §. 58. sqq., von Klagen auf Erlass derselben, §. 66. u. d. f., insbesondere 1) auf temporellen Erlass, §§. 67. 68. u. (296.), 2) auf fortwährenden Erlass, §. 69. Begründung der Unmöglichkeitsklage, §. 70 — 72. Aufnehmung der Klage, §. 73. Verordnung darauf, §§. 74. 75. Instruction, §. 76. sqq. Erkenntniss, §. 84. Wirkung desselben, §§. 85. 86.

Dienste. Klagen auf temporairen Erlaß derselben und Unmöglichkeitsklagen, III. 186 — 188. Regulirung eines Interimistici in Dienstprozessen, III. 184.; s. auch Regulirung der gutsherrlichen und bäuerlichen Verhältnisse, und Ablösung der Dienste.

Dienstboten sind den ordentlichen Gerichten der Herrschaft unterworfen, wodurch jedoch die persönlichen Rechte des Geburtsortes nicht verändert werden, I. 2. §. 13. u. §. 100. (28.) s. auch Berlin, Delegation, Execution, Eximirte, Gerichtsstand der Eltern, Hausofficianten, Wirthschaftsbediente. Auch die Kinder der Unterofficiers und Soldaten stehen unter dem Gerichtsstande ihrer Dienstherrschaft, §. 87. Dienstboten können in Sachen ihrer Herrschaft zwar als Beweiszeugen angehört werden, ihre Aussage hat jedoch nur unter gewissen Einschränkungen volle Glaubwürdigkeit, 10. §. 233. n. 5. in wie fern gegen Gesindelohn und Deputat ein Moratorium statt finde oder nicht, I. 47. §. 97. n. 7. deren Lohn wird in Ansehung älterer Rückstände in der letzten Classe angesetzt, 50. §. 370. Ausnahme, §. 356. sqq. (357.) das Vorzugsrecht der zweiten Classe findet nicht statt, wenn sie des Gemeinschuldners Dienste bereits vor eröffnetem Concurs verlassen haben, §. 373. Wann bei Prozessen zwischen Herrschaften und Gesinde die Appellation nur effectum devolutivum hat, 14. §. 6. n. 2. (213.)

Dienstboten, Gerichtsstand derselben, I. 147. Competenz der Polizeibehörden in Gesindesachen, I. 116.

Diensteid der Beamten, IV. 212. Vorhaltung bei demselben, IV. 210. Verpflichtung der Beamten, welche in eine andere Amtswirksamkeit treten, IV. 212.

Dienstentlassung, deren Wirkung in Ansehung des Gerichtsstandes, s. Ausländer, Exemtion, Militairpersonen, Referendarius.

Dienstentlassung. Verfahren bei der im administrativen Wege erfolgenden Dienstentlassung, III. 35—42. IV. 214. Gerichtsstand nach der Dienstentlassung, I. 211.

Dienstgebäude, militairische, Executionsvollstreckung in solchen, II. 299. Uebergabe und Instandhaltung der Justiz-Dienstgebäude, IV. 434.

Dienstherrschaft, s. Dienstboten.

Dienstlohn, s. Dienstboten.

Dienstregister und Urbarien, deren Beweiskraft, I. 10. §. 159. welche zwischen Herrschaften und Unterthanen errichtet werden, sind demjenigen Gerichte, unter welchem das Gut steht, zur Bestätigung vorzulegen, II. 1. §. 4.

Dienststreitigkeiten, s. Dienste, Unterthanenprozesse.

Dienstvergehungen sind Gegenstand fiscalischer Untersuchung, in so fern die darauf gesetzte Strafe die Dienstentsetzung nicht übersteigt, I. 35. §. 34. n. 5. Verfahren dabei, §. 34. (252.)

Diffamationsprozess, davon handelt I. 32. §. 2. sqq. Anmeldung der Klage, §. 3. muss bei dem Richter des Diffamanten oder Provocaten geschehen, welches jedoch in Ansehung eines Ausländers Ausnahme leidet, §. 4. Begründung der Klage, §. 5. Verordnung darauf, §. 6. sqq. welche Warnung der Vorladung beizufügen, §. 8. Verfahren in contumaciam, §. 9. Wenn der Provocat erklärt, dass er keinen Anspruch zu machen begehre, so bedarf es keines Prozesses, sondern es wird eine Resolution ausgefertigt, §. 10. s. auch Kosten der Diffamation. Wie diese

Erklärung beschaffen sein müsse, um Rücksicht zu verdienen, §. 11. Wenn der Diffamant oder Provocat erklärt, dass er die gerügte Klage innerhalb des bestimmten Zeitraumes anstellen wolle, so bedarf es ebenfalls keines Prozesses, sondern nur einer Resolution, §§. 12. 13. Verfahren, wenn der Provocat der Klage widerspricht, §. 14. und entweder bloss die Diffamation leugnet, §. 15—17. s. auch Appellation, Deduction, oder seine Verbindlichkeit deshalb zu klagen, in Abrede stellt, §. 18. sqq. gegen das Erkenntniss in diesem Falle ist bloss die Appellation zulässig, s. auch Deduction. Wirkung der in allen diesen Fällen ergangenen Resolutionen oder Erkenntnisse, §. 23. Antrag auf Präclusion, §. 24. Verfahren dabei, §. 25. sqq. gegen ein Erkenntniss in diesem Falle ist nur die Appellation nach Massgabe §. 22. zulässig, §. 57. es sei denn, dass der Provocat sich gar nicht meldete, §. 28. oder dass auch die nach §. 26. verlängerte Frist fruchtlos abgelaufen wäre, in welchen beiden Fällen gegen das Erkenntniss gar kein Rechtsmittel statt findet, findet, I. 32. §. 29. Verfahren, wenn die Diffamation selbst keiner Beschleunigung bedarf, §. 30. in wie fern der Diffamat mit seiner Provocation zugleich einen Injurienprozess cumuliren könne, §. 31. Verfahren in diesem Falle, §§. 32. 33.

Diffamationsprozeß. Forum bei Provocationsklagen preußischer und sächsischer Unterthanen, II. 703. Weiteres Verfahren, wenn der Provocat zur Anstellung der Klage verurtheilt ist, II. 707.

Diffession, wer seine Unterschrift anerkennen muss, kann zur eidlichen Diffession des Inhalts, wenn derselbe auch von einer andern Hand geschrieben wäre, nicht verstattet werden, I. 10. §. 136. Die Diffession eines Instruments, dessen Unterschrift gerichtlich anerkannt worden, findet nicht statt, II. 3. §. 26. Wie es zu halten, wenn der Producent den Producten zur eidlichen Diffession der von einem Dritten angeblich ausgestellten Urkunde nicht verstatten will, I. 10. §§. 139. 140. Verfahren bei der durch Curatoren oder Vormünder zu leistenden Recognition oder Diffession, §. 141—143. Wenn ein Instrument eidlich diffitirt worden, so kann dagegen in eben dem Prozesse kein Beweis der Richtigkeit der Unterschrift von Seiten des Producenten weiter statt finden, §. 144. Beweis gegen die angebotene Diffession, §. 145. sqq. Strafe des Producten, wegen versuchten Meineides, wenn die Richtigkeit des abgeleugneten Documents durch Zeugenaussagen vollständig erwiesen wird, §. 148.

S. übrigens: Possessorium summariissimum, Urkunde, Vergleichung der Handschrift, Wechselprozess.

Diffessionseid, dessen Inhalt, I. 10. §. 134. insbesondere, wenn der Product eine von einem Dritten, der ihn durch seine Handlungen hat verbinden können, ausgestellte Urkunde nicht anerkennt, §. 138. wenn ein Curator oder Vormund ihn ableisten soll, §. 141.

S. übrigens: Wechselprozess.

Diligenzeid, Inhalt desselben bei Todeserklärungen, III. 128. Wer denselben bei dem Aufgebot unbekannter Erben zu leisten hat, III. 627.

Dimidiatum dominium, s. Getheiltes Eigenthum.

Dimission, was dieselbe in Ansehung des Gerichtsstandes wirke, s. Exemtion.

Director eines Landesjustizcollegii, s. Präsident, des Notariencollegii, s. Notariencollegium.

Director eines Untergerichts, Rang desselben, IV. 174. Uniform der Directoren, IV. 178. Votum decisivum des Dirigenten bei den nur aus zwei Mitgliedern bestehenden Gerichten, IV. 427.

Disciplinarverfahren wegen Dienstvergehen der Beamten, IV. 201. Provocation auf gerichtliches Verfahren gegen Festsetzung von Ordnungsstrafen ist nicht zulässig, IV. 202. Verfahren bei der im administrativen Wege erfolgenden unfreiwilligen Dienstentlassung und Pensionirung, III. 35—42.

Distribution, s. Vertheilung der Masse.

Distributionsbuch, s. Registratur.

Distributionsplan, Vorschriften zur Anfertigung desselben a) in Ansehung der Immobiliarmasse, I. 50 §. 506. sqq. b) in Ansehung der gemeinen Masse, §. 541. sqq. §. 551. (375.)

Distributionsurtel, von dessen Abfassung, I. 50. §. 553. dagegen stehn die gewöhnlichen Rechtsmittel offen; wenn aber ein Gläubiger bei der Einwendung der Rechtsmittel dagegen unterliegt, so bleibt den andern Gläubigern wegen der für die Zwischenzeit entbehrten Zinsen der Regress an den unterliegenden Gläubiger vorbehalten, §. 559. dadurch wird der Concurs geendigt, §. 560.

Doctor ist eximirt, I. 2. §. 74. s. auch Akademisches Gericht.

Document, s. Urkunde.

Documentum noviter repertum, s. Restitution.

Dollmetscher, dessen Amt bei Abhörung solcher Zeugen, welche der Sprache des Gerichts nicht kundig sind, I. 10. §. 213. sqq. u. (87.) wie er in diesem Falle zu vereidigen, §. 215. in wie fern derselbe bei Handlungen freiwilliger Gerichtsbarkeit zugezogen werden müsse, II. 5. §. 37. insbesondere bei Testamentsaufnahmen, §. 38. in welchen Fällen bei Handlungen unter Lebendigen die Zuziehung Eines Dollmetschers hinreiche, §. 39. muss bei grösseren Gerichten ein für allemal bestellt und vereidigt werden, §. 40. wie es damit bei kleinern Gerichten zu halten, §. 41. Nur Ein Dollmetscher ist überhaupt erforderlich, I. 10. §. 19. (75.) Wann es gar keines Dollmetschers bei Protocollen bedürfe. (75.)
S. übrigens: Urkunde in fremder Sprache.

Dollmetscher, deren Zuziehung bei Verhandlungen mit solchen Personen, welche der deutschen Sprache nicht mächtig sind, I. 433. IV. 52. Bei Testamenten, IV. 53. Ein gerichtlich vereideter Dollmetscher vertritt die Stelle des Unterschriftsbeistandes, IV. 46.

Domainenpertinentien. Von Verträgen über sie, s. Grundstücke. Verträge.

Domcapitel, dessen Gerichtsstand, s. Eximirte, dessen Vorzugsrecht bei Concursen, s Milde Stiftungen.
Domherr ist eximirt, I. 9. §. 45.
Dominialgefälle, executivische Einziehung derselben, II. 270.
Dominium dimidiatum, s. Getheiltes Eigenthum.
Dominii reservatio, s. Vorbehalt des Eigenthums.
Donatio, s. Schenkung.
Dorfgemeinen, s. Moralische Personen, Patrimonialgerichte, Perhorrescenz, Stadt- und Dorfgemeinen.
Dorfgemeinen, bedürfen zu Prozessen über die Substanz ihres Vermögens des Consenses der Gutsherrschaft, in so fern nicht durch Parcellirung das gutsherrliche Grundeigenthums-Verhältniß gänzlich und ohne Vorbehalt aufgehört hat, I. 142—143.
Dorfgerichte, in wie fern sie ohne Zuziehung des Gerichtshalters Handlungen der freiwilligen Gerichtsbarkeit vornehmen können, II. 2. §. 8. müssen in Abwesenheit des Gerichtshalters den im Orte befindlichen Nachlass versiegeln, 5. §. 19. können über den Nachlass gemeiner Leute auf dem Lande unter Direction des Gerichtshalters Verzeichnisse aufnehmen, §. 43.
Dorfgerichte, Einziehung gutsherrlicher Gefälle durch dieselben, II. 270. Aufnahme von Testamenten durch Dorfgerichte, IV. 37. Aufnahme von Taxen durch Dorfgerichte, IV. 138.
Drescherlohn, dessen Vorzugsrecht in Concursen, s. Pflüger- und Drescherlohn.
Dreschgärtner, s. Cossäthen.
Durchreisende, s. Fremder. Vom Arrest gegen sie, s. Arrest.

E.

Edelleute sind eximirt, I. 2. §. 42.
Edictalvorladung, wie dieselbe zu erlassen, wenn ein auswärtiges Gericht die Insinuation verweigert, und diese auf keine andere Art bewerkstelligt werden kann, I. 7. §. 11. findet in Civilprozessen auch gegen einen Vagabunden statt, §. 12. auch in Injuriensachen gegen Fremde, welchen die Vorladung nicht insinuirt werden kann, (53.) wo die Edictalvorladung eines Vagabunden nachgesucht werden müsse, §. 13. was dabei nachzuweisen, §. 14. Inhalt der Edictalvorladung, §. 15. was der Kläger eidlich erhärten müsse, wenn der Beklagte nicht erscheint, I. 7. §. 16. in welchem Falle die Edictalvorladung zurück zu nehmen, §. 17. derselben bedarf es nicht, wenn eine Partei erst während des Prozesses ihren Wohnort dergestalt verändert, dass man sie nicht finden kann, §. 36. ist gewöhnlich nur einfach auszufertigen, §. 42. wie es mit Einrückung derselben in die Zeitungen und Intelligenzblätter zu halten, §. 43. sqq. Besondere Vorschriften über Aushängung und Einrückung von Edictalvorladungen, §§. 42. 43. (59.) Unter einem Monat wird hierbei der gewöhnliche Kalendermonat verstanden, (60.) Die

Ladung behält ihre rechtliche Wirkung, wenn das an der Gerichtsstelle ausgehängte Exemplar auch abhänden gekommen wäre, §. 47. a. auch ist es hinreichend, wenn nur von der ersten Einrückung bis zu dem Termin der volle gesetzliche Zwischenraum eintritt, §. 47. b. Wann eine Wiederholung der Edictalvorladung nothwendig ist, (61.) Auch in fiskalischen Untersuchungen muss die Edictalvorladung eines Denunciaten, dessen Aufenthalt unbekannt ist, erfolgen, ohne dass es dabei von Seiten des Denuncianten des I. 7. §. 16. vorgeschriebenen Eides bedarf, 35. §. 56. Von der Edictalvorladung ausgetretener Cantonisten im Confiscationsprozess, 36. §. 35. Von Vorladung der Ausgetretenen, welche sich befinden in Russland, §. 37. (273) in Nordamerika oder England, §. 33. (274.) Von Vorladung mehrerer Ausgetretenen zusammen, § 35. (275.) der Verschollenen, 37. §. 6–8. und in wie fern dabei mehrere Vorladungen in Einem Prozesse zusammen gezogen werden können, §§. 14. 15. bei Ehescheidungsklagen ex capite malitiosae desertionis, 40. §. 60. dabei bedarf es keiner Edictalvorladung, sondern die gewöhnliche Vorladung ist zureichend, wenn ein Ehegatte wegen eines solchen Verbrechens, das an sich einen Grund zur Ehescheidung hält, zu einer Kriminalstrafe wirklich verurtheilt worden, und sich dieser Strafe durch die Flucht entzogen hat, 40. § 63. jedoch muss auch in diesem Falle die Edictalvorladung erfolgen, wenn der klagende Theil die Ehescheidungsstrafe fordert, §. 64. besonders, wenn der Beklagte wegen eines Verbrechens flüchtig geworden ist, §§. 63. 64. (295.) findet in Generalmoratoriensachen nur dann statt, wenn der Provocant und die Gläubiger einig sind, 47. §. 56. und in welcher Art, (307.) der Gläubiger im Concursprozess, dabei muss ein Real- oder Pfandgläubiger, dessen Aufenthalt nur unbekannt ist, namentlich mit vorgeladen werden, 50. §. 105. Die Bestimmung des Termins, die Anzahl der Vorladungen und die Art ihrer Bekanntmachung hängt von dem ungefähren Betrag der Activmasse ab, §. 107. sqq. §. 107. (325.) §. 108. (326.) §. 109. (327.) Edictalvorladung des Gemeinschuldners im Concursprozess, §. 114. in wie fern es bei Concursen über Bergtheile keiner besondern von Seiten der Berggerichte bedürfe, §. 674. Der Gläubiger im Liquidationsprozess, 51. §. 15. sqq. insbesondere im erbschaftlichen, §. 85. Es bedarf keiner nochmaligen Edictalvorladung, wenn der erbschaftliche Liquidations- in einen Concursprozess verwandelt wird, I. 51. § 86. s. auch Vorladung der Erbschaftsgläubiger. Edictalvorladung unbekannter Realprätendenten, welche Warnung derselben beizufügen, §. 102. unbekannter Inhaber eingetragener Posten, §. 112. sqq. bei dem Aufgebot verlorner Obligationen öffentlicher Anstalten überhaupt, §. 120. (388.) in wie fern sie bei dem Aufgebot verlorner Pfandbriefe nothwendig sei, §. 126. sie geschieht von der Landschafts- und Creditdirection auf Kosten des Extrahenten, §. 127. Edictalvorladung bei dem Aufgebot der durch Beschädigung ganz oder zum Theil unkenntlich gewordenen Pfandbriefe, §. 132. sqq. §. 137. (389.) unbekannter Erben, §. 145. sqq. §. 146. (390.) wo-

hin die Warnung wegen des Nichterscheinens zu richten, §. 152. s. auch Erbschaftsinteressenten, unbekannte, in wie fern die Edictalvorladung gewisser Erbschaftsinteressenten zum Behuf der Legitimation eines Erbschaftskäufers, des Cessionarii einer erbschaftlichen Activforderung, oder dessen, der eine solche Forderung an einen Erben bezahlt hat, statt finde, §. 155. Edictalvorladung unbekannter Agnaten oder Gesammthändler zur Abgebung gewisser Erklärungen, §§. 157. 158. unbekannter Handlungs- und Societätsgläubiger, §. 159. sqq. Warnung, die derselben beizufügen, §. 166. unbekannter Bau- und Cassengläubiger, §. 169. sqq. unbekannter Depositalinteressenten, §. 171 b. (391. 392.) unbekannter Gläubiger militairischer Cassen, (393) unbekannter Gläubiger eines Verschwenders, §. 172. sqq. Warnung, §. 174. unbekannter Contravenienten, §. 179. sqq. §. 181. (394.) unbekannter Schiffsgläubiger bei Subhastationen der Schiffe, s. Schiffe. Von Edictalvorladungen bei Subhastationen überhaupt, s. Subhastationsprozess.

Edictalvorladung; Einrückung derselben in die Zeitungen und Amtsblätter, I. 379—382; in das Amtsblatt der Wiener Zeitung, I. 382; in den Hamburger unparteiischen Correspondenten, I. 383. Fassung der, in die öffentlichen Blätter einzurückenden Bekanntmachungen, I. 382. Gültigkeit der, in den Gerichtsferien angesetzten Termine in Edictalsachen, I. 384. Daß die Nichtbeobachtung der bei Edictalcitationen vorgeschriebenen Förmlichkeiten eine Nullität des Verfahrens nur alsdann bewirkt, wenn in dem Gesetze ausdrücklich die Nichtigkeit angedroht ist, ebend. Zur Gültigkeit der Edictalcitationen ist die Aushängung derselben außerhalb der Gerichtsstelle und die Einrückung derselben in die inländischen Zeitungen nicht erforderlich, I. 375. 381. Einer Wiederholung der Edictalcitation bedarf es nur dann, wenn bei deren Bekanntmachung durch die öffentlichen Blätter um mehr als vierzehn Tage an der vorgeschriebenen Frist gefehlt worden, I. 386. Wann die Edictalvorladung der Fremden in Injuriensachen statt findet, I. 362. Edictalvorladung im Confiscationsprozesse, III. 115. 120. Desgl. bei Todeserklärungen, III. 127. Edictalvorladung der unbekannten Realprätendenten bei der Subhastation, III. 664. s. auch Aufgebot.

Edition der Urkunden, die bei einem Dritten befindlich sein sollen, findet statt, I. 10. §. 91. unter den zu edirenden Urkunden ist auch die Privatcorrespondenz, jedoch nur die unter den Parteien selbst zu verstehen, §. 92. a. Erfordernisse zur Begründung eines Editionsgesuchs, §. 92. b. in wie fern dasselbe zu einem besonderen Prozess verwiesen werden müsse, §. 93. Eine jede Partei muss die Edition leisten, oder den Editionseid schwören, §. 94. Verfahren, wenn die Edition von einer Partei gefordert wird, an welche die Briefschaften aus den Händen eines Dritten gediehen sind, §. 95. oder, wenn sie von einer bevormundeten Person §. 96. oder von einem Collegium oder einer Corporation gefordert wird, §. 97. oder wenn die Partei behauptet, dass in der von ihr zu edirenden Urkunde nichts zur Sache Gehöriges enthalten sei, §§. 98. 99. Wenn eine Partei die Edition, sowohl als die Ableistung des Editionseides verweigert, so muss die Urkunde in contumaciam für edirt und recognoscirt geachtet werden, §. 100. Auch ein Dritter muss

die Edition leisten, §. 101. was der Editionssucher in diesem Falle nachzuweisen habe, und der Dritte von ihm verlangen könne, §. 102. s. auch Calumniae juramentum. Der Dritte kann seine Angabe, dass die Urkunde nichts zur Sache Gehöriges enthalte eidlich erhärten, wobei der Editionsforderer sich beruhigen muss, I. 10. §. 103. Verfahren, wenn der Dritte zweifelt, ob sich die Urkunde in seinem Gewahrsam befinde, §. 104. Gesetzliche Folgen der von einem Dritten verweigerten Befolgung dieser Vorschriften, §. 105. in wie fern auf das gegen einen Dritten angebrachte Editionsgesuch keine Rücksicht zu nehmen, §. 106. Verfahren, wenn der Dritte einem ausländischen Gerichte unterworfen ist, §. 107. Alle den Editionspunkt betreffenden Verfügungen werden durch ein blosses Dekret oder Resolution veranlasst, §. 108. Die Edition geschieht in der Regel an der ordentlichen Gerichtsstelle, Kosten derselben, §. 109. Verfahren, wenn Edition in fiskalischen Untersuchungen nothwendig ist, 35. § 58. (258.)

S. übrigens: Diffession, Possessorium summariissimum, Urkunde.

Edition der Urkunden, daß Königliche, an Behörden ergangene Verordnungen kein Gegenstand der Edition in Prozessen sind, I. 453. Avocation der im Archiv des ehemaligen Reichs-Kammergerichts zu Wetzlar befindlichen Akten, I. 458. Edition von Urkunden in fiscalischen Untersuchungen, III 59.

Effecten, in Commission gegebene, s. Commissionsgüter, der Ehefrau, s. Ehefrau des Gemeinschuldners.

Uebrigens: Mobilien.

Ehe zur linken Hand, die Bestätigung eines Vertrags darüber gehört vor das Obergericht der Provinz, II. 1. §. 7.

Ehefrau, in welchem Falle sie ohne Beitritt ihres Ehemannes vor Gericht erscheinen könne, I. 1. §. 16. auch Vormund, sie bedarf in einem solchen Falle in der Regel auch keines andern Beistandes, §. 18. u. (3.) s. auch Eheleute, Geschlechtsvormund, Gütergemeinschaft, hat mit dem Ehemanne jederzeit einerlei Gerichtsstand, 2. §. 87. die Ehefrauen eximirter Militairpersonen beim Obergericht der Provinz, §. 48. sqq. (12.) die andern bei den Untergerichten, und mit welchen Ausnahmen, (13.) doch können die Civilgerichte nicht die Execution wider solche vollstrecken, 24. §. 26. (150.) s. Execution, in wie fern während der Ehe gegen sie mit Personalarrest oder Verkümmerung ihrer Effecten verfahren werden könne oder nicht, 29. §. 11.

S. übrigens: Bürgschaft, Eheleute, Exemtion.

Ehefrau eines Deserteurs, deren Gerichtsstand, s. Deserteur.

Ehefrau des Gemeinschuldners, in wie fern sie ihre Effecten oder Grundstücke in der ersten Klasse vindiciren könne, I. 50. §. 312. sqq. in wie fern sie den Werth ihres Eingebrachten in der vierten Classe fordern kann, §. 406—16. §. 410. (363.) siehe auch Brautgeschenke, Gerade und Musstheil, Gewerbe, Grundstücke, Gütergemeinschaft, Hochzeitgeschenke, Receptitien der Ehefrau, Schenkungen, Standesmässiger Unterhalt. Deren Erben, in so fern sie nicht zu den Descendenten gehören, wer-

den in Ansehung alles dessen, was die Erblasserin in der vierten Classe erhalten haben würde, (s. Eingebrachtes der Ehefrau) in der fünften Classe angesetzt, §. 432. wird mit Vortheilen, die ihr von dem Gemeinschuldner erst nach vollzogener Heirath bewilligt worden, in allen Fällen post omnes angesetzt, I. 50. §. 439. s. auch Eingebrachtes der Ehefrau.

Uebrigens: Begräbnisskosten, Medicinalkosten.

Ehefrau, geschiedene; deren Gerichtsstand, I 2. §. 94. wodurch sie sich ihr Vorzugsrecht im Concurse erhalten könne, §. 415. wird, wenn sie diese Vorkehrungen nicht getroffen hat, in der fünften Classe angesetzt, §. 432.

Ehefrau eines Unteroffiziers oder Soldaten, deren Gerichtsstand. s. Civilgerichte.

Ehegatte, s. Eheleute.

Ehegelöbniss, wo die Klage auf Vollziehung oder Aufhebung desselben angestellt werden müsse, I. 40. §. 1. worauf das Gericht dabei vorzüglich seine Erkundigung zu richten habe, §§. 2. 3. Wenn dabei keine Gefahr im Verzuge vorhanden ist, muss die Sache im Wege des ordentlichen Prozesses eingeleitet, §. 4. jedoch zur Vermeidung eines doppelten Prozesses die Instruction mit auf die eventuelle Abfindung des unschuldigen Theils gerichtet werden, §. 5. Ist hingegen Gefahr im Verzuge, so muss der Richter verfügen, dass bis nach ausgemachter Sache die Proclamation und Copulation ausgesetzt bleibe, §. 6. dabei ist dem implorirenden Theile die Strafe ungegründeter Einsprüche zu Gemüthe zu führen, § 7. Vernehmung des beklagten Theiles, §. 8. Die Absicht des anzusetzenden Termins ist vorzüglich ein Versuch der Sühne und die Regulirung eines Interimistici, §. 9. Verfahren, wenn in diesem Termin der die Vollziehung des Ehegelöbniss weigernde Theil bei seiner Weigerung beharret, §. 10. Instruction der Hauptsache §. 11. und der etwanigen Nebenpunkte, z B. wegen Entjungferung, Alimentirung eines unehelichen Kindes etc. §. 12. Von Klagen ad supplendum consensum, §. 13. sqq. s. auch Ehesachen. Ehegelöbnisse können, in so fern das Aufgebot noch nicht erfolgt ist, gerichtlich oder vor einem Justizcommissarius und Notarius errichtet werden, II. 1. §. 18 n, 4.

S. übrigens: Ehescheidungsprozess, Verlobte.

Ehegelöbniß. Zulässigkeit des Einspruchs auf Grund eines älteren Aufgebots, III. 149. Competenz der Untergerichte, auf erhobenen Einspruch das Aufgebot und die Trauung eines Eximirten zu untersagen, III. 149.

Eheleute, in wie fern beide bei Verträgen über Receptitien oder Eingebrachtes der Ehefrau zugezogen werden müssen, I. 1. §. 19. können nicht als Beweiszeugen aufgestellt werden, 10. §. 228. n. 6. welches auch von Ehegatten der Mitglieder einer Gemeine, in so fern sie für die Gemeine zeugen sollen, gilt, ebend. n. 10. sollen zur Ablegung eines Zeugnisses gegen einander niemals gezwungen werden, §. 229. s. auch Verlobte. Besondere Vorschriften, welche in Ansehung katholischer Eheleute beim Ehescheidungsprozess zu beobachten sind, 40. §. 20. (287.)

§. 43. (292.) Die Eheleute sind einander zur Competenz verbunden, 49. §. 16. n. 4. wenn nach dem Tode eines Ehegatten der andere in dem Besitz des von demselben zurückgelassenen Vermögens bleibt, ist mit der Eröffnung des Concurses von Amtswegen nicht zu verfahren, 50. §. 8 wie jedoch zu verfahren, wenn dieser Ehegatte und auch die übrigen Erben der Erbschaft entsagen, (317.) deren Verträge über Gütergemeinschaft, s. Gütergemeinschaft, deren Verträge in stehender Ehe, wodurch die Ehefrau dem Manne, oder zu dessen Besten einem Dritten verbindlich gemacht werden soll, können vor jedem Gerichte errichtet werden, II. 1. §. 8. Eheberedungen vor vollzogener Ehe können gerichtlich oder vor einem Justizcommissarius und Notarius vorgenommen werden, §. 10. n. 5. s. auch Erbschatz, Erbvertrag, Gütergemeinschaft, Verwandte.

Eheleute, Kaufverträge und überhaupt Verträge zwischen denselben, wodurch die Frau verpflichtet werden soll, müssen gerichtlich abgeschlossen werden, und genügt die bloße gerichtliche Anerkennung nicht, IV. 28. Form der Eheverträge, in denen zugleich über die künftige Erbfolge bestimmt wird, IV. 28.

Ehemann, wie es zu halten, wenn derselbe seinen Beitritt zu Prozessen über das Eingebrachte seiner Ehefrau versagt, I. 1. §. 21. in wie fern derselbe gerichtliche Verhandlungen darüber ohne Zuziehung der Ehefrau betreiben könne, §. 22. s. auch Eheleute, Gütergemeinschaft.

Ehemann, in wie fern bei ehelicher Gütergemeinschaft die Execution in das gemeinschaftliche Vermögen aus einem gegen den Ehemann allein ergangenen Judicate zulässig, I. 138. II. 487. In wie weit die Gläubiger des Mannes sich an die Nutzungen des eingebrachten Vermögens der Ehefrau halten können, II. 412.

Ehepacten, Verfahren bei Aufnehmung derselben, II. 3. §. 18. S. übrigens: Eheleute.

Ehepacten, Form derselben, wenn zugleich über die Erbfolge bestimmt wird, IV. 31. 45. Die Ausfertigung derselben geschieht von dem Gericht, bei welchem sie aufgenommen sind, IV. 107.

Ehesachen, gehören in der Regel vor das Obergericht der Provinz, I. 2. §. 28. gehören, so wie auch die Sponsalien, jederzeit vor die ordentlichen persönlichen Gerichte des Ehemannes, §. 128. (37.) 40 §. 22. (288) In wie fern eine inländische Ehefrau gegen ihren ins Ausland zurückgegangenen Ehemann bei hiesigen Gerichten nicht zulässig ist, 2 §. 129. (38.) Von Klagen ad supplendum consensum, 40. §. 13. sqq. was zur Begründung einer solchen Klage bescheinigt werden müsse, §. 13. ferneres Verfahren, §. 14. wie und worüber der Deputirte diejenige Person, auf deren Ehelichung geklagt worden, vernehmen müsse, §. 15. Wenn das Kind sich die Weigerung der Eltern gefallen lässt, wird der Kläger durch ein blosses Decret abgewiesen, §. 16. Verfahren, wenn das Kind mit dem Kläger einverstanden ist, §. 17. sqq. Während des Prozesses dürfen die Eltern nicht zur Vereitelung der Rechte des Klägers über ihr Kind disponiren, § 19.

S. übrigens: Ehegelöbniss, Ehescheidungsprozess.

Ehescheidungsprozess, darin ist keine Cautionsforderung wegen der Kosten zulässig, I. 21. §. 2. davon überhaupt handelt I. 40. § 20. sqq. Besondere Vorhaltungen, welche katholischen Eheleuten bei Anbringung ihrer Ehescheidungsklagen gemacht werden müssen, (287.) Einleitung der Sache, §. 21. 1) bei Untergerichten, §§. 22. 23. Vom Gerichtsstande, s. bei Ehesachen. Sühneversuch mit Zuziehung eines Geistlichen, §. 24. sqq. dazu müssen beide Theile schlechterdings persönlich erscheinen, und nöthigenfalls realiter vorgeladen werden, §. 25. Der Sühneversuch kann auch dem Seelsorger der Parteien in seiner Behausung aufgetragen, oder die Parteien an ihn verwiesen werden, §. 26. u. (289.) in welchem Falle derselbe auch ohne Zuziehung eines Geistlichen anzustellen, §. 27. oder derselbe gar nicht statt finde, 40. §. 28. was der Richter dabei zugleich zu erforschen suchen müsse, §. 29. Ehestörern muss er nicht nur nachdrückliche Schranken setzen, sondern auch zur fiscalischen Untersuchung bei der Behörde davon Anzeige thun, I. 40. §. 30. Verweisung der Ehescheidungsklagen zum Prozess, wenn der Sühneversuch fruchtlos ist, §. 31. Bevormundung der Kinder, § 32. wann diese nur nöthig ist, (290.) Verfügung des Ober- oder Ehegerichts, §. 33. es muss eine offenbar unstatthafte Klage durch ein Decret abweisen, §. 34. sonst mit Instruction der Sache verfahren, §. 35. Vorschriften, 2) wenn das competente Ehegericht zugleich der ordentliche persönliche Richter des Mannes ist, §. 36. sqq. Worauf bei Ernennung des Commissarii zur Anstellung des vorläufigen Sühneversuchs vorzüglich Rücksicht zu nehmen, §. 37. und was derselbe dabei zu beobachten habe, §§ 38. 39. In welchem Falle auf den fruchtlos abgelaufenen Sühneversuch die Trennung der Ehe durch Erkenntniss sofort und ohne weitere Instruction erfolgen könne, §. 40. Was in der Regel auf den Bericht des Commissarii, dass der Sühneversuch fruchtlos gewesen, verfügt werden müsse, §. 41. Der zugleich zu ernennende Vormund muss bei der ganzen Instruction zugezogen werden, §. 42. Bei der Instruction ist mit besonderer Vorsicht zu verfahren, §. 43. besonders wegen Wahrnehmung der Gerechtsame der allgemeinen Wittwenkasse, (291.) und bei Katholiken wegen ganz von aller Gegenwart Anderer abgeschiedenen Instruirens, (292.) Bei der Wiederholung des Sühneversuchs, nach regulirtem Status causae et controversiae bedarf es der Zuziehung eines Geistlichen nicht, §. 44. Erkenntniss, §. 45. sqq. s. auch Publication des Urtels. In dem Erkenntniss soll wegen der Ehescheidungsstrafe und wegen Erziehung der Kinder das Erforderliche mit festgesetzt werden, §. 51. wobei die Ehescheidungsstrafe ganz bestimmt festzusetzen ist, (293.) jedoch ist die Auseinandersetzung wegen des Vermögens mit dem Ehescheidungsprozess in der Regel nicht zu vermengen, §. 52. Von den bei Ehescheidungsprozessen vorkommenden Incidentpuncten, s. Interimisticum. Von den Ehescheidungsklagen wegen böslicher Verlassung, §. 38. sqq. Was der klagende Theil beschwören müsse, wenn der Vorgeladene nicht erscheint, §. 61. Trennung der Ehe durch Erkennt-

niss und Publication desselben durch öffentlichen Anschlag, §. 62. besonders von der Vorladung eines flüchtig gewordenen Verbrechers, §§. 65. 64. (295.) s. auch Edictalvorladung. Uebrigens; Ausländer.

Ehescheidungsprozeß. Gerichtsstand der Ehescheidungen katholischer Eheleute, III. 153. Desgl. der Juden, III. 153. Unzulässigkeit der freiwilligen Prorogation des Gerichtsstandes in Ehescheidungsprozessen, III. 154. Geistlicher Sühneversuch in Ehescheidungsprozessen, III. 155. Berücksichtigung der Betheiligung der Parteien bei Wittwenkassen, III. 159. Bestimmung der Ehescheidungsstrafe in Ehescheidungserkenntnissen, III. 160. Ertheilung des Attests der Rechtskraft der Ehescheidungserkenntnisse, III. 161. Rechtskräftige Ehescheidungserkenntnisse können durch Entsagung nicht aufgehoben werden, III. 161. Unzulässigkeit der einseitigen Zurücknahme der Ehescheidungsklage in zweiter Instanz, III. 162. Forum der Vermögensauseinandersetzung geschiedener Eheleute, III. 163. Regulirung des Interimistici und Sicherstellung des Vermögens im Ehescheidungsprozesse, III. 164 Dauer des Interimistici, namentlich rücksichtlich der von dem Manne der Frau zu zahlenden Alimente, III. 167. Verfahren in Ehescheidungssachen, wenn ein Ehegatte sich außerhalb Landes befindet, I. 233. III. 169. Ehescheidungsverfahren gegen entwichene und verschollene Personen, desgl. gegen die nach Sibirien transportirten Verbrecher, III 171.

Ehestiftungen. Bei deren Aufnehmung ist ein Protocollführer nothwendig, wenn dabei etwas über die künftige Erbfolge festgesetzt wird, II. 2. §§. 16. 17. (421.)

Ehestiftungen, Form derselben, wenn dabei über die künftige Erbfolge bestimmt wird, IV. 31. Zuziehung eines Protocollführers bei solchen, IV. 45. Die Ausfertigung derselben geschieht von dem Gericht, bei welchem die Eheverträge aufgenommen sind, IV. 107.

Ehrbarkeit, Fragen, wodurch dieselbe beleidigt wird, braucht der Zeuge nicht zu beantworten, I. 10. §. 180. n. 4. ist in der Abfassung der Eidesnorm bei nothwendigen Eiden nicht zu verletzen, §. 304. (98.)

Ehrenrechte, d. h. solche, welche keinen wirklichen Ertrag gewähren, z. B. Kirchlehn oder Patronatrecht, sollen bei Subhastationstaxen dem Capitale der Taxe nach einem landüblichen Satze beigefügt werden, I. 52. §. 16.

Ehrenrechte, Ausübung der einem Gutsbesitzer zustehenden während der Sequestration, II. 470.

Ehrloses Geschäft, wer dasselbe betreibt, kann nicht als Beweiszeuge zugelassen werden, I. 10. §. 230. n. 14.

Ehrlosigkeit durch begangene Verbrechen macht zur Ablegung eines Zeugnisses unfähig, wobei die erfolgte Begnadigung an sich keinen Unterschied bewirkt, I. 10. §. 227.

Ehrlosigkeit; Unterschied der Ehrlosigkeit und des Verlusts der bürgerlichen Ehre II. 497.

Eid, davon überhaupt handelt I. 10. §. 245. sqq. Begriff, §. 245. Eintheilung, §§. 246. 247. aussergerichtliche Versprechungseide sollen Privatpersonen einander nicht abfordern, §. 248. Von

Eiden in Prozessen und deren Eintheilung, §§. 249. 250. In
welchem Falle der Richter den Bestärkungseid von einer Par-
tei fordern könne, §. 251. s. auch Calumniae juramentum, Er-
füllungseid, Juramentum in litem, Juramentum noviter reperto-
rum, Manifestationseid, Nothwendiger Eid, Reinigungseid. Der
Eid ist in Injuriensachen als ein zuverlässiges Beweismittel nicht
anzusehen, 34. §. 13—16. (232.) Von deferirten Eiden, 10.
§. 252. Den Parteien steht es in der Regel frei, sich der Ei-
desdelation zu bedienen, §. 262. selbst dann, wenn andere Be-
weismittel zur Hand wären, §. 263. jedoch müssen in diesem
Fall der deferirenden Partei die Bedenklichkeiten und rechtli-
chen Folgen der Eidesdelation vorgestellt werden, §. 254. Ver-
fahren, wenn der andere Theil statt des ihm zugeschobenen Ei-
des sich auf anderweitige Beweismittel beruft, §. 255. s. auch
Kosten. Wer den Eid deferiren könne, §. 256. sqq. dazu sind
alle diejenigen berechtigt, welche gehörig zur Sache legitimirt
sind, §. 256. auch ein Bevollmächtigter ist dazu berechtigt,
§. 257. in wie fern Vormünder und Vorsteher milder Stiftun-
gen dazu keiner besondern Genehmigung bedürfen, §. 258. fis-
calische Bediente müssen dazu die ausdrückliche Genehmigung der
Behörde beibringen, §. 259. Wem der Eid deferirt werden könne,
§. 260. sqq. s. auch Cession, Corporation, Cossäthen, Curator und
Contradictor, Fiscal, Gemeinschuldner, Gläubiger, Litisconsorte,
Milde Stiftungen, Minderjährige, Pflegebefohlene, Vormund. Zur
Ableistung eines deferirten Eides ist ohne Unterschied ein jeder
zu verstatten, wenn er auch unfähig wäre, einen nothwendigen
Eid zu schwören, §. 284. Wer einen angenommenen Eid er-
lassen oder für geschworen annehmen könne, §. 285. dessen
Zuschiebung muss in der Regel gleich bei Aufnehmung der
Klage und deren Beantwortung angezeigt werden, §. 286. doch
findet dieselbe unter gewissen Umständen noch im Instructions-
termin statt, §. 287. wie es damit zu halten, wenn bereits an-
dere Beweismittel aufgenommen worden, §. 288. Die Eidesde-
lation findet auch in zweiter Instanz noch statt, wenn der Rich-
ter erster Instanz die zu erweisenden Thatsachen bloss für gar
nicht, oder nicht vollständig erwiesen angenommen hat, §. 289.
a) kann in den folgenden Instanzen demjenigen nicht weiter
geschehen, der sich in einer in erster Instanz für vollständig
erwiesen angenommenen Thatsache gegründet hat, I. 10. §. 289.
b) Wenn eine Thatsache aus mehreren Umständen zusammen-
gesetzt ist, so kann über einige derselben der Eid deferirt, über
andere der Beweis durch Zeugen oder Urkunden geführt wer-
den, §. 290. Wie es mit der Ausnahme oder Zurückschiebung
des Eides zu halten, §. 291. s. auch Fiskus, Milde Stiftungen,
Vormund, besonders im Wechselprozess, 27. §. 28. s. auch Be-
vollmächtigter. Wie es zu halten, wenn von mehrerern Litis-
consorten einige den zugeschobenen Eid ableisten, andere ihn
zurückschieben wollen, §. 293. dessen Zurückschiebung ist nach
erfolgter Annahme in der Regel nicht mehr erlaubt, §. 294. die
Annahme oder Zurückschiebung muss geschehen, wenn nach
regulirtem Status causae et controversiae die Beweismittel mit

den Parteien durchgegangen werden, §. 295. Ueber die Annahme eines zurückgeschobenen Eides findet keine Bedenkzeit statt, §. 296. Derjenige, welcher seine Erklärung darüber, ob er einen Eid ableisten wolle oder nicht, abzugeben weigert, wird in jedem Falle pro jurare nolente geachtet, §. 297. Ein zugeschobener Eid kann in der Regel nach erfolgter Annahme nicht mehr widerrufen werden, §. 298. s. auch Strafe. Ausnahme §. 301—303. s. auch Erbe, wie bei Normirung desselben zu verfahren, §. 304. wobei jeder unanständige Ausdruck, welcher die Ehrbarkeit beleidigt, oder zum Gespött Anlass giebt, vermieden werden muss, (89.) in welchen Fällen mit der Ableistung desselben zu verfahren, oder dieselbe auszusetzen, §. 305—308. Eigenmächtige Abänderungen, willkürliche Auslegung der Eidesformel, oder reservationes mentales sind von Schwörenden nicht erlaubt, §. 309. Der Eid kann noch im Schwörungstermin auf eine mindere als die zu erhärtende Summe gerichtet werden, §. 310. wohin derselbe zu richten, wenn jemand ein gewisses Quantum schuldig zu sein, ablehnen soll, §. 311. a) Bei mehrern zusammen genommenen, eine gewisse rechtliche Folge begründenden Thatsachen, von welchen einige zugestanden worden, ist die eidliche Ablehnung der übrigen zulässig, §. 311. b) Von dem Eide de ignorantia, §§. 312. 313. Von Eiden bei Litisdenunciationen, 17. §. 25. Verfahren bei der Ableistung des Eides im Allgemeinen, 10. §. 314. sqq. imgleichen §. 368. sqq. u. (92—96.) Von der Verwarnung vor dem Meineide, §. 363. in wie fern dabei ein Geistlicher zuzuziehen sei, §. 369. Die Eide müssen in der Regel an der ordentlichen Gerichtsstelle, §. 370.; in Gegenwart der Rechtsbeistände und des andern Theiles, §. 371.; aber nicht unter dem Geräusche der Parteien abgenommen werden, §. 372. Wie es zu halten, wenn auswärts wohnende Parteien Eide abhalten sollen, §§. 373. 374. S. übrigens: Griechen, Juden, Mahomedaner. Von der Ableistung des Eides im Wechselprozess, 27. §. 22. s. auch Bevollmächtigter, Deposition, Wechselprozess, und im Executivprozess, 28. §. 4. n. 6. Folgen der unterlassenen Ableistung desselben, §§. 375. 376. dessen Wirkung muss im Urtel, und wenn er durch dasselbe erst erkannt wird, auf beide Fälle, wenn er geschworen, und wenn er nicht geschworen werden sollte, festgesetzt werden, I. 10. §. 377. ist für geschworen zu achten, wenn der unbedingte Acceptant vor Ableistung desselben verstirbt, §. 378. s. auch Nothwendiger Eid. Bei Rechnungsabnahmen soll die eidliche Bestärkung der Rechnung bis zum Schlusse der Rechnungsabnahme ausgesetzt werden, 45. §. 25.

S. übrigens: Calumniae juramentum, Diffession, Editionseid, Erfüllungseid, Erlassung des Eides, Juramentum in litem, Juramentum noviter repertorum, Manifestationseid, Meineid, Nothwendiger Eid, Perhorrescentiae juramentum, Reinigungseid, Restitution, Vorhaltung, Zeugeneid.

Eid; daß souveraine Bundesfürsten Eide in Prozessen durch einen Bevollmächtigten ableisten lassen können, I. 485. Befugniß eines Concurs-Curators, einen ihm deferirten Eid ohne Autorisation der Concurs-Behörde zurückzuschieben, I. 511.

Wie die Ableistung eines Eides über facta tertii gültig erfolgen kann, I. 518. Sorgfalt und genaue Beobachtung der Vorschriften bei Eidesabnahmen, I. 519. 534. Bekräftigungsformel bei den Eiden der Katholiken, I. 520. Förmlichkeiten bei den Eidesleistungen der Juden, I. 524. Verpflichtung der jüdischen Gelehrten zur Assistenz bei Eidesleistungen, I. 522., und Eidesabnahme-Gebühren derselben, I. 523. Ueber die bei Eidesleistungen der Juden zuzuziehenden Religionsbeamten, I. 522. Lokal zu Eidesleistungen der Juden, I. 520. Verwarnungs- und Bekräftigungsformel bei Vereidung jüdischer Aerzte, I. 528. Gebrauch des Wortes Adonai bei Eidesleistungen der Juden, I. 529., s. auch Juden. Modifikation der in den Fürstlich Neuwiedschen Aemtern geltenden Verordnung wegen der Eidesleistungen vom 26. März 1805, I. 532. Abnahme der Eide bei dem mündlichen Verfahren im Großherzogthum Posen, I. 533. Abnahme der deferirten Eide in summarischen und Bagatellprozessen, II. 614. 638. Abnahme der Eide durch Actuarien, I. 535. Diensteid der Beamten und Verhaltung bei demselben, IV. 210 — 212.

Eid und Pflicht, in wiefern die darin stehenden Personen bei Ablegung eines Zeugnisses nur auf ihren Amtseid verwiesen werden dürfen, I. 10. §. 203. n. 2., in wiefern sie als Sachverständige ihr Gutachten beschwören müssen, §. 203. n. 4. (84.)

Eigenthumsforderung, was im Erkenntnisse festzusetzen, wenn auf Vindication geklagt worden, I. 23. §. 63. Verfahren, wenn bei oder nach der Auspfändung sich jemand meldet, welcher behauptet, dass die gepfändete Sache nicht dem Schuldner, sondern ihm zugehöre, 24 §§. 75 — 77., wenn dies bei Inventuren in Concursen geschieht, 50. §. 219 — 221. Diejenigen Gläubiger, welche Eigenthumsansprüche haben, werden in der ersten Classe angesetzt, §. 296. sqq., s. Classification der Gläubiger, und sind nicht schuldig, auf irgend eine Distribution zu warten, 50. §. 527., oder zu den Communkosten beizutragen, §. 328.

Eigenthumsforderung, s. Intervention.

Eingebrachtes der Ehefrau, in wiefern es in der vierten Classe anzusetzen., I. 50. §. 406. sqq. §. 410. (363.), oder dies Vorzugsrecht verloren gehe, §. 412., und die Gebührnisse der Ehefrau erst post omnes angesetzt werden, §. 480., die Ehefrau kann ihr Vorzugsrecht in der vierten Classe cediren, §. 413., die Cessionarien oder Descendenten einer verstorbenen Ehefrau haben jederzeit den Vorzug vor einer nachherigen Gattin des Gemeinschuldners, §. 414., wenn jene mit andern zu dieser Classe gehörigen Gläubigern concurriren, so wird der erstern Vorzugsrecht vom Hochzeitstage an gerechnet; es sei denn, dass das Vermögen erweislich später inferirt worden, §. 416.

S. übrigens: Ehefrau des Gemeinschuldners, Ehefrau geschiedene, Gütergemeinschaft, Hypothekenbuch.

Eingebrachtes der Ehefrau; in wieweit die Gläubiger des Ehemanns die Nutzungen desselben in Anspruch nehmen können, II. 412.

Einkindschaft, ein Vertrag darüber kann vor jedem Gerichte errichtet werden, II. 1. §. 9.

Einlassung in den Concurs, davon sind frei: 1) Darlehne, wenn einem Offiziere aus den Militaircassen zur Anschaffung

der Equipage gegeben worden, I. 50. §. 268. (353), 2) diejenigen, welche mit der Masse contrahirt haben, §. 269., 3) die laufenden öffentlichen und gemeinen Lasten, ohne Unterschied, ob selbige an Königliche oder Creis- und Cämmereicassen zu entrichten sind, §§. 270. 271., s. auch Feuersocietätsbeiträge, Kirchenbediente, Schulbediente, 4) diejenigen, welche ein Separationsrecht haben, I. 50. §. 272. sqq., s. auch Separationsrecht, Specialmasse, 5) die Creditsysteme und Pfandbriefsinhaber, §. 287., 6) diejenigen, welche ein Compensationsrecht haben, §. 288., 7) Socii, wegen der Societätsschulden, §. 289 bis 291., 8) gewisse Arten von Depositis, §. 292., s. auch Deposition, welche Bewandniss es auch in Ansehung der in separato gegen die Masse geltend gemachten Gegenforderungen und Einwendungen hat, §. 293., 9) Soluta aus annullirten Geschäften, §. 294., 10) Amtsschriften und Geräthschaften, §. 295. S. auch Erbverpachter.

Einseitige gerichtliche Handlungen unter Lebendigen, z. B. Entsagungen, Quittungen etc, bei deren Aufnehmung finden eben die Vorschriften statt, wie bei Aufnehmung der Verträge, II. 2. §. 26.

Einspruch, s. Ehegelöbniss.

Eintragung in das Hypothekenbuch bewirkt einen Platz in der dritten Classe, I. 50. §. 387. sqq., s. auch Hypothekenbuch.

Eintragung, hypothekarische, des Pfandrechts und resp. einer Protestation im Wege der Execution, II. 416. u. f., s. auch Execution.

Einwendungen, von den noch bei der Execution zulässigen, I. 24. §. 36. sqq. §. 36. (152.), s. auch Appellation hat nur effectum devolutivum. Aufnehmung der Klage, Beantwortung der Klage, Entsagung der Einwendungen und Rechtswohlthaten, Exceptio litis finitae, Exceptio veritatis, Execution, Rechtsausflüchte, Resolution, Strafe, Verlegung des Termins.

Einwendungen in der Executionsinstanz, Zulässigkeit und Instruction derselben, II. 307. Einwendungen im Mandatsprozesse, II. 590.

Eltern, in wiefern deren Hausbücher Beweiskraft haben, I. 10. §. 162. In wiefern sie als Beweiszeugen aufgestellt werden können, §. 228. n. 1., sollen zur Ablegung eines Zeugnisses gegen ihre Kinder niemals gezwungen werden, §. 229.

Enrollirte, s. Regimentsgerichte.

Entlassung, s. Dienstentlassung.

Entsagung der Einwendungen und Rechtswohlthaten, deren Wirkungen muss der Richter den Parteien bekannt machen, II. 2. §. 32., mit unwirksamen sollen Urkunden nicht überladen werden, §. 52. Entsagung der Rechtswohlthat der Cession ist ungültig, I. 48. §. 31. In wiefern dies bei dem Moratorio der Fall sei, 47. §. 110.

Entsagung der Klage, s. Litisrenunciation. In Injuriensachen, I. 34. §. 13 — 16. (227.)

Entsiegelung, s. Wiederaufsiegelung.

Entschädigungsklage, in wiefern sie in Criminalfällen in dem ordentlichen persönlichen Gerichtsstande des Beschädigers angestellt werden müsse, I. 2. §. 178.

Entschädigungsklagen. Unzulässigkeit der Entschädigungsklagen, welche aus der Ausübung eines Hoheitsrechts hergeleitet werden, I. 69. Unzulässigkeit des Rechtsverfahrens wegen Verkürzung von Dienstemolumenten der Beamten, I. 72. Verfahren rücksichtlich der bei Regulirung des Provinzial- und Communal-Kriegsschuldenwesens erhobenen Ansprüche, I. 74. Unzulässigkeit des gerichtlichen Verfahrens wegen Verwaltungsansprüche an den Staat aus der Zeit der Fremdherrschaft, I. 75., desgl. wegen Vergütung von Kriegsleistungen, I. 76., desgl. wegen der Entschädigungsansprüche aus der Aufhebung des Mahl- und Getränkezwanges, I. 78. Zulässigkeit einer Entschädigungsklage gegen den Richter wegen vorgeblich widerrechtlich verhängten Criminalarrests, I. 120.

Entscheidungsgründe sollen niemals die Kraft eines Urtels haben, I. 13. §. 38., der Beifügung derselben bedarf es bei Revisionserkenntnissen nicht, 15. §. 22.

Equipage, die hiezu einem Offizier mit Consens des Chefs gegebenen Vorschüsse werden in der vierten Classe angesetzt, I. 50. §. 387., in wiefern sie das Vorzugsrecht vor allen andern Forderungen im Concurs haben, §. 268. (353.) Sie haben auch bei im Wege der Execution vorfallenden Gehaltsabzügen den Vorzug vor andern Gläubigern, 24. §. 106 — 108. (166.), s. Execution. Verfahren, wenn sich bei Versiegelung des Nachlasses Equipagestücken vorfinden, II. 5. §. 17. (435.), s. auch Compagnie.

Erbe, welche Klagen auf denselben übergehen, und in wiefern mehrere Miterben zusammen oder einzeln klagen oder belangt werden können, I. 1. §. 38., wie lange derselbe in dem Gerichtsstande der Erbschaft belangt werden könne, 2. §. 122. sqq., s. auch Gerichtsstand. In wiefern mehrere Erben auch dann, wenn der Gerichtsstand der liegenden Erbschaft nicht mehr statt findet, um eine Vervielfältigung der Prozesse zu verhüten, angewiesen werden können, bei einem und ebendemselben Gericht Recht zu nehmen, §. 740. Wie der Erbe sich zu legitimiren habe, wenn er eine Klage anstellen will, §. 4. n. 6. Von Insinuationen an Erben, 7. §. 32. sqq., s. auch Insinuation, deren Rechte und Verbindlichkeiten in Ansehung der dem Erblasser angetragenen, zurückgeschobenen oder durch Erkenntniss auferlegten Eide, 10. §§. 378. 379., s. auch Nothwendiger Eid. Wie es in Ansehung der Erben bei Litisassumtionen zu halten, s. Litisreassumtion. Erben sind nur verbunden, einen nothwendigen Eid über Facta ihres Erblassers de ignorantia abzuschwören, 22. §§. 6. 7. Auch gegen die Erben des Beschädigers findet das juramentum in litem statt, §. 14., in wiefern derselbe zur Ableistung des Manifestationseides verbunden, §. 29. n. 3., muss die gegen den Erblasser ergangenen Urtel auch gegen sich gelten lassen, 24. §. 6., s. auch Execution. Nur gegen denjenigen Erben, der die Erbschaft ohne Vorbehalt angetreten hat, findet Arrestschlag wegen der Schulden des Erblassers statt; doch findet auf die zum Nachlass

gehörigen Effecten der Realarrest in jedem Falle statt, in welchem der Arrestschlag gegen den Erblasser zulässig gewesen wäre, 29. §. 6., auch wegen der eigenen Schulden des Erben findet ein Arrest auf die zum Nachlass gehörenden Stücke statt, §. 7., s. auch Separationsrecht. Bei Todeserklärungen muss auch der vermuthlich nächste Erbe, wenn er nicht selbst die Vorladung ausgebracht hat, mit vorgeladen werden, 37. §. 8., von Streitigkeiten unter Erben wegen der Theilung des Nachlasses, s Erbsonderungen, ihnen kömmt das dem Erblasser ertheilte Moratorium nicht zu Statten, 47. §. 113., in wiefern der Einwand der Cession dem Erben eines alten Gläubigers entgegen gesetzt werden könne, 48. §. 36. Unter welchen Bedingungen ein Erbe, auf dessen ererbtes Grundstück seine Qualität als Beneficialerbe eingetragen worden, nach Verlauf eines Jahres auf die Löschung dieser Einschränkung antragen könne, I. 50. §. 280. Rechte des Erben der Ehefrau eines Gemeinschuldners, s. Ehefrau des Gemeinschuldners. Von Alimenten, die ein Erbe dem andern zu entrichten hat, s. Alimente. Rechte und Obliegenheiten des Erben im erbschaftlichen Liquidationsprozess, s. Erbschaftlicher Liquidationsprozess, Erbschaftlicher Liquidationstermin. Wenn der Erbe unter die Classe der gemeinen, in Geschäften unerfahrnen Leute gehört, müssen demselben die gesetzlichen Vorschriften wegen der mit oder ohne Vorbehalt anzutretenden Erbschaft bekannt gemacht und deutlich erklärt werden, II. 5. §. 2., s. auch Versiegelung des Nachlasses.

Uebrigens: Hypothekenbuch.

Erben; Zulässigkeit der Execution gegen Erben und Befugniß der Beneficialerben, sich gegen dieselbe durch Provocation auf erbschaftlichen Liquidationsprozeß zu schützen, II. 277. u. f., s. auch erbschaftlicher Liquidationsprozeß. Aufgebot unbekannter Erben, III. 627.

Erben unbekannte, deren Vorladung, s. Edictalvorlagung.

Erbeslegitimationsattest; Ertheilung eines solchen für Testamentserben. IV. 100. Form der Erbschaftsantretung oder Entsagung und eidesstattliche Versicherung über die Anzahl der nächsten Erben, IV. 110.

Erbgelder, die ein Erbe dem andern herauszuzahlen verbunden, werden, in Ermangelung besserer Sicherheit, in der sechsten Classe angesetzt, I. 50. §. 459.

Erbpacht, von wem Prozesse über eine in Erbpacht oder zum Niessbrauch eingeräumte Sache zu betreiben, I. 1. §. 32. a. Die Austhuung eines Grundstücks in Erbpacht oder Erbzins muss vor dem Richter der Sache vollzogen werden, II. 1. §. 3. n. 2. b.

S. übrigens: Erbverpächter, Erbzinsherr.

Erbpacht, die Verträge über Austhuung eines Grundstücks in Erbpacht oder Erbzins können auch notariell geschlossen werden, und bedürfen nicht mehr der Verlautbarung, IV. 7.

Erbrezess, s. Erbsonderungen und Auseinandersetzungen.

Erbschaft, Gerichtsstand derselben, s. Gerichtsstand. In wiefern bei Erbschaften die Klage über den Besitz von der über das

Erbrecht selbst getrennt werden könne, I. 5. §. 28., derselben oder einem anderen Rechte kann der Gemeinschuldner nach eröffnetem Concurse wider den Willen der Gläubiger nicht entsagen, 50. §. 41. Verfahren, wenn dasselbe als herrnlos vom Fiscus in Anspruch genommen wird, 51. §. 156.
S. übrigens; Nachlass, Separationsrecht, Specialmasse.

Erbschaftsantretung und Entsagung. Aufnahme derselben durch die Vormundschaftsgerichte, IV. 109. Form der Erbschaftsantretung ohne Vorbehalt, IV. 109. Beschaffenheit der Vollmachten zu Erbschaftsantretungen, IV. 110. Form der Erbschaftsantretungen und Entsagungen und der Versicherung an Eidesstatt über die Anzahl der Erben, IV. 110. In wiefern die Erklärung der Erben über den Erbschaftsantritt oder die Entsagung von Amtswegen zu erfordern, IV 113.

Erbschaftsgläubiger, denselben steht in Concursen das Separationsrecht wegen der dem Gemeinschuldner zugefallenen Erbschaft zu, I. 50. §. 272. sqq. müssen, so wie die Legatarien, wenn die Erbschaft zu ihrer Befriedigung zureicht, ohne Rücksicht auf die Qualität ihrer Forderungen vollständig aus demselben befriedigt werden, §. 277., wie es zu halten, wenn sie ihr Separationsrecht durch Novation oder sonst verloren haben, §. 233.
S. übrigens: Erbschaftlicher Liquidationsprozess, Execution, Separationsrecht, Vorladung der Erbschaftsgläubiger.

Erbschaftsinteressenten unbekannte, deren Vorladung, s. Edictalvorladung. Verfahren, wenn in dem anberaumten Termine niemand erscheint, I. 51. §. 153. Vorschriften für den Fall, wenn der den Nachlass in Anspruch nehmende Erbe zur Zeit des Erbanfalles nähere oder gleich nahe Miterben gehabt hat, enthält das allgemeine Landrecht, (Thl. I. Tit. IX. §. 471. sqq) §. 154.

Erbschaftsinteressenten, unbekannte, deren öffentliche Vorladung, III 627.

Erbschaftskauf, kann vor jedem gehörig besetzten Gerichte geschlossen werden, II. 1. §. 9. n. 2.

Erbschaftlicher Liquidationsprozess, davon handelt I. 51. §. 53. sqq. Zweck desselben, §. 53., wer darauf antragen könne, §. 59. sqq., was die Eröffnung desselben wirke, §. 61. Vorlegung eines Inventarii durch den Erben, der darauf antragen will, §§. 62. 63. 1) Wenn aus diesem Inventarium die Unzulänglichkeit klar ist, wird Concurs eröffnet, §. 65., wobei die Gläubiger dem Erben die Curatel über die Masse auftragen können, §. 65., wie der Tag des eröffneten Concurses in diesem Fall zu bestimmen, §. 66. Unterschied zwischen einem Beneficialerben und demjenigen, welcher der Erbschaft entsagt hat, §. 67. II) Verfahren, wenn die Unzulänglichkeit nicht klar ist, §. 68. A) in Ansehung der Activmasse, als deren Besitz und Verwaltung in der Regel dem Erben verbleibt, §. 69., wo auch dem Beneficialerben nothdürftiger Unterhalt zugestanden werden kann, und er wie ein redlicher Besitzer zu betrachten ist, (381.) Ausnahme, §. 70. sqq., s. auch Interimisticum, Resolution. In wiefern der Erbe sich der Administration begeben

könne, §. 73., wo alsdann die Bestellung eines Curators und Contradictors, und das Verfahren zur Feststellung der Masse, wie im Concurs erfolgt, §. 74., und in wiefern dabei ein offner Arrest zu erlassen, (382.), s. auch Curator und Contradictor. Wozu der Erbe in diesem Fall verbunden sei, §§. 75. 76. In wiefern nach abgehaltenem Liquidationstermin die Lage der Sache sich ändern könne, §. 77., a) wenn der Beneficialerbe sich zum Erben ohne Vorbehalt erklärt, §§. 78. 79., s. auch Resolution, b) wenn er erklärt, dass er die Administration fortsetzen, jedoch Beneficialerbe bleiben wolle, §. 80. Rechte der Gläubiger in diesen beiden Fällen, §. 81., c) wenn er noch im Liquidationstermin sich erklärt, den Nachlass an die Gläubiger zur gerichtlichen Administration und Vertheilung überlassen zu wollen, § 82. Verfahren und Rechte des Erben in diesem Falle, §. 83. B) Ausmittelung der Passivmasse, §. 84. Vorladung der Gläubiger, §. 85. sqq., s. auch Vorladung. Bis zum Liquidationstermin müssen die Specialprozesse fortgesetzt werden, §. 88., s. auch Erbschaftlicher Liquidationstermin, Kosten, Vertheilung der Masse. Ein erbschaftlicher Liquidationsprozess ist es nicht, wenn ein Erbe ohne Vorbehalt die Erbschaftsgläubiger bloss deshalb vorladen lässt, um sie desto geschwinder zusammen zu bringen, §. 98., s. auch Execution, Vorladung der Erbschaftsgläubiger.

Erbschaftlicher Liquidationsprozeß, Befugniß der Beneficialerben auf Eröffnung desselben zu provociren und sich dadurch gegen verfügte Executionen zu schützen, II. 284. u. f. Fortdauer der Executionsmaaßregeln, welche schon vor Eröffnung des Liquidationsprozesses verfügt waren und Zulässigkeit der Sequestration und Unzulässigkeit der Subhastation der Nachlaßgrundstücke wegen Hypothekenzinsen während desselben, II. 288. III. 587. Befugniß eines Nachlaßcurators, auf Eröffnung des erbschaftlichen Liquidationsprozesses zu provociren, III. 580. Folgen der Versäumniß der gesetzlichen Frist zur Niederlegung des Inventarii, und daß solchenfalls die Provocation auf erbschaftlichen Liquidationsprozeß nicht mehr zulässig, III. 581. Niederlegung des Inventarii bei einem andern, als dem ordentlichen Gerichte des Nachlasses, IV. 112. Verpflegung unvermögender minorenner Beneficialerben aus der Nachlaßmasse vor Eröffnung des Liquidationsprozesses, III. 584. Concurrenz der Beneficialerben bei der Subhastation der Grundstücke im erbschaftlichen Liquidationsprozesse, III. 586. Ausantwortung der erbschaftlichen Liquidationsmasse an die Erben, wenn sie dieselben für sufficient erachten und die Befriedigung der Gläubiger übernehmen wollen, III. 593.

Erbschaftlicher Liquidationstermin muss auch dem Erben bekannt gemacht werden, I. 51. §. 86. Verfahren im Termin selbst und Abweichungen des erbschaftlichen Liquidations- vom Concursprozess, §. 89., s. auch Zinsen.

Erbschatz, dessen Bestellung in Grundstücken oder Capitalien kann vor jedem Gerichte geschehen, II. 1. §. 9. n. 9.

Erbsonderungen und Auseinandersetzungen, davon handelt I. 46 verschiedene mögliche Fälle, in denen wegen Auseinandersetzung Streit entstehen kann, §. 1. A) Erbschaftliche Prozesse, und zwar 1) über das Erbrecht oder über die Erbquote, §. 2., bis diese Präjudicialpunkte entschieden sind, können

die Parteien auf interimistische Verfügungen zur Sicherstellung ihrer eventuellen Ansprüche antragen, §. 3. Befugnisse desjenigen, der ohne Widerspruch Miterbe ist, dem aber nur eine geringere als die verlangte Erbquote zugestanden wird, eventuelle Ausmittelung seines Antheils auf beide Fälle zu verlangen, §. 4., welche beiderlei Anträge (§. 3. u. 4.) jedoch mit der Instruction der Hauptsache nicht zu vermengen sind, §. 5., wie es zu halten, wenn zugleich das Erbrecht selbst und die eventuelle Quote bestritten wird, §. 6. Wenn unstreitige Erben über den Besitzer der Erbschaft sich beschweren, dass er ihnen Inventarium und Administrationsrechnung vorenthalte, so bedarf es keines förmlichen Prozesses, §. 7., s. auch Execution, Juramentum in litem, 2) Prozesse über die Erbtheilung, § 8. sqq., wobei die zur immerwährenden Fortsetzung einer Fabrikanstalt gegebenen Fonds nie zur Erbtheilung kommen können, §. 8. (305.) Einleitung, §§. 9. 10., was das Gericht zugleich bei Bekanntmachung des Termins zur Erleichterung der Instruction von Amtswegen zu verfügen habe, §. 10. Verfahren im Termin, §. 11. sqq., wie der Erbrezess einzurichten, wenn in der Hauptsache ein gütliches Abkommen zu Stande kömmt, und nur einige Nebenpunkte streitig bleiben, §. 14. Wenn die Parteien nicht zu vereinigen sind, muss bis zur Entscheidung ein Interimisticum regulirt werden, §. 15., weitere Instruction, §. 16. sqq., die Art derselben richtet sich in Ansehung der verschiedenen Punkte nach der Natur des Objects, §. 17. Verfahren, wenn in Ansehung der meisten und wichtigsten Punkte Localcommission erforderlich ist, §. 18., wenn es nur bei minder wichtigen Punkten darauf ankömmt, §. 19., wie es in Ansehung der bei der Instruction vorkommenden Präjudicialpunkte zu halten, §. 20. Beschluss der Sache, §. 21. Erkenntniss, §. 22. Rechtsmittel, §§. 23. 24. Errichtung des Erbrecesses, §. 25. u. 8. (305.) In wiefern ein Iustizcommissarius und Natarius öffentliche Urkunden über Erbsonderungen aufnehmen könne, III. 7. §. 72. B) von Auseinandersetzungen zwischen Lehns- und Fideicommissfolgern und Allodialerben, 46. §. 26. sqq., s. auch Appellation ist unzulässig, Interimisticum, Lehn. C) Gemeinheitstheilungen, §. 33., s. Auseinandersetzung der Gemeinheiten. D) Auseinandersetzung der Handlungsgesellschaften, §. 34. sqq. Die hier ertheilten Anweisungen setzen wichtige und verwickelte Streitpunkte unter Handlungsgesellschaften voraus. Bei Sachen von geringerer Erheblichkeit finden die allgemeinen Grundsätze Anwendung, §. 40., s. auch Sachverständige.

Erbsonderungen und Auseinandersetzungen. Verfahren bei gerichtlichen Erbsonderungen, wenn ein Miterbe nicht erscheint, III. 330., s. auch Erbschaftsantretung und Entsagung.

Erbtheilungsverträge, zu ihrer Gültigkeit ist die Vollziehung vor dem persönlichen Richter des Erblassers nicht erforderlich, IV. 17.

Erbverpächter, in wieweit derselbe sich nicht in den Concurs einzulassen brauche, oder in der zweiten oder auch erst in der siebenten Classe angesetzt werde, I. 50. §. 382. b.

Erbvertrag kann vor jedem Gerichte geschlossen werden, II. 1. §. 9. n. 6. Ein Protokollführer ist dabei stets nothwendig, 2. §§. 16. 17. (421.) Von der Art der Abschliessung desselben, 4. §. 15. u. (431.)

Erbvertrag; Aufnahme und Versiegelung desselben, IV. 106. Aufbewahrung desselben, wenn die Versiegelung verboten ist, IV. 107. Die Ausfertigung der Erbverträge gehört zur Competenz des ordentlichen Richters des Verstorbenen, IV. 107.

Erbzins, s. Erbpacht.

Erbzinsherr, in wie fern derselbe wegen des von dem Erbzinsgute des Gemeinschuldners rückständigen Canons in der dritten oder in der fünften Classe anzusetzen, I. 50. §. 451.

Erfüllungseid, in welchen Fällen die Ergänzung des Beweises durch denselben nicht zugelassen werde, I. 13. §. 25.

S. übrigens: Nothwendiger Eid.

Erkenntniss, allgemeine Anweisungen zu Abfassung desselben, I. 13. §. 8. sqq. §. 36. sqq. in Ansehung der Untergerichte, 25. §§. 19. 20. in Bagatellsachen 1) bei Obergerichten, 26. §§. 7. 8. 1) bei Untergerichten, a) in Sachen unter 10 Thalern, §§. 17. 18. b) in Sachen von 10 bis 50 Thalern, §. 20. Besondere Vorschriften bei Abfassung der Erkenntnisse: wegen Einholung von Gutachten und Auskunft in die Landesverfassung, Staatsverwaltung, Staatswirthschaft, Polizei und Gewerbkunde betreffenden Sachen, §. 8. (102.), in Militairsachen, (103.) in Bergwerkssachen. (104.) Wie Erkenntnisse zu fassen, durch welche ein nothwendiger Eid veranlasst wird, 10. §. 368. 372. (95.) Von Zuziehung eines Regierungsdeputirten bei Abfassung des Urtels in wichtigen fiscalischen Civilprozessen, 35. §. 11. (239.) Von Erkenntnissen über Ehescheidungsstrafe, 40. §. 51. u. (293.) Von Abfassung des Erkenntnisses in zweiter Instanz, 14. §. 63—66. (123.)

S. übrigens die einzelnen Gattungen des Prozesses, auch: Adjudicationsbescheid, Appellationserkenntniss, Classificationsurtel, Declaration, Distributionsurtel, Entscheidungsgründe, Judicat, Nullität, Publication des Urtels, Referent, Resolution, Restitution.

Erkenntniß; die in Prozessen wider Kirchen und andere denselben gleichstehende Institute ergangenen Erkenntnisse sind der betreffenden Regierung abschriftlich mitzutheilen, I. 320. Daß es zulässig ist, einen Anspruch durch Erkenntniß angebrachtermaßen abzuweisen, I. 568. Unzulässigkeit einer im Erkenntnisse auszusprechenden Zahlungsfrist, I. 572. Stimmenzählung bei der Abfassung eines Conclusi, I. 569. Daß die Anfragen bei der Gesetzcommission über den zweifelhaften Sinn von Gesetzen nicht mehr statt finden, I. 571. Daß auch bei dinglichen Klagen die Personen der Parteien in der Erkenntnißformel zu benennen sind, I. 573. Unzulässigkeit der Vorladung auswärtiger Justizcommissarien zur Publication der Erkenntnisse, I. 575. Gebühren für die Publication eines Erkenntnisses, I. 576. Verfahren bei Abfassung der Erkenntnisse bei solchen Gerichten, die nur aus drei Mitgliedern bestehen, wenn eins derselben behindert ist, I. 575. Form der Erkenntniß-Ausfertigungen hinsichtlich der Angabe der Rich-

ter, welche an der Abfassung der Erkenntnisse Theil genommen haben, I. 578. Ausfertigung und Zufertigung der Erkenntnisse in summarischen Prozessen, II. 617. 637. Zuziehung eines Sachverständigen bei Abfassung der Erkenntnisse in Bergwerkssachen, I. 562. Daß auch die Erkenntnisse zweiter Instanz die Entscheidungsgründe in der Regel ausführlich enthalten müssen, II. 32. Daß den Obergerichten und Revisionscollegien die Ausfertigung der von ihnen abgefaßten Erkenntnisse zweiter Instanz für die Parteien obliegt, II. 33. Verfahren bei Abänderung der Erkenntnisse in dritter Instanz, und Zählung der Stimmen in Revisionssachen, II. 59. Bei theilweiser Abänderung zweier gleichförmiger Erkenntni . der Revisionsinstanz bedarf es nur in so fern der Ausarbeitung von vier Re tionen, als die Abänderung selbst ein Objekt von der Höhe der Revisionssummen betrifft, II. 61. So lange noch kein vollständiger Aktenvortrag und keine förmliche Abstimmung über eine Spruchsache im Collegio erfolgt ist, bleibt die anderweite Distribution der Akten zum Spruche lediglich dem Präsidenten überlassen, II. 60. Daß die Revisions-Erkenntnisse mit den Entscheidungsgründen auszufertigen sind, II. 62. Die Rechtskraft eines Erkenntnisses, gegen welches noch ein ordentliches Rechtsmittel zulässig ist, tritt erst mit Ablauf der, zur Einlegung des letzteren bestimmten Frist ein, II. 70. Daß richterliche Erkenntnisse nicht durch Ministerial-Rescripte, sondern nur im Wege des Rechtsmittels aufgehoben werden können, II. 71. Ueber den, bei Abfassung von Erkenntnissen zu beobachtenden Unterschied zwischen der Ehrlosigkeit und dem Verluste der bürgerlichen Ehre, I. 497. Abfassung der Erkenntnisse in fiscalischen Untersuchungen, namentlich wegen Steuervergehen, III. 65. Atteste der Rechtskraft der Erkenntnisse in Ehescheidungsprozessen, III. 161. Rechtskräftige Ehescheidungserkenntnisse können durch Entsagung nicht aufgehoben werden, III. 361.

Erkenntniss erster Instanz gilt als Interimisticum 1) bei Blödsinnigkeitserklärungen, I. 38. §. 8. 2) bei Prodigalitätserklärungen, 26. §. 6. sqq. 3) in Unterthanenprozessen, wenn über Unmöglichkeiten der Dienstleistung Beschwerde geführt wird, 41. §. 86. a. 4) in Gränzsachen, 32. §. 25. und §. 29. 5) bei Prozessen über Pachtgelderberechnungen bis zum erfolgenden Appellationserkenntniss, 23. §. 11.
S. übrigens: Interimisticum.

Erlass der Dienste, s. Dienste, Unmöglichkeit der Dienste.

Erlassung des Eides, I. 10. §. 203. n. 3. Der Bevollmächtigte bedarf hierzu einer Specialvollmacht, (83.)

Erscheinung der Parteien, s. Persönliches Erscheinen der Parteien.

Erzpriester ist eximirt, I. 2. §. 45.

Errungenschaft, eheliche, s. Gewerbe.

Ewiges Gedächtniss, s. Beweis zum ewigen Gedächtniss.

Examen, s. Auscultator, Referendarius.

Examen, s. Prüfung.

Exceptiones juris, s. Einwendungen, Eximirte, Rechtsausflüchte.

Exceptio litis finitae, davon h ndelt I. 10. §. 60. sqq. geschiehet entweder unter Bestreitung des Klagegrundes, also nur eventualiter, oder der Klagegrund wird eingeräumt, und nur der Antrag des Klägers durch diese Einwendung abgelehnt, §. 60. im letztern Falle macht der Einwand allein den Gegen

stand der Instruction aus, §. 61. was im erstern Falle zu erwägen, §. 62. a) Verfahren, wenn die Instruction der Hauptsache und die des Einwandes in Rücksicht der Zeit und Kosten ungefähr in gleichem Verhältnisse stehen, §. 63 b) wenn nur die Hauptsache leicht auszumitteln ist, §§. 64. 65. Wirkung der Appellation in diesem Falle, §. 66. s. auch Resolution. c) wenn nur die Erörterung des Einwandes kurz ist, § 68. Wirkung der angewandten Rechtsmittel, je nachdem der Einwand für gegründet anerkannt oder verworfen worden, §. 69. sqq. Von der Instruction des Einwandes ist ein besonderes Actenstück anzulegen, §. 77. und die Verhandlungen darüber sind vorzüglich zu beschleunigen, §. 78. a. In wie fern auf einen in dem vorläufigen Verfahren verworfenen Einwand in der Folge noch Rücksicht genommen werden könne, §. 78. b.

Exceptio litis ingressum impediens, dabei finden die wegen der Exceptionis litis finitae ertheilten Anweisungen Anwendung, I. 10. §§. 79. 80.

Exceptio deficientis legitimationis ad causam, s. Legitimationspunkt.

Exceptio veritatis bei Injurienprozessen, I. 34. §. 10. sqq. §. 13—16. (228.)

Execution, von Nachsuchung und Verfügung derselben handelt I. 24. sie muss von demjenigen Gerichte verfügt werden, welches in erster Instanz erkannt hat, §. 1. Das Executionsgesuch findet statt, sobald das Urtel rechtskräftig geworden ist, §. 2. Wenn von dieser Zeit an ein ganzes Jahr verstrichen ist, ohne dass die Execution nachgesucht worden, muss von neuem ex judicato geklagt werden, §. 3. ausgenommen, wenn ein bedeutendes Hinderniss gegen die Realisirung der Execution nachgewiesen worden, (148.) Auch aus einem Contumacialbescheide, einem durch Resolution bestätigten gerichtlichen Anerkenntnisse der Schuld und aus einem gerichtlichen Vergleich kann innerhalb Jahresfrist Execution nachgesucht werden, §. 4. In wie fern der eingewendeten Appellation ungeachtet mit der Execution verfahren werden müsse, 14. §. 6. sqq. s. auch Appellation hat nur effectum devolutivum. Wenn in einem Urtel mehrere separirte Puncte entschieden sind, und es wird nur wegen einiger davon appellirt, so muss in Ansehung der übrigen das Urtel vollstreckt werden, §. 10. Gegen wen das Executionsgesuch statt finde, I. 24. §. 5. in wie fern gegen Erben, §. 6. gegen den Successorem singularem, §. 7. gegen Bürgen, §. 8. gegen den Inhaber einer rei litigiosae, §. 9. gegen einen falschen Bevollmächtigten, §. 10. gegen den, welcher sich liti offerirt, §. 11. gegen Vormünder und Curatoren, §. 12. gegen Litisconsorten, §. 13. gegen eine hereditatem jacentem, §. 14. Nähere Bestimmungen wegen der Execution gegen Erben, §. 15. sqq. wenn der Erbe der Verlassenschaft entsagt, §. 16. wenn er sich Erbe sein zu wollen, ohne Vorbehalt erklärt, §. 17. als in welchem Falle er sich selbst durch die Zusammenberufung der Erbschaftsgläubiger gegen die Execution nicht schützen kann, 51. §. 98. wenn er sich entweder gar nicht, oder unter der

Wohlthat des Inventarii erklärt hat, 24. §. 18. wenn er noch vor der rechtskräftigen Entscheidung des Prozesses zur Erbschaft gekommen ist, §. 19. was der Beneficialerbe zu beobachten habe, §. 20. Executionen finden von Amtswegen nicht statt, §. 21. wie ein Executionsgesuch beschaffen sein müsse, §. 22. insbesondere, wenn ein Prozess mehrere Punkte, Forderungen und Gegenforderungen, oder eine förmliche Rechnungssache betroffen hat, §. 23. Wenn das Executionsgesuch die gehörigen Erfordernisse hat, muss die Execution sofort verfügt werden, ohne dass es einer Erklärung des Gegentheils darüber bedarf, §. 24. in wie fern während der Gerichtsferien Execution statt finde oder nicht, §. 25. s. auch Gerichtsferien. In wie fern der Richter Executionen unmittelbar, §. 26. oder durch Requisition vollstrecken müsse, §. 27. s. auch Regimentsgerichte, wohin besonders bei Militairpersonen die Requisition der Militairgerichte oder beziehungsweise des Generalauditoriats, und bei Gensdarmen die Requisition des Oberbrigadiers der Provinz gehört, §. 26. (149.) Dasselbe findet in Absicht der Ehefrauen, der Kinder und des Gesindes der Militairpersonen statt, wenn sie sich bei diesen am Garnisonort befinden, (150.) In wie fern jedoch die Civilgerichte die gegen inactive Militairpersonen abgefassten Urtel selbst vollstrecken können, 2. §. 48. sqq. (18.) Die Execution des in der Reconvention gegebenen Erkenntnisses kann der Richter der Convention nicht unmittelbar, sondern nur mittelst Requisition des ordentlichen Richters des Wiederbeklagten vollstrecken, 24. §. 27. (151.) Das requirirte inländische Gericht muss unweigerlich mit der Vollstreckung der Execution verfahren, auch den Schuldner mit seinen etwanigen Einwendungen lediglich an das requirirende Gericht verweisen, §. 28. Verfahren, wenn die requirirende Behörde des requirirenden Gerichts ein Bedenken bei der Vollstreckung der Execution findet, §. 29. oder wenn bei der von einem ausländischen Gerichte geschehenen Requisition sich ein Anstand ereignet, §. 30. Von Erlassung des Executionsbefehls und des Monitorii an den Exequendum, §. 31. sqq. In wie fern der Extrahent der Execution dem Schuldner wegen Schimpf, Schaden und Kosten verhaftet bleibe, oder dieser, der geleisteten Befriedigung ungeachtet, die Kosten der angefangenen Execution tragen müsse, I. 24. §. 34. Von den in der Execution zulässigen Einwendungen, §. 35. sqq. die Zeit der Entstehung dieser Einwendungen macht keinen Unterschied, §. 36. (152.) wenn dergleichen Einwendungen nur einigermassen bescheinigt sind, muss die Execution sogleich ausgesetzt, und ein möglichst naher Termin zur Instruction des Einwandes anberaumt werden, §. 38. Verfahren in diesem Termine, dessen Prorogation dem Provocanten unter keinerlei Vorwand gestattet werden darf, §. 39. weitere Verfügung, je nach dem der Einwand gegründet befunden wird oder nicht, §. 40. s. auch Appellation hat nur Effectum devolutivum, Resolution, Strafe, insbesondere, wenn der Einwand nur einen oder etliche von mehreren Punkten zum

Gegenstande hat, §. 41. Unter dem Vorwande eines gegenwärtigen Zahlungsunvermögens soll die Execution nicht aufgehalten oder abgewendet werden, §. 42. Niemand soll gegen dieselbe bei dem Könige oder dem Ministerium Beschwerde führen, §. 43. Pflicht der Gerichte, wenn dennoch die Execution durch eine Cabinetsordre oder durch ein Hofrescript suspendirt würde, §. 44. Von Vollstreckung der Execution, §. 45. sqq. Verfahren bei Executionen gegen moralische Personen, §. 45. (153.) gegen eine grosse Menschenmenge, §. 150. (179.) Allgemeine Vorschriften für die Executoren, §. 45—47. Verfahren I) bei Executionibus ad faciendum, §. 48. sqq. Von der Festsetzung der dazu erforderlichen Kosten, §. 49. (154.) II) bei Executionen auf Unterlassung, §. 54. III) auf Herausgabe einer beweglichen Sache, §. 65. sqq. IV) auf Räumung einer unbeweglichen, §. 58. sqq. V) auf Zahlung einer Geldsumme, §§. 62. 63. s. auch Executor. A) Personalexecution, und zwar 1) Einlegung des Executors, §. 64. sqq. In wie fern das Mobiliare der Officiere der Execution nicht unterworfen ist, §. 70. (155.) und in wie fern auch nicht bei den Civilbeamten, §. 70. (156.) Ausnahmen wegen Schulden aus unerlaubten Handlungen, §. 70. (156.) Verfahren bei Executionen gegen Waarenlager und Fabrikvorräthe, §. 71. (158.) wie es zu halten, wenn dabei Eigenthumsansprüche angemeldet werden, §. 75. sqq. 3) Auction, §. 78. sqq. s. auch Auction, besondere Vorschriften von Pfändung bei Getraide, §§. 93. 94. bei Kunst- und Handwerksgeräthschaften, §§. 95. 96. Verfahren, wenn Künstler und Handwerker die ihnen gesetzten Zahlungstermine nicht halten, und Abzüge von ihrem Verdienst nicht hinreichen, §§. 96. (159.) bei Wirthschaftsinventariis, §. 97. sqq. 4) Beschlagnehmung der Activcapitalien, §. 101. sqq. Besoldung und Pensionen, §§. 106. 107. findet in Ansehung der Officianten der Accise- und Zolladministration nicht statt, §. 108. geändert, I. 29. §. 22—25. (197.) s. auch Pension, Seehandlungsgesellschaft, Wittwenverpflegungsanstalt. Beschlag auf Besoldungen und Emolumente der Civilbeamten trifft nur die Hälfte des über 400 Rthlr. Gehenden, 24. §. 106—108. (160.) Welche andern Beamten diesen gleich zu setzen, (161.) Was von Pensionen gilt, (162.) Verzichtleistung auf diese Wohlthat ist nichtig, (163.) An welche Cassen diese Abzüge zu zahlen, (164.) Von Abzügen vom Gehalt der Officiere, (165.) Vorzug der Abzüge wegen Erstattung der Equipagegelder, (166.) Tafelgelder der Staabsoffiziere sind einem Abzug nicht unterworfen, (167.) Besondere Vorschriften wegen Alimentenforderungen, (168.) wegen Schulden aus unerlaubten Handlungen, (169.) und wegen currenter öffentlicher Abgaben, (170.) 5) Beschlag der Gutseinkünfte, I. 24. §. 110. sqq. wann dieserhalb Sequestration, und wann Subhastation zu verfügen, §. 110. (171.) 6) Sequestration, §. 116. sqq. s. auch Immission, a) bei städtischen Grundstücken, §. 121. sqq. s. auch Städtische Grundstücke, b) bei unadeligen Landgütern, §. 127. c) bei adeligen, §. 128. sqq. wobei zu unterscheiden, ob Pfandbriefe auf dem Gut haften, oder nicht, §. 126. (172.) s. auch

Landgut, Sequestration. B) Realexecution, in welchem Falle dieselbe statt finde, und wie dabei zu verfahren, §. 141. u. (173.) C) Execution gegen die Person, §. 142. sqq. wenn der Schuldner in Königl. Diensten steht, §. 145. Gegen im Dienst, auf Pension oder auf Wartegeld stehende Civilbeamten findet Personalarrest nicht statt; und Ausnahme bei Wechselsachen, §. 142. (147.) Von Alimentirung des verhafteten Schuldners, und von Arbeiten desselben, §. 143. (175.) seiner Familie gebührt nicht diese Alimentation, (176.) Kosten der Verhaftung, (177.) Unter welchen Umständen der Schuldner, wenn seine Gefangenschaft Ein Jahr gedauert hat, auf seine Entlassung antragen könne, §§. 146 u. (178.) 147. s. auch Personalarrest. Warnung vor Widerstand bei Executionen, §. 148. Verfahren, wenn wirklicher Widerstand geleistet wird, §§. 149. 150. Von Anwendung militairischer Hülfe bei Executionen, (179.) in wie fern bei Litisdenunciationen der Kläger die Execution gleich gegen den Litisdenunciaten nachsuchen könne, 17. §. 33. Die Execution kann in der Reconvention dadurch, dass erst in Einer Sache, in der Convention oder Reconvention, erkannt worden, nicht aufgehalten werden, 19. §. 13. Execution der Untergerichte, in wie fern Justizcommissarien sich derselben unterwerfen müssen, s. Ordnungsstrafe. Von Executionen in Wechselsachen, 27. §. 48. sqq. §. 45. (187. 188.) s. auch Wechselexecution, im Executivprozess, 28. §. 7. sqq. s. auch Executivprozess. Die Execution eines schiedsrichterlichen Ausspruchs ist von dem ordentlichen Richter zu verfügen, 30. §. 54. auch 2. §. 176. im fiscalischen Civilprozess, §. 36. Execution des Erkenntnisses in fiscalischen Untersuchungen, §§. 105. 106. Execution des Contumacialerkenntnisses in schleunigen Miethssachen, 44. §. 63. (303.) Der Besitzer einer Erbschaft kann auf Andringen des Erben, ohne vorhergegangenes Erkenntniss, zur Herausgabe des Inventarii und der Administrations-Berechnung durch Execution angehalten werden, 46. §. 7. s. auch Juramentum in litem. Wenn ein Moratorium nachgesucht worden, muss die Execution bis zum Austrag der Sache ausgesetzt, I. 47. §. 63. jedoch nach Ablauf des Specialindults sowohl, als des Generalindults sofort damit verfahren werden, ohne dass es einer neuen Klage bedarf, §. 45. desgleichen §. 112. Die Anbringung eines zulässigen Moratoriengesuchs hebt die Execution auf, nicht aber das Verfahren wegen der Sicherstellung, 47. §. 11. (306.) Weiteres Verfahren hierbei, §. 63. (308. 309.) §. 35—62. (310.)

Execution. Competenz der Verwaltungsbehörden, der Polizeibehörden, der Generalcommissionen, der Creditdirectionen zu Executionsvollstreckungen, II. 270 349. Executivische Einziehung unstreitiger Dominialgefälle durch die Dorfgerichte, II. 271. Desgl. in den Mediatstädten, II. 271. Desgl. der Communallasten in den Städten I. 111. Executivische Einziehung der Kirchen-, Pfarr- und Schulabgaben, I. 114.; s. auch Regierungen, Polizeibehörden, Landarmendirectionen, Magisträte, Schiedsrichter, Dorfgerichte, Creditsysteme. — Berechnung der Jahresfrist zur Nachsuchung der Execution, II. 273. Dauer der executorischen Kraft eines auf ein Dulden gerichteten Judicats, II. 274. Verjährung der Executionsbefugniß bei ertheilter Nachsicht, II. 274. Execution

auf Grund eines Mandats, II. 580. Desgl. aus Vergleichen, II. 275. Unzulässigkeit der sofortigen Execution aus einem Pachtcontracte, in welchem sich der Pächter derselben unterworfen hat, II. 276. Execution in die der ehelichen Gütergemeinschaft unterworfenen Grundstücke aus einem gegen den Ehemann allein ergangenen Judicate, I. 138. II. 487. Execution gegen den neuen Acquirenten eines Grundstücks wegen Realforderungen, II. 278 Desgl. gegen den successor singularis rei ligitiosae, namentlich wegen der Prozeßkosten, II. 282. Desgl. gegen Litisconsorten, II. 284. Execution gegen Erben, II. 277; namentlich Wechselexecution gegen solche, II. 277. Rechte der Beneficialerben bei Executionsverfügungen gegen sie, II. 285. Erben ohne Vorbehalt können sich gegen die Executionsvollstreckung durch Provocation auf erbschaftlichen Liquidationsprozeß nicht schützen, und über den Einwand der Beneficialerbenqualität kann per decretum entschieden werden, II. 284. Bei der Execution gegen Erben, deren Beneficialerbenqualität dem Gericht nicht bekannt ist, bedarf es Seitens des Extrahenten nicht der Bezeichnung von Nachlaßgegenständen, II. 287. Fortdauer der Executionsmaßregeln, welche schon vor Eröffnung des erbschaftlichen Liquidationsprozesses verhängt worden, und Zulässigkeit der Sequestration wegen Hypothekenzinsen während desselben, II. 288. In wie fern die Angabe des Executionsobjects bei Executionsanträgen erforderlich, II. 291. Bestimmung der executionsfreien Zeiten, II. 292. Vollstreckung der Execution gegen Militairpersonen, II. 295. 342. namentlich gegen die in Kasernen und ähnlichen Dienstgebäuden wohnenden Militairpersonen, II. 299. Verfahren bei den in den Rheinprovinzen zu vollstreckenden Erkenntnissen diesseitiger Gerichte, II. 301. Vollstreckung der Execution aus fremdrichterlichen Erkenntnissen, namentlich nach Ablauf eines Jahres, II. 303. Vollstreckung fremdrichterlicher Erkenntnisse in Bayern, II. 303. Erlassung des Zahlungsbefehls vor Vollstreckung der Execution, namentlich bei beantragter Subhastation, II. 304. Verzichtleistung darauf, II. 305. Der Zahlungsbefehl muß auch im Mandatsprozesse noch erlassen werden, II. 305. Der Zahlungsbefehl kann dem Executor unmittelbar eingehändigt werden, II. 306. Zulässigkeit und Instruction von Einwendungen in der Executionsinstanz, II. 307. In wie fern wegen eines angebrachten Specialmoratorii die Execution zu sistiren, II. 310. Verpflichtung der Executoren, sich vor der Executionsvollstreckung gegen den Exequendus zu legitimiren, II. 311. Vollstreckung der Execution gegen Gemeinden, II. 312. Desgl. gegen Provincialstände, II. 312. Desgl. gegen das Königliche Theater, II. 313. Desgl gegen fiscalische Behörden, II. 313. III. 14. Die Executionsvollstreckung durch Einlegung des Executors findet nicht mehr statt, II. 314. Vollstreckung der executio ad faciendum, II. 315. Zulässigkeit des Personalarrests gegen Beamte bei der executio ad faciendum, II. 320 Festsetzung der Strafe bei der Execution auf Unterlassung, II. 321. Befugniß des hypothekarischen und Pfandgläubigers mit Uebergehung des Pfandes die Execution in das Mobiliare des Schuldners nachzusuchen, II. 322. Zulässige Executionsgebühren, II. 325. Verfahren zur Verhütung der Veruntreuungen der Executoren und Controllirung der letzteren, namentlich auch bei der Kosteneinziehung, II. 326 — 338. In wie fern der Schuldner durch die an den Executor geleistete Zahlung von seiner Verbindlichkeit gegen den Gläubiger frei wird, II. 338. Die Liegetage sind aufgehoben, II. 339. Die Beobachtung der Grade der Execution in das Vermögen sind aufgehoben, II. 339. Personalarrest dagegen ist erst in Ermangelung anderer Executionsobjecte zulässig, II. 340. In wie fern die Execution gleichzeitig in mehrere Vermögensstücke des Schuldners vollstreckt werden kann, II. 341. Modalitäten der Execution in das Mobiliare activer Militairpersonen und der Militairbeamten, II. 342.; desgl. der pensionirten Offiziere, II. 342. Verhältnisse

der zur Disposition gestellten Offiziere, II. 342. Execution in das Mobiliare der activen und pensionirten Civilbeamten, II. 343. Bei Executionen aus unerlaubten Handlungen finden die Executionsbefreiungen rücksichtlich der Vermögensstücke der Militairpersonen und Beamten nicht statt, II. 344. Unzulässigkeit der Execution in unentbehrliche Effecten, II. 345. Unzulässigkeit der Mitberichtigung der Gerichtskosten aus den anderer Schulden wegen abgepfändeten unentbehrlichen Effecten, II. 345. Fütterungskosten für abgepfändetes Vieh, II. 346. Interventionen bei Auspfändung, II. 346. Sie sind im Wege des summarischen oder Bagatellprozesses zu verhandeln, II. 649. Sistirung der Subhastation wegen erhobener Interventionsansprüche, II 348. Zuziehung eines Justizbedienten bei dem Verkauf der im administrativen Wege abgepfändeten Gegenstände, II. 349. Benachrichtigung der Steuerbehörden bei dem Verkaufe abgepfändeter Brennereigeräthschaften, II. 351. Verkauf der Früchte auf dem Halme im Wege der Execution, II. 353. Executionsmodalitäten gegen Künstler und Professionisten, und welchen Gewerbtreibenden solche zu statten kommen, II. 356. Unzulässigkeit derselben bei Schulden aus unerlaubten Handlungen, II. 358. Execution in das Handwerkzeug wegen schuldiger Miethe und wenn dasselbe verpfändet ist, II. 359. Eidliche Manifestationen der Activa des Schuldners im Wege der Execution und Uebereignung und resp. Verkauf solcher Schuldpapiere, welche einen marktgängigen Cours haben, II. 362—369. Unzulässigkeit des Verkaufs nicht marktgängiger Schulddocumente im Wege der Execution, II. 369. Desgl. der Natural- und Grundrenten, und Verfahren bei der Execution in solche, II. 369—372. Execution in Altentheilspräſtationen, II. 373. Execution in die Besoldungen und Pensionen der Militairpersonen und Civilbeamten, II. 374. Berechnung des abzugsfähigen Gehalts, II. 377. Daß Denunciantenantheile an Strafgeldern nicht dazu gehören, II. 406. Auch Patrimonialrichter haben rücksichtlich der Verkümmerung ihres Einkommens die Rechte der Beamten, II. 378.; desgl. Justizcommissarien, II. 380. Desgl. Kreisphysici, nicht aber andere Aerzte, II. 381. Desgl. Geistliche, II. 382. Desgl. die Oeconomiecommissarien und Conducteure, II. 382. Desgl. Militairbeamte, namentlich Medizinalbeamte, II. 385. Desgl. Königl. und Prinzliche Hofstaatsbeamte und Hofdienerschaft, II. 385. In den Provinzen, in denen die A. G. O. noch nicht gesetzliche Kraft hat, kommen die Vorschriften der A. G. O. rücksichtlich der Beschlagnahme der Besoldungen und Pensionen der Beamten zur Anwendung, II. 385. Beschlagnahme der nach dem Reichsdeputationsschluß von 1803 bewilligten Pensionen, II. 386. Desgl. der Pensionen und Competenzen der Mitglieder aufgehobener Stifter, II. 388. Verfahren bei Gehalts- und Pensionsabzügen, II. 389. Unmittelbare Zahlung Seitens der Kassen an einen einzelnen Gläubiger, II. 389. 409. Correspondenz der Gerichte mit den betreffenden Behörden wegen der Gehaltsabzüge, namentlich gegen Militairpersonen, II. 390. Welche Gehaltsabzüge den Offizieren der verschiedenen Grade gemacht werden können, II. 392. 395. Die Servisgelder der beurlaubten Landwehroffiziere sind dem Gehaltsabzuge nicht unterworfen, II 393. Berechnung der Gehaltsabzüge der Gensdarmerieoffiziere, II. 393. Das Gehalt der mobilen Offiziere und Militairbeamten ist keinem Abzuge unterworfen, II. 393. In wie weit die Pensionen der Offiziere aus der Artillerie-Pensionszuschußkasse dem Abzuge unterworfen sind, II. 394. Gehaltsabzüge wegen laufender Alimente, II. 397. 402. Welche Alimente als laufende anzusehen sind, II. 399. Das Tractament der Unteroffiziere und Soldaten kann auch wegen schuldiger Alimente nicht in Beschlag genommen werden, II. 297.; desgl. der Gensdarmen, der Feldwebel und Invaliden bei den Invalidencompagnien, II 398. Zulässigkeit der Beschlagnahme des Gehalts und der Pensionen wegen Schulden aus unerlaubten Handlungen, II. 400. Desgl.

wegen Geldstrafen und Untersuchungskosten, II. 400. Beschlagnahme der den Offizierwittwen und Kindern bewilligten Pensionen, II. 402. Auf das den Hinterbliebenen der Beamten bewilligte Gnadengehalt haben die Gläubiger keinen Anspruch, II. 403. Vertheilung der im Wege der Execution in Beschlag genommenen Besoldungen und anderer Einkünfte des Schuldners unter mehrere immittirte Gläubiger, II. 404. Zulässigkeit der Einleitung eines Prioritätsverfahrens über Gehaltsabzüge auf Antrag des Schuldners, II. 405. Competenz des Fori zur Regulirung und Fortführung eines Gehaltsabzugsverfahrens, II. 406. Beurtheilung und Feststellung des Vorzugsrechts bei Vertheilung der Gehalts- und Pensionsabzüge, II. 407. Unzulässigkeit der Vertheilung vor Ablauf des Jahres, II. 408. Beschlag der Gutseinkünfte, II. 410. In wie fern das Recht des Pächters oder Miethers auf die Nutzungen oder den Gebrauch der gepachteten oder gemietheten Sache sich als Object der Execution eignet, II. 410. In wie weit die Gläubiger des Mannes die Revenüen des eingebrachten Vermögens der Frau in Anspruch nehmen können, II. 412. Eintragung des Pfandrechts im Wege der Execution und resp. einer Protestation auf die Grundstücke des Schuldners, II. 416. Wirkung einer eingetragenen Protestation, II. 421. Berechnung der dreimonatlichen Frist, nach deren Ablauf die auf Grund eines Erkenntnisses eingetragene Protestation wieder zu löschen ist, II. 419. Capitalisirung der Zinsenrückstände Behufs ihrer Eintragung im Wege der Execution II. 419. Befugniß des Gläubigers, seine judicatmäßige Forderung auf den Antheil seines Schuldners an einem mit andern gemeinschaftlichen Grundstücke eintragen zu lassen, II. 420. Befugniß des hypothekarischen Gläubigers, seine Forderung im Wege der Execution noch auf ein anderes Grundstück des Schuldners eintragen zu lassen, II. 421. Mit dem Antrage auf Eintragung einer Forderung kann die Beschlagnahme der Revenüen verbunden werden, II. 421. Die Eintragung einer rechtskräftigen Forderung ist überhaupt nicht als Executionsmaaßregel anzusehen, II. 422. Eintragung von Untersuchungskosten auf Grundstücke des Debenten im Wege der Execution, II 423. Nachweis der Möglichkeit der Berichtigung einer Forderung aus den Revenüen eines Grundstücks binnen Jahresfrist zur Abwendung der Subhastation, II. 425. Eine bloße Beschlagnahme der Revenüen für einen persönlichen Gläubiger ist noch zulässig und können Hypothekengläubiger dabei wegen ihrer nicht zur Execution stehenden Zinsen-Forderungen keine vorzugsweise Befriedigung verlangen, II. 425. 483. Verfahren bei der Beschlagnahme des Revenüenantheils eines Miteigenthümers, II. 426. Wirkung der Sequestration hinsichtlich der Befugniß des Schuldners das Grundstück noch mit neuen Schulden zu belasten, II. 427 Vorschriften für die Administration der Grundstücke in Berlin, und zwar Instruction für die Gerichte, II. 429. Instruction für den Administrationsinspector, II. 441. Instruction für die Administratoren, II. 449. Anwendung dieser Instruction bei anderen Gerichten, II. 466. Berichtigung der Communalabgaben von gerichtlich administrirten Grundstücken, II. 467. Die Sequestration adlicher Güter gebührt nicht den Creditdirectionen, sondern den Gerichten, wenn auf denselben keine Pfandbriefe haften, II. 469. Befugniß der Creditdirectionen zur Einleitung der Sequestration wegen landschaftlicher Forderungen, und daß solchenfalls die Vorschriften für gerichtliche Sequestrationen nicht Anwendung leiden, II. 470. Ausübung der Ehrenrechte während der Sequestration, und Aufsicht über die Depositorien, II. 470. Verpflichtung der Creditdirectionen die Sequestration auch dann einzuleiten, wenn der Extrahent den erforderten Vorschuß nicht bestellen kann, II. 471. Zuziehung der Realgläubiger und Anweisung des Sequesters oder Administrators zur Berichtigung der laufenden Hypothekenzinsen während der Se-

questration oder Beschlagnahme der Einkünfte eines Grundstücks, II. 474—481. Die dem Sequester zu ertheilende Anweisung vertritt die Stelle des Distributionsplans, II. 481. Vertheilung der zu den laufenden Zinsen nicht erforderlichen Revenüenbestände, II. 474. Nothwendigkeit der Cautionsbestellung des Sequesters, II. 474. Zulässigkeit der Subhastation im Wege der Execution, II. 484. III. 645. Subhastation mehrerer für eine Forderung verhafteter Grundstücke, II. 484. Subhastation des Antheils eines Miteigenthümers an einem Grundstücke und Wirkung derselben, II. 484. Unzulässigkeit der Subhastation des ganzen Grundstücks aus einem gegen den Ehemann allein ergangenen Judikate bei ehelicher Gütergemeinschaft, II. 487. Execution in ein vom Schuldner auf fremdem Grund und Boden errichtetes Gebäude, II. 489. Befugniß der landschaftlichen Creditdirectionen zur Auswirkung der Subhastation bei den Gerichten, II. 490. Der Mandatar des Klägers muß zu dem Antrage auf Subhastation besondere Vollmacht beibringen, II. 490.

Personalexecution gegen Grundbesitzer, II. 491. Zulässigkeit derselben gegen den Concursifex vor Beendigung des Concurses, II. 492.; desgl. bei der Cessio bonorum, II. 493.; desgl. gegen die Häupter und Mitglieder der mediatisirten Fürstenhäuser, II. 494. Befreiung der Beamten vom Personalarrest, II. 495.; desgl. der standesherrlichen Beamten, II. 495.; desgl. der activen Offiziere, II. 496. Bei der executio ad faciendum findet die Befreiung nicht statt, II. 320. 177. Vollstreckung des Personalarrests gegen Offiziere, soweit derselbe aus Civilerkenntnissen zulässig ist, II 496. Unzulässigkeit der Wechselexecution gegen einen im activen Militairdienst stehenden Rittergutsbesitzer, II. 496. Pensionirte Civilbeamte und Offiziere sind vom Personalarrest nicht befreit, II. 497. Die auf Inactivitätsgehalt gesetzten oder zur Disposition gestellten Offiziere sind vom Personalarrest befreit, II. 498. Zulässigkeit des Personalarrests gegen die auf unbestimmte Zeit beurlaubten Invaliden, II 498. Der Personalarrest kann nur durch sofortige vollständige Befriedigung des Gläubigers abgewendet werden. II. 499. Verpflegung der Schuldgefangenen und Local zu ihrer Inhaftirung, II. 500. Der Gläubiger ist nicht verpflichtet, die Familie des Schuldners während des Personalarrests zu unterhalten, II. 501. Verpflichtung des Schuldners, den auf seinen Antrag verhafteten Schuldner zu unterhalten, Höhe der Verpflegungskosten und Nichtverpflichtung der Salarienkassen, solche vorzuschießen, II. 502. Verfahren, wenn Schuldgefangene krank werden, und Kurkosten derselben, II. 504. Dauer des Schuldarrests, II. 506. Militairische Hülfe bei Executionen, in wie fern sie zulässig, auf welche Weise sie zu requiriren ist und Kosten derselben, II. 508., s. auch Wechselprozeß, Alimente, Pachtsachen, Miethssachen.

Executivprozess, davon handelt I. 28, derselbe findet nur wegen Forderungen statt, die in Geldsummen oder andern bestimmten Quantitäten verbrauchbarer Sachen bestehen, §. 1. Aus was für Instrumenten executivisch geklagt werden könne, §. 2. §. 1. (189. 190.) §. 2. n. 1. (191.) §. 2. n. 7. (192.) Bei der Anmeldung der Klage und Instruction der Sache finden die Vorschriften des Wechselprozesses unter gewissen Ausnahmen Anwendung, §§. 3. 4. u, (193.), s. auch Eid, Kosten, Vorladung, Wechselprozess. In wie fern die executivische Klage noch vor der Verfallzeit statt finde, §. 4. n. 1. u. (194.) Wegen des Erkenntnisses und der Rechtsmittel dagegen finden ebenfalls die Vorschriften des Wechselprozesses Anwendung, s. auch Appellation hat nur effectum devolutivum, Revision

hat nur effectum devolutivum, §§. 5. 6. Execution, §. 7. sqq., dabei ist die Person des Schuldners nur in subsidium anzugreifen, §. 8. Von derselben befreiet in der Regel nur die Deposition des erkannten Liquidi, §. 9., wenn jedoch der Beklagte unter Anführung erheblicher, wiewohl nicht sofort liquid zu machender Einwendungen sich zur anderweitigen annehmlichen Sicherstellung erbietet, so soll der Richter auf die wirkliche Bestellung der erbotenen Sicherheit erkennen, §. 10., gegen welches Erkenntniss dem Kläger die gewöhnlichen Rechtsmittel offen sind, §. 11. Verfahren, wenn der Beklagte die Schuld selbst eingesteht, und nur wegen verlangter Zahlungsnachsicht Sicherheit offerirt, §. 12. Wegen der Separatverhandlungen über die illiquiden Einwendungen des Beklagten finden die Vorschriften des Wechselprozesses Anwendung, §. 13. Der Executionsprozess findet auch bei Klagen ex judicato statt, §. 14. (195.), s. auch Judicat. Desgleichen bei Klagen wegen rückständiger Hypothekenzinsen, §. 15. (106.), s. auch Hypothekenzinsen, auch bei Capitalsaufkündigungen, wenn der Gläubiger sich durch das angebrachte Gesuch ein rechtskräftiges Urtel, oder ein gerichtliches Anerkenntniss verschaffen will, §. 16. Im Executionsprozess findet keine Cautionsforderung wegen der Prozesskosten statt, I. 21. §. 2.

Executivprozeß. Unzulässigkeit desselben aus zweiseitigen Urkunden, II. 563. Bescheinigung der Kündigung zur Begründung des Executivprozesses, II. 565. Executivprozeß aus Notariatsurkunden nach französischem Recht, II. 567. Executivprozeß aus Schuldinstrumenten in Wechselform, II. 567. Executivprozeß wegen der Ansprüche zwischen dem Indossatar und dem Wechselverkäufer, II. 570. Unzulässigkeit der Restitution gegen Contumacialerkenntnisse im Executivprozesse, II. 573. In den Fällen, in welchen früher der Executivprozeß statt fand, findet jetzt der Mandatsprozeß, und so fern dieser nicht zulässig, der summarische Prozeß statt, II 563. 564. Wirkung der Appellation und Unzulässigkeit der Restitution in summarischen Prozessen in Fällen, in welchen früher Executivprozeß statt fand, II. 573.

Executor, von dem Amte derselben und der Landreuter handelt III. 5. §. 93. sqq. Dessen Ansetzung, §. 93., in wiefern derselbe zur Bestellung einer Caution anzuhalten, §. 95. Wie es, wenn er keine Caution bestellt hat, mit Erhebung der durch ihn beizutreibenden Gelder zu halten, I. 24. §. 66., s. auch Strafe. Obliegenheiten desselben, III. 5. §. 96. sqq., s. auch Execution, Personalarrest, Wechselexecution, wie Beschwerden gegen denselben zu untersuchen und dessen Vergehungen zu ahnden, III. 5. §. 104. Eid desselben, §. 105. §§. 71. 105. (459.) In wiefern Insinuationen durch den Executor geschehen müssen, I. 7. §. 39., oder Personen, welche die Ablegung eines Zeugnisses verweigern, durch denselben abgeholt werden sollen, 10. §. 183., s. auch Realvorladung, oder in fiscalischen Untersuchungen der Defensor zur Einreichung der Defension durch Einlegung des Executors anzuhalten, 35. §. 67.

Executor. Derselbe muß sich bei Executionsvollstreckungen durch schriftlichen Befehl legitimiren, II. 311. Controllirung der Executoren bei Executionsvoll-

streckungen und Kosteneinziehungen, II. 326 — 338. Gebühren derselben, II. 325. Anstellung der Executoren, IV. 280. u. ff. Amtscaution derselben, IV. 337., s. Caution.

Exemption, Begriff derselben, I. 2. §§. 43. 44., darauf können Studenten nach geendigten Studien keinen Anspruch machen, auch ein Eximirter kann davon keinen Gebrauch machen, in sofern er bürgerliche Gewerbe treibt, §. 78., wird durch den blossen Titel eines Commercien- oder geheimen Commercienraths, so lange der damit Begnadigte die Handlung fortsetzt, nicht bewirkt. §. 80., geht durch Dienstentlassung mit Beibehaltung des Charakters nicht verloren, §. 83., s. auch Referendarius, wohl aber durch Cassation, §. 85. Die Exemption der Ehefrauen niederer Königlicher Bedienten geht mit dem Tode der Ehemänner verloren, s. auch Deserteur, Wittwe, der Kinder, dauert nur so lange, bis sie auf eine oder die andere Art in einen andern Gerichtsstand übergehen, §. 98., der Königlichen und prinzlichen Livreebedienten und aller nicht charakterisirten Officianten hört nach erfolgter Dienstentlassung auf, §. 102.

Eximirte, zu denselben gehören Fürsten, Grafen, Freiherren, Edelleute, I. 2. §. 42., vergl. Fürstliche Personen; folgende Geistliche: Aebte und Aebtissinnen, Bischöfe, Canonici, Conventualen beiderlei Geschlechts, Domherren, Erzpriester, Officialen, Pfarrer und Prediger, ohne Unterschied der Religionspartei, Prälaten, Präpositi, Prioren und Priorinnen, Pröbste, Superintendenten, Vicarien, ingleichen die Vorgesetzten und Lehrer akademischer und anderer Gymnasien und hohen Schulen, §. 45. u. (11.) Ausnahme, §. 46., s. auch Magistrat. Zu den Eximirten gehören auch alle Königliche Civilbeamte, §. 53. und auf dem platten Lande lebende Jusitiarien, (21.), desgleichen Königliche Generalpächter, §. 54., auch Justizcommissarien und Notarien, §. 55., s. auch Gerichtsstand und Justizcommissarius, imgleichen die Subalternen der Landschaftlichen Institute, §. 57., die wirklichen oder Titularbediente auswärtiger Staaten, §. 60. Fremde Militärpersonen stehn in jeder Hinsicht unter den Civilgerichten, und sind, wenn sie Officiere sind, eximirt, (22.) Ausnahme, §. 61. Eximirt sind alle Officiere und Unterstabsbedienten, deren Frauen und Familien, §. 48. sqq. (12.) Die Ausnahmen wegen des Gerichtsstandes in Untersuchungs- und Injuriensachen, s. Militärgerichte, Nicht eximirte, folglich der Gerichtsbarkeit der Garnisonstadt unterworfene Militärpersonen s. Militärpersonen. Auch die Mitglieder und Officianten der Akademie der Wissenschaften und Künste, die bei Ritterakademieen angestellten Stallmeister und Bereiter, die zum Königlichen Theater oder zur Capelle gehörenden Personen, und die Mitglieder des Nationaltheaters sind eximirt, §. 73., imgleichen diejenigen, welche akademische Würden erlangt haben, I. 2. §. 74., auch die Professoren als Königliche Bediente, §. 75., s. auch Akademisches Gericht, und wegen des Gerichtsstandes der zu den Universitäten gehörigen Personen, §. 76. (24.) Auch sind eximirt die Inspectoren, Commissarien und Controlleurs in den Landarmen- und Invalidenhäusern,

§. 73. (23.) Von allen Eximirten gilt die Vermuthung, dass sie unter dem Obergerichte der Provinz stehen, §. 77., die in Städten wohnen, sind den Polizeieinrichtungen und Strafen unterworfen, §. 79. Bei den Kindern der Eximirten finden die allgemeinen Vorschriften von dem Gerichtsstande der Kinder Anwendung, §. 95., s. auch Gerichtsstand der Eltern. Prinzliche Räthe, imgleichen ihre und anderer Eximirten Hausofficianten und Dienstboten haben mit der Herrschaft einen Gerichtsstand, §. 100., s. auch Berlin, Delegation, Exemption. Zu den Eximirten gehören auch gewisse moralische Personen, als: Kollegiatstifter, Domcapitel, Gerichte und Stadtgemeinen der Immediatstädte, Klöster und Magisträte, §. 103.

Eximirte; Unzulässigkeit der Strafverfügungen und Executionen der Untergerichte gegen dieselben, I. 163. Welche Personen den eximirten Gerichtsstand haben, I. 152. u f. und 189. u. f., s. auch Gerichtsstand.

Exmission der Pächter, von Prozessen darüber handelt I. 44. §. 36. sqq. Bei der Localuntersuchung des Antrags darauf muss jedesmal ein Wirthschaftsverständiger mit zugezogen werden, §. 38. Verfahren im Termine, s. auch Deduction, Verlegung des Termins, bei Publication des Erkenntnisses, §. 40. Rechtsmittel, §. 41 — 43., s. auch Interimisticum, Revision. Klagen eines Pächters über eigenmächtige Exmission und auf Wiedereinsetzung sind als Spoliensachen zu betrachten, §. 44., finden jedoch nur binnen sechs Monaten nach erfolgter Exmission statt, §. 45.

Exmission der Pächter auf Grund des ersten Erkenntnisses, III. 310. 316. Aussetzung der Exmission der Miether wegen Krankheit des zu Exmittirenden, III. 324.

Exmission des Schuldners im Concurs, I. 50. §. 266. (351.)

Exmission der Unterthanen, davon handelt I. 41. §. 87. sqq., sie muss nie ohne Erkenntniss verhängt werden, §. 88., die Instruction gehört vor die Obergerichte, §. 89. Rechtsmittel, §. 90. sqq., s. auch Interimisticum, Revision ist unzulässig.

Exmission der Unterthanen, s. Unterthanenprozesse.

Expedition, Beschaffenheit des Zimmers für dieselbe, R. u. C. R. §. 63. Welche Bücher in dem Secretariat zu halten, §. 64. Beschaffenheit und Zweck des Expeditionsbuchs, §. 65. sqq., des Copierbuchs, §. 68. Beide Bücher müssen mit der grössten Genauigkeit geführt werden, §. 70. sqq. Bestimmung des Gerichtskalenders, §. 73. Diese drei Bücher müssen beständig in dem Expeditionszimmer zur Hand sein, §. 74. Eintheilung der in das Expeditionszimmer gelangenden decretirten Piecen, §. 117. sqq. Die an einem Tage angefertigten Expeditionen müssen unverzüglich zur Revision befördert werden, §. 136. sqq., s. auch Canzleiinspector, Secretarius.

F.

Fabrik, den Unternehmern der zur Unterhaltung des Potsdammschen Waisenhauses gewidmeten Fabriken, imgleichen der Gold- und Silbermanufactur gebührt das Vorzugsrecht der fünften Classe, I. 50. §. 445. Die zur immerwährenden Fortsetzung einer Fabrikanstalt gegebenen Fonds können niemals zur Erbtheilung kommen, sondern fallen demjenigen Erben zu, welcher die Fortsetzung der Fabrik unternimmt, I. 46. §. 8. (305.)

Fabrikant, die demselben von den Unternehmern der Fabriken vorgeschossenen Materialien werden in der ersten Classe vindicirt, wenn sie noch in Natur vorhanden sind, I. 50. §. 336 bis 338., s. auch Materialien. Gleiches Vorrecht hat auch der Fabrikenunterstützungsfond, §. 339 — 341., und das Rettungsinstitut in Berlin, §. 337. (354.) §. 338. (355. 356.), imgleichen geniessen es die Unternehmer der Tuch- uud Wollfabriken, §. 342., jedoch alle diese nur dann, wenn die Lieferung innerhalb Jahresfrist von der Eröffnung des Concurses an zurückgerechnet geschehen ist, §. 341., in Ermangelung dieses Vorzugsrechts findet nur ein Platz in der sechsten Classe statt, §. 469. Wie es mit der Administration ihrer Fabriken zu halten, wenn sie in Concurs gerathen, s. Activmasse.

Fabrikvorräthe. Von der Execution in dieselben, I. 24. §. 71. (158.), s. Execution.

Facta, s. Thatsachen.

Facti species, s. Species facti.

Fähigkeit des Handelnden, die gesetzliche, muss auch bei Handlungen der freiwilligen Gerichtsbarkeit geprüft, und jedes dabei obwaltende Bedenken gehoben werden, II. 2. §§. 25. 26. Verfahren dabei in schleunigen Fällen, §. 27.

Fahnschmidt steht unter den Regimentsgerichten, I. 2. §. 48., steht unter dem Untergerichte der Garnisonstadt, (13.), s. Militärpersonen.

Falsches Zeugniss, wer desselben überführt wird, kann nicht Zeuge sein, I. 10. §. 227., s. auch Meineid.

Familien der Militärpersonen; ihr Gerichtsstand, s. Militärpersonen. Von der Execution gegen sie, I. 24. §. 26. (150.)

Familien der Militairpersonen, Gerichtsstand derselben, I. 166. Executionsvollstreckung gegen sie, II. 295.

Familiengeheimnisse, deren Bekanntwerdung der Ehre, dem guten Namen oder dem Credit der Parteien nachtheilig werden könnte, deren Angebung darf der Instruent, besonders in Ehescheidungssachen, ohne Noth denselben nicht anmuthen, I. 40. §. 43., überhaupt soll er nur dann, und zwar mit möglichster Schonung, davon Gebrauch machen, wenn deren Bekanntwerdung zur Darstellung der Wahrheit unumgänglich nothwendig ist, III. 5. §. 40, s. auch Geheimniss.

Familienstiftung und beständige Fideicommisse, in sofern diese nicht Grundstücke betreffen, sind vor dem persönlichen Richter zu vollziehen, II. 1. §. 6. n. 2., s. auch Fideicommiss.

Feindschaft, wer, notorisch, mit Einer Partei darin lebt, kann zwar als Beweiszeuge abgehöret werden, seine Aussage hat aber keine volle Glaubwürdigkeit, I. 10. §. 233.

Feldinventarium, s. Wirthschaftsinventarium.

Feldjäger, reitende, s Militärpersonen.

Feldküster, — prediger, — scherer, — stallmeister, stehen unter den Regimentsgerichten, I. 23. §. 48. Abänderungen dieses Grundsatzes, s. Eximirte, Militärpersonen, Oberofficiere, Unterstab.

Feldmesser, in wiefern derselbe bei Einnehmung des Augenscheins zuzuziehen, I. 10. §. 384., in wiefern insbesondere bei Localinstructionen in Unterthanenprozessen, 41. §. 34., in Gränzsachen, 42. §. 9., und wie er dabei verfahren müsse, §. 14, s. auch Karte. Wenn in der Appellationsinstanz behauptet wird, dass die Karte unrichtig sei, ist der neuen Localcommission ein anderer Feldmesser beizuordnen, jedoch der vorige jedesmal mit zuzuziehen, damit er den neuen Feldmesser bei seiner Operation controllire, §. 28. Zuziehung des Feldmessers bei Gemeinheitstheilungen, 43. §. 21. sqq., derselbe muss von der Separationscommission mit einer schriftlichen Anweisung versehen werden, §. 23, welche er, so wie im übrigen das Provinzialfeldmesserreglement, genau zu befolgen hat, §. 24, auch muss er ein Gutachten abgeben: wie die Separation am zweckmässigsten regulirt werden könne, §. 25.

S. übrigens: Karte, Riss, Sachverständige.

Feldmesser, Beschlagnahme ihrer Gebühren im Wege der Execution und Executionsbefreiungen derselben, II. 382. Eximirter Gerichtsstand derselben, I. 190. Zuziehung derselben bei gutsherrlichen und bäuerlichen Regulirungen und Gemeinheitstheilungen, III. 232. Gebühren der Feldmesser in solchen Angelegenheiten, III. 291.

Feldwebel, sind nicht eximirt, I. 2. §. 48. sqq. (13.), s. Eximirte, Militärpersonen.

Ferien, s. Gerichtsferien.

Festtage, s. Sonn- und Festtage.

Feudi separatio ab allodio, s. Auseinandersetzung etc., auch Lehn.

Feuersocietätsbeiträge, die laufenden sind von der Einlassung in den Concurs frei, I. 50. §. 280., seit zwei Jahren rückständige erhalten ihren Platz in der zweiten Classe, §. 359, auch ältere, in sofern sie durch die ergangenen neuern Indultgesetze veranlasst sind, §. 356. sqq. (357.) Die innerhalb der letzten zwei Jahre vor Eröffnung des Concurses ausgeschriebenen Feuersocietätsbeiträge werden aus den laufenden Einkünften bezahlt, §. 300. (369.) Sonst aber werden die mehr als zweijährigen in der vierten Classe locirt, §. 404.

Feuersocietäts- und Bauhülfsgelder, wer darauf Arrest nachsuchen könne, I. 29. §. 18., noch vorhandene können nicht zur Concursmasse gezogen, sondern sie müssen ihrer Bestimmung gemäss verwendet werden, 50. §. 336.

Feuersocietäts-, Bauhülfs- und Retablissementsgelder; Arrestschlag

auf Feuerkassengelder im Bezirk der ostpreußischen Landschaft, II. 660. Unzulässigkeit des Arrests auf Retablissementsgelder, II. 660.

Feuerwerker sind nicht eximirt, I. 2. §. 48. sqq. (13.), s. Eximirte, Militärpersonen.

Feyertage, s. Sonn- und Festtage, der Juden, I. 10. §. 319 bis 21. u. §. 320. (90.)

Fideicommiss, welches Grundstücke betrifft, muss vor dem Richter der Sache verlautbaret werden, II. 1. §. 6. n 3., s. auch Familienstiftungen, dessen Absonderung vom Allodium, s. Auseinandersetzung etc., Lehn oder Fideicommiss.

Fideicommiß, die Verlautbarung vor dem Richter der Sache ist nicht mehr erforderlich, IV. 13.

Fideicommisscapital, dessen Aufgebot, s. Aufgebot.

Fiscal, von dessen Vollmacht im Allgemeinen, I. 3. §. 50. muss, um einen Eid zu deferiren, die ausdrückliche Genehmigung der Behörde beibringen, 10. §. 259., darf einen ihm zugeschobenen Eid nur de ignorantia ableisten, §. 295., dessen Bestallung, III. 6. §§. 1. 2. Obliegenheiten, §. 3. sqq., besonders als Wächter der Gesetze, §§. 6. 7., muss auf das Betragen sämmtlicher Justizbedienten in ihrem Amte ein wachsames Auge haben, §§. 8. 9, bei den Untersuchungen pflichtmässig verfahren, §. 10., und die ihm etwa ertheilten besondern Instructionen befolgen, §. 11. Belohnung desselben, §. 16. u. (460.), s. auch Quote. Verpflichtung, §. 17. u. (461.)

Uebrigens s. Confiscationsprozess, Fiscalischer Civilprozess, Fiscalische Untersuchung, Generalfiscal, Invalidencassenfiscal, Prodigalitätserklärung.

Fiscal. Verbindlichkeit der Justizcommissarien, die früher von den Fiscälen besorgten fiscalischen Aufträge zu übernehmen, IV. 365. Anspruch der Fiscäle auf die quota fiscalis bei Begnadigung, IV. 368.

Fiscalisches Amt, demselben muss von der verfügten Vorladung eines Verschollenen und dem anstehenden Termine Nachricht gegeben werden, I. 37. §. 7.

Fiscalisches Amt, Communication der Gerichte mit den fiscalischen Behörden bei der Provocation auf Todeserklärung, III. 105.

Fiscalische Behörden, Executionsvollstreckung gegen dieselben, II. 313. III. 14. Insinuation der Klagen gegen den Fiscus, s. fiscalischer Civilprozeß.

Fiscalischer Civilprozess, davon handelt I. 35. §. 1 — 33., derselbe muss gleich anderen Prozessen verhandelt und instruirt werden, §. 1., die Regierungen sind befugt, solche Prozesse ohne weitere Anfrage anhängig zu machen, §. 1 — 3. (238.), die Fiscale haben dabei die Obliegenheiten der Justizcommissarien als Bevollmächtigte, §. 2., wie der Fiscal sich legitimiren müsse, §. 3., s. auch Forstprozess, er muss für die Herbeischaffung der erforderlichen Information sorgen, §. 4., indem das Gericht sich deshalb lediglich an ihn hält, §. 5., und vollständige Manualakten halten, §. 6., wegen bloss persönlicher, und in der Regel auch wegen Amtsverhinderungen sind ihm keine Dilations- oder Prorogationsgesuche zu gestatten, §. 7.,

was zu beobachten, wenn er sich zu einer ihm aufgetragenen Untersuchung ausserhalb des Sitzes des Gerichts, wegen obwaltender Gefahr im Verzuge schleunig entfernen muss, §. 8., s. auch Verlegung des Termins, welche Sache der andern vorgehen müsse, wenn mehrere fiscalische Termine in Collision kommen, §. 9. Der Fiscal muss allen Verhandlungen vom Anfange der Instruction bis zum Ende beiwohnen, §. 10., s. auch Localinstruction. Pflichten der Cammer und anderer Finanzbehörden, §. 11. sqq. Sie müssen den Fiscal bei dem Betriebe des Prozesses dirigiren, §. 11. Von besondern Rechten der Regieruugen bei fiscalischen Civilprozessen, (239.) Das Justizcollegium muss daher der Behörde von einer gegen sie angestellten Klage sogleich unentgeldlich Nachricht geben, I. 35. §. 12., so auch von Klagen gegen den Postfiscus dem Generalpostamt, (240.) Obliegenheit der Kammern etc., wenn diese Nachricht einkömmt, §. 13. sqq. Sie sollen, auch bei ihrem Collegio, von einem jeden solcher Prozesse ein besonderes Actenstück anlegen, §. 17. Auch in dieser Gattung der Prozesse soll die Sache nicht übereilt oder wesentliche Rechte blossen Förmlichkeiten aufgeopfert werden, §. 18. Die Justizcollegien und deren Präsidenten sollen auf den Betrieb der fiscalischen Prozesse ein ganz genaues Augenmerk richten, §. 19., s. auch Justizdepartement. Die gesetzlichen Vorschriften wegen des Contumacialverfahrens finden auch gegen den Fiscus Anwendung, §. 20., wenn es aber auch noch nicht dahin gekommen wäre, müssen die säumigen fiscalischen Behörden dem Gegner die verursachten unnützen Kosten oder Schäden erstatten, §. 21. Anweisungen wegen der Appellations- und Revisionsfristen, §. 22., s. auch Appellationsfrist, Revision, wegen entstehender Jurisdictionsstreitigkeiten, §. 23., wegen des possessorii summariissimi, §. 24., wegen anderer fiscalischen Privilegien im Prozesse, §. 25., wegen der Kosten, §. 26. sqq. u. (141.), s. auch Fiscus, wegen der Execution, §. 38. u. (242.), s. auch Justizdepartement.

Fiskalischer Civilprozeß. Der priviligirte Gerichtsstand des Fiskus ist aufgehoben, I. 229. Beschleunigung der Fiskalischen Civilprozesse, III. 3. Anberaumung der Termine in summarischen Prozessen, bei welchen Fiscus Parthei ist, II. 599. Insinuation der Klagen gegen den Fiscus, I 370. III. 6. Insinuation gerichtlicher Verfügungen an das Finanzministerium und an das Schatzministerium, desgl. an die Seehandlung, III. 7. Unterscheidung zwischen dem Fiscus oder einer bestimmten fiscalischen Station und der Regierung als solcher in Prozessen, III. 7. Frist zur Einlegung der Rechtsmittel Seitens des Fiscus, III. 10. Kostenfreiheit des Fiscus und Erstattung der Kosten des Gegners, III. 12. II. 238. Vollstreckung der Execution gegen fiscalische Behörden, II. 313. III. 14.

Fiscalische Rechte, s. Bank, Brennholzadministration, Nutzholzadministration, Prinzliche Gesammtkammer, Seehandlungsgesellschaft.

Fiscalische Untersuchung, davon handelt I. 35. §. 34. sqq. Dergleichen Untersuchungen finden statt: bei geringern Verbrechen, 2) bei Defraudation, 3) bei Widersetzlichkeiten gegen Königliche Bediente, 4) bei der dritten Classe der Injurien-

sachen, 5) bei Vergehungen Königlicher Bedienten, wenn die darauf bestimmte Strafe die Dienstentsetzung nicht übersteigt, §. 1., findet auch gegen Leute statt, die durch unerlaubte Kunstgriffe die Gemüther der Eheleute gegen einander aufbringen, 40. §. 30. in wiefern gegen einen Vormund, 39. §. 22. In wiefern die Regierungen bei Contraventionen und Defraudationen durch Resolute entscheiden, von welchen aber auf rechtliches Gehör und Entscheidung angetragen werden kann, 35. §. 34. (243. 254.) Verfahren bei Contraventionen und Defraudationen der Militärpersonen, (244.), und der Beurlaubten, (245.) Verfahren der Obergerichte, wenn die Finanzbehörde die summarische Untersuchung gegen einen verhafteten Defraudanten verzögert, (246.) Wann die Provocation auf rechtliches Gehör nicht statt findet, (247.) Vom Gerichtsstande bei Vergehungen gegen Hoheitsrechte, Landespolizeiverordnungen, und bei Dienstvergehen, bei Vergehen gegen die Localpolizei, (248.), bei Untersuchungen wegen verbotenen Spiels, (249.) Wenn die Untergerichte über Defraudationen erkennen, (250. 251.) Verfahren bei Untersuchungen gegen Regierungsofficianten, (252.) Wann und wie bei den Obergerichten ein abgekürztes Verfahren in fiscalischen Untersuchungssachen statt findet, (253.) I. 35. §. 41. (256.) Wann zur Begründung der Untersuchung vorläufige Vernehmung der Zeugen erforderlich ist, §. 40. (255.), von wem sie geführt werde, §. 35. Veranlassung derselben, §. 36 — 38. Begründung derselben, §§. 39. 40 u. (255.) Vorladung, §. 41. sqq. u. (256.), in derselben muss dem Denunciaten das Strafgesetz bekannt gemacht werden, §. 43. In wiefern die persönliche Arretirung mit der Vorladung zugleich verfügt werden müsse, §. 44. Verfahren bei Verhaftungen von Regierungsofficianten, (257.), der Denunciat ist jedesmal persönlich vorzuladen, §. 45. Ausnahme, und in wiefern die Vertretung durch einen Bevollmächtigten zulässig sei, §. 46. Erscheint der Denunciat im ersten Termine nicht persönlich, so wird er zu einem zweiten sub präjudicio der Untersuchung in contumaciam vorgeladen, §. 47. u. §. 41. u. §. 47. (256.) Verfahren in contumaciam, 1) wenn die Denunciation auf der Angabe eines vereideten Beamten beruht, §. 48, 2) wenn sie erst durch Zeugen erwiesen werden soll, §. 49, in beiden Fällen verliert er das Recht sich schriftlich zu vertheidigen, welches ihm in der zweiten Vorladung ausdrücklich bekannt gemacht werden muss, §. 50. Publikation des Erkenntnisses, wenn dasselbe nur auf eine Geldstrafe ausgefallen ist, §. 52, gegen dasselbe findet binnen 10 Tagen die Restitution statt, §. 53. Verfahren bei der Publication eines auf Gefängniss- oder Leibesstrafe ausgefallenen Erkenntnisses, §. 54. Bei eingewandtem Rechtsmittel der Restitution bedarf es in der Regel nicht der Wiederholung des Zeugenverhörs, §. 55. Gegen einen Denunciaten, dessen Aufenthalt unbekannt ist, muss Edictalvorladung (s. diese) erlassen werden, § 56. Instruction der Sache, wenn der Denunciat erscheint, §. 57. sqq. Verfahren, wenn eine Edition erforderlich ist, §. 58. (258.) Dabei muss, wie im

Civilprozess, ein Status causae et controversiae entworfen werden, §. 59., s. auch Assistent. Vom Zeugenverhör nach regulirtem Statu causae et controversiae, §. 60. Jeder Inquirent ist befugt, die an dem Orte, wo die Untersuchung geführt wird, sich aufhaltenden Zeugen, ohne Unterschied ihres Gerichtsstandes, unmittelbar vorzuladen, §. 61. Ausnahme, in Ansehung dienstthuender Unteroffiziere oder Soldaten, §. 62. Vom Inquirenten müssen auch die Gründe zur Vertheidigung des Denunciaten wahrgenommen werden, §§. 63. 64. Der Abschluss der Untersuchung ist möglichst zu beschleunigen, §. 65. Defension, §. 66—68., wenn der Denunciat einen Defensor erwählt hat, §. 67., wenn dies nicht der Fall ist, §. 68., s. auch Justizcommissarius. Schluss und Einreichung der Acten, welchen jedesmal ein Gutachten des Inquirenten beizufügen ist, §. 69. In welchem Falle die Acten vor Einreichung derselben dem Denunciaten vorgelegt werden müssen, §. 70. Erkenntniss, §. 71., in wiefern vor Abfassung desselben das Gutachten eines Sachverständigen einzuziehen, §. 72. In fiscalischen Untersuchungssachen soll nie auf einen Reinigungseid erkannt werden, §. 73. In wiefern die vorläufige Lossprechung (ab instantia) statt finde, §. 14., in wiefern eine ausserordentliche Strafe, §. 75., wie diese zu bestimmen, I. 35. §. 76., wenn die ausserordentliche Strafe eine Geldstrafe ist, §. 77., besonders in Accise- und Zollsachen, §. 78., wenn die ordentliche Strafe eine Leibesstrafe ist, §. 79. In wiefern der Richter die Gattung der Strafe ändern, z. B. statt Gefängniss- auf Geldstrafe, oder umgekehrt erkennen könne, §. 80. Kosten, §. 81. sqq. §. 82. (259 — 263), s auch Kosten. Publication des Urtels, §. 86. u. (264. 265) Rechtsmittel für den Denunciaten, §. 87., s. auch Appellation ist unzulässig, Milderungsgesuch, Revision ist unzulässig, Vertheidigung (Rechtsmittel der weitern). Rechte der fiscalischen Behörde, wenn sie das Erkenntniss für zu gelinde hält, §§. 98. 99. Während dieser zweiten Instanz muss das Urtel, so weit es zu Gunsten des Denunciaten ausgefallen ist, vollzogen werden, §. 100. Dem Denunciaten stehet, wenn in dieser zweiten Instanz das Erkenntniss zu seinem Nachtheile geändert wird, ein Milderungsgesuch oder das Rechtsmittel der zweiten Vertheidigung (wie gegen das erste Erkenntniss) offen, §. 101. Bei dem, was in der zweiten Instanz zu Gunsten des Denunciaten erkannt wird, hat es ledigich sein Bewenden, §. 102., s. auch Kosten. Ausnahme in Accise- und Zollsachen, bei Untersuchungen wegen Holzdevastation etc., §. 103. Wie es wegen der Rechtsmittel zu halten, wenn die Untersuchung, wie z. B. bei Jagd- oder Forstcontraventionen, zugleich auf den verursachten Schaden gerichtet gewesen, §. 104. Vollstreckung des Urtels, §§. 105. 106.

S. übrigens: Generalfiscal.

Fiscalische Untersuchung. In welchen Fällen dieselbe wegen Injurien stattfindet, II. 718 — 720. Beurtheilung der Frage, ob eine fiscalische oder Criminal-Untersuchung einzuleiten sei, III. 15. Fiscalische Untersuchung wegen Betrugs, III. 15.; desgl. wegen Widersetzlichkeit gegen Abgeordnete der Obrigkeit, III. 16.

Zulässigkeit der Einleitung einer fiscalischen Untertersuchung gegen Beamte, III. 17. Fiscalische Untersuchungen wegen Zoll- und Steuervergehen, in welchen Fällen und auf wessen Antrag sie statt finden und Verfahren dabei, III. 18—25. Verfahren bei Stempelcontraventionen, III. 25. Befugniß zur Niederschlagung der Stempelstrafen, III. 26. Recursgesuche gegen Stempel-Strafresolute, III. 27. Verfahren bei den von Beamten begangenen Stempelcontraventionen, III. 28. Verfahren in Postcontraventionssachen, namentlich bei Defraudation der Lohnfuhrabgabe, III. 27. Verfahren bei Polizeivergehen, III. 30. In den bereits durch Strafresolute der Verwaltungsbehörden entschiedenen Defraudationssachen ist bei der Provokation auf rechtliches Gehör nur das Obergericht zur Entscheidung competent, III. 31. Eröffnung einer fiscalischen Untersuchung gegen Beamte wegen Dienstvergehen und in wiefern es hierzu eines Antrags der vorgesetzten Dienstbehörde und resp des vorgesetzten Ministerii bedarf, III. 33. Disciplinarverfahren gegen Beamte und Verfahren bei den auf administrativem Wege erfolgenden Amtsentsetzungen und unfreiwilligen Pensionirungen der Geistlichen und Lehrer, so wie der Civil- und Militairbeamten, III. 35 — 42. Verfahren bei Einleitung von Untersuchungen gegen Justizbeamte, namentlich rücksichtlich der Suspension und der Berichtserstattung an den Justizminister, III. 42. Zu Amtssuspensionen der Justizcommissarien ist allemal die Genehmigung des Justizministers erforderlich, III. 45. Abgekürztes Verfahren in fiscalischen Untersuchungen und wenn dasselbe anzuwenden, III. 47. Bestellung bleibender Untersuchungsrichter für Steuerdefraudationen, III. 49. Competenz der Untergerichte in fiscalischen Untersuchungen, III. 49. 65., desgl. der Berggerichte, III. 50. Daß es in fiscalischen Untersuchungen der Zuziehung eines Protocollführers nicht bedarf, III. 51. Form der gerichtlichen Untersuchung wegen Steuervergehen, III. 52. Insinuation der Vorladungen in Steuerdefraudationssachen, III. 55. Edition der Bücher und Schriften in fiscalischen Untersuchungen, III. 59. Befugniß der Steuerbehörden, die Bücher der Kaufleute in Beschlag zu nehmen, III. 60. Glaubwürdigkeit der im Amte beleidigten Executoren, III. 61. Vorladung eximirter Zeugen und der Steuerbeamten in fiscalischen Untersuchungen, III. 61. Mittheilung der geschlossenen Untersuchungsacten in Steuerdefraudationssachen an die Steuerbehörde, III. 64. Votum des Dirigenten in fiscalischen Untersuchungen, III. 65. Abfassung der Erkenntnisse in Steuerdefraudationssachen, III. 65. Verwandlung der von den Verwaltungsbehörden in Steuersachen festgesetzten Geldstrafen in Gefängnißstrafen, III. 68 Kosten in fiscalischen Untersuchungen, III. 71. Kosten der Strafvollstreckung in Steuerdefraudationssachen, desgl. in andern fiscalischen Untersuchungen, III. 73. Erstattung der baaren Auslagen in fiscalischen Untersuchungen, III. 74. Zuziehung der Väter oder Vormünder bei der Publication der Erkenntnisse gegen Minderjährige III. 77. Mittheilung der Erkenntnisse wider Beamte an die vorgesetzte Dienstbehörde, desgl. in Steuerdefraudationssachen an die Steuerbehörde, III. 78., desgl. in Untersuchungssachen wegen Beleidigung oder Widersetzlichkeit gegen Gensdarmen an die vorgesetzte Militärbehörde, III. 79. Gegenausführung auf das eingelegte Milderungsgesuch in fiscalischen Untersuchungen durch einen fiscalischen Bedienten, III. 80. Zulässigkeit der Restitution in fiscalischen Untersuchungen, III. 80. Nichtigkeitsbeschwerde in fiscalischen Untersuchungen wegen Steuervergehen und Dienstvergehen der Beamten, III. 81. Zulässigkeit und Einlegung des Rechtsmittels der Aggravation in fiscalischen Untersuchungen, III. 82 — 85. Revision in Steuerdefraudationssachen, III. 86. Vollstreckung der Erkenntnisse in Steuerdefraudationssachen, III. 87. Befugniß des Finanzministers zur Niederschlagung der in Steuersachen erkannten Strafen, III. 88. Befugniß

der Regierungen in Klassen- und Gewerbesteuersachen eine terminliche Strafvollstreckung zu gestatten, III. 89. Verfahren bei Begnadigungsgesuchen und Gesuchen um Theilung, Aussetzung oder Verwandlung erkannter Strafen, III. 90 — 94.

Fiscus hat als Kläger, Beklagter, Intervenient oder Litisdenunciat einen privilegirten Gerichtsstand, I. 2. §. 126., wenn er hingegen nur einer Partei beisteht, oder auf den Ausgang eines Prozesses Acht giebt, so wird dadurch der Gerichtsstand nicht verändert, §. 127. Der privilegirte Gerichtsstand des Fiscus findet nur statt: a) wenn die Sache bei einem Streite zwischen Privatpersonen solchen haben würde, §. 126. (35.), b) wenn der Gegenstand des Streits unter unmittelbarer Verwaltung der Regierung steht, (35.), c) wenn die Regierungen während unvollendeter neuer Einrichtung der Untergerichte und Polizeibehörden es für nöthig achten, der Beihulfe der Justizbeamten zur Einziehung der Information und der Assistenz derselben bei Führung des Prozesses selbst sich zu bedienen, und alsdann auf Exemtion antragen, (36.), d) in Confiscationsprozessen, I. 36. §. 4. (266.), mit Ausnahme des Deserteurs, §. 46. (279.), und der entwichenen Packknechte, (280.), s. Deserteur, Packknechte. Er wird durch die Regierungspräsidien vorgeladen, I. 7. §. 28. (57.) Dessen Rechte, wenn ein Urtel deshalb als nichtig angefochten wird, weil ein mit gar keiner Gerichtsbarkeit versehener Richter den Prozess instruirt und entschieden hat, 16. §. 7., derselbe ist von der Cautionsbestellung wegen der Prozesskosten frei, 21. §. 2. auch bei nothwendigen Subhastationen, wenn er dem Zuschlag widerspricht, 52. §. 33., die Kostenfreiheit kömmt ihm nur in Ansehung des Gerichts, nicht in Ansehung des Gegentheils zu statten, I. 35. §. 26., welche Behörden und Anstalten gleich ihm diese Kostenfreiheit geniessen, 23. §. 46. (145.), welche Kosten derselbe, wenn er in den Kostenersatz verurtheilt wird, dem Gegner erstatten müsse, 35. §. 27., die Instructions- und Urtelsgebühren sind in einem solchen Falle gänzlich niederzuschlagen, §. 28., in wiefern ein fiscalischer oder anderer Finanzbedienter sämmtliche nach §. 27. zu erstattende Kosten, auch die Instructions- und Urtelsgebühren aus eignen Mitteln entrichten müsse, §. 29., welche Vorschrift jedoch auf die Räthe und Decernenten bei den Kammern etc. nicht auszudehnen ist, §. 30. Wegen der von dem Fiscus dem Gegentheil zu erstattenden Kosten hält dieser sich an die Finanzbehörde, §. 31. Die Regierungshauptcasse macht Namens des Fiscus die Ansprüche im Confiscationsprozess, 36. §. 5. (267.), s. überhaupt Confiscationsprozess. Besonders, wegen der Kosten, welche dem Fiscus dabei zur Last fallen, §. 39. (276 — 278.) Von den Beiträgen zu den Communkosten in Concursen ist der Fiscus befreit, 50. §. 531. Gerichtsgebühren, welche sich auf die Hebung desselben beziehen, müssen niedergeschlagen werden, §. 532., auch dann, wenn er mit seiner Forderung die ganze Masse wegnimmt, § 533. In wiefern ihm diese Befreiung in Ansehung der durch Cession erworbenen Forderungen zu Statten komme, §. 534., dessen blosse Assistenz befreit die damit begünstigte Privatpartei nicht von den Kosten, 26. §. 46.,

dessen Rechte sollen auch bei Todeserklärungen wahrgenommen werden, 37. §. 7. s. auch Fiscalisches Amt, wegen zweijähriger Abgabenrückstände wird derselbe in der zweiten Classe angesetzt, 50. §. 356. und wegen älterer, in so fern sie durch die ergangenen neuern Indultgesetze veranlasst sind, (357.) dieses Vorrecht der zweiten Classe hat derselbe in Ansehung aller mit fiscalischen Rechten versehenen Anstalten in dem Vermögen der Cassenbedienten, §§. 360. 361. dies Vorrecht findet nicht mehr statt, §. 393. n. 4. (361.) s. auch Bank, Brennholzadministration, Nutzholzadministration, Prinzliche Gesammtkammer, Seehandlungsgesellschaft, in Ansehung seiner mit keinem vorzüglichern Rechte versehenen Anforderungen erhält er einen Platz in der vierten Classe, 50. §. 395. sqq. Hierher gehören: 1) die mehr als zweijährigen Abgabenrückstände, §. 396. welche indess in die zweite Classe gehören, in so fern sie durch die ergangenen neuern Indultgesetze veranlasst sind, §. 356. sqq. (357.) 2) was derselbe aus einer ihm bestellten, aber nicht besonders versicherten Caution zu fordern hat, §. 397. 3) die einem Officianten, der kein Cassenbedienter ist, anvertrauten Gelder, §. 398. 4) Forderung aus einer von dem Gemeinschuldner übernommenen Pachtung, §. 399. überhaupt 5) alle Forderungen, die dem Fiscus aus irgend einem Rechtsgrunde zustehen, §. 400. s. auch Casse. Anweisungen für den Fall, wenn Fiscus eine Erbschaft als herrenlos in Anspruch nimmt, 51. §. 156. Fiscus, und wer mit demselben gleiche Rechte hat, kann die Aufforderung unbekannter Baugläubiger nachsuchen, I. 51. §. 169. sqq. auch die Vorladung der Gläubiger einer Königlichen oder andern öffentlichen mit fiscalischen Rechte versehenen Casse, §§. 171. d. 171. e.

S. übrigens: Confiscationsprozess.

Fiscus, Kostenfreiheit desselben, II. 238. III. 12. Kostenfreiheit desselben in Ansehung des Vermögens ausgetretener Cantonisten, III. 116.; s. auch Kosten. Execution gegen den Fiscus, II. 313. III. 14.

Förmlichkeiten des Prozesses sind bloss Mittel zum Zweck, die Wahrheit auf dem möglichst sichersten und kürzesten Wege zu erforschen: und müssen diesem Zweck stets untergeordnet bleiben, §. 34. der Einleitung, auch I. 10. §. 25. Blossen Formalitäten sollen wesentliche Rechte nie aufgeopfert werden, 35. §. 18.

Förmlichkeiten des Prozesses, in wie fern ihre Verletzung die Nichtigkeitsbeschwerde begründet, II. 81.

Forstbediente, geringere, und Postillons, die Gerichtsbarkeit über sie ist den Ortsgerichten übertragen, I. 2. §. 58. s. auch Nachlass, Wittwe.

Forstbediente, Gerichtsstand derselben, I. 192.

Forstprozess. In Forstprozessen muss der Fiscal sich durch eine Originalinstruction von dem Forstdepartement des Generaldirectorii legitimiren, I. 35. §. 3. Die Regierungen brauchen nicht wegen Anstellung derselben anzufragen, §. 1—3. (238.)

Forum, s. Gerichtsstand.

Frachtgelder, in wie fern sie in der zweiten Classe angesetzt werden, I. 50. §. 385.

Frachtgelder. Verfahren bei Klagen wegen Schifferfracht und Liegegelder, II. 694.

Fragestück bei Zeugenabhörungen, s. Zeugenabhörung.

Französische Colonie, s. Coloniegerichte.

Frauenzimmer, lediges, bedarf vor Gericht nie eines Curators, I. 1. §. 25. ausgenommen in Provinzen, wo die Geschlechtsvormundschaft bisher statt gefunden hat, §§. 26. 27. s. auch Geschlechtsvormund, Vollmacht, von ihren Bürgschaften, s. Bürgschaft.

Freigebigkeit, s. Schenkung.

Freiherr ist eximirt, I. 2. §. 42.

Freiwillige Gerichtsbarkeit, Handlungen derselben, davon handelt II. 1. Begriff, §. 1. wo dieselben nach Verschiedenheit des Gegenstandes zu vollziehen, §. 2. s. auch Gehöriges Gericht, Gericht, Grundstücke, Obergericht, Persönlicher Richter, Verträge. Zu den nicht nothwendig vor dem gehörigen Richter vorzunehmenden ist jedes hinlänglich besetzte Gericht berechtigt, 2. §. 7. Zu welchen Handlungen Vormundschaftsbehörden berechtigt sind, siehe Vormundschaftliche Collegien, in wie fern sie von Dorfgerichten ohne Zuziehung des Gerichtshalters vorgenommen werden können, §. 8. s. auch Polizeimagistrate, Stadtschreiber. Ein Gerichtsherr kann Geschäfte der willkürlichen Gerichtsbarkeit vor seinem Justitiarius an jedem Orte vollziehn, §. 10. (419.) Wodurch Handlungen derselben nicht ungültig werden, s. Nichtigkeit, Ort, Sonn- und Festtage. Das Gericht muss, um dergleichen Handlungen vorzunehmen, wenigstens aus Einer richterlichen Person, und Einem Actuarius oder Protocollführer bestehen, §. 14. s. auch Actuarius. Allgemeine dabei zu beobachtende Vorschriften, §. 22. sqq. s. auch Belehrung der Parteien, Decernent, Dolmetscher, Entsagungen, Fähigkeit des Handelnden, Identität der Personen, Legitimationspunct, Protocoll, Punctation, Zulässigkeit der Handlung.

Freiwillige Gerichtsbarkeit, Befugniß der Vormundschaftscollegien, Handlungen derselben aufzunehmen, IV. 16. Befugniß der Kammergerichts-Secretarien und des Protonotarius bei dem Ober-Landesgerichte zu Stettin, solche aufzunehmen und auszufertigen, IV. 33. Desgl. der Kreisjustizräthe, I. 234. 240. Desgl. der Gerichtscommissarien, IV. 58. Desgl. Befugniß der Berggerichte, IV. 35. Desgl. der Militairgerichte bei den mobil gemachten Truppen, IV. 36. Befugniß der Dorfgerichte und Magisträte, Testamente aufzunehmen, IV. 37. Handlungen der freiwilligen Gerichtsbarkeit dürfen nicht außerhalb des Gerichtssprengels aufgenommen werden, IV. 40. Unzuläſſigkeit der Aufnahme von Handlungen der freiwilligen Gerichtsbarkeit wegen Verwandtschaft des Richters mit der erklärenden Partei, IV. 222.

Fremder, in wie fern derselbe bei den Gerichten seines Aufenthaltsort belangt werden könne, I. 2. §§. 26. 27. in wie fern bei dem dringlichen Gerichtsstande, wenn er in hiesigen Landen

Grundstücke besitzt, §. 114. u. (34.) s. auch Eximirte. Ein Durchreisender hat keinen ordentlichen persönlichen Gerichtsstand in hiesigen Landen, §. 28. bei welchem Gerichte derselbe zu belangen, wenn der Gerichtsstand gegen ihn durch Arrestlegung oder auf andere Art begründet ist. §. 29. Auch Injurien begründen einen Gerichtsstand desselben, §. 28. (8.) Fremde Militairpersonen stehen in jeder Hinsicht unter den Civilgerichten, und, wenn sie Officiere sind, unter dem Obergericht der Provinz, §. 60. (22.) Wann Fremde in Injuriensachen durch Edictalcitation vorzuladen sind, 7. §. 12. (53.) Vom Verfahren bei Anlegung eines Arrests durch hiesige Unterthanen wider regierende und andere fremde Personen, 29. §. 43. (198.) §. 76. (201—212.) s. übrigens Arrest. Personalarrest gegen denselben, s. Auswärtiges Departement. Von Arresten der Fremden gegen Fremde, 29. §. 88. sqq.
S. übrigens: Ausländer.

Fremder, s. Ausländer, Arrest.

Fremdes Eigenthum, mit wem Prozesse über ein darauf zustehendes dingliches Recht zu verhandeln, I. 1. §. 32. b.

Fremdes Landesgesetz, über dessen Inhalt muss Beweis aufgenommen werden, I. 10. §. 53.

Fremdes Landesgesetz; Beweisführung über streitige Fälle des polnischen Rechts, I. 443. Beweisführung über die Existenz eines englischen Gesetzes, I. 444.

Früchte und Nutzungen gewisser Sachen, auf deren Herausgabe geklagt worden, deshalb muss im Erkenntnisse das Nöthige mit festgesetzt werden, I. 23. §§ 63. 64. in wie fern noch nicht eingeerntete Früchte Gegenstand des Arrestschlages seien, 29. §. 13.

Früchte auf dem Halme, in wie fern deren Verkauf im Wege der Execution zulässig ist, II. 353.

Fürstliche Personen sind eximirt, I. 2. §. 42. Regierende deutsche und abgetheilte Fürsten aus regierenden deutschen Häusern sind, wenn sie ihren beständigen Aufenthalt in hiesigen Landen nehmen, der Gerichtsbarkeit der hiesigen Gerichtshöfe unterworfen, (10.) Verfahren, wenn sie einen Eid ableisten sollen, 10. §. 203. n. 1. Arrest findet gegen deutsche regierende und abgetheilte Fürsten, nicht statt, 29. §. 76. (201.) wohl aber gegen andere Fürsten, (202.)

Fürstliche Personen. Gerichtsstand und Verhältnisse der Standesherren und ihrer Familien, I. 155. u. ff. In wie fern Personalexecution gegen die Häupter und Mitglieder der mediatisirten Fürstenhäuser zulässig sei und Berichtserstattung bei desfalsigen Anträgen, II. 404.

Fuhrleute, ihr Vorzugsrecht in Concursen, s. Frachtgelder.

Fungibilis res, die dem Gemeinschuldner in Verwahrung gegeben worden, deren Werth wird in der siebenten Classe angesetzt, I. 50. §. 456. s. auch bittweise überlassene Sachen, Depositum, Diebstahl, Geliehene Sachen, Pfand.

Futura res, s. Künftige Sachen.

G.

Garnison, s. Civilgerichte.

Garnisonstadt. Ihre Untergerichte üben die bürgerliche Gerichtsbarkeit über die nicht eximirten Militairpersonen aus, I. 2. §. 48. sqq. (13.)

Gastwirthe. Deren Vorzugsrecht in der zweiten Classe beim Concurs, I. 50. §. 382. a. (359.) s. Verpächter.

Gebühren, s. Gerichtsgebühren.

Geburtshelfer, s. Hebammen und Geburtshelfer.

Geburtsort. Rechte desselben, s. Dienstboten.

Gefahr und Nutzung des erstandenen Grundstücks fallen vom Tage des publicirten Adjudicationsbescheides in der Regel dem Käufer anheim, I. 51. §. 61.

Gegenforderungen und illiquide Einwendungen müssen im Wechsel- und Executivprozess ad separatum verwiesen werden, s. Executivprozess, Wechselprozess. Verfahren bei der Anmeldung von Gegenforderungen während der Instruction des Appellatoriums, I. 14. §. 75. u. 77. (128.) In wie fern dergleichen Gegenforderungen von der Einlassung in den Concurs befreien, s. Deposition.

S. übrigens: Reconvention.

Gegenforderungen und Einwendungen, in wie fern sie im Mandatsprozesse zulässig sind, III. 590.

Gegenvermächtniss, s. Lucra nuptialia.

Gehalt, s. Besoldung, Pension.

Gehaltsabzugsverfahren, II. 374. u. ff.; s. übrigens Execution.

Geheimer Justizrath, unter demselben stehen die Prinzen und Prinzessinnen vom Königlichen Hause, I. 2. §. 41. und die Königlichen Gesandten etc. an auswärtigen Höfen, §. 71. s. auch Gerichtsstand.

Geheimes Ober-Tribunal, dessen Geschäftsbetrieb, II. 61. Maßregeln zur Erhaltung der Einheit der Rechtsgrundsätze in den Entscheidungen desselben, II. 62. Demselben gebührt ausschließlich die Entscheidung in der Revisionsinstanz und über Nichtigkeitsbeschwerden, II. 85. Competenz desselben zur Entscheidung auf Nichtigkeitsbeschwerden in fiscalischen Untersuchungssachen aus dem Bezirke des Justizsenats zu Coblenz, II 118., und wegen Dienstvergehen Rheinischer Beamten, II. 119. Befugniß des Geheimen Ober-Tribunals zu monitorischen Verfügungen, Behufs Erledigung interlocutorischer Anordnungen, II. 105.

Geheimniss, in wie fern eine Zeuge dessen Entdeckung verweigern könne, I. 10. §. 180. n. 5.

S. übrigens: Familiengeheimnisse.

Gehöriges Gericht, an dasselbe sind die Parteien auch bei Handlungen freiwilliger Gerichtsbarkeit, in Fällen, wo die Competenz des Gerichts erforderlich ist, (s. Dienstregister, Erbpacht oder Erbzins, Fideicommiss, Grundstücke, Pfandrecht, Verjährung, Verträge) zu verweisen.

Geistliche Güter, s. Gerichtsstand.

Geistlicher, dessen Geriehtsstand, s. Eximirte. In wie fern derselbe bei Eidesleistung zuzuziehen, I. 10. §. 369. und den Ehescheidungen, s. Ehescheidungsprozess.
S. übrigens: Prediger.

Geistliche, Execution in das Amtseinkommen der Geistlichen, II. 382.

Gelder, bei dem Gemeinschuldner deponirte, s. Deposition.

Gelder, in wie fern sie bei der Execution gegen Beamte und Pensionisten in Beschlag genommen werden können, II. 343.

Geliehene nicht verbrauchbare Sachen werden, wenn sie noch in Natur vorhanden sind, in der ersten Classe vindicirt, I. 50. §. 297. sonst wird deren Werth in der sechsten Classe angesetzt, §. 456.
S. übrigens: Fungibilis res.

Geldstrafen, von dem Gemeinschuldner zu entrichtende, werden post omnes locirt, I. 50. §. 476. u. (367.)
S. übrigens: Ordnungsstrafen, Strafen.

Geldstrafen, Verfahren bei Festsetzung derselben wider Parteien, I. 419. Vollstreckung derselben, namentlich in Steuersachen, III. 87. 69. In wie weit sie gegen Beamte durch Gehaltsabzüge beigetrieben werden können, II. 400. Verwandlung der Geldstrafen in Gefängnißstrafen, namentlich bei Steuervergehen, III. 68.

Gemeine Soldaten, s. Soldaten.

Gemeinen aller Art können sich durch ihren Syndicus vertreten lassen, I. 3. §. 39. von den Vollmachten derselben, s. Vollmacht. Wie es mit Insinuationen an sie zu halten, 7. §. 29. imgleichen mit der von ihnen verlangten Edition, 10. §. 97. In wie fern Mitglieder derselben Beweiszeugen sein können, §. 238. n. 10. s. auch Altentheil, Cossäthen. Wie es zu halten, wenn Gemeinen Eide ableisten sollen, §. 270. sqq. gegen Mitglieder derselben findet wegen der Schulden der Gemeine kein Arrestschlag statt, wenn sie sich nicht solidarisch verpflichtet haben, 29. §. 4.
S. übrigens: Corporation, Dorfgemeine, Hausleute, Moralische Personen, Perhorrescenz des Richters, Stadtgemeine.

Gemeinen, Vollstreckung der Execution gegen sie, II. 312.

Gemeine Leute, wie bei Insinuationen an sie zu verfahren, I. 7. §§. 24. 38. sind mit Zugeständnissen bei der Instruction nicht zu übereilen, sondern ihnen die Folgen derselben wohl vorzuhalten, 10. §. 26. desgleichen 25. §. 65.
S. übrigens: Belehrung der Parteien, Zugeständniss.

Gemeine Masse, was dazu gehöre, I. 50. §. 524. wer daraus zu befriedigen, §§. 525. 526.
S. übrigens: Bergwerkseigenthum, Distributionsplan, Pfandgläubiger, Schiffsgläubiger.

Gemeinheitsaufhebung, s. Auseinandersetzung der Gemeinheiten, auch Hypothekenbuch.

Gemeinheitstheilungen, in wie fern sie zulässig sind, Verfahren dabei und Competenz der Generalcommissionen, III. 211 u. ff. Ausführung der Gemeinheitstheilungen, III. 247 u. ff. und 265 u. ff. Ressort der Gemeinheitsthei-

lungen in Neuvorpommern, III. 252. Qualification der Beistände der Parteien bei Gemeinheitstheilungen, III. 253. Verfahren bei Weigerung der Interessenten, den Rezeß zu vollziehen, III. 253. Berechnung des Streitobjects Behufs Prüfung der Zulässigkeit der Rechtsmittel, III. 254. Unzulässigkeit der Revision bei Streitigkeiten über Plantage und Bonitirung, III. 254. Anwendung der Verordnung über das Rechtsmittel der Revision und Nichtigkeitsbeschwerde in Gemeinheitstheilungssachen, III. 255. Verfahren bei Competenzconflicten, I. 68. Wahrnehmung der fiscalischen und landespolizeilichen Rechte, Rechte der geistlichen Institute und der lehnsherrlichen Gerechtsame des Fiscus bei Gemeinheitstheilungen, III. 256. Wahrnehmung der Rechte der Realberechtigten, III. 257. u. ff. Schiedsrichterliches Verfahren bei Gemeintheilungstheilungen, III. 266 276. 284. Uebertragung der zum Ressort der Generalcommissionen in der Provinz Preußen gehörigen Geschäfte an die Regierungen zu Königsberg und Marienwerder, III. 289. Kosten in Gemeinheitstheilungssachen, III. 291. u. ff.; s. auch Ablösung und Regulirung.

Gemeinschaft der Güter, s. Gütergemeinschaft.

Gemeinschuldner, demselben kann in Concursen kein Eid deferirt, wohl aber kann er zum Zeugen vorgeschlagen werden, I. 10. §. 280. Wenn derselbe zur Rechtswohlthat der Cession gelassen zu werden verlangt, ist das Unvermögen notorisch und der Concurs muss von Amtswegen eröffnet werden, 50. §. 4. n. 1. wobei es nie auf die scheinbare Sufficienz, sondern auf die Möglichkeit der Befriedigung der Gläubiger ankommt, (314.) in wie fern dies geschehen müsse, wenn der Gemeinschuldner ausgetreten ist, n. 4. Wie weit dessen Disposition vor oder nach eröffnetem Concurs gültig sei, s. Concurs, Schenkung. Dessen Vorladung, s. Vorladung. Er darf gegen Erkenntnisse, welche die Concursmasse betreffen, seiner Seits ein Rechtsmittel nicht einwenden, 50. §. 169. (333.) In welchen Fällen demselben die Wohnung in einem zur Concursmasse gehörenden Hause zu verstatten, s. Cession, Rechtswohlthat derselben. Ein förmlicher Prozess über die von den Gläubigern verlangte Exmission desselben findet nicht statt, I. 50. §. 266. (351.) Privilegium desjenigen Gläubigers, der den flüchtigen Gemeinschuldner zur gefänglichen Haft bringt, §§. 484. 485. s. auch Gläubiger. In wie fern derselbe im Liquidationsprozess an die Stelle des Curators trete, 51. §. 35.

S. übrigens: Bankerutierprozess, Begräbnisskosten, Capitalaufkündigungen, Erbschaft, Gerichtsstand des Concurses, Grundstücke, Manifestationseid, Mobiliarvermögen, Schenkungen.

General steht unter dem Generalauditoriat, I. 2. §. 50.

Generalauditoriat oder Gouvernementsgerichte, bei denselben müssen Generale und Regimentscommandeurs, die zum Generalstabe gehörigen Personen, die bei der geheimen Kriegscanzlei angestellten Bedienten, nnd alle diejenigen, welche zum Militairetat überhaupt (nicht zu einzelnen Regimentern) gehören, belangt werden, I. 2. §. 50. Mit demselben muss Rücksprache genommen werden, wenn der Gerichtsstand meh-

rerer Beklagten, die theils unter Civil-, theils unter Militairgerichten stehen, bestimmt werden soll, §. 139.
S. übrigens: Civilgerichte, Militairgerichte, Regimentsgerichte.

Generalauditoriat, Einrichtung und Competenz desselben, IV. 161. Gerichtsstand der Mitglieder desselben, I. 188.

Generalbevollmächtigter. Er ist zur Vollziehung gerichtlicher Handlungen ohne den Beistand eines Justizcommissarius befugt, III. 7. §. 13. (463.) s. übrigens: Bevollmächtigter.

Generalbevollmächtigter ist, in so fern er nicht zur Zahl der bei dem Gericht recipirten Justizcommissarien gehört, zur Führung von Prozessen für seinen Machtgeber nicht qualificirt, I. 288. IV. 384. Befugnisse der Generalbevollmächtigten, gerichtliche Geschäfte für den Machtgeber vorzunehmen, IV. 384.

Generalfiscal stebt unter der Aufsicht des Landesjustizcollegii des Departements, III. 5. §. 12. ist schuldig die ihm untergebenen Fiscale in beständiger Aufsicht zu halten, §. 13. muss auch seiner Seits als Wächter der Gesetze handeln, §. 14. ist nicht schuldig, selbst Untersuchungen zu übernehmen, §. 15. Die Untersuchung wegen verbotenen Spiels gehört nicht mehr vor das Generalfiscalat, sondern vor die ordentlichen Gerichte des Denunciaten, I. 35. §. 34. (249.)

Generalmoratorium, s. Moratorium.

Generalpächter, Königlicher, in wie fern derselbe eximirt sei, I. 2. §. 48.

Generalpostamt, dieses muss von Prozessen gegen den Postfiscus unmittelbar benachrichtigt werden, I. 35. §. 12. (210.) Es muss von Erkenntnissen in Postcontraventionssachen, welche auf Geldstrafe gehen, benachrichtigt werden, §. 86. (265.)

Generalpostamt, Befugniß desselben, in Postcontraventionssachen Strafen durch ein Resolut festzusetzen, III. 28.

Ceneralstab, die dazu gehörenden Personen stehen unter dem Generalauditoriat, I. 2. §. 50.

Generalvollmacht muss bei jeder einzelnen Sache in Abschrift eingereicht werden, und den Auftrag zu Handlungen, welche Specialvollmacht erfordern, ausdrücklich enthalten, I. 3. §. 32.

Gendarmerie. Auf sie finden alle, in Absicht des Gerichtsstandes der Militairpersonen ertheilten Vorschriften Anwendung. I. 2. §. 48. sqq. (20.) s. Militairpersonen. Die Civilgerichte dürfen nicht unmittelbar gegen sie die Execution vollstrecken, sondern müssen deshalb den Oberbrigadier der Provinz requiriren, 24. §. 26. (149.), s. übrigens Execution.

Gendarmerie; Gerichtsstand derselben, I. 185. 186. In welchen Fällen sich die Civilgerichte der Führung von Untersuchungen gegen Gensdarmes unterziehen müssen, I. 186. Execution wider Gensdarmen, II, 398. Civilversorgung der Gensdarmerie, IV. 299.

Generalcommissionen zur Regulirung der gutsherrlichen und bäuerlichen Auseinandersetzungen, Gemeinheitstheilungen und Ablösungen, Organisation, Competenz und Verfahren derselben, III. 211 u. ff. Kosten, welche bei denselben zum Ansatz kommen, III. 291. Die Geschäfte derselben in der Provinz Preußen sind

auf die dortigen Regierungen übergegangen, III. 289. Beschäftigung der Referendarien bei den Generalcommissionen, IV. 261.

Gerade und Musstheil, die dazu gehörigen Stücke kann die Ehefrau des Gemeinschuldners nicht vindiciren, I. 50. §. 316.

Gerechtigkeiten, Verfahren bei deren Subhastation, I. 52. §. 65. und Abschätzung, II. 6. §. 17.
S. auch Ehrenrechte.

Gerechtigkeiten, Subhastation derselben, III. 711.

Gericht, welche Handlungen zwar vor Gericht, aber von einem jeden gehörig besetzten vorgenommen werden können, II. 1. §. 9. s. auch Blinde, Bürgschaft, Eheleute (Verträge zwischen denselben), Einkindschaft, Erbschaftskauf, Erbschatz, Erbvertrag, Künftige Sachen, Schenkung, Schiffsurkunden, Testamente. Welche Handlungen entweder vor Gericht oder vor einem Justizcommissarius als Notarius vollzogen werden können, §. 10.
S. übrigens: Freiwillige Gerichtsbarkeit, Gehöriges Gericht, Gerichtsperson, Justizcommissarius als Notarius, Obergericht, Persönlicher Richter, Verträge.

Gericht; Verfahren bei Competenz-Conflicten zwischen Gerichten und Verwaltungsbehörden, I. 68. 69. Competenz der Gerichte im Großherzogthum Posen, I. 59. s. auch Geschäftsstyl.

Gerichte der Immediatstädte sind eximirt, I. 2. §. 103. s. auch Gerichtsstand.

Gerichtsbarkeit, der hiesigen sind auswärtige Gesandte etc. und die zu ihrem Gefolge gehörenden Personen nicht unterworfen, I. 2. §§. 62. 67. in wie fern dies von den Ehefrauen der Personen ihres Gefolges, §. 68. und von den Wittwen der Gesandten selbst gelte, §. 93, s. auch Wittwen. Gerichtsbarkeit über die Dienstboten der Eximirten, s. Delegation, auch Berlin.
Uebrigens s. Civilgerichte, Coloniegerichte, Eximirte, Jurisdictionsstreitigkeiten, Militairgerichte, Vormundschaftliche Collegien.

Gerichtsbarkeit der schlesischen Mediat-Regierungen über Justizbeamte und Aerzte, I. 190.

Gerichtsbarkeit, freiwillige, s. Freiwillige Gerichtsbarkeit.

Gerichtsbote hat die Vermuthung der von ihm gehörig besorgten Insinuation für sich, I. 7. §. 40.
Uebrigens s. Bote, Botenmeister, Insinuation, Realvorladung.

Gerichtsboten, s. Boten, Executoren.

Gerichtscommissionen, Anwendung des Mandats- und summarischen Prozeßverfahrens bei denselben, II. 579.

Gerichtsferien, Zeit derselben, III. 1. §. 51. während derselben können in der Regel keine Prozesstermine, welche die Parteien selbst abzuwarten haben, anberaumt und keine Execution vollstreckt werden, §. 52. ausgenommen in Wechsel-, Aliment-, Arrest- und andern Sachen, wo Gefahr bei dem Verzuge obwaltet, §. 53. wenn aus Versehn ein Termin auf einen Tag in den Gerichtsferien anberaumt ist, so ist deswegen das Verfahren nicht ungültig, §. 52. (444.) auch ausser diesen Fällen fin-

det während der Ferien die Execution statt, 1) wenn der Zahlungstermin in die Zeit der Ferien fällt, 2) wenn der Wohlthat der Ferien entsagt, 3) wenn die Execution vor Anfang der Ferien wirklich eingelegt worden, I. 24. §. 25. Vorzüglich während derselben müssen die Untergerichte revidirt werden, III. 8. §. 20.

S. übrigens Sessionstag.

Gerichtsferien. Zulässigkeit der Termine in summarischen und Bagatellsachen während der Gerichtsferien, II. 600. Bestimmung der executionsfreien Zeiten, II. 292. Zweck der Gerichtsferien, IV. 198.

Gerichtsgebühren, in wieweit rückständige in der sechsten, I. 50. §. 465., oder in der siebenten Classe locirt werden, §. 466., s. auch Justizkommissarius, in wiefern deren Ansetzung nicht statt finde, oder dieselben niederzuschlagen, s. Armenrecht, Creditsysteme, Fiscus, Gesetzcommission, Kosten, Protocollführer, Resolution, Soldaten.

Gerichtshalter sind, auch wenn sie auf dem platten Lande leben, eximirt, I. 2. §. 53. (21.), in wiefern die Einlassung vor demselben verweigert werden könne, s. Perhorrescenz des Richters, dessen Gehalt wird in Ansehung eines einjährigen Rückstandes in der zweiten Klasse angesetzt, 50. §. 571. n. 1., in wiefern ohne dessen Zuziehung Handlungen der freiwilligen Gerichtsbarkeit vorgenommen werden können, s. Freiwillige Gerichtsbarkeit.

Uebrigens s. Depositum.

Gerichtshalter, s. Patrimonialrichter.

Gerichtsherr, s. Depositum, Freiwillige Gerichtsbarkeit, Injuriensachen.

Gerichtsordnung, Patent zur Publikation derselben vom 6ten Juli 1793, I. 3. Deren Einführung in das Fürstenthum Eichsfeld, die Städte Mühlhausen, Nordhausen und Erfurt und das Erfurter Gebiet, I. 5.; in die Fürstenthümer Paderborn und Münster und in die Abteien Essen, Werden und Elten, I. 9.; in die von dem Preuß. Staate getrennt gewesenen, mit demselben minder vereinigten Provinzen, I. 12.; in die mit dem Preuß. Staate vereinigten ehemals sächsischen Landestheile, I. 18. Anwendbarkeit der Gerichtsordnung und Gültigkeit der in dem Zeitraume vom 5. Juni 1815 bis 1. Juni 1816 publicirten Entscheidungen der sächsischen Gerichte in den ehemals sächsischen Provinzen, I. 24. 25. Wiedereinführung der Gerichtsordnung in die, mit der Provinz Westpreußen vereinigten Distrikte, den Kulm- und Michelauschen Kreis und die Stadt Thorn mit ihrem Gebiete, I. 25.; in das Großherzogthum Posen, I. 31. Einführung der Gerichtsordnung in die, mit dem Preuß. Staate vereinigten, zwischen den ältern Provinzen belegenen Distrikte und Ortschaften, I. 59.; in das Herzogthum Westphalen, das Fürstenthum Siegen mit den Aemtern Burbach und Neuenkirchen, und die Grafschaften Wittgenstein, I. 61. Anwendung der Gerichtsordnung in den Aemtern Heringen und Kelbra, ebendas.

Gerichtsperson, in wiefern einzelne Gerichtspersonen ohne Auftrag des Gerichts gerichtliche Handlungen vornehmen können, II. 2. §. 2. sqq, s. auch Deputation. Der Zuziehung einer zweiten vereideten Gerichtsperson zur Führung des Protocolls

bedarf es zur Gültigkeit der Verhandlung bei Prozessen nicht. Einl. §. 40. (2.) I. 25. §. 50. (184.) Doch ist dies bei Gemeinheitsauseinandersetzungssachen zulässig, 43. §. 31. (297.) Ist eine solche dennoch ohne gesetzliche Nothwendigkeit zugezogen, so können den Parteien keine besondere Diäten oder Gebühren dafür angesetzt werden, 10. §. 19. (66.) Der Zuziehung eines Protocollführers bei nichtprozessualischen Sachen bedarf es nur bei der Aufnahme von Testamenten, Erbverträgen, solchen Ehestiftungen, in welchen die künftige Erbfolge bestimmt wird, und überhaupt aller letztwilligen Dispositionen, II. 2. §§. 16. 17. (421.) Bei grössern Gerichten wird die Anwesenheit von wenigstens zwei Gerichtspersonen erfordert, §. 13., kleinere müssen wenigstens aus einer Gerichts- und einer zum Protocoll verpflichteten Person bestehen, §. 14. sqq, s. auch Actuarius, Gerichtsschöppen oder Beisitzer, Protocollführer. Verfahren, wenn die Gerichtsperson der Sprache der Parteien nicht kundig ist, §. 39., s. auch Dolmetscher.

Gerichtsschöppen oder Beisitzer, von deren Bestellung bei Untergerichten der zweiten Klasse, I. 25. §. 51. sqq., in dieser Qualität können in Ermangelung anderer qualificirter Subjecte, Wirthschaftsbeamte und Schulmeister zugelassen werden, §. 53. Eid der Gerichtsschöppen, §. 55. In Ermangelung des zweiten Gerichtsmannes kann ein blosser Zeuge zugezogen werden, I. 2. § 54., welcher in der Regel nicht vereidet, sondern nur zur Aufmerksamkeit auf die Verhandlungen angewiesen wird, §. 56.

Gerichtsstand, davon handelt, I. 3. Begriff des ordentlichen Gerichtsstandes, §. 3., des persönlichen, §. 2., des dinglichen §§. 4. 5., s. auch Vermuthung, des besondern Gerichtsstandes der Sache (Fori specialis causae), §. 6. In welchen Fällen ein ausserordentlicher Gerichtsstand statt finde, §. 7. In der Regel ist ein Jeder dem ordentlichen persönlichen Gerichtsstande unterworfen, §. 8., welcher durch einen festen Wohnsitz begründet wird, §. 9, der Pächter, §. 12. (5. 6.), der Gutsbesitzer, §. 109. (33.) In wiefern ein doppelter persönlicher statt finde, §. 15. Der Gerichtsstand des Wohnorts verändert sich zugleich mit dem Wohnorte, §. 16., der Eltern (Forum originis) behält Jemand, so lange er noch keinen eignen Wohnsitz genommen hat, §. 17., und wird durch den Wohnsitz des Vaters begründet, §. 18., in wiefern diese Vorschrift von Auscultatoren und Referendarien gilt, (7.), s. auch Eximirte, Unterthänige, Landbewohner, der Mutter hat ein Kind, dessen Vater unbekannt, oder das nicht aus einer Ehe zur rechten Hand erzeugt ist, §. 21. ingleichen §. 99. Gerichtsstand eines Vagabunden, s. Vagabunde, der Fremden, s. Fremder, der Coloniegerichtsmitglieder, s. Coloniegerichte, der den Mitgliedern der Französischen und Pfälzercolonie bisher bewilligte besondere Gerichtsstand findet nicht ferner statt, §. 30. (9.), der Verbrecher, s. Verbrecher, der Juden, s. Juden, der Handlungsgesellschafter richtet sich nach dem in der Firma zuerst genannten, §. 38. Der dingliche wird durch Aufnahme eines Miteigenthümers, der mit

dem bisherigen Besitzer nicht von einer Nation ist, nicht geändert, §. 38. Gerichtsstand der Militärpersonen, s. Militärgerichte, Militärpersonen. Königlicher Bedienten niedern Ranges, s. Delegation, Forstbediente, Nachlass und Postillons. Königlicher Titularbedienten, die einen auswärtigen Wohnsitz haben, §. 59., hiesiger Unterthanen, denen erlaubt worden ist, ein Creditiv von einem fremden Hofe anzunehmen, §. 69. Königlicher Gesandten an auswärtigen Höfen, §§. 71. 72., s. auch Geheimer Justizrath. Der bloss temporelle academische wirkt keine Veränderung in den die Person und den Nachlass eines Studirenden angehenden Rechten, §. 76., s. auch Academisches Gericht, Studenten, entlassener Militärpersonen, s. Militärpersonen, geschiedener Ehefrauen, §. 94., der Dorfgemeinen, s. Patrimonialgerichte. Der privilegirte der Personarum miserabilium fällt künftig weg, §. 106., der dingliche erstreckt sich auf alle unbewegliche Sachen, §. 107., er fällt bei den Militärgerichten weg, und ist auf die ordentliche bürgerliche Gerichtsbarkeit, vor welche andere Grundstücke gleicher Art der Provinz oder des Orts gehören, übergegangen, §. 105. (31.), vermöge desselben stehen alle geistliche ritterfreie, ingleichen die Grundstücke der Universitäten und anderer gelehrten Schulen unter dem Obergerichte, I. 2. §. 108., in wiefern die jedesmaligen Eigenthümer solcher Grundstücke, §. 109. Gerichtsstand der hiesigen Gesandten auswärtiger Höfe, s. Gerichtsbarkeit, und ihrer Wittwen, s. Wittwe. Wie Ausnahmen von den Regeln des dinglichen begründet werden müssen, §. 110. In dem Gerichtsstande der Sache können bloss persönliche Klagen nicht angestellt werden, §. 111. Ausnahme, §. 112 — 114., s. auch Ausländer, Landsassiat. In wiefern dem Kläger die Wahl zwischen dem persönlichen und dinglichen Gerichtsstande zustehe, §. 115., oder in Ansehung beweglicher Sachen ein dinglicher Gerichtsstand statt finde, §. 116., s. auch Arrest, Ausländer. Wie weit der Gerichtsstand durch Defraudation eines Privatzolles, oder durch Pfändung begründet werde, §. 120. b., einer Erbschaft ist an dem letzten persönlichen Gerichtsstand des Erblassers, §. 121., wie lange der Erbe von den Erbschaftsgläubigern in diesem Gerichtsstande belangt werden könne, §. 122., oder Ansprüche wegen eines Erbrechts in demselben angebracht werden können, §. 125., des Fiscus, s. Fiscus, die den Landespolizei- und Finanzbehörden sonst übertragen gewesene Rechtspflege ist an die gewöhnlichen Gerichte übergegangen, §. 130. (39.), in welchen einzelnen Fällen der ausserordentliche statt finde, §. 131. sqq., insbesondere 1) wenn die Gerichtsbarkeit zwischen zweien Gerichten streitig ist, §. 131. sqq, s. auch Jurisdictionsstreitigkeiten, wo die Sache bis nach Schlichtung dieses Streits zu verhandeln, §§. 132. 133., s. auch Justizdepartement, 2) wenn gegen mehrere Personen wegen derselben Anforderung Klage erhoben werden soll, §. 136. sqq., s. auch Generalauditoriat, Justizdepartement, insbesondere, wenn gegen mehrere Erben nach getheilter Erbschaft aus einem Anspruche an den Erblasser geklagt werden soll, §. 140., 3) wenn das gehörige Gericht

prompte und unparteiische Rechtspflege verweigert, §. 142., 4) wegen gegründeten Verdachts gegen die Unbefangenheit des gehörigen Richters, §. 143. sqq. u. 140., s. auch Perhorrescenz, Perhorrescentiae juramentum, 5) wegen des unter einem Gerichtsstande geschlossenen Vertrags, §. 148. sqq., 6) wegen der unter einem Gerichtsstande geführten Verwaltung, 7) wegen nothwendiger und 8) wegen freiwilliger Prorogation des Gerichtsstandes, §. 159. sqq.

S. übrigens: Arrest, Ausländer, Civilgerichte, Cumulation der Klagen, Delegation, Deserteur, Dienstboten, Ehefrau, Entschädigung (wo in Criminalfällen die Klage darauf anzustellen), Exemtion, Eximirte, Fiscus, Fremder, Generalauditoriat, Gerichtsbarkeit, Gesandtschaft fremde, Gewerke, Gilden, Grundstück, Kinder, Militärgerichte, Militärpersonen, Nachlass, Prävention, Prärogation, Reconvention, Schiedsrichter, Soldaten, Universitäten, Verträge, Wittwe.

Gerichtsstand; daß durch ein, neben dem gewöhnlichen Wohnsitze abwechselnd von Zeit zu Zeit bewohntes Quartier kein forum domicilii begründet wird, I. 143. Gerichtsstand der in Schlafstelle liegenden Individuen, ebendas., der Minderjährigen in Ansehung der Injurienklagen wider dieselben, I. 147, der minderjährigen oder großjährigen, noch unter väterlicher Gewalt stehenden Personen, welche sich im Dienste Anderer befinden, so wie der Lehrlinge, Gesellen, Handlungsdiener, Kunstgehülfen und Fabrikarbeiter, I. 147 — 148. Daß großjährige Gesellen in der Regel an dem Orte, wo sie in Arbeit stehen, ihr Domicil und ihren persönlichen Gerichtsstand haben, I. 148. Daß Sträflinge durch die Detention ihren vorigen Gerichtsstand nicht verlieren, I. 149. Gerichtsstand der bei den Untergerichten stehenden Auscultatoren und Referendarien, I. 150.; der Ausländer in Injuriensachen, I. 151.; der Juden, I. 153 — 154. Die Prinzen des Königl. Hauses haben selbst in dem Falle, wenn sie als Kläger wider ihre Domestiken auftreten, ein privilegirtes forum vor dem mit dem Kammergerichte verbundenen Geheimen Justizrathe, bei Realklagen sind sie dagegen dem foro rei sitae unterworfen, I. 154 — 155., forum der Domestiken fürstlicher Personen, I. 155., der Standesherren, I. 158 — 160.; der Königl. Beamten in Cleve, I. 161.; der Geistlichen und Gymnasiallehrer, der Stadtgerichts- so wie der Accise- und Polizeibeamten in Breslau, I. 164.; der Militärpersonen, I. 166. u. f., s. Militärpersonen; der bei den Telegraphen angestellten Beamten, I. 173., und der Zeughausbeamten, ebendas.; der entlassenen und der kassirten Militärpersonen und ihrer Wittwen, I. 174.; der Mitglieder des General-Auditoriats, I. 188.; der Gensdarmes, I. 185. 186. Daß bloße Diätarien keinen eximirten Gerichtsstand haben, I. 190. Daß nur denjenigen Medicinalpersonen, welche akademische Würden bekleiden, ein eximirter Gerichtsstand zusteht, I. 202. Daß jedoch ein solcher auch den Kreis-Chirurgen und Kreis-Thierärzten als Staatsbeamten gebührt, I. 189. 190. Eximirter Gerichtsstand der Regierungs-Conducteure, I. 190.; der titulirten Commerzienräthe, I. 191; der Consuln, I. 200.; der durch einen Beschluß des Königl Staatsministeriums entlassenen Staatsbeamten, I. 211. 212.; der Wittwen der Kanzlisten, I. 213; der geschiedenen minorennen Ehefrau eines Eximirten, deren Vater keinen eximirten Gerichtsstand hat, I. 215.; der Magisträte und Stadtgemeinden, I. 219. In wiefern den Mediatstädten ein eximirter Gerichtsstand zusteht, I. 219. 220. Daß prinzliche, mit dem Titel Ober-Amtmann versehene Pächter, desgl. Pächter Königl. Fabriken, Stadtbürgermeister und Lotterie-Collecteurs keinen eximirten Gerichtsstand haben, I. 191. 197. 198. Ge-

richtsstand der Forstbedienten I. 192.; der Accise- und Polizeibedienten, I. 193.; der Zoll- und Steuerbeamten niederen Ranges ebendas.; der Berg- und Hüttenbeamten niederen Ranges, I. 194.; der Preuß. Postbeamten in dem Herzogthum Anhalt-Köthen, I. 198.; der Hausoffizianten eines fremden Gesandten, I. 198. — Akademischer Gerichtsstand, s. Akademisches Gericht. In welchen Fällen der eximirte Gerichtsstand der nicht mehr unter väterlicher Gewalt stehenden Kinder der Eximirten bürgerlichen Standes aufhört, I. 216. Dinglicher Gerichtsstand der zum platten Lande gehörig gewesenen, dem städtischen Communalverbande inkorporirten Grundstücke, I. 221.; der Pertinenzien adlicher Güter, welche innerhalb der städtischen Feldmark liegen, I. 222.; der zu einem Rittergute gehörigen Radikal-Grundstücke, ebendas.; der veräußerten Theile eines eximirten Landguts, ebendas.; der in der schlesischen Standesherrschaft Beuthen belegenen geistlichen Güter, ebendas. Gerichtsstand des Ehemanns der Besitzerin eines eximirten Guts, I. 224; eines bürgerlichen Rittergutsbesitzers vor Berichtigung seines Besitztitels, I. 224. 225. Daß Klagen gegen einen dritten, nicht persönlich verhafteten Besitzer und solche Klagen, wo ausdrücklich erklärt worden, daß man sich einzig und allein an das Grundstück halten wolle, nur in foro reali angestellt werden können, I. 225. Daß Ausländer, welche in den Preuß. Staaten bewegliches oder unbewegliches Vermögen besitzen, aber innerhalb der Staaten des deutschen Bundes ihren persönlichen Grrichtsstand haben, wegen persönlicher Forderungen in der Regel in foro personali belangt werden müssen, I. 226. Unzulässigkeit persönlicher, aus dem Besitz eines Grundstücks fließender Klagen vor diesseitigen Gerichten gegen sächsische Unterthanen, welche im Inlande mit Grundeigenthum angesessen sind, und Unstatthaftigkeit der freiwilligen Prorogation des Gerichtsstandes Seitens eines Ausländers, I. 226 Zulässigkeit persönlicher Klagen vor diesseitigen Gerichten gegen Kurhessische Unterthanen, die mit Grundeigenthum in den diesseitigen Staaten angesessen sind, I. 227. Forum der Provokationsklagen sächsischer und preußischer Unterthanen, II. 703. Gerichtsstand des Postfiskus vor dem Kammergericht, I. 229. und der Provinzial-Landschafts-Direktion zu Bromberg und Schneidemühl vor dem Oberlandesgericht zu Marienwerder, I. 230. — Gerichtsstand in Ehescheidungsprozessen, namentlich der Katholiken und Juden, III. 153. Unzulässigkeit der freiwilligen Prorogation des Gerichtsstandes in Ehescheidungssachen, I 230, Zulässigkeit der Anstellung einer Ehescheidungsklage vor den diesseitigen Gerichten wider einen nach Frankreich zurückgekehrten Ehemann, I. 233., desgl. wenn die Frau sich außerhalb Landes aufhält, III. 169. Gerichtsstand der Vermögensauseinandersetzung geschiedener Eheleute, III. 163. Gerichtsstand vor den Kreisjustizräthen, I. 235.; vor der Fabriken-Deputation des Stadtgerichts zu Berlin, I. 242 — 246.; vor den Fabriken-Gerichts-Deputationen im Regierungsbezirk Arnsberg, I. 246.; vor den Berggerichten, I. 251 — 255. Competenz des Ober-Appellations-Senats des Kammergerichts zur Entscheidung der Streitfälle bei der Berlinischen Lebens-Versicherungs-Gesellschaft, I. 255. Außerordentlicher Gerichtsstand bei Klagen gegen ein Mitglied der richterlichen Behörde, I. 258.; ein solcher tritt bei Perhorrescenz des Präsidenten oder Dirigenten des ordentlichen Gerichts auch in fiskalischen Untersuchungssachen ein, I. 259. Daß auch in denjenigen Fällen, wo ein rheinisches Handelsgericht das forum contractus ist, die Vorladung abwesender, außerhalb der Provinzen des rheinischen Rechts wohnenden Contrahenten, vor dieses Gericht nicht erfolgen soll, I. 259. Ueber den Gerichtsstand vor den Schiedsmännern, s. Schiedsmänner. Gerichtsstand in fiscalischen Untersuchungen wegen Steuervergehen, III. 52.

Gerichtsstand des Concurses ist der persönliche des Gemeinschuldners, I. 50. §§. 25. 26., dahin müssen alle Specialprozesse, diejenigen, welchen ein Forum speciale causae angewiesen ist, allein ausgenommen, verwiesen werden, I. 50. §. 27. sqq. Ausnahmen; §. 27. (318. 319.), alle zur Constituirung der Activmasse nöthigen Verfügungen sind bei dem Richter des Concurses nachzusuchen, §. 31. Wenn der Gemeinschuldner unter mehreren inländischen Gerichten Vermögen besitzt, so muss der Concurs da, wo er seinen ordentlichen persönlichen Gerichtsstand hat, eröffnet werden, §. 647., wird dagegen über das Vermögen eines Auswärtigen, der in hiesigen Landen Vermögen besitzt, bei seinem auswärtigen persönlichen Gerichtsstande Concurs eröffnet, so muss von dem diesseitigen Gerichte, unter welchem sich das Vermögen befindet, ein gleiches geschehen, §. 663. sqq., welche Vorschrift auch dann Anwendung findet, wenn ein hiesiger Gemeinschuldner ausserhalb Vermögen besitzt, und das ausländische Gericht Specialconcurs eröffnen will, §. 670. §. 666. (378. 379.)
S. übrigens: Concursprozess.

Gerichtssprengel; Begriff desselben rücksichtlich der Befugniß zur Aufnahme von Handlungen der freiwilligen Gerichtsbarkeit, und Unstatthaftigkeit der Aufnahme solcher außerhalb des Gerichtssprengels, IV, 40.

Gerichtstag, s. Sessionstag.

Gesammtkammer, Prinzliche, s. Prinzliche Gesammtkammer.

Gesammthänder und Agnaten müssen im Liquidationsprozess zugezogen werden, wenn ein Lehngut der Gegenstand desselben ist, I. 51. §. 49. Aufforderung unbekannter zur Abgebung gewisser Erklärungen, §§. 157. 158., s. Aufgebot.

Gesandtschaft fremde, gegen Personen, die dazu gehören, kann bei den hiesigen Gerichten keine Klage angenommen werden, I. 2. §. 63., in sofern sie in hiesigen Landen Grundstücke besitzen, finden die Verordnungen vom dinglichen Gerichtsstande Anwendung, §. 66. Arreste gegen sie finden nicht statt, 29. §. 76. (201.), wohl aber gegen das zu einem dritten Staat durchreisende Gesandtschaftspersonal, (202.), s. Arrest, s. auch Auswärtiges Departement, Klage.

Geschäftsstyl der Gerichte, I. 325. Abschaffung des Curialstyls, I. 324. Beilegung des Pradikats „Herr" in den Verfügungen an Personen, denen dasselbe im gewöhnlichen Leben gegeben wird, ebendas. Vorsicht der Gerichte bei Ertheilung adlicher Prädikate, I. 326. Verzeichniß der vormals reichsständischen Fürsten und gräflichen Häuser in den deutschen Bundes-Staaten und Titulatur derselben, ebendas. Ueber das den Fürsten zu ertheilende Prädikat „Durchlaucht", I. 330. Fürstliche und bischöfliche Curialien, und Titulaturen, welche die Behörden anwenden sollen, I. 331 — 334.

Geschäftstabellen und Uebersichten, Einreichung und Einsendung derselben, IV. 507 — 582.

Geschenk, s. Schenkung, auch Bestechung.

Geschiedene Ehefrau, s. Ehefrau geschiedene.

Geschlechtsvormund, in welchen Fällen eine Ehefrau in denjenigen Provinzen, in welchen die Geschlechtsvormundschaft

für jetzt noch beibehalten wird, desselben bedürfe, I. 1. §. 24., s. auch Ehefrau, wie es mit dessen Zuziehung bei Handlungen unverheiratheter Frauenzimmer zu halten, §. 26., s. auch Frauenzimmer, desselben bedarf eine Frau als Vormünderin nie, §. 27., in wiefern derselbe, ausser seinem Curatorium, eine Vollmacht beibringen müsse, §. 29.

S. übrigens: Frauenzimmer; Vollmacht.

Geschlechtsvormundschaft, wo dieselbe eingeführt ist, wird die Vorladung dennoch nur an die beklagte Frauensperson allein gerichtet, I. 7. §. 3.

Geschwister können nicht als Beweiszeugen aufgestellt, wohl aber der nähern Erkundigung wegen abgehört, I. 10. §. 228. n. 4., in der Regel auch zu Ablegung eines Zeugnisses gegen ihre Verwandten nicht gezwungen werden, I 10. §. 229., s. auch Schande, sind unter einander zur Aussetzung der Competenz verbunden, 49. §. 16. n. 3.

Gesellschaften, s. Corporationen.

Gesetz, was bei Anwendung oder Erklärung der Gesetze zu beobachten, I. 13. §. 31. sqq., s. auch Gesetzcommission. Verfahren des Unterrichters, wenn es ihm an einem auwendbaren Gesetze zu ermangeln scheint, 25. §. 20.

Gesetz, fremdes, s. Fremdes Landgesetz.

Gesetzcommission, in welchem Falle bei derselben anzufragen, I. 13. §. 32., wie die Anfrage einzurichten, §. 33., die Anfrage entwirft der Referent, und legt sie nur dem Kollegio zur Genehmigung vor. Doch können die Parteien nach publicirtem Erkenntniss Abschrift davon erhalten, §. 34. Eben so ist im Appellatorio mit den Anfragen zu erfahren, 14. §. 65. Die Einholung einer Entscheidung der Gesetzcommission soll die Kostencompensation begründen, 23. §. 3. n. 5. Wenn die Entscheidung einer die Beweisaufnahme angehenden Frage von einem zweifelhaften Gesetze abhängt, so steht dem Richter frei, schon bei der Regulirung des Status causae et controversiae bei der Gesetzcommission anzufragen, 10. §. 52. Die Anfragen im Laufe eines Prozesses fallen weg, (77.) Ein Unterrichter hat die Anfrage über ein zweifelhaftes Gesetz nicht unmittelbar an die Gesetzcommission, sondern an sein Obergericht zu richten, 25. §. 19. In Bagatellsachen ergeht die Anfrage ohne Kosten der Parteien, das Postporto allein ausgenommen, 26. §. 5. n. 6.

Gesinde, s. Dienstboten.

Gesinde, Gerichtsstand desselben, I. 147. 193. Gerichtsstand des Gesindes fürstlicher Personen, I. 153. Competenz der Polizeibehörden in Gesindesachen, I. 116.

Gesindelohn und Deputat, s. Dienstboten, auch Lohn der Dienstboten.

Gesinnungen, s. Meinung.

Geständniss, s. Zugeständniss.

Gestohlene Sachen, s. Diebstahl.

Getheiltes Eigenthum, wo dasselbe vorhanden ist, können Angelegenheiten, welche dasselbe betreffen, sowohl von dem Ober- als von dem Untereigenthümer verhandelt werden, I. 1. §. 30.

Getraide, wie bei Pfändung desselben zu verfahren, I. 24. §. 93.
Gewähr, in wiefern dieselbe in Ansehung der Taxe bei nothwendigen Subhastationen geleistet werden müsse, I. 52. §. 12.
Gewehrgelder, s. Compagnie.
Gewerbe, was die Ehefrau des Gemeinschuldners während der Ehe durch ein besonderes Gewerbe gewonnen hat, ist, wenn es nicht zu den Recepten gehört, der Vindication nicht unterworfen, I. 50. §. 317., doch müssen ihr die dazu gehörigen Geräthschaften verabfolgt werden, §. 318.

Gewerbesteuercontraventionen, Verfahren bei der Bestrafung derselben, III. 23.

Gewerke sind nicht eximirt, I. 2. §. 104. S. übrigens Vollmacht.
Gewissenszweifel, s. Zeugniss.
Gewohnheitsrechte, über streitige, muss Beweis aufgenommen werden, I. 10. §. 55.
Gilden sind nicht eximirt, I. 2. §. 104.
Gläubiger, in wiefern dieselben dem Schuldner zur Aussetzung einer Competenz verbunden seien, I. 49. §. 16. n. 7., deren Behandlung, s. Behandlung der Gläubiger, auch Sühneversuch in Concursen. Von der Vorladung der Gläubiger im Concurs, und zwar durch besondere Verordnungen, 50. §. 101 — 106. §. 100. (322.) §. 106. (323. 324), durch öffentliche Vorladungen, §. 107 — 113. §. 107. (325.) §. 108. (326.) §. 109. (327.) Von den Pfandgläubigern, in sofern sie die antichretisch benutzten Grundstücke zur Concursmasse zurückgeben müssen, §. 250. (350.) In wiefern in Concursen Jemand an die Stelle des durch ihn bezahlten Gläubigers trete, und es dazu keiner ausdrücklichen Abtretung der Rechte des Gläubigers bedürfe, oder vom jus subintrandi, 50. §. 161. u. (331.), besondere Privilegien derjenigen Gläubiger, welche die Masse durch Entdeckung entzogener Vermögensstücke oder Ablieferung des Gemeinschuldners zur gefänglichen Haft bereichern, §. 483 — 485. Vom Vorrecht der immittirten Gläubiger in der fünften Classe, s. Immission.
S. übrigens: Aufgebot, Baugläubiger, Bergwerkseigenthum, Besoldungen, Cassengläubiger, Classification der Gläubiger, Classificationsurtel, Communkosten, Compensation in Concursen, Concursprozess, Curator und Contradictor, Deposition, Distributionsurtel, Edictalvorladung, Eigenthumsforderung, Erbschaftlicher Liquidationsprozess, Gemeine Masse, Handlungsgläubiger, Hypothekenbuch, Immission, Immobiliarmasse, Inrotulation, Liquidationstermin, Liquidationsverfahren, Pfandgläubiger, Präclusion, Restitution, Schiffsgläubiger, Schuldinstrument, Societätsgläubiger, Verificationstermin, Vertheilung der Masse, Vorladung der Gläubiger im Concursprozess, Wechselgläubiger, Zinsen.

Gläubiger, s. Hypothekengläubiger.
Gnadengehalt, gebührt nur den Hinterbliebenen und kann von den Gläubigern nicht in Anspruch genommen werden, II. 403. Fortgenuß, Verlust und resp. Wiederverleihung des Militärgnadengehalts bei Anstellungen im Civildienst, IV. 310. u. f.

Gold und Silber, es sei verarbeitet oder nicht, gehört nicht unter die Kostbarkeiten, welche subhastirt werden müssen, I. 50. §. 229., muss zur Münze abgeliefert werden, sobald in der Auction nicht so viel darauf geboten wird, als die nach Gewicht bestimmte Taxe beträgt, §. 232.

Gold- und Silbermanufactur, deren Rechte im Concurs, s. Fabrik.

Gouvernementsgerichte, s. Generalauditoriat.

Gränzsachen, davon handelt I. 42. Von Aufnehmung der Klage, §. 1. sqq. Verordnung auf die Klage, §. 8. sqq.. s. auch Feldmesser, Localinstruction. Vernehmung der Parteien, §. 13. Einnehmung des Augenscheins, §. 14., weitere Iustruction, §. 15., s auch Zeugenabhörung. Aufnehmung der Karte, §. 16., s. auch Karte. Regulirung des Interimistici, I. 42. §§. 19. 20. Besondere Bemerkungen a) wegen Aufnehmung der Karte noch vor der Instruction, §. 21., b) wegen Absonderung der verschiedenen Streitpunkte, §. 22. Rechtsausführungen, §. 23. Erkenntniss, §. 24. Rechtsmittel, §§. 25. 26., s. auch Erkenntniss erster Instanz gilt als Interimisticum. Anmeldung der Appellation, §. 27. Instruction des Appellatorii, §. 28., s. auch Feldmesser, Karte, Localinstruction. Publication des Appellationserkenntnisses, und Rechtsmittel dagegen, §. 29. Berichtigung der Gränze nach dem Judicate, §§. 30. 31. Kosten der Gränzberichtigung, § 32. Verfahren, wenn der Gränzstein zugleich eine Landesgränze betrifft, §. 33, s. auch Auswärtiges Departement.

Gränzsachen. Die Regulirung der Gränzen bei Gelegenheit der gutsherrlichen Regulirungen und Gemeinheitstheilungen gehört zur Competenz der Generalcommissionen, III. 193. Berücksichtigung eines Possessorienerkenntnisses bei Regulirung eines Interimistici in Gränzsachen, III. 197. Zulassigkeit der Appellation bei Gränzstreitigkeiten, III. 198.

Graf ist eximirt, I. 2. §. 42.

Griechen, Verfahren bei den Eidesleistungen derselben, I. 10. §. 356. sqq.

Grundstücke, in wiefern durch deren Besitz der Gerichtsstand bestimmt werde, s. Gerichtsstand, wer damit innerhalb Landes angesessen, ist von der Cautionsbestellung wegen der Prozesskosten frei, I. 21. §. 2. n. 2., in wiefern gegen einen solchergestalt angesessenen der Arrestschlag statt finde, 29. §. 10. Grundstücke darf der Gemeinschuldner, der zum Moratorio verstattet sein will, während der Verhandlungen darüber nicht veräussern, 47. §. 67., in wiefern die Ehefrau des Gemeinschuldners solche vindiciren könne, 50. §. 320. sqq., s. auch Hypothekenbuch; wenn sie wegen Lehns- oder Fideicommissqualität in der ersten Classe vindicirt werden sollen, muss diese Eigenschaft im Hypothekenbuche vermerkt sein, §. 334. Rechte der Minderjährigen in Ansehung der mit ihrem Gelde von dem Gemeinschuldner erkauften Grundstücke, s. Minderjährige. Verträge über das Eigenthum der Grundstücke müssen vor Gericht oder einem Justizcommissarius oder Notarius geschlossen und von der Hypothekenbuchbehörde bestätigt werden, II. 1.

§. 3. n. 1., s. auch Erbpacht, Fideicommiss, Pfandrecht, Verjährung. Verträge, wodurch sie mit einer Reallast belegt werden sollen, können zwar aussergerichtlich geschlossen, müssen aber der Hypothekenbuchbehörde zur Eintragung angezeigt werden, n. 3. In wiefern Verträge über Domainenpertinentien zu verlautbaren sind, §. 3. n. I. 1. (412.) In wiefern ein vor dem Richter der Sache abgeschlossener Vertrag über Immobilien der Verlautbarung nicht mehr bedarf, (413.) Dasselbe gilt von Verträgen, die ein Commissarius des Realrichters aufgenommen hat, (414.) In wiefern Urkunden öffentlicher Behörden zum Behuf der Eintragung in das Hypethekenbuch einer gerichtlichen Beglaubigung nicht bedürfen, §. 3. (415.) Vorschriften wegen Veräusserung den Stadtgemeinen gehöriger Grundstücke, II. 3. (424.), wegen Verlautbarung bei dem Bergamte, wenn über Grundstücke, bei welchen sich Bergwerke befinden, Verträge geschlossen werden, (425.) Strafe der Justizpersonen, welche wissentlich die Benachrichtigung des Realrichters von Verträgen über Grundstücke unterlassen, oder die Contrahenten zu dieser Benachrichtigung anzuhalten unterlassen, (426.)

S. übrigens: Aufgebot, Ausländer, Auswärtiges Departement, Bauergüter, Bedingungsweise überlassene Sachen, Coloniegericht, Gefahr, Häuser, Landgüter, Lasten und Abgaben, Lassgüter, Licitationsactus, Sequestration, Städtische Grundstücke, Subhastation, Taxe, Väterliche Gewalt, Verträge, Zuschlag.

Grundstücke. Aufhebung der Verlautbarung der Verträge über Grundstücke, IV. 7. Die von der fiscalischen Behörde aufgenommenen und bestätigten Verträge über Domainengrundstücke bedürfen nicht einer nochmaligen Anerkennung Seitens der fiscalischen Behörde, IV. 5. Benachrichtigung der Hypothekenbehörde und der Hypothekenglaubiger bei der Veräußerung von Grundstücken, IV. 60., s. übrigens Verträge. Abschätzung der Grundstücke, s. Taxe.

Gütergemeinschaft, in wiefern es bei derselben der Zuziehung der Ehefrau zu Prozessen über ihr Eingebrachtes bedürfe, I. 1. §. 23., wo dieselbe statt gefunden, hat die Ehefrau des Gemeinschuldners kein Vindicationsrecht, 50. §. 326. Verträge über die Einführung oder Aufhebung derselben müssen vor dem ordentlichen persönlichen Richter vollzogen werden, II. 1. §. 6. n. 3. u. §. 6. n. 1. (416.) Verfahren bei Aufnehmung derselben, 3. §. 19.

Gütergemeinschaft, Zulässigkeit der Execution, namentlich der Subhastation aus einem gegen den Ehemann allein ergangenen Judicate, I. 138., II. 487. Errichtung und Bekanntmachung der Verträge über Einführung oder Ausschliessung der Gütergemeinschaft, IV. 12. 82.

Gutachten muss der Inquirent in fiscalischen Untersuchungen allemal bei Einreichung der Acten beifügen, I. 35. §. 69.

S. übrigens: Handlungsbücher, Sachverständige.

Gutsbesitzer. Der Ehemann einer Gutsbesitzerin ist deshalb nicht eximirt; die Besitzer veräusserter Königlicher Domänen-, Erbpacht- uud Erbzinsvorwerke sind eximirt, I. 2. §. 109. (33.)

Gutseinkünfte, Verfahren bei Beschlagnehmung derselben im Wege der Execution, I. 24. §. 110. sqq., s. auch Sequestration.

Gutseinkünfte, Beschlagnahme derselben im Wege der Execution, II. 410.

Gutsherrschaft, Gerichtsstand des darunter stehenden Gesindes, s. Dienstboten, auch Herrschaft.

Gymnasium, dessen Lehrer sind eximirt, I. 2. §. 45.

H.

Häuser in den Städten können nicht nach dem blossen Ertrage gewürdigt werden, II. 6. §. 15.

Häuser, deren Abschätzung in Berlin, IV. 151.

Hagelschlag, s. Remission.

Handfröhner, s. Cossäthen.

Handelsgericht in Naumburg. Verfahren bei demselben, II. 544.

Handlung, s. Kaufmannshandlung.

Handlungsbücher, Verfahren bei Vorlegung derselben, I. 10. §. 165. sqq. dabei kann der Product einen Sachverständigen mit zur Stelle bringen, §. 165. wenn dieser ein erhebliches Bedenken dabei findet, muss das Gutachten des Aeltesten oder Gildemeisters der Kaufmannschaft erfordert werden, §. 166. Wie es mit der eidlichen Bestärkung der Handlungsbücher zu halten, je nachdem sich ein Bedenken dabei gefunden hat oder nicht, §. 167. Die eidliche Bestärkung ist nur auf den passum concernentem zu richten, §. 168. s. auch Verjährung.

Handlungsgesellschafter, Gerichtsstand derselben, s. Gerichtsstand, in wie fern gegen denselben der Arrestschlag statt finde, I. 29. §. 3. Die wegen ihrer Auseinandersetzung ertheilten besondern Anweisungen setzen verwickelte und wichtige Streitfragen voraus; wenn diese nicht vorkommen, finden die allgemeinen Grundsätze Anwendung, 46. §. 40. in wie fern einer dem andern zur Aussetzung der Competenz verbunden sei, 49. §. 16. n. 5. oder derselbe unbekannte Societätsgläubiger vorladen lassen könne, 51. §. 162. sqq.

Handlungsgläubiger, unbekannte, Aufgebot derselben, I. 51. §. 159. sqq. muss bei dem persönlichen Richter des Principals der Handlung nachgesucht werden, §. 160.
S. übrigens: Societätsgläubiger.

Handlungsprozess. In Prozessen zwischen Kaufleuten, welche Handlungsgeschäfte überhaupt zum Gegenstande haben, findet der Regel nach keine besondere Verfahrungsart statt, I. 30. §. 1. wo indessen besondere Handlungsgerichte sind, hat es bei den ihnen ertheilten Instructionen sein Bewenden, §. 2.
S. übrigens: Assecuranzstreitigkeiten, Mercantilsachen.

Handwerker erhalten ihr Lehrgeld für die Kinder des Gemeinschuldners aus dem letzten Jahre vor eröffnetem Concurse in der ersten Classe, I. 50. §. 375. Von den Execution gegen sie, und dabei statt findenden besondern Vorschriften, 24. §§. 95. 96. (159.) s. Execution Die zu ihrem Gewerbe erforderlichen Ge-

räthe und Sachen darf der Vermiether nicht zurückhalten, 44. §. 60. (302.)
S. übrigens: Bäcker, Schlächter, Schneider und Schuster.

Handwerker, Executionsmodalitäten, welche denselben zu statten kommen, II. 356.

Handwerksgeräthschaften, s. Kunst- und Handwerksgeräthschaften.

Handschrift, Vergleichung derselben, s. Vergleichung der Handschriften.
Uebrigens: Schuldschein.

Hauptbrennholz- und Hauptnutzholz-Administration. Verfahren bei der Aufbietung verloren gegangener Obligationen derselben, s. Aufgebot.

Hausbücher der Eltern, deren Beweiskraft, I. 10. §. 162.

Hausleute sind zwar nicht als Mitglieder einer Gemeine anzusehen, jedoch ihren Aussagen für die Gemeinen nicht voller Glauben beizumessen, I. 16. §. 228. n. 10.

Hausofficianten der Eximirten, s. Eximirte. Königliche und Prinzliche, s. Exemtion, deren Vorzugsrecht in Concursen, s. Dienstboten. Hausofficianten der Gutsherrschaft stehen in der Regel unter den Patrimonialgerichten derselben, I. 2. §. 100. (28.) können zwar in Prozessen desjenigen, in dessen Dienste sie sich wirklich noch befinden, als Beweiszeugen abgehört werden, ihre Aussage hat aber keine volle Glaubwürdigkeit, 10. §. 233.

Hausofficianten, in wie fern sie als Bevollmächtigte in Prozessen ihres Dienstherrn auftreten können, I. 283.

Havariesachen, gerichtliches Verfahren bei Regulirung derselben, II. 695.

Hebammen und Geburtshelfer, deren Gebühren haben mit den Medicinalkosten gleiche Rechte. I. 50. §. 368. s. Medicinalkosten.

Hebungen, jährliche, in wie fern deren Genuss von der Cautionsbestellung wegen der Prozesskosten befreit, I. 21. §. 2. n. 5. in wie fern im Moratorio dadurch Sicherheit bestellt werden könne, 47. §. 19. s. auch Moratorium. Verfahren bei Concursen, wenn Besoldungen, Pensionen oder andere dergleichen Hebungen zur Masse gehören, 50. §. 240.
Uebrigens s. Sequestration, Vertheilung der Masse.

Hebungen, jährliche, Beschlagnahme derselben im Wege der Execution und Vertheilung derselben unter mehrere Gläubiger, II. 404. Execution in Natural- und Grundrenten, II. 369.

Hereditas jacens, Jacens hereditas.

Heringsfischerei, Emdensche, deren Actien, s. Actien.

Herrschaft, dem ordentlichen Gerichtsstande derselben ist in der Regel das Gesinde unterworfen, I. 2. §. 13. imgleichen §. 100. s. auch Dienstboten, Eximirte, in wie fern derselben in dem Vermögen der Hausofficianten, Bedienten und Unterthanen das Vorzugsrecht der fünften Classe gebühre, 50. §. 440. s. auch Hofwehr, wann bei Prozessen zwischen Herrschaften und Ge-

sinde die Appellation nur effectum devolutivum hat, 14. §. 6. n. 2. (113.)

Hochzeitgeschenke, in wie fern die Ehefrau des Gemeinschuldners solche ganz oder nur zur Hälfte in der ersten Classe vindiciren könne, I. 50. §. 312. s. auch Brautgeschenke.

Hofstaatsofficianten, Verfahren, wenn gegen sie in Injuriensachen geklagt wird, I. 34. §. 26. sqq. (235.)

Hofwehr, welche die Herrschaft einem Unterthanen, oder Inventarienvieh und Wirthschaftsgeräthe, welches ein Verpachter dem Pachter übergeben hat, wird in der ersten Classe vindicirt, I. 50. §§ 310. 311. Wenn Unterthanen dasselbe veräussert haben, und es daher nicht vindicirt werden kann, wird der Werth in der fünften Classe angesetzt, §. 440.

Holzdevastation, bei Untersuchungen, deren Gegenstand sie sind, findet die dritte Instanz statt, I. 35. §. 103.

Honorarium des Arztes, s. Arzt, des Curators und Contradictors in Concursen, s. Curator und Contradictor, derer, welche den Gemeinschuldner oder dessen Kinder in Sprachen, Künsten und Wissenschaften unterrichtet haben, gehört in die sechste Classe, I. 50. § 464.

S. übrigens: Handwerker, Schulbediente, Studiren (Vorschüsse dazu.)

Honorifica jura, s. Ehrenrechte.

Hüfner, s. Cossäthen.

Hülfsarbeiter, Anstellung derselben bei Justizbehörden und Verwaltung des Diätenfonds bei den Obergerichten, IV. 292.

Hüttenwerke. Verfahren bei Subhastation derselben, I. 52. §. 65. (410.)

S. übrigens: Bergwerke, Bergwerkseigenthum.

Hüttenwerke, Subhastation derselben, III. 733.

Hypothekenbuch. Wenn Gemeinheitsaufhebungen zu Stande gekommen, muss das die Sache dirigirende Gericht dafür sorgen, dass die dabei sich ereignenden Veränderungen im Hypothekenbuche vermerkt werden, I. 43. §. 46. Rechte desjenigen, der sich auf guten Glauben des Hypothekenbuchs mit dem Gemeinschuldner in gerichtliche Verhandlungen eingelassen hat, wenn die Eigenschaft desselben als Beneficialerbe nicht eingetragen war, I. 50. §. 281. in dasselbe eingetragene Grundstücke kann die Ehefrau des Gemeinschuldners nur dann vindiciren, wenn sie unter einem rechtsbeständigen Besitztitel auf ihren Namen eingetragen stehen, §. 320. Steht das Grundstück auf den Namen des Mannes allein eingetragen, so findet die Vindication in keinem Falle statt, §. 321. ist der Besitztitel auf beide Eheleute eingetragen, so wird angenommen, dass die Hälfte des Erwerbungswerthes aus dem Vermögen der Frau bezahlt worden, §. 322. Der Ehemann kann in diesem Falle (§. 322.) ohne Einwilligung der Ehefrau deren Hälfte den Gläubigern nicht verpflichten, §. 323. Alles auf seiner Hälfte Einge-

tragene geht ohne Einschränkung der Forderungen der Ehefrau vor, §. 324. Die Vermuthung (§. 322.) gilt nur dann, wenn aus dem Hypothekenbuche nicht hervorgeht, wie viel aus dem Vermögen jedes Ehegatten bezahlt worden, §. 325. s. auch Grundstücke, Gütergemeinschaft. Die in das Hypothekenbuch eingetragenen Forderungen erhalten einen Platz in der dritten Classe, 50. §. 387. ohne Rücksicht auf General- oder Specialhypothek, auf Immission oder Vorbehalt des Eigenthums, §. 388. Umfang dieses Vorzugsrechts, §. 389. s. auch Wirthschaftsinventarium. Classification der Forderungen, wenn mehrere Grundstücke zur Masse gehören, §. 391. Wenn das Kaufgeld zur Befriedigung der eingetragenen Gläubiger nicht zureicht, wird das Fehlende in der sechsten Classe angesetzt, §. 392 desgleichen §§. 452. 453 Welche Forderungen der zweiten Classe in dem Werthe des Grundstücks dem eingetragenen vorgehen, §. 393. s. auch Cassendefecte, Dienstboten, Feuersocietätsbeiträge, Fiscus, Pflüger- und Drescherlohn. An Orten, wo keine Hypothekenbücher eingerichtet sind, findet keine dritte Classe statt, §. 394. Strafe der Justizofficianten, welche bei Punctationen oder Verträgen über die Veräusserung von Grundstücken zugezogen sind, und nicht dafür sorgen, dass das abgeschlossene Geschäft binnen 14 Tagen nach der Naturalübergabe bei der Hypothekenbehörde angezeigt werde; II. 3. (426.)

Hypothekenbuch, Priorität der Rubrik II. und III. eingetragenen Posten, III. 490. Erwerbung und Ausübung der Realrechte bei nicht vollständig regulirtem Hypothekenwesen, III. 493.

Hypothekenbuchsbehörde, welche Handlungen von derselben bestätigt werden müssen, s. Grundstücke. Verbindlichkeit derselben, amortisirte Pfandbriefe zu löschen, I. 51. §. 139.

Hypothekengläubiger, Befugniß derselben, mit Uebergehung des verpfändeten Grundstücks die Execution in andere Vermögensstücke nachzusuchen, II. 322. Zuziehung derselben bei der Sequestration und Administration der Grundstücke im Wege der Execution, II. 474 u. ff. Desgl. bei Subhastationen, s. Subhastationsprozeß. Benachrichtigung der Hypothekengläubiger bei der Veräußerung von Grundstücken, IV. 61.

Hypothekenzinsen, bei Klagen wegen rückständiger, findet der Executivprozess statt, I. 28. §. 15. u. (196.)

Hypothekenzinsen, Einklagung derselben im Mandatsprozesse, II. 380. Berichtigung der Hypothekenzinsen im Concurse, III. 433. Zulässigkeit der Sequestration, nicht aber der Subhastation wegen derselben während des erbschaftlichen Liquidationsprozesses, II. 288. III. 587.

I. J.

Jacens hereditas, deren Curator kann zur Befriedigung der Erbschaftsgläubiger eben so als ein Beneficialerbe durch Execution angehalten werden, I. 24. §. 14.

Jahrgehalt des Arztes, s. Arzt, des Gerichtshalters, s. Gerichtshalter.

Identität der Personen, davon muss das Gericht sich bei Handlungen freiwilliger Gerichtsbarkeit überzeugen, II. 2. §. 23.

Identität der Personen bei Handlungen der freiwilligen Gerichtsbarkeit, Bemerkung derselben in den Protokollen, IV. 54.

Illata, s. Eingebrachtes der Ehefrau.

Illiquide Einwendungen, s. Gegenforderungen und Einwendungen.

Immediatstädte, deren Gemeinen und Gerichte sind eximirt, I. 2. §. 103. die einzelnen Mitglieder ihrer Magistrate und Gerichte aber nicht, §. 194.

Immission der Gläubiger für eigne Rechnung im Wege der Execution soll nicht weiter zugelassen werden, I. 24. §. 118. sie findet also nur dann statt, wenn der Gläubiger mit dem Schuldner sich darüber vereinigt, §. 119. auch diese erreicht durch die Eröffnung des Concurses ihre Endschaft, 50. §. 250. sie bewirkt unter den Gläubigern der dritten Classe kein vorzügliches Recht, §. 388. in wie fern sie eine Ansetzung in der fünften Classe begründe, §. 447. sqq. u. §. 448. (364.)

S. übrigens: Sequestration.

Immission, in Besoldungen und andere an die Person des Schuldners gebundenen Einkünfte im Wege der Execution, II. 404.

Immobilien, s. Grundstücke.

Immobiliarmasse, Unterschied zwischen derselben und der gemeinen Masse, I. 50. §. 489. Absonderung beider Massen von einander, §. 490. s. auch Gemeine Masse, was zur erstern gehöre, §. 491. wer daraus zu befriedigen sei, §. 492.

S. übrigens: Communkosten, Distributionsplan, Vertheilung der Masse.

Inactive Soldaten, s. Militairpersonen.

Incidentpuncte, die Instruction der bei Gelegenheit der Edition der Urkunden vorkommenden, geschieht in besondern Protocollen, I. 10. §. 156. Die Incidentpuncte müssen im Erkenntniss zuerst entschieden werden, 13. §. 36. Von Incidentpuncten bei Ehescheidungsprozessen, 40. §. 53. sqq. s. auch Ehescheidungsprozess, Interimisticum.

Uebrigens s. Appellation ist unzulässig.

Incompetenz des Richters, in wie fern deshalb gegen ein rechtskräftiges Urtel die Nullitätsklage angestellt werden könne, s. Nullitätsklage, deren Nachweisung hebt die Wirkungen der geschehenen Insinuation einer Vorladung, I. 7. §. 49. n. 2.

Indult, s. Moratorium.

Infamia juris, s. Ehrlosigkeit, Ehrloses Gewerbe.

Information, Erfordernisse einer vollständigen zur Aufnehmung der Klage, s. Aufnehmung der Klage. Vorhaltung, welche dem Kläger am Schlusse des Informationsprotocolls zu machen ist, I. 5. §. 7. Wenn dieselbe durch Briefwechsel eingezogen wird, so ist aus den Briefen ein ordentliches Informationsprotocoll anzufertigen, §. 9. doch bedarf es desselben nicht, wenn die In-

formation vollständig ertheilt ist, (48.) s. auch Manualacten. Die bei Aufnehmung derselben bemerkten Anstände müssen dem Gerichte zur weitern Verfügung besonders angezeigt werden, I. 5. §. 11. zur Beantwortung der Klage, s. Beantwortung der Klage.

Injuriensachen, davon handelt I. 34. In denselben haben noch die Militairgerichte Gerichtsbarkeit über Militairpersonen, s. Militairpersonen. Jedoch stehen fremde Militairpersonen unter den Civilgerichten, 2. §. 60. (22.) — Bei den Injuriensachen sind fünf verschiedene Fälle zu unterscheiden, §. 1. Verfahren I) bei Verbal- oder leichten Realinjurien unter Leuten gemeinen Standes, § 2. sqq. s. auch Appellation ist unzulässig, Milderungsgesuch, Resolution. II) bei dergleichen Injurien unter Personen des mittlern oder höhern Bürgerstandes, §. 8. sqq. In wie fern, wenn exceptio veritatis entgegen gesetzt wird, eine Untersuchung gegen den Denuncianten statt finde, §. 10. Wenn diese verhängt wird, muss der Injurienprozess so lange ausgesetzt werden, bis in der Untersuchungssache rechtskräftig erkannt ist, §. 11. Verfahren, wenn nicht Verwundungen, oder gröbliche Beleidigungen vornehmer Personen erfolgt sind, 34. § 1 — 11. (216.) Gegen Urtel bis auf 5 Thaler Geld- oder 24 Stunden Gefängnissstrafe findet kein Rechtsmittel statt, (217.) von da an bis zu 50 Thaler Geld- oder 4 Wochen Gefängnissstrafe nur ein Milderungsgesuch, (218. 219.) erst bei höherer Strafe das Rechtsmittel der weitern Vertheidigung, (220.) In beiden Fällen steht dem Gegner das Recht, binnen kurzer präclusivischer Frist eine Gegenausführung einzureichen, zu, (221.) Verfahren, wenn zweifelhaft ist, zu welcher Classe des Bürgerstandes beide streitende Theile gehören, (222.) In wie fern das Gericht sich auf eine Erörterung der Wahrheit des Vorwurfs nicht einzulassen habe, §. 12. in dem Erkenntniss ist sowohl die Privat- als öffentliche Genugthuung zu bestimmen, §. 13. Rechtsmittel in diesem Falle, §§. 14. 15. s. auch Appellation ist unzulässig, Milderungsgesuch, Revision ist unzulässig, Weitere Vertheidigung. Verfahren über Einwendung des Rechtsmittels von Seiten des Klägers, §. 13—16. (223. 224.) In wie fern der in erster Instanz Freigesprochene, welcher in zweiter Instanz verurtheilt worden, oder der, dessen Strafe in zweiter Instanz geschärft worden, auf nochmalige weitere Entscheidung antragen kann, (225.) Zulässigkeit der Appellation und Revision wegen mit der Injurienklage zugleich eingeklagten Schadens, (226.) Wann der Injurienklage entsagt werden kann, (227.) Verfahren wegen der exceptio veritatis, (228.) Privatgenugthuung fällt weg, (229.) Von Instruction der Entschuldigungsgründe, wenn gegen ein Contumacialerkenntniss ein Milderungsgesuch angebracht worden, (230. Von dem Beweise, und dass dieser nicht durch das abgekürzte Verfahren in seiner Beschaffenheit leide, (231.) Dass der Eid nicht Beweismittel sei, (232.) Dem Denuncianten steht gegen das Straferkenntniss kein Rechtsmittel, sondern nur der Recurs offen, §§. 16. 17. s. auch Recurs, Resolution. In welchem Falle das von des fiscalischen Bedienten über die Beschwerde des Denunciaten zu

erfordernde Gutachten (§. 16.) dem Denuncianten zur schriftlichen Vertheidigung zuzufertigen; imgleichen welche Rechtsmittel demselben gegen ein hierauf erfolgendes härteres Erkenntniss offen stehen, I. 34. §. 18. Auf neue von dem Denuncianten angebrachte Thatsachen oder Beweismittel wird im Injurienprozess keine Rücksicht genommen. Wenn sie indessen eine förmliche Untersuchung begründen würden, so muss diese in erster Instanz veranlasst werden, §. 19. Bei dieser und der ersten Classe der Injurienprozesse kann die Klage zugleich auf Entschädigung gerichtet werden, §. 20. III) Verfahren bei Verbal- oder leichten Injurien unter erschwerenden Umständen, oder unter Personen höhern Standes, §. 21. sqq. Das Erkenntniss muss ebenfalls auf öffentliche und auf Privatgenugthuung, so wie auf Schadenersatz gerichtet werden, §. 23. Wegen des Rechtsmittel dagegen finden die obigen Vorschriften Anwendung, §. 24. IV) Verfahren bei schweren Realinjurien, oder bei andern unter erschwerenden Umständen verübten Injurien unter Personen des Adels oder Officierstandes, §. 25. V) bei Injurien der Civilpersonen gegen Militairpersonen, §. 26. sqq. Die Ausnahmen von den Regeln des Gerichtsstandes in Ansehung der gegen Militairpersonen ausgeübten Beleidigungen finden nicht mehr statt; doch ist in wechselseitigen Injuriensachen die gegen die Militairperson erkannte Strafe nicht eher zu vollstrecken, als bis auch über die Verschuldung der Civilperson vom Civilgerichte erkannt worden ist, (233.) Verfahren, wenn ein Officier wegen Injurien klagt, (234.) wenn gegen Personen vom Hofstaat geklagt wird, (235.) Wann gegen einen Regierungsofficianten wegen von ihm im Amte begangener Injurien geklagt werden kann, (236.) Die Instruction soll in diesem Falle auf den Antrag des Beleidigten jedesmal bei dem Obergerichte geführt werden, §. 27. In wie fern, wenn die Sache bei einem Untergerichte instruirt worden, von demselben auch das Erkenntniss abgefasst werden könne, §. 28. Obige Vorschriften finden auch auf Unterofficiere und gemeine Soldaten Anwendung, §. 29. in wie fern dieses in Ansehung der Beurlaubten und Freiwächter eine Ausnahme leide, §. 30. Bei Realinjurien gegen einen Officier müssen die Obergerichte das Erkenntniss nebst den Acten in jedem Falle an das Criminaldepartement des Justizministerii zur Bestätigung einsenden, §. 31. Die Kosten in Injuriensachen dürfen, den vierten Fall ausgenommen, von der Gerichtsbarkeit nicht in subsidium getragen werden, §. 32. Was von den Kosten in Prozessen überhaupt, und vom Armenrecht gilt, findet auch in Injurienprozessen Anwendung, (237.) Wann die Gebühren für einen Bevollmächtigten in Injuriensachen nicht erstattet werden, 23. §. 25. n. 9. 10. (139.) Gegen einen Zeugen findet wegen seines Zeugnisses keine Injurienklage statt, 10. §. 243. In Injuriensachen soll allemal die Abhörung der mehreren Zeugen über drei, welche von eben derselben Thatsache aussagen sollen, auf Kosten des Producenten, welcher darauf besteht, erfolgen, I. 23. §. 23. n. 4. S. auch Diffamation.

Injuriensachen. In wie fern ein angelegter, nicht justificirter Arrest die Injurienklage begründe, II. 665. Befugniß der Untergerichte, in Injuriensachen auch dann zu erkennen, wenn die Strafe über 50 Rthlr. oder 4 Wochen Gefängniß beträgt, II. 716. Behandlung der Injuriensachen im summarischen Prozeßverfahren, II. 718. Welche Verwundungen die fiscalische Untersuchung wegen Injurien begründen, II. 718. Anwendbarkeit des fiscalischen Untersuchungsverfahren wegen Beleidigungen gegen Beamte niedern Ranges bei Ausübung ihres Amtes, II. 719. Desgl. bei Beleidigungen der städtischen Bezirksvorsteher im Amte, II. 719. Desgl. bei Beleidigungen gegen Offziere, und Personen vom Adel und höheren Bürgerstande, II. 720. Rechtsmittel in Injuriensachen, II. 720. 725. Zulässigkeit des Milderungsgesuchs, wenn alternativ auf weniger als 5 Rthlr. Geldbuße oder eine Gefängnißstrafe über 24 Stunden erkannt ist, II. 721. Instruction der neuen Thatsachen auf ein Milderungsgesuch, wenn Contumacialverfahren statt gefunden, II. 731. Unzulässigkeit der Restitution, der Appellation, der Nichtigkeitsbeschwerde, der Nullitätsklage und des Recurses in Injuriensachen, 721. 731. Auch wegen des Kostenpuncts findet in Injuriensachen der Recurs nicht statt, II. 722. In wie fern der erste Richter den Stand der Parteien in Injuriensachen zu beurtheilen hat, II 723. Zulässigkeit einer vorläufigen Freisprechung in Injurienprozessen, II. 724. Einlegung und Instruction des Aggravationsrechtsmittels in Injuriensachen, II. 726. Verjährung der Injurien und Verzichtleistung auf die Bestrafung wegen Injurien, namentlich Seitens der Militairpersonen und Beamten, II. 727. Verfahren bei Bestrafung der von Militairpersonen gegen Civilpersonen begangenen Ehrenkränkungen, II. 735. Desgl. bei gegenseitigen Injurien zwischen Militair- und Civilpersonen, II. 740. Competenz der Dienst- und Gerichtsbehörden bei den von Beamten aus Veranlassung ihres Amts begangenen Ehrenkränkungen, II. 742. Einsendung der gegen Justizbeamten ergehenden Injurienerkenntnisse an den Justizminister, II. 743. Kosten in Injuriensachen in erster und zweiter Instanz. II. 744. Desgl. bei der Verzichtleistung auf die Bestrafung, II. 730.

Inlieger sind nicht als Mitglieder der Gemeine anzusehen, jedoch ihren Aussagen für die Gemeine kein voller Glauben beizumessen, I. 10. §. 228. n. 10.

Inquisitoriate, Verhältniß derselben zu den Untergerichten, IV. 413.

Inrotulation, Verfahren dabei, I. 12. §§ 9. 10. derselben bedarf es in der Appellationsinstanz nicht, wenn keine neue Instruction vorgefallen ist, 14. §. 46. auch nicht in der dritten Instanz, 15. §. 6 sie ist in dritter Instanz jederzeit erforderlich; Verfahren dabei, (132.) Von der Inrotulation im Concursprozess, 50. §. 140. sqq. dazu ist nur der Contradictor vorzuladen, welcher dem Bevollmächtigten der Gläubiger davon Nachricht geben muss, §. 141. bis zu diesem Termin können noch Forderungen nachliquidirt werden, §. 142.

Inrotulation der Akten ist in der Revisionsinstanz jederzeit erforderlich; Verfahren dabei, II. 58.

Insinuation, davon handelt I. 7. §. 4. sqq. Von Insinuation durch Requisition, §. 4. sqq. Verfahren, wenn ein inländisches Ober- oder Untergericht dieselbe verweigert, §. 9. s. auch Justizdepartement. Folgen dieser Verweigerung für das verweigernde Gericht, §. 10 s. auch Kosten, Strafe. Verfahren, wenn ein ausländisches Gericht die Insinuation verweigert, §. 11. s. auch Auswärtiges Departement, Notarius, in wie fern, wenn sie

in Injuriensachen gegen Fremde nicht erfolgen kann, Edictalvorladung erfolgt, §. 12. (53.) in wie fe..n sie dem Extrahenten überlassen werden könne, §. 19. wo und an wen sie geschehen müsse, §. 20. sqq. s. auch Miether, Pächter, Verwalter, soll in der Regel nicht an Sonn- und Festtagen geschehen, §. 23. Insinuation an einfältige und gemeine Leute müssen durch Commissarien geschehen, §. 24. welche Art der Insinuation den Gerichten auch in andern Fällen frei steht, §. 25. Zur Bescheinigung derselben ist ein blosser Postschein von dem Orte des Abgangs nicht hinreichend, §. 26. Von Insinuationen: a) an hohe Standespersonen, §. 27. b) an Aemter, §. 28. c) an moralische Personen, §. 29. d) an Hüfner, Cossäthen etc. und andere, die nicht für eine Gemeine zu achten sind, §. 30. e) an mehrere Beklagte, 7. §. 31. f) an mehrere Erben, §. 32. g) wenn die Erben unbekannt sind, §. 33. a. h) an Vormünder, §. 33. b. i) an Erben, wenn der Prozess schon im Gange ist, §. 35. k) an Parteien, die während des Prozesses sich entfernen, §. 36. s. auch Edictalvorladung. l) an Militairpersonen, s. Vorladung. m) durch die Post, §. 26. u. (56.) Die Annahme der zu insinuirenden Verordnung darf unter dem Vorwande der nicht gehörig beobachteten Curialien nicht verweigert werden, §. 37. sqq. s. auch Executor, Strafe, Vermuthung. Die Wirkungen der gehörig insinuirten Vorladung sind folgende: a) wird dadurch eine Prävention begründet, b) entsteht dadurch die Rechtshängigkeit; c) wird die in Anspruch genommene Sache dadurch streitig, d) wird der in Anspruch Genommene in den Fall der Zögerung versetzt, I. 7. §. 48. Diese Wirkungen fallen weg: 1) wenn derjenige, welcher die Vorladung ausgewirkt hat, den Prozess nicht fortsetzt, 2) wenn der Vorgeladene die Incompetenz des Richters nachweiset, §. 49. Die Wirkungen der Insinuation, in Ansehung der Verjährung, §. 50. oder in Ansehung solcher Klagen, die von einem Erben oder gegen einen Erben sonst nicht angestellt werden können, sind im allgemeinen Landrechte bestimmt, §. 51.

S. übrigens: Wechselprozess.

Insinuation der gerichtlichen Verfügungen an Ausländer, wenn die ausländischen Behörden die Annahme und Beförderung solcher Verfügungen an die Interessenten ablehnen, und in wie fern, wenn die Empfangsbescheinigung nicht eingeht, die Insinuation dessen ungeachtet als gehörig erfolgt anzunehmen ist, I. 341. Verfahren bei der Insinuation diesseitiger Vorladungen an Zoll- und Steuercontravenienten im Auslande, welche wegen der sie treffenden Strafe eine eventuelle Caution bestellt haben, I. 342. Verfahren bei Insinuation gerichtlicher Verfügungen in Frankreich und Großbritannien, I. 347. Daß die Vorschriften des Anhanges §. 54. in Betreff der Insinuation der Vorladungen der Unterofficiere und gemeinen Soldaten im ganzen Umfange des preußischen Staats zur Anwendung kommen, I. 365. Insinuation der Vorladungen der Militairpersonen in dem Departement des Ober-Appellations-Gerichts zu Greifswald, I. 365. Insinuation gerichtlicher Verfügungen durch die Post und Bescheinigung derselben von Seiten der Postämter, I. 368, 369. s. auch Vorladung. Form der Insinuationsberichte, II. 589. Insinuation der Erkenntnisse durch die Post, II. 618. Insinuation der Klagen gegen den Fiscus, I. 370. III. 6. Insinuation der Vorladungen

in Steuerdefraudationssachen, III. 55. Insinuation der Vorladungen in Subhastationssachen durch die Post, III. 660. Insinuation der Vorladungen zum Kaufgelderbelegungstermin, III. 711.

Inspectoren in den Landarmen- und Invalidenhäusern sind eximirt, I. 2. §. 73. (23.)

Instanz. In wie fern die Uebergehung der Appellations-, oder der Appellations- und Revisionsinstanz den Parteien frei zu lassen, I. 12. §. 20. (100.)

Instanz. Zulässigkeit eines Compromisses auf die Entscheidung des Geheimen Ober-Tribunals mit Uebergehung der ersten und zweiten Instanz, I. 551.

Instruction der Sache, davon handelt I. 10. §. 1. sqq. Bestimmung des Instructionstermins, §. 1. Allgemeine Obliegenheiten des Instruenten, §. 2. besonders in Ansehung der während der Instruction bis zum Schluss derselben, oder erst in der Deduction vorkommenden neuen Thatsachen, §§. 3. 4. s. auch Deduction. Einschränkung der Befugniss der Parteien in Anbringung neuer Thatsachen, §. 5. a. und des Richters bei den deshalb ex officio anzustellenden Nachforschungen, §. 5. b. s. auch Neue Thatsachen. Der Instruent sorgt von Amtswegen für den ununterbrochenen Betrieb der Instruction, §. 6. sqq. Wenn dieselbe im ersten Termin nicht geschlossen werden kann, so muss er damit in der Regel denselben Nachmittag oder doch am nächstfolgenden Tage fortfahren, §. 8. Ein Decret, wodurch eine Verlegung des Termins bewilligt wird, muss dem Instruenten an demselben Sessionstage vorgezeigt, und von diesem sogleich der neue Termin mit den Assistenten oder Bevollmächtigten verabredet werden, §. 9. Von Unterbrechungen und Verzögerungen durch Schuld der Parteien, §§. 10. 11. oder der Justizcommissarien, §. 12. sqq. s. auch Kosten, Ordnungsstrafen. Die Instruction darf in der Regel nicht durch Vorträge im versammelten Collegio unterbrochen werden, sondern der Instruent muss alle Verfügungen selbst durch eine Resolution festsetzen, §. 16. Ausnahme, §§. 17. 18. s. auch Instruent. Bei der Instruction muss in der Regel eine zweite zum Protocoll vereidete Gerichtsperson zugezogen werden, §. 19. ist nicht nöthig, Einl. §. 40. (2.) daher auch für einen solchen Protocollführer den Parteien keine Gebühren oder Diäten angesetzt werden dürfen, wenn er dennoch ohne gesetzliche Nothwendigkeit zugezogen wird, §. 19. (66.) s. auch Gerichtsbeisitzer, Protocollführer. Vernehmung der Parteien, §. 20. nähere Vernehmung des Klägers über die Beantwortung der Klage, §. 21. Bei dessen Vernehmung soll der Beklagte, und umgekehrt, nicht zugegen sein, §. 22. Nach geschlossener Vernehmung des Klägers über die Beantwortung der Klage nimmt derselbe seinen Abtritt, und der Beklagte wird vernommen, §. 23. Zusammenstellung der Parteien, §. 24. Der Instruent ist an diese Vorschriften (§§ 21. 23. 24.) keinesweges gebunden, I. 10. §. 35. s. auch Förmlichkeiten. Vorsichtsregeln in Ansehung der Geständnisse der Parteien, §. 26. s. auch Gemeine Leute. Vom Widerruf geschehener Angaben und Zugeständ-

nisse, §§. 27. a. 27. b. s. auch Zugeständniss. Regulirung des Status causae et controversiae, §. 27. c. sqq. s. auch Status causae et controversiae, desgl. Fremdes Landesgesetz, Gewohnheitsrechte, Notorische Thatsachen, Resolution, Urkunde. Zuziehung der Sachverständigen bei Instructionen, §. 59. I. 9. 38. (64. 65.) I. 10. §. 384. (97.) s. auch Sachverständige. Von Exceptionibus litis finitae. Von Exceptionibus litis ingressum impedientibus, §§. 79. 80. Exceptio deficientis legitimationis ad causam, §. 81. a. Andere Präjudicialpuncte, §. 81. b s. auch Präjudicialpunct. Von der Instruction des Appellatorii, 14. §. 57. sqq. dabei müssen alle vorstehenden Vorschriften beobachtet werden, §. 57. s. auch Sachverständiger, Status Causae et controversiae. Was statt finde, wenn die Instruction in der Revisionsinstanz mangelhaft befunden wird, 15. §§. 8. 9. s. auch Resolution. Instruction bei fiscalischen Civilprozessen, s. Fiscalischer Civilprozess.

S. übrigens: Gerichtsferien, Localinstruction; imgleichen die einzelnen Theile der Instruction, z. B. die verschiedenen Arten der Beweisaufnahme, durch Eid, Urkunden, Zeugen, Zugeständniss; auch die besondern Gattungen des Prozesses.

Instructionsliste, Zweck und Beschaffenheit derselben, III. 2. §. 24. sqq. in dieselbe muss der Decernent jede neue Klage kurz doch verständlich eintragen, §§. 27. 28. sie muss von dem Instruenten richtig fortgeführt werden, §. 29. auch 3. §. 38. mit einem Register versehen sein, 2. §. 30 von dem Präsidenten fleissig nachgesehen, §. 31. und am Schlusse jedes halben Jahres müssen Extracte daraus angefertigt werden, §. 32. Zweck dieser Vorschriften, §§. 33. 34.

Instructionsliste, Einrichtung derselben. IV. 206.

Instructionstermin, wie derselbe anzusetzen, wie die Parteien dazu vorzuladen und was ihnen dabei aufzugeben, I. 9. §. 25. sqq. s. auch Persönliches Erscheinen der Parteien, Sessionstag, Termin, Vorladung, wie die Sache dazu von Gerichtswegen vorzubereiten, §. 36. in wie fern Zeugen und Sachverständige dazu mit vorzuladen, §§. 37. 38. s. auch Sachverständige, Zeugen, wie weit derselbe hinauszusetzen, §. 40. Prorogation desselben, s. Verlegung des Termins. Zweck desselben, 10. §. 1. s. Instruction der Sache.

Instruent, von dessen Pflichten handelt III. 3. §. 22. sqq. er muss den Hauptzweck der Prozessordnung: dass nämlich die Wahrheit auf dem kürzesten Wege ausgemittelt werde, stets vor Augen haben, §. 1. bei der Vernehmung der Parteien sich aller Geduld und Sanftmuth befleissigen, §. 23. sich vor allen Suggestionen hüten, §. 24. den Parteien nicht mit Fragen zusetzen, die zur Sache nicht gehören, III. 2. §. 25. s. auch Familiengeheimnisse. Verfahren, wenn die Partei die Beantwortung einer ihr vorgelegten Frage verweigert, §. 26. wenn beide Theile gegen die Entwickelung auch wirklich erheblicher Thatsachen protestiren, §. 27. wenn ein Verdacht vorhanden ist, dass

die Parteien die Wahrheit vorsätzlich zurückhalten oder verfälschen, §. 28. wenn Zugeständnisse von Parteien erfolgen, die mit Rechtsbeiständen nicht versehen sind, §. 29. s. auch Rechtsausflüchte, Zugeständniss. Die Angaben der Parteien müssen in Gegenwart derselben laut in die Feder dictirt werden, §. 31. In welchen Fällen es rathsam sei, jede Partei ohne Beisein der andern zu vernehmen, §. 32. Obliegenheiten des Instruenten bei Regulirung des Status causae et controversiae, §. 33. u. I. 10. §. 270. sqq. (76.) I. 14. §. 58. u. 59. (117.) muss bei der Instruction nicht aufs Gerathewohl, sondern nach einem festen Plane zu Werke gehen, III. 3. §. 34. sich dazu sorgfältig vorbereiten, §. 35. wozu auch, bei Geschäften, die nicht alle Tage vorkommen, die Recapitulation der darauf sich beziehenden Gesetze gehört, §. 36. für den ununterbrochenen Betrieb aller seiner Instructionen sorgen, §. 37. (auch I. 10. §§. 7. 8.) und bei der Instruction selbst unbefangen zu Werke gehen, §. 38. Folge wiederholter dabei begangener Versehen, §. 39. Pflicht der unverbrüchlichen Amtsverschwiegenheit bei Strafe der Dienstentsetzung, §. 40. s. auch Familiengeheimnisse, Anzeigen und Rückfragen an das Kollegium muss er nur dann thun, wenn Verfügungen vorkommen, die er für sich allein nicht mit gehörigem Nachdruck erlassen kann; oder dann, wenn ihm ein wichtiges auf Materialien sich beziehendes Bedenken aufstösst, I. 10. §. 16—18. soll in der Appellationsinstanz niemals der Instruent oder Urtelsverfasser der vorigen Instanz sein. Verfahren bei schwächer besetzten Collegien, 14. §. 49. Der Instruent muss genau auszumitteln suchen, warum die neuen Thatsachen oder Beweismittel nicht schon in der ersten Instanz angeführt worden, §. 61.

S. übrigens: Instruction der Sache.

Instrument, aus welchem der Executivprozess statt finde, I. 28. §. 2. u. §. 1. (189. 190.) §. 2. n. 1. (191.) n. 7. (192.) verlornes, dessen Aufgebot, 51. §. 115. sqq.

Instrument, s. Aufgebot, Notariatsinstrument.

Instrumentszeuge, welche Eigenschaften er haben müsse, III. 7. §. 63.

Instrumentszeugen, Qualification derselben bei Notariatsinstrumenten, IV. 402.

Intelligenzblätter, s. Zeitungen.

Intelligenzblätter. Gebührenfreiheit der Insertionen in Confiscationsprozessen, III. 115.; s. Zeitungen.

Interessenten, unbekannte, von deren öffentlicher Aufforderung zur Abgebung gewisser Erklärungen oder Ausübung gewisser Befugnisse handelt, I. 51. §. 145. sqq. s. auch Edictalvorladung.

Interimisticum, das durch den Spruch in der Possessoriensache festgesetzte gilt nur so lange, bis das erste Urtel in der Hauptsache erfolgt ist, I. 31. §. 18. Bei Blödsinnigkeitserklärungen gilt das Erkenntniss erster Instanz als Interimisticum, 38. §. 8. Interimistische Verfügungen, wenn auf Prodigalitäts-

erklärung angetragen worden, I. 38. §. 21. In wiefern bei einem Antrage auf Entsetzung eines Vormundes, und welche interimistische Verfügungen zu treffen, 39. §. 19. Wie das Interimisticum in Sponsaliensachen, wenn Einspruch gethan worden, zu reguliren, 40. §. 9. Gegenstand des Interimistici in Ehescheidungsprozessen, §. 53., welches in einem Separatprotocoll verhandelt werden muss, §. 54. Weiteres Verfahren, je nachdem der Richter in der Ehescheidungssache zugleich der unmittelbare persönliche Gerichtsstand der Parteien ist, oder nicht, §. 55 — 57. u. 56. (294.), s. auch Resolution. Von dem Interimisticum in Gränzsachen, 42. §§. 19. 20., imgleichen §. 26. und 29., in Pacht- und Miethssachen, 44. §. 22., bei erbschaftlichen Prozessen, 1) über das Erbrecht und die Erbquote, 45. §. 3 — 5. In welchen Fällen bei Prozessen 2) über die Erbtheilung ein Interimisticum zu reguliren, §. 15., bei Auseinandersetzung zwischen Lehns- und Fideicommissfolgern und Allodialerben, 46. §. 27. sqq. In welchen Fällen und wie dasselbe in Generalmoratoriensachen zu reguliren, 47. §. 72 — 74., und bei Behandlung der Gläubiger im Concursprozess, 50. §. 597., desgleichen im erbschaftlichen Liquidationsprozess, wenn die Gläubiger dem Erben die fernere Administration nicht überlassen wollen, §. 71.

S. übrigens: Erkenntniss erster Instanz gilt als Interimisticum.

Interimisticum. Regulirung und Dauer desselben im Ehescheidungsprozesse, III. 164. Interimisticum bei Dienstprozessen, III. 187.

Interimscurator, s. Bevormundung, Curator unb Contradictor.

Intervention, davon handelt I. 18., ist entweder principalis oder accessoria, §. 2. Interventio principalis ist ein ganz besonderer Prozess, 17. §§. 3. 4., wodurch die Instruction der Hauptsache und die Vollstreckung des in derselben ergangenen Urtels nicht aufgehalten werden kann, §. 5. In wiefern, um eine Vervielfältigung der Prozesse zu vermeiden, der Intervenient angewiesen werden könne, mit derjenigen Partei, mit welcher seine Rechte am meisten übereinkommen, gemeinschaftliche Sache zu machen, und in wiefern, wenn mehrere über die Ausübung eines Retractrechts auf ein Grundstück streiten, das streitige Vorzugsrecht nach Art eines Prioritätsverfahrens erörtert und entschieden werden müsse, § 6. Verfahren bei der interventio accessoria, §. 7. sqq. Der Intervenient muss den Prozess in der Lage annehmen, in welcher er sich zur Zeit der angebrachten Intervention befindet, §. 10. Nach rechtskräftig entschiedener Hauptsache kann auf eine interventionem accessoriam keine Rücksicht mehr genommen werden, §. 11. Kosten der Intervention, 22. §. 18.

Intervention. Daß der Richter der Hauptsache auch der competente Richter des Interventionsprozesses ist, II. 143. 144. Befugniß eines accessorischen Intervenienten zur Einlegung der Appellation, II. 145. Geltendmachung der Interventionsansprüche bei der Execution, II. 346. Sistirung der Execution namentlich der Subhastation wegen solcher, II. 348. In wieweit die accessorische Intervention in summarischen Prozessen statt findet, II. 634. Interventionsstrei-

tigkeiten, welche bei Executionen entstehen, sind im Wege des summarischen oder Bagatellprozesses zu verhandeln, II. 649. Ungültigkeit der Verträge zahlungsunfähiger Schuldner zum Nachtheile ihrer Gläubiger und Verfahren Behufs Aufhebung solcher, III. 405. Berechnung des Streitobjects bei Interventionen Behufs Bestimmung der Zulässigkeit der Rechtsmittel, II. 142.

Invaliden, in wiefern sie den Regimentsgerichten unterworfen, I. 2. §. 49.

Invaliden, Execution gegen solche, II. 398. Personalarrest gegen die auf unbestimmte Zeit beurlaubten Invaliden, II. 498. Berechtigung der invaliden Militairpersonen zu Anstellungen im Civildienste, IV. 298. Fortgenuß, Verlust und resp. Wiederverleihung des Militairgnadengehalts hierbei, IV. 310.

Invalidencasse, deren Recht auf das Vermögen eines verschollenen Cantonisten wird durch dessen gerichtliche Todeserklärung nicht ausgeschlossen, I. 36. §. 23. Die Ansprüche, welche sie sonst in Confiscationsprozessen machte, macht jetzt die Regierungshauptcasse jeder Provinz, §. 5. (267.)

Invalidencassenfiscal, dessen Amt im Confiscationsprozess, I. 36. §§. 25. 36. 38. 39., s. auch Quote.

Invecta et illata, s. Verpächter und Vermiether.

Inventarium, s. Wirthschaftsinventarium.

Inventarium eines Nachlasses, Niederlegung desselben zur Erhaltung der Rechtswohlthat, und in wiefern dasselbe zu diesem Zwecke auch bei einem andern, als dem ordentlichen Gerichte des Nachlasses niedergelegt werden könne, III. 581. IV. 112.

Inventur kann einem Justizcommissarius als Notarius aufgetragen werden, III. 7. §. 88.

Inventur im Concursprozess, dabei müssen die Vorschriften wegen Aufnehmung eines Verlassenschaftsinventarii beobachtet werden, I. 50. §. 214., s. auch Verlassenschaftsinventarium. Davon ist des Gemeinschuldners Amtsbehörde Nachricht zu geben, §. 215. Gehört eine Handlung zur Masse, so bedarf es in der Regel der Inventur, §. 216. Bei Gelegenheit derselben muss der Manifestationseid denjenigen Personen, welche denselben zu leisten verbunden, abgenommen werden, §. 217. Dem Gemeinschuldner sind, wenn er nicht als Bankerutier behandelt wird, seine gewöhnlichen Kleidungsstücke etc. zu lassen, §. 218. Verfahren, wenn ein Dritter Eigenthumsansprüche macht, §. 219 — 221. Im Inventario müssen die ausstehenden Schulden in drei Classen: a) liquid und sicher, b) zweifelhaft, c) offenbar inexigibel, von einander abgesondert werden, §. 222. Nach geschlossener Inventur sind die baaren Gelder, Kostbarkeiten und Schuldinstrumente an das Depositum, die übrigen Mobilien und Schriften aber an den Curator, §. 223., so wie diejenigen Schriften, welche Ansprüche an die Masse betreffen, an den etwanigen besondern Contradictor abzuliefern, §. 224. Obliegenheit des Gerichts gleich nach eingekommenem Inventario, §. 255.

Inventur in Verlassenschaftsfällen, s. Verlassenschaftsinventur.

Irrthum, wie es zu halten, wenn behauptet wird, dass ein Zugeständniss aus Irrthum erfolgt sei, I. 10. §. 88. b., wenn in einem Urtel ein Irrthum vorgefallen, bedarf es nur eines Declarationsgesuchs, 14. §. 1., s. auch Declaration.

Juden sind in der Regel nicht eximirt, I. 2. §. 40. Judengemeinden in den Mediatstädten sind wie Dorfgemeinden in Ansehung ihres Gerichtsstandes zu beurtheilen, §. 105. (31.) Die Juden dürfen bei ihren Namensunterschriften sich keiner andern, als deutscher oder lateinischer Schriftzüge bedienen, 10. §. 19. (67.) Juden können nicht als Beweiszeugen, wohl aber der nähern Erkundigung wegen abgehört werden, wenn sie in Sachen zwischen Christen und Juden von den letztern zu Zeugen vorgeschlagen worden sind, 10. §. 228. n. 12. Wenn sie die Rechte der Staatsbürger erlangt haben, sind sie gültige Beweiszeugen in allen Fällen, §. 230. n. 12. (88.) I. 13. §. 24. (108.) Von dem Verfahren bei Ableistung ihrer Eide überhaupt handelt I. 10. §. 317. sqq., sollen an ihren Feier-, Sabbath- und Busstagen mit Eidesleistungen verschont werden §. 319 — 321. 302. (90.), deren Weiber können nicht zur Zeit ihrer monatlichen Reinigung, §§. 347. 348., wohl aber zur Zeit ihrer Schwangerschaft, §. 349. Kindbetterinnen erst nach erfolgter Reinigung schwören: ausser der Ehe geschwängerte sich aber der Ableistung eines Eides in der Synagoge nicht entziehen, §. 350. Bei den Eidesleistungen der Jüdinnen bedarf es der Anlegung des Gebetmantels und der Gebetschnur nicht, §. 329. (91.) Die Glaubwürdigkeit des Zeugnisses einer Jüdin soll lediglich nach den allgemeinen Gesetzen beurtheilt werden, §. 351. In schweren Criminalsachen soll kein Jude oder Jüdin zur Ablegung eines Zeugnisses gezwungen werden, §. 352., auch freiwillige Aussagen jüdischer Zeugen können in solchen Fällen niemals einen vollen Beweis ausmachen, §. 353. Bei geringern Verbrechen ist das Zeugniss eines Juden zulässig und glaubwürdig, §. 354. In Prozessen zwischen Juden und Christen ist den letztern vorzüglich ein nothwendiger Eid abzufordern, in sofern nicht überwiegende Gründe vorhanden sind, dem Juden grössere Glaubwürdigkeit als dem Christen beizulegen, 13. §. 24.

Juden; Form der Homagialeide, der Soldateneide, der promissorischen und Diensteide derselben, I. 526. 527., s. auch Eid. Gerichtsstand der Juden, namentlich in Berlin, I. 153.

Judicat, dessen Wirkung, I. 16. §. 1. In welchen Fällen ein Urtel niemals in die Rechtskraft übergehe, §. 2., s. auch Nullitätsklage, oder Restitution gegen ein rechtskräftiges Urtel statt finde, §. 12. sqq., s. auch Restitution. Ex judicato muss derjenige von neuem klagen, der von dem Tage der beschrittenen Rechtskraft angerechnet ein volles Jahr verstreichen lassen, ohne Execution nachzusuchen, 24. §. 3. Von der Wirkung eines Judicati gegen einen Dritten, §. 5. sqq., s. auch Execution. Bei Klagen ex judicato findet der Executivprozess statt; jedoch nur binnen fünf Jahren nach ergangenem Judicat, 28. §. 14..

diese Frist läuft vom Tage des Judicats an, (195.) Bei Klagen ex judicato kann keine Cautionsbestellung gefordert werden, 21. §. 2.

Judicat. Bei Klagen ex judicato innerhalb einer fünfjährigen Frist findet der Mandatsprozeß statt, II. 575. Berechnung der fünfjährigen Frist, II. 575.

Jura cessa, s. Cession.

Jura honorifica, s. Ehrenrechte.

Juramentum, s. Eid.

Juramentum calumniae, s. Calumniae juramentum.

Juramentum in litem, davon handelt I. 22. §. 9. sqq. In welchen Fällen dieser Eid und die Zulassung zu demselben statt finde, §. 10. sqq., gegen wen derselbe zulässig sei, §. 13. sqq., findet auch gegen die Erben des Beschädigers, §. 14., imgleichen gegen den Bürgen statt, §. 15., dazu werden alle diejenigen verstattet, von welchen andere nothwendige Eide geleistet werden können. In wiefern derjenige, welcher unfähig ist, einen nothwendigen Eid abzuleisten, zum juramento in litem verstattet werden könne, §. 16., dessen Zurückschiebung oder Vertretung des Gewissens mit Beweis findet nicht statt, §. 17. Verfahren, wenn auf diesen Eid gleich zu Anfange des Prozesses angetragen wird, I. 22. §§. 18. 19., wenn es darauf erst bei der Execution ankommt, §. 20. In diesem Falle muss der Richter zur Instruction der Sache einen Präjudicialtermin anberaumen, §. 21., dessen Prorogation nicht statt findet, §. 22. Ausnahme, wenn das geforderte Interesse mehr als 100 Thaler beträgt, und einer weitläufigen Erörterung bedarf, §. 23. Worauf die Instruction bei Bestimmung des durch ein juramentum in litem zu erhärtenden Werths jedesmal zu richten, §. 24. Ein höheres, als das im Erkenntnisse festgesetzte, Quantum darf nie beschworen werden, §. 28. Wider ein juramentum in litem findet der Beweis der Verletzung oder des Meineides nicht statt, §. 26. Was Rechtens, wenn nach abgeleistetem Eide die Sache selbst zurück gegeben werden kann, §. 27. In wiefern der Erbe gegen den Besitzer der Erbschaft zu dem juramento in litem zu verstatten, 46. §. 7.

Juramentum manifestationis, s. Manifestationseid.

Juramentum noviter repertorum, wohin dasselbe zu richten, I. 16. §. 17. n. 3., s. auch Restitution.

Juramentum perhorrescentiae, s. Perhorrescentiae juramentum.

Jurisdiction, s. Gerichtsbarkeit.

Jurisdictionscommission entscheidet Jurisdictionsstreitigkeiten zwischen Landesjustizcollegien und Kriegs- und Domänenkammern, I. 2. §. 134. Eine Entscheidung derselben muss erfordert werden, wenn das Gesuch des Fiscus um Annullirung eines rechtskräftigen Urtels wegen behaupteter Incompetenz an sich zwar zulässig, die behauptete Incompetenz aber zweifelhaft ist, 16. §. 7. Die den Landespolizei- und Finanzbehörden sonst übertragen gewesene Rechtspflege ist an die gewöhnlichen Gerichte übergegangen, 2. §. 130. (59.)

Jurisdictionscommission, Verfahren und Entscheidung bei Competenzconflicten zwischen Gerichten und Verwaltungsbehörden, I. 68.

Jurisdictionsstreitigkeiten, wo der Prozess während derselben zu verhandeln, I. 2. §§. 232. 233., s. auch Gerichtsstand, ausserordentlicher. Verfahren, wenn sie erst nach beantworteter Klage entstehen, §. 135. Verfahren dabei in fiscalischen Civilprozessen, 35. §. 23., insbesondere wenn ein Possessorium summariissimum vom Fiscus oder gegen denselben angestellt wird, §. 24.
S. übrigens: Justizdepartement.

Justitiariate darf ein Justizcommissarius nicht annehmen, III. 7. §. 68. (469.) In/wiefern sie ein Referendarius annehmen kann, 4. §. 82. (455.)

Justitiarius, s. Gerichtshalter.

Justitiarius, s. Patrimonialrichter.

Justitium, davon handelt I. 20. §. 8. sqq., s. auch Krieg. Von Suspension der Prozesse eines Abwesenden, §. 13. sqq.

Justitium. Daß zum Nachtheil derjenigen Individuen, welche sich in den, wegen ausgebrochener ansteckender Krankheit abgesperrten Häusern und Straßen befinden, keine Contumacialbestimmung und keine Präclusion wegen verabsäumter Fristen erlassen werden darf, II. 155. In wiefern die vorstehende Bestimmung auf unbekannte Interessenten Anwendung leidet, ebendas., s. auch Krieg.

Justizbediente, s. Justizvisitation, Räthe, Untergerichte.

Justizcollegia, s. Landesjustizcollegia, Untergerichte.

Justizcommissarius ist eximirt, muss sich jedoch den Ordnungsstrafen und Executionen der Unterrichte, bei denen er arbeitet, in Dienstsachen unterworfen, I. 2. §. 55. Wie derselbe sich als Bevollmächtigter der Parteien zu legitimiren habe, s. Vollmacht, wenn er nicht die gehörigen Vollmachtsstempel zu den Acten bringt, hat er zehn Thaler Strafe verwirkt, III. §. 37., muss als Bevollmächtigter oder Assistent für die Herbeischaffung einer hinlänglichen Information sorgen, §. 72., s. auch Information, nicht anders als gehörig vorbereitet in den Terminen erscheinen, §. 73. u. 10. §. 12., s. auch Kosten. Strafe, muss, wenn er die erforderlichen Nachrichten von den Parteien nicht erhalten kann, dem Collegium vor dem Termin unter Beilegung der Manualacten davon Anzeige machen, I. 3. §. 74., ist als Bevollmächtigter oder Assistent bei allen Instructionsverhandlungen, also auch bei den Zeugenverhören, zuzulassen, §. 75., desgleichen 10. §. 189., es ist ihm aber kein Dictiren oder Recessiren zu gestatten, doch darf er seine eigentliche Meinung als Nachtrag zum Protocoll dictiren, 3. §. 76., muss gehörige Manualacten halten, §. 77., s. auch Manualacten. Dessen Prorogationsgesuche sollen vorzüglich sorgfältig geprüft werden, 8. §§. 28. 29., s. auch Beschleunigung der Prozesse, Manualacten, Ordnungsstrafen, Verlegung der Termine, in welchem Falle er die Kosten eines vereitelten Termins ganz oder zur Hälfte tragen müsse, 10. §§. 13. 14., ist schuldig, sich an jedem Sessionstage zu einer gewissen Stunde an der gewöhn-

lichen Gerichtsstelle einzufinden, 13. §. 47., soll Defensionen in fiscalischen Untersuchungen übernehmen, 35. §. 68., dessen rückständige Gebühren werden in der sechsten Classe angesetzt, 50. §. 467. Vom Urlaubsgesuch eines, als Mitglied eines Criminalcollegiums angestellten, Justizcommissarius, III. 3. §. 9. (446.) Von dem Amte eines Justizcommissarii handelt III. 7., dessen Bestimmung, §. 1. sqq., er ist als wirklicher Staatsdiener anzusehen, §. 3. (462), an welchem Orte und wie viel derselben an Einem Orte anzustellen, §. 5., ist in Ansehung der Prozesspraxis auf dasjenige Gericht, den Ort oder District, wo er angesetzt worden, eingeschränkt, §§. 6. 7. Collegia der Justizcommissarien, §. 8. Die Function eines Justizcommissarii und die eines Notarii darf nicht nothwendig verbunden sein, §. 9. Kein Justizcommissarius soll ohne Genehmigung des Landesjustizcollegii Nebenbedienungen annehmen, §. 10. Erfordernisse zur Anstellung eines Justizcommissarii, §§. 12. 13. Prüfung, §. 14. §. 13. (463.) Bestellung, §§. 15. 16. Die Verrichtungen des Justizcommissarii sind vierfacher Art, §. 17. Allgemeine Obliegenheiten desselben, §§. 18. 19. Er soll sich die Vorschriften der Gesetze genau bekannt machen, §. 20. Die von ihm begangenen Illegalitäten sollen mit Geldbusse und im Wiederholungsfall mit Dienstentlassung bestraft werden; auch soll er verbunden sein, den aus etwaigen von ihm begangenen Nullitäten erwachsenden Schaden zu erstatten, §§. 21. 22., muss sich einer gewissenhaften Redlichkeit befleissigen, §. 23. Von Auszeichnungen und Belohnungen der Justizcommissarien. (464.) Vergehungen gegen diese Hauptpflicht sollen auf das Strengste bestraft werden, III. 7. §. 24. Er soll bereitwillig sein, dem Publicum mit seinem Amte zu dienen, §. 25., welches jedoch dann eine Ausnahme leidet a) wenn dessen Dienst zu einer unrechtmässigen Handlung verlangt werden sollte, b) wenn er in Prozessen von dem Ungrunde der Forderung oder Weigerung überzeugt ist, c) wenn er mit Amtsgeschäften bereits überladen ist, d) wenn ein Geschäft zwischen zwei Parteien abzuthun ist, die dabei ein gegen einander laufendes Interesse haben, und er der einen Partei bereits bedient ist, so muss er von der andern, wenn sie sich ebenfalls an ihn wenden sollte, keinen Auftrag in dieser Sache annehmen oder ihr Rath geben, §, 26. Besondere Pflichten des Justizcommissarii I) als Consulent, §. 27., II) als Bevollmächtigter und Rechtsbeistand in Angelegenheiten, welche keinen Prozess betreffen, §. 27., welche Angelegenheiten vorzüglich dahin gehören, §. 29. In allen solchen Fällen dürfen die Parteien sich keines andern, als des Beistandes durch einen bei dem Gerichte angestellten Justizcommissarii bedienen, gewisse Depositalangelegenheiten allein ausgenommen, §. 30. Zu den Verrichtungen desselben als eines Bevollmächtigten der Parteien gehört die Besorgung aller Handlungen der nicht streitigen Gerichtsbarkeit, §. 32. sqq. Generalbevollmächtigte bedürfen nicht des Beistandes eines Justizcommissarius zur Vollziehung gerichtlicher Handlungen, §. 35. (465.) Derselbe kann als Curator eines Abwesenden

imgleichen als Curator in litem gebraucht werden, §. 36. Volljährige Erben können sich seiner zur Aufnehmung eines Inventarii bedienen, §. 37., welches Geschäft ihm auch von den Gerichten übertragen werden kann, II. 5. §. 43. Auch kann man durch ihn letztwillige Dispositionen aufsetzen lassen, III. 7. §. 38. Strafe desselben, wenn er in Sachen, wo er zugezogen worden, dafür zu sorgen unterlässt, dass eine Veräusserung eines Grundstücks der Hypothekenbehörde angezeigt werde, II. 3. (426.) III) Obliegenheiten des Justizcommissarii als eines Bevollmächtigten und Assistenten in Prozessen, III. 7. §. 39. sqq. u. (466.) Strafe desselben, wenn er die Instruction vernachlässigt, §. 42. Alle Deductionen, I. 12. §. 12, und Vorstellungen müssen von einem Justizcommissarius unterschrieben und legalisirt sein, und widrigenfalls nicht angenommen werden, III. 1. §. 29. In Unterthanenprozessen können Justizcommissarien als Bevollmächtigte nicht zugelassen werden, wohl aber als Assistenten der Parteien, welche persönlich erscheinen müssen, I. 41. §. 20. Die Justizcommissarien sollen sich derjenigen Parteien, welche gegründete Beschwerde über Gerichte führen, ohne alle Menschenfurcht und Ansehen der Person annehmen, III. 1. §. 16. In wiefern die Gebühren und Auslagen des Justizcommissarius als eines Bevollmächtigten der Partei von dem in die Erstattung der Kosten verurtheilten Gegner ebenfalls zu erstatten, I. 23. §. 15. n. 9. In allen grössern Orten soll an gewöhnlicher Gerichtsstelle ein Verzeichniss aller im Departement angestellten Justizcommissarien, nebst Bestimmung ihrer Wohnungen ausgehängt werden, I. 23. §. 94. Gebühren des Justizcommissarii, §§. 116. 117. Verpflichtung, §. 118. u. (471.) Welche Gebühren der Justizcommissarius als Bevollmächtigter liquidiren kann, §. 25., welche in seiner eignen Sache, §. 25. n. 9. 10. (137.), welche Kosten andre Rechtsverständige, die nicht Justizcommissarien sind, liquidiren können, (138.), s. übrigens: Assistent, Bevollmächtigter, Deduction, Information, Manualacten, Ordnungsstrafen, Strafen, Vollmacht. IV) Justizcommissarius als Notarius, dessen Amt, III. 7. §. 45. sqq. Welche Handlungen vor demselben oder vor jedem gehörig besetzten Gerichte vollzogen werden können, §. 46. auch II. 1. §. 10., s. übrigens: Ehegelöbniss, Eheleute, Ehepacten, Pachtcontract, Schuldinstrument, Urkunden, Verträge. Der Justizcommissarius concurrirt dabei in dreifacher Rücksicht, III. 7. §. 57. 1) bei Aufnehmung der Handlung, §. 48., als wobei es, in sofern keine des Schreibens unerfahrne Partei interessirt, der Zuziehung eines Protocollführers nicht bedarf, §. 49. Von den Pflichten desselben, wenn er bei Veräusserungen von Grundstücken zugezogen wird, s. Hypothekenbuchsbehörde. 2) Amt des Justizcommissarii als Notarii bei Ausfertigung des Instruments, §. 50., 3) bei Vollziehung desselben, §. 51., a) wenn es gerichtlich bestätigt worden, §. 52. sqq., s auch Bestätigung, Vollmacht, oder b) als ein Documentum publicum extrajudiciale gelten soll, §. 62. sqq. §. 63. (467.), s. auch Instrumentszeugen. Das gehörig vollzogene Instrument muss vor der Aushändigung

an die Interessenten dem Director des Notariencollegii (s. dieses) zur Revision vorgelegt werden, §. 68. u. (468.) Ein nach diesen Vorschriften (§. 63—68.) eingerichtetes Instrument gilt als ein Documentum publicum extrajudiciale, §. 69. auch I. 10. §. 130. Wie viel Exemplare von dem Instrument anzufertigen, III. 7. §. 70. Justitiariate anzunehmen ist den Justizcommissarien nicht erlaubt, §. 68. (469.) In wie fern der Justizcommissarius als Notarius über Erbsonderungen öffentliche Urkunden aufnehmen könne, §. 71. An Orten, wo kein Notariencollegium etablirt ist, müssen die Contrahenten sich an das Gericht wenden, oder sich die Einsendung des Instruments an den Director zur Revision gefallen lassen, §. 72. Von Actibus unilateralibus, §§. 73. 74. s. auch Vollmacht. Aufnehmung der Recognitionsatteste, §. 75. sqq. Von Wechselprotesten, §. 78. Von Vidimationen und Renovationen der Instrumente, §. 79. sqq. In welchen Fällen der Justizcommissarius als Notarius sich mit Zeugenabhörungen befassen könne, §. 82. sqq. Von Siegelungen und Inventuren, §. 88. Von andern gerichtlichen Aufträgen, §. 89. Aus Schuldinstrumenten, die vor einem Justizcommissarius als Notarius vorschriftsmässig (§. 63—68.) errichtet oder vollzogen, desgleichen aus solchen, deren Inhalt und Unterschrift vor demselben anerkannt und von ihm bescheinigt worden ist, findet der Executivprozess statt, I. 28. §. 2. n. 2. 3. Forderungen aus dergleichen Darlehns- oder Schuldinstrumenten werden in der sechsten Classe angesetzt, I. 50. §. 472.

S. übrigens: Notariencollegium.

Justizcommissarien, deren Prüfung und Anstellung, IV. 375. Anstellung der Advokaten in Neuvorpommern, IV. 238. Amtssiegel der Justizcommissarien, IV. 376. Rangverhältniß und Ertheilung des Justizrathstitels für dieselben, IV. 174. Nachsuchung und Ertheilung des Urlaubs der Justizcommissarien, IV. 219. Dieselben bedürfen keines Heirathsconsenses, IV 370. Dispensation der Justizcommissarien vom Militairdienst, IV. 376. Verpflichtung derselben, Rechnungsbücher über empfangene Gelder und Actenrepertorien zu halten, IV. 379. Controllirung der Dienstführung und Disciplinargewalt der Untergerichte über die bei ihnen angestellten Justizcommissarien, IV. 386. Unzulässigkeit von Gefängnißstrafen und der Einlegung des Executors als Ordnungsstrafen gegen Justizcommissarien, IV. 263. II. 314. Einleitung einer Untersuchung gegen Justizcommissarien, und daß zur Amtssuspension derselben die Genehmigung des Justizministers erforderlich, III. 42. 45. Beschlagnahme des Einkommens der Justizcommissarien im Wege der Execution, II. 380. Befugnisse und Obliegenheiten der Justizcommissarien als Bevollmächtigten, s. Bevollmächtigter. Generalbevollmächtigter, Manualacten. Mandatariengebühren derselben, II. 181. u. ff.; s. Kosten. Festsetzung der Gebühren für außergerichtliche Geschäfte, IV. 412. Einziehung der von ausländischen Sachwaltern deservirten Gebühren von hiesigen Unterthanen, II. 302. Remuneration der Justizcommissarien für Vertretung der Salariencassen, IV. 380. Verpflichtung der Justizcommissarien, in summarischen und Bagatellsachen Schriftsätze zu überreichen und Contumacialverfahren im Falle der Unterlassung, II. 646. Befugniß der Untergerichts-Justizcommissarien, welche eine Partei in erster Instanz vertreten haben, dieselbe auch in zweiter Instanz bei dem Obergericht zu vertreten, und Nichtbefugniß der Obergerichts-Justizcommissarien als Rechtsbeistände bei Untergerichten

aufzutreten, IV. 371. Befugniß der Justizcommissarien, Versteigerungen, jedoch nicht außerhalb ihres Bezirks, vorzunehmen, IV. 372. Nichtbefugniß derselben, Justitiariate zu übernehmen, IV. 374. 403. Verpflichtung der Justizcommissarien, die früher von den Fiscälen besorgten fiscalischen Geschäfte zu übernehmen, IV. 379. Justizcommissarien als Notarien, Amtssiegel derselben, IV. 399. Wirkung der von ihnen aufgenommenen Instrumente über Geschäfte, welche gerichtlich geschlossen werden müssen, IV. 4. Befugniß derselben zur Aufnahme von Verträgen über die Veräußerung oder Verpfändung (mit Ausnahme der antichretischen Verpfändung) von Grundstücken, IV. 7. Nichtbefugniß der Notarien, Verträge über die Veräußerung eines Grundstücks aufzunehmen, wenn darin ein Altentheil vorbehalten wird, IV. 13. Notarien dürfen keine Acta der freiwilligen Gerichtsbarkeit von Personen, deren Generalbevollmächtigte sie sind, aufnehmen, IV. 391. Zwei mit einander verwandte Notarien können Notariatsinstrumente nicht gültig aufnehmen, IV. 401. s. übrigens Notariatsinstrumente. Beschränkung der Notarien in Aufnahme von Zeugenverhören, IV. 706. Desgl. bei Aufnahme von Versicherungen an Eides statt, IV. 408. Festsetzung der Notariatsgebühren, IV. 412.

Justizdepartement, demselben muss Anzeige geschehen, wenn zwei Untergerichte verschiedener Provinzen, oder zwei Obergerichte über die Gerichtsbarkeit streiten, I. 2. §. 133. wenn der Gerichtsstand mehrerer Mitbeklagten, die bei verschiedenen Ober- und Untergerichten verschiedener Provinzen belangt werden müssten, bestimmt werden soll, §. 138. Wenn ein Obergericht die Verfügung der Insinuation verweigert, muss nach Hofe berichtet werden, 7. §. 9. desgleichen alsdann, wenn der Gegenstand einer auswärtigen Zeugenvernehmung so beschaffen ist, dass daraus Collisionen zwischen dem hiesigen und einem fremden Staate entstehen könnten, 10. §. 225. a. Wenn bei Executionen sich wegen der Competenz des requirirenden Gerichts oder sonst bei der Sache selbst ein Anstand ereignet, muss von dem Landesjustizcollegium bei dem Ministerium angefragt werden, 24. §. 30. wenn durch eine Cabinetsordre oder durch ein Hofrescript eine Execution suspendirt oder aufgehoben würde, müssen die Gerichte zwar Folge leisten, zugleich aber ungesäumt an das Ministerium von der wahren Lage der Sache berichten, §. 44. Wenn in fiscalischen Civilprozessen die Finanzbehörden zur Verzögerung der Sache Anlass geben sollten, muss darüber an den Chef der Justiz, 35. §. 19. und §. 21. desgleichen an das Justizministerium berichtet werden, wenn eine obere Finanzbehörde der Vollstreckung der gegen den Fiscus ergangenen Urtel Hindernisse in den Weg legen sollte, §. 33. In welchem Falle bei den Prozessen über die Entsetzung eines Vormundes dem Chef der Justiz zur Abstimmung des Collegii, bei welchem die Verhandlung erfolgen soll, Anzeige geschehen müsse, 39. §. 24. Die Legitimation unehelicher Kinder, imgleichen die Majorennitätserklärung ist bei Hofe nachzusuchen, II. 1. §. 8. Beschwerden gegen ein Obergericht sind bei dem Justizdepartement anzubringen, III. 1. §. 13. und §. 16. Ueber Beschwerden gegen einzelne Räthe und Subalternen muss der Präsident an den Chef der Justiz berichten, §. 20. und §. 39. desgleichen, 2. §. 10. auch 3. §. 60. Beschwerden in Amtssa-

chen gegen ganze Collegia oder deren Präsidenten müssen bei dem Chef der Justiz angebracht werden, 1. §. 22. Wenn der an ausländische Gerichte wegen Untersagung des Verkehrs eines dortigen Winkelconsulenten mit hiesigen Unterthanen erlassenen Requisition kein Genüge geschieht, ist an das Justizdepartement zur weitern Rücksprache mit dem auswärtigen Departement zu berichten, §. 34. Die Conduitenlisten müssen zu Ende jedes Jahres an den Chef der Justiz eingesendet werden, 2. §. 13. desgleichen die Prozesslisten, §. 34. Ohne Genehmigung des Chefs der Justiz dürfen die Räthe nicht auf längere Zeit als von einer Session zur andern verreisen, §. 39. desgleichen 3. § 9. oder Nebenbedienungen annehmen, §. 19. Wenn ein Rath auf eine längere Zeit verhindert werden sollte, sein Amt zu versehen, muss dann sofort an den Chef der Justiz berichtet werden, III. 2. §. 40. Der Approbation vom Hofe bedarf es fernerhin nicht zur Ansetzung eines Auscultators, 4. §. 5. ist aber zur Ansetzung eines Referendarii erforderlich, §§. 10. 11. Der Präsident muss ein Zeugniss über das Benehmen eines Referendarii, der sich dem grosen Examen unterwerfen will, nebst Acten, worin derselbe als Instruent gearbeitet hat, an den Chef der Justiz einsenden, §. 25. bei welchem der Candidat sich persönlich zu melden hat, §. 26. Von dem Ausfall des grossen Examens muss an den Chef der Justiz Bericht erstattet werden, §. 28. Die Fiscale müssen dem Chef der Justiz ohne Rückhalt Anzeige machen, wenn sie Dienstvergehungen der höhern Justizbedienten wahrnehmen, 6. §. 8. Wenn ein Justizcommissarius sich pflichtwidrig beträgt, soll an den Chef der Justiz gutachtlich berichtet werden, 7. §. 24. desgleichen 42. Ein Justizvisitationsbescheid ist nach Hofe zur Genehmigung einzusenden, 8. §. 39.

Justizdepartement, Einrichtung desselben, IV. 157.; s. übrigens Justizminister. Einrichtung des Militair-Justizdepartements, IV. 166.

Justizminister, Ernennung desselben und Umfang seines Ressorts, IV. 157. Ernennung zweier Justizminister und Bestimmung ihres Geschäftskreises, IV. 158. Einwirkung des Justizministers auf die Verfügungen der Gerichtsbehörden, IV. 159. Befugniß des Justizministers zur Ertheilung von Geschäftsinstructionen für die Gerichte, IV. 159. Befugniß des Justizministers die Gerichte über die Anwendung des Mandats-, summarischen und Bagatellprozeß-Verfahrens zu belehren, II. 582. Befugniß des Justizministers, incompetenten Gerichten andere zu substituiren, II. 93. s. auch Militair-Justizdepartement.

Justizverwaltung, Trennung derselben von den Magisträten in den Städten, IV. 416. Einrichtung der Justizverwaktung im Großherzogthum Posen, I. 37—59.

Justizvisitationen bei Untergerichten, wem dieselbe zu übertragen, je nachdem das Untergericht zur ersten oder zur zweiten Classe gehört, III. 8. §. 17. ist entweder eine ordentliche oder eine ausserordentliche, §. 18. A) Für die ordentlichen sollen beständige Revisoren ernannt, und diese in denjenigen Sachen, welche die ihnen angewiesenen Untergerichte betreffen, zu Decernenten bestellt werden, §. 19. Diese Reviso-

ren müssen die ihrer besondern Aufsicht anvertrauten Untergerichte jährlich wenigstens einmal besuchen, und dazu vorzüglich die Zeit der Gerichtsferien wählen, §. 20. dabei ihr erstes Geschäft sein lassen, die Depositalschlüssel abzufordern, §. 21. Sodann müssen sie den Sessionen beiwohnen, §. 22. sich alle gangbaren Prozess-, Concurs- und die wichtigern Vormundschaftsacten, auch das Hypothekenbuch, vorlegen lassen, §§. 23. 24. die bei ihnen etwa angebrachten Beschwerden gegen das Untergericht hören, §. 25. und nach beendigter Revision Bericht erstatten, §. 26. B) Ausserordentliche Justizvisitationen sind bei solchen Untergerichten zu veranlassen, gegen welche häufige Beschwerden einkommen, §. 27. auch 2. §. 36. Wie dergleichen Justizvisitationen den Untergerichten und den Gerichtseingesessenen anzukündigen, §. 28. Der Commissarius muss sich dabei vorzüglich mit der Verfassung des Gerichts bekannt machen, §. 29. Den Sessionen und Instructionen fleissig beiwohnen, §. 30. sämmtliche gangbare Acten revidiren, §. 31. Die Verwaltung des Depositi untersuchen, §. 32. das Hypothekenbuch und die dazu gehörigen Acten in Augenschein nehmen, §. 33. die Verfassung der Registratur und der Canzlei untersuchen, §. 34. die Beschwerden der Supplicanten erörtern, §. 35. und auf die Beobachtung der Sporteltaxe aufmerksam sein, §. 36. Verfahren des Commissarii, wenn er entdecken sollte, dass ein Mitglied des Collegii sich zur Cassation qualificirt, §. 37. Nach beendigter Visitation muss Bericht erstattet und der Entwurf eines Visitationsbescheides beigefügt werden, §. 79. welcher nach geschehenem Vortrage zur Genehmigung nach Hofe einzusenden ist, III. 8. §. 39. Kosten der Justizvisitation, §. 40. Auch bei Landesjustizcollegien sollen zum öftern Justizvisitationen angestellt werden, I. §. 11.

Justizvisitation, Verfahren bei derselben, IV. 429. u. ff. Einschränkung der Justizvisitationen, IV. 435. Berichtserstattung an den Justizminister über das Resultat einer Justizvisitation, IV. 444. Kosten der Justizvisitation, namentlich bei Patrimonialgerichten, IV. 445.

Juwelen, s. Kostbarkeiten.

K.

Käufer, s. Successor singularis.

Kanzlei, s. Canzlei.

Karte, von Anfertigung derselben bei Einmischung des Augenscheins überhaupt, I. 10. §. 388. besonders in Gränzsachen, 42. §§. 16—18. und §. 28. In wie fern in Bausachen ein ordentlicher Riss, oder nur eine ungefähre Zeichnung anzufertigen, §. 35. Von Aufnehmung der Karte in Separationssachen, 43. §. 24. Vorlegung derselben, §. 27. In wie fern eine unrichtige die Nullitätsklage begründe, 16. §. 2.

Kartelconventionen in Betreff der Deserteurs mit verschiedenen auswärtigen Staaten und zwischen den Staaten des deutschen Bundes, III. 109.

Kasernen, Executionsvollstreckung in solchen, II. 299.

Kassen, s. Cassen.

Kassen, Kassenbediente, Kassengläubiger, s. Cassen.

Katholische Eheleute, s. Eheleute.

Kaufcontract über Grundstücke und Gerechtigkeiten, wie der Richter bei Aufnahme desselben zu verfahren habe, II. 3. §. 11.
S. übrigens: Grundstücke, Justizcommissarius, Künftige Sachen, Verträge.

Kaufgeld, in wie fern dasselbe an der Stelle der nicht mehr in Natur vorhandenen Effecten in der ersten Classe vindicirt werden könne, I. 50. §. 354. Wirkung der nicht erfolgenden Bezahlung desselben bei Adjudicationen, 52. §. 62.

Kaufgelderbelegungs- und Vertheilungsverfahren in Subhastationsprozessen, III. 705. u. ff. s. Subhastationsprozeß.

Kaufmann, in wie fern er ein Aufgebot unbekannter Handlungsgläubiger ausbringen könne, I. 51. §. 159
S. übrigens: Commissionsgüter, Credit, Fabrikant, Handlungsgesellschafter, Handlungsprozess.

Kaufmannshandlungen, deren Auseinandersetzung bei Societäten, I. 46. §. 34. sqq. Wie es damit, imgleichen in Ansehung der Fabriken in Concursfällen zu halten, 50. §§. 238. 239. siehe auch Inventur, Versiegelung in Concursfällen; besonders aber wegen ihrer Administration, s. Activmasse. Verfahren, wenn eine Kaufmannshandlung zum Nachlass gehört, II. 5. §. 29.
S. übrigens: Fabrik, Handlungsgesellschafter, Handlungsgläubiger, Handlungsprozess.

Kerbstock, dessen Beweiskraft, I. 10. §. 164. Auf denselben soll eingeschnitten werden, wie viel Dienste die Unterthanen während eines Prozesses über streitige Dienste geleistet haben, 41. §. 59.

Kinder können gegen ihre Eltern klagen, I. 1. §. 2. (Infantes) werden vor Gericht nicht zugelassen, sondern müssen durch Vormünder vertreten werden, §. 3. sind dem Gerichtsstande der Eltern so lange unterworfen, als sie noch keinen besondern Wohnsitz genommen haben, I. 2. §. 17. und wird durch den Wohnsitz des Vaters begründet, §. 18. s. auch Eximirte, Unterthänige Landbewohner. Dem Gerichtsstande der Mutter ist ein Kind, dessen Vater unbekannt, oder das nicht aus einer Ehe zur rechten Hand erzeugt ist, unterworfen, §. 21. imgleichen §. 99. Kinder der Militairpersonen sind dem Gerichtsstande des Vaters, §. 96. die der Unterofficiere und Soldaten jedoch dem Gerichtsstand ihrer Meister oder Dienstherrschaft unterworfen, §. 97. Von Bevormundung der Kinder im Ehescheidungsprozess, s. Ehescheidungsprozess. In wie fern Kinder ihr Eigenthum in der ersten Klasse vindiciren können, 50 §. 327. insbesondere auf welcherlei Geschenke sich dieses ihr Vindicationsrecht erstrecke, §. 328. Sie treten im Concurse jedesmal an die Stelle ihrer verstorbenen Mutter (der Ehefrau des Gemeinschuldners) in Ansehung des ihr gebührenden Vor-

zugsrechts der vierten Classe, §. 413. s. auch Erbe, fordern den Ersatz ihres Eigenthums, wenn es zur Zeit des eröffneten Concurses nicht mehr vorhanden gewesen, in der vierten Classe, §§. 417. 418. worunter jedoch ein Geldfideicommiss nicht zu rechnen, §. 419. Die Legitimation unehelicher Kinder muss bei Hofe ausgefertigt werden, II. 1. §. 8.
S. übrigens: Alimente, Begräbnisskosten, Ehescheidungsprozess, Exemtion, Eximirte, Medicinalkosten, Stiefkinder, Unterthänige Landbewohner, Väterliche Gewalt, Vormund.
Kirchen, s. Milde Stiftungen, auch Caution.
Kirchen, Sportelfreiheit derselben, II. 242.
Kirchenbediente, niedere, sind nicht eximirt, I. 2. §. 47. Was dieselben an laufenden Zehnten oder sonstigem Deputat zu fordern haben, ist von der Einlassung in den Concurs frei, 50. §. 270. Die zweijährigen Rückstände solcher Forderungen werden in der zweiten, §. 357. die mehr als zweijährigen in der vierten Classe angesetzt, §. 404.
S. übrigens: Schulbediente.
Kirchenbuch, ein Attest aus demselben ist ein Documentum publicum extrajudiciale, I. 10. §. 128.
Kirchenknechte sind nicht eximirt, I. 2. §. 47.
Kirchlehn, s. Ehrenrechte.
Kläger, wer in dieser Qualität vor Gericht erscheinen könne, s. Klage. Verfahren, wenn derselbe im angesetzten Termin zur Aufnahme der Klage, I. 4. §. 20. oder im Instructionstermin nicht erscheint, 9 §. 42. sqq. auch 20. §. 18 — 20. s. auch Litisreassumtion, Ordnungsstrafen. Wie es zu halten, wenn er dem Prozesse entsagt, §. 21. s. auch Litisdenunciation.
Klage kann jeder, der sich und seinem Vermögen vorzustehen fähig ist, anstellen, I. 1. §. 1. kann von einem jeden gegen einen jeden Unterthan des Staats ohne Unterschied des Standes angestellt werden, §. 2. auch von und gegen alle Corporationen, die als eine moralische Person betrachtet werden, I. 1. §. 33. Klagen und belangt werden können in Einem Prozesse mehrere Personen nicht, es sei denn, dass sie den Rechten nach für eine Person zu achten, §. 35. oder Mitberechtigte und Mitverpflichtete wären, §. 36. Welche Klagen auf die Erben übergehen, bestimmt das Landrecht, §. 38. Was derjenige erwägen müsse, der klagen oder auf eine Klage sich einlassen will, §. 39. Jede Klage ist bei dem gehörigen Gerichte zu verhandeln, 2. §. 1. Gegen Personen, die zu einer auswärtigen Gesandtschaft gehören, kann bei hiesigen Gerichten nicht geklagt werden. Verfahren, wenn eine solche Klage angebracht wird, §. 63. In wie fern die Entschädigungsklagen mit dem Verbrechen zugleich bei dem Criminalgerichte untersucht oder bei dem persönlichen Gerichtsstande des Beschädigers angestellt werden müssen, §. 178. Eine schriftliche Klage ist zulässig, §. 16. Inhalt einer jeden Klage, §. 17. Specielle Erfordernisse derselben: 1) bei Erzählung der Thatsachen, §. 18. 2) bei Formirung des Antrags, §. 19. Dabei ist auf die genera et formulas actionum keine

ängstliche Rücksicht zu nehmen, 5. §. 20. In wie weit und wie lange eine Aenderung des Antrags der Klage zulässig sei, §. 21—23. Was auf die Klage zu verordnen, wenn vorläufige Anstände zu heben sind, 6. §. 3. sqq. Eine offenbar unzulässige kann durch eine Resolution zurückgewiesen werden, §. 7. Verordnung auf die Klage, wenn vorläufige Verfügungen an den Beklagten oder an einen Dritten erforderlich sind, §. 8. besonders, in welchen Fällen der Regierung eigends Nachricht von Regress- und Injurienklagen gegen ihre Officianten, und der Generaldirection der Königlichen Schauspiele von Klagen gegen Personen der Königlichen Schauspiele und Kapelle zu geben ist, §. 8. (49.) wenn dieselbe gehörig substantiirt ist, §§. 10. 11. und sogleich ein Instructionstermin angesetzt werden kann, §§. 12. 13. imgleichen §. 16 — 18. oder zuvörderst ein Termin bloss zur Beantwortung der Klage bestimmt wird, §§. 14. 15. Wenn die Klage durch einen Bevollmächtigten des Beklagten ten überall eingeräumt wird, so muss der Bevollmächtigte nicht nur überhaupt mit Vollmacht legitimirt sein, sondern es muss auch sein Auftrag zu einer solchen Erklärung entweder aus der Vollmacht selbst, oder aus Briefen, Instructionen etc., welche zu den Acten zu geben sind, hinlänglich erhellen, 8. §. 14. Hierauf wird eine Resolution abgefasst, §. 16. aus welcher, wie aus einem Erkenntnisse, Execution nachgesucht werden kann. Blosse schriftliche Privaterklärungen einer Partei sind aber zur Abfassung einer solchen Resolution nicht hinreichend, §. 16. Wird die Klage nur zum Theil eingeräumt, so erfolgt eben so, als wenn derselben durchgehends widersprochen wird, Instruction der Sache, §§. 17. 18.

S. übrigens: Anmeldung der Klage, Aufnehmung der Klage, Cumulation der Klage; imgleichen die einzelnen Gattungen des Prozesses.

Klage, von den, gegen militairische Kassen- und Magazin-Beamte angestellten Schuldklagen sind die Militair-Intendanturen zu benachrichtigen, I. 320., und bei Prozessen gegen Kirchen und andere denselben gleichstehende Institute ist der betreffenden Regierung, unter Mittheilung einer Abschrift der Klage, der Klagebeantwortungstermin bekannt zu machen, derselben auch Abschrift des Erkenntnisses mitzutheilen, I. 320. Bei Klagen, welche ohne nähere Bestimmung der fiscalischen Station gegen den Fiscus gerichtet sind, wird der Fiscus der Regierung überhaupt als Beklagter angesehen und die Klage dem Präsidium der Regierung insinuirt, I. 370. Behändigung der Klagen gegen den Fiscus, III. 6.

Klageanmeldungsstube, s. Referendarius.

Kloster ist eximirt, I. 2. §. 103. S. übrigens: Milde Stiftungen.

Kostbarkeiten und Juwelen, die nicht zum täglichen Gebrauch desjenigen bestimmt sind, auf dessen Prodigalitätserklärung angetragen worden, können ihm schon während der Instruction abgefordert und in gerichtliche Verwahrung genommen werden, I. 38. §. 21. Juwelen, rare Schildereien, Kunststücke und seltene Münzen müssen, wenn jede dieser Rubriken wenigstens 500 Rthlr. hoch gewürdigt worden ist, nicht verauctionirt, sondern subhastirt werden, 50. §. 228. Kostbarkeiten gehören nicht

zum standesmässigen Unterhalt der Ehefrau eines Gemeinschuldners, §. 315., s. auch Standesmässiger Unterhalt.

Kostbarkeiten, Subhastation derselben findet nicht mehr statt, III. 645.

Kostgeld der Dienstboten, s. Lohn der Dienstboten.

Kosten, davon überhaupt handelt I. 23. deshalb soll im Erkenntnisse das Erforderliche mit festgesetzt werden, §. 1. auch 13. §. 41. Verfahren dabei, wenn eine Partei das Armenrecht geniesst, §. 1. (134.) deren Compensation soll in erster Instanz in der Regel nicht statt finden, §. 2. ausgenommen: 1) wenn der Kläger mehr gefordert hat, als ihm zuerkannt wird, und der Gegenstand dieser Pluspetition nicht ganz unbedeutend ist; 2) wenn bei einigen Puncten für den Kläger, bei andern für den Beklagten erkannt wird, wobei die Kosten nicht immer zur Hälfte getragen, sondern nach Verhältniss der Wichtigkeit der zu- oder aberkannten Forderungen vertheilt werden müssen; 3) wenn die Thatsache, aus welcher Jemand verurtheilt oder abgewiesen wird, nicht seine eigene, sondern die Handlung eines Dritten betrifft, und er sich von der Richtigkeit derselben erweislich nicht eher als bei der Untersuchung überzeugen konnte; 4) wenn auf einen nothwendigen Eid erkannt wird, es sei denn, dass a) ein Kaufmann die Richtigkeit seiner Handlungsbücher beschwöre, oder b) der Gegentheil von dem Grunde oder Ungrunde der zu beschwörenden Thatsache aus eigener Wissenschaft unterrichtet sein könne; 5) wenn eine Entscheidung der Gesetzcommission hat eingeholt werden müssen. §. 5. Wirkung der Kostencompensation, und wie die Berechnung anzulegen, §. 4. besonders, wenn beide Theile appellirt oder revidirt haben, (135.) In welchen Fällen der obsiegende Theil die Kosten erstatten müsse, §. 5. s. auch Sühne. Kosten der Appellationsinstanz, wenn das erste Erkenntniss ganz oder zum Theil bestätigt, §. 6. wenn es auf den Grund einer neuen Untersuchung abgeändert wird, §§. 7. 8. In wie fern die Kostencompensation erfolge, wenn das Urtel auf den Grund neuer von dem Appellaten zur Unterstützung des vorigen Urtels beigebrachter Thatsachen oder Beweismittel bestatigt wird, §. 9. Kosten der Revisionsinstanz, §. 10. Kostenvertheilung bei wechselseitigen Appellationen oder Revisionen, §. 11. Kosten einer neuen Untersuchung in der Revisionsinstanz, §. 12. auch 15. §. 15. In wie fern bei Nullitätsklagen die Kosten von dem Imploranten, von dem Imploraten oder von einem Dritten, z. B. von dem Richter, welcher die Nullität begangen hat, getragen werden müssen, I. 23. §. 13. auch §. 6. Von Kosten bei Restitutionsgesuchen, §. 14. insbesondere ex capite minorennitatis, §. 15. In allen Fällen, wo die Nullitätsklage durchgesetzt oder Restitution erhalten wird, muss in dem neuen Haupturtel in Ansehung der Kosten des vorigen Prozesses das Nöthige mit festgesetzt werden, §. 16. Von Kosten bei Litisdenunciationen, §. 17. bei Interventionen, §. 18. bei der Nomination, §. 19. bei Litisdenunciationen, §. 20. bei Vergleichen, §. 21. und (136.) Wenn der Kostenpunct in einem Urtel gänzlich übergangen

worden, muss Declaration nachgesucht werden, §. 22. Die Kosten der Hauptsache müssen von denjenigen, welche wegen gewisser bei dieser Gelegenheit eingetretenen Nebenumstände erwachsen sind, sorgfältig unterschieden werden; zu diesen letztern gehören 1) Contumacialkosten, welche der Verurtheilte oder Abgewiesene, auch wenn es der Fiscus ist (35. §. 20.) in jedem Falle allein tragen muss; 2) Kosten eines vereitelten Termins, (s. auch I. 8. §. 8. und §. 21. auch 10. §. 10.) 3) Kosten der Untersuchung eines von dem Instruenten und dem Assistenten, auch durch das Erkenntniss, unerheblich befundenen Umstandes; 4) Kosten der ohne Noth verlangten Abhörung mehrerer als dreier Zeugen über eine und eben dieselbe Thatsache; als welche unnöthige Kosten der Producent nicht erstattet verlangen kann, s. auch Injuriensachen. 5) Kosten der ohne rechtlichen Grund veranlassten Untersuchung sogenannter Incidentpuncte, welche der Extrahent allein tragen muss, §. 23. wohin auch die durch ungegründete Einwendungen gegen die Person der Zeugen, oder dadurch, dass Jemand wissentlich verwerfliche Zeugen in Vorschlag bringt, aufgelaufenen Kosten gehören, 10. §§. 236. 237. 6) die durch ohne Grund verweigertes persönliches Erscheinen verursachten Kosten, §. 24. oder 7) wenn Jemand durch den Widerruf eines Geständnisses die Instruction verzögert, 10. §. 27. b. oder auch 8) statt eines ihm über einen Umstand, von welchem er aus eigner Wissenschaft unterrichtet sein kann, zugeschobenen Eides die Aufnehmung anderer Beweismittel verlangt, 10. §. 255. Welche Kosten unter diejenigen zu rechnen, von denen im gegenwärtigen Titel (23.) die Rede ist, 23. §. 25. welche Gebühren und Kosten Justizcommissarien in ihrer eigenen Sache fordern können, §. 25. n. 9. 10. (137.) welche Kosten andere Rechtsverständige, die nicht Justizcommissarien sind, liquidiren können, (138.) Wann in Injuriensachen keine Kosten für einen Bevollmächtigten ersetzt werden, (139.) Verfahren bei Liquidirung und Festsetzung der Kosten, §§. 26. 27. Die Feststellung erfolgt durch ein blosses Decret, gegen welches nur der Recurs statt findet, §. 28. In wie fern mehrere in den Kostenersatz verurtheilte Litisconsorten dem Gegner pro rata oder in solidum zur Erstattung verbunden, §. 29. Vom Armenrecht, §. 30. sqq. s. auch Armenrecht. In wie fern Unterofficiers und Soldaten, auch die bei dem Kriegswesen verpflichteten niederen Beamten und Knechte, reitende Feldjäger, Beurlaubte und Krümper, imgleichen die Ehefrauen und Kinder dieser Personen gleich den Armen die Sportelfreiheit geniessen, I. 23. §. 42. sqq. §. 42. (143.) §. 43. (144.) jedoch nicht Compagniechirurgen, §. 42. (143.) Sportelfreiheit des Fiscus und der ihm gleichgesetzten Behörden und Anstalten, siehe Fiscus. Sportelfreiheit der Prinzen des Königlichen Hauses, auch in ihren Appanagen, §. 46. (146.) Welche Partei die Kosten der Verfügungen vorschiessen müsse, §. 47. u. (147.) insbesondere bei Editionen der Urkunden, je nachdem sie von einer Partei verlangt, oder von Amtswegen verfügt wird, 10. §. 109. und bei Executionen, deren Kosten der Gläubiger als Extrahent

vorschiessen muss, 24. §. 100. Ein einheimisches Gericht, welches die Insinuation einer Verordnung zur Ungebühr versagt, muss sämmtliche dadurch verursachten Kosten erstatten, 7. §. 10. In welchem Falle der Justizcommissarius die Kosten des vereitelten Termins ganz, 10. §. 13. oder zur Hälfte tragen müsse, §. 14. Einem Zeugen, der bei einem Untergerichte die in der Folge von dem Obergerichte nothwendig befundene Beantwortung einer Frage verweigert, sollen alle durch diese Weigerung verursachten Kosten zur Last fallen, §. 181. Die Wiederholung eines Zeugenverhörs muss unter gewissen Umständen auf Kosten des vorigen Instruenten, §. 210. oder desjenigen geschehen, durch dessen Unachtsamkeit das aufgenommene Protocoll weggekommen ist, §. 211. In wie fern wegen des Kostenpuncts die Appellation statt finde, 14. §. 3. n. 2. oder wegen der Prozesskosten Cautionsbestellung gefordert werden könne, s. Caution. Wie es in Ansehung der Kosten des Appellatorii zu halten, wenn ein Litisconsorte der Appellation erst nach eröffnetem Appellationserkenntniss beitritt, 14. §. 14. a. In wie fern der Extrahent oder der Schuldner die Kosten der angefangenen Execution tragen müsse, wenn vor Vollstreckung derselben die Bezahlung erfolgt, 24. §. 33. Von den Kosten der Execution, §. 49. (154.) und die Alimentation des verhafteten Schuldners, und die Verhaftung selbst, §. 134. (176. 177.) Wie es mit den Kosten des Recurses zu halten, 25. §. 18. Wegen der Kosten in Untergerichtsprozessen hat es bei den Vorschriften des 23sten Titels sein Bewenden, §. 44. Wer ausdrücklich verlangt, dass in einer Obergerichtsbagatellsache von dem gewöhnlichen Appellationsrichter erkannt werde, muss die Transmissionskosten allein tragen, 26. §. 14. Wer in der Possessoriensache in die Kosten verurtheilt worden, kann die Vergütung derselben, auch wenn er in der Hauptsache obsiegt, nicht verlangen, 31. §. 19. jedoch findet dabei Appellation wegen des Kostenpuncts statt, §. 18. (215.) In wie fern im Diffamationsprozess der Provocant die Kosten tragen müsse, 32. §§. 10. 13. 16. oder deren Erstattung von dem Provocanten im Hauptprozess fordern könne, §. 12. Die Aufnehmung des Beweises zum ewigen Gedächtniss geschieht auf Kosten des Provocanten, der jedoch im Hauptprozess deren Erstattung verlangen kann, 33. §. 38. In wie fern in Injuriensachen die Kosten von der Gerichtsherrschaft in subsidium getragen werden müssen, I. 34. §. 32. In Ansehung der Kosten gilt bei Injurienprozessen alles, was in Prozessen überhaupt gilt, (237.) Für die Mittheilung einer Klage gegen den Fiscus an die Finanzbehörde dürfen keine Kosten angesetzt werden, 35. §. 12. Die fiscalische Behörde muss dem Gegentheil die durch Verzögerung versuchten mehrern Kosten und Schäden erstatten, §. 21. s. übrigens: Fiscus. Die Kosten einer fiscalischen Untersuchung fallen dem Denunciaten zur Last, wenn er verurtheilt oder auch nur ab instantia losgesprochen worden, §. 82. Von den Kosten in fiscalischen Untersuchungen, s. Fiscalische Untersuchung. Dem Denunciaten, wenn das Gegentheil der Denunciation ausgemittelt wor-

den, §. 83. sie werden niedergeschlagen, wenn der Denunciat den gegen ihn streitenden Verdacht hinlänglich abgelehnt hat, §. 84. §. 82. (259.) Subsidiarisch verhaftet sind für die fiscalischen Untersuchungskosten die Magistrate und Gutsherrschaften niemals, (262.) Der Denunciat muss bloss die baaren Auslagen erstatten, wenn die Lossprechung nur Folge eines während der Untersuchung ausgemittelten Einwandes ist, §. 85. Wenn auf die Appellation der fiscalischen Behörde das lossprechende Erkenntniss bestätigt wird, muss dem Denunciaten zu den ihm verursachten Kosten mit Nachdruck verholfen werden, §. 102. Welche Kosten dem Fiscus in Confiscationsprozess zur Last fallen, 36. §. 39. u. (276—278.) Von Locirung der Untersuchungskosten im Concurs, s. Untersuchungskosten. Die Kosten der Instruction des Moratoriengesuchs muss der Schuldner in der Regel allein tragen, 48. §. 36. und §. 95. Für die Instruction eines Cessionsgesuchs können auf den Theil des Gemeinschuldners keine Kosten angesetzt werden. Die auf den Theil der Gläubiger fallenden sind aus der Masse zu nehmen, es sei denn, dass sie durch ungegründet befundenen Widerspruch einzelner Gläubiger aufgelaufen wären, 48. §. 30. Von Kosten im Concursprozess überhaupt, §. 153. und (330.) auch §. 193. s. übrigens: Communkosten. Die nachliquidirenden Gläubiger müssen die durch diese Verzögerung auflaufenden Kosten allein tragen, 50. §. 141. auch §. 168. In wie fern die nicht appellirenden Mitgläubiger zu den Kosten der Appellation eines Gläubigers beitragen müssen, 50. §. 181. Die Kosten der Deposition muss derjenige, der mit seinen Gegenforderungen und Einwendungen ad separatum verwiesen worden, allein tragen, §. 292. s. auch Deposition. Welche Kosten die dazu berechtigten Salarienkassen in der vierten Classe fordern können, und welche in der siebenten, §. 402. (362.) Welche Kosten in Concursfällen bei Vertheilung der Revenüen eines jeden Jahres vorweg abzuziehen oder nicht, §§. 496. 497. Von Communkosten, §. 530. sqq. s. Communkosten, Fiscus. Die Kosten der von einem Gläubiger gegen den andern eingewendeten Rechtsmittel gehen die Masse nichts an, §. 530. Die eingetragenen Gläubiger müssen die Ausfertigungs- und Eintragungskosten allein übernehmen, wenn ihre Schuldinstrumente im Hypothekenbuche auf Pfandbriefe umgeschrieben werden. I. 50. §. 629. s. auch Pfandbriefe. Von Kosten des Liquidationsprozesses 1) wenn das Grundstück oder dessen Kaufgeld offenbar hinreichend ist, 51. §. 33. 2) wenn die Kaufgeldermasse nicht hinreicht, §. 47. Von Kosten des erbschaftlichen Liquidationsprozesses, §. 95. des Aufgebots I) der Grundstücke gegen unbekannte Realprätendenten, §. 108. II) eingetragener Posten, deren Inhaber unbekannt sind, §. 114. III) verlorener Pfandbriefe, wenn der etwanige Inhaber derselben edictaliter vorgeladen werden muss, §. 127. Von Kosten der Justizvisitationen III. 8. §. 40.

S. übrigens: Communkosten, Gerichtsgebühren.

Kosten, deren Einziehung in Requisitions- und Auftragssachen, I. 337. Welche Rechtsmittel gegen gerichtliche Entscheidungen wegen derselben statt finden, II. 5.

Kostenansatz in Nichtigkeitsbeschwerdesachen, II. 84—85. 106. Einziehung der Kosten des Contumacialverfahrens, II. 180. Interimistische Gültigkeit des Kostenpuncts in dem Erkenntnisse erster Instanz, II. 180. Kosten der Versendung der Acten an eine höhere Instanz bei erkannter Kostencompensation, II. 183. Vertheilung der Kosten bei erkannter Kostencompensation, namentlich der Kosten der Beweisaufnahme, II. 184. Verhaftung des successor singularis rei litigiosae für die Prozeßkosten, II. 282. Mandatariengebühren; deren Erstattung kann erst nach rechtskräftiger Entscheidung gefordert werden, II. 181. Mandatariengebühren für mehrere in derselben Sache beschäftigt gewesene Justizcommissarien, deren Festsetzung und Erstattung, II. 191. Erstattung der Kosten des vom Gegentheil angenommenen Mandatars, II. 192. 585. Berechtigung der Untergerichts-Justizcommissarien, Reisekosten für die in zweiter Instanz bei dem Obergericht abgehaltenen Termine zu verlangen, II. 195. Einziehung der Mandatariengebühren vom Gegentheil durch den Mandatarius, II. 196. Erstattung der Reisekosten einer Partei, I. 276. Kostenerstattung in Prozessen der Minderjährigen, II. 197. Desgl. der Kämmereien, II. 198. Desgl. in Prozessen des Fiscus, II. 198. Gebühren eines Vormundes in Prozessen, II. 199.; namentlich der Justizcommissarien als Vormünder, II. 200. Desgl. der Justizcommissarien in eigenen Sachen, II. 202. Gebühren der Bevollmächtigten, welche nicht Justizcommissarien sind, II. 203. 207. Deren Erstattung, namentlich der Reisekosten eines solchen Bevollmächtigten, II. 204. Welche Gebühren ein Stadtsyndicus als Vertreter der Stadtcommunen liquidiren kann, II. 205. Festsetzung der Mandatariengebühren, namentlich in Prozessen des Fiscus, II. 209. Festsetzung der Mandatariengebühren zweiter Instanz in summarischen Prozessen, II. 210. Verpflichtung der Justizcommissarien für die Kosten der Festsetzung und Einziehung ihrer Gebühren, II. 211. Erstattung der baaren Auslagen der Justizcommissarien in Armensachen. II. 220. Unzulässigkeit des Personalarrests wegen Mandatariengebühren, II. 223. Verpflichtung der Litisconsorten zur Uebernahme des Kostenantheils eines zahlungsunfähigen Theilnehmers, II. 213. Armenrecht wegen der Kosten, namentlich bei den Gerichten verschiedener auswärtiger Staaten, II. 212. Zulassung zum Armenrechte nach beendigtem Prozesse, II. 219. Einziehung der Kosten, zuläsige Executionsmittel, und daß wegen solcher niemand außer Nahrungsstand gesetzt werden soll, II. 217. 345. Zulässigkeit der Subhastation wegen zu erstattender Prozeßkosten, II. 234. Sicherstellung des reservirten Porto in Armensachen, II. 224. Sportelfreiheit der Militairpersonen, namentlich der Compagniechirurgen, der Feldjäger, der Feldwebel, der Beurlaubten, der Ehefrauen der Unteroffiziere und Soldaten, II. 235. 237. Sportelfreiheit des Fiscus, namentlich der Bank, besonders in Subhastationssachen, II. 238. III. 12. 116. In wie fern fiscalische Behörden Copialien und Insinuationsgebühren zu zahlen haben, II. 239. Kostenfreiheit der Wittwenanstalten, II. 240. Desgl. der Armenanstalten und milden Stiftungen, II. 241. Desgl. der Hospitäler, II. 242. Desgl. der Kirchen, Pfarren, Küstereien und Schulen, II. 242. Sportelpflichtigkeit der gerichtlichen Depositorien, II. 245. Sportelfreiheit der Minderjährigen, in wie fern sie statt findet, II. 246—256. Kostenpflichtigkeit der mit Minderjährigen concurrirenden Großjährigen, II. 251. Kostenfreiheit der Prinzen des Königl. Hauses, II. 256. Einziehung der Kostenvorschüsse, II. 257. Nichtverpflichtung des Fiscus zu Kostenvorschüssen in Subhastationssachen, II. 258. Kostenvorschüsse armer Parteien in Sequestrations- und Subhastationssachen, II. 258. III. 645. Unzulässigkeit der Kostenvorschüsse in Bagatellsachen, II. 259. Einziehung der Kostenvorschüsse von Ausländern, II. 259. Succumbenzgelder, II. 261. Recurs wegen des Kostenpunctes, II. 5. Kosten des Recursverfahrens gegen Erkenntnisse der Untergerichte in Bagatellsachen, II. 541. Kosten in Injuriensachen, I. 744. 730. Wegen des Kosten-

punctes in Injuriensachen findet der Recurs nicht statt, II. 722. Kosten in fiscalischen Untersuchungen und Erstattung der baaren Auslagen in solchen, III. 71—74. Kostenansatz bei cumulirten Confiscationsklagen, III. 97. Desgl. bei cumulirten Todeserklärungen, III. 129. Kosten bei Wahn- oder Blödsinnigkeitsverfahren, III. 136. Kosten bei gutsherrlichen und bäuerlichen Regulirungen, Gemeinheitstheilungen und Ablösungen, III. 291. Kosten im Concurse, III. 435. 436. 517. 525. 730. s. auch Communkosten. Kosten der öffentlichen Bekanntmachung der über 56 Jahre deponirten Testamente, IV. 101.

Kostenersatz, s. Kosten, auch Armenrecht.

Kostenersatz, s. vorstehend unter Kosten.

Kostenfreiheit der Armen, s. Armenrecht. Der Unterofficiere und Soldaten, reitenden Feldjäger, Beurlaubten, Krümper, und der Ehefrauen aller dieser Personen, I. 23. §. 42. sqq. und (143.) §. 43. (144.) auch in fiscalischen Untersuchungen, 35. §. 82. (260.) s. auch Kosten des Fiscus, und der ihm gleichgesetzten Anstalten oder Behörden, s. Fiscus, der Prinzen des Königlichen Hauses, auch in ihren Appanagen, 23. §. 46. (146.)

Kostenfreiheit, s. Kosten, Fiscus.

Kostenpunct, in Ansehung desselben soll angenommen werden, dass die Parteien sich ihres sonstigen ordentlichen Gerichtsstandes begeben haben, I. 21. §. 3.

Kostenvorschuss, was dabei zu beobachten, I. 23. §. 47. u. (147.) s. auch Kosten.

Kostenvorschuß, s. unter Kosten.

Kostenvorstand, s. Caution.

Kranke und Wöchnerinnen, auf Betten, worin solche liegen, soll die Auspfändung sich nicht erstrecken, I. 24. §. 71.

Kreisjustizräthe, deren Bestellung und Amtswirksamkeit, I. 235—238. Competenzbefugnisse derselben, namentlich in Ansehung der Executionsverfügung, I. 238. und im Betreff der Aufnahme von Handlungen der freiwilligen Gerichtsbarkeit, I. 240. Daß die unterlassene Zuziehung eines Protocollführers bei den, von den Kreisjustizräthen aufgenommenen Verhandlungen die Ungültigkeit derselben nicht unbedingt zur Folge hat, ebend. Competenz der Kreisjustizräthe zur Einleitung von Mandatsklagen, II. 580. Vorzugsrecht der Gebühren der Kreisjustizräthe im Concurse, III. 497. Rechnungsbücher der Kreisjustizräthe über die von ihnen liquidirten Kosten, und jährliche Einreichung eines Extracts aus denselben, IV. 576.

Krieg, wie es bei dessen Ausbruch mit den Militairprozessen zu halten, I. 20. §. 8. sqq. In wie fern während desselben gegen eine in Kriegsdiensten abwesende Person nicht in contumaciam verfahren werden könne, §. 9. Wozu der Kläger berechtigt sei, wenn der Abwesende Beklagtens Stelle vertritt, §. 10. s. auch Protestation. Wegen Forderungen, die vor dem Kriege entstanden sind, können gegen die im Felde abwesenden Personen keine Klagen angenommen werden, oder Edictalvorladungen mit der Wirkung der Präclusion ergehen. §. 11. welches aber geschehen kann, wenn der Krieg noch nicht wirklich ausgebrochen ist, sondern nur noch Rüstungen und Anstalten obwalten, auch die Truppen zwar bereits ausgerückt sind, aber noch nicht in Cantonirungen oder Gränzlagern stehen, §. 12.

Krieg, Suspension der, das Militair angehenden Prozesse während der Kriege von 1812—1815, II. 157. 162. Aufhebung dieser Suspension und Verfahren in den wiederhergestellten Militairprozessen, II. 162—163.

Kriegscanzlei, geheime, die dabei angestellten Bedienten stehen unter dem Generalauditoriat, I. 2. §. 50.

Kriegscollegium, s. Oberkriegscollegium.

Kriegsgerichte, s. Generalauditoriat, Militairgerichte, Regimentsgerichte.

Kriegs- und Domainencammern, Streitigkeiten zwischen denselben und den Landesjustizcollegien wegen der Gerichtsbarkeit entscheidet die Jurisdictionscommission, I. 2. §. 134. haben keine Jurisdiction mehr, §. 130. (39.) s. überhaupt Regierungen.

Kriegs- und Domainenkammer, s. Regierung.

Kriegssteuern, deren Locirung im Concurse, III. 482.

Krümper, s. Militairpersonen.

Künftige Sachen, Verträge über deren Verkauf können vor jedem Gerichte errichtet werden, II. 1. §. 9.

Küster ist nicht eximirt, I. 2. §. 47. Feldküster stehen unter den Untergerichten der Garnisonstadt, §. 48. sqq. (13.) s. Militairpersonen.

Kündigung der Capitalien, Verfahren dabei, II. 651.

Kunst- und Handwerksgeräthschaften, die Auspfändung soll sich auf unentbehrliche nicht erstrecken, I. 24. §. 71. Verfahren, wenn kein anderes Executionsobject vorhanden ist, §§. 95. 96. besondere Vorschriften, (159.) In wie fern dieselben nicht mit Arrest belegt werden können, 29. §. 19. Sie dürfen vom Vermiether nicht zurückgehalten werden, 44. §. 60. (302.)

Kunst- und Handwerksgeräthschaften, in wie fern deren Abpfändung im Wege der Execution zulässig, II. 356.

Kunststücke, s. Kostbarkeiten.

Kunstverständige, s. Sachverständige.

Kunstwörter müssen bei Abfassung und Ausfertigung der Urkunden möglichst vermieden werden, II. 2. §. 51.

L.

Läsion, s. Verletzung.

Landarmendirectionen, deren Befugniß zur Einziehung von Detentionskosten, I. 116.

Landbewohner, s. Unterthänige Landbewohner.

Landesgränze, Verfahren, wenn ein Gränzstein dieselbe mit betrifft, I. 42. §. 33. s. auch Auswärtiges Departement.

Landesjustizcollegia, davon überhaupt handelt III. 1. Aus was für Personen dieselben bestehen, §. 1. Bestimmung derselben, § 2. 1) Extrajudicialia, §. 3. 2) Aufsicht über die Untergerichte, §. 4. s. auch Justizvisitation, Untergerichte. 3) Juris-

dictio contentiosa, §. 5. Pflichten der Justizcollegien, §§. 6. 8. Rechte und Autorität derselben, §§. 9. 10. Aufsicht über dieselben, §. 11. Untersuchung der gegen sie einkommenden Beschwerden, §. 12. sqq. Die Justizkommissarien, imgleichen alle Landesjustizcollegien und Gerichte sollen sich derjenigen Parteien, welche gegründete Beschwerden gegen andere Gerichte haben, ohne Ansehen der Person annehmen, §. 16. s. auch Justizcommissarius, Justizdepartement. Von Beschwerden gegen Militairgerichte, §. 18. (auch I 2. §. 52.) s. übrigens Civilgerichte, Oberkriegskollegium. Von persönlichen Anschuldigungen, §. 19. gegen einzelne Mitglieder, §§. 20. 21. gegen das ganze Collegium oder den Präsidenten, §. 22. Strafen pflichtwidriger Justizbedienten, §. 23. sqq. erdichteter Beschwerden und Beleidigungen der Justizcollegien, §. 28. sqq. und §. 15. (442. 443) und der Verfasser solcher Schriften, §. 14. (440.) s. auch Strafen. Verfahren der Justizcollegien, wenn sie von Winkelschriftstellern ausserhalb Landes Nachricht einziehen, III. 1. 34. s. auch Präsident. Veranstaltungen, um zu verhüten, dass arme Parteien nicht verleitet werden, sich an Winkelconsulenten zu wenden, 2. §. 36. s. auch Referendarius. Gang und Ordnung in dem Betriebe der Geschäfte, 3. §. 35. sqq. Von den Sessionen, §. 38. sqq. s. auch Präsenztabelle, Präsident, Sessionstag. Ferien, §. 51. sqq. s. auch Gerichtsferien. Bei wem diejenigen Piecen, welche bei dem Collegio zum Vortrag gelangen sollen, abgegeben werden müssen, R. u. C. R. §§. 83. 84. s. auch Präsident. Alle versiegelt eingehenden Sachen müssen bei dem Präsidenten abgegeben werden, §. 86. Die Landesjustizcollegia müssen alle einem Untergerichte ihres Departements unterworfene Personen unmittelbar vorladen, I. 7. §. 8.

S. übrigens: Obergericht.

Landesjustizcollegia, Einrichtung derselben, IV. 169., deren unmittelbare Communikation mit dem Ministerio der auswärtigen Angelegenheiten insbesondere bei Insinuationen an auswärtige Behörden, I. 340. f. auch Beschwerden. Befugniß der Obergerichte, eine von einem Untergerichte verfügte Execution aufzuheben, IV. 429.

Landesunterthanen, deren Gerichtsstand, s. Eximirte, Gerichtsbarkeit, Gerichtsstand.

Landgut, Verfahren bei Abschätzung desselben, s. Taxe. Wie es in Concursfällen zu halten, wenn ein Landgut zur Masse gehört, s. Versiegelung in Concursfällen; soll in Concursfällen, wenn der Subhastation nichts im Wege steht, nicht verpachtet werden, I. 50. § 249. Worauf in Concursfällen zu sehen, wenn dasselbe verpachtet ist, §. 251. sqq Wie zu halten, wenn es unveräusserlich ist, §. 265. Verfahren bei der Sequestration desselben in Concursfällen, wenn es unter einer andern Realjurisdiction belegen ist, §. 656. sqq. In wiefern ein adeliges, wenn es in Concurs gerathen, mit Pfandbriefen belegt werden könne, §. 629. Die Taxe eines adeligen Gutes soll allemal nach dem wahren Ertrage, II. 6. §§. 12. 15. eines nicht adeligen

Landgutes, welches des Besitzers freies Eigenthum, und keiner Gutsherrschaft unterworfen ist, soll im Wesentlichen nach den bei Abschätzung eines adeligen Gutes statt findenden Grundsätzen der Provinz aufgenommen werden, §. 14. s. auch Bauergüter, Häuser, Lassgüter.

Uebrigens s. Ehrenrecht, Grundstücke, Immission, Licitationshandlung, Sequestration, Subhastation, Taxe, Zuschlag.

Landgut, s. Taxe, Sequestration, Subhastation.

Land- oder Steuerrath, was derselbe bei Ertheilung der Wanderpässe an Cantonisten zu beobachten habe, I. 36. §§. 9. 10.

Landreuter, s. Execution.

Landsassiat, was derselbe in Ansehung des persönlichen Gerichtsstandes eines Ausländers wirkt, der in Provinzen, wo derselbe statt findet, ein adeliges Gut besitzt, I. 2. §. 114.

Landsassiat, Zulässigkeit der Klagen gegen Ausländer, welche im Inlande Vermögen besitzen, I. 226.

Landschaft, in wiefern die Ansprüche ihrer Cassen in der vierten Classe angesetzt werden, I. 50. §. 405.

S. übrigens: Creditsysteme, Sequestration.

Landschaft Churmärkische, s. Churmärkische Landschaft.

Landschaftliche Institute und Creditsysteme, deren Subalternen sind eximirt, I. 2. §. 57.

Landschaftliche Institute s. Creditdirectionen.

Landwehr, s. Militairpersonen.

Landwehrmänner, deren Gerichtsstand s. Militairpersonen. Strafverfahren gegen dieselben, I. 177, 179 – 182, 183. Verwandlung der gegen einen Landwehrmann erkannten militairischen Strafe nach dessen Entlassung aus dem Militairdienste I. 184. Aussetzung der Untersuchungen und Strafvollstreckungen gegen Landwehrmänner und Kriegsreservisten während ihrer Einberufung zum Dienst ebendas. Competenz der Civilgerichte bei den, von Landwehrmännern während der Uebungszeit begangenen gemeinen Verbrechen, I. 183, und der Untergerichte zur Abfassung der Erkenntnisse gegen beurlaubte Landwehrmänner, I. 179. Bestrafung der unterlassenen Meldung der Landwehrmänner und Kriegsreservisten bei Aufenthaltsveränderungen, III. 99.

Landwehroffiziere, deren Gerichtsstand s. Militairpersonen. Bestrafung der von denselben in der Uniform gegen andere Militairpersonen begangenen Vergehen I. 184.

Landwehrübung, Anzeige von der Einberufung eines Beamten zu derselben IV. 221.

Lasten und Abgaben, die laufenden öffentlichen und gemeinen sind von der Einlassung in den Concurs frei, I. 50. §. 270. Die seit zwei Jahren rückständigen erhalten ihren Platz in der zweiten Classe, §. 357. auch die ältern, sofern sie durch die ergangenen neuern Indultgesetze veranlasst sind, §. 356. sqq. (357). s. auch Feuersocietätsbeiträge. Die mehr als zweijährigen werden in der vierten Classe angesetzt, §. 396. und §. 404. Die vermöge besonderer Verträge oder testamentarischer Depositionen an einem zur Masse gehörigen Grundstück haftenden

jährlichen Abgaben, denen durch Eintragung kein vorzüglicheres Recht verschafft worden ist, gehören nicht hierher, sondern werden in der fünften Classe angesetzt, §. 358. auch §. 430. Vorschriften in Ansehung der Execution wegen currenter öffentlicher Abgaben, I. 24. §. 106 — 108. (170).

Lassgüter, dabei findet keine Ertragstaxe Statt, II. 6. §. 14.

Legalisation der Urkunden, welche ins Ausland gehen sollen, oder aus demselben kommen, IV 20.

Legalität der Handlung, s. Zulässigkeit der Handlung.

Legat, s. Vermächtniss.

Legatarius, Erbschaftsgläubiger.

Legitimation unehelicher Kinder muss bei Hofe nachgesucht werden; die Prüfung des Gesuchs gehört aber vor den persönlichen Richter, oder bei Pflegebefohlnen vor das Obervormundschaftliche Gericht, II. 1. §. 8.

Legitimationspunct, wie auf dessen Berichtigung, insbesondere in Ansehung der Erben, bei Aufnehmung der Klage Bedacht zu nehmen, I. 5. §. 4 n. 5. imgleichen bei Aufnehmung der Beantwortung der Klage, 9. §. 2. n. 1. Der Erörterung desselben soll, wenn es einer förmlichen Untersuchung bedarf, allemal ein besonderes Protocoll gewidmet werden, 10 §. 81. Wie der Fiscal sich in fiscalischen Civilprozessen legitimiren müsse, 35. §. 3. s. auch Forstprozess. Wie der Legitimationspunct in Unterthanenprozessen zu berichtigen, 41. § 37. und §. 77. imgleichen in Gemeinheitsaufhebungssachen. 43. §. 8. und §. 35. Verfahren, wenn die Legitimation des sich meldenden Lehns- oder Fideicommissfolgers von dem Allodialerben bestritten wird, 46. §. 30. Der Legitimationspunkt muss auch bei Handlungen freiwilliger Gerichtsbarkeit gehörig berichtigt werden, II. 2. §. 23.

S. übrigens: Bevollmächtigter, Vollmacht.

Legitimationspunct, daß die Militair-Intendanturen zur Führung von Prozessen in Angelegenheiten ihres Ressorts legitimirt sind I. 141. Berichtigung des Legitimationspuncts bei Prozessen wider Gewerkschaften ebendas. Daß ein Kläger zur vollständigen Führung seiner Legitimation zur Sache nur vor, nicht aber nach Einleitung der Instruktion des Prozesses unter der Verwarnung der Acten-Reposition angewiesen werden kann, I. 308.

Lehn oder Fideicommiss, dessen Absonderung vom Allodium, davon handelt I. 46. §. 26. sqq. besonders wenn dabei über Meliorationen Streit entsteht, §. 26. wenn die Lehns- oder Fideicommisseigenschaft selbst bestritten wird, §. 27. In diesem Falle bleibt der Allodialerbe in der Regel bis nach ausgemachter Sache in Besitz, §. 28. der Richter muss jedoch solche Vorkehrungen treffen, dass die künftige Absonderung des Lehns vom Erbe nicht erschwert werde, §. 29. Verfahren, wenn die Lehns- oder Fideicommisseigenschaft an sich nicht streitig ist, sondern nur die Legitimation des sich meldenden Fideicommiss- oder Lehnsfolgers bestritten wird, I. 46. §. 30. Auf den Grund eines blossen Retentionsrechts kann der Allodialerbe

die Räumung in der Regel nicht verweigern, §. 31. es muss aber, um Streitigkeiten wegen der von dem Erben geführten Administration zu vermeiden, ein Interimisticum instruirt und darüber erkannt werden, §. 32. s. auch Appellation ist unzulässig. In Concursen können die Lehns- oder Fideicommissinteressenten die Verabfolgung des Lehns oder Fideicommisses gegen Uebernehmung der daraus vorzüglich zu bestreitenden Schulden verlangen, 50. §. 330. Diese Auseinandersetzung gehört aber nicht zum Liquidationsverfahren über die Passivmasse, §. 331. Ist der Gemeinschuldner noch am Leben, so bleibt die Verabfolgung des Lehns oder Fideicommisses bis nach seinem Tode ausgesetzt, §. 332. Verfahren, wenn sich Jemand bei dem Concurse meldet, der seine Ansprüche an dergleichen Güter für den künftigen Fall sich vorbehalten will, §. 333. Das Vindicationsrecht auf dergleichen Grundstücke in der ersten Classe findet nur dann statt, wenn die Lehns- oder Fideicommisseigenschaft im Hypothekenbuche eingetragen ist, § 334.

Lehngut, wenn darüber ein Liquidationsprozess entsteht, müssen die Gesammthänder und Agnaten zugezogen werden, I. 51. §. 49.

Lehnsagnaten, Aufgebot und Präclusion derselben, namentlich in Pommern, III. 629. Die Erklärung der Agnaten, welchen nach Provinzialgesetzen das beneficium taxae zusteht, über die Ausübung des letztern ist vor Einleitung der Subhastation eines Lehnguts zu erfordern. III 691.

Lehnstamm, dessen Aufgebot, davon handelt, I, 51. §. 52.

Lehrgeld, s. Handwerker.

Leibgedinge oder Alimentationsquantum, welches der Ehefrau des Gemeinschuldners statt des Eingebrachten ausgesetzt worden, wie es mit dessen Ansetzung in der vierten Classe zu halten, I. 50. §. 408.

Liberalitas, s. Schenkung.

Licentiaten, s. Akademisches Gericht.

Licitationshandlung muss bei Subhastationen allemal an ordentlicher Gerichtsstelle vor sich gehen, I. 52, §. 34. Zur Abgebung der Gebote ist der ganze zum letzten Termin angesetzte Tag bis 6 Uhr Abends bestimmt, §§. 37. 38. Eröffnung der Licitationshandlung, § 39. Verfolg derselben, §. 40- S. übrigens: Subhastationsprozess, Zuschlag.

Liquidationsprozess, davon handelt I. 51. Begriff, §. 1. Vom eigentlichen Liquidationsprozess, §. 2. Wer darauf antragen könne, §. 3. Wo desselbe eröffnet werden müsse, §. 4. Gegenstand und Wirkung derselben, §. 5. sqq. s. auch Zinsen. Dabei sind nur die Realgläubiger vorzuladen, §. 8. Rechte der Personalgläubiger, §. 9. deren Forderungen dem Richter der Sache nichts angehen, §. 10. Wer unter die zu den Liquidationsprozess gehörenden Realgläubiger zu rechnen, §§. 11. 12. Vorladung, §. 13. sqq. Inhalt derselben, §. 15. Bestimmung des Termins, §. 16. Was in der Zwischenzeit bis zum Termin geschehen müsse, §. 18. Realprozesse, welche keine Forderungen baaren Geldes betreffen, sind kein Gegenstand des Li-

quidationsverfahrens, §. 19. Verfahren im Termin, §§. 21. 22. Weiteres Verfahren, wenn das Grundstück oder dessen Kaufgeld offenbar hinreichend ist, I. 51. §. 23. sqq. Abfassung des Classificationsurtels, §. 25. Präclusion und Wirkung derselben, §§. 26. 27. Rechtsmittel dagegen, §§. 30. 31. Durch das Prioritätsurtel wird in der Regel der Liquidationsprozess beendigt, §. 32. Die Kosten eines solchen Liquidationsprozesses muss der Gemeinschuldner allein tragen, §. 33. Wenn 2) die Zulänglichkeit ungewiss, oder die Unzugänglichkeit klar ist, finden die Vorschriften des Tit. 50. §. 129 — 142. Anwendung, §. 34. Der Gemeinschuldner tritt dabei in die Stelle des Curators, §. 35. Es wird ein Prioritätsurtel abgefasst, §. 36. Fassung und Wirkung der Präclusion, §. 37. Was in einem solchen Falle wegen der Zinsen Rechtens sei, §. 38. sqq. s. auch Zinsen. Wer im Liquidationsprozess mit seiner Forderung ausfällt, kann sich an die Person und das übrige Vermögen des Gemeinschuldners halten, §. 48. Zuziehung der Agnaten und Gesammthänder bei dem Liquidationsprozess über ein Lehngut, §. 49. Der eigentliche Liquidationsprozess findet hauptsächlich zum Besten der nicht eingetragenen Gläubiger statt, §. 50. ist über bewegliche Sachen oder Activcapitalien nicht zulässig, wohl aber ein Prioritätsverfahren, §. 51. in wiefern die solchergestalt sich meldenden Gläubiger ausgeschlossen werden, (380.) Ausnahme in Ansehung eines Lehnstammes oder Fideicommisscapitals, aus dessen Zinsen mehrere Gläubiger befriedigt sein wollen, §. 52.

Liquidationsprozeß, über Grundstücke und deren Kaufgelder ist aufgehoben und in die Stelle desselben das Kaufgelder-Belegungs- und Vertheilungsverfahren im Subhastationsprozesse getreten, III. 568. Die Rechte der Gläubiger, welche einen gesetzlichen Titel zum Pfandrechte haben, sind hierdurch nicht geändert, III. 569. Liquidationsprozeß über die Zinsen eines Lehnsstammes oder Fideicommißcapitals findet nicht mehr statt, III. 577.

Liquidationsprozess, erbschaftlicher, s. Erbschaftlicher Liquidationsprozess.

Liquidationstermin im Concursprozess ist, wenn die Activmasse nach einem ungefähren Ueberschlage über 1000 Thaler beträgt, I. 50. §. 109. oder sich nicht bestimmen lässt, ob sie 1000 Thaler übersteige oder nicht, auf drei Monate, §. 112. wenn sie nur 1000 Thaler oder weniger beträgt, §. 110. oder nicht bestimmt werden kann, ob sie 200 Thaler übersteige oder nicht, auf neun Wochen, §. 112. und wenn sie nur 200 Thaler oder weniger beträgt, auf sechs Wochen hinaussetzen, §. 111. Bei Bestimmung der Höhe der Masse wird Gold mit 5 Procent Aufgeld zu Courant gerechnet, §. 107. (325). Wie bei Grundstücken der Hypothekenschein zum Grunde zu legen, §. 108. (326). Zu demselben muss auch der Gemeinschuldner mit vorgeladen werden, §. 114. Vorbereitung des Contradictors zum Liquidationstermin, §. 115. In demselben müssen zuvörderst die Edictalvorladungen, Zeitungen und Intelligenzblätter, imgleichen die Vorladung der bekannten Gläubiger zu

den Acten gebracht, §. 117. und die Forderungen unter fortlaufenden Nummern zum Connotationsprotocoll verzeichnet werden, §. 117. Was diese Connotation enthalten müsse, §. 118. Ferner muss den Gläubigern ihre Erklärung über die Beibehaltung oder Abschaffung des bisherigen Interimscurators und Contradictors abgefordert, §. 66. und wenn sie sich darüber nicht vereinigen können, nach der Mehrheit der liquidirten Forderungen, oder wenn diese nicht so leicht auszumitteln wäre, nach dem Ermessen des Collegii gewählt werden, I. 50. §. 67.

S. übrigens: Verificationstermin.

Liquidationstermin im Liquidationsprozess, bei Bestimmung desselben sind die Vorschriften des Tit. 50. §. 101. sqq. zu beobachten, I. 61. §. 17. derselbe ist auch dem Käufer des etwa schon verkauften Grundstücks bekannt zu machen, § 20.

Liquidationsverfahren im Concursprozess, dazu gehört die Auseinandersetzung zwischen dem Lehns- oder Fideicommissfolger und den Gläubigern des bisherigen Besitzers nicht, I. 50. §. 531. Abschluss des Liquidationsverfahrens, §. 137 — 139.

Liquidum, wie ein solches bei Streitigkeiten über Pachtgelderberechnungen im Erkenntniss festzusetzen, I. 44. §. 9. insbesondere wie es vorläufig bei illiquiden Compensationsforderungen des Pächters zu reguliren, §. 15. sqq. s. auch Intermisticum, Resolution. Festsetzung desselben bei Rechnungsabnahmen, 45. §. 12. Wie dieselbe im Defectatorio durch das Erkenntniss geschehen müsse, §. 21. Dessen Constituirung gehört nicht für das den Concurs dirigirende Gericht, wenn der Gemeinschuldner einer öffentlichen Casse, bei welcher er als verrechneter Diener oder Beamter angesetzt gewesen, etwas schuldig geblieben ist, sondern vor die Amtsbehörde, 50. § 134.

Litigiosa res wird eine in Anspruch genommene Sache durch die gehörig erfolgte Insinuation der Vorladung des Beklagten, I. 7. §. 49. lit. e.

Litisconsorten, in wiefern dieselben als Zeugen abgehört werden können, I. 10. §. 86. In wiefern der Eidesantrag an alle gerichtet werden müsse, oder der Deferent den Eid von einigen derselben im Namen der übrigen verlangen könne, §. 269. Wirkung der Appellation Eines Litisconsorten in Ansehung der nicht appellirenden, 14. §§. 13. 14. b. s. auch Classificationsurtel, Kosten. Die Dispensation Eines Litisconsorten von der Cautionsbestellung in Prozessen kommt den andern nicht zu Statten, 21. §. 2. In wiefern Litisconsorten in solidum oder nur pro rata zum Kostenersatz verbunden, 23. §. 29 Das Einem derselben zugestandene Armenrecht kann den übrigen nicht zu Statten kommen, §. 38.

Litisconsorten, Verbindlichkeit derselben in Ansehung der Kosten, II. 213.

Litisdenunciation. Adcitation und Nomination, davon handelt I. 17. Von Adcitationen und Litisdenunciationen überhaupt, §. 2 — 4. Von Adcitationen, die durch den Richter von Amtswegen geschehen, §. 5. Absicht einer solchen Adcitation, §. 6.

in welchem Falle die Adcitation in eine wirkliche Litisdenunciation übergehe, §. 7. Von Adcitationen und Litisdenunciationen der Parteien, §§. 8. 9. Rechtliche Folgen der unterlassenen Litisdenunciation, §. 10. Die Nothwendigkeit der Litisdenunciation fällt nur dann weg, wenn der Vormann derselben durch einen Vertrag ausdrücklich entsagt hat, §. 11. Bedeutungen, welche die Instruenten deshalb den mit keinem Rechtsbeistande versehenen Parteien zu machen haben, §. 12. Die Litisdenunciation kann schriftlich oder mündlich in einem Separatprotocoll erfolgen, I. 17. §. 13. In wiefern die Partei noch bis zum Schluss der Sache mit der Litisdenunciation zu hören, § 14. muss in zweiter Instanz, wenn sie einen Regress begründen soll, spätestens sogleich bei Anmeldung der Appellation geschehen. Rechte des Appellaten, wenn der Litisdenunciat neue Thatsachen oder Beweismittel anführt, §. 15. Verfügung auf eine Litisdenunciation, §. 16. In wiefern der Abschluss der Instruction in der Hauptsache so lange auszusetzen, bis der Litisdenunciat seine Nothdurft beobachtet hat, §§. 17. 18. Rechtliche Folgen, wenn der Litisdenunciat auf die ihm gehörig insinuirte Litisdenunciation — deren Wiederholung es in keinem Falle bedarf — sich nicht meldet, §. 19. Was Rechtens sei, wenn der Litisdenunciant überführt werden kann, den Litisdenunciaten von der Anmeldung bei dem Richter abgehalten zu haben, §. 20. Weiteres Verfahren, wenn der Litisdenunciat sich meldet, §. 21. und a) dem Litisdenuncianten nicht assistiren will, §. 22 in welchem Falle die Regressklage gegen ihn sogleich angestellt werden kann, §. 23. oder b) wenn er ihm assistiren will, §. 24. Bei der Instruction der Sache stellt in diesem Falle der Litisdenunciat mit dem Adcitanten eine Person vor. Es kann aber keiner von Beiden wider den Willen des Andern Eide deferiren, §. 25. Wie es mit Ableistung der dem Denuncianten und Denunciaten zu oder zurückgeschobenen Eide zu halten, und in wiefern dem Denuncianten, wenn der Denunciat bereits geschworen hat, noch ein Eid de ignorantia abgefordert werden könne, §. 26. Folgen der von dem Denuncianten nicht geschehenen Ableistung eines deoder referirten oder eines nothwendigen Eides, §. 27. In wiefern der Beklagte durch die Litisdenunciation ex nexu komme, §. 28 — 30. Der Litisdenunciat kann für sich allein Rechtsmittel einwenden, deren glücklicher Erfolg auch dem Denuncianten zu Statten kommt, §. 31. Wie es zu halten, wenn der Adcitat oder Denunciat sich erst während der Instruction in erster oder gar erst in der zweiten Instanz meldet und neue Umstände und Beweismittel angiebt. Das Anmelden desselben erst in der Revisionsinstanz verdient gar keine Rücksicht, §. 35. In wiefern die Execution unmittelbar gegen den Litisdenunciaten nachgesucht werden könne, §. 33. Von Nominationen, §. 34. sqq. s. auch Nomination.

Litisdenunciation. Verfahren bei Litisdenunciationen wider den Königl. Fiscus bei auswärtigen Gerichten, II. 131. Ob die Zurückweisung einer anscheinend unbegründeten Litisdenunciation per decretum erfolgen könne ebend. Ueber die

Litisdenunciation kann nur in dem Urtel über die Hauptsache erkannt werden, II. 133. Daß die Folgen einer Litisdenunciation im Erkenntnisse auch in dem Falle festzusetzen sind, wenn der Litisdenunciat sich nicht gemeldet hat, II. 134. In wie fern die sofortige Regreßklage gegen einen Bürgen, welcher auf die erfolgte Litisdenunciation das Fundament des gegen ihn vorbehaltenen Regresses nicht anerkannt hat, statthaft ist, II. 136. Anbringung einer Litisdenunciation im Mandatsprozesse, II. 592, desgl. in summarischen Prozessen, II. 634.

Litispendenz wird durch die geschehene Insinuation einer Vorladung bewirkt, I. 7. §. 46. lit. b.

Litisreassumtion, s. Reassumtion.

Litisrenunciation, in wie fern der Kläger, der dem Prozesse entsagt, von dem Beklagten angehalten werden könne, denselben fortzusetzen, oder den eingeklagten Anspruch ausdrücklich aufzugeben, I. 20. §. 21. Kosten bei der Litisrenunciation, 23. §. 17. Litisrenunciation bei Injuriensachen, 34. §. 13—16. (227).

Livree der Dienstboten, s. Lohn der Dienstboten.

Livreebedienten der Eximirten stehen unter den Gerichten ihrer Herrschaft, I. 2. §. 100. s. auch Exemtion.

Livreebediente, s. Gesinde, Gerichtsstand.

Localinstruction an dem Wohnorte der Parteien, in wie fern dieselbe zu verfügen, wenn die Parteien nicht persönlich an dem Orte des Gerichts erscheinen können, I. 3. §. 7. Wie dabei mit Vernehmung der Parteien in re praesenti, 10. §. 387. mit Zuziehung der Sachverständigen, §. 388. und mit Abhörung der Zeugen zu verfahren, §. 389. Wenn sie in fiscalischen Civilprozessen verfügt wird, muss der Fiscal derselben in der Regel persönlich beiwohnen, 36. §. 10. In wie fern, wenn nur einzelne Unterthanen mit ihrer Herrschaft in Streit verwickelt sind, eine Localinstruction erforderlich sei, 40. §. 3. in wie fern überhaupt in Unterthanenprozessen, §. 31. welche, wenn sie nöthig befunden wird, in der Regel dem Gerichtsdeputirten, §. 32. und nur bei Sachen von geringerer Wichtigkeit einem auswärtigen Commissarius aufgetragen werden soll, §. 33. wobei die Zuziehung der Rechtsbeistände in der Regel nicht erforderlich ist, §. 35. Verfahren bei der Localinstruction selbst, §. 37. sqq. s. auch Deduction, Sachverständige, Zeugenabhörung. Wenn in zweiter Instanz eine anderweitige Localinstruction nöthig ist, sollen dazu andere Commissarien ernannt werden, §. 51. (auch 42. §. 28. imgleichen 48. §. 41.) In Klagen auf Erlass der Dienste, 41. §. 68. (296). In Gränzsachen wird sogleich Localinstruction verfügt, 42. §. 8. s. übrigens Gränzsachen. In wie fern bei Gemeinheitsaufhebungssachen die Präjudicialpuncte durch Localinstruction zu erörtern. 43. §. 13. In wie fern dieselbe 1) bei Streitigkeiten über Pachtgelderberechnungen, 44. §. 6. 2) bei Remissionsforderungen, §. 26. sqq. und §. 31. 3) bei Exmissionsgesuchen, §. 38. 4) bei Klagen des Pächters wegen eigenmächtiger Exmission, §. 44. (conf. I. 21. §. 7.) 5) bei Streitigkeiten über Meliorationen und Deteriorationen, wenn die Rückgewähr schon geschehen ist, §. 47. 6) wie sie bei dem Antrage auf gerichtliche

Rückgewähr zu verfügen, §. 48. oder bei Streitigkeiten über die Erbtheilung, 46. §§. 18. 19.

S. übrigens: Feldmesser, Karte, Sachverständige.

Lohn oder Deputat, bei Klagen darauf findet keine Cautionsforderung wegen der Prozesskosten statt, I. 21. §. 2. n. 1.

Lohn der Dienstboten, demselben soll bei Ansetzung in der zweiten Classe das bedungene Kostgeld oder Deputat, die versprochene Livree, und das als Lohn angewiesene vom Gemeinschuldner vorenthaltene Stamm- und Schiessgeld gleich geachtet werden, I. 50. §. 370.

S. übrigens: Dienstboten.

Lotterieentrepreneur geniesst in Ansehung der den Collecteurs zur Last fallenden Defecte das Vorzugsrecht der fünften Classe, I. 50. §. 441.

Lucra nuptialia, die der Ehefrau des Gemeinschuldners durch einen bei der Verheirathung geschlossenen Vertrag versichert worden, werden in der fünften Classe angesetzt, I. 50 §§. 334. 336. In wie fern sie damit post omnes angesetzt werde, §. 437. oder darauf gar keinen Anspruch machen könne, §. 438.

S. übrigens: Ehefrau des Gemeinschuldners, Eingebrachtes der Ehefrau.

M.

Märkische Pfandbriefe, in wie fern die Zinsen aufgebotener bis zur Amortisation von den Inhabern erhoben werden können, I. 51. §, 131.

Märkiſche Pfandbriefe, ſ. Pfandbriefe.

S. übrigens: Pommersche Pfandbriefe, Schlesische Pfandbriefe.

Magister steht auf Academien unter dem academischen, sonst aber unter dem Obergerichte der Provinz, I. 2. §. 74.

Magisträte, in wie fern denselben die von ihnen berufenen Prediger und Schullehrer unterworfen seien, I. 2. §. 46. s. auch Eximirte, der Immediatstädte sind eximirt, §. 103. und (30). aber nicht deren einzelne Mitglieder, §. 104. Ihre Atteste gelten als Documenta publica extrajudicialia, 10. §. 127. sind von der Cautionsbestellung in Ansehung der Prozesskosten frei, 21. §. 2.

S. übrigens: Polizeimagisträte, Polizeirathmänner.

Magiſträte ſind zur executiviſchen Einziehung der rückſtändigen Communal-Beiträge ſelbſt verpflichtet und eine Concurrenz der Gerichte findet hierbei nur in ſo fern ſtatt, als es ſich um die Subhaſtation von Immobilien der Debenten handelt, I. 111. Errichtung von Teſtamenten vor Magiſträten an Orten, wo nur ein Richter iſt, bei deſſen Behinderung, IV. 40.

Mahometaner, von deren Eiden, I. 10. §. 367.

Majorennitätserklärung muss durch Vorlegung des darüber ausgefertigten Patents nachgewiesen werden, I. 1. §. 7. ist in

der Regel bei Hofe nachzusuchen; die Prüfung des Gesuchs aber gehört vor den persönlichen Richter, welcher dieselbe, wenn von einem Pflegbefohlnen die Rede ist, dem Obervormundschaftlichen Gerichte überlassen muss, II. 1. §. 8.

Majorennitätserklärung, Competenz aller Vormundschaftsgerichte zu deren Ertheilung, IV. 25.

Malitiosa desertio, s. Ehescheidungsprozess.

Mandatarius, s. Bevollmächtigter.

Mandat, s. Vollmacht.

Mandatarius, s. Bevollmächtigter.

Mandatariengebühren, s. Kosten. Einziehung der Mandatariengebühren ausländischer Sachwalter von hiesigen Unterthanen, II. 362.

Mandatsprozeß. In welchen Fällen derselbe statt findet, II. 581. Zulässigkeit der Mandatsklage vor der Verfallzeit, II. 581 Nachweis der Kündigung zur Begründung der Mandatsklage, II. 582. Mandatsklage aus ausländischen Notariatsurkunden; desgl. gegen Erben, deren Besitztitel noch nicht berichtigt ist, II. 583. Einklagung hypothekarisch versicherter Naturalleistungen, II 587. Mandatsprozeß ex judicato II. 575. 585. Mandatsklage aus einem Vergleiche, II. 585. Mandatsklage wegen Mandatariengebühren, und daß es derselben behufs Erstattung der Mandatariengebühren vom Gegentheil nicht bedarf, II. 585 Mandatsklage wegen Kirchen-, Pfarr- und Schulabgaben der Medizinalpersonen und Apotheker, II. 587. Verbindung eines Arrestgesuchs mit der Mandatsklage, II. 588. Unzulässigkeit der Aufhebung eines erlassenen Mandats durch eine Verfügung der Aufsichtsbehörde, II. 589. Anbringung und Zulässigkeit der Einwendungen im Mandatsprozesse, II. 590. Zulässigkeit rechtlicher Einwendungen, II. 591. Zulässigkeit eines Moratoriengesuchs im Mandatsprozesse, II. 591. Zulässigkeit der Litisdenunciation, II. 592. Zurückweisung der Einwendungen per decretum, II. 592. Forum des dem Verklagten im Mandatsprozesse freigelassenen Separatprozesses, II. 593. Execution im Mandatsprozesse, II. 597. 305. Recurs wegen verweigerten Mandatsprozesses, II. 594.

Manifestationseid, davon handelt I. 22. §. 28. sqq. In welchem Falle derselbe gefordert werden könne, §. 28. Wer zu dessen Ableistung vornehmlich verbunden sei, §. 29. Wenn die Ableistung desselben verweigert wird, muss darauf förmlich geklagt werden, §. 40. Ausnahme, §. 31. Zur Ableistung desselben über Verzeichnisse und Rechnungen kann nicht eher geschritten werden, als nachdem der Gegentheil über diese gehört worden, § 32. Welches Versprechen der Eid enthalten müsse, und in wie fern gegen denselben der Beweis des Meineides statt finde, §. 33. s. auch Meineid. Verfahren, wenn Jemand, der zur Ableistung eines Manifestationseides schuldig erkannt worden ist, sich dessen weigert, §. 34. Gegen einen Dritten kann aus der eidlichen Bestärkung eines Verzeichnisses oder einer Rechnung niemals ein Beweis der Schuld hergenommen werden, I. 22. §. 35. Die in einer solchen Rechnung aufgeführten Gläubiger können ihre Ansprüche dadurch nur in so fern begründen, als sie gegen den Ableister des Eides selbst gerichtet sind, §. 36. Die eidliche Bestärkung einer Rechnung soll bis zum Schlusse der Rechnungsabnahme ausgesetzt werden, 45. §. 25. Wohin der Manifestationseid von demjenigen, der zur Rechtswohlthat der Cession verstattet sein

will, auf Verlangen der Gläubiger abgeleistet werden müsse, 48. §. 43. Im Concursprozess muss derselbe bei Gelegenheit der Inventur dem Gemeinschuldner und seinen Angehörigen abgenommen werden, 50. § 217. Wohin derselbe bei dem Aufgebot verlorner Instrumente von dem Extrahenten abzuleisten, 51. §. 118. In wiefern derselbe einem Inventurcommissarius abgefordert werden könne, II 5. §. 56.

Manifestationseid, auch Beamte können zur Ableistung desselben durch Personalarrest angehalten werden, II. 177. Eidliche Manifestation der Activa im Wege der Execution, II. 361. Ableistung des Manifestationseides bei dem Aufgebot verlorner Instrumente, wenn der Verlierer nicht mehr am Leben ist, III. 606. Manifestationseid bei dem Aufgebot verlorner öffentlicher Schuldpapiere, III. 609. Desgl. bei dem Aufgebot unbekannter Erben, III. 627.

Manualacten müssen von allen Bevollmächtigten oder Assistenten ohne Unterschied gehalten werden, I. 3. §. 77. auch von Fiscalen in fiscalischen Civilprocessen, 35. §. 6. In welchem Falle eine beglaubigte Abschrift des Protocolls über die von einer Gemeine ausgestellte Vollmacht bei den Manualacten des Rechtsbeistandes oder Bevollmächtigten der Gemeine aufzubewahren, §. 42. Sie müssen dem Gerichte vorgelegt werden, wenn angezeigt wird, dass die zur Information erforderlichen Nachrichten von der Partei noch nicht eingegangen, §. 74. (auch 20. §. 9. ingleichen 25. §. 79) Das Separatprotocoll oder die Resolution über die dem Kläger geschehenen Remonstrationen muss nicht zu den gerichtlichen, sondern zu seines Assistenten oder Bevollmächtigten Manualacten kommen, 5. §. 14. Eben so ist in Ansehung des Beklagten zu verfahren, 9. §.14. Wird ein besonderes Klageprotocoll aufgenommen, so ist das Informationsprotocoll ebenfalls zu den Manualacten zurückzugeben, 5. §. 15. welches in diesem Falle auch bei der Beantwortung der Klage geschieht, 9. §. 15. Einer schriftlichen Klage müssen die Manualacten beigelegt werden, 5. §. 16. und der Decernent muss diese Klagen mit den Manualacten und der Information sorgfältig vergleichen, 6. §. 2. Die Manualacten müssen ferner dem Gerichte vorgelegt werden, wenn der Justizcommissarius als Bevollmächtigter Verlegung des Termins nachsucht, 8. §. 28. und sind in diesem Falle mit vorzüglicher Sorgfalt zu prüfen, 9. §. 47. müssen, wenn die gerichtlichen Acten zum Spruch vorgelegt werden sollen, versiegelt in der Registratur abgegeben werden, 12. §. 21. ingleichen bei Einreichung des Appellationsgesuchs, 14. §. 21. In wiefern dieselben bei Versendung der Gerichtsacten an einen auswärtigen Richter beizufügen, 15. §. 6. Auch einem Berichte, wodurch der Justizcommissarius als Bevollmächtigter einer Partei den Recurs an das Obergericht gegen den von einem Untergerichte aufgenommenen Status causae et controversiae nimmt, müssen die Manualacten beigelegt werden, 25. §. 14. ingleichen dem durch einen Justizcommissarius als Consulenten einer Partei eingereichten schriftlichen Moratoriengesuche, 47. §. 53. oder dem Gesuche um Verstattung zur Rechtswohlthat der Cession, I. 48. §. 12.

Manualacten, der Justizcommissarien, Verpflichtung zur Ausantwortung derselben IV. 390., desgl. zur Vorlegung derselben, wenn Beleidigungen darin enthalten sind, I. 302. Cassation der Manualacten, IV. 462.

Masse in Concursen, s. Activmasse, Passivmasse, Generalmasse, Specialmasse, Vertheilung der Masse.

Materialien und Werkzeuge, welche den Fabrikanten von den Unternehmern einer Fabrik creditirt oder unentgeldlich überlassen worden, können wegen der Schulden des Fabrikanten nicht mit Arrest belegt werden, I. 29. §§. 16. 17. Die von den Unternehmern inländischer Fabriken ihren Arbeitern und vom Rettungsinstitut in Berlin vorgeschossenen Materialien, und wenn diese bereits verarbeitet wären, die daraus verfertigten Waaren, werden in der ersten Classe vindicirt, 50. §. 337. u. (354). §. 338. (355, 356). Die zum Aufbau oder zur Ausbesserung der Gebäude gelieferten Materialien werden in der vierten Classe angesetzt, §. 424.

Matrikel, deren Beweiskraft, I. 10. §. 159.

Medicinalkosten für Krankheiten des Gemeinschuldners oder seiner Familie aus dem letzten Jahre vor eröffnetem Concurse werden in der zweiten Classe angesetzt, I. 50. § 367 — 369. in wie fern auch ältere dies Vorzugsrecht haben, §. 356. sqq. (357). in wie fern es keines Festsetzungsdecrets dieser Medicinalkosten durch die Medicinalbehörde der Provinz bedarf, §. 367. (358). s. auch Competenz. Die aus dem vorletzten Jahre werden in der sechsten, noch ältere Rückstände in der siebenten Classe, §. 468.
S. übrigens: Hebammen und Geburtshelfer.

Medizinalpersonen und Apotheker, in wie fern deren Forderungen im Wege des Mandatsprozesses eingeklagt werden können, II. 587.

Meineid, dessen Strafen müssen dem Schwörenden vor Ableistung des Eides zu Gemüthe geführt werden, I. 10. §. 204. auch §. 368. Wer desselben überführt worden, kann kein Zeugniss ablegen, §. 227. n. 6. In wie fern das Erbieten zur Eidesleistung für die Anzeige eines versuchten Meineides zu halten, wenn durch nachgebrachte Beweismittel das Gegentheil von dem, was der Acceptant beschwören wollen, vollständig ausgemittelt wird, §. 299. In wie fern der Beweis des Meineides durch Urkunden oder Zeugen statt finde, wird in der Criminalordnung bestimmt, 16. §. 24. Dessen Beweis wird gegen ein abgeleistetes Juramentum in litem nicht zugelassen, 22. §. 26. findet gegen einen Manifestationseid nur in so fern statt, als etwas wissentlich verschwiegen worden, §. 33.

Meinungen, Gesinnungen oder Urtheile einer Partei, oder eines Dritten, zu deren eidlicher Angabe kann der Zeuge nicht angehalten werden, I. 10. §. 180. n. 8.

Meliorations- und Deteriorationsforderungen, wie sie bei der Rückgewähr eines verpachteten Gutes zu untersuchen, I. 44. §. 51. und §. 54. imgleichen bei Absonderungen des Lehns vom Allodium, 46. §. 26.

Memorialien, von deren Vortrag bei den Sessionen, III. 1. §. 44. auch 3. §. 42. S. übrigens: Decernent.

Mennoniten, wie es zu halten, wenn sie oder andere, nach deren Grundsätzen Eidesleistungen unzulässig sind, etwas bekräftigen sollen, I. 10. §. 203. n. 5.

Mennoniten, Verfahren bei Abgabe der eidesstattlichen Versicherungen derselben I. 488.

Mercantilprozess, davon handelt I. 30. §. 9. sqq. findet nur über Geschäfte statt, welche auf Messen oder Märkten von den daselbst sich einfindenden Fremden unter sich, oder mit einheimischen Kaufleuten verhandelt worden, §. 9. Dazu soll an allen Orten, wo Messen und stark besuchte Märkte eingeführt sind, eine eigene Deputation niedergesetzt werden, §. 10. bei welcher alle dergleichen Prozesse, in so fern ein auswärtiger Kaufmann dabei als Kläger, Beklagter oder Adcitat interessirt ist, instruirt werden sollen, §. 11. Die Instruction geschieht in der Regel vor der versammelten Deputation §. 12. Abkürzung des Verfahrens dabei, §. 14. bei Aufnehmung der Klage, §. 14. bei der Verladung, §§. 15. 16. Ansetzung des Termins, §. 17. In wie fern dessen Verlegung statt finde, §. 18. Den Termin muss der Beklagte schlechterdings persönlich abwarten, wenn er den Markt persönlich besucht hat, §. 19. Wegen der Contumacien, §. 20. Gegen den Contumacialbescheid muss binnen 24 Stunden das Restitutionsgesuch angemeldet werden, §. 21. Verfahren bei der Instruction selbst, §. 22 — 24. besonders bei Aufnehmung der Beweismittel, §. 25. wenn eine Partei solche beibringt, deren Aufnehmung mit Zeitverlust verknüpft sein würde, §. 26. s. auch Calumniae juramentum. Vorschriften wegen der Sühnsvorschläge, §. 27. wegen der Deductionen, § 28. s. auch Deduction wegen Beschleunigung des Erkenntnisses, §. 29. wegen der Rechtsmittel, §. 30. sqq. welche binnen 24 Stunden angemeldet werden müssen, §. 31. Die Instruction des Appellatorii gehört in der Regel vor den Richter in erster Instanz, §. 32. Ausnahme, §. 33. Verfahren bei der Instruction des Appellatorii, §. 34. sqq. Die Abfassung des Appellationserkenntnisses muss von dem Obergerichte vorzüglich beschleunigt werden, §. 41. Publication desselben, §. 42. Die Revision muss ebenfalls binnen 24 Stunden angemeldet werden, §. 43. In wiefern der Mercantilprozess auch ausser den Mess- und Marktzeiten Anwendung finde, §. 44. Verfahren in solchen Fällen, §. 45 — 47.

S. übrigens: Asseeuranzstreitigkeiten, Handlungsprozess.

Merkantilprozeß. Auch in den vor die Handelsgerichte gehörigen Merkantilsachen findet das Mandats-summarische und Bagatell-Prozeßverfahren Anwendung II. 649. Umfang des Ressorts des Handels und Schiffahrtsgerichts in Memel, I. 241., desgl. der Fabrikendeputation des Stadtgerichts zu Berlin, und Einrichtung derselben, I. 242; desgl. der Fabrikengerichts-Deputation im Regierungsbezirk Arnsberg, I. 246; desgl. des Handelsgerichts in Naumburg, II. 544. Einrichtung der Rheinzollgerichte und Verfahren bei denselben, II. 686. Auch in Mer-

kantilsachen finden die gewöhnlichen Fristen zur Einlegung der Rechtsmittel statt, II. 110. Verfahren bei Klagen wegen Schifferfracht und Liegegelder, II. 694.

Messsachen, s. Mercantilprozess.

Miethe. Dem Gemeinschuldner zur Miethe überlassene Sachen werden in der ersten Classe vindicirt, I. 50. §. 297. S. auch Moratorium, Pacht, Verpächter und Vermiether.

Miether eines Hauses ist nicht schuldig, Insinuationen an den Eigenthümer des Hauses anzunehmen, I. 7. § 22.

Miethssachen, davon handelt, I. 44. §. 59. sqq. s. auch Appellation hat nur effectum devolutivum, Retentionsrecht. Dem Künstler und Handwerker sind keine, zur Ausübung seines Gewerbes erforderlichen Geräthe und Sachen zurückzubehalten, I. 44. §. 60. (302.) Von der Zulässigkeit eines Rechtsmittels gegen ein Contumacialerkenntniss in schleunigen Miethssachen, §. 63. (303.) Von Zulässigkeit der Revision in Miethssachen, (304.)

Miethssachen, Zulässigkeit der Rechtsmittel und Berechnung des Streitobjects in schleunigen Miethssachen, III. 323. Aussetzung der Exmission wegen Krankheit des zu Exmittirenden III. 324.

Milderungsgesuch, nur dieses, nicht die Appellation findet statt, wenn Jemand in eine durch die Prezessordnung bestimmte Geld- oder Gefängnissstrafe verurtheilt worden, und muss binnen vier Wochen nach erfolgter Publication des Erkenntnisses angebracht werden, I. 14. §. 3. n. 3. Die Verfügung auf das, gegen ein bei den Civilgerichten ergangenes Erkenntniss wider inactive Militairpersonen angebrachte Milderungsgesuch verbleibt dem Landesjustizcollegium der Provinz, 2. §. 48. sqq. (18.) findet in Injuriensachen statt: 1) bei Verbal- oder leichten Realinjurien unter Leuten gemeinen Standes, wenn die erkannte Strafe einen vier und zwanzigstündigen Arrest übersteigt, 34. §. 4. und muss spätestens acht Tage nach der Publication des Urtels angebracht werden, §. 2. 2) bei Verbal- oder leichten Realinjurien ohne erschwerende Umstände unter Personen des mittlern oder höhern Bürgerstandes, wenn die erkannte Strafe 4 Wochen Gefangenschaft, oder 50 Rthlr. nicht übersteigt; binnen 10 Tagen, §. 15. eben so 3) bei Verbal- oder leichten Realinjurien unter erschwerenden Umständen, oder unter Personen hohen Standes, §. 24. in wie fern diese Vorschriften dahin geändert sind, dass über 5 und bis 50 Rthlr. Geldstrafe, und über 24 Stunden und bis 4 Wochen Gefängnissstrafe Gegenstand eines Milderungsgesuchs in Injuriensachen sind, §. 1—11. (217—220) Verfahren, wenn das Milderungsgesuch gegen ein Contumacialerkenntniss angebracht worden, §. 13—16. (230.) in fiscalischen Untersuchungen, 1) wenn die Strafe vierwöchentliche Gefangenschaft oder 50 Rthlr. nicht übersteigt, 35. §. 87. auch §. 101. 2) von Seiten des Denuncianten, wenn derselbe in die Kosten verurtheilt worden, §. 97.

S. übrigens: Recurs, Weitere Vertheidigung.

Milderungsgesuch; daß die in der Prozeßordnung bestimmten Fristen zur Einlegung desselben in Injuriensachen und fiscalischen Untersuchungen durch die Ver-

ordnung vom 14. Dezember 1833 nicht geändert sind, II. 110. 113. Milderungsgesuch in Injuriensachen, II. 720. 725. Zulässigkeit desselben, wenn alternativ auf Geldstrafe unter 5 Rthlr. oder Gefängniß über 24 Stunden erkannt ist, II. 721. Instruction der neuen Thatsachen auf ein Milderungsgesuch in Injuriensachen, wenn in erster Instanz Contumacialverfahren statt gefunden hat, II. 731. Milderungsgesuch in fiscalischen Untersuchungen, III. 80.

Milde Stiftungen, in deren Namen müssen die Vorsteher derselben vor Gericht erscheinen, I. 3. §. 10. an welche auch ein Eidesantrag zu richten ist, 10. §. 267. die, um einen de ignorantia ihnen zugeschobenen Eid zurückschieben zu können, die ausdrückliche Genehmigung ihrer Behörde nachweisen müssen, §. 292. n. 2. Milde Stiftungen können gleich den Minderjährigen Restitution nachsuchen, 16. §. 14. Milde Stiftungen sind von der Cautionsbestellung wegen der Prozesskosten frei, 21. §. 2. Wie es mit der Execution zu halten, wenn Jemand als Vorsteher milder Stiftungen verurtheilt worden, 24. §. 12. Unvermögende milde Stiftungen sind von der Cautionsbestellung in schleunigen Arrestfällen frei, 29. §. 34. Sie werden mit ihren Forderungen an den Gemeinschuldner aus der demselben überlassen gewesenen Verwaltung oder Aufbewahrung ihrer Gelder oder anderer Vermögensstücke in der vierten, 50. §. 405. und mit denen ex contractu in Ermangelung besserer Sicherheit in der fünften Classe angesetzt, I. 50. §. 444.

Milde Stiftungen, Sportelfreiheit derselben, II. 241.

Militairbeamte, s. Beamte, Militairpersonen.

Militairische Hülfe bei Executionen, s. Execution.

Militairische Hülfe bei Executionen, II. 508.

Militairgerichte, in alle dahin gehörige Rechtsangelegenheiten dürfen sich die Civilgerichte nicht weiter mischen, als durch eine Verwendung für ihre Gerichtseingesessenen bei dem Oberkriegscollegio, I. 3 §. 52. Der Militairgerichtsstand in allen Angelegenheiten der bürgerlichen Gerichtsbarkeit ist aufgehoben, 2. §. 48. sqq. (12.) Bloss in allen Angelegenheiten, wobei es auf Untersuchung und Bestrafung ankommt, und in Injuriensachen wird der Militairgerichtsstand beibehalten, (15.) in wie fern auch dieser Militairgerichtsstand durch Entlassung ohne Pension aufgehoben wird, (16.) welche Ausnahme auch hier körperliche Züchtigung und Ehrenstrafen machen, (18.) in wie fern Civilgerichte Untersuchungen wider beurlaubte Militairpersonen führen müssen, (17.) Ehefrauen, Familien und Gesinde der Militairpersonen nehmen an diesem Militairgerichtsstande nicht Theil, (19.) Von der Aufhebung der dinglichen Militairgerichtsbarkeit, §. 108. (82.) Von der Vorladung der Militairpersonen vor die Civilgerichte, s. Vorladung. In wie fern der Confiscationsprozess von denselben instruirt werden müsse, 36. §. 46. u. (279. 280.) s. auch Deserteur, Packknechte. Die Militairgerichte können sich die Eröffnung eines Particularconcurs- oder Liquidationsprozesses über den vorhandenen Militairnachlass nicht anmassen, 50. §. 691. Wozu sie in einem solchen

Falle berechtigt seien, §§. 692. 693. Welche Forderungen bei den Militairgerichten erörtert und festgesetzt werden müssen, und wie dabei weiter zu verfahren, §. 694. sqq. In wie fern diese Vorschriften modificirt sind, s. zu Anfang dieses Artikels.
S. übrigens: Eximirte, Generalauditoriat, Militairpersonen, Regimentsgerichte, Testament.

Militairgerichte, Einrichtung und Competenz derselben, IV. 166. Desgl. in den Bundesfestungen, IV. 167.

Militairjustizdepartement, Einrichtung und Competenz desselben, IV. 160.

Militairintendanturen, deren Legitimation zu Prozessen, I. 141.

Militairpersonen. Ihnen ist auch die Gendarmerie überall gleich zu achten, I. 2. §. 48. sqq. (20.) In wie fern Militairpersonen, welche Grundstücke besitzen, der Civilgerichtsbarkeit unterworfen seien, §. 81. sind, auch wegen der ihr bürgerliches Gewerbe betreffenden Rechtsangelegenheiten dem Militairgerichtsstande unterworfen, §. 82. a. es sei denn, dass sie mit Genehmigung ihres Chefs in eine bürgerliche Zunft aufgenommen worden, §. 82. b. s. auch Civilgerichte, Execution. Entlassene treten unter die Civilgerichtsbarkeit zurück, §. 84. s. auch Ausländer. Fremde Militairpersonen, s. Fremde. Gerichtsstand ihrer Wittwen, §. 92. Dieser Militairgerichtsstand in allen Angelegenheiten der bürgerlichen Gerichtsbarkeit ist aufgehoben, §. 48. sqq. (12.) Oberofficiere und Unterstab stehen unter den Obergerichten, (12.) Feldwebel, Wachtmeister, Feuerwerker, Portepeefähnriche, Unterofficiere und Gemeine, Compagniechirurgen, Stallmeister, Küster, Fahnschmiede etc. unter den Untergerichten; und in wie fern diese die Untergerichte der Garnisonstadt sind oder nicht, (13.) Der Militairgerichtsstand erstreckt sich nur auf Criminal- und Injuriensachen noch, (15.) aber auch nur in Ansehung der Männer, nicht der Frauen oder Familien derselben, (14.) obgleich diese gleichen bürgerlichen Gerichtsstand mit jenen haben, (12. 13.) in wie fern durch Entlassung auch dieser Militairgerichtsstand aufhört, (16.) aber nicht bei Beurlaubten, (17.) inactive Soldaten oder Krümper, und auf unbestimmte Zeit beurlaubte Unterofficiere und Soldaten von der Landwehr stehen stets, mit Ausnahme der Dienstsachen, körperlichen Züchtigungen, Ehrenstrafen und Gefängniss über 14 Tage, unter den Civilgerichten, (18.) in wie fern auch bei Beurlaubten dieser Militairgerichtsstand wegfällt, (14.) Kostenfreiheit der Unterofficiere, Soldaten, reitenden Feldjäger, Beurlaubten, Krümper, 23. §. 42. u. (153.) und der Ehefrauen derselben, §. 43 u. (144.) Wegen der Execution gegen Militairpersonen müssen die Civilgerichte immer die Militairgerichte requiriren, 24. §. 26. (149.) welches auch in Ansehung der Ehefrauen, Kinder und des Gesindes gilt, (150.) Verfahren bei wechselseitigen Injurien zwischen Militair- und Civilpersonen, s. Injuriensachen. Wann Civilbehörden gegen Militairpersonen und Beurlaubte eine fiscalische Untersuchung einleiten können, 35. §. 34. (244. 245.) s. auch Fiscalische Untersuchung. Vom Confiscationsprozess gegen Militairpersonen, s. Confisca-

tionsprozess, Deserteur, Fiscus, Packknechte. Von Testamenten der Militairpersonen, s. Testament Von Versiegelung ihres Nachlasses, s. Versiegelung, Wiederaufsiegelung. Concurse über den Nachlass der verstorbenen Wittwen, davon handelt I. 50. §. 690. sqq. gehören bloss vor die Civilgerichte, §. 691. s. auch Militairgerichte. Welche Stücke die Militairgerichte bei der Entsiegelung an sich nehmen können, §. 692. Was von den im Nachlass gefundenen baaren Geldern zurück zu behalten, §. 693. Forderungen, welche 1) aus dem Dienste entstehen, 2) consentirte Schulden, 3) Militairbegräbnisskosten, das Arztlohn, und der Lohn der Dienstboten (und zwar die ad 3., im Felde schlechterdings, in Garnison, in so fern sie liquid sind), müssen bei den Militairgerichten erörtert und festgesetzt werden, §. 694. und §. 700. Ueber alle diese Forderungen müssen die Militairgerichte ein Verzeichniss anfertigen, §. 695. und den Civilgerichten ein beglaubtes Duplicat davon zustellen, §. 696. Verfahren, wenn im Nachlasse hinreichendes baares Geld zur Berichtigung dieser Forderungen vorhanden ist, §§. 697. 698. wenn das baare Geld nicht zureicht, §. 699. Die Civilgerichte haben also mit dergleichen Forderungen nichts zu thun, §. 700. In wie fern die Civilgerichte solchen Forderungen ihren Ort in dem Prioritätsurtel anzuweisen haben, §. 701. Obliegenheit der Militairgerichte bei der ihnen nachgelassenen Liquidation, §. 702. In wie fern die andern Gläubiger ihres Regresses an die Militairbehörde verlustig werden, §. 703. Verfahren, wenn ein bei den Militairgerichten übergangener Gläubiger sich im Connotationstermin bei den Civilgerichten angiebt, I. 50. §. 704. Den Militairgerichten muss sogleich nach dem Connotationstermin angezeigt werden, ob dergleichen übergangene Forderungen eingekommen sind, §. 705. Dagegen dürfen die in der Liquidation der Militairgerichte aufgeführten Forderungen ausserdem bei dem Concurse nie angemeldet werden, wenn auch das den Regimentsgerichten zu übersendende Geld (§. 697—699.) nicht zureichen sollte. Verfahren der Civilgerichte im Falle einer solchen Unzulänglichkeit, §. 706. Civil- und Militairgerichte müssen sich wechselseitig in dasjenige, was nach diesen Vorschriften nicht zu ihrem Ressort gehört, nicht einmischen, §. 707.

S. übrigens: Compagnie, Equipage, Generalauditoriat, Injuriensachen, Inventur, Pension, Regimentsgerichte, Soldaten, Versiegelung.

Militairpersonen, Gerichtsstand derselben, I. 166., insbesondere der unter väterlicher Gewalt stehenden Offiziere, der minderjährigen oder unter väterlicher Gewalt stehenden Soldaten, I. 168., der auf Urlaub befindlichen Soldaten, I. 171. und der beurlaubten Landwehr-Offiziere, I. 171 — 172; der Zeughausbeamten, I. 173. Gränzen des Militairgerichtsstandes in Injurien- und Untersuchungssachen, I. 172. Gerichtsstand der entlassenen und kassirten Militairpersonen und ihrer Wittwen, I. 174.; der pensionirten Offiziere in Untersuchungssachen, ebend. Daß ehemalige Offiziere, welche mit Beibehaltung ihrer Pension definitiv im Civildienste angestellt worden, in Untersuchungssachen der Militairgerichtsbarkeit nicht mehr unterworfen sind, I. 175. Gerichtsstand der auf unbestimmte Zeit beurlaubten Unteroffiziere und Soldaten in Criminal- und Injuriensachen, so wie der

Landwehrmänner, I. 176. Der noch nicht vereideten Kriegsreservisten, I. 179, der nach 2½jähriger Dienstzeit entlassenen Soldaten, I. 183. Der Gensd'armen, I. 185—186. Der Militairs in Neu-Vorpommern und Rügen, I 186. Der preussischen Militairpersonen und ihrer Angehörigen in den Bundesfestungen Mainz und Luxemburg, ebend. Forum der Militairpersonen bei Verbrechen wider die Verfassung und öffentliche Ordnung, I. 174. Verfahren bei der Festsetzung einer gegen einen Militairpflichtigen von dem Civilgerichte eingeleiteten Untersuchung nach dessen Einstellung im Militair, I. 185. Daß die Vollstreckung einer Gefängnißstrafe gegen die Ehefrau einer Militairperson, welche sich mit ihrem Ehemanne nicht an einem Orte aufhält, von den Civilgerichten unmittelbar verfügt werden kann, I. 185. In wie fern die Regulirung des Nachlasses und Ermittelung des Erbschaftsstempels bei Todesfällen der minderjährigen oder noch unter väterlichen Gewalt stehenden Soldaten von den Gerichten der Garnisonstadt den Gerichten der Heimath desselben überlassen werden kann, I. 170. Vollstreckung der Execution gegen Militairpersonen, II. 295. Modalitäten der Execution in das Mobiliare activer Militairpersonen, II. 342. Execution in die Besoldungen und Pensionen der Militairpersonen, II. 374. 385. 392 — 395. Personalarrest gegen dieselben, II. 494. u. ff.; s auch Execution. Sportelfreiheit, II. 275.; s Kosten. Verfahren Behufs Bestrafung der von Militairpersonen gegen Civilpersonen begangenen Injurien und bei wechselseitigen Injurien der Militair- und Civilpersonen, II. 733—740. Verfahren Behufs der Todeserklärung der aus den Kriegen von 1806 — 1813. nicht zurückgekehrten Militairpersonen, III. 122. Berechtigung der invaliden Militairpersonen zu Anstellungen im Civildienste IV. 298. u. ff. Fortgenuß, Verlust und Wiederverleihung des Militairgnadengehalts und Wartegeldes hierbei, IV. 310. u. ff.

Militairpflichtige, s. Cantonisten, Auswanderung.

Militairprozesse, in welchem Falle deren Suspension statt finde, und was dabei zu beobachten, I. 20. §. 9—12. s. auch Krieg.

Militairprozesse, Suspension derselben während des Krieges, II. 157.

Minderjährige und Verschwender können unter dem Beitritt ihrer Vormünder selbst vor Gericht erscheinen, I. 1. §. 4. Minderjährigen, welche das achtzehnte Jahr bereits zurückgelegt haben, kann ein Eid deferirt, 10. §. 263. und wenn sie diesem Zeitpuncte nahe sind, die Aussetzung des Eides bis nach zurückgelegtem achtzehnten Jahre verlangt werden, §. 264. s. übrigens Pflegbefohlene, Verschwender, Vormund. Auch gegen sie findet der Confiscationsprozess statt, 36. §. 6. (268.) In wie fern Minderjährige und die mit ihnen gleiche Rechte habenden Personen das Vorzugsrecht der vierten Classe geniessen, 50. §§. 421. 422.

S. übrigens: Pflegbefohlene, Unmündige.

Minderjährige; Zuziehung des Vormundes in Injuriensachen derselben, I. 135.

Minderjährigkeit. In wie fern binnen vier Jahren von dem Tage an, da ein Urtel publicirt, oder eine Verfügung erlassen worden, dagegen die Restitution ex capite minorennitatis statt finde, I. 16. §. 13. sqq. s. auch Restitution.

Miserabiles personae, deren bisheriger privilegirter Gerichtsstand ist abgeschafft, I. 2. §. 106.

Mitberechtigte und Mitverpflichtete, in wie fern deren Forderungen, oder die Ansprüche an sie zu besondern Prozessen zu verweisen. I. 1. §. 37. s. auch Klage. In wie fern sie aus Forderungen und Schulden des gemeinschaftlichen Erblassers zusammen oder einzeln klagen und belangt werden können, §. 38.

Miteigenthümer, Befugniß desselben, Behufs der Auseinandersetzung die nothwendige Subhastation des gemeinschaftlichen Grundstücks zu verlangen und Wirkung einer solchen Subhastation, III. 651—654.

Mobiliar. Von der Execution in dasselbe, s. Execution.

Mobilien darf der zum Moratorio verstattete Schuldner nicht veräussern, I. 47. §. 67. Von deren gerichtlicher Versteigerung in Concursfällen, 50. §. 227. sqq. s. auch Gold und Silber, Kostbarkeiten, Schiffe. Provitätsverfahren darüber, 51. §. 51. In wie fern dieselben nicht zu verauctioniren, sondern zu subhastiren, s. Subhastationsprozess. Verfahren bei Abschätzung derselben, II. 6. §. 19.

Mora. Durch die geschehene Insinuation wird der in Anspruch Genommene in den Fall der Zögerung versetzt, I. 7. §. 48. lit. d.

Moralische Personen, in wie fern zu Prozessen und andern gerichtlichen Verhandlungen derselben höhere Autorisation erforderlich sei, I. 1. §. 33. Zu Prozessen, welche Stadtgemeinen führen, bedarf es der Genehmigung der Regierung nicht; in wie fern aber die Genehmigung der Gutsherrschaft bei Prozessen der Dorfgemeinen nothwendig ist, (4.) welche derselben eximirt seien, 2. §. 103. Derjenigen derselben, welche unter mittel- oder unmittelbarer Verwaltung der Regierungen stehen, können deshalb auf einen eximirten Gerichtsstand keinen Anspruch machen, (30.) Wegen der Magistrate und Stadtgemeinen, s. Magistrate, Stadtgemeinen. Von Executionen gegen Stadt- und Dorfgemeinen, oder gegen eine ganze Classe von Mitgliedern derselben; auch gegen Institute, die moralische Personen sind, 24. §. 45. (153.) In wie fern bei der Execution gegen eine Menge von Menschen militairische Hülfe anzuwenden und zu verlangen ist, §. 150. (179.) s. auch Execution.

Moratoriensachen, davon handelt I. 47. Zweck des Moratorii, §. 1. Es findet nur gegen Geldzahlungen Statt, §. 2 Allgemeine Erfordernisse, §. 3. Ein entwichener Schuldner soll nicht eher als nach seiner Rückkehr damit gehört werden, §. 5. Eintheilung des Moratorii, §. 6. Von der Instruction des Specialmoratorii, §. 7. sqq. Der Antrag darauf muss spätestens am Schlusse der Instruction geschehen, §§. 7. 8. (auch 11. §. 5.) und findet nach geschlossener Instruction der ersten Instanz, oder gar nach rechtskräftig entschiedener Hauptsache nicht mehr Statt, §. 9. (auch 24. §. 42.) Absonderung der Verhandlungen darüber von der Hauptsache, §. 10. Aufnehmung der Provocation, §. 11. Die Anbringung eines zulässigen Moratoriengesuchs hebt die Execution, nicht aber das Verfahren wegen Sicherstellung, auf, (306.) Instruction, §§. 12. 13. in Ansehung der Vermögenszulänglichkeit, §. 14. Prüfung der Sicherheit, §. 15. a) bei Grund-

stücken, §. 16—18. b) bei jährlichen Hebungen, §. 19. c) bei Activcapitalien, §. 20. d) bei beweglichen Pfändern, §. 21. e) bei Bürgen, §. 22. Ein inländischer Gläubiger ist nicht verbunden, eine ihm ausserhalb der Königlichen Lande angewiesene Sicherheit anzunehmen, §. 23. Erkenntniss, §. 24. Der Specialindult wird in der Regel nur auf Ein Jahr zugestanden, §. 25. Gegen das Erkenntniss steht die Appellation offen; die Revision ist unzulässig, §. 26. s. auch Appellation hat nur effectum devolutivum. Instruction des Appellatorii, §§. 30. 32. Vorkehrungen gegen den Missbrauch des Moratorii, §. 32. sqq. Kosten, §. 36. Wirkung des Specialindults, §. 37. Die Zinsen müssen während desselben vierteljährig entrichtet werden, §. 38. Wiederaufhebung des Indults, §. 39. wenn der Schuldner die Zinszahlungstermine nicht gehörig inne hält, §. 40. s. auch Resolution, oder der Gläubiger behauptet, dass keine hinlängliche Sicherheit mehr vorhanden sei, I. 47. §§. 41. 42. s. auch Appellation hat nur effectum devolutivum. Wie weit der Indult gegen den Gläubiger des Gläubigers gelte, §§. 43. 44. Nach Ablauf der Indultzeit soll sogleich mit der Execution verfahren werden, §. 45. Von der Instruction des Generalmoratorii, §. 46. sqq. Anbringung der Provocation, § 46. Aufnehmung derselben, §. 47. Das von dem Gemeinschuldner übergebene Vermögens-, imgleichen dessen Schuldenverzeichniss muss mit demselben durchgegangen werden, §§. 48. 49. Verfahren in Ansehung streitiger Schuldposten, §. 50. Obliegenheiten des Instruenten, wenn er den Provocanten nicht zum Moratorio qualificirt findet, §. 51. wenn er ihn dazu qualificirt findet, § 52. Das Moratoriengesuch kann durch einen Justizcommissarius schriftlich unter Beilegung der Manualacten angebracht werden, §. 53. Verordnung darauf, §. 54. sqq. In wie fern Edictalvorladung der Gläubiger statt finde, §. 56. und mit welchen Förmlichkeiten und Fristen, (307.) Unter welcher Verwarnung die Gläubiger vorzuladen, §. 57. Sie müssen sich, in so fern sie einerlei Rechte haben, über einen gemeinschaftlichen Bevollmächtigten vereinigen, §. 58. Bestimmung des Termins, §. 59 Insinuation der Vorladungen, §§. 60. 61. Was in der Zwischenzeit wegen der Specialprozesse, Executionen etc. statt finde, §. 62—64. besonders wegen der schon eingeleiteten Subhastationen, §. 63. (308.) und wegen der currenten Zinsen und zweijährigen Rückstände derselben, (309.) Der Gemeinschuldner darf keinem Gläubiger vor dem andern Zahlung leisten, §. 64. Was das Gericht thun müsse, um dergleichen Gratificationen zu verhüten, §. 65. s. auch Protestation. In wie fern ein Moratorium gegen die Execution der Wechseljudicate schütze, §. 66. Wie es während der Verhandlungen über das Moratoriengesuch mit der Vermögensadministration zu halten, §§. 67. 68. s. auch Capitalsaufkündigung, Schenkung, besonders, wenn der Gemeinschuldner ein Kaufmann ist, §. 69. Was der Gemeinschuldner zu beobachten habe, wenn er eine der ihm in der Regel untersagten Dispositionen nothwendig oder zuträglich findet, §. 70. und sämmtliche Gläubiger hierunter mit ihm einig sind, §. 71. Befugniss der Gläubiger,

wenn sie es bedenklich finden, dem Gemeinschuldner die freie Disposition über sein Vermögen bis zur völligen Entscheidung über das Moratoriengesuch zu überlassen, §. 72. In einem solchen Falle soll ein Interimisticum regulirt, und wenn darüber keine gütliche Vereinigung statt findet, durch eine blosse Resolution festgesetzt werden, §. 73. Die Bestimmung der Massregeln zur Sicherstellung der Gläubiger bleibt in diesem Falle dem Gerichte anheimgestellt, §. 74. Verhandlungen im Termine zur Instruction des Moratorii, §. 75. 76. wenn ein gütliches Abkommen zu Stande gebracht wird, §. 77. wenn sämmtliche oder einige Gläubiger dem Moratoriengesuche widersprechen, §. 78. sqq. Wo bloss davon die Frage ist: ob dem Gemeinschuldner, welcher Hinlänglichkeit seines Vermögens und Sicherheit seiner Gläubiger behauptet, eine Zahlungsnachsicht zu Statten komme, soll die Stimmenmehrheit nichts entscheiden, sondern lediglich darauf gesehen werden, ob die gesetzmässigen Erfordernisse des Moratorii vorhanden sind, I. 47. §. 79. 80. Nähere Bestimmungen zur Instruction des Generalmoratorii, wenn 1) über den Werth eines Grundstücks, 2) der Buchschulden, oder 3) der Waarenlager eines Kaufmanns, und 4) der Mobilien des Gemeinschuldners in so fern derselbe diese Dinge als Sicherheitsobjecte in Vorschlag bringt, oder wenn 5) über die den Gläubigern dafür, dass die Vermögenssubstanz während der Indultjahre nicht vermindert, und die Zinszahlung gehörig erfolgen solle, zu bestellende Sicherheit gestritten wird, §. 81. Streitigkeiten über die Richtigkeit oder den Betrag der Forderungen einzelner Gläubiger sind mit der Instruction der Moratoriensache nicht zu vermengen, §. 82. Erkenntniss, §§. 83. 84. s. auch Deduction. Das Generalmoratorium soll höchstens auf drei Jahre, vom Tage der Rechtskraft an, zugestanden werden, §. 85. Rechtsmittel, §. 86. sqq. s. auch Appellation hat nur effectum devolutivum. Wenn der Gemeinschuldner mit seinem Moratoriengesuche gänzlich abgewiesen worden, sind die bisher gehemmt gewesenen Executionen wieder gegen ihn fortzusetzen, §. 89. wobei diejenigen Gläubiger, deren Forderung noch nicht zur Execution stehen, sich als Intervenienten melden, und bis nach rechtskräftiger Entscheidung der Sache auf Deposition des beigetriebenen Geldes antragen können, §. 90. Instruction des Appellatorii, §§. 91. 92. Erkenntniss, §. 93. Revision ist unzulässig, §. 94. Kosten der Instruction des Generalindults, §. 95. Wenn derselbe rechtskräftig für unzulässig erkannt worden, können die Gläubiger auf Concurseröffnung antragen, §. 96. das Moratorium schützt nicht 1) gegen gemeine Lasten und Abgaben, 2) gegen die Forderungen einer öffentlichen Casse, 3) gegen laufende Zinsen und die zweijährigen Rückstände derselben, 4) gegen laufende jährliche Renten, Canons etc. 5) gegen laufende Alimente, 6) gegen laufende Miethen und Pachte, 7) gegen laufendes Gesindelohn und Deputat, auch Erziehungskosten der Kinder, 8) wenn Jemand anvertrautes Gut nicht in Natur zurückgeben kann, 9) gegen Wechsel, §. 97. Forderungen dieser Art kommen also bei Beurtheilung der von

dem Gemeinschuldner zu bestellenden Sicherheit nicht in Betrachtung, §. 98. Was Rechtens sei, wenn der Gemeinschuldner bereits zu einem Specialindult verstattet gewesen, §. 99. In wiefern der Rechtswohlthat des Indults entsagt werden könne, §. 100. Was Rechtens sei, a) wegen verschiedener Schulden, §. 101 — 103. In wie fern dies bewirke, dass der Gemeinschuldner des Moratorii verlustig erklärt werden müsse, welches ohne prozessualisches Verfahren durch eine blosse Resolution geschieht, §. 103. b) Gegen neue Schulden schützt das Moratorium ebenfalls nicht, §. 104. Was Rechtens sei, wenn dergleichen Schulden eingeklagt werden, §. 105. im Fall der Gemeinschuldner ein Kaufmann ist, §. 106. wenn er kein Kaufmann ist, §§. 107. 108. Diese Vorschriften, (§. 102 — 108.) gelten nur während der Indultfrist, §. 109. Wiederaufhebung des Moratorii wegen nicht erfolgender Bezahlung der Zinsen, oder sich vermindernder Vermögenssubstanz, I. 47. §. 110. Während der Indultjahre können die Gläubiger ihre etwa noch nicht liquiden Forderungen, jedoch nur bis zur Execution, geltend machen, §. 111. Nach Endigung der Moratorienzeit muss mit der Execution, ohne dass es einer neuen Klage bedarf, verfahren werden, §. 112. Wie weit das Moratorium dem Erben, §. 113. oder dem Bürgen zu Statten komme, §§. 114. 115. Wozu die Verbesserung der Vermögensumstände während der Indultzeit die Gläubiger berechtige, §. 116. Ueber die Anwendbarkeit der Edicte über den allgemeinen Indult, §. 35 — 37. (310).

Moratoriensachen. Verordnungen wegen des durch die Kriege von 1806—1815 veranlaßt gewesenen allgemeinen Indults, III. 337. Berichtigung des Schuldenwesens mehrerer Landgemeinden in Schlesien, welche durch den Ankauf von Rittergütern sich mit Schulden belastet haben, III. 338. Unzulässigkeit des Moratorii gegen die Landschaft, III. 344. Anbringung eines Specialmoratoriengesuchs im Mandatsprozesse, II. 591. Anbringung eines zweiten Specialmoratoriengesuchs, III 345. Unzulässigkeit der Abweisung eines Moratoriengesuchs per decretum wegen mangelnder Sicherheit, III 346. Zulässigkeit und Wirkung eines nach entschiedener Hauptsache angebrachten Moratoriengesuchs, III. 347. Sistirung der Execution während der Instruction eines Special-Moratorienverfahrens, III. 351. Edictalcitation bei Nachsuchung des Generalmoratorii, III. 356. Sistirung der Execution bei der Provocation auf Generalmoratorium, III. 358. Daß zur Begründung des Generalmoratorii der Antrag auf Abschätzung eines dem Schuldner gehörigen Grundstücks oder die Bezugnahme auf eine frühere Taxe zum Nachweise des Wertes nicht genügt, III. 363. Unzulässigkeit der Einziehung schuldiger Gerichtskosten während des Generalmoratorii, III. 368. Wirkung des Generalmoratorii gegen einen Terminalzahlungsvergleich, III. 369.

Morgengabe, in wiefern die Ehefrau des Gemeinschuldners die ihr in dieser Qualität geschenkten Effecten in der ersten Classe vindiciren könne, I. 50. § 313.

Mortification, s. Aufgebot verlorner Instrumente.

Mortification der an einen gewissen Inhaber und öffentliches Aufgebot der an jeden Inhaber ausgestellten Schulddocumente, III. 602. s. Aufgebot.

Münze, in welchem Falle das zu einer Masse gehörige Gold und Silber dahin abgeliefert werden solle, I. 50. §. 232.

Münzen, seltene, s. Kostbarkeiten.

Mutuum, s. Darlehn, Schuldinstrument.

N.

Nachfrist findet bei Deductionen in erster Instanz unter keinerlei Vorwande statt, I. 10. §. 15. Wie es mit Verstattung derselben bei Einreichung des Appellationsberichts zu halten, 14. §§. 43. 44. s. auch Ordnungsstrafe. In wie fern dieselbe im Diffamationsprozess dem Provocaten zur Anstellung der Hauptklage zu verstatten, 32. §. 26.

Nachlass, die Regulirung desselben gebührt den Untergerichten bei denjenigen Civilbedienten, über welche schon bei deren Leben die Gerichtsbarkeit den Untergerichten übertragen gewesen, und bei den eximirten Forstbedienten immer, I. 2. §. 91. (26). s. übrigens Eheleute, Erbschaft, Erbschaftsinteressenten unbekannte, Verlassenschaftsinventur, Versiegelung des Nachlasses.

Nachlaß, in wie fern die Regulirung des Nachlasses eines minderjährig oder unter väterlicher Gewalt verstorbenen Soldaten von den Gerichten der Garnisonstadt den Gerichten der Heimath desselben überlassen werden kann, I. 170. Die Regulirung des Nachlasses derjenigen Civilbedienten, über welche schon bei deren Leben die Gerichtsbarkeit den Untergerichten übertragen gewesen, gebührt diesen Untergerichten. Auch die Verlassenschaften der eximirten Forstbedienten, deren Wittwen und Kinder jedoch den Untergerichten zufallen, sind von den letztern zu reguliren, I. 214. Aufgebot der Nachlaßmassen, wenn die Erben unbekannt sind, III. 627. 637. s. auch Verlassenschaftsinventur.

Nationaltheater, die Mitglieder des Berlinischen sind eximirt, I. 2. §. 73.

Nebenbedienungen sollen Räthe bei den Landesjustizcollegien ohne Erlaubniss des Chefs der Justiz, III. 3. §. 19. und Justizcommissarien ohne Genehmigung des Landesjustizcollegii nicht annehmen, 7. §. 10.

Nebenprotocoll. Wann solches bei Personen, die der deutschen Sprache nicht kundig sind, zu führen, II. 2. §. 37. u. I. 10. §. 19 (75). Bei Zeugenverhören, §. 213. (87). s. übrigens Dolmetscher.

Neu aufgefundene Documente, s. Restitution.

Neue Schulden, gegen dieselben schützt das Generalmoratorium nicht, I. 47. §. 102.

Neue Thatsachen oder Beweismittel, deren Nachbringung im Schlusstermin ist unter Bedingungen erlaubt, I. 12. §. 6 — 8. s. auch Kosten, Strafe. Die erst in der Deduction vorkommen, darauf soll in der Regel für diese Instanz keine Rücksicht genommen werden, §. 19. es sei denn, dass der angeführte Umstand deutlich und bestimmt genug vorgetragen, auch an sich von offenbarer Erheblichkeit wäre,

10. §. 3. Verfahren, je nachdem der Appellationsbericht Nova enthält oder nicht, s. Appellationsbericht. Von Novis in der Revisionsinstanz, **15. §. 10.** sqq s. auch Revision. Rechte des Appellaten, wenn der Litisdenunciant als Appellant Nova anführt, **17. §. 15.**

Nichtigkeit, s. Nullität.

Nichtigkeitsbeschwerde findet sowohl in Civilsachen, als in den wegen Steuer oder gegen Beamte wegen Dienstvergehen eingeleiteten Untersuchungssachen, wider Erkenntnisse erster und zweiter Instanz, gegen welche die Gesetze kein ordentliches Rechtsmittel zulassen, alsdann statt, wenn das angefochtene Urtel einen Rechtsgrundsatz oder eine wesentliche Prozeßvorschrift verletzt, II 81. Welche Fälle als Verletzungen wesentlicher Prozeßvorschriften betrachtet werden, II. 82. und daß hierher auch die Fälle gehören, wenn in Vormundschaftssachen der Vormundschaftsrichter, in Lehnssachen der Lehnshof, in Kassensachen der die Kasse vertretende Richter sich der Abfassung des Erkenntnisses unterzieht, II. 88 — 92. Zulässigkeit der Nichtigkeitsbeschwerde gegen Agnitions- und Purifikationsresolutionen, Adjudicationsbescheide und Erkenntnisse in possessorio summariissimo, II. 83. 86. Unzulässigkeit derselben gegen solche Erkenntnisse, gegen welche der Recurs statt findet, II. 83; gegen die auf den Recurs ergangenen Resolutionen, II. 95; in Injuriensachen, II. 85; in Criminaluntersuchungen gegen Beamte wegen Dienstvergehen II. 86; gegen die in Untersuchungssachen wegen Steuervergehen, auf Niederschlagungs- oder Milderungsgesuche abgefaßten Resolutionen ebendas. — In wie fern bei dem Vorhandensein mehrerer Streitpunkte die Appellation, resp. Revision oder die Nichtigkeitsbeschwerde statt findet, II. 83. und daß, wenn bei einem und demselben Streitpunkte von der einen Parthei die Appellation, und von der andern die Nichtigkeitsbeschwerde eingelegt worden, die Nichtigkeitsbeschwerde als eigentliche Appellation zu behandeln ist, II. 83. 96. Die Einlegung der Nichtigkeitsbeschwerde hält die Vollstreckung des angefochtenen Erkenntnisses nicht auf, es sei denn, daß aus der Vollstreckung ein unersetzlicher Schade entstände, II. 83; sie hindert daher auch die Uebergabe adjudicirter Grundstücke und die Ableistung der in rechtskräftigen Erkenntnissen auferlegten Eide nicht, II. 97. Es steht jedoch dem Verurtheilten frei, sich durch gerichtliche Deposition des Streitobjekts oder Cautionsbestellung vor der Vollstreckung des Erkenntnisses zu schützen, II. 83 In wie fern die Zurückweisung einer Nichtigkeitsbeschwerde per decretum erfolgen kann, II. 96. 102. Die Anbringung der Nichtigkeitsbeschwerde muß bei dem Gerichte erster Instanz entweder zu Protokoll oder schriftlich mittelst eines von einem Justizcommissarius unterzeichneten Schriftsatzes erfolgen, II. 83. 100; ist sie irrthümlich bei dem Appellationsrichter eingebracht, so soll sie von letzterem unverzüglich an das competente Gericht eingesandt werden, II. 98. Zulässigkeit der Nullitätsklage neben der Nichtigkeitsbeschwerde, II. 119. Befugniß eines Adcitaten, unabhängig von dem Adcitanten, die Nichtigkeitsbeschwerde anzubringen, II. 87. Daß die alleinige Unterschrift eines Justizcommissarius unter der Nichtigkeitsbeschwerde, ohne alle Vollmacht Seitens der Parthei, nicht hinreicht, II. 101. und daß schriftlich, ohne Mitunterzeichnung eines Justizcommissarius angebrachte und von der Parthei vor Gericht genehmigte Nichtigkeitsbeschwerden keine Wirkung haben, II. 102. Die Frist zur Einlegung der Nichtigkeitsbeschwerde beträgt sechs Wochen und für den Fiscus zwölf Wochen, vom Tage der Zustellung des ausgefertigten Erkenntnisses an die Parthei oder deren Stellvertreter an gerechnet, II. 85. 103., wobei indessen dieser Tag selbst nicht mitgezählt wird, II. 114. Diese Frist wird durch bloße Anmeldung der Nichtigkeitsbeschwerde oder Revision nicht bewahrt, II. 98. 99., sie läuft auch in Ansehung

des Fiscus von dem Tage der Zustellung des Erkenntnisses an den Mandatar desselben, II. 117. Anfang des fatale, wenn die ertheilte Urtelsausfertigung unvollständig gewesen, II. 116. Ablauf desselben, wenn der letzte Tag auf einen Feiertag fällt, II. 115 Der Umstand, daß den Mandatarien bloße Abschrift des Erkenntnisses zugestellt worden, hat auf die Fristbestimmung keinen Einfluß, II. 116 Auch alsdann, wenn das Urtel einem der Partbei zur Publikationsverhandlung bestellten Assistenten behändigt worden, ist die Frist zur Einlegung des Rechtsmittels von dem Tage der Zustellung des Urtels an den Assistenten an zu rechnen, II. 117. Dadurch, daß auf einen Eid erkannt oder eine Deklaration des Erkenntnisses erfolgt ist, wird in der Berechnung der Frist zur Einlegung der Nichtigkeitsbeschwerde nichts geändert, II 116. Verhalten des erkennenden Richters bei versäumter Frist zur Einlegung des Rechtsmittels, II. 109. Unzulässigkeit der Restitution gegen die versäumte Frist wegen persönlicher Ehehaften des Mandatars, II. 118. Eine Cumulation der Revision und Nichtigkeitsbeschwerde ist zwar zulässig, es muß aber die Partbei, welche über die Zulässigkeit der Revision zweifelhaft ist, um sich das Rechtsmittel der Nichtigkeitsbeschwerde zu erhalten, beide Rechtsmittel innerhalb der sechswöchentlichen Frist resp. principaliter und eventualiter vollständig einlegen, II. 99. 100. Die sechswöchentliche Frist zur Einlegung der Nichtigkeitsbeschwerde findet auch bei den schleunigen Prozeßarten Anwendung, II. 110. — Verfahren bei der Aufnahme und Instruktion der Nichtigkeitsbeschwerde und bei der ausschließlich dem Geheimen Ober-Tribunale gebührenden Entscheidung über dieselbe, II. 83—85. Welche Interessenten bei der Nichtigkeitsbeschwerde gegen ein Adjudicationserkenntniß als Imploraten zuzuziehen sind, II. 103. Daß ein Erkenntniß, welches auf einem nichtigen Grunde beruht, für nichtig zu erklären, wenn gleich dessen Entscheidung aus andern Gründen gerechtfertigt wird, II. 104. Kostenansatz in Nichtigkeitsbeschwerdesachen, II. 84—85. 106. Pflicht der Partheien zur Erstattung der Mandatariengebühren, II. 107. Berechnung der Mandatariengebühren in Nichtigkeitsbeschwerdesachen, welche durch Vergleich beendigt worden ebendas. und wenn der Mandatar mehrere Interessenten vertreten hat, II. 108. s. auch Recurs, Restitution. Zulässigkeit der Nichtigkeitsbeschwerde bei gutsherrlichen und bäuerlichen Regulirungen, Gemeinheitstheilungen und Ablösungen, III. 255. Zulässigkeit der Nichtigkeitsbeschwerde gegen Adjudicationsbescheide bei freiwilligen Subhastationen, III. 735. Das Kaufgelderbelegungsverfahren wird durch Einlegung der Nichtigkeitsbeschwerde nicht aufgehalten, III 710.

Niessbrauch, s. Erbrecht, Väterliche Gewalt.

Nomination findet statt, wenn Jemand die in Anspruch genommene Sache im Namen eines Andern besitzt, I. 17. §. 34. Wirkung der unterlassenen Nomination, §. 35. Verfahren, wenn dieselbe von dem Beklagten gehörig angebracht wird, §. 36. und der Nominat sich zu dem Eigenthume der streitigen Sache bekennt, sich auch in dieser Qualität mit dem Kläger einlassen will, §. 37. Die Erklärung des Nominaten zu fordern, ist der Richter des Nominanten in jedem Falle berechtigt und verbunden, wenn der Nominant seiner Gerichtsbarkeit auch sonst nicht unterworfen wäre, §. 38. Was Rechtens sei, wenn der Nominat sich nicht meldet, oder gerichtlich erklärt, dass ihn die Sache nicht angehe, §. 39. Wer wegen eines an der Sache begangenen Spolii belangt wird, kann sich mit der Nomination des wahren Besitzers nicht schützen, §. 40. Der Streit darüber, ob ein Kläger sich an den Nominaten verwei-

sen lassen müsse oder nicht, ist als eine exceptio litis finitae zu behandeln. §. 41.

Notariatsinstrument, s. Justizcommissarius als Notarius, Schuldinstrument.

Notariatsinstrument. Wirkung der Notariatsinstrumente über Geschäfte, welche gerichtlich abgeschlossen werden müssen, IV. 4. Aufnahme der Notariatsinstrumente in fremder Sprache, IV. 391. Form und Ausfertigung der Notariatsinstrumente und Bemerkung des Stempels, IV. 393. Förmlichkeiten der Notariatsinstrumente Schreibens Unkundiger, IV. 395. Qualität der Instrumentszeugen bei Notariatsinstrumenten IV. 702., s. auch Justizcommissarien als Notarien.

Notariencollegium, davon handelt III. 7. §. 90. sqq. In grossen Departements können mehrere Deputationen desselben errichtet werden, §. 93. Von der Registratur desselben, §. 95. sqq. Jeder Notarius muss seine Acten am Ende des Jahres dahin abliefern, §. 96. sqq. welche auf Verlangen der Parteien daselbst versiegelt reponirt werden können, §. 99. Auch auswärtige Notarien des Departements sind an diese Ablieferung gebunden, §. 100. Die Registratur steht unter der Aufsicht des Directors des Notariencollegii, §. 101. bei dem man sich wegen der Abschriften aus denselben zu melden hat, §. 102. der sie aber ohne Befehl des Landesjustizcollegii, ausser den Interessenten, niemanden mittheilen darf, §. 103. Bestellung dieses Directors, §§. 104. 105. obgleich die Besetzung dieser Stelle nicht nothwendig ist, sondern diese erforderlichen Falls durch den Senior der Justizcommissarien vertreten werden kann, §. 104. (470). Dessen Amt besteht 1) in der Aufsicht über die zu dem Collegio gehörenden Personen, III. 7. §. 106. 2) in der Revision der Instrumente, §. 107. s. auch Justizcommissarius als Notarius. 3) in der Anweisung unvermögender oder keine Bekanntschaft habender Partheien an denjenigen Notarius, welchen die Reihe trifft, §. 108. 4) in der Ertheilung seines Rathes und Gutachtens an die Notarien, §. 109. 5) ist er auch befugt, Conferenzen anzusetzen, §. 110. 6) liegt ihm die Aufsicht über die Registratur ob, §. 111. Emolumente, §. 112. Stellvertretung, wenn er verhindert ist, sein Amt zu verwalten, §. 113. 114. Bei jedem Notariencollegio soll ein gemeinschaftlicher Canzlist bestellt werden, §. 115.

Notarius ist nicht eximirt, I. 2. §. 56. In welchen Fällen eine Insinuation durch ihn geschehen könne, 7. §. 11. Io wie fern einem Zeugenabhörungscommissarius ein Notarius zuzugeben. 10. §. 220. In wie fern derselbe Versiegelungen vornehmen dürfe, II. 5 §. 20.
S. übrigens: Justizcommissarius als Notarius.

Notarius, s. Justizcommissarien als Notarien.

Notorität der Thatsachen, wie sie beschaffen sein müsse, um den Beweis entbehrlich zu machen, I. 10 56.

Nothwendiger Eid, davon überhaupt handelt I. 22. kann in der Regel nicht zurückgeschoben werden, §. 1. ausgenommen ein nothwendiger Eid de ignorantia, §. 8. Dahin gehört der

Erfüllungs- oder Reinigungseid, §§. 2. 3. und setzt allemal, ehe er geschworen werden kann, ein Erkenntniss voraus, §. 4. in welchem dessen Wirkung auf beide Falle, wenn er geschworen, und wenn er nicht geschworen wird, festzusetzen ist, 10. §. 377. wogegen aber die Appellation eingewendet werden kann, 22. §. 5. wie über nothwendige Eide die Erkenntnisse abzufassen. 10. §. 329. (95). In wie fern derselbe für geschworen anzunehmen, §. 379. In welchen Fällen derselbe statt finde, und was bei Bestimmung desselben zu beobachten, 13. §. 24. sqq. u. §. 24. (105). Dazu sind diejenigen nicht zu verstatten, welche nach 10. §. 227. als Zeugen nicht vereidet werden können: indessen ist ein Deserteur, welcher Pardon erhalten hat, dessen nicht unfähig, 13. §. 25. Erben dürfen einen nothwendigen Eid nur de ignorantia ableisten, 22. §. 6. Wie es zu halten, wenn Jemand, vor Ableistung eines nothwendigen Eides de veritate, unter Umständen stirbt (10. §. 379.), unter welchen dieser Eid noch nicht für geschworen angenommen werden kann, §. 7. Zur Ableistung eines nothwendigen Eides ist derjenige, in so weit der Eid zu seinem Vortheile gereicht, unfähig, der sich des frevelhaften Leugnens oder vorsetzlicher Unwahrheiten vor Gericht schuldig gemacht, 23. §. 52. n. 4. s. auch Schwarzes Register, imgleichen derjenige, der durch Bestechungen eine ungerechte Verfügung erhalten hat, und dessen Unterhändler, III. §. 27.

S. übrigens: Calumniae juramentum, Juramentum in litem. Manifestationseid, Reinigungseid.

Nova, s. Neue Thatsachen und Beweismittel.

Novorum juramentum, s. Juramentum noviter repertorum.

Novation, deren Wirkung in Ansehung des Separationsrechts der Erbschaftsgläubiger in Concursen, I. 50. §. 283. s. auch Erbschaftsgläubiger.

Nullität eines Geschäfts ist im zweifelhaften Falle nicht anzunehmen, II. 1. §. 11. desgleichen 2. §. 4. Die Nichtigkeit oder Gültigkeit eines Geschafts ist weder von dem Orte, wo, noch von der Zeit, zu welcher es vollzogen worden, abhängig, 2. §§. 10. 11. s. auch Sonn- und Festtage. Nullität eines Urtels, oder wegen unterlassener Zuziehung eines Protocollführers, s. Nullitätsklage, eines schiedsrichterlichen Ausspruchs, s. schiedsrichterlicher Ausspruch.

Nullitätsklage gegen ein rechtkräftiges Urtel, davon handelt I. 16. findet statt: 1) wenn eine Partei bloss auf den Grund eines falschen Documents, oder lediglich nach den Aussagen bestochener Zeugen verurtheilt oder abgewiesen werden. — Welche Zeugen für bestochene zu halten. — Den falschen Urkunden sind auch Karten und Vermessungsregister gleich zu achten. — Der Provocant muss die Falschheit der Urkunden oder die Corruption der Zeugen selbst nachweisen können. — Wer nicht die Unrichtigkeit der Urkunde, sondern nur behauptet, dass dieselbe zu einem andern Geschäfte gehöre, kann keine Nullitätsklage anstellen; wohl aber derjenige, der eine Verwechselung der Urkunden nachzuweisen vermag. 2) findet

die Nullitätsklage statt, wenn in erster und zweiter Instanz gegen ein klares in dem Landrechte oder in den Provinzial-Gesetzbüchern enthaltenes Gesetz erkannt worden, wenn Jemand, der mit keiner Jurisdiction versehen, oder doch zur Justizverwaltung nicht gehörig bestellt ist, erkannt hat, 4) wenn Jemand, der nicht ohne Vormund, Curator oder Beistand vor Gericht handeln kann, ohne denselben zugelassen worden, 5) wenn Jemand durch einen falschen Bevollmächtigten vertreten, 6) wenn gegen Jemand, dem eine Vorladung nicht insinuirt ist, in contumaciam erkannt worden, §. 2. Verfahren bei angestellten Nulllitätsklagen, §. 3. sqq. Die Instruction hat bloss die vorgegebene Nullität, keinesweges aber die Hauptsache zum Gegenstande, §. 5. Gegen das Erkenntniss stehen die gewöhnlichen Rechtsmittel offen, §. 6. Verfahren, wenn insbesondere die Nullitätsklage, §. 1. n. 3. angestellt, und zwar wenn behauptet wird, dass der Richter mit keiner Jurisdiction versehen, oder zur Justiz nicht gehörig verpflichtet gewesen, in welchem Falle die Klage bei dem Landesjustizcollegio angebracht werden muss. Verfahren, wenn die Nullität auf die Incompetenz des Richters gegründet wird, je nachdem Privatparteien mit einander streiten, (welche ein bereits rechtskräftiges Urtel unter diesem Vorwande nicht anwenden können,) oder Fiscus unter den streitenden Parteien ist, welcher, wenn die Sache durch alle Instanzen entschieden ist, sich dabei beruhigen muss, wenn aber noch eine Instanz übrig ist, auf Entscheidung in derselben von der competenten Behörde antragen kann. Wie diese zu verfahren habe Fiscus muss ein solches Gesuch binnen der vierjährigen Restitutionsfrist (§. 14.) und zwar bei demjenigen Departement des Staatsrathes anbringen, welchem der Richter in seinem Amte unterworfen ist. Wenn die Incompetenz zweifelhaft ist, muss die Jurisdictionscommission entscheiden; ist sie als entschieden anzusehen, so werden die Acten dem competenten Gerichte sofort zur Instruction der noch übrigen Instanz ausgeliefert, bei welchem der Gegentheil des Imploranten seine Gerechtsame auch in Ansehung der Nullität wahrnehmen kann, I 216. §. 7. S. 426 — 429. Folgen der Nullität eines Urtels, § 8. welche sich jedoch nicht weiter als bis auf den Zeitpunkt der begangenen Nullität zurück erstrecken, §. 9. Wie lange die Nullitätsklage statt finde. So lange die Nullität noch nicht rechtskräftig feststeht, soll das angefochtene Urtel zur Execution gebracht werden, es sei denn, dass der angeblich Bevollmächtigte gar keine Vollmacht gehabt habe, §. 10. In wie fern sie mit andern ordentlichen Rechtsmitteln cumulirt werden könne, §. 11. Von Kosten der Nullitätsklage, 23. §. 13. Aus der unterlassenen Zuziehung eines Protocollführers in Fällen, wo dieselbe gesetzlich nothwendig ist, folgt die Nullität der Verhandlung, 25. §. 60. Der Appellationsrichter ist aber weder befugt noch schuldig, deshalb die Instruction der vorigen Instanz von Amtswegen als nichtig zu verwerfen, §. 61. Die Nullitätsklage wegen unterlassener Zuziehung eines Protocollführers muss, bei Verlust

derselben, binnen 6 Wochen nach publicirtem Erkenntniss bei der dem erkennenden Richter vorgesetzten Behörde angebracht werden, §. 62. a. Wann die Gläubiger ein, vor der Concurseröffnung ergangenes, rechtskräftiges Erkenntniss als nichtig anfechten können, 50. § 46. (321).

Nullitätsklage findet gegen Revisionserkenntnisse aus dem Grunde, weil gegen klare Landesgesetze erkannt werden, nicht statt, II. 71. Zulässigkeit derselben in fiscalischen Untersuchungen, II. 72. Nullitätsverfahren gegen noch nicht rechtskräftige Erkenntnisse incompetenter Richter, II. 79. In wie fern die Nullitätsklage neben der Nichtigkeitsbeschwerde statt findet, II. 119. Nullitätsklage gegen Possessorienerkenntnisse, II. 700. Unzulässigkeit der Nullitätsklage in Injuriensachen, II. 721.

Nutzholzadministration hat fiscalische Rechte, I. 50. §. 361. Von Aufbietung verloren gegangener Obligationen derselben, s. Aufgebot.

Nutzung, s. Gefahr und Nutzung, auch Früchte.

O.

Oberbrigadier der Provinz bei der Gendarmerie. Ihn müssen die Civilgerichte wegen Vollstreckung der Execution gegen einen Gendarmen requiriren, I. 24. §. 26. (149). s. Execution.

Oberförsterwittwe, s. Wittwe.

Obergericht der Provinz, in wie fern bei Jurisdictionsstreitigkeiten die Hauptsache vor demselben verhandelt werden müsse, I. 2. §. 132. Verfahren, wenn zwei Obergerichte über die Jurisdiction streiten, §. 133. s. auch Justizdepartement. Die Instruction der Injurienklage einer Militairperson gegen Jemanden aus dem Civilstande soll, wenn der Beleidigte darauf anträgt, von dem Obergerichte der Provinz geführt, I. 34. §. 27. oder wenn dieses auch nicht geschehen wäre, doch von demselben erkannt werden: es sei denn, dass der Beleidigte ausdrücklich Verzicht darauf gethan hätte, §. 28. s. Eximirte, Militairpersonen. In wie fern Obergerichte die fiscalische Untersuchung einleiten, wenn gegen die, von den Regierungen in Contraventions- und Defraudationssachen abgefassten, Resolutionen auf rechtliches Gehör und Erkenntniss angetragen wird, 35. §. 34. (243. 254). Wann sie gegen Militairpersonen und Beurlaubte eine fiscalische Untersuchung einleiten können, (244. 245). Wann sie, bei Verzögerung der summarischen Untersuchung bei den Regierungen auf Abgabe der Acten dringen können, (246). Welche fiscalische Untersuchungen vor sie allein gehören, (248). Wann sie in fiscalischen Untersuchungen ein abgekürztes Verfahren zu beobachten haben, und welches, (253). Von dem Obergerichte der Provinz müssen 1) Verträge über eine Ehe zur linken Hand, 2) über eine Annahme an Kindesstatt bestätigt werden, II. 1. §. 7.

S. übrigens: Landesjustizcollegia, Recurs.

Obergerichte, s. Landesjustizcollegia.

Oberkriegscollegium, dessen Mitglieder und Subalternen stehen, wenn sie nicht Offiziere bei der Armee sind, unter dem Kammergericht, I. 2. §. 51. bei demselben dürfen Civilgerichte sich für ihre Gerichtseingesessenen bei verzögerter oder verweigerter Militairjustiz verwenden, §. 52. Demselben ist zugleich mit der Absendung des confiscirten Vermögens an die Invalidenkasse davon, dass dieses geschehen, Nachricht zu geben, 36. §. 3.

Oberkriegscollegium, s. General-Auditoriat.

Ober- und Unteroffiziere stehen unter den Regimentsgerichten, I. 2. §. 48. Oberoffiziere, ihre Frauen und Familien haben ihren persönlichen Gerichtsstand in allen Angelegenheiten der bürgerlichen Gerichtsbarkeit (wegen des Gerichtstandes in Untersuchungs- und Injuriensachen, s. Militärgerichte) bei dem Obergerichte der Provinz, (12). Pensionirte Offiziere sind den im Dienst befindlichen gleich zu achten, (15). und nur die wirkliche, ohne Pensionirung erfolgte, Dienstentlassung hebt auch den Militairgerichtsstand in Untersuchungs- und Injuriensachen auf, (16). Von rechtskräftigen Erkenntnissen in Schuldsachen wider Offiziere ist dem Chef derselben Nachricht zu geben, 13. §. 58. (107). Verfahren, wenn sie gegen Injurienklagen, 34. §. 26. sqq. (234). Von der Execution gegen sie, 24. §. 70. (155. 157). §. 106 — 108. (165 — 170). s. Execution. Von der Siegelung ihres Nachlasses, s. Versiegelung, s. auch Soldaten, Unterstab. Uebrigens s. Equipagegelder, Injuriensachen, Pension.

Ober- und Unteroffiziere, deren Gerichtsstand s. Militairpersonen.

Obervormundschaft. Wann sie den Ober-, und wann sie den Untergerichten zusteht, I. 2. §. 95. (27).

Obligationen öffentlicher Anstalten. Von deren Aufbietung, s. Aufgebot.

Obmann, in wie fern derselbe bei einem Compromiss auf schiedsrichterlichen Ausspruch von den Parteien gewählt werden müsse, I. 2. §. 170.

Observanz, s. Gewohnheitsrechte.

Observation des im Wege der Execution zum Personalarrest zu bringenden Schuldners findet so lange statt, bis dessen Amtsbehörde (s. diese) wegen Versehung seines Dienstes die nöthigen Vorkehrungen getroffen hat, I. 24. §. 145. des Wechselschuldners, 20 §. 45. findet nicht mehr statt, (187). In wie fern dieselbe in fiscalischen Untersuchungen gegen den Denunciaten zu verfügen, 35 §. 44. Sie findet während der Instruction des von dem Gemeinschuldner angebrachten Cessionsgesuchs statt, 48. §. 13. muss jedoch, wenn für seine Person hinlängliche Sicherheit bestellt wird, aufgehoben werden, §. 14.

Ocularinspection, s. Augenschein, Einnehmung desselben.

Oekonomiekommissarien, deren Vereidigung bei Abgabe sachverständiger Gutachten, I. 487, Verpflichtung der Gerichte, auf Requisition derselben Zeugen zu vernehmen, I. 493.

Officialen sind eximirt, I. 2. §. 45.

Officiant, s. Amtsbehörde, Beamte, Regierungsofficianten. In wie fern die Protocolle eines vereideten, der keine Gerichtsperson ist, in Amtsangelegenheiten aufgenommen, als Documenta publica extrajudicialia gelten, I. 10. §. 129.

Officiere, s. Ober- und Unterofficiere.

Officiere, deren Gerichtsstand s. Militairpersonen. Modalitäten der Exekution gegen Offiziere. II. 342. 374. 392. und folgende, 494. und folgende, s. Execution Verhältnisse der auf Inactivitätsgehalt oder zur Disposition gestellten Offiziere, II. 342. s. auch Verlassenschaftsinventur, Concurs.

Officium Fisci, s. Fiscalisches Amt.

Offner Arrest in Concursen, wie und unter welcher Bedrohung derselbe zu erlassen, I. 50. §. 206. Wie derselbe bekannt zu machen, §. 207 und (340). Wirkung desselben, §§. 209. 210. Wann solcher im erbschaftlichen Liquidationsprozess zu erlassen, 31. §. 74. (382).

Orden. Einsendung der sich in einem Nachlasse vorfindenden Orden und Ehrenzeichen, IV. 119.

Ordnungsstrafen, denen des Untergerichts muss der Justizcommissarius als Bevollmächtigter oder Assissent einer Partei sich unterwerfen, I. 2. §. 55. findet statt 1) wenn die Frist zur Ergänzung einer mangelhaften Information nicht inne gehalten wird, 6. §. 5. 2) wenn eine Partei die ihr aufgegebene Bescheinigung der Hinderungsursachen, um derentwillen sie Verlegung eines Termins nachgesucht hat, nicht bescheinigen kann, 8. §. 24. 3) wenn eine Partei in Ertheilung der Information an ihren Bevollmächtigten saumselig ist, §. 29. 4) wenn auswärtige Commissarien die Ausrichtung ihres Auftrages verschleppen, §. 37. 5) wenn der Kläger oder der Beklagte, nachdem bereits die Einlassung erfolgt ist, aussen bleibt, 9. §. 44. 6) wenn eine Partei noch im Schlusstermine neue Thatsachen oder Beweismittel anbringt, 12. §. 7. 7) wenn ein Justizcommissarius oder ein anderer Assistent den Appellations- oder Schlussbericht nicht binnen der bestimmten Frist einbringt, welche Strafe so lange verdoppelt wird, bis entweder die Schrift einkommt, oder derselben mit Genehmigung der Partei ausdrückich entsagt wird, 14. §. 43. In welchem Falle eine Erlassung dieser Strafe statt finde, §. 44. 8) In eben dieser Art (§§. 43. 44. findet eine Ordnungsstrafe statt, wenn in zweiter Instanz die Deduction oder Gegendeduction nicht binnen der geordneten Frist einkommt, I. 14. §. 62. 9) wenn ein Unterrichter die Aufnehmung der Klagen und die rechtlichen Verfügungen darauf verzögert, 25. §. 27. 10) wenn der fiscaliche Bediente im fiscalischen Civilprozess sich einer Vernachlässigung schuldig macht, 35. §. 19. 11) wenn der Justizcommissarius als Defensor in fiscalischen Untersuchungen die De-

fension nicht zur gehörigen Zeit einreicht, §. 67. 12) Wenn Mitglieder oder Subalterne des Collegii, imgleichen die Referendarien und Auscultatoren ohne gegründete Entschuldigung von einer Session zurückbleiben, oder sich dabei zu spät einfinden, III. 1. §. 39. 13) wenn diese Personen überhaupt ihre Pflicht vernachlässigen, 2. §. 11.
S. übrigens: Strafen.

Ordnungsstrafen, Festsetzung und Niederschlagung derselben gegen Querulanten, IV. 191. Unzulässigkeit der Provocation auf gerichtliches Verfahren gegen die Festsetzung einer Ordnungsstrafe gegen Beamte, IV. 202. Gefängnißstrafen sind als Ordnungsstrafen gegen Referendarien und Justizcommissarien nicht zulässig, IV. 263.

Originis forum, s. Gerichtsstand der Eltern.

Ort, wo eine Handlung freiwilliger Gerichtsbarkeit vorgenommen worden, macht in Ansehung ihrer Gültigkeit keinen Unterschied, II. 2. §. 9.

P.

Pacht, s. Miethe.

Pachtcontract, den ein Gemeinschuldner als Pächter geschlossen, kann nach eröffnetem Concurse nur dann fortgesetzt werden, wenn die Gläubiger und der Verpächter darüber einig sind, I. 50. §. 62. In wie fern derselbe vor einem Justizcommissarius als Notarius oder gerichtlich vollzogen werden müsse, II. 1. §. 10. n. 3. Verfahren bei Aufnehmung desselben, 3. §. 12.
S. übrigens: Verpachtung.

Pachtsachen, davon handelt I. 44. Verschiedene Arten der Pachtstreitigkeiten, §§. 1. 2. als: 1) über Pachtgeldberechnungen, Klage und Beantwortung, §. 3. Instruction, §. 4. sqq. Erkenntniss, §. 9 Rechtsmittel, §. 10. sqq. s. auch Erkenntniss erster Instanz gilt als Interimisticum, Revision hat nur effectum devolutivum. Besondere Vorschriften wegen des Verfahrens, a) bei illiquiden Compensationsforderungen des Pächters, §. 16. sqq. Der in diesem Falle anzusetzende Termin zur Anlegung eines vorläufigen Liquidi kann auf einseitiges Gesuch des Pächters nicht prorogirt werden, §. 17. Was der Instruent in diesem Termin zu beobachten habe, §. 18. sqq. Wenn kein Vergleich unter den Parteien zu Srande kommt, so muss das Liquidum durch eine vorläufige Resolution festgesetzt werden, §. 21. welche als Intermisticum gilt, bis das eigentliche Liquidum in dem Urtel festgesetzt wird, und gegen welche Resolution kein Rechtsmittel statt findet, §. 22. Ein solches interimistisches Liquidum macht in der Hauptsache kein Prajudiz, §. 23. Verfahren b) bei Remissionsfällen, §. 24. Vorläufige Untersuchung dabei, §. 26—28. Fälle, wenn der Grund und der Betrag der Remission zugleich, I. 44. §. 29. sqq. oder wenn nur der Grund der Remissionsforderung vorweg instruirt

wird, §. 33. sqq. Besondere Anweisungen wegen Abfassung der Erkenntnisse, §. 35. s. übrigens: Remission: II) Von Prozessen über Exmission der Pächter, §. 36. sqq. Verfahren in dem deshalb anzusetzenden Termine, welcher auf einseitiges Gesuch des beklagten Pächters nicht prorogirt worden, §. 39. s. auch Deduction. Publication des Erkenntnisses, §. 40. Appellation, und in wie fern, wenn dieselbe auch von dem Pächter eingewendet worden, dennoch mit der Exmission zu verfahren, §§. 41. 42. Die Appellation hat hier immer effectum suspensivum, §. 41. (299). In wie fern die Revision statt finde, § 43. III. Von Prozessen wegen verlangter Wiedereinsetzung eigenmächtig exmittirter Pächter, §. 44. Dergleichen Klage eines entsetzten Pächters auf Wiedereinräumung der Pacht findet nur binnen 6 Monaten, späterhin nur eine Entschädigungsklage statt, §. 45. IV) Von Prozessen bei Gelegenheit der Rückgewähr, §. 46. 1) wenn nach schon geschehener Rückgewähr über die dabei entstandenen Differenzien, z. B. über Meliorations- und Deteriorationsforderungen etc. zu erkennen ist, §. 47. 2) wenn die Rückgewähr selbst gerichtlich geschehen soll, §. 48. sqq. Besonders wegen der Meliorations- und Deteriorationsforderungen, §. 54. 3) wenn der Pächter ein Retentionsrecht ausüben, §. 55. und welches Verfahren dann wegen der Räumung zu beobachten, (300. 301). oder 4) der Verpächter dasselbe geltend machen will, §. 56 — 58.

S. übrigens: Miethssachen.

Pachtsachen. Unzulässigkeit der sofortigen Execution aus einem Pachtvertrage, wenn sich der Pächter derselben auch unterworfen hat, II. 276. In wie fern das Nutzungsrecht des Pächters Gegenstand der Execution sein kann, II. 410. Execution wegen schuldiger Pächte auf Grund des ersten Erkenntnisses, III. 302. Wirkung der Appellation in Pachtprozessen wegen Räumung der Pacht, III. 310. 316. Unzulässigkeit der dritten Instanz bei Retentionsstreitigkeiten in Pachtsachen, III. 320. Abschätzung der Inventarienstücke verpachteter Landgüter, III. 313. s. auch Miethssachen.

Pächter ganzer Landgüter sind schuldig, Insinuationen an den Verpächter anzunehmen, I. 7. §. 22. In wie fern Königliche Pächter eximirt seien, 2. §. 54. Gerichtsstand andrer Pächter, §. 12. (5. 6).

S. übrigens: Landgut, Remissionsfälle, Wirthschaftsinventarium.

Packknechte. In Ansehung entwichener Packknechte gehört der Confiscationsprozess vor die Gerichte ihres Geburts- oder Wohnorts, I. 36. §. 46. (280).

Paraphernalien der Ehefrau, wie dieselben im Concurs zu lociren, I. 50. §. 406. s. auch Eingebrachtes der Ehefrau.

Parere, einseitig eingeholtes, in wie fern dasselbe in Handlungsprozessen Rücksicht verdiene, I. 30. §. 8.

Parteien, deren persönliches Erscheinen, s. Persönliches Erscheinen der Parteien.

Partialcession, Verfahren bei Aufnahme derselben und Abzweigung der Urkunden, IV. 87. Ob es bei der Partialcession mit Prioritätseinräumung Seitens einer Frau der Certioration bedürfe, IV. 77.

Passivmasse, von deren Constituirung handelt I. 50. Abschn. II. S. übrigens: Classificationsurtel, Communkosten, Compensation in Concursen, Concursprozess, Creditmasse, Curator und Contradictor, Edictalvorladung, Erbschaftlicher Liquidationsprocess, Gemeinschuldner, Gläubiger, Kosten, Liquidationsverfahren, Abschluss desselben, Liquidationsprozess, Restitution, Revision.

Patent, s. Proclama.

Pathengeschenke, die den Kindern des Gemeinschuldners gegebenen noch in Natur vorhandenen werden in der ersten Klasse vindicirt, I. 50. §. 327.

Patria potestas, s. Väterliche Gewalt.

Patrimonialgerichte, darunter stehen in der Regel Dorfgemeinen, welche jedoch, wenn die Herrschaft Kläger ist, die Einlassung vor dem Gerichtshalter verweigern können, I. 2. §. 105.

Patrimonialgerichte. Uebernahme der Verwaltung von Patrimonialgerichten Seitens der Referendarien, IV 278. Justizcommissarien können solche nicht übernehmen, wohl aber die Gerichtsbarkeit auf einem eigenen Gute verwalten, IV. 403. Einrichtung der Patrimonialgerichte, Anstellung der Justitiarien und Bildung von Kreisgerichten, IV. 417 — 420. Vereinigung der Patrimonialgerichte mit Königlichen Gerichten, IV. 420. Form der Bestätigung der Justitiariatscontrakte, IV. 420. Berechnung der Sporteln und Geldstrafen, IV. 421. Abhaltung monatlicher Gerichtstage, IV. 423. Einrichtung der Depositalverwaltung, IV. 424 Aufbewahrung der Acten und Hypothekenbücher, IV. 425. Kosten der Justizvisitationen, IV. 445.

Patrimonialrichter, Nichtbefugniß derselben, an ihrem Wohnorte Actus vol. jurisd. aufzunehmen, IV. 40. Anstellung derselben und Form der Bestätigung der Justitiariatscontrakte, 417 und folgd., s. Patrimonialgerichte.

Patronatrecht, s. Ehrenrechte.

Peculium, s. Kinder.

Pension und Wartegelder, in wie fern ein Gläubiger sich im Wege der Execution, I. 24. §. 108. u. §. 106 — 108. (162. 165). oder des Arrests daran halten könne, 29. §§. 24. 25.

S. übrigens: Besoldungen, Execution, Wittwenverpflegungsanstalt.

Pension, Verkümmerung derselben im Wege der Execution und Verfahren dabei II. 374. und folgde., s. Execution, Wittwenpension.

Pensionirte Civilbeamte und Militairpersonen, Modalitäten bei Executionen gegen dieselben, II. 342. 374. Vom Personalarrest sind dieselben nicht befreit, II. 497.

Pensionirung, Verfahren bei der im administrativen Wege erfolgenden unfreiwilligen Pensionirung, III. 53. 42. Unfreiwillige Pensionirung richterlicher Beamten wegen Dienstunfähigkeit, IV. 214.

Perhorrescenz des Richters findet statt, wenn derselbe bei dem Ausgange der Sache ein nahes oder auch nur ein entferntes Interesse hat, I. 2. §. 143. u. (40).

Perhorrescentiae juramentum. Auf blosse Vermuthungen der Partei, dass sie von dem Gerichte kein günstiges Urtel zu erwarten hätte, soll, wenn sie auch dieses ihr Misstrauen durch einen Eid erhärten wollte, keine Rücksicht genommen werden, I. 2. §. 143.

Persönlicher Richter, welche Handlungen vor demselben vollzogen werden müssen, II. 1. §. 6. s. auch Alimente, Altentheil, Familienstiftungen, Gütergemeinschaft, Legitimation unehelicher Kinder, Majorennitätserklärung, Väterliche Gewalt, (Entlassung eines Minderjährigen aus derselben,) Verträge, Wechselfähigkeit.

Persönliches Erscheinen der Parteien, darauf soll bei Instruction der Sache so viel als möglich gehalten werden, I. 3. §§. 1. 2. wovon eine unter den Parteien herrschende Erbitterung keine Ausnahme macht, §. 3. Welche Umstände davon dispensiren, §. 4. sqq. Darauf ist nur alsdann zu dringen, wenn es zur Ausmittelung der Wahrheit durchaus erforderlich ist, Einl. §. 12. (1). §. 1 sqq. (43). 25. §. 5. n. 2. (180). Von den auf das persönliche Erscheinen verwendeten Reisekosten, 3. §. 6. (44). Vorladung zum persönlichen Erscheinen, 6. §. 14. n. 2. 5. (50). Das persönliche Erscheinen ist bei ganz einfachen in Ansehung der Instruction nicht verwickelten Sachen nicht erforderlich, §. 8. In wie fern der Richter noch im Verfolg der Sache darauf dringen könne, § 9. Rechtliche Folge einer ungegründeten Verweigerung desselben, §§. 12. 13. Darauf soll in wichtigen Sachen ganz vorzüglich gehalten werden, 9 §. 39. auch in der zweiten Instanz, 14 §. 53. Darauf können und müssen Untergerichte noch stärker dringen als Obergerichte, 25. §. 5. n. 2. desgleichen I. 14. §§. 46. 47. Das persönliche Erscheinen ist in Mercantilprozessen nothwendig 20. §. 19.

Person, moralische, s. Moralische Person.

Personae miserabiles, s. Miserabiles personae.

Personalarrest gegen Consuls fremder Nationen, die in hiesigen Landen keine kaufmännischen Gewerbe treiben, findet ohne Rückfrage an das auswärtige Departement nicht statt, I. 2. §. 65. Von der Verfügung desselben gegen einen Officianten muss dessen Amtsbehörde Nachricht gegeben werden, 24. §. 145. (auch 29. §. 75). findet gegen Civilbeamte nicht statt, 24. §. 142. (174). In wie fern der Wechselschuldner gleich nach publizirtem Urtel im Personalarreste behalten werden könne, 27. §. 45. oder der Personalarrest nicht statt finde, §. 46. Von der Verpflegung des zum Personalarrest gebrachten Schuldners, je nachdem der Arrest vor, 29. §. 77 — 79. oder nach rechtskräftig entschiedener Hauptsache verfügt worden, 24. §. 143. u. §. 141. (173). Der Gläubiger muss den Schuldner alimentiren, §. 143. (175). auch noch andere Kosten für ihn tragen, (177). aber die Familie des Schuldners hat darauf nicht Anspruch, (176). Wann dieser Personalarrest auf-

hört, §. 146. (178). In wiefern in fiscalischen Untersuchungen die persönliche Arretirung des Denunciaten statt finde. 35. §. 44. Besondere Vorschriften, §. 40. (255). §. 44. (257). In wie fern während der Instruction eines Cessionsgesuchs gegen den Schuldner kein Personalarrest verhängt werden solle, 48. §§. 2. 3. und 13. In wie fern der darin befangene Schuldner nach Ablauf des Jahres auf Entlassung aus demselben antragen könne, §. 146. welche Entlassung jedoch bei Wechselarresten nicht statt findet, §. 147.

S. übrigens: Observation.

Personalarrest, ist bei der Execution erst in Ermangelung eines Vermögensobjeets zulässig, II. 340. Zulässigkeit desselben gegen Beamte bei der executio ad faciendum, II. 320. Befreiung der Beamten und Militairpersonen vom Personalarrest, II. 494. Personalarrest bei der Cessio bonorum und während des Concurses II. 492. Gegen die Häupter und Mitglieder mediatisirter Fürstenhäuser, II. 494. Vollstreckung des Personalarrests aus Civilerkenntnissen gegen Offiziere, II. 496. Pensionirte Civilbeamte und Militairpersonen sind vom Personalarreste nicht befreit, II. 494., wohl aber die auf Inactivitätsgehalt oder zur Disposition gestellten Offiziere, II. 498. Personalarrest gegen die auf unbestimmte Zeit beurlaubten Invaliden, II. 498. Verpflegungskosten während des Personalarrests, II. 500. Dauer desselben, II. 506.

Personalgläubiger, Rechte derselben bei Vertheilung der Masse, I. 50. §. 524. sqq. Wenn sie sich bei dem Liquidationsprozess über ein Grundstück melden, müssen sie, der Regel nach, an die Person des Gemeinschuldners und an sein übriges Vermögen verwiesen werden, 51. §. 8. Sie können jedoch dasjenige, was nach Abfindung der Realprätendenten übrig bleibt, mit Arrest belegen, §. 9. und diesen Arrest bei dem persönlichen Richter des Gemeinschuldners, an welchen der etwanige Ueberschuss der Masse abzuliefern ist, rechtfertigen, §. 10.

Pertinenzstücke eines Grundstückes, in wie fern sie von dem Richter, unter dessen Jurisdiction sie gehören, I. 50. §. 661. oder von dem Richter des Concurses, unter dessen Gerichtsbarkeit das Hauptgut belegen ist, zu subhastiren, §. 662.

Petitorium und **Possessorium** soll, das Possessorium summariissimum allein ausgenommen, in Einem Prozesse untersucht werden, I. 5. §. 27. In wie fern bei Erbschaften die Klage auf Besitznehmung von dem Prozesse über das Erbrecht selbst getrennt werden könne, §. 28.

Pfälzer Colonie, s. Coloniegerichte.

Pfändung, in wie weit dadurch ein Gerichtsstand begründet werde, I. 2. §. 120. b.

Pfand, bei dem Gemeinschuldner versetztes, wird in der ersten Classe vindicirt, I. 50. §. 298. und wenn es nicht mehr in Natur vorhanden ist, dessen Werth in der sechsten Classe angesetzt, §. 456.

Pfandbriefe, vom Aufgebot derselben, I. 51. §. 120. sqq. und §. 120. (388). Wenn die gänzliche Vernichtung des Pfandbriefes dargethan werden kann, muss ein anderer ausgefertigt wer-

den. §§. 21. 22. Ist der Nachweis unzureichend, so muss ein Aufgebot erfolgen, §. 123. sqq. In wie fern dabei Edictalvorladung nothwendig sei, §. 127. Verfahren, je nachdem der Inhaber des aufgebotenen Pfandbriefes sich im Termine meldet, §. 128. oder nicht, §. 129. Das in diesem Falle abzufassende Amortisationserkenntniss wird nach Ablauf von 4 Wochen rechtskräftig §. 130. In wie fern während der Zwischenzeit die Zinsen der Pfandbriefe auf die Coupons von den Inhabern derselben erhoben werden können, §. 131. s. auch Märkische Pfandbriefe, Pommersche Pfandbriefe, Schlesiche Pfandbriefe. Ein Aufgebot findet auch statt, wenn Pfandbriefe durch Beschädigung unkenntlich geworden, §. 132. In wie fern sie auch bei einer partialen Beschädigung statt finde, §. 133. sqq. Wenn nur Zinscoupons der Pfandbriefe verloren gegangen sind, so bedarf es in keinem Falle eines Aufgebots, §. 137. Wirkung der Amortisation eines Pfandbriefes, §. 138. Verbindlichkeit der Hypothekenbehörde, §. 139. Nach Ablauf des zur Verjährung der Schuldinstrumente überhaupt erforderlichen Zeitraums kann nie Ausfertigung eines andern Pfandbriefes, ohne dass es eines Aufgebots bedarf, verlangt werden, §. 140. In wie fern ein in Concurs befangenes Gut damit belegt werden könne, 50. §. 629. In wie fern Churmärkische Pfandbriefe im Wege des Arrests in Beschlag genommen werden können, 29. §. 19.

Pfandbriefe. Aufgebot verlorner Pfandbriefe und Zinscoupons, III. 618. Aufgebot gekündigter Pfandbriefe, deren Inhaber unbekannt sind, III. 621. Aufgebot der Pfandbriefe B. des Königl. Creditinstituts in Schlesien, III. 624.

Pfandgläubiger, in wie fern sie den Arrestschlag nachsuchen können, I 29. §. 12. Pfandgläubiger müssen, wenn sie das Pfand antichretisch nutzen, solches, sofern es ein Grundstück ist, zur Concursmasse zurückgeben, 60. §. 260. (350). In wie fern sie aus dem Werthe des Pfandes in zweiter Klasse befriedigt werden, §. 377. sqq. Ihnen sind Verpächter und Vermiether, desgleichen Erbverpächter, auch Schiffer und Fuhrleute in Ansehung der Frachtgelder bei der Classification gleich zu achten, §. 382. a und b und §. 383.

Pfandgläubiger, in wie fern sie ohne Freigebung des Pfandes die Execution in andere Vermögensstücke des Schuldners nachsuchen können, II. 322.

Pfandrecht, die Bestellung eines antichretischen auf ein Grundstück muss vor dem Richter der Sache vollzogen werden, II. 1. §. 3. n. 2. c. Verfahren bei Aufnehmung eines solchen Vertrages, 3. §. 14.

Pfandrecht, im Wege der Execution und dessen Eintragung, II. 716; s. auch Execution. In Ansehung der Rechte der Gläubiger, welche ein stillschweigendes Pfandrecht haben, ist durch die Verordnung vom 4. März 1834 keine Abänderung eingetreten. III 569.

Pfarrer und Prediger sind, ohne Unterschied der Religionspartei, eximirt, I. 2. §. 46. welches jedoch in Ansehung protestantischer Prediger an Orten, wo den Magistraten Consistorialrechte verliehen sind, eine Ausnahme leidet. I. 2. §. 46.

Pfarrer, s. Geistliche.

Pfarr- und Kirchengüter, deren Vertretung in Prozessen, I. 141.

Pflegbefohlene werden in Ansehung aller dem Gemeinschuldner aus der geführten Vormundschaft zur Last fallenden Defecte in der vierten Classe angesetzt, I. 50. §. 421. was bei der freiwilligen Subhastation ihrer Güter zu beobachten, 52. §. 74. S. übrigens: Abwesender, Blödsinnige, Majorennitätserklärung, Minderjährige, Verschwender, Vormund.

Pflüger- und Drescherlohn wird in der zweiten Classe angesetzt, in so fern dessen Forderung aus dem letzten Jahre vor eröffnetem Concurse herrührt, I 50. §. 374. in wiefern auch, wenn es aus früheren Zeiten herrührt. §. 356. sqq. (357).

Police, aus derselben findet die executivische Klage auf Bezahlung der darin versprochenen Assecuranzprämie statt, I. 28. §. 2. n. 6. s. auch Prämie.

Polizeibehörden; deren Competenz in Gesinde-Streitigkeiten, I. 116 — 119 und bei Streitigkeiten zwischen Reisenden und Handwerkern über die Güte und den Preis der Arbeiten, I. 119, deren Nichtbefugniß bei Contraventionen den Uebertreter der gesetzlichen Vorschriften zum Schadenersatze anzuhalten, I. 109. Competenz der Provinzial-Polizeibehörden bei der Regulirung des Wasserstandes der Mühlen und in Vorfluthssachen, I. 80., Umfang der richterlichen Mitwirkung bei der Setzung eines Werkpfahls zur Feststellung des Wasserstandes bei Mühlen, I. 84. Beschäftigung der Referendarien und Auscultatoren bei den Polizeibehörden, IV. 262.

Polizeicontraventionen, Verfahren bei solchen, III. 30. Oeffentliche Vorladung unbekannter Polizeicontravenienten, III. 643.

Polizeieinrichtungen, denselben müssen auch die Eximirten sich unterwerfen, I. 2. §. 79.

Polizeimagistrate. In wie fern das die Execution dirigirende Gericht bei der gegen einen Künstler oder Professionisten verfügten Auspfändung mit dem Polizeimagistrate des Orts Rücksprache halten müsse, I. 24. §. 95. in kleinen Städten, die mit keiner Justizperson versehen sind, von demselben gilt in Ansehung der Handlungen freiwilliger Gerichtsbarkeit eben dasjenige, was bei Dorfgerichten (s. diese) verordnet ist, II. 2. §. 9. s. Stadtsecretarius. Mitglieder derselben können, in Städten, wo keine eigenen Gerichte sind, Verlassenschaftsinventarien aufnehmen, 5. §. 43.

Polizeirathmänner können bei Magistraten die Stelle der Gerichtsbeisitzer vertreten, I. 25. §. 52.

Pommersche Pfandbriefe, während der Zwischenzeit bis zur erfolgenden Amortisation derselben können die Zinsen derselben auf die Coupons oder Zinsscheine von dem Inhaber erhoben werden, welches auch bei Märkischen Pfandbriefen der Fall ist, I 51. §. 131.

Pommersche Pfandbriefe, s. Pfandbriefe.

Portepeefähnriche sind nicht eximirt, I. 2. §. 48. sqq. (13.) s. Eximirte, Militairpersonen.

Porto, Postporto, Sicherstellung des reservirten Porto und Portofreiheit der Armen- und Offiziersachen, II. 224.

Posen, Provinz, Einrichtung der Justizverwaltung daselbst, I. 56. Anwendung der Verordnung über den Mandats-, summarischen und Bagatellprozeß daselbst, II. 578.

Possessorium summariissimum und Spoliensachen, davon handelt I. 31. Wenn dasselbe statt finde, §. 1. Aufnehmung der Klage, §. 2 — 4. Verordnung auf die Klage, §. 5. Anberaumung des Termins, §§. 6. 7. Wozu der Beklagte dabei anzuweisen, §§. 8. 9. Die vom Kläger benannten Zeugen müssen zum Instructionstermin ebenfalls mit vorgeladen werden, §. 10. Contumacialverfahren, §. 11. Instruction, §. 12. sqq. In diesem Prozesse findet die Editionsforderung von einem Dritten, imgleichen gegen die erbetene Diffession einer Urkunde Beweis durch Zeugen oder durch Vergleichung der Handschrift nicht statt; auch werden über die gegen die Person der Zeugen etwa gemachten Einwendungen keine Nebenuntersuchungen zugelassen, I. 31. §. 13. In wie weit über den von dem Beklagten gemachten Einwand, dass der Besitz fehlerhaft sei, mit der Instruction und Beweisaufnahme zu verfahren, §. 14. Rechtliche Deductionen finden nicht statt, § 15. Durch das Erkenntniss kann bloss die Frage wegen des Besitzstandes entschieden werden, §§. 16. 17. Die Appellation findet nicht statt, §. 18. in wie fern aber Restitution in den vorigen Stand (214). Wegen des Kostenpunktes ist die Appellation zulässig, (215). Wie es wegen der Schäden, entbehrten Nutzungen und Kosten zu halten, wenn derjenige, der in der Possessoriensache obgesiegt hat, demnächst in der Hauptsache ein ungünstiges Erkenntniss erhält, oder umgekehrt, §. 19.

Possessorium summariissimum, Zulässigkeit der Possessorienklage, II. 697. Unzulässigkeit des Recurses gegen Erkenntnisse der Untergerichte in Possessoriensachen, II. 700. Zulässigkeit der Nullitätsklage und der Nichtigkeitsbeschwerde in Possessoriensachen, II. 700. Zulässigkeit der Appellation wegen des Kostenpunkts in Possessoriensachen, II. 701.

Postämter. Bescheinigungen von durch sie geschehenen Vorladungen, I. 7. §. 26. (56).

Postämter, Bescheinigung der Insinuationen durch dieselben, I. 368. desgl. der Insinuation der Erkenntnisse in summarischen Prozessen, II. 618. desgl. der Vorladungen in Subhastationssachen und Gebühren dafür, III. 660.

Postbediente, deren Besoldungen und Emolumente dürfen nicht mit Arrest belegt werden, I. 29. §. 22. geändert durch §. 22 — 25. (197).

Postcontraventionssachen. Die in solchen verwirkten Geldstrafen sind der Poststrafcasse zuzuerkennen, I. 35. §. 86. (265).

Postcontraventionssachen, Verfahren in solchen, namentlich wegen Lohnfuhrabgabekontraventionen, III. 28.

Postfiscus. Von Klagen gegen ihn ist das Generalpostamt unmittelbar zu benachrichtigen, I. 36. §. 12. (240).

Postillons, die Gerichtsbarkeit über sie ist den Ortsgerichten übertragen, I. 2. §. 58.

Postschein, in wie fern dadurch eine Insinuation bescheinigt werden könne, I. 7. §. 26.

Postschein, in wie fern dadurch die Insinuation bescheinigt werden kann, s. Postämter, Insinuation.

Postwesen, die dazu gehörigen Pferde, Wagen und Geschirre können nicht mit Arrest belegt werden. I. 29. §. 15.

Potsdammisches Waisenhaus, Rechte der dazu gehörigen Fabriken im Concurse, s. Fabriken.

Präbende, in wie fern der Besitz derselben von der Cautionsbestellung wegen der Prozesskosten befreie. I. 21. §. 2. n. 5.

Präclusion, Antrag darauf im Diffamationsprozess, I. 32. §. 24. Verfahren dabei, §. 25. sqq. der Gläubiger im Concursprozess wirkt nur den Verlust der Ansprüche an die Masse, nicht aber die Ansprüche an den Gemeinschuldner, 50. §. 145. s übrigens Classificationsurtel. Wirkung derselben im Liquidationsprozess, 51. §. 26. sqq s. auch Classificationsurtel im Liquidationsprozess.

Präclusionsurtel bei Aufgeboten, dagegen findet nur das I. 14. Abschn. 3. verordnete Restitutionsgesuch statt, I. 51. §. 106.

Präclusionsurtel, im Concurse und Liquidationsprozesse wird gleich nach Abhaltung des Liquidationstermins kostenfrei abgefaßt, III. 431. Der Aushängung der nach vorgängiger Edictalcitation ergangenen Präclusionsurtel bedarf es nur in den von den Gesetzen ausdrücklich vorgeschriebenen Fällen, I. 363.

Präjudicialpunkte müssen, je nachdem deren oder der Hauptsache Erörterung mehr oder weniger verwickelt zu sein scheint, entweder allein, oder mit der Hauptsache zugleich entschieden werden, I. 5. §§. 29. 30. desgleichen 10. §. 81. b. auch 13. §. 43. sind im Erkenntnisse, bevor zur Entscheidung der Hauptsache übergegangen wird, abzumachen, I. 13. §. 36. In wie fern, wenn sowohl der Grund als der Betrag einer Forderung instruirt worden, dennoch bloss über den Grund als Praejudicialfragen zu erkennen, §. 40. s. auch Remissionsfälle. Von Erörterung derselben bei Auseinandersetzung der Gemeinheiten 43. §. 11. sqq. 1) wenn davon die Frage: ob getheilt werden soll, abhängt, §§. 12. 13. 2) wenn sie nur die Subrepartition betreffen, §. 14. sqq s. auch Publication des Urtels.

S. übrigens: Exceptio litis finitae, Incidentpunkte, Legitimationspunkt.

Prälat ist eximirt, I. 2. §. 45.

Prämie aus einer Assecuranzpolice, auf deren Bezahlung kann processu executivo geklagt werden. I. 28. §. 2. n. 6. In wie fern sie in der zweiten Classe angesetzt werde, 50 §. 384. desgleichen §. 427.

Präpositus ist eximirt. I 2. §. 45.

Präsenztabelle muss bei den Justizcollegien gehalten werden, III. 1. §. 40.

Präsident eines Landesjustizcollegii, von dessem Amte handelt III. 2. dessen Bestellung, §. 1. Pflichten, §. 2. 1) bei Vertheilung der Geschäfte, §. 3. wobei er zwar die möglichste Gleichheit beobachten, jedoch auf die persönlichen Umstände und Talente der Arbeiter Rücksicht nehmen, §. 4. also diese kennen zu lernen sich angelegen sein lassen soll, §. 5. 2) Aufsicht

über die Mitglieder und Subalternen, §. 6. sqq. in Ansehung ihrer Amtsführung, III 2. §. 6. ihres Privatlebens, § 7. Was der Präsident zu beobachten habe, wenn Mitglieder des Collegii über Privatangelegenheiten unter einander selbst in Streit gerathen, §. 8. Wenn Mitglieder oder Subalternen sich in einen übertriebenen Aufwand einlassen, §. 9. oder ihre Pflichten verletzen; welche Grade der Correction in diesem Falle zu beobachten, §§. 10. 11. Wenn allen oder doch mehreren Mitgliedern des Collegii öffentliche Vorhaltung geschehen müsste, sollen die Referendarien ihren Abtritt nehmen, §. 12. Conduitenlisten, §. 13. 14. s. auch Conduitenliste. 5) Direction in den Sessionen und bei dem Votiren, §§. 15. 16. (auch R. u. C. R. §. 98.) Wie weit der Präsident ohne das Collegium etwas verfügen könne, §. 17—19. Vollziehung der Ausfertigungen, §. 20. Der Präsident muss die Superrevision der Expeditionen an Orten, wo solche bisher üblich gewesen, übernehmen, R. u. C. R. §§. 152. 153. Subordinationsverhältnisse, III. 2. §§. 21. 22. 4) Sorge für den ununterbrochenen Betrieb der Geschäfte, §. 23. Instructionslisten, §. 24. sqq. s. auch Instructionsliste. Distributionsbuch, R. u. C. R. §. 205. 5) Aufsicht über die Untergerichte, III. 2. §§. 35. 36. s. auch Justizvisitation. 6) über Registratur und Canzlei, §. 37. (auch R und C. R. §. 6. §. 12. und §. 244.) Dispensation des Präsidenten von Bearbeitung einzelner Sachen, §. 38. Urlaubsgesuche, §. 39. Stellvertretung, §. 40. 41. Von dem zweiten Präsidenten oder Director, III. 2. §. 42. Verpflichtung, §. 43. u. (445). Alle versiegelt eingehenden Sachen müssen bei dem Präsidenten abgegeben werden, R. u. C. R. §. 86.

Präsident, s. Rangordnung, Uniform. Befugniß des Präsidenten Räthe der Landesjustizcollegien aus einem Senate in einen andern zu versetzen, IV. 200. Befugniß der Chefpräsidenten zur Anstellung der Subalternbeamten bei den Gerichten, IV. 280. und folgd.

Präsumtion, s. Vermuthung.

Prästationen, solche jährliche, welche zu einer bestimmten oder unbestimmten Zeit wieder wegfallen, müssen im Classificationsbekenntniss am gehörigen Orte angesetzt, und es muss ein Capital, dessen Zinsen zureichen, unter Vorbehalt des künftigen Rückfalls an die Masse ausgeworfen werden, I 50. §. 154.

Prävarication, was dafür zu achten sei oder nicht, III. 7. §. 26. d.

Prävention, wie dieselbe in Ansehung des Gerichtsstandes begründet werde, I. 2. §. 166.

Precario, überlasssene Sachen, s. Bittweise überlassene Sachen.

Prediger oder Priester, in wie fern dieselben nicht verbunden seien, über Umstände, die ihnen unter dem Siegel der Beichte, oder der geistlichen Amtsverschwiegenheit anvertraut worden, ein Zeugniss abzugeben, I. 10. §. 180.

S. übrigens: Pfarrer.

Pretiosa, s. Kostbarkeiten.

Priester, s. Pfarrer, Prediger.

Prinzen und Prinzessinnen vom Königlichen Hause stehen in der Regel unter dem mit dem Kammergerichte verbundenen geheimen Justizrathe, I. 2. §. 41. sie und ihre Appanagen geniessen die Kostenfreiheit, 23. §. 46. (146.)

Prinzliche Gesammtkammer hat mit den Königlichen Kammern und Cassen in Ansehung der Classification bei Concursen gleiche Vorzugsrechte, I. 50. §. 402.

Prinzliche Räthe, Hausofficianten, Livreebediente und Dienstboten stehen unter eben den Gerichten, wie ihre Herrschaft, I. 2. §. 100.

Prinzliche Pächter, wenn sie auch mit dem Character als Oberamtmann versehen sind, haben keinen eximirten Gerichtsstand, I. 191.

Prior und Priorin ist eximirt, I. 2. §. 45.

Priorität der Gläubiger, s. Classification der Gläubiger.

Prioritätseinräumung; in wie fern bei Prioritätseinräumungen Seitens einer Frauensperson die Certioration derselben erforderlich, IV. 77.

Prioritätsverfahren, in wie fern nach Art desselben das streitige Vorzugsrecht unter mehreren Intervenienten zu erörtern und zu entscheiden, I. 18. § 6. über bewegliche Sachen und Activcapitalien, 51. § 51 u. (380).

Prioritätsverfahren, Präclusion bei solchen, III. 577.

Privatgenugthuung. Der Antrag auf dieselbe wegen Injurien ist unzulässig, I. 34. §. 13 — 16. (229).

Privatgerichte, s. Depositum.

Privatinstrumente, in wie fern dieselben den Executivprozess begründen, I. 28. §.2. n. 3. und 4.

Privatinstrumente, in wie fern solche den summarischen Prozeß begründen, II. 595.

Privatmeinungen, s Meinungen.

Privaturkunden. Von ihrer Aufbietung, s. Aufgebot.

Privatzoll, in wie fern durch dessen Defraudation ein Gerichtsstand begründet werde, I. 2. §. 120. b.

Probearbeiten, } s. Prüfung.
Probeinstructionen, }

Probst ist eximirt, I. 2 §. 45.

Proclama, wie vielfach dasselbe nach Verschiedenheit der Fälle im Concursprozess zu expediren, und wo dasselbe anzuschlagen, I. 50. §. 109. sqq. s. auch Liquidationstermin, damit ist es im Liquidationsprozess wie im Concursprozess zu halten, 51. §. 17. Von Subhastationspatenten, 52. § 29. u. §. 30. (399). §. 31. (400). §. 35. (401). §. 62 — 64. (408). insbesondere bei Subhastationen von Schiffen, s. Schiffe; von Bergantheilen und Hüttenwerken, s. Subhastationsprozess.

Prodigalitätserklärung, davon handelt I. 38. §. 9. sqq. In welchem Falle und von wem darauf angetragen werden müsse, § 9. Was der fiscalische Bediente, dem ein solcher Auftrag gemacht wird, zu beobachten habe, §§. 10. 11. In Ermangelung eines Fiscals steht es den Verwandten frei, auf Prodiga-

litätserklärung anzutragen, §. 13. Klage, §. 14. Vorladung, welche auf persönliches Erscheinen zu richten ist, §. 15. Verfahren in contumaciam, §. 16. Vernehmung des Provocaten, §. 17. Verfahren, wenn derselbe sich die Prodigalitätserklärung gefallen lässt, oder sich mit den darauf antragenden Verwandten über gewisse Massregeln vereinigt, §. 18. Instruction, §. 19. Vorläufige Verfügungen während der Instruction, §§. 20. 21. s. auch Kostbarkeiten, Protestation. Was in Ansehung der von dem Beklagten während des Prozesses vorgenommenen Dispositionen Rechtens sei, §. 22. Erkenntniss, §. 23. Rechtsmittel, §. 24. sqq. haben in Ansehung des Provocaten nur effectum devolutivum, §§. 25. 28. 29. Welche Verfügungen das Gericht zu treffen habe, wenn auf Prodigalitätserklärung erkannt worden, §. 26. In wiefern diese Verfügungen auszusetzen, §. 31. Wenn diese interimistischen Verfügungen wirklich erlassen worden, und der Provocat demnächst rechtskräftig entbunden wird, so muss dieses öffentlich bekannt gemacht werden, §. 32. Von Appellationen des Provocanten, §. 33. Wie die ergangene Prodigalitätserklärung bekannt zu machen, §. 54. Aufhebung der Prodigalitätserklärung, §. 35. sqq. In wie fern darauf förmlich geklagt werden könne, §. 40. Verfahren dabei, §§. 41. 42. Gegen ein Erkenntniss, wodurch die Aufhebung erkannt wird, findet kein Rechtsmittel statt, §. 43. Wird das Gesuch abgewiesen, so ist dagegen die Appellation zulässig, und der Provocat kann revidiren, wenn das erste Erkenntniss zum Vortheile des Provocanten geändert worden, §. 44.

S. übrigens: Verschwender.

Prodigalitätserklärung, Zulässigkeit des Antrags auf solche, III. 137. Prodigalitätserklärungen im Großherzogthum Posen gehören zur Competenz der Obergerichte, III. 137. Rechtsmittel, III. 140. 143.

Professionist, s. Handwerker, Künstler.

Professoren stehen unter dem academischen Gerichte, I. 2. §. 75.

Professoren haben den Gerichtsstand Königlicher Staatsbeamten, I. 203.

Promissorium juramentum, s. Versprechungseid.

Prorogation des Gerichtsstandes, davon handelt I. 2. §. 159. sqq. findet nicht statt, 1) wenn die Sache vor ein forum speciale causae gehört, 2) wenn sie durch Landesgesetze, wie z. B. zwischen Französischen und Deutschen, Militair- und Civilgerichten, Justiz- und Kammercollegien ausdrücklich untersagt wird, §. 161. Erfordernisse zur Begründung derselben, §§. 162. 163. Der Mangel dieser Erfordernisse bewirkt zwar keine Nullität, macht aber das Gericht wegen des Eingriffs in fremde Jurisdiction verantwortlich, §§. 164. 165.

Prorogation des Gerichtsstandes ist in Ehescheidungssachen unzulässig, I. 230.

Prorogation der Termine, s. Verlegung der Termine.

Protestation kann zur Deckung des Klägers auf die Güter eines in wirklichen Kriegsdiensten abwesenden Beklagten im

Hypothekenbuche eingetragen werden, I. 20. §. 10. desgleichen auf die Güter desjenigen, gegen welchen ein Antrag auf Prodigalitätserklärung eingekommen ist, 38. §. 21. auch auf die Grundstücke oder bei den eingetragenen Activforderungen desjenigen Gemeinschuldners, der die Verstattung zum Generalmoratorio nachgesucht hat, 47. §. 65. oder über dessen Vermögen auf Concurseröffnung angetragen worden, während der Verhandlung über die Frage: ob der Antrag statthaft sei oder nicht, 60. §. 20.

Protestation, Eintragung einer Protestation auf Grundstücke des Schuldners auf Grund eines noch nicht rechtskräftigen Erkenntnisses, II. 716. Wirkung einer solchen und deren Löschung, II. 419. 421.

Protocoll, welches zwar keine Gerichtsperson, aber ein anderer in Eid und Pflicht stehender Officiant aufgenommen, in wie fern es als Documentum publicum extrajudiciale gelte, I. 10. § 129. Wie bei Niederschreibung, Vorlesung und Unterschreibung oder Unterzeichnung desselben zu verfahren, 25. §. 63. sqq. Wie es bei Personen, welche nicht schreiben oder Geschriebenes lesen können, wegen Zuziehung eines Beistandes zu halten, §. 19. (68. 69. 70). wie dann, wann von mehreren Litisconsorten nur Einer schreiben kann, (71). wie, wenn die Person bloss ihren Namen schreiben kann, (72). Verfahren bei Verhandlungen mit Tauben, Stummen, Taubstummen und Blinden, II. 3. §. 4 — 8. I. 10. §. 19 (73). s. Blinde, Stumme, Taube, Taubstumme, Verträge. Verfahren, wenn die Parteien die Unterschrift des Protocolls verweigern, (74). Verfahren bei Verhandlungen mit Personen, die der deutschen Sprache nicht mächtig sind, (75). s. Dollmetscher, Nebenprotocoll. Folgen der unterlassenen Vorlesung des Protocolls, II. 2. §. 44. (423). S. auch überhaupt Unterschrift. — Verfahren bei Handlungen der freiwilligen Gerichtsbarkeit, II. 2 § 44. sqq. muss der Instruent in Gegenwart der Parteien dem Protocollführer laut in die Feder dictiren, III. 3. §. 31. Bestandtheile eines Protocolls über Handlungen der freiwilligen Gerichtsbarkeit, II. 2. §. 43. Bei welchen Handlungen es der Vorlesung, imgleichen der Unterscrift des Protocolls von Seiten der Gerichtspersonen oder der Justizcommissarien nicht bedürfe, II. 2. §. 48. Wie bei der Ausfertigung desselben zu verfahren, §§. 49. 50. Einrichtung und Abschliessung eines Protocolls über Zeugenabhörungen, I. 10. §§. 205. 206. Protocoll eines Justizcommissarius als Notarius, III. 7. §§. 48. 49.

Protokoll; daß es der Zuziehung eines Beistandes zu gerichtlichen Verhandlungen mit solchen Personen, welche des Schreibens und Lesens unerfahren sind, nicht bedarf, sobald die Verhandlung von dem Richter unter Zuziehung eines Actuars, vereideten Protocollführers oder zweier Gerichtsschöppen oder eines vereideten Dollmetschers aufgenommen wird, I. 431. IV. 46. Folge der unterbliebenen Vorlesung eines Protocolls, IV 56.

Protocollführer, dessen Zuziehung bei Instructionsterminen ist nothwendig, I. 10. §. 19. Auch bei kleinern Untergerichten

muss derselbe, oder es müssen statt seiner zwei Gerichtsbeisitzer zugezogen werden, 25. §§. 49. 50. s. auch Gerichtsperson, Gerichtsschöppen, Polizeirathmänner. In welchen Fällen es der Protocollführer oder Gerichtsbeisitzer nicht bedürfe, §. 57 — 59. auch II. 2. §§. 19. 20., welches insbesondere der Fall ist bei Aufnehmung der Klageanmeldungen, I. 4. §. 3. bei blossen Vidimationen, II. 3. §. 27. bei Aufnehmung gerichtlicher Taxen, 4. §. 3. bei den von Justizcommissarien als Notarien aufzunehmenden Protocollen, III. 7. §. 49. Rechtliche Folgen der unterbliebenen Zuziehung eines Protocollführers in Fällen, wo dieselbe erforderlich ist. §. 60. sqq. s. auch Nullitätsklage. Der Zuziehung einer zweiten vereideten Gerichtsperson zur Führung des Protocolls bedarf es jetzt zur Gültigkeit der Verhandlung bei Prozessen nicht, Einl. §. 40. (2.) I. 10. §. 19. (66). 25. §. 50. (184). Doch ist dies bei Gemeinheitsauseinandersetzungssachen zulässig, 43. §. 31. 36. (297). Ist ein Protocollführer ohne gesetzliche Nothwendigkeit zugezogen, so können dafür den Parteien keine Kosten zur Last fallen, 19. §. 19. (66). Er ist auch bei Verhandlungen mit Tauben, Stummen, Taubstummen und Blinden nicht nöthig, (73). s. Blinde, Stumme, Tauber, Taubstummer. Auch nicht bei Anerkenntnissen, §. 125. (78). Wohl aber bei Testamenten, letztwilligen Dispositionen, Erbverträgen und solchen Ehestiftungen, in welchen die künftige Erbfolge bestimmt wird, II. 2. §§. 16. 17. (421).

Protocollführer; Nothwendigkeit der Zuziehung eines Protocollführers bei den Verhandlungen im summarischen und Bagatellprozeß, II, 647. 648. In fiscalischen Untersuchungen bedarf es der Zuziehung eines Protocollführers nicht, III. 51. Nothwendigkeit der Zuziehung eines Protocollführers bei Auf- und Annahme von Testamenten, letztwilligen Dispositionen, Erbverträgen und solchen Ehestiftungen, in denen zugleich über die künftige Erbfolge bestimmt wird, IV. 45. Bei den Verhandlungen der Kreisjustizräthe muß ein Protocollführer zugezogen werden, I. 234. 240. Prüfung und Qualification der Protocollführer, IV. 321. 323.

Protonotarius, s. Canzleidirector.

Provinzialstände, Vollstreckung der Execution wider sie, II. 312.

Provocation auf rechtliches Gehör und Erkenntniss gegen die von den Regierungen in fiscalischen Untersuchungen abgefassten Resolutionen, I. 35. §. 34. (243. 254). s. Fiscalische Untersuchung, Regierungen. Wann sie nicht statt findet, (247).

Provocation auf rechtliches Gehör, s. Rechtsverfahren. Zulässigkeit der Provocation auf rechtliches Gehör in Steuerdefraudationssachen, III. 18.

Provocationsprozess, davon überhaupt handelt I. 32. im eigentlichen Verstande, dabei findet — jedoch mit gewissen Abweichungen — das Verfahren des Diffamationsprozesses statt, I. 32. §§. 34. 35.

S. übrigens: Diffamationsprozess.

Provocationsprozeß. Forum bei Provocationsklagen Preußischer und Sächsischer Unterthanen, II 703. Weiteres Verfahren im Diffamationsprozesse, wenn

Provocat zur Anstellung der Klage verurtheilt ist, II. 707. Provocation der Agnaten und Wiederkaufsberechtigten, II 709.

Prozesse, allgemeine Vorschriften zu deren Beschleunigung, I. 3. §. 33. sqq. sollen binnen Jahresfrist beendigt werden, §. 35.

Prozessliste, in diese kommt die Sache, sobald auf die vollständige Klage ein Termin angesetzt wird, R. u. C. R. § 24. darin darf nicht eben für jede Sache ein ganzes Blatt bestimmt werden, §. 25. a. Rubriken derselben, §. 25. b.

Prozeßliste, Formular zu den Mandats- und summarischen Prozeßlisten, IV. 545. s. auch Geschäftstabellen.

Prozessordnung, von deren Zweck handelt die Einleitung, auch III. 3. §. 22.

Prozeßordnung, deren Zufertigung an sämmtliche Landesjustiz-Collegien, I. 3.

Prozesschäden, was darunter zu verstehen, I. 23. §. 59. S. übrigens: Schäden.

Prüfung der Candidaten zur Auscultatur, III. 4. §. 3—5. §. 1. (448. 449). §. 3. (450). darüber darf nicht weiter nach Hofe berichtet werden, sondern das Landesjustizcollegium kann die Ansetzung und Verpflichtung nach erfolgter Prüfung selbst verfügen, §. 5. Prüfung zum Referendariat, §. 9. sqq. Vorbereitung und Prüfung zu Rathsstellen, §. 21. sqq. insbesondere von den Probeinstructionen, §. 21. (452, 453). §. 22. (454). Wer das Referendariatsexamen mit Beifall ausgestanden hat, bedarf wegen seiner Qualification zu einer ordinairen Untergerichtsbedienung keiner nochmaligen Prüfung; zu Stellen bei Mediatregierungen oder sehr bedeutenden Stadtgerichten soll indessen eine nochmalige, nach §§. 27. 28. einzurichtende Prüfung erfolgen, welche aber nicht nothwendig von der Immediat-Examinationscommission vorgenommen werden darf, sondern auch dem Landesjustizcollegio der Provinz aufgetragen werden kann, §. 34. vergleiche III. 8. §. 10. (472). Prüfung zum Justizcommissariat, 7. §. 14. §. 13. (163).

Prüfung, der Rechtscandidaten pro Auscultatura, IV. 239. und folgd., s. Auscultator. Prüfung zum Referendariat, IV. 254 s. Referendarius. Vorbereitung der Referendarien zur dritten Prüfung, namentlich Nothwendigkeit der Uebung im Inquiriren, IV. 257. 273. Einrichtung der zum dritten Examen erforderlichen Atteste, IV. 266. Verfahren bei der Vorbereitung und Zulassung eines Unterrichters zum dritten Examen, IV. 266. Dispensation der Referendarien nach ihrer Zulassung zum dritten Examen, IV. 266. Form der Proberelationen, IV. 267. Aufhebung der Probeinstructionen und Anfertigung der Proberelationen, IV. 268. 273. Veränderte Einrichtung des dritten Examens und der Immediat-Examinationscommission, IV. 269. Votum limitatum der neu angestellten Obergerichts-Assessoren und Ertheilung der Qualificationsatteste für die Unterrichter, welche die dritte Prüfung bestanden haben, IV. 276. Prüfung der Subaltern-Beamten, namentlich der Actuarien, Protocollführer und Rendanten, IV. 321. Kosten der Prüfungen, IV. 291.

Publication der Testamente, s. Testament.

Publication der Urtel, davon handelt I. 13. §. 44. sqq. geschieht am nächsten Gerichtstage nach Abfassung des Urtels

§. 46. Dazu bedarf es keiner besonderen Vorladung der Assistenten und Bevollmächtigten, in so fern diese zur Zahl der bei dem Gerichte angestellten Justizcommissarien gehören, §. 47. s. auch Bevollmächtigter, Justizcommissarius, erfolgt in zweiter Instanz bei demjenigen Gerichte, bei welchem die Instruction geschehen ist, 14. §§. 67. 68. in fiscalischen Untersuchungen, 35. §. 86. u. (264. 265). In wie fern und wie lange dieselbe in Ehescheidungssachen ausgesetzt werden könne, 40. §. 45. sqq. Wie dabei in Unterthanenprozessen zu verfahren, 41. §§. 47. 48. und bei Gemeinheitsaufhebungsprozessen, 43. §. 16—18. In wie fern dieselben bei Cessionsgesuchen auszusetzen, 48. §. 22—24 oder damit sogleich nach Abfassung des Erkenntnisses zu verfahren, 48. §. 25. Wie mit Publication des Classificationsurtels in Concursen zu verfahren, 50 §. 166. und (332). Die Publication der Urtel soll während der Gerichtsferien nicht geschehen, III. 1. §. 52.

Publication der Urtel. Die auf eine Revision oder Nichtigkeitsbeschwerde ergangenen Erkenntnisse werden nicht in besondern Terminen publicirt, sondern den Parteien nur insinuirt, II. 85 Urtelspublication und Zufertigung nach Vorschrift der Prozeßordnung verhandelter Rechtssachen erster und zweiter Instanz, II. 108. Publication und Zufertigung der Erkenntnisse in summarischen und Bagatellprozessen, II. 617. 631. 639. Publication des Classificationserkenntnisses im Concurse, III. 443. Publication und Ausfertigung der Adjudicationserkenntnisse, III. 701.

Publications-Patente zur Gerichtsordnung, s. Gerichtsordnung.

Punctation oder einen andern vorläufigen Aufsatz der Parteien über Handlungen der freiwilligen Gerichtsbarkeit muss der Richter bei Aufnehmung des Protocolls umständlich mit ihnen durchgehen, II. 2. §. 36.

Pupillen, s. Pflegbefohlne.

Purgatorium, s. Reinigungseid.

Purifications-Resolutionen, deren Abfassung gebührt in allen Fällen dem Richter erster Instanz, II 172. Auch in summarischen Prozessen, wenn in zweiter Instanz auf einen Eid erkannt ist, gehört die Abnahme des letztern und die Abfassung der Purificationsresolution zur Competenz des Richters erster Instanz, II. 632. Gegen Purificationsresolutionen findet nicht der Recurs, sondern nur die Nichtigkeitsbeschwerde statt, II. 94.

Q.

Querulant unbefugter, dessen Strafe, III. 1. §§. 33. 34.

Querulanten, Bestrafung derselben, und daß nur die Ministerien Ordnungsstrafen gegen solche durch ein Decret festsetzen können, IV. 191.

Quittung, deren Beweiskraft, I. 10. §. 160.
S. auch Rechnungsbelag.

Quote erhält der fiscalische Bediente von dem eingezogenen Vermögen des ausgetretenen Cantonisten, I. 36. §. 39. über-

haupt in jedem Falle, wo durch seine Wachsamkeit und sein Zuthun fiscalische Strafen festgesetzt und beigetrieben werden, III. 6. §. 16. in wie fern sie nicht gefordert werden kann, (460).

R.

Rangordnung der Beamten, IV. 169 — 172.

Räthe bei den Landesjustizcollegien, von deren Amte handelt III. 3. Bestallung, §. 1. Allgemeine Pflichten, §. 2. sqq. in ihrem Amte, dazu gehört vorzüglich ein lebhafter Eifer für die Beförderung einer Gott gefälligen Justiz, §. 3. und die Beobachtung der strengsten Unparteilichkeit, §. 4. Ausserhalb ihres Amtes müssen sie sich eines anständigen Lebenswandels befleissigen, und ihr Betragen zum Muster aller bürgerlichen und christlichen Tugenden dienen lassen, §. 5. Sie sollen sich vor Schuldenmachen sorgfältig hüten, indem ein Rath, der auf Indult, auf Behandlung, Cession antragen müsste, oder dessen Schuldenwesen sich zur Concurseröffnung anliesse, oder gegen welchen Personalarrest verhängt würde, nicht länger im Amte bleiben kann. §. 6. Subordinationsverhältnisse der Räthe, §. 7. Wie sie sich bei Urlaubsgesuchen zu verhalten haben, §. 8 — 10. und 9. (446). Sie sollen alle Connexionen mit den Parteien und Justizcommissarien vermeiden, §. 11. insbesondere sich alles Rathgebens und sonstiger Einmischung in die Privathändel und Angelegenheiten Anderer, §. 12. auch §. 19. so wie des Voti in ihren und der Ihrigen Rechtsangelegenheiten gänzlich enthalten, §§. 13. 14. auch selbst in diesem Falle (§. 13. 14.) die Sache nicht als Consulent, Rechtsbeistand oder Bevollmächtigter betreiben, es sei denn, dass der Prozess deren Ehegattinnen, Eltern, Kinder oder Geschwister betreffe, §. 15. Verfahren, wenn ein Rath mit einem Justizcommissarius verwandt oder verschwägert wäre, §. 16. insbesondere, wenn derselbe dergleichen Verbindungen mit einer prozessführenden Partei oder dem derselben assistirenden Justizcommissarius, oder sein eigenes Interesse bei der Sache verschweigen oder wohl gar leugnen sollte, §. 17. Sämmtliche Räthe müssen über alle im Collegio vorkommenden Angelegenheiten ein gewissenhaftes Stillschweigen beobachten, §. 18. Nebenbedienungen sollen sie ohne Genehmigung des Präsidenten, und ohne Erlaubniss des Chefs der Justiz nicht annehmen, §. 19. Von den besondern Pflichten der Räthe 1) als Assistenten, 2) als Instruenten, 3) als Decernenten, 4) als Referenten. III. 3. §. 20. sqq. Sie sollen, während die Relationen abgelesen werden, sich mit andern Gegenständen und Geschäften nicht zerstreuen, §. 53. s. übrigens Decernent, Instruent, Referent. Deren Verpflichtung, §. 65. und (447). Alle Königliche, wirkliche und Titular-Räthe sind eximirt, I. 2. §. 53.

S. übrigens: Assessoren, Conduitenliste, Justizvisitation, Landesjustizcollegia, Präsident, Prinzliche Räthe.

Räthe bei den Landesjustizcollegien, Rang derselben, IV. 169. Uniform derselben, IV. 175. Versetzung der Räthe aus einem Senate in den andern, IV. 200.

Räumung bei Pachten, s. Pachtsachen.

Rasende, Wahn- und Blödsinnige sind zur Ablegung eines Zeugnisses ganz unfähig, welches jedoch in Ansehung derjenigen, die nur zuweilen, des Gebrauchs ihres Verstandes beraubt sind, einige Ausnahme leidet, I. 10. §. 227. n. 1.

Realgläubiger, unter den im Concursprozess mit vorzuladenden sind diejenigen nicht zu verstehen, welche von der Einlassung in den Concurs frei sind; diesen ist der angesetzte Liquidationstermin bloss nachrichtlich bekannt zu machen, I. 50. §. 102., deren nochmaliger Vorladung bedarf es nicht, wenn der Liquidationsprozess über ein Grundstück des Gemeinschuldners auf den Antrag der Personalgläubiger in einen Concursprozess verwandelt worden, §. 103. Wenn deren Aufenthalt unbekannt ist, müssen sie in der Edictalvorladung namentlich mit vorgeladen werden, §. 105. Auch Realgläubiger können im Concurse nur zweijährige Zinsenrückstände in der Classe des Capitals fordern, es sei denn, dass sie die ältern Rückstände besonders eintragen lassen, in welchem Falle diese in der dritten Classe angesetzt werden, §. 151. In Ansehung der eingetragenen wird der Zinsenlauf im Concurse nicht unterbrochen, §. 152. Die eingetragenen Realgläubiger werden in der dritten Classe angesetzt, § 387. sqq s. auch Hypothekenbuch. Rechte der Realgläubiger bei Vertheilung der Masse, s. Vertheilung der Masse. Bei einem Liquidationsprozess über ein Grundstück, ist nur die Zusammenberufung der Realgläubiger erforderlich 51. §. 8.

Realgläubiger, Wahrnehmung und Sicherstellung der Rechte bei gutsherrlichen und bäuerlichen Regulirungen, Gemeinheitstheilungen und Ablösungen. III. 257. u. folgende. Zuziehung derselben bei Subhastationen, s. Subhastationsprozeß.

Realprätendenten, unbekannte, deren Aufgebot, s. Aufgebot, Edictalvorladung. Die bekannten dürfen nicht besonders vorgeladen werden, I. 51. §. 102.

Realprätendenten, unbekannte, s. Aufgebot, Vorladung derselben und Präclusion derselben bei Subhastationen, III. 664. 701. 702.

Realrecht auf fremdes Eigenthum, Prozesse darüber s. Fremdes Eigenthum.

Realrichter, s, Grundstücke, Verträge.

Realvorladung findet in causis civilibus nur dann Statt, wenn ohne die vorgeladene Person mit Verhandlung der Sache selbst in contumaciam nicht verfahren werden kann, I. 7. §. 17. In wiefern dieselbe im Ehescheidungsprozesse Statt finde, 40. §. 25.

Reassumtion des Prozesses, wie dabei zu verfahren, wenn eine Partei während des Laufes des Prozesses verstirbt, I. 20. §. 1. sqq. insbesondere, wenn dieses vor vollständig eingezogener Information, §. 2. oder kurz vor oder bald nach der Publication des Erkenntnisses erster oder zweiter Instanz geschieht.

I. 20. §. 3. Verfahren, wenn sich während dieser Zeit kein Erbe gemeldet hat, §. 4. wenn über eine gewisse Sache gestritten wird, die nach dem Tode des bisherigen Besitzers einem Dritten, welcher nicht zugleich dessen Erbe wird, anheim fällt, §. 5. Pflicht des Assistenten oder Bevollmächtigten dem Gerichte das Absterben der Partei, sobald es zu seiner Wissenschaft gelangt, anzuzeigen. §. 6. Was das Gericht zu beobachten habe, wenn eine solche Anzeige einkommt, §. 7.

Receptitien der Ehefrau des Gemeinschuldners erhalten, in sofern sie demselben nicht zinsbar überlassen worden, einen Platz in der fünften Classe, I. 50, §. 433.

Recessiren und dictiren soll den Justizcommissarien als Bevollmächtigten oder Assistenten nicht gestattet werden; sie dürfen jedoch, wenn sie glauben sollten, dass der Instruent ihre Meinung nicht getroffen habe, dem Protocollführer Nachträge dictiren, I. 3. §. 76.

Rechnungsbelag, dessen Beweiskraft I. 10. §. 160. s. auch Quittung.

Rechnungsachen, davon handelt I. 45. Verschiedene Arten der Rechnungsstreitigkeiten, §. 1. 1) wenn über die Schuldigkeit zur Rechnungslegung, oder 2) über den Terminum a quo et ad quem, §§. 2. 3. oder 3) über Zögerung der Rechnungslegung gestritten wird, §. 4. Von eigentlichen Rechnungsprozessen, §. 5. Verfahren bei der Rechnungsabnahme, §. 6. sqq. Defectatorium, §. 15. sqq. Instruction desselben, §§. 18. 19. Deductionen finden nicht Statt, §. 20 Erkenntniss, §. 21. Rechtsmittel, §. 22. — 24. Die eidliche Bestärkung der Rechnung in Fällen, wo der Rechnungsleger dazu verpflichtet ist, soll bis zum Schlusse der Rechnungsabnahme ausgesetzt werden, § 25. Verfahren, wenn die Parteien nur wegen einzelner Punkte streitig sind, §. 26.

Rechtsausflüchte, in wie weit der Instruent und der Urtelsverfasser darauf von Amtswegen Rücksicht nehmen müsse, I. 9. §. 11. III. 3. §. 30.

Rechtsbeistand, s. Assistent, auch Auditeur.

Rechtscandidaten, Prüfung derselben, IV. 239 u. folgende, f **Auscultator.**

Rechtskraft der Erkenntnisse, s. **Erkenntnisse**, **Execution**. Ertheilung der Atteste der Rechtskraft der Ehescheidungserkenntnisse, und daß rechtskräftige Ehescheidungserkenntnisse durch Entsagung nicht aufgehoben werden können, III. 161.

Rechtsmittel, Beurtheilung der Zulässigkeit eines Rechtsmittels II. 4. Welche Rechtsmittel gegen richterliche Entscheidung wegen der Kosten statt finden, II. 5. f auch **Recurs**. Zulässigkeit der Rechtsmittel gegen nicht gehörig insinuirte Kontumacial-Erkenntnisse, II. 76. s. auch **Appellationsfrist**, **Milderungsgesuch**, **Recurs**, **Restitution**, **Revisionsfrist**, **Nichtigkeitsbeschwerde**, **Weitere Vertheidigung**, **Aggravation**, Rechtsmittel in fiscalischen Untersuchungen, III. 80. u. folgende. Rechtsmittel in gutsherrlichen und bäuerlichen Regulirungen, Gemeinheittheilungs- und Ablösungssachen, und Berechnung des Streitobjects hierbei, III. 241. 247. 251. 254 279.

Rechtsmittel der weiteren Vertheidigung, s. Weitere Vertheidigung.

Rechtsverfahren; dasselbe findet über wirkliche Majestäts- und Hoheitsrechte über allgemeine, in Gegenständen der Regierungsverwaltung ergangene Verordnungen und über die Verbindlichkeit zur Entrichtung allgemeiner Anlagen und Abgaben nicht statt, I. 98. Bei der Beurtheilung der Zulässigkeit desselben ist der Unterschied zwischen landeshoheitlichen und fiskalischen Rechtsverhältnissen genau zu beachten I. 69. Unzulässigkeit des Rechtsverfahrens: über das Bestätigungsrecht des Consistorii bei Vocationen der von einem Patron gewählten Geistlichen, I 72; wegen Verkürzung von Diensteinkünften der Beamten ebend. wegen Gehaltsansprüche der in feindliche Kriegsgefangenschaft gerathenen Militairpersonen, I. 73; wegen Gebühren und Auslagen der als Sachverständige zugegangenen Beamten, ebend; wegen Verkürzung der Diensteinkünfte der Beamten durch Monita der Oberrechnungs-Kammer, ebend.; wegen Provinzial- und Communal-Kriegsschulden, I. 74. 75; wegen Verwaltungs-Ansprüche an den Staat aus der Zeit der ehemaligen Fremdherrschaft in den neuen und wiedererworbenen Provinzen, I. 75 — 76; wegen Entschädigung der vormals fremdherrlichen Beamten, I. 76.; wegen Ansprüche auf Vergütung von Kriegsleistungen an den Staat in den vormals sächsischen Landestheilen, I. 76; wegen der für Aufhebung des Mahl- und Getränkezwangs zu leistenden Entschädigung, I. 78; wegen der Verpflichtung der bäuerlichen Gemeinden zu Chaussee-Baufuhren, I. 109; über Anordnungen der Verwaltungs-Behörde in Bezug auf die Erfüllung einer an sich feststehenden Verpflichtung, einen Graben zu räumen und zu erhalten, ebend.; wegen Schutzes im Besitze des behaupteten Rechts zur Erhebung eines Brückengeldes, wenn es an einem vom Staate genehmigten Tarif fehlt, I. 110; in Fällen, wo es auf eine Expropriation des Gemeinwohls wegen ankommt, I, 111.; wegen der Zutheilung eines Guts zu einer bestimmten Schulsocietät, I. 115; wegen der Vereinigung mehrerer Schulen zu einer Gesammtschule und wegen der allgemeinen Verbindlichkeit zur Unterhaltung der Schulen beizutragen, ebend.; in wie fern das Rechtsverfahren gegen polizeiliche und finanzielle Verfügungen der Regierungen statt findet, I. 98. 99.; und wie weit dasselbe bei Gesinde-Streitigkeiten eintritt, I. 116 — 119. Daß bei Streitigkeiten zwischen Reisenden und Handwerkern über die Güte und den Preis der Arbeiten dem Rechtsverfahren ein polizeiliches Verfahren voraufgeht, I. 119. Zulässigkeit des Rechtsverfahrens über die Ablösung eines Jagdrechts, I. 120; über Contraventionen gegen Zwangs- und Bannrechte, I. 79 — 80., und über Entschädigungsansprüche gegen einen Richter wegen angeblich widerrechtlich verhängten Criminalarrests, ebend.

Rechtswohlthat des Moratorii, derselben können nur Kaufleute, oder diejenigen, welche sonst ein bürgerliches Gewerbe im Grossen treiben, entsagen, I. 47. §. 110. der Cession des Vermögens kann nicht entsagt werden, 48. §. 31. aber wohl der Rechtswohlthat der Competenz, 49. §. 17. c.

Recognition. Verfahren bei gerichtlich, II. 3. §. 26. n. (427). oder vor Justizcommissarien als Notarien erfolgenden blossen Anerkennungen der Unterschriften, III. 7. §. 76 — 77.

S. übrigens: Diffession, Urkunde, Verträge.

Reconvention, davon handelt I. 10. Von Ausführung der Gegenforderungen ohne desondere Wiederklage, §. 1. sqq. Verfahren, wenn die Gegenforderung nicht nur aus demselben Geschäft, wie die Forderung des Klägers entsprungen, sondern sich auch mit selbiger zu einerlei Art des Prozesses qualificirt, I. 19. §. 5. sqq. insbesondere, wenn sich bei Abfassung des Erkenntnisses findet, dass der Beklagte durch seine Gegenforde-

rung wider den Kläger mehr als dieser wider ihn ausgeführt habe, §. 6. Es macht in Ansehung des Verfahrens keinen Unterschied, wenn gleich der Kläger sein Recht durch Cession erhalten hat, §. 7. doch soll dem Beklagten frei stehen, den Cedenten mit vorladen zu lassen welcher sich, ohne Rücksicht auf seinen sonstigen Gerichtsstand, einlassen muss, §. 8. Die eigentliche Reconvention, wenn nämlich Forderung und Gegenforderung aus einem verschiedenen Geschäfte entspringen, kann nie in einem und eben demselben Prozesse mit der Convention verhandelt werden, §. 9. Ausgenommen, wenn Parteien mit einander in fortlaufendem Verkehr gestanden haben, §. 10. Ausser diesem Falle muss Forderung und Gegenforderung in besondern Protocollen verhandelt, §. 11. und die letztere überall als ein besonderer Prozess betrachtet, §. 12, auch die Executionen der einen dadurch, dass die andere Sache noch nicht entschieden ist, nicht aufgehalten werden, §. 13. In wieweit Reconventio Reconventionis zulässig sei, §. 14. Es ändert in der Behandlung der Reconvention nichts, wenn der Kläger sich, nachdem dieselbe bereits aufgenommen worden, der Convention begiebt, §. 15. Die Reconvention muss, um die Einlassung des Klägers bei demselben Gerichte, bei welchem er geklagt hat, zu begründen, spätestens im Instructionstermin angemeldet werden, §. 16. In welchen Fällen auch unter dieser Voraussetzung die Prorogation des Gerichtsstandes nicht Statt finden solle, §. 17. In allen Fällen, da die Reconvention zulässig sein soll, muss der Kläger in eben der Qualität, in welcher er geklagt hat, wiederum belangt werden, § 18. In wiefern der Beklagte gegen den Cessionarius eines Dritten wegen Forderungen, die ihm gegen diesen Dritten, als Cedenten, aus einem andern Geschäfte zustehen, die Reconvention anstellen könne, §. 19. Alle Verfügungen darüber, ob die Reconvention in Einem Prozesse mit der Convention zu entscheiden, oder zu einem besonderen Prozesse zu verweisen, werden in der Regel durch ein blosses Decret erlassen; sollte jedoch die Erörterung dieser Frage eine nähere Untersuchung erfordern, so muss dieselbe, wie bei dilatorischen Einwendungen, zur Instruction der Hauptsache verwiesen werden, §. 20. Die Execution des in der Reconvention gegebenen Erkenntnisses kann der Richter der Convention nicht unmittelbar, sondern nur mittelst Requisition des ordentlichen Richters des Wiederbeklagten vollstrecken, 24. §. 27. (151). s. auch Execution.

Reconvention; Verfahren, wenn dieselbe bei der Appellation wider ein Contumacialerkenntniß angebracht wird, II. 39; desgleichen, wenn gegen Studenten reconveniendo Injurienklagen angestellt werden, II. 147. Daß das forum reconventionis nicht begründet ist, wenn der Widerkläger den anfänglich erhobenen Reconventionsanspruch nicht verfolgt hat, II. 150. Daß die Prorogation des fori durch die Widerklage auch in dem Falle eintritt, wenn einer Parthei ein forum privilegiatum personale zusteht II. 151. Qualität der reconveniendo geltend zu machenden Gegenforderungen, II. 147. Anbringung einer Reconvention und deren Behandlung in summarischen Prozessen, II. 634. desgl. in Mandatsprozesse, II. 590.

Recurs an die höhere Behörde steht den Parteien offen, wenn das Object keine Appellation gestattet, I. 14. §. 3. n. 2. auch 26. §. 18. wegen verworfener Appellation muss binnen vier Wochen von Bekanntmachung des Verwerfungsdecrets an gerechnet, genommen werden. 14. §. 4. b. Von dem Recurs der Parteien an das Obergericht über die von einem Untergerichte geschehene Festsetzung des Status causae et controversiae. I. 25. §. 14. sqq. s. auch Kosten, Manualacten, Strafe. Dem Denuncianten in Injuriensachen, welcher sich über die Entbindung des Denunciaten von aller Strafe oder über dessen zu gelinde Strafe beschwert, steht bloss der Recurs offen. 34. §. 16. Vom Recurs in vormundschaftlichen Prozessen gegen die ergangenen Resolutionen. 39. §. 5. sqq.

Recurs an die höhere Behörde findet nicht statt gegen solche Resolute, vermittelst welcher das erkennende Gericht erster Instanz die Modification bestimmt, unter welcher ein Urtel, der eingelegten Appellation ungeachtet, vollstreckbar sein soll, II. 12. In Bagatellprozessen ist bei Gegenständen bis zu 20 Rthlr. einschließlich nur der Recurs und nicht die Appellation oder Nichtigkeitsbeschwerde zulässig, II. 3. 95. In wie fern der Recurs gegen gerichtliche Entscheidungen wegen der Kosten statt findet, II. . 722., und daß insbesondere gegen Appellationserkenntnisse wegen des Kostenpunktes nicht der Recurs, sondern nur die Nichtigkeitsbeschwerde eingelegt werden kann, II. 40. Auch gegen Purificationsbescheide der Untergerichte findet nicht der Recurs, sondern nur die Nichtigkeitsbeschwerde statt, II. 94. Recurs gegen die Erkenntnisse der Untergerichte über nicht appellable Objecte, II. 540. Ueber die Zulässigkeit desselben sind die Partheien nicht zu belehren, II. 540. Kosten des Recurs-Verfahrens, II 541. Recurs wegen Verweigerung des Mandatsprozesses, II. 592. Gegen Erkenntnisse der Commissarien der Obergerichte in Bagatellsachen ist der Recurs nicht zulässig, II. 644. Unzulässigkeit des Recurses gegen die Erkenntnisse der Untergerichte in Possessoriensachen, II. 700. desgl. in Injuriensachen. II. 721. Unzulässigkeit des Recurses gegen die Festsetzung eines Interimist ci im Ehescheidungsprozesse, III. 166. Recurs an das Ministerium des Innern bei gutsherrlichen und bäuerlichen Regulirungen, Gemeinheitstheilungen und Ablösungen, III. 241. 251. 279. Recurs gegen Strafresolute in Stempelsachen. III. 26.

Referendarius. Ein gewesener Referendarius bei einem Landesjustizcollegium, dem dieser Character nicht ausdrücklich vorbehalten worden, steht, wenn er nicht anderweitig eximirt ist, unter den Gerichten seines Wohnorts, I. 2. §. 83. Im Allgemeinen von ihrem Gerichtsstande, §. 18. (7). Auch ausser den Sessionstagen sollen einige Referendarien zur Vernehmung armer Parteien an der Gerichtsstelle gegenwärtig sein, III. 2. §. 36. imgleichen R. und C. R. §. 86. Prüfung zum Referendariat, 4. §. 9. sqq. §. 6. u. 13. (451). Beschäftigung des Referendarii, §. 13. sqq. Unter welchen Bedingungen demselben nachgegeben werden könne, sich bei der Kriegs- und Domainencammer des Orts anstellen zu lassen, §. 17. b. Allgemeine Pflichten, §. 28. Versorgung, §. 19. 1) mit einer Stelle bei einem Landesjustizcollegium. §. 20. Vorbereitung und Prüfung dazu, §. 21. sqq. u. §. 21. (452. 453). §. 22. (454). s. auch Prüfung. 2) Versorgung bei einem Untergerichte, §, 32. (455). 3) als Justizcommissarius, §. 35. s. auch Justizcommissarius.

4) mit einer Subalternbedienung, §. 36. Ihre Verpflichtung, §. 37. u. (456). In wiefern sie zu wichtigen Aemtern zuzulassen, ohne bei einem Landesjustizcollegium gearbeitet zu haben, 8. §. 10. (472).
S. übrigens: Auscultator.

Referendarius, s. auch Auscultator. Prüfung zum Referendariat, und daß die mündliche Prüfung der schriftlichen Probearbeit vorhergehen soll, IV. 254. Der Militairpflicht muß vor derselben genügt sein, IV. 254. Den Berichten wegen Beförderung der Auscultatoren zum Referendariat sind die Dienstacten beizufügen, IV. 254. In wie fern Referendarien zur Aufnahme von Testamenten und anderen Handlungen der freiwilligen Gerichtsbarkeit gebraucht werden können, IV. 44. Stimmfähigkeit der zur Vertretung eines Unterrichters committirten Referendarien, IV. 256. Nothwendigkeit der Beschäftigung der Referendarien im Inquiriren, IV. 257. Controlle über die den Referendarien übertragenen Referate, IV. 258. Uebung der Referendarien in mündlichen Vorträgen, IV. 259. Beschäftigung der Referendarien und Aufsicht über dieselben, IV. 259. Beschäftigung der Referendarien bei den Militairgerichten und der Auditeure bei den Civilgerichten, IV. 260. Zulassung der Regierungsreferendarien zu den Sessionen der Obergerichte, IV. 261. Zulassung der Referendarien zu den Geschäften der Generalcommissionen, IV. 261 Beschäftigung der Referendarien bei der Polizeiverwaltung, IV. 262. Gefängnißstrafen als Ordnungsstrafen gegen Referendarien sind nicht zulässig, IV. 263. Qualification der Referendarien zur Anstellung als Auditeure, IV. 277. Uebernahme von Justitiariaten Seitens der Referendarien, IV. 278. Erforderniſſe und Ablegung des dritten Examens, IV. 265. u. folgende; s. Prüfung. Anstellung der Referendarien in Neuvorpommern, IV. 239.

Referent, demselben muss in wichtigen Sachen ein Correferent beigegeben werden, I. 13. §. 1. Dazu kann weder der Instruent, noch, bei stärker besetzten Collegien der Decernent bestellt werden, §. 2. dessen Pflichten im Allgemeinen, §. 3. sqq. insbesondere, wenn er die Instruction mangelhaft findet, §. 4. s. auch Resolution. Von der Methode zu referiren, §. 7. Was der Referent bei der Beurtheilung streitiger Thatsachen zu beobachten habe, §§. 8. 9. dessen Pflichten bei Widersprüchen 1) zwischen Urkunden, §. 13 — 15. 2) zwischen Zeugenaussagen, §. 16. 17. 3) zwischen Urkunden und Zeugenaussagen, §. 18 — 20. 4) wenn der Widerspruch daher entsteht, dass einige Litisconsorten sich zur Ableistung de- und referirter Eide erbieten; andere hingegen die Eidesleistungen verweigern, oder den Eid zurückschieben wollen, I. 13 §. 21. 5) bei Ocularinspectionen, § 22. Was der Referent bei Bestimmung nothwendiger Eide zu beobachten habe, § 23. sqq, s. auch Eid, Juden, Nothwendiger Eid, Reinigungseid. Wenn die Instruction der Beweismittel ganz fruchtlos gewesen, geben die rechtlichen Vermuthungen den Ausschlag, §§. 27. 28. Fälle, wo eine Theilung des Objecti litis Statt findet, §§. 29. 30. Pflicht des Referenten, wenn ihm aus der entwickelten Thatsache Rechtsausflüchte zu folgen scheinen, 9. §. 11. auch III. 3. §. 36. Was derselbe bei Anwendung oder Erklärung der Gesetze zu beobachten habe, §. 31. sqq. s. auch Gesetzcommission. In dem Urtel mus derselbe zuvörderst die bei der Sache sich findenden Präjudicial- und Incidentpuncte abmachen, sodann zur Ent-

scheidung der Hauptsache übergehen, und jedem einzelnen Punct die Gründe beifügen, I. 9. §. 36. auch, bei Forderungen und Gegenforderungen, nach erfolgter Aburtelung aller einzelnen Posten den Saldo, wie viel nämlich ein Theil dem andern herausgegeben oder gutzuschreiben hat, allenfalls mit Zuziehung eines Calculators berechnen, und im Urtel festsetzen, §. 38. Die Entscheidungen und deren Gründe muss derselbe sorgfältig von einander absondern, da die letztern nie die Kraft eines Urtels haben sollen, §. 38. Sind Eide zu schwören, so muss das Erkenntniss auf beide Fälle, wenn nämlich der Eid geschworen wird oder nicht, gerichtet werden, §. 39. Was der Referent zu beobachten habe, wenn sowohl der Grund als der Betrag der Forderung bestritten, die letztere mit instruirt worden, aber in dem Urtel schon der Grund der Forderung verworfen, also die Präjudicialfrage zum Nachtheil des Klägers entschieden werden muss, §. 40. Auch in Ansehung der Kosten, Entschädigung und Strafen hat der Referent das Nöthige mit festzusetzen, §. 41. Derselbe muss sich bei Abfassung der Erkenntnisse und Entscheidungsgründe der möglichsten Deutlichkeit und Präcision befleissigen, §. 42. In der Regel muss der ganze Prozess nach allen seinen Gegenständen durch das erfolgende Urtel definitive entschieden werden, ausgenommen, wenn Präjudicialfragen bei der Sache zum Grunde liegen, §. 43. Von dem Amte der Räthe als Referenten, III. 3. §. 51. sqq. In wichtigen Sachen müssen die Relationen, der Regel nach, schriftlich abgefasst werden. Was der Referent bei dem mündlichen Vortrage zu beobachten habe, §§. 53. 54. Ob eine Sache mündlich vorgetragen, oder schriftlich darin referirt werden solle, hängt lediglich von der Bestimmung des Präsidenten ab. §. 55. Bei Collegiis, welche mit Geschäften überhäuft sind, kann dem Correferenten, der in der Regel auch eine vollständige Relation abfassen muss, in erster und zweiter, niemals aber in dritter Instanz, nachgegeben werden, ein blosses schriftliches Votum mit Zweifels- und Entscheidungsgründen auszuarbeiten, §, 56. Der Re- und Correferent müssen einander die Relation nicht mittheilen, ausgenommen, wenn Referendarien und Auscultatoren Spruchsachen zur Uebung zugeschrieben werden, III. 3. §. 57. Pflicht des Referenten bei Relationen aus Untergerichtsacten, §. 59. Derselbe muss die ihm zugeschriebenen Acten unverzüglich bearbeiten, §. 60 und nach übergebener Relation die Acten zur Registratur abliefern, R. u. C. R. §. 207. Was zu beobachten, wenn er nöthig findet, die Acten zur Abfassung des Urtels wieder mit nach Hause zu nehmen, §. 211. Anweisungen für die Referenten bei Abfassung des Appellationserkenntnisses, I. 14. §. 63. sqq. In der Appellationsinstanz sollen in der Regel, §. 66. in der dritten Instanz allemal drei Referenten bestellt werden, 15. §. 7. Was diese zu beobachten haben, wenn die Instruction mangelhaft befunden wird, §§. 8. 9. Von Novis in Revisorio, §. 10. sqq. s. auch Revision.

Referent in summarischen Prozessen, Functionen desselben, II 618. 631.

Referententabellen, Einrichtung und Einsendung derselben, IV. 548.

Refugiés, deren Gerichtsstand, s. Coloniegerichte.

Regierungen, ehemals Kriegs- und Domänencammern. — Wann sie Namens des Fiscus bei Ober- und wann bei Untergerichten klagen müssen, I. 2. §. 126. (35. 36). s. Fiscus. Die ihnen sonst übertragen gewesene Rechtspflege ist an die gewöhnlichen Gerichte übergegangen, §. 130. (39). Sie müssen benachrichtigt werden von Regress und Injurienklagen, welche wider ihnen untergeordnete Officianten als aus deren Amte veranlasst angebracht werden, und von Geldforderungen, die wider Kassenbediente ihres Ressorts eingeklagt werden, 6. §. 8. (49). auch von Vorladungen ihrer Officianten vor Gericht, 7. §. 1. (52. von einer gegen solche einzuleitenden fiscalischen Untersuchung, 35. §. 34. (252). von einer wider solche zu verhängenden persönlichen Verhaftung, 35. §. 44. (257). auch, wenn Nachlass oder Vermögen von solchen versiegelt wird, damit sie auch da, wo ihnen gehörige Acten zu vermuthen sind, ihr Siegel anlegen können, II. 5. §. 16. (433). Verfahren bei der Wiederaufsiegelung in diesem Falle, § 37. sqq. (436). — Durch ihr Präsidium ist der Fiscus vorzuladen, I. 7. §. 28. (57). Von der Execution gegen ein unter ihnen stehendes Institut, 24. §. 45. (152). Vom Conferiren der Gerichte mit ihnen, wenn gegen eine grosse Menschenmenge Execution zu vollstrecken ist, oder wenn bei Vollstreckung der Execution militairische Hülfe erforderlich scheint, §. 150. (179). — In wiefern sie fiscalische Civilprozese anstellen, oder sich auf solche einlassen können, 35. §. 1 — 3. (238). Welche Rechte sie in Ansehung der Instruction und des Erkenntnisses in solchen Prozessen haben, §. 11. (239). Welche aussergerichtliche Kosten sie dabei liquidiren können, §. 26. (421). — In wiefern sie in fiscalischen Untersuchungssachen durch Resolutionen entscheiden, von denen aber Antrag auf rechtliches Gehör statt findet, §. 34. (242). Wann diese Provocation auf rechtliches Gehör nicht statt findet, (243.) Folgen des Antrages auf rechtliches Gehör, (243, 254.) In wiefern Civilbehörden gegen Militairpersonen die fiscalische Untersuchung einleiten können, (244, 245). in wie fern die Obergerichte auf Beschleunigung der fiscalischen Untersuchung gegen einen Verhafteten dringen können, (246). Bei Confiscationsprozessen werden die Ansprüche auf das Vermögen des Ausgetretenen Namens der Regierungshauptcasse der Provinz geltend gemacht, I. 35. §. 5. (267). §. 23. (270). Die Gerichte müssen die in Erfahrung gebrachte Austretung den Regierungen von Amtswegen bekannt machen, §. 29. (271).

Regierungen; Geschäftsinstruktionen für dieselben, I. 85 — 108. Umfang der executiven Gewalt derselben und daß die von den Regierungen innerhalb des ihnen verliehenen Executionsrechts angeordneten executivischen Maßregeln die Wirkung der gerichtlich verfügten Executionen haben, I. 102. 89. 107.-114. 108. Die executivische Beitreibung der Communal-Abgaben durch die Regierungen wird durch die Provokation auf rechtliches Gehör nicht aufgehalten, I. 112. Vorläufige Feststellung und Einziehung streitiger Beiträge zu Kirchen- Pfarr- und

Schulbauten durch die Regierungen, I. 115. s. auch Klage. Die Geschäfte der Generalcommissionen in der Provinz Preußen sind auf die Regierungen zu Königsberg und Marienwerder übergegangen, Competenz und Verfahren in dieser Hinsicht, III. 289.

Regierungsofficianten. Verfahren, wenn gegen sie wegen im Amte ausgeübter Injurien geklagt wird, I. 34. §. 26. sqq. (236). wenn gegen sie eine fiscalische Untersuchung eingeleitet werden soll, 35. §. 34. (252). wenn sie dabei zum persönlichen Arreste gebracht werden sollen, §. 44. (257). Verfahren bei Versiegelung ihres Nachlasses oder Vermögens, II. 6. §. 16. (433). bei Wiederaufsiegelung desselben §. 37. sqq. (436).

Regimentschef. muss bei dem Generalauditoriat oder den Gouvernementsgerichten belangt werden, I. 2. §. 50.

Regimentschirurgus — — quartiermeister stehen unter den Regimentsgerichten, I. 2. §. 48. sind eximirt, s. Eximirte, Militairpersonen, Unterstab.

Regimentsgerichte, darunter stehen die Ober- und Unterofficiere und Soldaten, ingleichen die zum Unterstabe gehörigen Personen, I. 2. §. 48. ferner die bereits ausgehobenen Enrollirten, imgleichen die niedern Kriegsbeamten, so wie die Invaliden, in so fern sie ihren Regimentern noch obligat bleiben, §. 49. In wie fern diese Militairgerichtsbarkeit aufgehoben ist, s. Militairgerichte, Militairpersonen. Von der Execution des Judicis rei sitae in ein Grundstück einer Militairperson muss derselben durch die Regimentsgerichte besondere Bekanntmachung geschehen, 24. §. 26. u. (149).
S. übrigens Militairgerichte.

Regimentsgericht, s. Militairgericht.

Registrator, dessen Bestellung, III. 5. §§. 23. 24. allgemeine Pflichten, §. 25. bei einkommenden Sachen, §. 27. sqq. desgl. R. u. C. R. §. 87. sqq. bei deren Vertheilung unter die Decernenten, III. 5. §. 30. bei Einsammlung der decretirten Stücke, §. 31. dessen Obliegenheit in Ansehung der Spruchsachen, §. 32. imgleichen R. u. C. R. §. 200. sqq. bei Verwahrung und Vervollständigung der Acten, III. 5. §. 33. sqq Er muss nämlich die Acten nach dem Vortrage aus der Expedition abholen, R. u. C. R. §. 109 es sei denn, dass der Secretarius dieselben bei der Expedition nöthig hätte, §. 110. Dessen Obliegenheiten in Ansehung der zur Registratur kommenden Concepte, §. 189. Er muss den Actenhefter zur Thätigkeit anhalten, §. 190. auch alle Sonnabend die Tageszettel der vergangenen Woche revidiren, §. 191. Verpflichtung des Registrators, III. 5. §. 55. sqq. u. §. 55. sqq. (458).

Registratur, Eintheilung derselben, III. 5. §. 37. sqq. 1) Prozessregistratur, §. 39. sqq. Zweck der Liste der neuen Klagen. R. u. C. R. §. 23. Was geschehen müsse, sobald eine Sache in das currente Prozessrepertorium eingetragen wird, §. 26. Von dem reponirten Repertorium, III. 5. §§. 27. 28. Unterscheidung der currenten Acten von den reponirten, §. 29. II) Concursregistratur, III. 5. 42. Repertorium über die currenten Concurse

und Liquidationsprozesse, R. u. C. R. §. 70. a. sqq. III) Criminalregistratur, III. 5. § 46. auch R. u. C. R. §. 38. IV) Generalregistratur, III. 5. §§. 47. 48. auch R. u. C. R. §. 39. V) andere Arten der Registraturen. III. 5. §. 49. sqq. auch R. u. C. R. §. 40. und §. 51. sqq. Von dem currenten Pupillen-Repertorium, §. 31. sqq. Von der Beschaffenheit und dem Zweck des Tageszettels, §. 51. sqq. auch §. 111. sqq. des Distributionsbuchs, §. 44. des Annotationsbuchs, §§ 45. 46. Einrichtung der reponirten Registratur, §. 47. sqq. der Acten überhaupt, §§. 52. 53. der Listen. §. 54. die Registratur soll der Canzleidirector fleisig visitiren, R. u. C. R. §. 239. Von der Registratur des Notariencollegii, s. Notariencollegium.

Registratur, Verfahren in Betreff der Cassation der reponirten Acten, IV. 459. Einrichtung der Geschäftstabellen IV 507 u. folgende.

Registratur- und Canzleireglement, allgemeines, setzt ein grösseres Collegium voraus, Th. III. S. 286.
S. übrigens: Subalternen.

Regressklage, wenn es dabei auf das Privatinteresse einzelner Mitglieder eines Collegii ankommt, muss die Vollmacht auch von ihnen sämmtlich ausgestellt werden, I. 3. §. 44. wird gegen einen Bevollmächtigten begründet, welcher der erhaltenen Instruction zuwider gehandelt hat, 10. §. 87, auch gegen eine dritte nicht in den Prozess verwickelte Person, welche die Edition der Urkunden beharrlich verweigert, §. 105. imgleichen gegen einen Zeugen, welcher Mittel findet, sich der Ablegung des Zeugnisses und den dahin abzielenden richterlichen Verfügungen gänzlich zu entziehen, §. 186. Durch die blosse Unterlassung der Litisdenunciation wird derjenige, dem sie obgelegen hätte, seines Regresses an den Vormann noch nicht verlustig, 17. §. 10. Zum Behuf des Regresses findet die Litisdenunciation nicht später statt, als bei Anmeldung der Appellation, §. 15. Rechtliche Folgen in Ansehung des Regresses für den Litisdenunciaten, wenn dieser sich nicht meldet, §. 19. insbesondere, wenn er durch den Litisdenunciaten selbst davon zurückgehalten worden wäre, §. 20. Wenn der Litisdenunciat die Befugniss, sich an ihn zu halten, nicht anerkennt, so kann die Regressklage gegen ihn, wenn er dem Denunciaten auch assistiren will, noch vor Ausgang des Hauptprozesses angestellt werden, §§ 23. 24. In wiefern bei Concursen ein Gläubiger an den andern seinen Regress nehme könne, 50. §. 558. s. auch Distribution.

Regulirung der gutsherrlichen und bäuerlichen Verhältnisse, Behörden zu deren Ausführung und Entscheidung der dabei vorkommenden Streitigkeiten und Verfahren bei denselben überhaupt, III. 212. flgd. 265 u. flgd. Gültigkeit der von den Commissarien bei den Generalcommissionen aufgenommenen Rezesse, III. 247. Ausführung der Gemeinheitstheilungen und Ablösungen, III. 248. Qualification der zulässigen Beistände der Interessenten, III 253. Verfahren bei der Weigerung der Parteien, die Auseinandersetzungsrezesse zu vollziehen, III. 253. Zulässigkeit der Rechtsmittel und Berechnung des Streitobjects dabei, III. 241. 247. 251. 254. 279. Wahrnehmung der fiscalischen Rechte, III. 256. Wahrnehmung

und Sicherstellung der Realgläubiger, der Lehn- und Fideicommißfolger und anderer Realberechtigten, III. 257 u. folgende. Schiedsrichterliches Verfahren und Fälle der Anwendung desselben bei gutsherrlichen und bäuerlichen Regulirungen, III. 266. 267. 284. Kosten bei gutsherrlichen und bäuerlichen Regulirungen, III. 291.

Reinigungseid, darauf soll in fiscalischen Untersuchungen nie erkannt werden, I. 35. §. 73.

S. übrigens: Nothwendiger Eid.

Reiseerlaubniss, wie es damit zu halten, und zwar in Ansehung der Präsidenten, III. 2. §. 39. in Ansehung der Räthe, 3. §. 8. — 10. §. 9. (446).

Reisekosten, in wiefern dieselben der obsiegenden Partei zu erstatten, I. 23. §. 25. n. 6. sqq. §§. 26. 27. in wiefern sie nicht zu erstatten, 3. §. 6. (44).

Reisekosten; daß bei Festsetzung der an die obsiegende Partei von dem Gegner zu erstattenden Reisekosten ein billiges Ermessen des Gerichts eintritt und daß bei geringerer Entfernung des Wohnsitzes der Parteien vom Orte des Gerichts das persönliche Erscheinen derselben in den Terminen die Regel bildet. I. 276 — 277.

Reiseurlaub, der Beamten. Nachsuchung und Ertheilung desselben. IV. 215.

Relationen zweiter Instanz sind mit den Acten an das Geheime Ober-Tribunal zur Entscheidung in letzter Instanz einzusenden, II, 59.

Reluition, s. Wiedereinlösung.

Remedium ulterioris defensionis, s. Weitere Vertheidigung.

Remissionsfälle, Verfahren, wenn deshalb zwischen dem Pächter und dem Verpächter Streit entsteht, I. 44. §. 24. sqq. je nachdem Gefahr bei dem Verzuge vorhanden ist, oder nicht, §. 25. insbesondere, wenn der Remissionsfall seiner Natur nach eine schleunige Untersuchung erfordert, z. B. wenn bei einem Hagelschlage das Getreide auf dem Halme in Augenschein genommen und taxirt werden soll, §. 26. Zuziehung der Sachverständigen in einem solchen Falle, §. 27. Zweck der vorläufigen Untersuchung, §. 28. In wiefern, wenn keine Gefahr im Verzuge obwaltet, die Instruction auf den Grund und auf den Betrag der Remission zugleich gerichtet werden müsse, §. 29. sqq. welches z. B. in dem Falle geschehen muss, wenn es zwar klar ist, dass dem Pachter wegen erlittenen Viehsterbens Remission gebühre, der Verpächter aber leugnet, dass so viel Häupter gefallen wären, als, contractmäsig, erforderlich seien, ihn zur Remission zu verpflichten, §. 30. Verfahren in dem Falle, wenn die Untersuchung der Frage: ob der Pächter überhaupt Remission fordern könne, von der Ausmittelung des Betrages ganz unabhängig ist, §. 31. Wenn auch in einem solchen Falle zur ordnungsmässigen Instruction der Sache eine Localcommission erforderlich ist, so muss dabei der Regel nach zugleich der Betrag des Quanti remittendi mit untersucht werden, §. 32. welches jedoch dann eine Ausnahme leidet, wenn die Befugniss des Pächters, Remission zu fordern, als Präjudicialfrage an und für sich sehr zweifelhaft ist, die Ausmittelung des Quanti remittendi aber mit beträchtlichen Weitläufigkeiten und Kosten verbunden sein würde, §. 33. Kann die ganze Sache und die Frage: ob ein Remissionsfall überhaupt existire, an ordentlicher Gerichtsstelle, ohne Localcommission, erörtert

und entschieden werden, so muss die Untersuchung des Quanti remittendi der Regel nach ausgesetzt werden, §. 34. In allen Fällen, wo die Untersuchung des Quanti remittendi vor sich gegangen ist, muss der Richter, wenn er den Pächter auch mit der geforderten Remission überhaupt abweiset, dennoch zugleich erkennen: auf wie hoch sie zu bestimmen sein würde, wenn der Pächter in den folgenden Instanzen ein besseres Urtel erhielte, (conf. I. 13 §. 49). Verfahren, wenn der Pächter sich in diesem Falle durch die eventuelle Bestimmung des Quanti beschwert findet, §. 35.

Renovation der Urkunden, wie dabei zu verfahren, II. 1. §. 29.

Renten, Grund- und Naturalrenten, Execution in solche, II. 369.

Renunciation, s. Entsagung, auch Litisrenunciation.

Reposition des Klageanmeldungsprotocolls muss erfolgen, wenn der Kläger in dem Termine zur Aufnehmung der Klage ausbleibt, I. 4. §. 20. Ist dieses im Instructionstermin der Fall, so wird mit der Reposition der Acten verfahren, 9. §. 42. auch 20. §. 19. Nach publicirtem Revisionserkenntniss müssen die Acten sofort reponirt werden, es sei denn, dass darin auf Ableistung eines Eides oder Befolgung einer andern Auflage gesprochen worden, 15. §. 25.

Requisition. Von Vorladungen durch Requisition, I. 7. §. 4. sqq. s. auch Insinuation. Verfahren, wenn ein einheimisches Gericht der Requisition keine Folge leistet, §§. 9. 10. wenn dies von einem ausländischen Gerichte geschieht, §. 11. Wie die Requisition zu erlassen, wenn ein Dritter, welcher eine Urkunde ediren soll, unter einem ausländischen Gerichte steht, 10. §. 107. Von Zeugenvorladungen durch Requisition, §. 175. sqq. insbesondere, wenn die Zeugen einfältige und gemeine Leute sind, §. 178. Von Zeugenabhörungen durch Requisition, §. 217. sqq. insbesondere fremder und ausländischer Gerichte, §. 223. Verfahren, wenn sie dieser Requisition kein Genüge leisten wollen 225. a. Verfahren, wenn hiesige Gerichte von ausländischen um Zeugenabhörung requirirt werden, §. 225. b. Von Eidesabnahmen durch Requisition, §. 373. 374. Von Vollstrekkung der Execution durch Requisition, 24. §. 27. sqq. besonders bei Execution gegen Militairpersonen, Gendarmen, §. 26. (149). und deren Ehefrauen, Kinder und Gesinde, (150). und bei Executionen in Reconventionssachen, § 27. (151). Jeder Requisition dieser Art Genüge zu leisten, soll kein inländisches Gericht unter irgend einem Vorwande verweigern, §. 28. was jedoch einige Einschränkung leidet, wenn das requirirte Gericht die vorgesetzte Behörde des requirirenden ist, und bei der Vollstreckung der Execution ein Bedenken findet, §. 29. Verfahren, wenn inländische Gerichte von ausländischen um Vollstreckung der Execution requirirt werden, §. 39. Von Requisitionen an den Arrest verhängenden Richter durch den Richter der Hauptsache, 29. §. 44. Verfahren, wenn ein Personalarrest auf Requisition eines andern Gerichts angelegt worden, §. 73. Von Vorladungen eines Soldaten, als Zeugen in fiscalischen Untersuchungen, durch Requisition des Compagnie-

chefs, Commandanten oder Commandeurs, 35. §. 62. Von Requisitionen, wenn der Gemeinschuldner unter einem andern als dem den Concurs dirigirenden Gerichte Güter besitzt, 50. §. 649. sqq. insbesondere wegen Vorladung der Gläubiger, § 650. Administration, §. 656. sqq. Subhastation des Grundstückes, §. 659. sqq. Der Requisition eines ausländischen Gerichts, um Eröffnung des Concurses über einen hiesigen Landeseinwohner nachzukommen, sind die hiesigen Gerichte weder schuldig noch befugt, §. 671. Von Requisitionen an Berggerichte um Eröffnung eines Specialconcurses über das Bergwerkseigenthum, §. 673. sqq. imgleichen an See- und Handlungsgerichte wegen eines Concurses über Schiffe, §. 682.

Requisitionen. Daß die Requisitionen an Justizbehörden derjenigen Theile der Rheinprovinzen, in denen das A. L. R. und die A. G. O. nicht zur Anwendung kommen, frankirt oder unter portofreier Rubrik erlassen werden sollen, I. 337. Kosteneinziehung in Requisitions- und Auftragssachen, ebend. Requisition auswärtiger Gerichte in Steuer-Strafsachen sind von den diesseitigen Gerichten abzulehnen, I. 341. Requisitionen an schwedische Behörden sind von den Gerichten nicht unmittelbar abzusenden, I. 342. Requisitionsverfahren mit polnischen Gerichten und daß die polnischen Behörden auf den Adressen als „Königl. Polnische" zu bezeichnen sind, I. 343. 345. Verfahren bei Requisitionen nach Rußland, I. 345. und daß die russischen Behörden nicht um Insinuation der Vorladungen an russische Unterthanen in Steuer-Defraudationssachen ersucht werden sollen, I. 346. Uebereinkommen mit dem Freistaat Krakau wegen gegenseitiger kostenfreier Erledigung gerichtlicher Requisitionen, I. 347. Requisitionsverfahren mit französischen Behörden und gegenseitige Kostenfreiheit dabei, I. 348. 349; mit niederländischen Gerichtsbehörden, I. 349 und daß Requisitionen wegen Zeugenverhöre und Eidesabnahmen nicht an die letzteren Behörden selbst, sondern an dortige Advocaten zu richten sind, ebend. Requisitionsverfahren mit den baierschen, badenschen und Großherzogl. Hessischen Behörden, I. 350; mit Hessen-Homburg und Frankfurth am Main, I. 357; mit Oesterreich I. 361. Abkommen der preußischen Regierung mit Baiern in Ansehung der Correspondenz der beiderseitigen Gerichtsbehörden, I. 353. mit Würtemberg wegen der Kostenfreiheit bei gerichtlichen Requisitionen, I. 354. mit Sachsen Koburg wegen der gerichtlichen Requisitionen, I. 355. mit dem Herzogthum Nassau wegen desselben Punkts, I. 356. mit Mecklenburg-Strelitz wegen Aufhebung der Kostenvergütung in Requisitionssachen, I. 359. Rücksendung unfrankirter Requisitionsschreiben der Mecklenburg-Schwerinschen Behörden, I. 358 und Uebereinkunft mit der Mecklenburg Schwerinschen Regierung wegen gegenseitiger Portofreiheit der dienstlichen Correspondenz der Behörden, ebend. Requisitionsverfahren mit den Gerichtsbehörden in den deutschen Bundes-Staaten, I. 360. Befugniß der Untergerichte, den an sie ergehenden Requisitionen auswärtiger Behörden unmittelbar zu genügen, I. 361.

Res fungibilis, s. Fungibilis res.

Reservatio dominii, s. Vorbehalt des Eigenthums.

Reservationes mentales darf der Schwörende sich nicht erlauben, I. 10. §. 309.

Residenten auswärtiger Mächte sind der hiesigen Gerichtsbarkeit nicht unterworfen, I. 2, §. 62.

Resolution. Es bedarf keines Erkenntnisses, sondern nur einer Resolution oder eines Decrets, wogegen keine Appellation statt findet, in solchen Fällen: wenn der Kläger bedeutet werden

soll, dass der Gerichtsstand gegen den Beklagten nicht begründet ist, I. 4. §. 15. bei Zurückweisung offenbar unstatthafter Klagen, 6. §. 7. Insbesondere bei offenbar ungegründeten Ehescheidungsklagen, 40. §. 34. oder Cessionsgesuchen, 48. §. 12. wenn der Beklagte die Klage durchgehens einräumt, 8. §. 15. wenn, wegen Ausbleibens des Klägers, die Reposition der Acten verfügt wird, 9. §. 42. wenn die Instruction eines erst in der Deduction angeführten Umstandes, in Fallen, wo sie zulässig ist, von dem Richter verordnet wird, 10. §. 3. wenn, nach regulirtem Status causae et controversiae von dem Collegio beschlossen wird, was durch Beweis auszumitteln sei oder nicht, §. 58. wenn in Ansehung des Editionspunctes etwas verfügt wird, §. 108. wenn ein Urtel nach geschener Ableistung des darin festgesetzten Eides purificirt werden soll, 10. §. 377. wenn der Richter die Ergänzung der mangelhaft befundenen Instruction verfügt, 13. §. 4. auch 14. §§. 63. 64. im gleichen 15. §. 8. wenn Declaration eines Urtels nachgesucht worden, 14. §. 1. wenn festgesetzt werden soll, ob die Reconvention in foro conventionis statt finde oder nicht, 19. § 20. wenn die Verbindlichkeit zur Cautionsbestellung wegen der Prozesskosten und der Betrag dieser Caution zu bestimmen ist, 21. §. 8. wenn Jemand die Ableistung des Juramenti calumniae verweigert, in welchem Falle dieser Eid durch eine Resolution, nebst der Wirkung auf den Fall, wenn er nicht geschworen würde, festzusetzen ist, 22. §. 41. Die Festsetzung der einer Partei von deren Gegner zu erstattenden Kosten geschieht durch ein blosses Decret, 23. §. 28. Eine weitere Instruction zur Ausmittelung eines in der Execution angebrachten Einwandes wird durch eine blosse Resolution verfügt, 24. §. 40. In wiefern in Arrestsachen eine blosse Resolution oder Decret statt finde, 29. §§. 39. 51. 77. oder im Diffamationsprozess, 32. §§. 10. 12. Wenn ein Gesuch um Aufnehmung des Beweises zum ewigen Gedächtniss unstatthaft befunden wird, muss die Abweisung durch ein blosses Decret erfolgen, §. 7. Auf ein in Injuriensachen angebrachtes Milderungsgesuch muss das Erforderliche durch eine Resolution festgesetzt werden, 34. § 7. desgleichen wenn der Antrag des Denuncianten auf eine höhere als die erkannte Strafe unzulässig befunden wird, 34. §. 17. Von den Resolutionen, welche, auf vorhergegangene summarische Untersuchung, in fiscalischen Contraventions- und Defraudationssachen von den Regierungen abgefasst werden, s. Fiscalische Untersuchung, Regierungen. Die Prodigalitätserklärung wird, wenn der Provocat sie sich gefallen lässt, durch eine Resolution festgesetzt, I. 38. §. 18. auch eben so wieder aufgehoben, wenn die Verwandten und das vormundschaftliche Gericht über die erfolgte Besserung des Verschwenders einig sind, §. 37. Sind sie darüber einig, dass dieses nicht der Fall sei, so geschieht die Abweisung ebenfalls durch ein Decret, §. 38. In vormundschaftlichen Prozessen findet eine blosse Resolution statt, 1) bei dem Verfahren über die causas excusationis eines Vormundes, 39. §. 3 — 5. gegen welche Resolution binnen 3

Tagen der Recurs offen steht, §. 5 — 7. auf welchen das Erforderliche abermals durch eine Resolution festgesetzt wird, bei welcher es sein Bewenden haben muss, §. 8. Eben diese Vorschriften finden Anwendung II) wenn mehrere über die Vormundschaft streiten, §. 11. imgleichen III) bei Entsetzung eines Vormundes, §§. 18. 19. Die Festsetzung des Interimistici in Sponsaliensachen bei gethanem Einspruch geschieht durch ein Decret, 40. §. 11. auch die Abweisung des auf Vollziehung der Ehe klagenden, wenn das Kind die Weigerung der Eltern sich gefallen lässt, §. 16. In Fallen, wo die Publication des Ehescheidungserkenntnisses auszusetzen ist, wird durch eine vorläufige Resolution festgesetzt, wie es inzwischen mit der Verpflegung der Ehegattin und der Kinder gehalten werden solle, §. 46. Das Interimisticum in Ehescheidungssachen ist durch ein blosses Decret festzusetzen, §. 56 und bleibt bis zur rechtskräftigen Entscheidung des Prozesses in Kraft, (294). In wie fern in Unterthanenprozessen die Vergütung der während des Prozesses geleisteten Dienste, durch eine blosse Resolution oder durch Erkenntniss festgesetzt werde, 41. §. 60. 61. In welchen Fällen bei Pacht- und Miethssachen eine vorläufige Resolution statt finde, 44. §§. 21. 22. In welchem Falle der Schuldner des Moratorii durch eine blosse Resolution für verlustig zu erklären, 47. §§. 40. und 103. Das Interimisticum wegen der Vermögensadministration während der Instruction des Generalmoratorii wird durch eine blosse Resolution festgesetzt, §. 73. In wie fern der Concurs durch ein Decret zu eröffnen, 50. §. 16. und der erbschaftliche Liquidationsprozess durch eine blosse Resolution beendigt werde, 51. §. 79.

Resolution; daß gegen eine Resolution, wodurch das erkennende Gericht erster Instanz die Modification bestimmt, unter welcher das Urtel, der eingelegten Appellation ungeachtet, vollstreckbar sein soll, der Recurs nicht statt findet, II. 12. desgl. gegen die Festsetzung eines Interimistici in Ehescheidungssachen, III. 166.

Restitution gegen einen Contumacialbescheid muss binnen 10 Tagen nachgesucht werden, I. 14. §. 70. was dabei bescheinigt werden müsse, §. 71. Bei Objecten, wegen welcher eine Appellation nicht zulässig ist, behält der Contumacialbescheid seine unumstössliche Kraft, wenn in dem Restitutionsgesuche nicht zugleich erhebliche Hinderungsursachen angegeben und bescheinigt worden sind, §. 73. (124). Das darauf erfolgende Urtel ist für das erste zu achten, und also von dem Richter, dem solches in erster Instanz zukommt, abzufassen, §. 76. In wie weit bei der Instruction der Hauptsache die Gründe des Restitutionsgesuchs zugleich mit zu untersuchen, §. 77. In wie fern auf Restitutionsgesuche Instruction in erster oder zweiter Instanz erfolgt, und wenn nur Appellation gegen einen Contumacialbescheid statt findet, §. 75. (125 — 127). s. übrigens Contumacialerkenntniss. Gegen die verabsäumte Appellationsfrist findet keine Restitution statt, wenn die Partei persönliche Ehehaften, wodurch sie abgehalten worden, ihre Erklärung binnen der bestimmten Zeit abzugeben, bescheinigt, §. 34. und (114.

115). Von der Restitution gegen ein rechtskräftiges Urtel handelt, 16. §. 12. sqq. 1) Wenn Jemand in einem während seiner Minderjährigkeit oder während der aus einem andern Grunde über ihn angeordneten Vormundschaft durch seinen Vormund oder Curator, oder unter dessen Beistande geführten Prozesse verkürzt zu sein behauptet, so muss er die Restitution innerhalb vier Jahren, von dem Tage an gerechnet, da das Urtel oder die Verfügung, gegen welche Restitutionsgesuch gerichtet ist, publicirt oder erlassen worden, nachsuchen, §. 13. Diese Rechtswohlthat kommt in eben der Art auch dem Fiscus, den Kirchen und milden Stiftungen, und überhaupt allen denjenigen zu statten, welche die Rechte der Minderjährigen haben, §. 14. Die Untersuchung des Grundes der Restitution muss mit der Instruction der Hauptsache zugleich erfolgen, I. 15. Durch diese Restitution wird das Urtel oder die Verfügung nur in so weit aufgehoben, als der Implorant dadurch verletzt ist, §. 16. II) Erfordernisse zur Begründung eines Restitutionsgesuchs ex documentis noviter repertis, §. 17. Ein solches Gesuch muss spätestens innerhalb acht Wochen, von dem Tage der Auffindung solcher neuen Urkunden an gerechnet, bei dem Richter des vorigen Prozesses angebracht werden, §. 18. Das Restitutionsgesuch ist überhaupt nur innerhalb zehn Jahren vom Tage des publicirten rechtskräftigen Urtels zulässig, es sei denn, dass der Implorant erweislich durch seinen Gegner oder einen Dritten an der frühern Auffindung der Urkunden verhindert worden, §. 19. Die Instruction muss sowohl auf die Gründe der Restitution als auf den Inhalt und die Beweiskraft der neuen Urkunden gerichtet werden, §. 20. In wie fern auf die Ableistung des juramentum noviter repertorum zu erkennen, §. 21. In welchem Falle der Implorant dem Gegner alle Kosten des vorigen Prozesses erstatten müsse, und dieser (der Gegner) bis zum Instructionstermine in der Restitutionssache sich aller Vortheile eines redlichen Besitzers zu erfreuen habe, §. 22. s auch Strafe. Dies Restitutionsgesuch findet nicht bloss zur Begründung neuer, sondern auch solcher Thatsachen statt, die in dem ersten Prozesse schon vorgekommen, aber in Ermangelung anderer Beweismittel nicht hinlänglich ins Licht gesetzt werden können, §. 23. es sei denn, dass eine solche Thatsache von dem Gegner durch einen de veritate geschworenen Eid bekräftigt worden, in welchem Falle dagegen keine Restitution, sondern nur der Beweis des Meineides statt findet, §. 14. Bei der Instruction eines solchen Restitutionsgesuchs kann auch der Gegner zur Unterstützung des vorigen Urtels neue Beweismittel beibringen, §. 25. Die Restitution wegen neu aufgefundener Zeugen muss, wenn sie zulässig ist, innerhalb acht Wochen von der Zeit an gerechnet, da der Implorant von dem Aufenthalte der Zeugen Wissenschaft erlangt hat, oder wo ihm bekannt geworden ist, dass deren Abhörung nunmehr erfolgen könne, bei demjenigen Gerichte nachgesucht werden, wo die Instanz, in welcher der Implorant die Zeugen zuerst namhaft gemacht hat, instruirt worden ist, I. 16. §. 26. Diesem Gerichte

gebührt auch die Abfassung des Erkenntnisses; und es ist auch eine solche Restitution auf einen zehnjährigen Zeitraum eingeschränkt, §. 27. Durch Restitutionsgesuche kann, so wenig als durch Nullitätsklagen (s. diese), die Vollstreckung der vorigen Urtel aufgehalten werden, §. 28. Strafe desjenigen, der ohne hinlänglichen Grund ein Judicat anficht oder Restitution nachsucht, §. 29. Von den Kosten der Restitutionsgesuche, 23. §. 14—16 s. auch Kosten. Von Restitution gegen Contumacialerkenntnisse in schleunigen Miethssachen, 44. §. 63. (303). Von der Restitution der im Classificationsurtel bei Concursprozessen präcludirten Gläubiger, 50. §. 167. deren Kosten der nachliquidirende Gläubiger, wenn er nicht nachweisen kann, ohne seine Schuld verhindert worden zu sein, allemal allein tragen muss, §. 168. Von der Restitution der im Liquidationsprozess präcludirten Gläubiger, 51. §. 30. imgleichen bei dem Aufgebote der Grundstücke, §. 106.

Restitution, findet gegen Appellationserkenntnisse nicht statt, II. 34 Unzulässigkeit derselben, wenn bereits eine Einlassung auf die Klage erfolgt ist, ebend. Daß schriftliche, nicht gehörig substantiirte Restitutionsgesuche rechtsunkundiger Personen nicht sofort zurückzuweisen, sondern die Provokanten zuvörderst über die Begründung ihres Antrages ad protocollum zu vernehmen sind, II. 35. Gegen Purificationsbescheide findet nicht die Restitution, sondern nur die Nichtigkeitsbeschwerde statt, II. 93. Die den Minderjährigen im Prozesse zustehende Restitution setzt voraus, daß denselben aus dem angefochtenen Urtel ein erheblicher Nachtheil entstanden ist, und daß der Letztere nicht dadurch allein begründet wird, daß die Imploranten sachfällig geworden, II. 122. Daß die den Minderjährigen und gewissen moralischen Personen, insbesondere dem Fiscus zustehende Wiedereinsetzung in den vorigen Stand durch die Verordnung vom 14. December 1833. nicht aufgehoben ist, vielmehr auch in Ansehung der Nichtigkeitsbeschwerde stattfindet, II 122-124. Welches Gericht über die Zulässigkeit einer Restitution zu entscheiden hat, II. 124. Restitution gegen das Contumacialverfahren im summarischen Prozeß und Unzulässigkeit derselben in Fällen, in welchen früher Executivprozeß stattfand, II. 618., desgl. in Injuriensachen, II. 731. Zulässigkeit der Restitution in fiscalischen Untersuchungen, III. 80. Begründung eines Restitutionsgesuchs gegen die Präclusion im Concurse, III. 439.

Resubhastation, in welchen Fällen sie zulässig ist, III. 725 u. ff. s. Subhastationsprozeß.

Retablissementsgelder, Unzulässigkeit des Arrests auf solche, II. 660.

Retentionsrecht, wenn dasselbe von einem Verpächter oder Vermiether ausgeübt wird, findet der Arrestschlag auch gegen denjenigen Statt, der innerhalb Landes mit Grundstücken angesessen ist, I. 29. §. 10. n. 2. Verfahren, wenn der Pächter unter dem Vorwande desselben die Räumung des gepachteten Grundstückes verweigert, 44. §. 55. wenn der Verpächter vor geschehener Rückgewähr zur Landwirthschaft gehörende Effecten des Pächters zurückhalten, §. 56. wenn er sein Zurückbehaltungsrecht vor erfolgender Rückgewähr an Habseligkeiten des Pachters, die nicht zur Wirthschaft gehören, ausüben will, §. 57. wenn das von dem Verpächter behauptete Zurückbehaltungsrecht erst bei der Rückgewähr zur Sprache kömmt, §. 58.

Verfahren, wenn bei Miethsstreitigkeiten die Frage mit vorkommt: in wie fern der Vermiether sich eines Retentionsrechtes auf die eingebrachten Mobilien der Miethers anmassen könne, §. 60. welches sich jedoch nicht auf Kunst- und Handwerksgeräthschaften und auf die zum Betriebe dieser Gewerbe erforderlichen Sachen, auch überhaupt nur auf so viel, als zur Deckung der rückständigen Miethe erforderlich ist, erstrecken darf, (302). Auf den Grund eines blossen Retentionsrechts kann der Allodialerbe die Räumung des Lehn- oder Fideicommissgrundstükkes in der Regel nie verweigern, 46. §. 31. Verfahren bei Auseinandersetzungen zwischen Allodialerben und Lehn- oder Fideicommissfolgern, wo nach Provinzialgesetzen den erstern ein solches Retentionsrecht noch wirklich beigelegt ist, §. 32.

Retentionsstreitigkeiten; Berechnung des Streitobjects bei solchen, II. 142. s. auch Pachtsachen.

Retorsionsrecht, dessen Wirkung bei dem Arrestschlage, I. 29. §. 87. n. 1. Darauf sollen die Gerichte bei Concursen, besonders in Ansehung der Priorität ausländischer Forderungen gehörige Rücksicht nehmen, I. 50. §. 162.

Retorsion in Concursen, in wie fern sie statt finde, III. 437. 555.

Retractrecht auf ein Grundstück, wenn mehrere zu gleicher Zeit dasselbe ausüben wollen, und sowohl mit dem Besitzer darüber: ob der Retract überhaupt statt finde? als unter sich darüber: wer von ihnen zu dessen Ausübung vorzüglich berechtigt sei? streiten, kann der Richter diese mehrern Interessenten, in so fern besonders der Anspruch derselben auf einerlei Fundamente beruhet, anweisen, gegen den Besitzer in Einem Prozesse gemeinschaftliche Sache zu machen, I. 18. §. 6.

Rettungsinstitut in Berlin, geniesst die Kostenfreiheit, I. 23. §. 46. (145). und im Concurs das Vorrecht der ersten Classe bei Vorschüssen an Fabrikanten, 50, §. 337. (354). §. 338. (335. 356).

Revision, davon handelt I. 15 Verfahren bei Anmeldung derselben, §§. 4. 5. Die Beschwerden müssen deutlich und bestimmt angezeigt, und eine bloss in allgemeinen Ausdrücken gefasste Angabe in den Revisionsanmeldungen nicht zugelassen werden, §. 5. Verfahren in Revisorio — Die Fristen zur Einreichung der Deduction und Gegendeduction sind, wie in erster Instanz, präclusivisch. Von zu gebender Nachfrist gegen die versäumte Revision, §. 5. (131). — Eine förmliche Inrotulation ist zwar nicht erforderlich; doch muss in Sachen, wozu viele Adhibenda gehören, ein Protocoll aufgenommen werden, in welchem bestimmt anzugeben ist, was für Acten oder Beilagen an den Revisionsrichter versendet werden sollen. Dabei muss erwogen werden, in wie fern die Beifügung der Manualacten erforderlich sein könne, §. 6. Die Acteninrotulation ist in dritter Instanz jederzeit erforderlich, und wie dabei zu verfahren, (132). In dritter Instanz müssen allemal ein Referent und Correferent, und, wenn diese auf Abänderung zweier übereinstim-

mender Erkenntnisse antragen, das Collegium auch den Antrag erheblich findet, zwei andere Referenten bestellt, sodann aber muss das Erkenntniss nach der Stimmenmehrheit abgefasst werden, wobei die Stimme des Chefs des Collegii für die Abänderung der vorigen Urtel keinen Ausschlag giebt, §. 7. Verfahren bei Abänderungen zweier gleichlautender Erkenntnisse, §§. 22. 23. (133). Wenn der Revisionsrichter die Instruction mangelhaft findet, so muss wegen Ergänzung derselben das Nöthige durch eine Resolution festgesetzt, §. 8. und wenn dies nur bei Nebenpuncten oder bei einigen von mehrern Puncten der Fall wäre, in Ansehung der Hauptsache oder der übrigen Puncte sogleich definitive erkannt werden, §. 9. Auf neue Thatsachen oder Beweismittel, die in den beiden ersten Instanzen gar nicht vorgekommen sind, darf der Revisionsrichter keine Entscheidung gründen, §. 10. Einschränkungen dieser Regel, §. 11. sqq. 1) wenn der Richter die in erster Instanz unerörtert gebliebenen Thatsachen erheblich findet, §. 12. 2) wenn zur Unterstützung einer an sich erheblichen, bereits in den vorigen Instanzen vorgenommenen Thatsache neue Beweismittel angeführt worden, I. 15. §. 13 — 15. In wie fern insbesondere, wenn neue Zeugen vorgeschlagen, oder neue Urkunden der Revisionsdeduction beigelegt werden, und in den vorigen Instanzen schon eine Beweisesaufnahme erfolgt ist, darauf Rücksicht zu nehmen sei oder nicht, §. 14. Wird die Instruction der neuen Beweismittel verfügt, so muss diese zugleich darauf gerichtet werden: woher es komme, dass diese Beweismittel erst in dritter Instanz angegeben worden? Durch das Resultat dieser Untersuchung wird die grössere oder geringere Glaubwürdigkeit der neuen Beweismittel, der Kostenersatz und Entschädigungspunkt wegen des Verzuges, imgleichen die etwanige Strafe wegen muthwilliger Verschleppung oder Chicanen bestimmt, §. 15. die Untersuchung eines erst in der Revisionsinstanz angebrachten neuen Umstandes geschieht allemal auf Kosten des Imploranten, 23. §. 12. 3) Wenn eine ganz neue Thatsache angeführt und darauf ein von dem bisherigen ganz verschiedener Klagegrund gebauet wird, so ist bloss nach Lage der bisher verhandelten Acten zu erkennen, und der neue Klaggrund zur besondern Ausführung zu verweisen, 15. §. 16. 4) Auf solche neue Thatsachen, die bloss zur Unterstützung eines an sich unverändert bleibenden Klagegrundes angeführt werden, §. 17. desgleichen 5) auf neue Einwendungen des Beklagten, die auf Thatsachen beruhen, ist gar keine Rücksicht zu nehmen, es wäre denn, dass die Einwendungen zu denjenigen gehören, die sogar noch bei der Execution (I. 24. §. 36.) angebracht werden können, welche sodann zur Verhandlung in erster Instanz zurückgewiesen werden müssen, §. 18. Verfahren bei der durch den Revisionsrichter verfügten neuen Instruction, §. 19. Unerheblich befundene neue Thatsachen oder Beweismittel müssen in dem Urtel ausdrücklich verworfen, §. 20. und auf solche, die bloss in einer unter die Mitglieder des Revisionsgerichts vertheilten Specie facti angeführt worden, muss

nie Rücksicht genommen werden, §. 21. Bei Revisionserkenntnissen bedarf es nicht der Beifügung der Entscheidungsgründe, §. 22. Der Revisionsrichter soll aber, besonders, wenn er zwei gleichförmige Erkenntnisse abändern zu müssen glaubt, mit vorzüglicher Sorgfalt zu Werke gehen, §. 23. Verfahren bei Abänderung zweier gleichlautenden Erkenntnisse, §. 22. (133). Publication der Revisionserkenntnisse bei dem instruirenden Gerichte, §. 24. und Reposition der Acten, §. 25. s. auch Reposition. Gesuche um Declaration eines Revisionserkenntnisses müssen innerhalb vier Wochen bei dem instruirenden Richter angebracht werden, §. 26. welcher, nach angestellter Prüfung des Gesuchs, den Imploranten entweder über den Ungrund desselben zu bescheiden, §. 27. oder ihn darüber näher zu Protocoll zu vernehmen, und die Acten an den Revisionsrichter einzusenden hat, §. 28. Von Kosten der Revisionsinstanz, 23. §. 10 — 12. insbesondere, wenn dieselbe von beiden Theilen ergriffen worden, §. 11. Von Revisionen in Untergerichtssachen, und in welchem Falle die Instruction des Rechtsmittels bei dem Untergerichte erfolgen müsse; auch, wie es mit Einsendung der Acten zum Spruch zu halten, I. 25. §. 30. und wie bei der Rücksendung zur Publication, (182). In welchem Falle das Revisorium bei dem Obergerichte zu instruiren, § 42. und §. 82. In Mercantilprozessen muss die Revision innerhalb 24 Stunden nach Publication des Appellationserkenntnisses angemeldet werden, 30. §. 43. Zur Anmeldung derselben in fiscalischen Civilprozessen wird für die Finanzbehörden diesseits der Weser und Weichsel eine vierwöchentliche, für die entferntern eine sechswöchentliche Frist bestimmt, 35. §. 22. In der Revisionsinstanz findet keine Litisdenunciation mehr statt, 17. §. 15. auch kann, wenn der Litisdenunciat sich erst in dieser Instanz zur Unterstützung oder Vertheidigung des Litisdenuncianten meldet, darauf nicht weiter geachtet werden, §. 32.

Revision findet in allen Fällen statt, in welchen die Revisionsbeschwerde Familien- oder Standesverhältnisse, Ehrenrechte, Ehegelöbnisse oder Ehesachen, allein oder mit anderen daraus hergeleiteten Ansprüchen zum Gegenstaude hat. Betrifft dagegen die Beschwerde lediglich das Vermögen, so ist die Revision nur alsdann zulässig, wenn die beiden ersten Erkenntnisse ganz oder zum Theil verschiedenen Inhalts sind und wenn zugleich der dieser Verschiedenheit unterliegende Gegenstand der Beschwerde über 500 Rthlr. beträgt, oder in Gelde nicht abzuschätzen ist, II. 41. Zulässigkeit der Revision bei Blödsinnigkeits- Prodigalitäts- und Todeserklärungen, II. 43. Familien- oder Standesverhältnisse begründen nur dann die Zulässigkeit der Revision, wenn über dieselben in der Urtelsformel selbst erkannt ist, II. 42. Daß in den vor den katholisch-geistlichen Gerichten verhandelten Ehescheidungssachen, gegen zwei gleichlautende, die Validität der Ehe aussprechende Erkenntnisse die Revision nicht statt findet, II 44. Daß die Revision nur derjenigen Partei zusteht, zu deren Nachtheil das erste Erkenntniß in zweiter Instanz geändert ist, II. 45. 46.

Sobald in zweiter Instanz über mehrere aus einem und dem nämlichen Geschäfte entstandenen Streitpunkte so erkannt worden, daß gegen einige Punkte die Revision, gegen andere nur die Nichtigkeitsbeschwerde zulässig ist, tritt die Revision für alle Streitpunkte ein, II. 46 — 47. Zulässigkeit der Revision bei Pro-

zessen über ein Retentionsrecht, II. 53. Daß die Revisionsbeschwerden vollständig und bestimmt angegeben werden sollen, II. 54. In wie fern die Revision durch ein Decret zurückgewiesen werden kann, II. 55. Verfahren, wenn in den wiedereroberten Provinzen in einer, vor Einführung der französischen Gesetze bereits in der Revisionsinstanz anhängig gewesenen und nach Wiedereinführung der preußischen Gesetze noch pendenten Rechtssache, von dem französischen Gerichte ein Beweisinterlokut erlassen worden, II. 65. Daß bei allen bis zum 1. März 1834 publicirten Appellationserkenntnissen die Zulässigkeit der Revision lediglich nach den Vorschriften der Prozeßordnung zu beurtheilen, II. 120., daß aber bei den, nach diesem Zeitpunkte ergangenen Erkenntnissen, wenngleich dieselben durch die Bestimmungen eines früheren Resoluts des Geh. Ober-Tribunals veranlaßt worden, die Frage nach der Zulässigkeit der Revision lediglich nach dem Gesetze vom 14. December 1833. zu entscheiden ist, ebendas. Unmittelbare Einsendung der Acten von Seiten der Untergerichte an den Revisionsrichter, II. 520. Revision in fiscalischen Untersuchungen, III. 86. Zulässigkeit der Revision bei gutsherrlichen und bäuerlichen Regulirungen, Gemeinheitstheilungen und Ablösungen und Berechnung des Streitobjects hierbei, III. 251. 254. 279.

Revision ist unzulässig, A) überhaupt, wenn bei einer Obergerichtssache, in so fern die beiden ersten Erkenntnisse verschiedenen Inhalts sind, das Object nicht hundert Thaler; oder in so fern die beiden ersten Erkenntnisse gleichlautend sind, nicht zweihundert Thaler; und bei einer Untergerichtssache, ohne Unterschied, ob die vorigen Erkenntnisse gleichlautend seien oder nicht, weniger als hundert Thaler beträgt, I. 15. §, 2. auch 25. §. 31. Revision findet nur statt: a) wenn in erster Instanz bei einem Untergerichte erkannt worden, und der Gegenstand der Beschwerde zweihundert Thaler oder mehr beträgt; b) wenn in erster Instanz bei einem Obergerichte erkannt ist, und der Gegenstand der Beschwerde vierhundert Thaler oder mehr ausmacht, c) wenn in Rechtssachen, welche in erster Instanz bei einem Obergerichte anhängig gewesen, der Gegenstand der Revision zwar nur zweihundert Thaler ausmacht, jedoch die beiden ersten Erkenntnisse bei demselben verschiedenen Inhalts sind, §. 2. (129). Auch mehrere Summen, welche aus demselben Hauptgeschäfte eingeklagt sind, machen zusammen eine revisible Summe aus, (130). B) insbesondere 1) in Arrestsachen, 29. §. 61. und §. 68. 2) in Assecuranzprozessen, 30. §. 56. und (213). 3) im Diffamationsprozess, selbst in dem Falle, wenn die Verbindlichkeit des Provocaten zur Anstellung der Klage der Gegenstand des Streites ist, 32. §. 22. auch in Ansehung eines Erkenntnisses, wodurch die dem Provocaten angedrohte Präclusion realisirt wird, §. 27. 4) in Injuriensachen, 34. §. 14. und §. 24 5) in fiscalischen Untersuchungen, 35. §. 103. wegen der Ausnahmen, s. Accise- und Zollsachen, Holzdevastation. 6) wenn ein Antrag auf Prodigalitätserklärung, 38 §. 33. oder ein Gesuch um Wiederaufhebung derselben durch zwei gleichlautende Erkenntnisse verworfen worden, §. 44. 7) in Exmissionsprozessen, wenn zwei auf Exmission erkennende Urtel vorhanden sind, und der Unterthan nicht Eigenthümer ist, 41. §. 92. 8) bei Klagen auf Exmission eines Pächters, es sei denn, dass entweder der Kläger ganz abgewiesen, oder auf die völlige

Exmission des Beklagten erkannt worden wäre, 44. §. 43. aber wohl, unter gewissen Einschränkungen, in Miethsachen, I. 44. §. 63. (304). 9) in Moratoriensachen, 47, §. 26. und §. 96. 10) wenn darüber gestritten wird: ob Concurs zu eröffnen sei oder nicht, 50. §. 19.

Revision ist unzulässig, wenn der Gegenstand der Revisionsbeschwerde lediglich das Vermögen betrifft und entweder zwei gleichlautende Erkenntnisse vorhanden sind, oder, bei verschiedenem Inhalte der letzteren, der dieser Verschiedenheit unterliegende, nach Gelde abzuschätzende Gegenstand der Beschwerde nicht über 500 Rthlr. beträgt, II. 41., ferner in Schwängerungssachen und den darauf gegründeten Alimentenforderungen, es sei denn, daß von der Geschwächten zugleich die Rechte einer geschiedenen Ehefrau und die Rechte der ehelichen Geburt für das Kind in Anspruch genommen würden, II. 41. 47. bei der Provokation auf die Rechtswohlthat der Güterabtretung, bei den in der Prozeßordnung, Tit. 42. §. 34—41. bezeichneten Bausachen und den im A. L. R. Thl. I. Tit. 22. §. 55—79 genannten Grundgerechtigkeiten, II. 41., desgleichen gegen Bestimmungen eines Urtels, welche den Kläger mit einer Forderung ad separatum verweisen, II 51. Unzulässigkeit der Revision bei Retentionsstreitigkeiten in Pachtsachen, III. 320.

Revision hat nur Effectum devolutivum. A) in allen denjenigen Fällen, in welchen die Appellation nur effectum devolutivum hat, I. 15. §. 1. s. auch Appellation hat nur effectum devolutivum. B) insbesondere wenn über einen schon angefangenen Bau gestritten wird, und nicht auf Cassation des vor dem Anfange des Prozesses schon angefangenen Theils des streitigen Baues erkannt worden ist, 42. §. 40.

Revision der Expeditionen, s. Decernent. Superrevision derselben, s. Präsident.

Revision der Taxe, s. Taxe.

Revisionsfrist beträgt sechs Wochen und für den Fiscus drei Monate vom Tage der Zustellung des Erkenntnisses an die Partei oder deren Stellvertreter an gerechnet, II. 85. Gegen den Ablauf derselben findet wegen persönlicher Ehehaften des Mandatars keine Restitution statt, II. 118. Daß die sechswöchentliche Frist zur Einlegung der Revision auch bei den schleunigen Prozeßarten Anwendung findet, II. 110—113.

Revisionssumme beträgt über 500 Rthlr. II. 41. Grundsätze bei Bestimmung derselben, II. 48. und daß insbesondere die während des Prozesses laufenden Zinsen (in so fern sie die Hälfte des eingeklagten Kapitals betragen) und Verpflegungskosten bei Berechnung der Revisionssumme in Betracht kommen, II. 48. 52. Bei Correalberechtigten und Litisconsorten findet Zusammenrechnung der verschiedenen Ansprüche behufs der Bestimmung der Revisionssumme statt, II 50. Berechnung der Revisionssumme bei gutsherrlichen und bäuerlichen Regulirungen, Gemeinheitstheilungen und Ablösungen, III 254. Berechnung der Revisionssumme bei Miethsprozessen, III. 323.

Revisionscollegien zur Regulirung der gutsherrlichen und bäuerlichen Verhältnisse, Organisation und Competenz derselben, III. 217. 279.

Richter der Sache, s. Gerichtsbarkeit, Grundstücke, Verträge.

Riss oder ungefähre Zeichnung muss in Baustreitigkeiten angefertigt werden, I. 42. §. 35. s. auch Karte.

Ritteracademien, die dabei angestellten Stallmeister und Bereiter sind eximirt, I. 2. §. 73.
Ritterschaftliche Creditsysteme, s. Creditsysteme.
Rittergüter stehen unter der Gerichtsbarkeit der Landesjustizcollegien, I. 2. §. 108.
Rückstände. So fern die mehr als zweijährigen Rückstände der Zinsen der Gläubiger in der zweiten Classe des Concurses durch neuere ergangene Indultgesetze veranlasst sind, geniessen sie das Vorzugsrecht des Capitals, I. 50. §. 356. sqq. (357.) s. übrigens Zinsen.

S.

Saat-, Brod- und Futtergetreide an Unterthanen in dem letzten Wirthschaftsjahre vor eröffnetem Concurs von Domainenbeamten, Pächtern, Verwaltern etc. vorgeschossenes, noch in der Natur vorhandenes, kann in der ersten Classe vindicirt werden, I. 50. §§. 345. 346 Aeltere Rückstände werden in der vierten Classe angesetzt, §. 347. In welchem Falle sich das Vorzugsrecht der ersten Classe länger als bis zur nächsten Ernte nach geleistetem Vorschuss erstrecke, §. 348. Was einem in Natur geleisteten Vorschuss in Ansehung der Priorität gleich geachtet werden solle, §. 349. Baares Geld, welches zum Ankauf von Saat-, Brod- und Futtergetreide vorgeschossen worden, wird in der vierten Classe angesetzt, §. 350. Was zum Beweise der Richtigkeit und der Priorität der Forderung für hinreichend geachtet werden solle, §. 351. Vorschüsse von Fremden, aus eigener Bewegung geleistet, werden in der vierten Classe angesetzt, I. 50. §. 352. es sei denn, dass die Gutsherrschaft, der Beamte etc. ausdrücklich seine Einwilligung dazu ertheilt, und erweislich für die Verwendung (nach §. 349.) gesorgt habe, §. 353.
Sachverständige sind den Instruenten im Instructionstermine beizugeben, wenn es auf Kenntniss und Uebung in einer gewissen Kunst oder Wissenschaft ankommt, I. 9. §. 38. welches Verfahren hierbei zu beobachten, (64). und von wem die Auswahl derselben abhange, (65). 10 §. 384. (97). müssen von dem Instruenten über ihr Gutachten umständlich zu Protocoll vernommen, und, wenn sie zur Abgebung eines schriftlichen Gutachtens verstattet zu werden verlangen, von dem Instruenten dazu mit einer bestimmten Instruction versehen werden. Das Gutachten selbst ist demnächst den Parteien zur Abgebung ihrer Erklärung darüber vorzulegen, 10. §. 59. Von Zuziehung der Sachverständigen bei Vergleichung der Handschriften, §. 151. sqq. u. (80). s. auch Schreibmeister, Vergleichung der Handschriften. Bei Prüfung der Handlungsbücher, §. 165. Wie die Sachverständigen zu vereidigen, §. 202. (auch §. 388.) Wenn sie ein- für allemal vereidigt sind, ist die Wiederholung des Eides in einzelnen Fällen nicht erforderlich, §. 203. n. 4. sonst aber müssen selbst öffentliche Beamte ihr Gutachten beschwo-

ren, (84). Bei Einnehmung des Augenscheins müssen, wo es erforderlich ist, Sachverständige zugezogen werden, §. 383. Welche Personen dazu zu ernennen, §. 384. u. §. 38. (64. 55.) 10. §. 384. (97). Der Gegenstand ihres Gutachtens ist ihnen gehörig anzuweisen, und sie müssen, wenn ihrer mehrere sind, ihr Gutachten, Jeder besonders, abgeben, auch, wo es nöthig ist, eine Zeichnung anfertigen, §. 388. Wenn bei der Instruction des Appellatorii neue Sachverständige zugezogen werden, sind diese nicht bloss mit ihrem Gutachten zu hören, sondern auch, wenn das Resultat derselben anders ausfällt, als das der in erster Instanz zugezogenen Sachverständigen, zu einer bestimmten Angabe dessen, was sie an der Richtigkeit desselben auszusetzen haben, anzuhalten. Auch können in bedenklichen Fällen die Sachverständigen beider Instanzen confrontirt werden. Der Urtelsverfasser hat sodann zu beurtheilen, welche von den verschiedenen Angaben der Sachverständigen den Vorzug verdienen, und er kann, wenn es zu einem solchen bestimmten Urtel an Datis fehlt, von Amtswegen einen dritten Sachverständigen ernennen, dessen Gutachten unter den abweichenden Meinungen den Ausschlag giebt, 14. §. 60. Diese Confrontation, imgleichen die Beurtheilung von Seiten des Urtelsverfassers: ob ein dritter Sachverständiger zu ernennen sein möchte, soll besonders in Bausachen geschehen, 42. §. 39. Von Zuziehung der Sachverständigen bei Handlungsprozessen, 30. §. 3. sqq. besonders in der Appellationsinstanz, §§. 7. 8. In wiefern der Inquirent in fiscalischen Untersuchungen das Gutachten eines Sachverständigen einziehen müsse, 36. §. 72. Von Zuziehung derselben bei Dienststreitigkeiten, 41. §. 34 In wie fern der Commissarius die Assistenz derselben unmittelbar requiriren könne und müsse, I. 41. §. 40. a. Von Zuziehung derselben in Gränzsachen, 42. §§. 9. 13. 14. 16. 17. 21. besonders in der Appellationsinstanz, §. 28. s. übrigens Feldmesser, Karte, in Bausachen, §. 35. in der Appellationsinstanz, §. 39 bei Auseinandersetzung der Gemeinheiten, bei der Vermessung und Bonitirung, §. 21. sqq. s. auch Feldmesser, Karte, Taxator. Zur Instruction des Appellatorii muss eine andere aus Sach- und Rechtsverständigen bestehende Commission ernannt werden, §. 41. In wie fern Sachverständige bei Streitigkeiten über Pachtgelderberechnungen, 44. §§. 7. 13. Remissionsfälle, §. 27. bei Exmissionsprozessen, §. 39. und bei Prozessen, welche die Rückgewähr betreffen, zuzuziehen, §§. 49. 50. Zuziehung eines Calculators, 45. §§. 7. 12. oder eines andern Sachverständigen bei Rechnungsabnahmen, §. 17. bei Erbtheilungsprozessen, 46. §. 18. bei Auseinandersetzungen zwischen Lehns- oder Fideicommissinteressenten und Allodialerben §. 28. Bei Auseinandersetzung kaufmännischer Societäten muss gleich von Anfange an den Instruenten ein Sachverständiger als Concommissarius beigegeben werden, §. 36. n. 1. dessen Obliegenheiten, ebend. n. 2 — 4. und §. 37. Bei solchen Auseinandersetzungen von geringerer Erheblichkeit, oder wenn die Interessenten in der Hauptsache einig sind, und nur wegen specieller Posten auf

richterliche Entscheidung antragen, wird nur bei der Instruction ein Sachverständiger (der Vorschrift des Tit. 30. §. 3. sqq. gemäss) zugezogen, §. 40. In wie fern bei Concursen dem Hauptcurator sachkundige Assistenten als Nebencuratoren zuzuordnen, 50. §. 71. oder bei Abschluss der Handlungsbücher in Concursen Sachverständige zuzuziehen, §. 216.

S. übrigens: Dolmetscher, Feldmesser, Karte, Localinstruction, Riss, Taxe, Taxator.

Sachverständige; als solche sind die Mitglieder der Ober-Baudeputation in Prozessen nicht zuzuziehen, I. 412. Vereidigung der Oeconomiekommissarien bei Abgabe sachverständiger Gutachten, I. 487. Daß auch in fiscalischen Civilprozessen die Wahl der Sachverständigen zur Competenz des den Prozeß dirigirenden Gerichts gehört, I. 410—412.

Salariencasse, s. Sportelcasse.

Salarienkassen. Verfahren bei den monatlichen und außerordentlichen Revisionen der Salarienkassen, IV. 435. Einrichtung und Einreichung der Jahresabschlüsse der Salarienkassen, IV. 553. Controllirung der Vorschußzahlungen bei denselben, IV. 440.

Salarium, s. Besoldung.

Schadloshaltung, s. Entschädigungsklage.

Schäden, wegen Ersatz derselben muss im Erkenntniss das Nöthige mit festgesetzt werden, I. 13. §. 41. Wie es zu halten, wenn in Injuriensachen zugleich mit darauf geklagt worden, 34. §. 13—16. (226). Was unter Prozessschäden zu verstehen, 23. §. 59.

Schande, seine eigene, oder seiner nahen Anverwandten Schande zu bekennen, kann keinem Zeugen angemuthet werden, I. 10. §. 180.

Schauspieler, s. Nationaltheater, Oper.

Schenkung kann kein Gemeinschuldner während der Verhandlung über sein Moratoriengesuch machen, I. 47. §. 67. Derjenige, welcher aus einer gültigen Schenkung etwas zu fordern hat, ist dem Gemeinschuldner zur Aussetzung einer Competenz verbunden, 49. §. 16. n. 6. Wie es in Ansehung des den Gläubigern zustehenden Widerrufs einer von dem Gemeinschuldner vor der Concurseröffnung gemachten Schenkung zu halten, 50. §. 48. sqq. Was einer solchen widerruflichen Schenkung in diesem Sinne gleich zu achten, I. 50. §§. 50. 51. Die Bezahlung einer Ehesteuer oder einer Ausstattung, es sei für Kinder oder für Fremde, ist dafür nicht zu achten, §. 52. Schenkungen, welche der Ehefrau des Gemeinschuldners von demselben während der Ehe gemacht worden, sind schlechthin widerruflich, §. 314. s. übrigens: Brautgeschenke. Geschenke, welche die Kinder des Gemeinschuldners von ihren Pathen oder von andern als dem Gemeinschuldner erhalten haben, können sie in der ersten Classe vindiciren, §. 327. In wie fern ihnen die von dem Gemeinschuldner, ihrem Vater, gegebenen Geschenke verbleiben, §. 328. Diejenigen, welche aus einer blossen Freigebigkeit des Gemeinschuldners Alimente, §. 563. überhaupt alle diejenigen, welche von demselben Geschenke, oder sonst

etwas aus dessen Freigebigkeit zu fordern haben, gelangen erst nach Befriedigung aller Gläubiger der sieben Classen zur Perception, §. 479. Verfahren bei Aufnehmung der Schenkungsverträge, II. 3. §. 17.

Schiedsmänner, deren Anstellung und Amtswirksamkeit in der Provinz Preußen, I. 264., in Schlesien und Brandenburg, I. 267; in Pommern und Rügen, I 272. Verfahren bei Bestätigung und Vereidigung der Schiedsmänner, I. 273. Erstattung der baaren Auslagen und Portofreiheit der offiziellen Anfragen und Berichte der Schiedsmänner an deren vorgesetzte Behörden, I. 272. Das bei einer Weigerung, das Amt eines Schiedsmannes zu übernehmen, das Verfahren über die Zulässigkeit der Ablehnung zum Ressort der Regierung gehört, I. 273. Verfahren bei Entlassung der in Preußen angestellten Schiedsmänner, I. 267.

Schiedsrichter, in wie fern denselben durch Compromiss der Parteien die Entscheidung eines Rechtsstreits unterworfen werden könne, I. 2. §§. 167. 168. Welche Personen zu Schiedsrichtern gewählt werden können, §. 169. sie dürfen nicht im Auslande wohnen, (41). In welchem Falle die Parteien, oder die Schiedsrichter selbst, einen Obmann wählen müssen, §. 170. (auch 30. §. 53.) Die Schiedsrichter müssen bei Erörterung und Entscheidung die Vorschriften der Landesgesetze befolgen, 2. §. 171. In welchen Fällen deren Ausspruch nichtig sei, §. 172. In wie fern es bei dem schiedsrichterlichen Ausspruche lediglich sein Bewenden haben müsse, §. 173. oder dagegen, binnen zehn Tagen, der Recurs an den ordentlichen Richter frei stehe, §. 174. welcher, je nachdem der Ausspruch nichtig befunden wird oder nicht, in erster oder in zweiter Instanz erkennen muss, § 175. Die Execution eines schiedsrichterlichen Ausspruchs muss allemal bei dem gehörigen Richter nachgesucht werden, §. 176. auch 30. §. 54. Assecuranzstreitigkeiten sollen in erster Instanz, wenn ein oder beide Parteien nicht auf die Entscheidung vor dem ordentlichen Richter antragen, vor Schiedsrichtern verhandelt und entschieden werden, §. 48. welche von den Parteien gewählt werden müssen, und worunter allemal ein Rechtsgelehrter befindlich sein soll, §. 49. Diese Schiedsrichter müssen die Sache mit Zuziehung eines vereideten Dispacheurs, wenn sie keinen Vergleich zu Stande bringen können, gehörig instruiren, und sodann erkennen, §. 50 — 52. auch nöthigenfalls einen Obmann wählen, §. 53. Die Instruction des Appellatorii gegen einen schiedsrichterlichen Ausspruch in Assecuranzstreitigkeiten gehört vor den ordentlichen Appellationsrichter, §. 55. Revision ist nicht zulässig, §. 56.

Schiedsrichter, Zulässigkeit der Uebertragung schon rechtshängiger Prozesse an Schiedsrichter auf den Antrag der Parteien und Belohnung der Schiedsrichter, I. 263. Daß auch auf Grund schiedsrichterlicher, als nicht angefochtener Erkenntnisse bis dahin, wo die Annullirung derselben erfolgt ist, die Execution nach Maßgabe des §. 10. Tit. 16. Thl. I. A. G. O. verfügt werden kann, II. 80. Schiedsrichterliches Verfahren bei gutsherrlichen und bäuerlichen Regulirungen, Gemeinheitstheilungen und Ablösungen, II. 266. 276. 284.

Schiffe müssen in dem Falle subhastirt werden, wenn deren Taxe mit Inbegriff der Takelage wenigstens 500 Thaler beträgt,

I. 50. §. 230. Von der Subhastation derSchiffe, 52. §. 65. (409). I. 50. §§. 230. 231. (341 — 347). wohin See- und Stromschiffe gehören, (347). Von den Fristen und der Jahreszeit dieser Subhastation, (341). Wo während dieser Zeit das Schiff bleibt, (342). Von den erforderlichen Patenten, (343.) und Bekanntmachungen, (344). Anfang der Subhastationsfrist, (345). Vorladung der unbekannten Schiffsgläubiger, (346). Von Concursen über Seeschiffe handelt I. 50. §. 681. sqq. In wiefern dergleichen Schiffseigenthum zur allgemeinen Concursmasse zu ziehen, oder bei dem See- und Handlungsgerichte ein besonderer Concurs darüber zu eröffnen sei, §. 681. Verfahren im erstern §. 682. und im letztern Falle, in welchem ebenfalls von dem Schiffseigenthum eine besondere Masse formirt werden muss, §. 683. Was zu dem Schiffseigenthum gehöre, §. 684. Classification der Schiffsgläubiger, §. 685—687. Was nach ihrer vollständigen Befriedigung etwa übrig bleibt, wird zur gemeinen Masse gezogen, §. 688. In wie fern aus dieser die ausfallenden Schiffsgläubiger ihre Befriedigung suchen können, §. 689. Schiffe können niemals an ihrem Ertrage, sondern nur nach dem Werthe der darin befindlichen Materialien abgeschätzt werden, II. 6. §. 18.

S. übrigens: Schiffsurkunden.

Schiffe, Subhastation derselben und der zur Frachtschiffahrt bestimmten Stromfahrzeuge, III. 731.

Schiffer, s. Frachtgelder.

Schiffer, Klagen wegen Schifferfracht und Liegegelder, II. 694.

Schiffseigenthum, s. Schiffe.

Schiffsgläubiger, s. Schiffe.

Schiffsurkunden, die Ausfertigung derselben gehört, an Orten, wo Seegerichte sind, vor diese; an andern können sie vor jedem Gericht oder vor einem Justizcommissarius als Notarius vollzogen werden, II. 1. §. 5.

Schiffsurkunden, Ausfertigung derselben in Pommern, IV. 10. Befugniß der englischen Consuls zur Aufnahme von Seeprotesten, IV. 10.

Schildereien, rare, s. Kunststücke.

Schlächter werden in Ansehung der dem Gemeinschuldner und seiner Familie in den letzten sechs Monaten vor eröffnetem Concurse verabfolgten Bedürfnisse in der zweiten Classe angesetzt, I. 50. §. 376. b.

Schlesische Pfandbriefe, wie es bis zur erfolgenden Amortisation der verloren gegangenen oder vernichteten gehalten werden solle, I. 51. §. 131.

Schlesische Pfandbriefe, Amortisation derselben, so wie der Pfandbriefe B. III. 618. 624.

Schlussbericht der Appellaten über den keine Nova enthaltenden Appellationsbericht muss mit dem Ablaufe der zur Abstattung desselben zu bestimmenden Frist von dessen Assis-

tenten, wenn er auch von seiner Partei während dieser Frist keine besondere Instruction erhalten hätte, dennoch übergeben, I. §§. 39. 40., und es darf die Vorlegung der Acten zum Spruch durch etwanige in demselben enthaltene Nova nicht aufgehalten werden, §. 41. Die Frist zur Einreichung des Schlussberichts ist nicht praeclusivisch, sondern der säumige Assistent wird so lange durch Ordnungsstrafen dazu angehalten, bis entweder der Bericht einkommt, oder demselben mit Genehmigung der Partei ausdrücklich entsagt wird, §. 43. Nur gehörig bescheinigte Krankheit des Assistenten bewirkt eine Erlassung dieser Strafe, I. 24. §. 44. Wenn der Appellant bloss auf die Acten submittirt, bedarf es keines Schlussberichts, §. 45. Der Appellat kann, wenn er die Instruction der ersten Instanz selbst abgewartet hat, vor oder spätestens in dem zu seiner Erklärung über den Appellationsbericht anzusetzenden Termin einen Schlussbericht einreichen, §. 47. Dem abwesenden Appellaten muss von Amtswegen ein Bevollmächtigter bestellt werden, §. 48.

Schlusstermin, davon handelt I. 12. In welchen Fällen derselbe nöthig sei oder nicht, §. 1 — 3. Diesen Termin brauchen die Parteien nie persönlich abzuwarten, §. 4. Verhandlungen in demselben, §. 5. Neue Beweismittel oder neue das Hauptfactum unterstützende Thatsachen können in diesem Termine angeführt werden, § 6. Was in Ansehung der durch eine solche Verspätung verursachten Kosten und die Strafe für die Zögerung Rechtens sei, §. 7. Wenn dadurch eine fortgesetzte Instruction und zweiter Schlusstermin nöthig wird, so kann in diesem eben dieselbe Partei nicht abermals neue Thatsachen oder Beweismittel anführen, §. 8. Von dem Schlusstermin in fiscalischen Untersuchungen, 35. §§. 39. 70.
S. übriguns: Deduction, Inrotulation, Sühneversuch.

Schmuck und Geschmeide, s. Standesmässiger Unterhalt.

Schneider wird in Ansehung der Forderung für die dem Gemeinschuldner und seiner Familie in den letzten sechs Monaten vor eröffnetem Concurs gelieferten Alltagskleidungsstücke in der zweiten Classe angesetzt, I. 50. §. 376.

Schöppen, s. Gerichtsschöppen.

Schreibmeister, wie dieselben zur Vergleichung der Handschriften zu vereiden, I. 10. §. 152. und §. 151. (80).
S. übrigens: Vergleichung der Handschriften.

Schreibmeister, daß anstatt derselben geübte Kanzleiverwandte als Sachverständige bei Vergleichung der Handschriften zugezogen werden können, I. 472.

Schulabgaben, Verfahren bei Einziehung derselben, II. 587.

Schulbediente, was dieselben an laufenden Zehnten oder sonstigem Deputat zu fordern haben, ist von der Einlassung in den Concurs frei, I. 50. §. 270. Zweijährige Rückstände werden in der zweiten, §. 357. ältere in der vierten Classe angesetzt, §. 404. in wie fern jedoch auch diese in der zweiten, §. 356. (357). Das Schulgeld für des Gemeinschuldners Kinder

aus dem letzten Jahre vor eröffnetem Concurse wird in der zweiten Classe locirt, §. 375.
S. übrigens: Honorarium (für den Unterricht in Wissenschaften und Künsten etc.)

Schulden. Von Execution wegen Schulden aus unerlaubten Handlungen, I. 24. §. 70. (157). §. 106—108. (169). s. Execution.
S. übrigens: Neue Schulden.

Schuldinstrument, welche Eigenschaften es haben müsse, um den Executivprozess zu begründen, I. 28. §. 2. und §. 1. (189. 190). §. 2. n. 1. (191). §. 2. n. 7. (192). s. auch Justizcommissarius als Notarius, Privatinstrumente, Wechsel. Ein im Hypothekenbuche eingetragenes wird in der dritten Classe, I. 50. §. 387. ein nicht eingetragenes oder gerichtlich aufgenommenes oder bestätigtes, §§. 454. 455. desgleichen ein von einem Justizcommissarius als Notarius aufgenommenes und vollzogenes in der sechsten, §. 472. eine simple Schuldverschreibung in der siebenten Classe angesetzt, §. 474. ausgenommen ein im Wechselform ausgestelltes eines nicht wechselfähigen Schuldners, welches in die sechste Classe gehört, §. 471. (366). s. Wechselgläubiger.
S. übrigens: Deposition (des Schuldinstruments).

Schuldinstrumente, Mortification der auf einen bestimmten Inhaber und öffentliches Aufgebot der auf jeden Inhaber lautenden verlornen Schulddocumente, III. 601. und folgd., s. Aufgebot. Was bei Aufnahme von Schuldinstrumenten über Darlehen rücksichtlich der Angabe der Valuta zu beachten, IV. 74.

Schuldner, s. Bankerutierprozess, Gemeinschuldner.

Schulen, die Grundstücke der gelehrten sind der Gerichtsbarkeit der Landesjustizcollegien unterworfen, aber nicht die der Gemeinen, I. 2. §. 108.
S. übrigens: Milde Stiftungen, Vollmacht.

Schulgeld, s. Schulbediente.

Schulgeld, Einklagung desselben im Mandats und resp. summarischen Prozesse, II. 587.

Schullehrer. In wie fern sie eximirt sind, und in wie fern die Gerichtsbarkeit über sie deligirt wird, I 2. §. 45. (11).

Schulmeister und Lehrer in den sogenannten Stadt- und Landschulen sind nicht eximirt, I. 2. §. 47. können, in Ermangelung anderer qualificirten Subjecte, als Gerichtsmänner zugelassen werden, 25. §. 53.

Schuster wird in Ansehung seiner Forderung für die dem Gemeinschuldner und seiner Familie in den letzten sechs Monaten vor eröffneten Concurs gelieferten Bedürfnisse in der zweiten Classe angesetzt, I. 50. §. 376.

Schwarzes Register, unter dieser Benennung soll bei jedem Gerichte ein Verzeichniss derjenigen gehalten werden, welche sich durch frevelhaftes Betragen und Unwahrheiten vor Gericht der Ableistung eines nothwendigen Eides unfähig gemacht haben, I. 23. §. 52. n. 5.

Schwiegerältern und Schwiegerkinder können als Beweiszeugen nicht aufgestellt, wohl aber, um von der Bewandniss der Sache nähere Erkundigung einzuziehen, vernommen werden, I. 10. §. 228. n. 3. Die Schwiegerältern des Gemeinschuldners sind denselben in Ansehung der versprochenen Mitgabe zur Aussetzung der Competenz verbunden, 49. §. 16. n. 2.

Secretariat, s. Expedition.

Secretarius, dessen Bestallung, III. 5. §§. 4. 5. Obliegenheiten, §. 6. bei dem Expediren, §. 7. sqq. Contrasigniren, §. 15. Haltung des Gerichtskalenders, §. 16. Depositalwesen, §. 17. Aufsicht über die Canzlei, §. 18. Allgemeine Pflichten, §. 19. sqq. Verpflichtung, §. 22. und (157). In wie fern er des Nachmittags von dem Collegienhause wegbleiben dürfe, R. u. C. R. §. 9. s. auch Expedition. Er muss seine Expedienda unverzüglich an sich nehmen, §. 127. Einem jeden muss sein bestimmtes Departement angewiesen sein, III. 5. §. 122. wodurch jedoch die Verbindlichkeit der Secretarien, sich wechselseitig zu assistiren, nicht ausgeschlossen wird, §. 123. s. auch Canzleidirector. Die Prozessdecrete müssen alle zuerst, §. 124. und von einem Sessionstage unmittelbar bis zum nächstfolgenden expedirt und zur Canzlei abgeliefert sein, §. 125. Nähere Vorschriften für den Secretarius in Ansehung der Expeditionen, §. 126. sqq. besonders in Absicht des Gebührenansatzes, §. 129. sqq. Was zu beobachten, wenn auf eine Piece zugleich eine Expedition und die Ertheilung einer Abschrift, oder nur die letztere, verfügt worden, R. u. C. R. §. 193. sqq. s. auch Canzleiinspector.

Secretarius, Qualification zum Amte eines solchen, IV. 320.

Seegerichte, s. Assecuranzstreitigkeiten, Handlungsprozesse, Mercantilsachen, Schiedsrichter, Schiffe, Schiffsurkunden.

Seehandlungsactien. Bei erfolgter Beschädigung oder Vernichtung des Instruments findet die Ausfertigung eines andern nicht statt, sondern der Inhaber muss sich mit einer von dem Institute zu ertheilenden Recognition begnügen, I 51. §. 141. Fälle, in denen das Aufgebot des Instruments erfolgen muss, und Verfahren dabei, §. 142. sqq. §. 120 (388). s. auch Aufgebot, Bancodirection.

Seehandlungsgesellschaft, wie sie vorzuladen, I. 7. §. 29. (58). Die Besoldungen der dabei angestellten Personen dürfen nicht mit Arrest belegt werden, 29. §. 22. es findet auch keine Execution in dieselben statt, 24. §. 108. Die Seehandlungsgesellschaft hat fiscalische Gerechtsame, 50. §. 361. In wie fern derselben das Vorzugsrecht der vierten Classe zustehe, §. 401.

Seeproteste, Befugniß der englischen Consuls zur Aufnahme derselben, IV. 10.

Seeschiffe, s. Schiffe.

Separation, s. Auseinandersetzung der Gemeinheiten.

Separationsplan, davon handelt I. 43. §§. 29. 30. Verhandlung darüber, §. 31 — 33.

Separation bei kaufmännischen Societäten, s. Handlungsgesellschaften. Sachverständige.

Separatio feudi ab allodio, s Lehn oder Fideicommiss, dessen Absonderung von dem Allodium.

Separationsrecht der Gläubiger des Erblassers, in wie fern es denselben vorbehalten bleibe, wenn wegen der eignen Schulden des Erben auf die zum Nachlass gehörenden Stücke Arrest gelegt wird, I. 29. §. 7. befreiet von der Einlassung in den Concurs, 50. §. 272. Worin es bestehe, §. 273. Was der Curator zu beobachten habe, damit diese Absonderung der dem Gemeinschuldner vor Eröffnung des Concurses zugefallenen Erbschaft geschehen könne, §. 274. Die Erbschaftsgläubiger können das Separationsrecht nur in Ansehung der zur Zeit der Concurseröffnung noch in Natur vorhandenen Vermögensstücke geltend machen, §. 275. In wie fern es sich auch auf dasjenige, was der Gemeinschuldner davon bereits verwendet hat, erstrecke, §. 276. Ist die abgesonderte Erbschaft zureichend, so müssen die Erbschaftsgläubiger und Legatarien, ohne Rücksicht auf die Qualität ihrer Forderungen, vollständig befriedigt werden. Was übrig bleibt, wächst der Concursmasse des Erben zu, I. 30. §. 277. Diejenigen, welche, bei der Unzulänglichkeit des Nachlasses, ausfallen, können sich an die Concursmasse des Erben halten, §. 278. In wie fern das Separationsrecht verloren gehe, § 279. Was der Beneficialerbe beizubringen habe, wenn er nach erloschenem Separationsrechte die Löschung der auf seinem Grundstücke eingetragenen Qualität als Beneficialerbe nachsucht, §. 280. Wenn diese Eigenschaft im Hypothekenbuche nicht eingetragen ist, können die übrigen zur Separation berechtigten Gläubiger das vorzügliche Recht desjenigen, der sich mit dem Gememeinschuldner in gerichtliche Verhandlungen über das Grundstück eingelassen hat, nicht bestreiten, §. 281. Ausnahme, §. 282 Verlust des Separationsrechts durch Novation, §. 283. durch Nichtgebrauch, §. 284. In wie fern den eignen Gläubigern desjenigen Erben, der eine verschuldete Erbschaft ohne Vorbehalt angetreten hat, und dadurch ausser Stand gekommen ist, seine eigenen und die Erbschaftsgläubiger vollständig zu befriedigen, das Separationsrecht zukomme, 50. §. 285. a. Die eignen Gläubiger eines Beneficialerben treten in Ansehung dieses Rechts ganz in die Stelle des Erben selbst, §. 285. b. Wie es in Absicht des Separationsrechts zu halten, wenn dem Gemeinschuldner nach eröffnetem Concurse eine Erbschaft zufällt, 50. §. 41.

Separationsrecht der Gläubiger des Erblassers im Concurse, wie lange es ausgeübt werden kann, und Löschung der Beneficialerbenqualität, auf den Grundstücken, III. 467.

Separatprotocoll, muss allemal der Instruction des Legitimationspunkts gewidmet werden, I. 10. 81. a. ingleichen der Instruction der bei Gelegenheit des Beweises durch Urkunden vorkommenden, §. 156. oder der die Einwendungen über die Person der Zeugen betreffenden Nebenpunkte, §. 236. ist auch

über die von einer Partei verlangte Adcitation oder Litisdenunciation aufzunehmen, 17. §. 13. und über eine in foro conventionis zu verhandelnde Reconvention, 19. §. 11. desgleichen über den Punkt wegen der im Prozesse zu bestellenden Caution, 21. §. 7. auch über die bei Ehescheidungsprozessen, 40. §. 54. und bei Streitigkeiten über Gemeinheitstheilungen vorkommenden Nebenpunkte, 43. §. 14. Bei Concursen wird im Verificationstermine über die Forderungen eines jeden Liquidanten ein besonderes Protocoll aufgenommen, 50. §. 123.

Separatum in Wechselsachen, dessen Instruction muss bei Abfassung des Wechselerkenntnisses durch eine besondere Resolution verfügt, und damit sofort, auch während der Appellation oder Execution ununterbrochen verfahren werden, I. 27. §. 52. Die Separatinstruction gehört in der Regel, ohne Unterschied des sonstigen Gerichtsstandes des Wechselklägers, jetzt Beklagten, vor den Richter in der Wechselsache, §. 53. Bei dieser Instruction kann der Beklagte alle seine Einwendungen ausführen. — In Ansehung der Gegen- oder Compensationsforderungen findet nur dann ein Gleiches statt, wenn der Richter im Wechselprozesse zugleich des Wechselklägers ordentlicher Gerichtsstand ist, oder wenn die Gegenforderungen bereits im Wechselprozesse gerügt worden, I. 27. §. 54. Alle diese Vorschriften (§. 52. sqq.) finden auch bei den im Executivprozess ad separatum verwiesenen Einwendungen oder Gegenforderungen Anwendung, 28. §. 13.

S. übrigens: Deposition, Einlassung in den Concurs.

Separatum bei Mandatsprozessen, wenn dasselbe statt findet, und Forum desselben, II. 590. 593.

Sequestration im Wege der Execution, wovon handelt I. 24. §. 116. sqq. u. §. 110—112. (171). §. 128. (172). §. 141. (173). dabei kann dem Gläubiger die Führung der Wirthschaft aufgetragen werden, §. 120. Zur Sequestration städtischer Grundstücke ist ein Administrator zu bestellen, §. 121. und diesem das Grundstück von einem gerichtlichen Commissarius zu übergeben, §. 122. Bei der Uebergabe ist wegen der etwa nothwendig befundenen Reparatur das Erforderliche anzuordnen, §. 123. Der Administrator hat in Ansehung der Verwaltung alle Gerechtsame und Obliegenheiten eines wirklichen Eigenthümers, §. 124. Die Gerichte müssen ihn gegen alle Beeinträchtigungen von Seiten des Schuldners schützen. Dagegen kann, wenn er schlechte Wirthschaft führt, auf Bestellung eines andern Administrators angetragen werden, §. 125. Er muss gehörig Rechnung ablegen, §. 126. Bei der Sequestration unadeliger Landgüter sind eben diese Vorschriften zu befolgen, §. 127. Die Sequestration adeliger Landgüter wird den landschaftlichen Creditdirectionen — wo dergleichen bereits errichtet sind — überlassen, §. 128. Was von diesen Collegien zu beobachten, wenn die Güter verpachtet sind, §. 129. Was überhaupt Rechtens, wenn ein Gläubiger aus den Pacht- oder Miethgeldern seine Befriedigung sucht, der Pächter aber eine gesche-

hene Vorausbezahlung nachweiset, 24. §. 30. Wenn der Schuldner das Gut selbst verwaltet hat, so müssen die landschaftlichen Collegia zuvörderst wegen Instandsetzung der Gebäude und des Inventarii die nöthigen Anstalten treffen, §. 131. und dabei die Interessenten zuziehen, §. 132. Bei Hauptveränderungen in der Administration ist mit demjenigen Landesjustizcollegium, welches die Sequestration verfügt hat, Rücksprache zu nehmen, §. 133. Gegen den landschaftlichen Commissarius, die Creditdirection selbst und deren Officianten kann der Regress wegen vorschrifts- oder pflichtwidrigen Verfahrens bei diesem Landesjustizcollegio genommen werden, §. 134. Wie es mit den eingehenden reinen Einkünften zu halten, §. 135. Der Extrahent der Sequestration muss einen Hypothekenschein zu den Acten geben, und darauf antragen, dass den daraus zu ersehenden Realgläubigern von der verhängten Sequestration Nachricht gegeben werde. — Nachtheilige Folgen für den Extrahenten, wenn er dies unterlässt, §. 130. Nach aufgehobener Sequestration muss gerichtliche Rückgabe erfolgen, §. 137. Der angesetzte Sequester muss seine Administrationsrechnung bei den Creditdirectionen ablegen, §. 138. Wie es damit zu halten, wenn das Gut von dem die Sequestration dirigirenden Collegium selbst verpachtet worden, I. 24. §. 139. In Provinzen, wo keine Creditsysteme errichtet sind, muss die Sequestration eines adeligen Gutes von demjenigen Gerichte verhängt und dirigirt werden, unter dessen Realgerichtsbarkeit das Grundstück gehört, §. 140. Von Sequestration a) städtischer Grundstücke in Concursfällen, 50. § 243. b) der Landgüter, §. 244. sqq. Wenn diese bisher schon unter Administration gewesen, so hat es dabei ferner bis zum Verkauf sein Bewenden, §. 245. Wenn der Schuldner das Gut bisher selbst verwaltet hat, so muss nach Vorschrift des Tit. 24. §. 127. sqq. die Sequestration verhängt werden, §. 246. Bei adeligen Gütern hat, jener Vorschrift gemäss, das den Concurs dirigirende Gericht mit der Administration selbst nichts zu thun, §. 247. Bei dem administrirenden Collegium muss der Curator die Rechte der Masse wahrnehmen, §. 248. In der Regel sollen in Concurs verfallende Güter nicht verpachtet werden, §. 249. Die Immission eines Gläubigers erreicht durch Concurseröffnung ihre Endschaft. Rechte des immittirt gewesenen Gläubigers in einem solchen Falle, §. 250. Verfahren, wenn das Gut zur Zeit der Concurseröffnung verpachtet ist, §. 251. sqq. Wenn in diesem Falle der Verkauf nicht statt finden kann, müssen die Gläubiger den Pächter seine Zeit aussitzen lassen, §. 252. Hat der Verpächter sich gewisse Auszüge oder Vorbehalte bedungen, so kommen diese der Masse zu gute, §. 253. In welchem Falle der Widerruf des Pachtcontracts statt finde, §. 254. Wenn das Gut verkauft werden kann, so steht die Verpachtung nicht im Wege, §. 255. Doch muss, wo möglich, der Subhastationstermin erst gegen den Ablauf der Pachtzeit eintreten, §. 256. Wenn aber der Pächter noch über Ein Jahr zu sitzen hätte, muss ihm die Aufkündigung geschehen, §. 257. Rechte des

Pächters auf Schadloshaltung in diesem Falle, §. 258. Wie es im Concurse mit der Sequestration eines unveräusserlichen Grundstückes zu halten, auf dessen Einkünfte bei der Distribution der Masse gewisse Gläubiger angewiesen sind, §§. 578. 579. Wie es mit der Sequestration eines zwar veräusserlichen, aber nicht an den Mann zu bringenden zu halten, §. 581. sqq. Verfahren in Ansehung der Administration in Concursfällen bei Untergerichten, §. 636. sqq. Verfahren bei der Administration eines zum Concurs gehörenden, unter einer andern Realjurisdiction belegenen Grundstückes, je nachdem dieselbe der Creditdirection gebühret, §. 656. oder nicht, §§. 657. 658. Die Sequestration des in Concurs verfallenen Bergwerkeigenthums kommt dem Berggerichte, §. 678. die des Schiffseigenthums dem See und Handlungsgerichte zu, wenn, nach der Verfassung der Provinz, bei demselben ein besonderer Concurs zu eröffnen ist, §. 681. Im erbschaftlichen Liquidationsprozess bleibt der Beneficialerbe in der Regel Administrator des Nachlasses, 51. §. 69. sqq. In wie fern die Gläubiger demselben die Administration entziehen können, §§. 70. 71. In wie fern der Erbe sich der Administration begeben könne, und wie es in diesem Falle zu halten, I. 51. §. 73. sqq.

S. übrigens: Curator und Contradictor, Immission.

Sequestration, im Wege der Execution, 427. und folgd. Sequestration adlicher Güter, in wie fern sie durch die Gerichte oder die Creditdirectionen geschieht, II. 469. Befugniß der Creditdirectionen zur Einleitung einer Sequestration wegen Forderungen der Landschaft, und daß solchenfalls die Vorschriften für gerichtliche Sequestrationen nicht Anwendung finden, II. 470. Ausübung der Ehrenrechte und Aufsicht über die Depositorien während der Sequestration, II. 470. Einleitung der Sequestration, wenn ein Vorschuß nicht bestellt werden kann, II. 471. Zuziehung der Realgläubiger und Berichtigung der laufenden Zinsen während der Sequestration, II. 474 — 481. Vertheilung der zu den laufenden Zinsen nicht erforderlichen Revenuen, II. 474. Cautionsbestellung des Sequesters, II. 474. s. auch Execution, erbschaftlicher Liquidationsprozeß.

Servituten, Verfahren, wenn sie bei Auseinandersetzung der Gemeinheiten aufgehoben werden sollen, I. 43. §. 47.

Servituten, Verfahren bei Aufhebung und Ablösung derselben, III. 212. und folgende.

Sessionstage müssen ein für alle mal fixirt sein, III. 1. §. 38. den Sessionen müssen alle Mitglieder und Subalternen, auch die Referendarien und Auscultatoren beiwohnen, §. 39. und müssen ordentliche Präsenztabellen gehalten werden, §. 40. Auf den Vormittag eines Sessionstages sind in der Regel keine Instructionstermine anzusetzen, §. 41. Die Sessionen sollen früh um 8 Uhr ihren Anfang nehmen, §. 42. In den Sessionen selbst werden I) die vom Hofe eingelaufenen Rescripte, welche Generalia betreffen, publicirt, §. 43. Sodann werden II) diejenigen Memorialien, welche Generalia oder nicht streitige Angelegenheiten zum Gegenstande haben, vorgetragen, §. 44. Dann werden III) diejenigen vorgelassen, welche in Sachen, die nicht zur streitigen Gerichtsbarkeit gehören, etwas vorzutragen ha-

ben, §. 45. Hierauf wird IV) mit dem Vortrage derjenigen Memorialien verfahren, welche ad jurisdictionem contentiosam gehören, §. 46. Sodann werden V) wenn die Zeit noch zureicht, die Relationen abgelesen, §. 47. zu welchem Behufe bei Collegien, die aus mehrern Senaten bestehen, diese sich trennen müssen, §. 48. Ist die Zeit zum Ablesen der Relationen zu kurz, so müssen dazu ausserordentliche Versammlungen angesetzt werden, §. 49. Abweichungen von den vorstehenden allgemeinen Vorschriften werden durch specielle Instructionen für jedes Collegium bestimmt, §. 50. Die ordentlichen Sessionen bleiben während der Gerichtsferien ausgesetzt, §. 51. Doch muss zur Bearbeitung derjenigen Angelegenheiten, welche keinen Aufschub leiden, ein Tag in der Woche bestimmt, und, wenn es nothwendig sein sollte, noch eine ausserordentliche Versammlung angesetzt werden, §. 54. Der Vortrag eines Status causae et controversiae soll bei grossen Collegien nicht an den Sessionstagen, sondern in den zu Ablesung der Relationen angesetzten Versammlungen geschehen, 10. §. 48.

Sexus curator, s. Geschlechtsvormund.

Sicherheit, wie dieselbe von dem Gemeinschuldner bei Indultsachen nachzuweisen, I. 47. §. 81. §. 14. sqq. s. übrigens Moratorium. In wie fern ein Gläubiger, welcher seinem Schuldner Nachsicht verstatten müssen, wenn er von seinen eignen Gläubigern gedrängt wird, diesen diejenige Caution zu ihrer Sicherheit anweisen könne, die ihm zu seiner eigenen von seinem Schuldner bestellt worden, §. 43. Auch die Verminderung der angewiesenen Sicherheit begründet eine Aufhebung des ertheilten Indults, §. 110.

Sicherstellung, s. Caution, Execution.

Siegel, Strafe der Verletzung gerichtlicher, II. 5. §. 38.

Siegelung, s. Versiegelung

Siegelzettel, Zweck derselben III. 5. §. 14. auch R. und E. R. §. 131. Einrichtung desselben, wovon ein Schema sich bei dem Sportelcassenreglement befindet, §. 166.

Silber, s. Gold und Silber.

Societätsgläubiger, von dem Aufgebote unbekannter handelt I. 51. §. 162.

Societätshandlung, deren Auseinandersetzung, davon handelt I. 46. §. 34. sqq. s. auch Handlungsgesellschaften, Sachverständige.

Socii, in wie fern sie nicht schuldig seien, sich in den Concurs einzulassen, I. 51. §. 289. Worauf sie bei der Theilung in einem solchen Falle antragen können, §. 290. Concurseröffnung gehört unter diejenigen veränderten Umstände, welche einen Socius sowohl als die Gläubiger des Gemeinschuldners berechtigen, die Aufhebung der Societät zu verlangen, I. 50. §. 291.

Soldaten gemeine und Unterofficiere stehen unter den Regimentsgerichten, I. 2. §. 48 stehn unter dem Untergerichte der Garnisonstadt, (13). s. Militairpersonen. Den Gerichtstand ihrer Ehefrauen bestimmt das allgemeine Landrecht, §. 83. s.

auch Civilgerichte, Deserteur. Von dem Gerichtsstande ihrer Kinder, §. 97. s. auch Kinder. Von deren Kostenfreiheit, 23. §. 42. sqq. Von dem Verfahren bei Injurien der Civilpersonen gegen Unterofficiers und gemeine Soldaten, 34. §. 27 — 30. s. auch Injuriensachen. Wie es mit Vorladung derselben zu halten, wenn sie in fiscalischen Untersuchungen als Zeugen abgehört werden sollen, 35. §. 62. Von den Communkosten in Concursen können sie nur unter Bewilligung sämmtlicher übrigen Interessen befreiet werden, 50. §. 535.

S. übrigens: Gerichtsstand, Krieg, Militärpersonen.

Soldaten, deren Gerichtsstand, I. 166. und folgde. s. Militairpersonen. Execution gegen dieselben, II. 295. 342. 374. und folgde. 474. und folgende. Sportelfreiheit derselben, II. 275.

Sonn- und Festtage, an denselben müssen in der Regel keine Insinuationen geschehen, I. 7. §. 23. Wenn in einer Vorladung aus Versehen ein Termin auf einen Sonn- oder Festtag angesetzt worden, so ist der auf das Fest zunächst folgende zu verstehen; ausser wenn der Vorgeladene sich vor versammeltem Gerichte stellen soll, in welchem Falle dieses auf den zunächst folgenden Gerichtstag geschehen muss, 8. §. 5. mit Ausnahme von Wechsel- und Arrestsachen in schleunigen und dringenden Fällen, (62). An Sonn- und Festtagen sollen Handlungen der freiwilligen Gerichtsbarkeit ohne Noth nicht vorgenommen werden, II. 2. §. 11. besonders nie Auctionen, (420).

Sonn- und Festtage, an denselben sollen gerichtliche Geschäfte nicht vorgenommen werden, IV. 43. Zulässigkeit der Terminsprorogation in summarischen Prozessen, wenn der Termin auf einen jüdischen Sabbath oder Festtag angesetzt worden, II, 603.

Specialconcurs. Davon handelt I. 50. §. 663 — 671. §. 666. 671. (378. 379)) s. übrigens Concursprozess, Gerichtsstand des Concurses.

Specialconcurs über das Vermögen auswärtiger Gemeinschuldner, III. 555 — 560.

Specialmasse in Concursen, s. Bergwerkseigenthum, Militairpersonen, Schiffseigenthum, Separationsrecht.

Specialmoratorium, s. Moratorium.

Specialprozesse. Wann solche nach eröffnetem Concurse zu sistiren oder fortzusetzen, I. 50. §. 27. u. (318).

Specialvollmacht muss derjenige beibringen, der für einen abwesenden Testator ein Testament zurücknehmen soll, II. 4. §. 9.

S. übrigens: Vollmacht.

Specialvollmacht muß von dem Prozeßbevollmächtigten behufs der Zurücknahme eines Liquidats im Conkurse beigebracht werden, I. 288.

Species facti muss bei Aufnehmung der Information bestimmt auseinandergesetzt werden, I. 5. §. 4. n. 4. desgleichen 9. §. 3. ist das erste Bestandtheil des Status causae et controversiae, 10. §. 28. n. 1. es bedarf ihrer nicht bei Bagatell-, Injurien-, Wechsel und Executivprozesssachen, in Prozessen über Stö-

rungen im Besitzstande und bei andern summarischen Prozessarten, §. 27. c. sqq. (76). 14. §§. 58. 59. (117). Diese Species facti muss von dem Anfange des Geschäfts bis auf den Zeitpunkt, wo der Prozess entstanden ist, fortgeführt werden, 10. §. 29. Darin müssen die zur Sprache gekommenen Thatsachen, ohne Rücksicht auf die Stelle, wo ihrer zuerst erwähnt worden, in derjenigen natürlichen Ordnung, wie sie im Hergange des Geschäfts selbst auf einander gefolgt sind, vorgetragen; noch streitige Thatsachen dürfen in diese Geschichtserzählung nicht aufgenommen werden, §. 30. auch keine gelehrten Erörterungen, §. 31. Mit der Auseinandersetzung des Hauptfacti oder Geschäfts muss der Anfang gemacht werden. Wie es mit Nebenfactis zu halten, §. 32. Die Species facti muss den Parteien zu ihrer Erklärung vorgelegt, §. 33. und nöthigenfalls ergänzt oder abgeändert werden, §. 34. Wenn die Parteien darüber mit dem Instruenten einig sind, wird sie zu Protocoll niedergeschrieben, §. 35.

S. übrigens: Status causae, auch Status causae et controversiae.

Spiel verbotenes. Die fiscalische Untersuchung wegen desselben gehört nicht mehr vor das Generalfiscalat, sondern vor die ordentlichen Gerichte des Denunciaten, I. 35. §. 34. (249).

Spoliensachen, darin findet wegen der Prozesskosten keine Cautionsforderung statt, I. 21. §. 2. n. 7.

S. übrigens: Possessorium summariissimum.

Sponsalien- und Ehesachen, s. Ehegelöbniss, Ehesachen, Ehescheidungsprozess.

Sportelcassen, Königliche gerichtliche haben im Concurse mit andern Königlichen Cassen gleiche Vorzugsrechte, nämlich in der vierten Classe, I. 50 §. 402. Doch stehen gerichtliche Salarien, wenn sie mit andern Königlichen Cassen oder den übrigen Gläubigern der vierten Classe concurriren, jedesmal nach. Unter sich gehen sie in tributum, ohne Rücksicht auf die Entstehungszeit ihrer Forderungen, §. 403. Besondere Regeln hierüber, §. 402. (362).

Sportelcassen, Vorzugsrecht derselben beim Concurse, III. 497. Einreichung und Einrichtung der Jahresabschlüsse der Sportelkassen, IV. 553. Verfahren bei der Revision derselben, IV. 435.

Sportelbediente. Prüfung und Qualification der Rendanten, IV. 325. Cautionsbestellung derselben, IV. 325.

Sportelcassenbedienten, von deren Amte handelt das R. u. C. R. §. 77 — 79.

Sportelfreiheit, s. Kosten, Kostenfreiheit.

Sporteln, s. Gerichtsgebühren.

Staatsschulddocumente, Aufgebot behufs der Amortisation derselben, III. 610 — 617.

Staatsverträge, Verfahren bei Auslegung derselben, I. 555 — 562, insbesondere der deutschen Bundesacte, I 559.

Städtische Grundstücke, deren Sequestration, s. Sequestration. Wie es in Concursfällen mit Räumung der vermietheten zu halten, I. 50. §. 259.

Städtische Grundstücke, Nachweis der Gewinnung des Bürgerrechts bei Erwerbung derselben, namentlich bei Subhastationen, III. 694.

Stadtgemeinen sind von der Cautionsbestellung wegen der Prozesskosten frei, I. 21. §. 2. n. 3. S. 478. Unmittelbare Städte sind eximirt, 2. §. 103. und (30). Bei Veräusserungen ihnen zugehöriger Grundstücke; was da zu beobachten, II. 3. (424).

Stadtgemeinen, die Wahrnehmung der Rechte derselben gebührt den Magisträten und nicht den Stadtverordneten, I. 140.

Stadt- und Dorfgemeinen und andere Collegien und Corporationen müssen die Instruction der Sache durch Deputirte abwarten lassen, I 3. §. 11. Zu Prozessen, welche die Stadtgemeinen führen, bedarf es der Genehmigung der Regierung nicht; und in wie fern die Genehmigung der Gutsherrschaft bei Prozessen der Dorfgemeinen erforderlich ist, 1. §. 34. (4). Erfordernisse der von ihnen auszustellenden Vollmachten, 3. §. 40 —43. u. §. 36. (46). §. 40. sqq. (47). s. auch Vollmacht. Wie es mit Eidesdelationen an sie zu halten, 10. §. 270. sqq. Von den Executionen gegen sie, s. Execution, Moralische Personen.

S. übrigens: Auseinandersetzung, Corporation, Gemeinen.

Stadtgerichte, s. Gerichte der Immediatstädte.

Stadtsecretarius, mit dessen Zuziehung kann, wo nur Eine zur Verwaltung des Richteramts bestellte Person vorhanden ist, in deren Abwesenheit eine Handlung der freiwilligen Gerichtsbarkeit nicht gültig vollzogen werden, II. 2. §. 9.

Stadtverordnete. Ihre Vollmachten, s. Vollmacht.

Stadtverordnete, Zulässigkeit einer Klage gegen dieselben, I. 140.

Stallmeister, die bei den Ritteracademieen angestellten sind eximirt, I. 2. §. 73. Die Feldstallmeister sind unter den Regimentsgerichten, §. 48. stehen unter dem Untergerichte der Garnisonstadt, (13). s. Militairpersonen.

Stamm- und Schiessgeld, s. Lohn der Dienstboten.

Standesherren, Gerichtsstand und Verhältnisse derselben und ihrer Familien, I. 155. In wie fern Personalexecution gegen sie statt finden könne, II. 404.

Standesmässiger Unterhalt, was der Ehefrau des Gemeinschuldners dazu von demselben gegeben worden, muss ihr gelassen werden, Juwelen und Kostbarkeiten sind darunter in keinem Falle zu rechnen, I. 52. §. 315.

Status causae muss, wenn Zeugen durch Requisition abgehört werden sollen, mit Zuziehung der Rechtsbeistände durch den Instruenten entworfen, I. 10. §. 218. und diesem Status causae, wenn die Abhörung durch ein ausländisches Gericht geschehen soll, ein Extract aus dem Titel der Gerichtsordnung: vom Beweise durch Zeugen, beigefügt werden, §. 223.

Status causae et controversiae, davon handelt, I. 10. §. 28. sqq. Zu demselben gehört 1) eine Species facti, welche jedoch in Bagatell-, Injurien- und summarischen Prozesssachen wegbleiben kann, §. 27. sqq. (76). 14. §§. 58. 59. (117). 2) die Festsetzung der streitigen Umstände, 3) die Bestimmung derjenigen unter ihnen, über welche Beweis aufzunehmen ist, §. 28. Wie bei Aufnehmuug der Species facti zu verfahren, §. 29. sqq. s. auch Species facti. Festsetzung der Streitpunkte, I. 10. §. 36. Die Species facti und die Festsetzung der streitigen Punkte muss von den Parteien unterschrieben werden, §. 37. Zweck der Aufnahme des Status causae et controversiae, welche in einem jeden Prozesse ein nothwendiges Erforderniss ist, §. 38. a. Doch sind die Vorschriften wegen der dabei zu beobachtenden Methode nur Anweisung für den Instruenten, an welche derselbe keinesweges schlechterdings gebunden ist, §. 38. b. Die Aufnahme des Status causae et controversiae muss entweder gleich im ersten Instructionstermine geschehen, oder ein neuer nicht leicht über acht Tage hinaus zu setzender Termin dazu anberaumt werden, §. 36. Wenn aus der Specie facti sich ergiebt, dass keine einer Beweisaufnahme bedürftige Thatsachen vorhanden sind, wird die Sühne versucht, (s. Sühnversuch) und wenn diese nicht statt findet, die Instruction geschlossen, §. 40. Sind noch streitige Thatsachen vorhanden, so muss, nach fruchtlos angestelltem Sühneversuch mit Auszeichnung derjenigen, über welche Beweis aufzunehmen ist, verfahren werden, §. 4. Dabei muss der Instruent mit reifer Beurtheilungskraft, und gründlicher Aeusserung und Anwendung seiner Rechtskenntniss zu Werke gehen, §. 42. auch dabei die Parteien und deren Assistenten überall zuziehen, §. 43. Wenn die Parteien darüber mit dem Instruenten einig sind, werden die durch Beweis auszumittelnden Punkte zu Protocoll bemerkt, und damit die Regulirung des Status causae et controversiae geschlossen, §. 44. Findet diese Vereinigung nicht statt, so muss der Instruent die Sache dem Collegio zur Beurtheilung vorlegen, §. 45. Wenn derselbe sich dessen weigern sollte, so steht der Partei die unmittelbare schriftliche Anzeige an das Collegium offen, §. 46. Der Vortrag ge chieht von dem ordentlichen Decernenten, §. 47. soll jedoch bei grossen Collegien auf die zum Ablesen der Relationen bestimmten Tage oder Stunden verwiesen werden, §. 48. Bei welchem Collegium oder Senate die Sachen vorzutragen, und in welchen Fällen ein schriftlicher Vortrag zu gestatten, §. 49. Worauf es bei Abfassung des Schlusses darüber ankomme, §. 50. sqq. Wenn die Entscheidung der Frage: ob über eine streitige Thatsache Beweis aufzunehmen sei, von einer zweifelhaften Rechtsfrage abhängt, kann der Richter eine Entscheidung der Gesetzcommission einholen, §. 52. Die Anfragen bei der Gsetzcommission im Laufe des Prozesses fallen weg, (77). In wie fern über fremde Landesgesetze, §. 53. Statuten, §. 54. oder Observanzen Beweis aufzunehmen, §. 55. Wie die Notorität der Thatsache beschaffen sein müsse, um den Beweis entbehrlich

zu machen, §. 56. Gegen den Schluss des Collegii darüber: was durch Beweis auszumitteln sei, findet keine Appellation statt, indessen ist der Urtelsverfasser daran nicht schlechterdings gebunden, §. 57. Verfahren, wenn noch bei Regulirung des Status causae et controversiae sich findet, dass irgendwo eine zur Aufklärung der Sache nothwendige Urkunde vorhanden ist, §. 58. Auch in der Appellationsinstanz muss, wenn eine neue Instruction erfolgt, der Status causae et controversiae regulirt werden, I. 14. §. 58. ausgenommen, wenn nicht neue Thatsachen, sondern nur neue Beweismittel vorkommen, und die erste Instanz bei einem Obergerichte instruirt worden, §. 59. Wie von dem Untergerichte bei Regulirung desselben zu verfahren, 25. §. 6. sqq. besonders, wenn die Bestimmung der durch Beweis auszumittelnden Umstände auf einem vermeintlich dunkeln Gesetze beruht, als in welchem Falle bei dem Obergerichte angefragt werden muss, §. 7. Was das Obergericht dabei zu erwägen habe, §. 8. Wenn sich dabei findet, dass das Gesetz an sich klar ist, muss das Untergericht sogleich beschieden, §. 9; wenn es aber auf die Erklärung eines wirklichen dunkeln Gesetzes ankommt, bei der Gesetzcommission angefragt werden, § 10. Verfahren des Unterrichters, wenn es nur auf die Anwendnng des an sich klaren Gesetzes auf die vorgetragenen Thatsachen ankommt, §. 12. oder es an einer gesetzlichen Vorschrift gänzlich zu mangeln scheint, §. 13. Von dem Recurs der Parteien an das Obergericht über die Festsetzung des Status causae et controversiae, §. 4. s. auch Recurs. Auch in fiscalischen Untersuchungen muss ein Status causae et controversiae regulirt werden, 35. §. 59.

Status causae et controversiae, nach welchen Grundsätzen bei Regulirung desselben zu verfahren, I. 436.

Statut, in welchen Fällen über dessen Dasein Beweis aufzunehmen, I. 10. §. 54.

Stempelpapier, dessen Gebrauch muss bei den von einer zum Armenrechte verstatteten Partei nachgesuchten oder von Amtswegen erlassenen Verfügungen, imgleichen bei den Protocollen ausgesetzt werden, I. 23. §. 36. n. 4. In welchen Fällen von der zum Armenrechte verstatteten Partei die Stempel nachgebracht werden müssen, §. 40.

Stempelpapier, Bemerkung des Verbrauchs desselben auf den Protokollen der Notarien, IV. 392.

Stempelstrafe der Justizcommissarien, wenn sie Vollmachten, die mit einem mindern als dem gesetzlichen Stempel versehen sind, zu den Acten bringen, I. 5. §. 37.

Stempelstrafe. Verfahren bei Stempelcontraventionen, namentlich auch gegen Beamte, Befugniß zur Niederschlagung der Stempelstrafen, und Recurs gegen Strafresolute, III. 26 — 28.

Sterbefälle, s. Verlassenschaftsinventur, Versiegelung.

Steuercontraventionen; in welchen Fällen und auf wessen Antrag wegen

derselben fiscalische Untersuchung eintritt, Verfahren dabei und Competenz der Steuerbehörden zur Erlassung von Strafresoluten, III. 18 — 25. Competenz der Obergerichte und resp. der Untergerichte, III. 31. Bestellung bleibender Steuer-Untersuchungsrichter, III. 49. Forum der gerichtlichen Untersuchungen wegen Steuervergehen, III. 52. Insinuation der Vorladungen in Steuerdefraudationssachen, III 55. Edition und Beschlagnahme der Bücher der Kaufleute III. 59. Mittheilung der geschlossenen Acten an die Steuerbehörde, III. 64. Verwandlung der von den Verwaltungsbehörden festgesetzten Geldstrafen in Gefängnißstrafen, III. 68. Kosten in Steuerdefraudationssachen, III. 73. Mittheilung der Erkenntnisse in Steuercontraventionssachen an die Steuerbehörde, III. 78. Rechtsmittel in solchen Sachen, III. 81 — 86. Vollstreckung der Strafen, III. 87. Erlaß der Strafen und termnliche Abbüßung derselben, III. 88. Oeffentliche Vorladung unbekannter Steuercontravenienten, III. 643.

Steuerrath, s. Land- und Steuerrath.

Steuerregister, dessen Beweiskraft, I. 10. §. 159.

Stiefeltern und Stiefkinder sind einander zur Aussetzung der Competenz nicht verbunden, I. 49. §. 16. n. 2. Das Vermögen der Stiefkinder wird in der fünften Klasse angesetzt, 50. §. 450.

Stiftungen, milde, s. milde Stiftungen.

Stimme, s. Votum.

Strafen. Ein aus Vorsatz oder grobem Versehen begangener Eingriff in fremde Jurisdiction muss von den vorgesetzten Behörden jederzeit gebührend bestraft werden, I. 2. §. 164. Am Schlusse des Informationsprotocolls sind dem Kläger die Strafen des muthwilligen Prozessirens ausdrücklich bekannt zu machen, 5. §. 7. Das einheimische Gericht, welches eine Insinuation ohne Grund versagt, soll bestraft werden, 7. §. 10. Desgleichen derjenige, welcher Verordnungen anzunehmen sich weigert, I. 7. §. 37. oder das Insinuationsdocument nicht unterschreiben will, §. 38. oder den Insinuanten beleidigt, §. 39. Findet sich, dass dieser falsch berichtet hat, so soll er cassirt, und noch ausserdem bestraft werden, §. 41. Von Strafen fahrlässiger Amtsverwaltung, 6. §. 31. Parteien, welche vorsätzlich eine Sache verschleppen oder die Wahrheit verdunkeln, sollen in 20, 50 bis 100 Thaler Geldbusse, oder in verhaltnissmässige Gefängnissstrafe verurtheilt werden, 10. §. 11. Strafe desjenigen, der ein Document diffitirt, wenn dessen Richtigkeit durch Zeugenaussagen vollständig erwiesen wird, §. 148. des Unterrichters, der aus Neugier oder gar aus unerlaubten Absichten in seinen Fragen bei Abhörung der Zeugen zu weit geht, §. 181. des Zeugen, der sich vor Gericht zu stellen, §. 182. oder Beantwortung der ihm vorgelegten Fragen, ohne Grund verweigert, §. 184. der Partei, welche wissentlich ganz verwerfliche Zeugen vorschlägt, §. 237. desjenigen, der statt eines ihm zugeschobenen Eides andere Beweismittel beibringt, wenn sich in der Folge ergiebt, dass das Gegentheil von demjenigen, was geschworen werden soll, durch die verfügte Aufnahme derselben gar nicht ausgemittelt worden, §. 299. Von der Strafe des Meineides befreit eine eigenmächtige, den vorhergegangenen Verhandlungen nicht gemässe Auslegung des Eides keineswe-

ges, §. 309. Die Strafen des Meineides müssen dem Schwörenden vor Ableistung des Eides ernstlich zu Gemüthe geführt werden, §. 368. auch §. 204. Gegen denjenigen Theil eines Erkenntnisses, wodurch eine Partei in eine durch die Prozessordnung bestimmte Geld- oder Gefängnissstrafe verurtheilt worden, findet keine Appellation, sondern nur, nach Verschiedenheit der Umstände, ein Milderungsgesuch, 14. §. 3. n. 3. oder das Rechtsmittel der weitern Vertheidigung statt, n. 4. Strafe der in contumaciam verurtheilten Partei, wenn bei eingewendetem Restitutionsgesuch die zur Ablehnung des angeschuldigten Ungehorsams angeführten Umstände ungegründet befunden worden, §. 77. Derjenige, welcher aus Chicane erst in der dritten Instanz neue Thatsachen oder Beweismittel beibringt, soll bestraft werden, 15. §. 15. auch diejenige Partei, welche aus angeblich neu aufgefundenen Urkunden Restitution nachsucht, wenn ausgemittelt wird, dass sie diese Urkunden geflissentlich zurückgehalten hat, 16. §. 21. Strafe desjenigen, der ohne hinlänglichen Grund ein Judicat anficht, §. 29. Wegen der Strafen muss im Erkenntniss das Nöthige mit festgesetzt werden, 23. §. 48. (auch 13. §. 41.) dahin gehören I) die Succumbenzgelder, §. 49. s. Succumbenzgelder. In wiefern, noch über die Succumbenzgelder, Strafe statt finde, §. 50. II) die Strafe des muthwilligen Läugnens, der Verdrehung oder Zurückhaltung der Wahrheit, §. 51. sqq. s. auch Nothwendiger Eid, schwarzes Register. Diejenigen, welche die Parteien dazu verleiten, sollen bestraft werden, §. 55. a. III) Gehören auch dahin die Strafen des Betrugs, dessen eine Partei sich bei Gelegenheit des Geschäfts, aus welchem der Rechtsstreit entstanden ist, schuldig gemacht hat, I. 23. §§. 56. 57. Strafen der Chicane bei Executionen, 24. §. 40. und des Widerstandes gegen den Executor, §. 148. eines ungegründeten Recurses an das Obergericht, 25. §. 18. eines ohne Noth angebrachten Moratoriengesuchs, 47. §. 38. Die von dem Gemeinschuldner zu entrichtenden Geldstrafen werden in der siebenten Classe angesetzt, 50. §. 476. Die durch Accisedefraudation verwirkten Strafen werden nach der Zeit der hypothekarischen Eintragung in die dritte Classe locirt, §. 387. (360). Aber die Accise- und Zollstrafen gehören post omnes, §. 486. (367). Strafe der Verletzung gerichtlicher Siegel, II. 5. §. 38. des pflichtwidrigen Betragens der Justizbedienten, III. 1. §. 23. der Bestechung, §§. 25. 26. s. auch Nothwendiger Eid, des unbefugten Querulirens, §. 30 — 32. §. 15. (442. 443). und Consulirens, §. 33. §. 14. (440). Wie der Unterrichter zu bestrafen, wenn die gegen ihn eingekommenen Beschwerden gegründet befunden werden, 3. §. 49.

S. übrigens: Fiscalische Untersuchung, Injuriensachen, Ordnungsstrafen. Stempelstrafe.

Strafen, s. Stempelstrafen, Steuercontraventionen, fiscalische Untersuchung.

Strafverwandlung, Verfahren dabei, III 90 — 94. Verwandlung der von der Steuerbehörde festgesetzten Geldstrafen in Gefängnißstrafen, III 68.

Strafvollstreckung, s. fiscalische Untersuchung.

Streitobject. Wenn in einem Vindicationsprozesse der Beklagte, ohne den Eigenthumsanspruch des Klägers zu bestreiten, die Herausgabe der Sache wegen einer, den Werth derselben nicht erreichenden Geldforderung verweigert, so giebt nicht der Werth der Sache selbst, sondern vielmehr der Betrag der Geldforderung den Maaßstab für das Streitobject ab, II. 142 — 143. s. auch Appellationssumme, Revisionssumme.

Studenten stehen unter dem akademischen Gerichte, können aber nach geendigten Studien auf keine Exemtion Anspruch machen, I. 2. §. 76.

Studenten, in wiefern sie unter der akademischen Gerichtsbarkeit und Disciplin stehen, I, 203.

Studiren, Vorschüsse dazu gehören in die sechste Classe, I. 50 §. 464.
S. übrigens: Honorarium, Schulgeld.

Stumme, in sofern sie als Zeugen abgehört werden können, müssen die Eidesformel in Gegenwart des Instruenten abschreiben und unterzeichnen, I. 10. §. 203. n. 6. In wiefern Stumme und Taube zugleich als Zeugen zulässig seien, §. 227. n. 4. Wenn Stumme Verträge schliessen, müssen sie ihre Erklärungen eigenhändig in das Protocoll niederschreiben, II. 2. §. 5. I. 10. §. 19. (73).

Stumme, Anwendung der Zeichersprache bei Testamenten derselben, IV. 66.

Styl der Urkunden soll deutlich und bestimmt sein, ohne Neuerungen, ohne Künsteleien, lange und häufige Parenthesen, Pleonasmen und Wiederholung, II. 2. §. 51. Die Secretarien sollen sich eines guten, reinen und deutlichen Styles befleissigen, III. 5. §. 9.

Subalternen bei Landesjustizcollegien, davon handelt III. 5. s. übrigens Canzleidiener, Canzlist, Executor, Registrator, Secretarius. Wie vielerlei die bei den Landesjustizcollegien angesetzten Subalternen seien, R. u. C. R. §. 1. müssen sich täglich Vor- und Nachmittags zu einer bestimmten Zeit in dem Collegienhause einfinden, §. 2. besonders die Archiv- und Registraturbedienten, §. 3. Strafe derjenigen Subalternen, welche dieser Vorschrift nicht nachkommen, §. 4. Es sollen deshalb von dem Canzleidirector Präsenzlisten gehalten werden, §. 5. welche der Präsident sich wöchentlich Einmal vorlegen lassen muss, §. 6 Von der Strafe des Ausbleibens soll keine nachherige Entschuldigung befreien, §. 7. sondern es muss vorher eine Anzeige der, gehörig zu bescheinigenden, Hinderungsursachen bei dem Präsidenten eingereicht werden, R. u C. R. §. 8. s. auch Canzleidirector, Canzlist, Canzleiinspector, Secretarius Strafe unwahrer Entschuldigungsursachen §. 11. s. auch Präsident. Kein Subaltern darf Arbeit mit nach Hause nehmen, §. 13. Wie das Locale für die Arbeitszimmer der Subalternen beschaffen sein solle, §. 14. sqq. s. auch Expedition, Registratur. Von den speciellen Verrichtungen der Subalternen, §. 82. I) Von denjenigen Geschäften derselben, welche auf den Memorialienvortrag Beziehung haben, § 83. II) Von

den Geschäften derselben bei den zum Spruch gelangenden Sachen, §. 120. sqq. s. auch Canzleidirector, Canzleiinspector, Präsident, Referent, Registrator. III) Von verschiedenen andern Geschäften derselben, §. 226 sqq. Die Aufsicht über sämmtliche Subalternen hat der Canzleidirector, §. 233. s. Canzleidirector.

Subalternen bei den Gerichten, deren Anstellung durch die Chefpräsidenten der Obergerichte und Verfahren dabei. Anweisung des Gehalts und Einreichung einer jährlichen Nachweisung der erfolgten Anstellungen, IV. 280 — 291. Aufhebung der Gebühren bei Prüfung (excl. der Examinationsgebühren), Anstellung, Versetzung und Entlassung der Beamten, IV. 291. Anstellung von Hülfsarbeitern, IV. 292. Berechtigung der verabschiedeten Militairpersonen zur Anstellung als Subalternen und Unterbeamte im Civildienste, IV. 298 — 310. Beibehaltung, Verlust und Wiedergewährung des Militairgnadengehalts bei solcher Anstellung und resp. bei dem Wiederaufgeben derselben, und Benachrichtigung der Militairbehörde von der erfolgenden Anstellung, IV. 310 — 318. Verfahren bei Gesuchen um Verleihung der Anstellungsfähigkeit zum Subalternendienst, IV. 319. Ausländer können für Subalternenposten nur mit Genehmigung des Justizministers angestellt werden, IV. 320. Prüfung und Qualifikation der Subalternbeamten, namentlich der Actuarien, Protocollführer, und Kassenrendanten, IV. 321 — 325. Cautionsbestellung der Beamten und Regulirung derselben, IV. 325 — 333. s. Caution. Anstellung der Civilsupernumerarien, IV. 301. 305

Subalternen landschaftlicher Creditsysteme sind eximirt. I. 2. §. 57.

Subalternen des Oberkriegskollegii, in wiefern sie unter dem Kammergerichte stehen, I. 2. §. 51.

Subhastationsprozess, davon handelt I. 52. Die nothwendige Subhastation findet bei unbeweglichen Gütern und unkörperlichen Gerechtsamen statt, §. 1. Bei welchen beweglichen Sachen dieselbe erfordert werde, I. 50. §§. 229. 230. verordnet, §. 2. s. auch Kostbarkeiten, Schiffe, wird nur im Wege der Execution, (24. §. 141.) 24. §. 110 — 112. (171.) §. 128. (172.) §. 141. (173). und unter welchen Bedingungen nur in Moratoriensachen, 47. §. 63. (308). oder im Concurse auf den Antrag des Curators der Masse veranlasst, §. 5. Von Subhastation der Grundstücke im Concursprozess, §. 260. sqq. In welchem Falle dieselbe unterbleiben, oder innerhalb kürzerer Fristen geschehen könne, §§. 263. 264. In wiefern bei Concursen die Wiederholung derselben in Ansehung solcher Grundstücke, zu denen sich kein annehmlicher Käufer gefunden, statt finde, §. 585. sqq. Subhastation im Concursprozess, wenn das Grundstück unter einer fremden Gerichtsbarkeit belegen ist, §. 659. sqq. Auch eine im erbschaftlichen Liquidationsprozess in Antrag gebrachte Subhastation muss nach Art einer nothwendigen eingeleitet werden, 52. §. 6. Wenn der Erbe aber vor oder im Licitationstermin erklärt, dass er ohne Vorbehalt Erbe sein wolle, so geht die Subhastation in eine freiwillige über, §. 7. Verfahren, wenn derselbe Umstände nachweiset, die ihn an Abgebung einer bestimmten Erklärung hindern, §. 8. Die Ver-

anstaltung der Subhastation gebührt dem Richter der Sache. — Wie es in Ansehung der Pertinenzstücke zu halten, §. 9. Wenn ein anderes Gericht die Execution oder den Concurs dirigirt, so muss es den Richter der Sache um Vollstreckung der Subhastation requiriren, §. 10. Taxe, §. 11. sqq. §. 1. 12 (395). Deren Aufnehmung, §. 13. sqq. §. 14. (396). Erinnerungen dagegen, §§. 26. 27. S. übrigens Taxe, auch Ehrenrechte. Die etwanigen speciellen Bedingungen des Verkaufs muss der Extrahent anzeigen, damit sie erforderlichen Falls in das Subhastationspatent eingerückt werden können, I. 52 §. 28. Inhalt des Subhastationspatents, §. 29. Subhastationsfristen und Bekanntmachung nach Verschiedenheit der Qualität und des Werthes der Grundstücke, §§. 30. u. (397 — 399. 31. u. 400). In wiefern auf die schon im ersten oder zweiten Termin einkommenden Gebote die Adjudication erfolgen könne, §. 32. Verfahren in Ansehung des peremtorischen Licitationstermins muss jedesmal an ordentlicher Gerichtsstelle vor sich gehen, §. 34. Der letzte Termin ist, wenn die Subhastation im Wege der blossen Execution erfolgt, den eingetragenen Gläubigern besonders bekannt zu machen, §. 36. u. (402 — 403). Bei denjenigen Provinzialverfassungen, nach welchen die Subhastationen nicht von den Gerichten, sondern von eignen dazu autorisirten Personen vorgenommen werden, hat es fernerhin sein Bewenden, §. 36. Zur Abgebung der Gebote und zum Licitiren selbst ist der ganze Tag des letzten Termins bis Abends um 6 Uhr bestimmt. Nach Ablauf dieser Zeit können neue Gebote nur mit Bewilligung sämmtlicher Interessenten, den Meistbietenden mit eingeschlossen, zugelassen werden, §. 37. Der Meistbietende erlangt indessen hierdurch kein vollkommenes Recht auf den Zuschlag, §. 38. Womit die Licitationshandlung zu eröffnen, §. 39. Worauf der Gerichtsdeputirte bei Abgebung der Gebote sehen müsse, §. 40. Vernehmen der Interessenten über das Meistgebot, und in wiefern der Zuschlag erfolgen müsse oder nicht, §. 41. sqq. u. (404). §. 42. (405). Von der Caution, §. 44. u. (406). s. auch Zuschlag. Von dem Adjudicationsbescheide, §§ 57. 59. Gegen denselben findet kein Rechtsmittel statt, §. 60. auch nicht wegen in der Taxe übergangener Pertinenzien (407). Wirkung der Publikation desselben in Ansehung des Käufers, §. 61. s. auch Gefahr und Nutzung. Wenn derselbe mit der Zahlung nicht inne hält, muss auf seine Gefahr und Kosten eine anderweitige Subhastation erfolgen, §. 62. doch treffen ihn in der Zwischenzeit die bei dem Grundstücke sich etwa ereignenden Unglücksfälle, §. 63. Rechte der Gläubiger gegen den Käufer, wenn sie von ihrer Befugniss zur anderweitigen Subhastation keinen Gebrauch machen wollen, §. 64. u. §. 62 — 64. (408). Von der Subhastation der Mobilien und Gerechtigkeiten, §. 65. insbesondere der Schiffe, (409). 50. §. 230 (341 — 347). s. übrigens Schiffe. Subhastation der Bergantheile und Hüttenwerke, 52. §. 65. (410). Von freiwilligen Subhastationen, §. 66. sqq. Aus welcherlei Ursachen sie statt finden können, §. 66. Was dabei in Ansehung der Taxe, der

Bestimmung und Bekanntmachung der Termine zu beobachten, §§. 67. 68. s. auch Taxe. Verfahren, wenn sich die Extrahenten über die Förmlichkeiten der freiwilligen Subhastationen nicht vereinigen können, §. 69. Wie es in Ansehung des Zuschlages zu halten, §. 70. sqq. u. §. 73. (411). s. auch Zuschlag. Was bei der freiwilligen Subhastation der Güter der Pflegebefohlenen zu bemerken, I. 25. §. 74.

Subhastationsprozeß. Zulässigkeit der Subhastation im Wege der Execution, II. 484. Subhastation mehrerer für eine Forderung verhafteter Grundstücke, II. 484. Subhastation des Antheils eines Miteigenthümers, 484. Befugniß der Creditdirectionen die Subhastation zu beantragen, II. 490. Der Mandatar muß zu dem Antrage auf Subhastation im Wege der Execution besondere Vollmacht beibringen. II. 490. Die Zahlung eines Kostenvorschusses muß armen Parteien auch in Subhastationssachen erlassen werden, III 645. Subhastation der Grundstücke im erbschaftlichen Liquidationsprozesse, III. 647. Zuziehung der Erben bei derselben, III. 586. In wiefern die Subhastation im erbschaftlichen Liquidationsprozesse nach ergangener Präclusion den Character einer freiwilligen annehmen könne, III, 647. Zulässigkeit der freiwilligen Subhastation auf Antrag des Beneficialerben, III. 649. Wirkung der Subhastation auf Antrag des Beneficialerben, III. 650. Befugniß des Beneficialerben, dessen Besitztitel noch nicht berichtigt ist, in seiner Qualität als Miteigenthümer auf nothwendige Subhastation anzutragen, III. 650. Nichtberücksichtigung persönlicher Erbschaftsgläubiger bei einer auf Antrag des Beneficialerben eingeleiteten Subhastation, III. 651. Befugniß des Miteigenthümers, auf den Verkauf des gemeinschaftlichen Grundstücks anzutragen, und Wirkung einer solchen Subhastation als einer nothwendigen, III. 652. 654. Verpflichtung des Pächters eines auf Antrag eines Miteigenthümers subhastirten Grundstücks, sich die Kündigung der Pacht gefallen zu lassen, III. 655. Zulässigkeit der Subhastation, wenn der Besitztitel noch nicht berichtigt ist, III. 664. Forum der Subhastation von Pertinenzstücken eines Hauptguts, III. 656. Forum der Subhastation bäuerlicher Grundstücke vor erfolgter Regulirung, III. 656. Eintragung eines Vermerks über die Einleitung der Subhastation in das Hypothekenbuch, und Befugniß des Eigenthümers, später noch über das Grundstück zu disponiren, III. 656 Aufnahme der Taxe, und daß solche, mit Ausnahme der Provinz Posen und der Güter von geringerem Werthe, auch bei unbepfandbrieften Rittergütern durch die Creditdirectionen erfolgt, III. 658. IV. 144. s. auch Taxe. Zuziehung der Gläubiger hierbei, III. 658. Postbescheinigung der Vorladung der Subhastationsinteressenten, und Gebühren dafür III. 660. Fassung der Subhastationspatente, III. 662. Vorladung der unbekannten Realprätendenten, wenn das Hypothekenbuch noch nicht regulirt oder der Besitztitel noch nicht berichtigt ist, und Zulässigkeit der Subhastation auf Antrag eines persönlichen Gläubigers oder eines Miteigenthümers, wenn der Besitztitel noch nicht berichtigt ist, III. 664. Bekanntmachung des Aufgebots unbekannter Realprätendenten bei Subhastationen, III 669. Subhastationsfristen und Bekanntmachung des Termins, III. 671. Unzulässigkeit der Veränderung der Förmlichkeiten einer nothwendigen Subhastation auf Antrag der Parteien. III 673. Folgen, wenn der Licitationstermin zu kurz anberaumt gewesen oder bei der Bekanntmachung gefehlt ist, III. 674. Abhaltung des Subhastationstermines III. 676. Zuziehung der Interessenten zu dem Licitationstermine III. 677. Wer als bekannter Realinteressent anzusehen ist, und Vorladung der unbekannten, so wie Bestellung eines Assistenten für letztere, falls sie bei Vertheilung der Kaufgelder zur Hebung kommen, III. 677. Löschung der auf dem subhastirten Grundstücke

eingetragenen Forderungen nach erfolgter Kaufgelderbelegung und in wie weit auf Herbeischaffung der ausgefallenen Documente Behufs der Cassation zu dringen sei, III. 679. Dauer und Abschluß des Licitationstermins, III. 683. desgl. wenn mehrere Grundstücke zugleich licitirt werden, III. 685. Bestellung der Caution Seitens der Bieter, VI. 686. Erklärung der Interessenten über das Meistgebot, III. 686 Wahrnehmung der Rechte der Interessenten eines Deposital-Activi bei Subhastationen, III. 687. Auch fiscalische Stationen, andere moralische Personen, Erbverpächter und Vorkaufsberechtigte müssen sich sofort im Licitationstermine erklären, III. 688. Erklärung der Agnaten über die Ausübung des beneficii taxae muß vor Einleitung der Subhastation eines Lehnguts erfordert werden, III. 691. Zurücknahme des Subhastationsantrages nach abgehaltenem Licitationstermine ist bei dem Widerspruche anderer Interessenten und des Meistbietenden nicht für zulässig zu achten, III. 691. Verfahren bei der Cession der Rechte aus einem Meistgebot, III. 693. Nachgebote sind nur mit Genehmigung sämmtlicher Interessenten und des bisherigen Meistbietenden zulässig, III. 694. Inwiefern ein Widerspruch gegen den Zuschlag nur berücksichtigt werden kann, III. 695. Verfahren und Anberaumung des Termins bei einer Fortsetzung der Subhastation, III. 699. Publikation des Adjudicationsbescheides und Ertheilung einer Ausfertigung an die Interessenten, III. 701 Einer Publication des Adjudicationserkenntnisses an die unbekannten Interessenten bedarf es nicht, III 701. Zuziehung unbekannter Realgläubiger bei dem Subhastations- und Kaufgelderbelegungsverfahren, III. 702. Wirkung des Adjudicationsbescheides gegen den dritten Besitzer des adjudicirten Grundstücks, III. 703. Anberaumung des Kaufgelder-Belegungstermins und Verfahren in demselben, III. 705. 711. Daß bei den im Concurse und erbschaftlichen Liquidationsverfahren erfolgenden Subhastationen das Kaufgelderbelegungsverfahren nicht Anwendung findet, III. 707., wohl aber bei einem abgekürzten Creditverfahren, III 708. Zuziehung der nicht eingetragenen Realinteressenten, der Kämmerei, Servis- und Feuersocietätskassen, der Grundobrigkeiten zu dem Kaufgelderbelegungstermine, III. 708. Kaufgelderbelegungsverfahren rücksichtlich des Interesse der landschaftlichen Creditvereine, III 708. Das Kaufgelderbelegungsverfahren wird durch Einlegung der Nichtigkeitsbeschwerde nicht aufgehalten, III 710. Bescheinigung der Vorladungen zum Kaufgelderbelegungstermine, III. 711. Verfahren, wenn Minderjährige bei der Kaufgelderbelegung interessiren, III. 713. Verfahren im Termine, wenn der Adjudicator und die Gläubiger nicht erscheinen, III. 716. Liquidation und Verificirung der Forderungen, III. 717. Anlegung der streitigen Specialmassen, Forum und Verfahren bei den darüber anhängig werdenden Prozessen, III. 718. Berechnung der rückständigen und laufenden Zinsen bei der Kaufgeldervertheilung, III. 719. Verwendung des Werthstempels zu dem Adjudicationsbescheide, III. 719. Verpflichtung des Adjudicators, das Kaufgeld zu verzinsen, III. 720. Einzahlung des Kaufgeldes vor dem Belegungstermine, III. 708. Der Adjudicatar kann zur Baarzahlung des Kaufgeldes nicht angehalten werden, wenn die Gläubiger es nicht verlangen, III. 721. Der Verlust des vom Adjudicatar ad depositum gezahlten Kaufgeldes kann die Berichtigung des Hypothekenfoli nicht hindern, III. 722. Die Löschung der zur Perception gekommenen Forderungen kann unterbleiben, wenn der Adjudicatar es wünscht, III. 722. Die Berichtigung des Besitztitels für den Adjudicatar ist von Amtswegen zu bewirken, III. 723. Berichtigung des Besitztitels, wenn die Subhastation im Concurse erfolgt ist, III. 724. Löschung der ausgefallenen Posten und Herbeischaffung der Documente, III. 679. Resubhastation und Unzulässigkeit derselben bei der freiwilligen Subhastation, III. 725. Befugniß der Gläubiger auf Resubhastation oder Execution wegen ihrer Forderungen anzutragen, III. 726.

728. Resubbastation, wenn die Subbastation im Concurse erfolgt ist, III. 726. Ausschliessung der Resubbastation durch ein vom Adjudicatar behauptetes Compensationsrecht, III. 727. Subbastation der Gerechtigkeiten, III. 731. Subbastation der Schiffe und der zur Frachtschifffahrt bestimmten Stromfahrzeuge, III. 731. Subbastation der Berg- und Hüttenwerke und Vergantheile, III. 733. Befugniß des Miteigenthümers eines Bergwerks zum Zweck der Auseinandersetzung die Subbastation zu beantragen, III. 654. Erfordernisse einer freiwilligen Subbastation, III. 734. Zulässigkeit der Nichtigkeitsbeschwerde gegen Adjudicationsbescheide bei freiwilligen Subbastationen, III. 735. Verwandlung einer freiwilligen Subbastation in eine nothwendige, III. 736. Eintragung der rückständigen Kaufgelder bei freiwilligen Subbastationen, III. 737.

Subintrandi jus in Concursen, s. Gläubiger.

Sustitution bei Vollmachten, in wiefern dieselbe nur mit ausdrücklicher Genehmigung des Machtgebers, oder ohne dieselbe geschehen könne, I. 3. §. 55. 66.

Substitution bei Vollmachten, Befugniß der Bevollmächtigten, I. 298.

Successor singularis, wie sich derselbe in Ansehung der Litisdenunciation zu verhalten habe, I. 20. §. 5. In wiefern gegen denselben die Execution statt finde, 24. §. 7. Nur von einem Successor singularis kann ein Aufgebot unbekannter Realprätendenten nachgesucht werden, 51. §. 100.

Sucessor singularis, Zulässigkeit der Execution gegen einen solchen, II. 278. 282.

Succumbenzgelder, denselben ist im Erkenntnisse auf den Fall des Unvermögens der Partei ein verhältnissmässiger Arrest oder Leibesstrafe zu substituiren. — In wiefern Succumbenzgelder in der zweiten Instanz dem Appellationsgerichte zufallen, oder zwischen diesem und dem Richter erster Instanz getheilt werden. — Sie finden nicht eher statt, als bis das Appellationserkenntniss rechtskräftig, oder in dritter Instanz bestätigt ist. — In Ansehung der in dritter Instanz bleibt es bei den bisherigen Verfassungen, I. 24. §. 49.

Succumbenzgelder, in Revisorio, II. 261, in Nichtigkeitsbeschwerdesachen, II. 84. Sie sind in der Regel nicht in Gefängnißstrafen zu verwandeln, II. 261. Befugniß des Justizministers, Succumbenzstrafen niederzuschlagen, II 263. In fiscalischen Untersuchungen finden Succumbenzstrafen nicht statt, II. 263.

Sühneversuch, davon handelt I. 11. wird ernstlich empfohlen, und muss während der ganzen Instruction, besonders aber nach regulirtem Status causae et controversiae, oder wenn er auch alsdann fehlschlüge, nach aufgenommenen Beweismitteln (im Schlusstermine, I. 12. §. 5. n. 1.) angestellt werden, §. 1. Dabei sind beiden Theilen, unter Vorhaltung der bis dahin entwickelten Lage der Sache, Vergleichungsvorschläge zu thun, §. 2. Es ist ihnen aber auf einer Seite gegen ihre klaren etwa bereits ausgemittelten Rechte nichts anzumuthen, §. 3. Auf der andern Seite müssen den etwa gegen einander aufgebrachten Parteien die aus der Sache selbst hergenommenen Bewegungsgründe zum Vergleich nachdrücklich vorgestellt werden, §. 4. Wenn bei dieser Gelegenheit ein Schuldner die Schuld

selbst eingesteht, aber Zahlungsnachsicht verlangt, ist sofort das Specialmoratorium zu instruiren, §. 5. Nach obigen Vorschriften müssen sich sämmtliche richterliche Personen, denen Prozessinstructionen obliegen, ganz genau achten. Uebrigens findet unter dem Vorwande der Vergleichungs-Unterhandlungen die Verlegung der Termine nur dann statt, wenn sie von beiden Theilen ausdrücklich nachgesucht worden, §. 6. Die bei den Vergleichs-Unterhandlungen mit gegenwärtigen Rechtsbeiständen müssen den Instruenten controlliren, ihn aber auch in seinen Bemühungen möglichst unterstützen, §. 7. Wie bei Abschliessung eines zu Stande gebrachten Vergleichs zu verfahren, §. 8. sqq. S. übrigens Vergleich. Vom Sühneversuch bei Untergerichten, 25. §. 19. in Arrestsachen, 29. §§. 38. 39. muss das Gericht sich in Mercantil-Prozessen vorzüglich angelegen sein lassen, 30 §. 27. imgleichen die Schiedsrichter bei Assecuranz-Streitigkeiten, I. 30. §. 51. Vom Sühneversuch in Ehescheidungsprozessen, s. Ehescheidungsprozess, in Unterthanenprozessen, 41. §§. 39. 79. 83. in Gränzsachen, 24. §. 19. bei Gemeinheitsaufhebungen, 43. §. 31 — 33. in Pachtsachen, 44. §. 20. bei Rehnungsprozessen, 45. §. 11. bei Erbsonderungsprozessen, 46. §, 12. 21. in Specialmoratoriensachen, 47. §. 11. in Generalmoratoriensachen, §. 75. 76. bei Anträgen auf gerichtliche Behandlung der Gläubiger, 49. §. 3. sqq.

Sühneversuch durch Geistliche in Ehescheidungsprozesse, III. 155.

Sühneversuch in Concursen, davon handelt, I. 50. §. 688. sqq. Grundsätze. §. 589. sqq. besonders, wenn ein Dritter sich ins Mittel schlägt, §. 590. Wie die Vergleichsvorschläge beschaffen sein müssen, wenn der Richter darauf achten soll, §. 591. Der mindere Theil der Gläubiger soll der Pluralität beizutreten verbunden sein, §. 592. Durch eine solche Behandlung verlieren die Gläubiger ihr Recht an den Gemeinschuldner wegen des Ausfalles noch nicht, §. 593. u. (376). Ausnahme, §§. 594. 595. Interimistische Verfügungen bis zum Liquidationstermine, wenn Behandlungsvorschläge einkommen, §. 596. Das Interimisticum ist nach der Stimmenmehrheit zu reguliren, §. 579. Wie diese zu berechnen ist, §. 598. Auf den Grund dieser Berechnung wird das Interimisticum durch eine Resolution festgesetzt, §. 599. Entwerfung des Vergleichungsplans nach abgehaltenem Liquidationstermine, §. 600. Erklärung der Gläubiger darüber, §. 601. Weitere Einleitung, §. 602. A) wenn die Gläubiger über die Annahme des Vergleichs, §§. 603. 604. jedoch kann der Vergleich erst nach rechtskräftig abgefasstem Präclusionsurtel bestätigt werden; es sei denn, dass alle bekannten Gläubiger in die Aufhebung des Concurses willigten, §. 599. (377). oder, wenn die Gläubiger B) über dessen Verwerfung einig sind, §. 605. Berechnung der Pluralität, wenn C) eine Verschiedenheit der Meinungen eintritt, §. 606 — 608. Verfahren nach Verschiedenheit der Resultate dieser Berechnung, §. 609. wenn 1) die Pluralität aller Classen für, §. 610. oder 2) wider den Vergleich ist, §. 611. 3) wenn die Vota der

Classen von einander verschieden, §. 612. und in diesem Falle die Vergleichungsvorschläge a) von der Beschaffenheit sind, dass ein Privatvergleich mit einigen Classen ohne Nachtheil der übrigen statt finden kann, §. 613. oder b) nicht getrennt werden können, sondern der ganze Vergleich entweder angenommen, oder verworfen werden muss, §. 614. Verfahren, wenn in dem letztern Falle mit Zuverlässigkeit erhellet, dass, nach der Lage der Activmasse, eine gewisse Classe der Glaubiger nie zur Hebung gelangen werde, §. 615. Instruction der gegen den Vergleichsplan und die Berechnung der Pluralität etwa zu machenden Erinnerungen, §. 616. sqq. Erinnerungen gegen die Resultate dieser Berechnung verdienen keine Rücksicht, §. 617. Verschiedene Fälle, welche bei den Erinnerungen der Gläubiger gegen die der Berechnung zum Grunde gelegten Sätze vorkommen können, §. 618. In allen diesen Fällen muss der Gerichtsdeputirte sich angelegen sein lassen, die Gläubiger in Güte zu vereinigen, I 50. §. 619. und, da während der Behandlungstractaten die Instruction der einzelnen Liquidate ununterbrochen fortgeht, im Inrotulationstermine damit einen nochmaligen Versuch machen, §. 620. Ist diese Bemühung fruchtlos, so werden die Acten zur Abfassung des Classificationsurtels und zu Schlichtung des Streits über einzelne Posten (§. 618) in Beziehung auf den Vergleich vorgelegt, §. 621. Dagegen finden die gegen ein Classificationsurtel überhaupt zulässigen Rechtsmittel statt, §. 622. Während derselben dauert das nach §. 597. sqq. regulirte Interimisticum fort, §. 623. Verfahren, je nachdem auf diese Rechtsmittel der Vergleich entweder bestätigt oder verworfen wird, §. 624. Von Behandlungen durch die Creditdirectionen, §. 625. sqq. Der Betrieb der Sache gehört in diesem Falle vor den Syndicus des Instituts, §. 626. Zu dem nach §. 600. anzusetzenden Termine wird als Gehülfe des Gerichtsdeputirten ein Deputirter des Creditsystems zugezogen, §. 627. Für dergleichen Verhandlungen mit der Creditdirection dürfen keine Sporteln angesetzt werden, §. 628. In wieweit ein in Concurs gerathenes adeliges Gut noch während des Concurses mit Pfandbriefen belegt werden könne, §. 629.

Summa appellabilis und revisibilis, s. Appellation ist unzulässig.

Summariissimum, s. Possessorium summariissimum.

Summarischer Prozeß. Fälle, in welchen derselbe stattfindet, und Form des Verfahrens, namentlich bei collegialisch formirten Gerichten, II. 595. u. folgende. Befugniß der Deputation für die summarischen Sachen, eine zum summarischen Prozeß verwiesene Sache zurückzuweisen, II. 597. Einleitung des summarischen Prozesses in andern, als den in der Verordnung bestimmten Fällen, II. 597. Summarisches Prozeßverfahren in Merkantilsachen, II. 649. Cumulation der Klagen, II. 650. Anberaumung und Verlegung der Termine, namentlich in Sachen wider den Fiscus, II. 599. 602. Zulässigkeit der Termine während der Gerichtsferien, II. 600. Verlegung der Termine in Sachen eines Juden wegen des Sabbaths, II. 603. Form der Vorladungen zur Klagebeantwortung, II. 600. Legitimation der Vertreter der Parteien, II. 601. Contumacialverfahren in den Terminen zur

Klagebeantwortung und zur Beantwortung der Appellation, wenn die Parthei nicht zur bestimmten Stunde erscheint, II. 603, 635. desgl. wenn ein Justizcommissarius einen Schriftsatz nicht überreicht, II 676. Nothwendigkeit des Erscheinens einer Parthei oder ihres Stellvertreters im Klagebeantwortungstermine, wenn auch eine schriftliche Klagebeantwortung eingereicht ist, II. 604. Zweck des Erscheinens des Klägers im Klagebeantwortungstermine, II. 606. Mündliches Verfahren, Anberaumung, Vorladung und Verlegung des Termins dazu, II. 606. Unzulässigkeit einer schriftlichen Replik des Klägers, II. 608. Verzichtleistung auf die mündliche Verhandlung, II. 608. Contumacialverfahren im Termine zur mündlichen Verhandlung, II. 609. Zulassung nicht betheiligter Personen bei der mündlichen Verhandlung, II. 610. Eideszuschiebung im Termine zur mündlichen Verhandlung, wenn der Gegner nicht erschienen ist, II. 611. Verfahren im Termine zur mündlichen Verhandlung und Folgen des Ausbleibens beider Theile, II. 612. Beweisaufnahme und Abnahme deferirter Eide, II. 614. Publication, Ausfertigung und Zufertigung der Erkenntnisse, II. 617. 647. Restitution im summarischen Prozesse und Unzulässigkeit derselben in den Fällen, in welchen früher Executivprozeß stattfand, II. 618. Appellationsverfahren im summarischen Prozesse, II. 619. In Fällen, in denen sonst Executiv-Prozeß stattfand, hat die Appellation nur Devolutiveffect, II. 620. Rechtfertigung und Beantwortung der Appellation, II. 620. Wegfallen der mündlichen Verhandlung, wenn beide Theile auf dieselbe verzichten (sofern keine Beweisaufnahme erfolgt) und wenn der Appellant im Termine zur Rechtfertigung der Appellation nicht erscheint, und Competenz zur Entscheidung in 2. Instanz, wenn keine mündliche Verhandlung statt findet, II. 622. 628. 630. Nothwendigkeit der mündlichen Verhandlung, wenn der Appellat im Termine zur Beantwortung der Appellation ausgeblieben ist, II. 628. Nothwendigkeit des schriftlichen Referats in 2. Instanz, II. 631. Publication und Zufertigung der Erkenntnisse 2. Instanz, II. 631. Competenz zur Abnahme eines in 2. Instanz erkannten Eides, II. 632. Verfahren in 3. Instanz, II. 633. Zulässigkeit und Anbringung der Adcitationen, Litisdenunciationen, Interventionen und der Reconvention in summarischen Prozessen, II. 634. Verfahren in summarischen Prozessen bei Gerichten, welche kein Collegium bilden, II. 635. Contumacialverfahren in dem Termine zur Klagebeantwortung und zum weitern Verfahren, II. 635. Zulässigkeit der mündlichen Vorladung des Klägers zum Klagebeantwortungstermine, II. 636. Abfassung der Protocolle und der Erkenntnisse in dem Termine zur Klagebeantwortung und zum weitern Verfahren, II. 637. Verfahren, wenn die Parthei die Unterschrift verweigert, II. 637. Abnahme der deferirten Eide, II. 638. Nothwendigkeit der Zuziehung eines Protocollführers oder zweier Gerichtsbeisitzer zu den Verhandlungen im summarischen Prozesse, II. 647.

Superintendent ist eximirt, I. 2. §. 45.

Supernumerarien, Anstellung derselben bei den Gerichten IV. 301. 305.

Superrevision der Expeditionen, s. Präsident.

Suppletorium, s. nothwendiger Eid.

Suppliciren, s. Beschwerden.

Suspension der Prozesse, s. Abwesender, Krieg.

T.

Tabelle, Geschäftstabellen, s. diese.

Tafelgelder. Sie sind der Execution nicht unterworfen, I. 24. §. 106—108. (167). s. Execution.

Tageszettel, s. Registratur.
Tauber ist, in so fern er nicht lesen kann, zur Ablegung eines Zeugnisses ganz unfähig, I. 10. §. 228. n. 3. Was der Richter zu beobachten habe, wenn ein Tauber einen Vertrag schliessen will, II. 3. §. 4. u. I. 10. §. 19. (73).
Tauber, Aufnahme von Erklärungen derselben, IV. 63.
Taubstummer, der nicht lesen und schreiben kann, ist unfähig, ein Zeugniss abzulegen, I. 10. §. 227. n. 4. in wie fern derselbe Verträge schliessen könne, und wie bei Aufnehmung derselben zu verfahren, II. 3. §§. 6. 7. u. I. 10. §. 19. (73).
Taubstumme, Anwendung der Zeichensprache bei Testamenten derselben, IV. 66.
Tauf- und Trauatteste auch Begräbnissscheine, aus den Kirchenbüchern ertheilt, sind Documenta publicata extrajudicialia, I. 10. §. 123.
Taxatoren, wie es mit Zuziehung derselben zur Abschätzung oder Bonitirung bei Gemeinheitsaufhebungen zu halten, I. 43. §. 22. desgleichen bei Remissionsfällen, 44. §. 27. Welche Eigenschaften sie haben müssen, 52. §. 19. desgleichen II. 6. §. 4. 5. Zahl derselben, §. 6.
Taxe bei nothwendigen Subhastationen, davon handelt I. 52. §. 11. sqq. soll in Silbercourant aufgenommen werden, (395). hat bloss die Belehrung der Kauflustigen zum Endzweck, und es findet daher keine Vertretung derselben statt, §. 12. Was bei Veranlassung der Taxation zu beobachten, §. 13. muss, wenn von adeligen Gütern die Rede ist, dem landschaftlichen Collegio der Provinz aufgetragen werden, §. 14. gehört, in so fern keine Pfandbriefe auf den Gütern haften, vor die ordentlichen Gerichte, (396). welches die Taxe dem auftragenden Gerichte einzusenden hat, §. 15. Unterschied zwischen einer von der Landschaft zum Behuf der Subhastation, und einer bloss zur Bestimmung des auf ein Gut zu gebenden Credits aufzunehmenden Taxe, §. 16. s. auch Ehrenrechte. Wo kein Creditsystem errichtet, oder wenn das Grundstück kein adeliges ist, muss das subhastirende Gericht die Taxe selbst aufnehmen, §. 17. Eigenschaften der zu diesem Behuf zu ernennenden Commissarien, §. 18. welcher sich dabei geübter Taxatoren bedienen, §. 19. uud die Taxordnung der Provinz befolgen müssen. Wo dergleichen etwa noch nicht vorhanden wäre, muss das Landesjustizcollegium der Provinz einen Entwurf dazu anfertigen uud nach genommener Rücksprache mit der Kriegs- und Domänenkammer, binnen Jahresfrist, von Publication der revidirten Prozessordnung an gerechnet, zur Genehmigung einsenden, §. 20 In wie weit bei Aufnehmung der Taxe auf das Wirthschaftsinventarium Rücksicht zu nehmen, §. 21. Von der verordneten Aufnehmung der Taxe muss das Gericht dem Besitzer, wenn derselbe gegenwärtig ist, §. 23. ingleichen den auf dem Grundstücke eingetragenen Gläubigern Nachricht geben, §. 23. Wenn die Subhastation im Concurse erfolgt, braucht nur das Decret ihrem Bevollmächtigten vorgelegt zu werden, §. 24. Bis vier Wochen vor dem letzten Licitationstermine können Erinnerungen gegen die Taxe gemacht werden, §. 2.6

auch wenn dieselbe von einer Landschafts- oder Creditdirection aufgenommen worden, §. 27. Blosse Pertinenzstücke werden von dem Richter, unter welchen sie gehören, taxirt, §. 9. Auch bei freiwilligen Subhastationen muss eine gerichtliche Taxe zum Grunde gelegt, §. 67. statt derselben kann indessen eine blosse Beschreibung des Grundstücks dem Subhastationspatente beigefügt werden, §. 68. Bei der Inventur findet in Ansehung unbeweglicher Sachen niemals eine Taxe statt, II. 5. §. 50. Zu welchem Behuf gerichtliche Taxen aufgenommen werden, 6. §. 1. Gegenstände derselben, §. 2. muss unter Direction einer Gerichtsperson aufgenommen werden, §. 3. Eigenschaften der Taxatoren, §§. 4. 5. Wie viele derselben zuzuziehen, §. 6. Bekanntmachung des Abschätzungstermins an die Interessenten, §. 7. Verfahren bei Aufnehmung der Taxe selbst, II. 6. §. 8. Erfordernisse des darüber aufzunehmenden Protocolls, §. 9. Aus demselben muss der Commissarius ein Taxationsinstrument entwerfen und dem Gerichte einreichen, §. 10. welches unter dem grössern Insiegel ausgefertigt wird, §. 11. I) Adelige Güter sollen allemal nach dem wahren Ertrage taxirt werden, — Weiteres Verfahren dabei, §§. 12. u. (437). 13. Von der Taxe II) nicht adeliger Landgüter, je nachdem sie des Besitzers freies Eigenthum sind, oder nicht, §. 14. u. (438). III) Häuser in den Städten können nicht nach dem blossen Ertrage gewürdigt werden. — Verfahren dabei, §. 15. IV) Von der Taxe anderer Grundstücke, §. 16. V) der Gerechtigkeit, §. 17. VI) der Schiffe, §. 18. VII) beweglicher Sachen, §. 19.

Taxe. Aufnahme derselben bei Grundstücken von geringem Werthe und Qualification der Actuarien hierzu, IV. 137. Aufnahme der Taxen durch Dorfgerichte, IV. 138. Taxen der auch unbepfandbrieften Rittergüter müssen durch die Creditdirection aufgenommen werden, ausgenommen, wenn der geringe Werth eine Bepfandbriefung nicht gestatten würde, und in der Provinz Posen, III. 658. IV. 144. Zuziehung der Subhastationsinteressenten, wenn die Aufnahme der Taxe durch die Creditdirectionen erfolgt, III. 660. Grundsätze bei der Abschätzung der Landgüter durch die Creditdirectionen, IV. 144. Maßgaben, unter denen die Taxationsgrundsätze der Posenschen Landschaft bei der Aufnahme gerichtlicher Taxen anzuwenden sind, und Verfahren, bei Abschätzung adeliger Güter im Großherzogthum Posen, IV. 144. Berücksichtigung eines Altentheils bei der Abschätzung, IV. 147. Abschätzung bäuerlicher Grundstücke, IV. 148. In wie fern noch die Erbgrundtaxen bäuerlicher Grundstücke bei Erbtheilungen anzuwenden, IV. 148. Bestimmung des Taxwerthes bäuerlicher Grundstücke Behufs der Verschuldung und bei Erbtheilungen, IV. 149. Instruction und Gebührentaxe für die Taxatoren zur Abschätzung der Häuser in Berlin, IV. 151. Verfahren bei Abschätzung der Inventarienstücke verpachteter Landgüter, III. 313.

Termin, wie weit derselbe hinauszusetzen, wenn ein Vagabunde edictaliter vorgeladen werden soll, I. 7. §. 15. Die Bestimmung der Termine in Prozesssachen soll nicht den Secretairen überlassen werden, 8. §. 1. Der Termin zur Beantwortung der Klage oder Instruction der Sache soll nicht leicht unter oder über acht Wochen, von dem Dato des Decrete gerechnet angesetzt werden. Worauf dabei überhaupt Rücksicht zu nehmen,

§. 2. Was dabei zu beobachten, wenn abzusehen ist, dass die Verhandlung der Sache mehrere Tage erfordern werde, §. 3. Die Termine müssen mit den Assistenten oder Bevollmächtigten der Parteien verabredet werden, §. 4. Wie es zu halten, wenn der Termin aus Versehen auf einen Sonn- oder Festtag angesetzt worden, §. 5. u. (62). Auf Einen Tag sind nicht mehrere Termine vor Einem Deputirten anzusetzen, §. 6. Jeder Deputirte, Assistent oder Bevollmächtigte muss sich den angesetzten Termin gehörig bemerken, §. 7. Dass eine Partei ungehorsam ausgeblieben sei, ist nur alsdann anzunehmen, wenn sie in einem Vormittagstermine bis 12 und in einem Nachmittagstermine bis 5 Uhr sich nicht gemeldet hat, §. 8. Ein Termin in Prozesssachen soll während der Gerichtsferien nicht angesetzt werden, III. 1. §. 52. indess macht ein Fehler dagegen die Verhandlung nicht ungültig, (444). Wechsel-, Alimenten-, Arrest- und andere dergleichen Sachen, wo Gefahr im Verzuge obwaltet, ausgenommen, §. 53.

S. übrigens: Edictalvorladung, Instructionstermin, Licitationshandlung, Schlusstermin, Verlegung der Termine.

Termine sollen in der Regel an Sonn- und Festtagen nicht abgehalten werden, I. 390. Anberaumung und Verlegung derselben in summarischen Prozessen, s. summarischer Prozeß.

Termini technici, s. Kunstwörter.

Testament kann vor jedem gehörig besetzten Gerichte errichtet werden, II. 1. §. 9. wann vor Militairgerichten, 2. § 7. (418). Ein Protocollführer ist dabei stets nothwendig, §. 16. (421.). Verfahren bei der Aufnahme des Testaments oder Codicills eines Wenden, §. 37. sqq. (422). Verfahren, wenn dasselbe I) mündlich A) vor dem versammelten Gericht, 4. §. 3. B) vor einer Deputation errichtet, §. 4. oder II) schriftlich A) dem Gerichte, §. 5. oder B) einer Deputation übergeben werden soll, §. 6. Bei Aufnehmung der Testamente von Personen, welche der deutschen Sprache nicht kundig sind, müssen zwei Dollmetscher, oder es muss wenigstens Ein Dollmetscher und Ein Zeuge zugezogen werden, II. 2. §. 38. Bei Annahme, Aufbewahrung und Zurückgabe des Testaments finden, mutatis mutandis, die Vorschriften der Depositalordnung Anwendung, 4. §. 8. und, wenn dem Testator daran liegt, die Existenz seines Testaments geheim zu halten, noch besondre Regeln, (428). Jedoch wird es in Ansehung des Kammergerichts bei dem Rescripte vom 12. September 1791 vor der Hand belassen, §. 12. Was der Testator zu beobachten habe, wenn er sein Testament zurücknehmen will, §. 9 u. (429). s. auch Specialvollmacht. Verfahren bei Publication der Testamente, §§. 10. 11. und anderer letztwilliger Verordnungen, §. 13. Von anderweiter Disposition des wechselseitigen Testaments zwischen Eheleuten nach erfolgter Publication bis zu erfolgtem Ableben des zweiten Ehegatten, §. 9. (419). Von Testamentsacten, §. 14. Von Erbverträgen, §. 25. u. (431). Was bei Versiegelung in Sterbefällen in Ansehung der vermuthlich vorhandenen oder

wirklich vorgefundenen letztwilligen Verordnungen zu beobachten, 5. §. 32.

Testament. Competenz des Gerichts zur Aufnahme eines Testaments, IV. 36. 40. Errichtung der Testamente vor Dorfgerichten, IV. 37. desgl. vor Magistraten, IV. 40. In wie weit außerdem letztwillige Verordnungen außergerichtlich getroffen werden können, IV. 27. Nothwendigkeit der ausdrücklichen Deputation sowohl der richterlichen Person als auch des Protocollführers zur Auf- oder Annahme eines Testaments IV. 92 Verfahren bei Annahme schriftlicher Testamente und Folgen der unterlassenen Attestirung des Anerkenntnisses eines offen übergebenen Testaments, II. 94. Folge der in Gegenwart des Testators nicht bewirkten Versiegelung und Ueberschreibung eines Testaments, IV. 95. Aufbewahrung der Testamente bei den Gerichtsämtern, IV. 96. Einreichung der vor Patrimonialgerichten aufgenommenen Testamente an das Obergericht, IV. 96. Aufbewahrung eines bei einem andern Untergerichte aufgenommenen Testaments, IV. 91. Uebersendung eines zurückzugebenden Testaments durch die Post, IV. 99. Publication früherer durch spätere Verordnungen aufgehobener Testamente, IV. 99. Publication wechselseitiger Testamente, IV. 100. Unzulässigkeit der Untersagung der Eröffnung eines letzten Willens, IV. 100. Verfahren zur Verhütung, daß Testamente ganz oder zu lange uneröffnet liegen bleiben, und Kosten der Bekanntmachung der seit länger als 56 Jahren deponirten Testamente, IV. 100. Die Interessenten sind bei Publication der Testamente über deren Mängel nicht zu belehren, IV. 102. Ausfertigung der Testamente überhaupt und namentlich für mehrere Erben gemeinschaftlich, IV. 102. 103. Ausfertigung der von Ausländern bei hiesigen Gerichten deponirten Testamente, IV. 103. Ertheilung eines Erbeslegitimationsattestes für Testamentserben, IV. 102. Die Einsendung der bei Untergerichten deponirt gewesenen Testamente an das Obergericht, wenn in dem Testamente Legate für milde Stiftungen angeordnet sind, ist nicht mehr erforderlich, IV. 104. — Anwendung der Zeichensprache bei Aufnahme eines Testaments von einem Taubstummen, IV. 66. Zuziehung der Dollmetscher bei Testamentsaufnahmen, und Verfahren bei Aufnahme von Testamenten der Wenden, IV. 52. Zuziehung zweier Unterschriftszeugen bei Testamenten Schreibens Unkundiger, IV. 46.

Thatsache, in welchem Falle sie für völlig erwiesen, I. 13. §. 10. oder nur für zum Theil erwiesen zu achten, §. 11. wird nicht vermuthet, 13. § 28.

S. übrigens: Neue Thatsachen, Notorietät, Referent.

Theater, s. Nationaltheater, Oper.

Theater, Königliches. Vollstreckung der Execution gegen dasselbe, II. 313.

Theilung des streitigen Gegenstandes, in welchem Falle der Urtelsverfasser darauf erkennen müsse, I 13. §§. 29. 30.

Theilung des gemeinschaftlichen Eigenthums, zum Zwecke desselben findet die nothwendige Subhastation statt, III. 651 — 654.

Theilungsprozeß, s. Gemeinheitstheilung.

Theilungsprozess bei Auseinandersetzung der Gemeinheiten, wie derselbe in Fallen des gütlichen Abkommens zu errichten, I. 43. §§. 34 35.

Titularräthe oder Beamte, Königliche sind eximirt, I. 2. §. 53. s. auch Exemtion.

Titulatur, unter dem Vorwande, dass dieselbe nicht gehörig eingerichtet sei, soll die Annahme gerichtlicher Verordnungen

nicht verweigert werden, I. 7. §. 37. müssen die Secretarien gehörig beobachten, III. 5. §. 10.

Todeserklärung, durch die eines verschollenen Cantonisten wird das Recht der Invalidencasse auf dessen zurückgelassenes Vermögen nicht ausgeschlossen, I. 36. §. 23. Verfahren, wenn sie dennoch nachgesucht wird, (270). Bei welchem Gerichte die Todeserklärung nachzusuchen, 37. §. 3. u. (282). Anmeldung und Aufnehmung der Klage, §§. 4. 5. Vorladung, §. 6. — 8. s. auch Fiscalisches Amt. Instruction, wenn der Vorgeladene sich nicht meldet, §§. 9. 10. Erkenntniss, §. 11. Wie es zu halten, wenn der Vorgeladene, §. 12. oder ein Erbe sich meldet, §. 13. In wie fern mehrere Vorladungen verschollener Personen in einem Prozesse zusammengezogen werden können, §§. 14. 15.

Todeserklärung. Communication der Gerichte mit den fiscalischen Behörden bei Provocationen auf Todeserklärung, III. 105. Verfahren behufs der Todeserklärung nach 40jähriger Abwesenheit, III. 122. Verfahren behufs der Todeserklärung der aus den letzten Kriegen von 1806--1815 nicht zurückgekehrten Militairpersonen, III. 122. Todeserklärung der auf einem untergegangenen Schiffe befindlich gewesenen Personen, III. 124. Substantiirung einer Provocation auf Todeserklärung, III. 124. Edictalcitation und deren Einrückung in ausländische Zeitungen, III. 126. Diligenzeid bei Todeserklärungen, III. 128. Cumulation der Todeserklärungen und Kosten in solchem Falle, III. 129. Todeserklärungen im Großherzogthum Posen gehören vor die Ober-Landesgerichte, II. 43.

Todtengräber, s. Kirchenbediente.

Todtenschein, aus dem Kirchenbuche unter dem Kirchensiegel ausgestellt, ist ein Documentum publicum extrajudiciale, I. 10. §. 128.

Transact, s. Vergleich.

Trauerkosten der Wittwen und Kinder des Gemeinschuldners werden im Concurse post omnes locirt, I. 50. §. 478.

Türke, s. Mahomedaner.

U.

Uebergehung der Instanzen, s. Instanz.

Ulterior defensio, s. weitere Vertheidigung.

Umgang verdächtiger, s. Verdächtiger Umgang.

Unbefugte Consulenten, s. Landesjustizcollegia, Strafen.

Unerlaubte Handlungen. Von Execution wegen aus ihnen entstandener Schulden, I. 24. §. 70. (157). §. 106 — 108. (169). s. Execution.

Unioprolium, s. Einkindschaft.

Uniform der verschiedenen Beamten, IV. 175 — 181. Verpflichtung zum Tragen derselben, IV. 182.

Universitäten, deren Grundstücke sind der Gerichtsbarkeit des Obergerichts unterworfen, I. 2. §. 108. Vom Gerichtsstande der zu ihnen gehörigen Personen, §. 76. (24). Welche Universitä-

ten gleich dem Fiscus die Kostenfreiheit geniessen, 23. §. 46. (145).
S. übrigens: Schulen.

Universitäten, Einrichtung der academischen Gerichtsbarkeit und Disciplin auf den Universitäten, I. 203.

Universitätszeugnisse, Beibringung derselben behufs der Staatsprüfung, IV. 293. und folgde.

Unmöglichkeit der Dienste, Verfahren, wenn diese von den Unterthanen behauptet, und a) auf temporellen Erlass derselben geklagt wird, I. 41. §§. 66. 67. Dergleichen Klagen einzelner Unterthanen gehören vor die Patrimonialgerichte, §. 68. u. (296). b) Von Klagen auf fortwährenden Erlass, §. 69. Begründung der Unmöglichkeitsklage, §. 70 — 72. Worauf die Vernehmung der Kläger besonders zu richten, §. 73. Verordnung auf die Klage, §§. 74. 75. Instruction, §. 76. sqq. Was für Commissarien zu diesem Behuf zu ernennen, §. 76. Die Commission muss zuvörderst den Legitimationspunct berichtigen. §. 77. sich sodann einen allgemeinen Begriff von der Beschaffenheit, der herrschaftlichen sowohl als der Oeconomie der Unterthanen und der auf ihren Gütern haftenden Lasten und Abgaben verschaffen, §. 78. alsdann Vergleichungsvorschläge entwerfen, §. 79. und, wenn die Güte nicht statt findet, mit der fernern Instruction der Sache verfahren, §. 80. Was die Commission zu beobachten habe, wenn sie aus dem Resultate ihrer Untersuchungen wahrnimmt, dass das künftige Erkenntniss, dem Ansehen nach, auf eine Ermässigung der Dienste ausfallen dürfte, §. 81. Der Oeconomiecommissarius muss hierbei lediglich unter der Direction des Justizcommissarius arbeiten, § 82. Am Schlusse der Untersuchung ist die Sühne nochmals alles Ernstes zu versuchen, I. 41. §. 83. Erkenntniss, §. 84. Rechtsmittel, §. 85. Die Festsetzung des ersten Urtels gilt als Interimisticum, §. 86. a. Wo besondere Provinzialgesetze über die Befugniss der Unterthanen, Erlass der Dienste zu fordern, vorhanden sein sollten, muss das Prozessverfahren diesen Vorschriften gemäss eingerichtet werden, §. 86. b.

Unmöglichkeit der Dienste, Unterschied der Unmöglichkeitsklagen und der Klagen auf temporairen Erlaß der Dienste, III. 186. Interimisticum und Kosten in Dienstprozessen, III. 184.

Unmündige werden vor Gericht weder als Kläger noch als Beklagte zugelassen, I. 1. §. 3. können, weil sie zur Ableistung eines Eides unfähig sind, nicht als Beweiszeugen, wohl aber der Erkundigung wegen abgehört werden, 10. §. 230. n. 13.
S. übrigens: Kinder, Minderjährige.

Unterbediente, s. Subaltern, auch Delegation.

Untergerichte sind alle diejenigen, welche keine Landesjustizcollegia sind, I. 25. §. 1. Sie werden in zwei Classen getheilt, §. 3. imgleichen III. 8. §§. 1. 2. Allgemeine Regeln von dem Verfahren bei Untergerichten der ersten Classe, I. 25. §. 4. Nähere Bestimmung wegen Abkürzung der Fristen, §. 5. wegen

Regulirung des Status causae et controversiae, §. 6. wenn die Beweisaufnahme von der Erklärung eines dunkeln Gesetzes abhängt, §. 7. sqq. s. auch Gesetzcommission, wenn es bloss auf Applicationem legis ad factum ankommt, §. 12. wenn es an einer gesetzlichen Vorschrift zu ermangeln scheint, §. 13. Von dem Recurs der Parteien an das Obergericht über die ihrer Meinung gemäss geschehene Festsetzung des Status causae et controversiae, §. 14. sqq s. auch Kosten, Manualacten, Strafe. Was Untergerichte wegen Abfassung der Erkenntnisse und der Anfragen an die Gesetzcommission zu beobachten haben, §. 19. Wenn dieselben zu bemerken glauben, dass es an einem anwendbaren Gesetze fehle, müssen sie die etwa erforderliche Anfrage dem Obergerichte überlassen, §. 20. Von Appellationen, §. 21. sqq. s. auch Appellationen bei Untergerichten. Von Revisionen, §§. 30. 31. s. auch Revision. Von Contumacialbescheiden, §. 43. Von Kosten, §. 44. In so fern Magisträte zu den Untergerichten der ersten Classe gehören, soll — wo möglich — die Bearbeitung der Justizsachen von den übrigen Angelegenheiten abgesondert werden, III. 8. §. 3. Besetzung der Untergerichte, §. 4. allgemeine Obliegenheiten, §§. 5. 6. Von Untergerichten der ersten Classe, §§. 7. 8. Diese durfen Auscultatoren und Referendarien nach vorgängiger Prüfung und Bestätigung des Obergerichts annehmen, §. 9. welche aber nur in Subalternenposten oder kleinen Untergerichtsbedienungen ihre Versorgung suchen können, §. 10. Von dem Verfahren bei Untergerichten der zweiten Classe, I. 25. §. 45. sqq. Allgemeine Anweisung, §. 45. besonders wegen Abkürzung der Fristen, wegen des persönlichen Erscheinens der Parteien, §§. 46. 47. auch Ordnungsstrafen. Wie es zu halten, wenn eine Partei abwesend ist, §. 48. Auch bei kleinen Untergerichten müssen Protocollführer, §§. 49. 50. s. auch Protocollführer, oder Gerichtsbeisitzer zugezogen werden, §. 51. Von Bestellung der letztern, II. 25. §. 52. s. auch Gerichtsschöppen, Polizeirathmänner. In welchen Fällen es der Protocollführer oder Gerichtsbeisitzer nicht bedürfe, §. 57 — 59. Rechtliche Folgen der unterbliebenen Zuziehung des Protocollführers oder der Gerichtsbeisitzer, §. 60. sqq. s. auch Nullitätsklage. Wie bei Anführung der Protocolle selbst zu verfahren, §. 63. sqq. s. auch Zugeständnisse. Von Appellation gegen die Erkenntnisse der Untergerichte zweiter Classe, §. 67. sqq s. auch Appellation bei Untergerichten, Deduction, Manualacten. Von Revisionen, §. 82. Sie müssen die fiscalische Untersuchung wegen verbotenen Spiels einleiten, wenn der Denunciat bei ihnen seinen ordentlichen Gerichtsstand hat, 35. §. 34. (249). Wann sie in Defraudationssachen die fiscalische Untersuchung führen, (250). Bei Untergerichten der zweiten Classe können nur Rechtscandidaten als Protocollführer angenommen, diese aber in der Folge bei Obergerichten sogleich als Referendarien angestellt werden, III. 8. §. 11. Besondere Obliegenheiten eines Unterrichters der zweiten Classe, §§. 12. 13. Von der Aufsicht über die Untergerichte und von dem Verfahren, wenn

Beschwerden gegen sie einkommen, s. Decernent, Justizvisitation, Präsident.

Untergerichte, deren Competenz zur Abfassung der Erkenntnisse gegen beurlaubte Landwehrmänner, I. 179. Competenz der Untergerichte in Ost- und Westpreußen zur Bearbeitung der Wechsel- und Concursprozesse, I. 234. Befugniß der Untergerichte, den an sie ergehenden Requisitionen auswärtiger Behörden unmittelbar zu genügen, I. 361. Begriff der Untergerichte erster Classe, II. 511. Disciplinargewalt der Untergerichte über die bei ihnen practisirenden Justizcommissarien, II. 217. s. auch Appellation bei Untergerichten, Revision. Befugniß der Untergerichte in Injuriensachen auch dann zu erkennen, wenn die Strafe über 50 Rthlr. oder 4 Wochen Gefängniß beträgt, II. 716. Competenz der Untergerichte in fiscalischen Untersuchungen, III. 49. 65. desgl. in Steuersachen, III. 31. 68. Competenz der Untergerichte, bei erhobenem Einspruche das Aufgebot und die Trauung Eximirter zu inhibiren, III. 149. s. auch Rangordnung, Uniform. Befugniß der Obergerichte, eine von einem Untergerichte verfügte Execution aufzuheben, IV. 429. Controlle über unzulässige Emolumente der Untergerichtsbeamten, IV. 428.

Unterofficiers und gemeine Soldaten stehen unter den Regimentsgerichten, I. 2. §. 48. stehen unter dem Untergerichte der Garnisonstadt, (13). s. Militairpersonen. Gerichtsstand ihrer Ehefrauen, §. 88. und Kinder, wenn diese bei Civilpersonen im Dienste oder auf ein Handwerk gegeben worden, §. 97. Von deren Kostenfreiheit, 23. §. 42. (143). §. 43. (144). auch in fiscalischen Untersuchungen, 35. §. 82. (260). Von Injuriensachen, wenn ein Unterofficier oder gemeiner Soldat Kläger, und eine Civilperson Beklagter ist, 34. §. 29. s. auch Injuriensachen. Wie es in fiscalischen Untersuchungen mit Vorladung eines zum Zeugen vorgeschlagenen im wirklichen Dienste begriffenen Unterofficiers oder Soldaten zu halten, 35. §. 62.

S. übrigens: Militairpersonen.

Unterofficiers und Soldaten, Gerichtsstand derselben, I. 166. und folgde. Execution gegen dieselben, II. 295. 342. 374. und folgde. 474. und folgde s. Militairpersonen, Execution Sportelfreiheit derselben, II. 275. Berechtigung der zwölf Jahre gedienten Unterofficiers zu Anstellungen im Civildienst, IV. 298. und folgde. Fortgenuß, Verlust und resp. Wiederverleihung des Militairgnadengehalts hierbei, IV. 310. und folgde.

Unterpfand, s. Pfand, Pfandgläubiger, Pfandrecht.

Unterricht in Wissenschaften und Künsten, das Honorarium dafür wird in der sechsten Classe angesetzt, I. 50. §. 464.

Unterschrift oder Unterzeichnung der Protocolle, wie dabei zu verfahren, I. 25. §. 63. sqq. desgl. II. 2. §. 44. Die Juden dürfen sich bei ihren Namensunterschriften nur deutscher oder lateinischer Schriftzüge bedienen, 10. §. 19. (67). Wie es bei Personen, welche nicht schreiben oder Geschriebenes lesen können, wegen eines von ihnen zu wählenden Beistandes zu halten, (68. 69). Wann der Richter diesen von Amtswegen zuordnen muss, (70). Wenn unter mehrern Litisconsorten Einer schreiben oder Geschriebenes lesen kann, (71). Parteien, welche bloss ihren Namen schreiben können, sind denen, die gar nicht

schreiben können, gleich zu achten, (72). Wie es zu halten, wenn die Partei das aufgenommene Protocoll nicht unterschreiben will, (74).

Unterschrift oder Unterzeichnung der Protocolle der Schreibens Unkundigen, I. 425. IV. 46. Der Protokollführer oder auch ein gerichtlich vereideter Dollmetscher vertritt die Stelle des Unterschriftsbeistandes, IV. 46.

Unterstab, die dazu gehörigen Personen stehen unter den Regimentsgerichten, I. 2. §. 48. stehen mit ihren Frauen und Familien unter der Gerichtsbarkeit des Obergerichts der Provinz (12).

Untersuchung, summarische, welche den, von den Regierungen in fiscalischen Contraventions- und Defraudationssachen abzufassenden, Resolutionen voraufgeht, s. Fiscalische Untersuchung, Regierungen.

Untersuchungen, fiscalische, s. Fiscalische Untersuchungen.

Unterthänige Landbewohner, Gerichtsstand ihrer Kinder, I. 2. §. 18.

Unterthanen können in Sachen ihrer Gutsherrschaft zwar als Beweiszeugen abgehört werden, ihre Aussage hat aber keine volle Glaubwürdigkeit, I. 10. §. 233. Gerichtsstand der Landesunterthanen, s. Exemtion, Gerichtsbarkeit, Gerichtsstand. Verfahren gegen ausgetretene Unterthanen und Vasallen, s. Confiscationsprozess, Vasallen und Unterthanen.

Uebrigens: Hofwehr, Patrimonialgerichte, Saat-, Brod- und Futtergetreide.

Unterthanen. Die Gutsunterthänigkeit ist aufgehoben, III. 171.

Unterthanenprozesse, davon handelt I. 41. Was hier unter Unterthanenprozessen verstanden werde, §. 1. — 3. 1) Von eigentlichen Dienststreitigkeiten, §. 4. 1) wenn die Unterthanen Kläger sind, muss die Klage bei demjenigen Gerichte, unter dessen Jurisdiction das herrschaftliche Gut belegen ist, §. 5. durch zwei oder drei von den streitigen Prästationen aus eigner Kenntniss unterrichtete Deputirte angebracht werden, §§. 6. 7. Zur Instruirung der Sache sind in Geschäften dieser Art schon geübte, mit einigen Wirthschaftskenntnissen versehene Subjecte zu verordnen, §. 8. Obliegenheiten des Instruenten bei Aufnehmung der Klage, §. 9. sqq. Verordnung auf die Klage, je nachdem sich beim Vortrage findet, dass das Anbringen der Kläger an sich widerrechtlich und ungegründet, §. 12. oder dass die Klage noch nicht vollständig aufgenommen, §. 13. — 15. oder, dass dabei nichts Wesentliches mehr zu erinnern ist, §§. 16. 17. In weitläufigen Sachen ist ein besonderer Termin zur Beantwortung der Klage anzusetzen, §. 18. Verfahren in diesem Termine, §. 19. In solchen Prozessen können weder von Seiten der Herrschaften noch von Seiten der Unterthanen blosse Justizcommissarien als Bevollmächtigte, wohl aber können sie als Assistenten der persönlich erscheinenden Parteien zugelassen werden, §. 20. Der Termin zur Beantwortung der Klage steht

bei dieser Gattung von Prozessen unter keinem besondern Präjudiz an. Doch muss — wenn er vereitelt wird — der Beklagte in jedem Falle die aus der Verzögerung der Sache entstehenden mehreren Kosten allein tragen, §. 21. 2) Verfahren, wenn die Herrschaft Kläger ist, welche sich nicht selbst Recht nehmen, sondern dergleichen Streitigkeiten der Entscheidung des competenten Gerichts überlassen muss, I. 41. §. 22. Die Klage wird gegen einzelne Unterthanen bei den Gerichten der Herrschaft angestellt. Wie es zu halten, wenn die ganze Gemeine verklagt werden soll, §. 23. s. auch Patrimonialgerichte. Verfahren, wenn in diesem letztern Falle die Klage bei dem Landesjustizcollegio angestellt wird, §. 24. sqq Dergleichen Unterthanensachen müssen in der Regel auf Localinstruction gerichtet werden, §. 31. Ernennung des Instruenten in der Person eines Mitgliedes des Collegii, welchem ein geübter Referendarius zuzugeben, §. 32. oder eines auswärtigen Rechtsverständigen als Commissarius, §. 33. Wenn Sachverständige dabei zuzuziehen, und dem Collegio keine dazu tauglichen Subjecte bekannt sind, muss die Kriegs- und Domainenkammer dergleichen in Vorschlag zu bringen, requirirt werden, §. 34. In wie fern Rechtsbeistände bei dieser Localcommission zuzulassen, §. 35. Bekanntmachung des Termins, §. 36. Im Termin selbst muss zuvörderst der Legitimationspunct berichtigt, sodann müssen einige seit geraumer Zeit in der Gemeine angesessene Wirthe zu Deputirten der Gemeine gewählt, §. 37. und beide Theile abgesondert, über die einzelnen Klagepuncte vernommen werden, §. 38. Dabei sind die Vorschriften des Tit. 10. und Tit. 11., unter folgenden nähern Bestimmungen, zu beobachten: 1) bei Regulirung des Status causae et controversiae muss der Commissarius, da in der Regel keine Rechtsbeistände gegenwärtig sind, mit desto grösserer Sorgfalt zu Werke gehen. 2) Die Abhörung der Zeugen geschieht nicht in Gegenwart der Parteien. Doch sind die Justizcommissarien, wenn dergleichen zugelassen werden, davon nicht auszuschliessen. 3) Den Rechtspunct nimmt der Commissarius von Amtswegen wahr. 4) Schriftliche Deductionen finden in der Regel nicht statt, §. 39. Sachverständige kann der Commissarius, wenn deren Zuziehung erst während der Instruction nothwendig werden sollte, unmittelbar requiriren, §. 40. a. auch Zeugen, die im Orte oder in der Nähe befindlich sind, unmittelbar vorladen, §. 40. b. Wenn ein Beweismittel an dem Orte der Commission nicht aufgenommen werden kann, muss desshalb bei dem Collegio die nöthige Verfügung nachgesucht werden, §. 41. Ueber die einzelnen streitigen Puncte sind besondere Protocolle, §. 42. ausser diesen Specialprotocollen aber ist ein Generalprotocoll über die Eröffnung der Commission, Berichtigung des Legitimationspuncts, Versuch der Sühne etc. zu halten, §. 43. Einreichung und Vorlegung der Acten, §. 44. Wie es zu halten, wenn das Collegium Deductionen zulässig findet, §. 45. Das Erkenntniss ist vorzüglich zu beschleunigen, §. 46. Wie es mit der Publication des Urtels,

§§. 47. 48. mit der Anmeldung und Aufnehmung der Appellationsbeschwerden, §§. 49. 50. und mit der Instruction des Appellatorii zu halten, §. 51. sqq. In der zweiten und dritten Instanz sind Deductionen schlechthin zulässig, I. 41. §. 55. Anmeldung der Revision, §. 56. Publication des Revisionsurtels, §. 57. Die streitigen Dienste sollen, in so fern sie gewöhnlich sind, oder bisher von den Unterthanen verrichtet worden, auch während des Prozesses geleistet werden, §. 58. Diese während des Prozesses zu leistenden Dienste müssen aber besonders verzeichnet oder auf einen Kerbstock eingeschnitten, §. 59 und wenn das Erkenntniss die Unterthanen hienächst von diesen Diensten entbindet, muss die Vergütung derselben durch eine blosse Resolution festgesetzt werden, §§ 60. 61. Entschädigung der Herrschaft, wenn Dienstleistungen, die ihr wirklich zukommen, von den Unterthanen beharrlich verweigert worden, §§. 62. 63. Dergleichen Anspruch der Herrschaft ist als ein besonderer Prozess zu instruiren, 64. II) Von Klagen auf Erlass der Dienste, §. 66. sqq. s. Unmöglichkeit der Dienste, §. 66. sqq. s. Unmöglichkeit der Dienste. III) Von Klagen auf Exmission der Unterthanen, §. 87. sqq. s. Exmission der Unterthanen.

Unterthanenprozesse, in wie weit solche nach Aufhebung der Gutsunterthänigkeit noch statt finden, und Competenz der Generalcommission zur Entscheidung der Streitigkeiten zwischen den Gutsherrschaften und bäuerlichen Wirthen über die Aufhebung und Ablösung der von letzteren zu entrichtenden Dienste und sonstigen Leistungen, III. 171. und 211. und folgde. Cumulation der Klagen wegen der Gerechtsame und Verbindlichkeiten zwischen der Gutsherrschaft und den Gutseinsassen, III. 172. Regulirung eines Interimisticums in Dienstprozessen, III. 184. Unterschied der Unmöglichkeitsklagen und der Klagen auf temporairen Erlaß der Dienste, III. 186. Verfahren in Unmöglichkeitsprozessen in Schlesien, III. 188. Forum der Exmissionsprozesse gegen bäuerliche Wirthe, III. 193. s. auch Regulirung der gutsherrlichen und bäuerlichen Verhältnisse und Gemeinheitstheilungen.

Untheilbar, dafür ist eine Sache zu achten, wenn sie Einem von mehrern Interessenten nicht zu Statten kommen kann, ohne zugleich den übrigen gewährt zu werden, I. 5. §. 4. n. 7. S. 102.

Untreue, wer derselben gerichtlich überführt worden, kann nicht als Beweiszeuge, wohl aber der nähern Erkundigung wegen abgehört werden, I. 10. §. 230. n. 15.

Urbarium, Dienstregister.

Urkunden, wie es mit deren Beibringung bei Aufnehmung der Klage zu halten, I. 5. §. 5. oder wenn noch bei Regulirung des Status causae et controversiae sich findet, dass irgendwo ein wesentliches Document vorhanden sei, 10. § 58. Von dem Beweise durch Urkunden überhaupt handelt, §. 89. sqq. Zu welcher Zeit die Urkunden vorgelegt werden müssen, §. 90. Von der Edition, §. 91. sqq. s. Edition der Urkunden. Alle Urkunden müssen im Originale producirt werden, §. 110. In welchem Falle es der Vorlegung der Originale nicht bedürfe,

§. 111. Verfahren, wenn ein Producent das Document, weil es mehrere nicht zur Sache gehörige Stellen enthält, vollständig zu den Acten zu geben, Bedenken trägt, §. 112. In welchen Fällen es der Herbeischaffung desjenigen Documents, auf welches die producirte Urkunde sich bezieht, nicht bedürfe, §. 113. Urkunden in fremden Sprachen müssen durch einen vereideten Dollmetscher übersetzt werden, § 214. Ueber die Gültigkeit der Urkunden in Ansehung der Form entscheiden die Gesetze des Orts, wo sie verbindliche Kraft erhalten haben, §. 115. Gesetzliche Folgen ihrer Mängel, §. 116. Widersprüche und Unvollständigkeit des Inhalts, §. 117. Correcturen, Rasuren etc. §. 118. Zerrissene oder zerschnittene Urkunden, §. 119. Zur eidlichen Bestärkung der vorsätzlich abhanden gebrachten Urkunden soll der Gegner jederzeit zugelassen werden, §. 120. Verfälschung der Urkunden wird nicht vermuthet, §. 121. Verfahren, wenn eine Partei behauptet, dass die zur Unterstützung ihrer Gerechtsame dienende Urkunde durch Zufall oder unabwendbare Gewalt abhanden gekommen, oder unleserlich geworden, I. 10. § 122. Was unter öffentlichen, und unter öffentlichen gerichtlichen Urkunden zu verstehen, §. 123. 1) Von gerichtlich aufgenommenen, §. 124. 2) anerkannten Urkunden, §. 125. Beiderlei Urkunden bedürfen hienächst keiner fernern Recognition, §. 126. 3) Von öffentlichen aussergerichtlichen Urkunden, §. 127 — 130. und §. 127. (79). s. auch Attest, Justizcommissarius als Notarius, Protocoll. Dergleichen Urkunden bedürfen zwar ebenfalls keine Recognition, doch ist über deren Mangelhaftigkeit oder Unrichtigkeit Beweis zulässig, §. 131. Durch Zweifel gegen die Glaubwürdigkeit einer öffentlichen Urkunde geht das Recht der Partei, sich dieser Urkunde in der Folge auch für sich zu bedienen, nicht verloren, §. 132. Eine blosse Privaturkunde muss dem Gegner zur Recognition vorgelegt werden, § 133. Von Diffession der Urkunden, §. 134 sqq. s. Diffession, Diffessionseid. Von der Vergleichung der Handschriften, § 149. a. sqq. s. Schreibmeister, Vergleichung der Handschriften. In wie fern die Urkunden dem Producenten zurückgegeben, oder bis zum rechtskräftigen Urtel bei den Acten zu behalten, §. 157 Von der Beweiskraft der Privaturkunden, 1) überhaupt, §§. 158 a. b. 2) solcher, die aus Archiven etc. producirt werden, §. 158. c. 3) der Urbarien, Zinsregister, Matrikeln etc §. 159. 4) der Quittungen und Belege, §§. 160. 161. 5) der Hausbücher, §. 162. 6) der Handlungsbücher, §. 163 — 165 — 168. s. Handlungsbücher. Verfahren, wenn 1) zwischen mehrern Urkunden ein Widerspruch vorhanden ist, §. 332. 2) wenn die Glaubwürdigkeit einer Urkunde durch Zeugen angefochten wird, §. 394. oder 3) aus den Zeugenaussagen das Gegentheil der Urkunde folgt, §. 395. Pflichten des Referenten in allen diesen Fällen, s. Referent. Von der Restitution wegen neu erfundener Urkunden, s. Restitution.

S. übrigens die einzelnen Arten der Verträge und Urkunden, besonders Grundstücke, Verträge.

Urkunden, daß die von den Parteien in Prozessen vorgelegten Urkunden bei den Acten aufbewahrt und nach Reposition der letzteren ex officio zurückgegeben werden müssen, I. 452. Uebersetzung der in fremder Sprache abgefaßten Urkunden I 461. Beweiskraft russischer Urkunden und solcher Urkunden, welche nach dem Code Napoléon ausgefertigt sind, I. 462. Glaubwürdigkeit der von Domainenbeamten beglaubigten Urkunden, I. 464., so wie der von nicht gerichtlichen Behörden ausgestellten Urkunden im Allgemeinen, I. 466. Verfahren bei der Recognition und Diffession von Urkunden, welche von einer Parthei geschrieben sein sollen, denen aber die Unterschrift fehlt, I. 468. Amortisation verlorner Schuldinstrumente s. Aufgebot, Mortification. Qualification der von öffentlichen nicht gerichtlichen Behörden ausgestellten Urkunden behufs Eintragungen in das Hypothekenbuch, I. IV. 10. Legalisation der Urkunden, welche ins Ausland geben oder aus demselben kommen, IV. 20. Verfahren bei Abzweigung der Urkunden, IV. 87.

Urlaub, s. Reiseerlaubniss.

Urlaub, s. Reiseurlaub.

Urtel, s. Erkenntniss, Declaration, rechtskräftiges, s. Judicat, Nullitätsklage, Restitution.

Urtelsverfasser, s. Referent.

V.

Väterliche Gewalt, in wie fern die darunter stehenden Personen allein, oder nur unter Beitritt des Vaters vor Gericht erscheinen können, I. 1. §. 13 — 15. Die persönlichen Rechte solcher Dienstboten, welche der väterlichen Gewalt noch unterworfen sind, werden dadurch, dass sie unter den ordentlichen Gerichten der Herrschaft stehen, nicht verändert, I. 2. 13. Die Vorladung der unter väterlicher Gewalt stehenden Personen wird an den Vater allein gerichtet, 7. §. 3. Die Erklärung des Vaters, wodurch sein noch minderjähriger Sohn derselben entlassen werden soll, muss vor dem persönlichen Richter verlautbaret werden, II. §. 6. n. 4.

Vagabunde, wer im rechtlichen Sinne dafür zu halten, I. 2. §. 22 — 24. kann vor jedem Gerichte, wo er angetroffen wird, in Anspruch genommen werden, §. 25. Vorladung desselben, s. Edictalvorladung.

Vasallen und Unterthanen, von dem Verfahren gegen ausgetretene nicht cantonpflichtige handelt, I. 36. §. 47. sqq. Die Klage muss durch einen fiscalischen Bedienten angestellt werden, §. 47. Wie dieselbe zu begründen, §. 48. Vorladung, §. 49. deren Insinuation, wenn der Beklagte mit Landgütern angesessen ist, auf dem inländischen Gute geschieht, §. 50. Ist er nicht mit Landgütern angesessen, so muss Edictalvorladung ergehen, §. 51. Ausser derselben muss, wenn der Aufenthalt des Abwesenden bekannt ist, zugleich eine besondere Vorladung an ihn erlassen werden, §. 52. und (281). Bei der weiteren Instruction der Sache etc. finden die Vorschriften des Confiscationsprozesses Anwendung, §. 53.

Vasallen und Unterthanen, Vorladung der ausgetretenen, mit Landgütern nicht angesessenen Unterthanen und Anwendung der Edictalcitation gegen solche, III. 120.

Vater, s. Väterliche Gewalt.

Venia aetatis, s. Majorennitätserklärung.

Veränderung wird nicht vermuthet, I. 13. §. 28.

Veräusserung der Grundstücke, s. Grundstücke.

Verbotenes Spiel, s. Spiel.

Verbrauchbare Sache, s. Fungibilis res.

Verbrechen. Wenn Leute von verschiedenen Nationen ein Verbrechen begehen; so sind sie in Ansehung ihres Gerichtsstandes bloss als Mitschuldige anzusehen, I. 2. §. 39.
S. übrigens: Ehrlosigkeit.

Verbrecher. Verfahren bei der Vorladung eines solchen, wenn er flüchtig geworden ist, im Ehescheidungsprozess, I. 40. §§. 63. 64. (295).

Verdächtiger Umgang, wer denselben mit einer Partei unterhält, kann zwar als Beweiszeuge für die Partei abgehört werden; seine Aussage hat aber keine volle Glaubwürdigkeit, I. 10. §. 233. n. 4.

Verderben. demselben ausgesetzte Sachen, Verfahren, wenn sie mit Arrest belegt werden sollen, I. 29. §. 14. Wie es in Ansehung derselben bei Versiegelung zu halten, II. 5. §. 27.

Verfälschung einer Urkunde wird nicht vermuthet, I. 10. §. 121.

Vergleich, Verfahren bei Abschliessung desselben, I. 11. §. 8. sqq. Aus einem gerichtlich geschlossenen findet eben so gut Execution statt, wie aus einem rechtskräftigen Urtel, I. 11. §. 13. (auch 24. §. 4.) Rechtliche Folgen eines ohne Grund ausgeschlagenen Vergleichs, §. 14. Kosten desselben, 23. §. 21. u. (136). Vergleich über künftige Verpflegungsgelder, s. Alimente. Von Vergleich in Concursen, und überhaupt s. Sühneversuch.

Vergleich. Zulässigkeit der Execution aus einem Vergleich, II. 275.

Vergleichung der Handschriften, wenn dieselbe statt finden soll, muss das ganze Instrument von dem Aussteller ge- und unterschrieben, I. 10. §. 149. a. also nicht bloss von ihm unterschrieben sein. In wie fern, wenn der Namensunterschrift mehrere Worte beigefügt worden, die Vergleichung der Handschriften statt finde, §. 149. b. Wer sich dieses Beweismittels bedienen will, muss zuvörderst das juramentum calumniae beschwören, §. 150. Wie bei der Vergleichung der Handschriften selbst zu verfahren, §. 151. sqq. u. (80). s. auch Schreibmeister. Die Sachverständigen müssen, nach geschehener Vereidigung, wenn ihrer mehrere sind, jeder abgesondert von dem andern die Vergleichung anstellen, und sodann umständlich zu Protocoll vernommen werden, §. 153. Was der Instruent zu beobachten habe, wenn die Sachverständigen in ihrem Gutachten unter einander nicht einig sind, §. 154. Ob und in wie fern die Richtigkeit der Handschrift durch Vergleichung ganz

oder zum Theil erwiesen sei, bleibt dem künftigen Erkenntniss vorbehalten, §. 155.

Vergleichung der Handschriften, daß bei derselben geübte Kanzleiverwandte als Sachverständige zugezogen werden können, I. 472.

Verhaftung, s. Personalarrest.

Verhandlung, s. Protocoll.

Verjährung, wenn die Beweiskraft der Handlungsbücher dadurch erloschen ist, muss der ganze Grund der Klage durch andere Beweismittel, ausser dem Handlungsbuche, dargethan werden, I. 10. §. 168. Wie Zeugen über die Verjährung abgehört werden sollen, §. 197. Wirkung derselben bei verlorenen Pfandbriefen, 51. §. 140. Verträge über die Verjährung müssen, in so fern sie Grundstücke betreffen, vor dem Richter der Sache vollzogen werden, II. 1. §. 3. n. 2. e.

Verjährung, der Injurien, II. 727.

Verificationstermin im Concursprozess, Zweck desselben, I. 50. §. 119. In welchem Falle deren mehrere anzusetzen, §. 120. Was in demselben geschehen müsse, §§. 121. 122. Ueber jede Forderung wird ein besonderes Protocoll aufgenommen, §. 123. Verfahren, je nachdem der Contradictor die Forderung einräumt oder nicht, §. 125. Die Gläubiger können auch gegen die von dem Contradictor eingeräumten Posten Einwendungen machen, §§. 126. 127. Wie es mit der Instruction solcher Forderungen zu halten, in Ansehung welcher es ungewiss ist, ob sie zur Hebung kommen werden, §. 129. 130. Instruction der streitig bleibenden Posten, §. 131. sqq. Inrotulation, 140 — 142. s. auch Inrotulation.

Verkauf künftiger Sachen, s. Künftige Sachen.

Verlassenschaftsinventur, Verfahren, wenn der Testator bei der Auf- oder Annahme des Testaments dieselbe verbittet, II. 4. §. 7. In wie fern dieselbe auf den Antrag eines Erben, oder von Amtswegen zu verfügen, 5. §. 40. muss durch eine Gerichtsperson mit Zuziehung eines Protocollführers vorgenommen werden, §. 43. s. auch Dorfgerichte, Justizcommissarius, Polizeimagisträte. Wie bei der Inventur des Nachlasses der Militairpersonen zu verfahren, §. 44. wer dabei zuzuziehen, §§. 45. 46. Verfahren bei Inventuren überhaupt, §. 47. insbesondere bei Zubehörungen, §. 48. bei Häusern, Landgütern und andern unbeweglichen Sachen, §. 50. s. auch Taxe, bei Urkunden und Briefschaften, §. 51. bei den auf dem Nachlass haftenden Schulden, §. 52. Erfordernisse des über die Inventur aufzunehmenden Protocolls, §. 54. Verfahren, wenn der Verstorbene an mehr als Einem Orte Vermögen zurückgelassen hat, §. 31. Folgen der Verabsäumung obiger Vorschriften für den Inventurcommissarius, §. 56.
S. übrigens: Inventur und Concursprocess.

Verlassenschaftsinventur. Ablieferung der Montirungs- und Equipagenstücke eines verstorbenen Officiers an den Regimentscommandeur, IV. 118. Ablieferung der sich in einem Nachlasse vorfindenden Festungs- und Operationspläne

und geheimen Nachrichten, IV. 118. Sorge für die auf das Amt Bezug habenden Papiere der Civil- und Militairbeamten, IV. 119. Einsendung der sich in einem Nachlasse vorfindenden Orden und Ehrenzeichen, IV. 119. Concurrenz der Vormundschaftsgerichte bei der Sicherstellung und Inventarisirung eines Nachlasses, wenn ein Testamentsexecutor ernannt ist, IV. 126. s. auch Inventarium.

Verlautbarung, s. Grundstücke, Verträge.

Verlegung des Termins, wie und unter welchen Umständen dieselbe von dem Beklagten nachgesucht werden könne, I. 8. §. 20. sqq. s. auch Justizcommissarius, Ordnungsstrafen, wegen eines Hindernisses in der Person des Bevollmächtigten, §. 30. oder des Instruenten findet nicht statt, §. 31. In welchen Fällen und unter welchen Bestimmungen Verlegung des Instructionstermins zulässig sei, §. 45. sqq. des Instructionstermins in zweiter Instanz auf den Antrag des Appellanten findet in der Regel nicht statt, 14. §. 54. auf den Antrag des Appellaten, dabei finden die Vorschriften des Tit. 8. §. 20. sqq. Anwendung, §. 55. Eine Verlegung des zur Untersuchung der noch in der Execution gemachten Einwendungen angesetzten Termins findet auf den Antrag des Provocanten niemals statt, 24. §. 39 Termine in Wechselsachen können nicht verlegt werden, 27. §. 16. welche Vorschrift auch im Executivprozess Anwendung findet, 28. §. 4. In wie fern in Arrestsachen auf den Antrag des Klägers, 29. §. 57. oder im Mercantilprozess eine Verlegung des Instructionstermins statt finde, 30 §. 18. Wegen bloss persönlicher, und in der Regel auch wegen Amtsverhinderungen, sind den Fiscalen in fiscalischen Civilprozessen keine Prorogationsgesuche zu gestatten, 35. §. 7. Wenn auf Entsetzung eines Vormundes geklagt worden, findet keine Verlegung des Termins statt, 39. §. 15. Auch kann der Termin zur Anlegung eines vorläufigen Liquidi zwischen dem Verpächter und dem Pächter auf einseitiges Gesuch des letztern nicht verlegt werden, 44. §. 17. welches auch bei Klagen des Verpachters auf Exmission der Fall ist, §. 39.

Verlegung des Termins, in summarischen Prozessen zur Klagebeantwortung und zum mündlichen Verfahren, II. 599. 603. 607.

Verletzung, deren Beweis soll gegen ein abgeleistetes Juramentum in litem nicht zugelassen werden, I. 22. §. 26.

Verletzung gerichtlicher Siegel, s. Siegel.

Verlobte können zwar nicht als Beweiszeugen für einander aufgestellt, wohl aber der nähern Erkundigung wegen vernommen werden, I. 10. §. 228. n. 6.

Vermächtniss, welches der Gemeinschuldner ausgesetzt hat, wird post omnes locirt, I. 50. §. 481.

Vermessung und Bonitirung bei Auseinandersetzung der Gemeinheiten, davon handelt I. 43. §. 20. sqq. s. auch Feldmesser, Karte.

Vermessung und Bonitirung, bei gutsherrlichen und bäuerlichen Regulirungen und Gemeinheitstheilungen, III. 232. 276.

Vermessungsregister, wie es mit dessen Vorlegung bei Gemeinheitsauseinandersetzungen zu halten, I. 43. §§. 26. 27.
Vermiether, s. Verpächter.
Vermögen. Von den Ansprüchen des Fiscus an das Vermögen Ausgetretener, s. Confiscationsprozess. Dies geht auch gegen Minderjährige, I. 36. §. 6. (268). und gegen ausländisches Vermögen, §. 30. (272.).

Vermögensauseinandersetzung, geschiedener Ehegatten, Forum derselben, III. 163.

Vermuthung. Der für einen Ort oder District zunächst bestellte Richter hat die Vermuthung der dinglichen Gerichtsbarkeit über alle in diesem Orte oder Bezirke befindlichen Sachen für sich, I. 2. §. 5. Von allen Eximirten gilt die Vermuthung, dass sie unter dem Obergerichte der Provinz stehen, §. 77. Der Gerichtsbote hat die Vermuthung der gehörig vorgenommenen Insinuation für sich, 7. §. 10. Die Vermuthung, wodurch der Irrthum ausgeschlossen wird, hat ein gerichtliches, wiewohl in einem andern Prozesse erfolgtes Zugeständniss in einem höhern Grade für sich, als ein bloss aussergerichtliches, 10. §. 88. b. Die Verfälschung einer Urkunde wird nicht vermuthet, §. 121. In wie fern durch blosse Abschriften gerichtlicher Urkunden eine rechtliche Vermuthung begründet worden, §. 124. Wenn die Instruction der Beweismittel ganz fruchtlos gewesen, müssen rechtliche Vermuthungen den Ausschlag geben, 13. §. 27. und wenn deren keine andere vorhanden sind, so gilt der Satz, dass keine Thatsache und keine Veränderung vermuthet wird, §. 28. daher auch nicht vermuthet wird, dass Jemand verheirathet gewesen sei, und Kinder erzeugt habe, (106).
Vernehmung der Zeugen, s. Zeugenabhörung.
Verordnung auf die Klage, s. Klage, auf die Beantwortung der Klage, s. Beantwortung der Klage.
Uebrigens: Insinuation, Vorladung.
Verpachtung der Güter soll in Concursfällen in der Regel nicht statt finden, I. 50. §. 249. jedoch entscheidet die Mehrheit der Gläubiger darüber, (349). In wie fern die Verpachtung der Landgüter vor Gericht oder vor einem Justizcommissarius als Notarius vollzogen werden müsse, II. 1. §. 10. n. 3.
S. übrigens: Sequestration.

Verpachtung der Güter im Concurse, III. 459.

Verpächter und Vermiether sind im Concurse in Ansehung ihrer aus dem Pacht- oder Miethscontracte entspringenden Ansprüche an den Gemeinschuldner den Pfandgläubigern gleich zu achten und werden in der zweiten Classe angesetzt, I. 50. §. 382. a. Ihnen sind auch die Gastwirthe wegen Bezahlung für Quartier und Bewirthung gleich gesetzt, (359).
S. übrigens: Erbverpächter, Hofwehr.
Verpflegungsgelder, s. Alimente.
Verschollener, wenn derselbe belangt werden soll, ist die Klage gegen dessen Vormund zu richten, I. 1. §. 8. n. I. 37.

§. 3. (282). Von der Vorladung der Verschollenen zum Behuf der Todeserklärung handelt, 37. s. auch Abwesender, Edictalvorladung, Todeserklärung.

Verschollener. Verfahren behufs der Todeserklärung Verschollener, III. 105. und folg., s. Todeserklärung.

Verschreibung. So heisst ein einseitiges Instrument, I. 28. §. 1. (189).

Verschwender können unter Beitritt ihrer Vormünder vor Gericht erscheinen, I. 1. §. 4. sind zwar als Beweiszeugen zuzulassen, ihren Aussagen kann aber keine volle Glaubwürdigkeit beigelegt werden, 10. §. 233. n. 1. Die Eidesdelation muss an deren Vormünder gerichtet werden, §. 261. Von der Vorladung unbekannter Gläubiger eines Verschwenders handelt, 51. §. 172. sqq. Welche Wirkung die Vorladung haben könne, §. 173. Welcher Nachtheil den sich nicht meldenden Gläubigern bevorstehe, §. 174. Die Vorladung ergeht eigentlich nur an diejenigen Gläubiger, welche sich bisher noch nicht gemeldet haben, §. 175. Dem Curator steht jedoch frei, auch auf Vorladung der ihm bekannten Gläubiger anzutragen, zwischen welchen und dem Curator das Verfahren des Diffamationsprozesses Anwendung findet, mit dem Unterschiede, dass diese Provocation nicht in dem Gerichtsstande des Diffamanten, sondern bei dem ordentlichen Richter des Curanden angebracht werden muss, §. 176. Die Bekanntmachung der Edictalvorladung geschieht in der Regel mit der Bekanntmachung der Prodigalitätserklärung zugleich und in Einer Verordnung, §. 177. Verfahren im Termine, §. 177.

S. übrigens: Prodigalitätserklärung.

Verschwender, Zulässigkeit des Antrags auf Prodigalitätserklärung und Verfahren, III. 137.

Versiegelung des Mobiliarvermögens muss sogleich erfolgen, wenn die Execution in das Vermögen des Wechselschuldners nachgesucht wird, I. 27. §. 47. wem dieselbe in Concursfällen aufzutragen, 50. §. 196. Was der Commissarius dabei zu beobachten habe, §. 196. besonders wenn der Gemeinschuldner ein Kaufmann oder Fabrikant ist, §. 197. Wann und wie in diesem Fall eine Administration einzuleiten, s. Activmasse. In diesem Falle sollen die zum Verkauf auf Messen oder Jahrmärkte gebrachten Waaren nicht versiegelt werden, §. 198. Verfahren bei Versiegelung auf einem Landgute, §. 199. besonders wenn das Gut verpachtet ist, §. 200. In wie weit die Versiegelung auf einem schon unter Administration stehenden Gute statt finde, §. 202. Was in dem Protocoll über die Versiegelung enthalten sein müsse, I. 50. §. 203. Diejenigen, welche vor eröffnetem Concurse die Versiegelung oder Auspfändung des dem Gemeinschuldner zugehörigen Mobiliarvermögens extrahirt haben, werden in der fünften Classe angesetzt, §. 447. In welchen Fällen der Nachlass eines Verstorbenen

von Amtswegen versiegelt werden müsse, II. 5. §. 4. sqq. Was dabei zum gerichtlichen Depositum zu nehmen, §. 5. (432). In wie fern die Versiegelung eines solchen Nachlasses statt finde, in dessen Besitz sich bereits der Erbe befindet, §. 9. Was in diesem Falle zu beobachten, §. 10. In wie fern Erbschaftsgläubiger darauf antragen können, §. 11. Verfahren dabei, wenn mehrere Erben vorhanden sind, und die gesetzlichen Gründe zur Versiegelung nur gegen einige derselben eintreten, §. 13. Die Versiegelung kann in der Regel nur von dem persönlichen Richter des Erblassers verfügt werden, §. 14. Nähere Bestimmungen für den Fall, wenn das Gericht nicht an dem Wohnorte des Erblassers seinen Sitz hat, §. 15. Die Versiegelung muss in Ansehung des Nachlasses der Eximirten in Provinzen von beträchtlichem Umfange ausserhalb desjenigen Ortes, wo das Obergericht seinen Sitz hat, in Fällen, wo sie von Amtswegen zu veranlassen ist, von den Commissariis perpetuis oder den Magisträten und Gerichten vorgenommen werden, §. 16. Besonderes Verfahren bei der Versiegelung des Vermögens oder Nachlasses eines Regierungsofficianten, (433). In wie fern die Versiegelung des Nachlasses der Militairpersonen von den Kriegs- oder von den Civilgerichten zu veranlassen, §. 17. jetzt gebührt sie den Civilgerichten, unter welchen der Verstorbene bei seinem Tode gestanden hat, (434). Von Ueberlieferung der Montirungs- und Equipagestücke eines verstorbenen Officiers an dessen Chef, (435). Wie es dabei zu halten, wenn der Verstorbene sich im Felde oder auf Commando befand, §. 18. Rechte und Verbindlichkeit des competenten Richters in Ansehung der Versiegelung und Entsiegelung, je nachdem die erstere von dem incompetenten Richter ohne gesetzlich gegründete Veranlassung, oder auf den Grund gesetzlicher Vorschriften (§§. 15. 16.) veranlasst worden, §. 21. Die Versiegelung ist, wenn sie von Amtswegen statt findet, ohne den mindesten Zeitverlust zu verfügen, §. 22. Wem die Verbindlichkeit zur Anzeigung eines Todesfalles obliege, §. 23. Die Versiegelung kann durch Eine Gerichtsperson, jedoch mit Zuziehung der im Hause befindlichen Verwandten etc. geschehen, §. 24. Verfahren dabei, §. 25. besonders in Ansehung der ausser der Sperre zu lassenden Sachen, §. 26. und in Ansehung solcher Sachen, die dem Verderben ausgesetzt sind, §. 27. Verfahren bei Versiegelungen auf einem Landgute, §. 28. Eine zum Nachlass gehörende Kaufmannshandlung darf nicht versiegelt werden, §. 29. Wie es in Ansehung des Nachlasses der Professionisten und Handwerker, und anderer gewerbtreibenden Personen, §. 30. imgleichen dann zu halten, wenn die Versiegelung bloss deshalb verfügt worden, weil der Verstorbene ein öffentlicher Bedienter war, II. 5. §. 31. Verfahren, wenn bei der Versiegelung Testamente oder Recognitionsscheine vorgefunden werden, §. 32. Erfordernisse des Protocolls über die Versiegelung in Nachlassfällen, §. 33. Vorsichtsregeln bei Anlegung und Verwahrung der Siegel, §. 34. Wie es in der Zwischenzeit bis zur Wiederaufsiegelung zu halten, §. 35.

S. übrigens: Wiederaufsiegelung.

Versiegelung eines Nachlasses, Verfahren dabei in Ansehung der baaren Gelder und Pretiosen und Documente, IV. 114. Concurrenz der Vormundschaftsbehörden bei der Sicherstellung eines Nachlasses, wenn ein Testamentsexecutor ernannt ist, IV. 126. Sorge für die auf das Amt Bezug habenden Papiere verstorbener Beamten, IV. 119.

Versprechungseide aussergerichtliche sollen Privatpersonen einander nicht abfordern, I. 10. §. 248.

Versuch der Güte, s. Sühneversuch.

Vertheidigung, weitere, s. Weitere Vertheidigung.

Vertheilung der Masse bei Concursen, davon handelt I. 50. §. 489. sqq. insbesondere von Vertheilung 1) der Immobiliarmasse, §. 493. A) in Ansehung der Einkünfte, §. 494. Verfahren bei der Vertheilung derselben, §. 504. sqq. B) in Ansehung der Substanz, §. 509. sqq. §. 511. (370). Verfahren dabei, §§. 518. 519. Entscheidung einiger besonderer dabei vorkommender Fälle, §. 520. sqq. II) Von Vertheilung der gemeinen Masse, und was zu derselben gehöre, §. 524. Aus derselben werden alle diejenigen Gläubiger befriedigt, welche nicht als Realgläubiger anzusehen sind, §§. 525. 526. §. 511. 527. (370). s. auch Eigenthumsforderungen, Pfandgläubiger. Allgemeine Grundsätze bei Vertheilung der gemeinen Masse, §. 529. s. auch Communkosten. Von der Vertheilung selbst, A) wenn kein Grundstück zur Masse gehört, 1) vorläufige Vertheilung, §. 538. sqq. 2) Finaldistribution, §. 548. sqq. s. auch Activcapitalien, Distributionsplan, Distributionsurtel, B) wenn ein Grundstück zur Masse gehöret, und 1) dasselbe verkäuflich, §. 561. sqq. 2) wenn es an sich unverkäuflich, §. 567. sqq. 3) Wenn es zwar verkäuflich ist, sich aber kein Käufer findet, §. 581. sqq. s. Subhastation.

Vertheilung der Masse, s. Concurs, Subhastation.

Verträge, in wie fern der Gerichtsstand des geschlossenen Vertrages begründet, und was in Ansehung desselben Rechtens sei, I. 2. §. 148. sqq. Verträge des Gemeinschuldners vor eröffnetem Concurse sind an und für sich gültig, 50. §. 42. Einschränkung, §. 43. sqq. a) in Ansehung eines Gläubigers, §. 44. §. sqq. b) in Ansehung eines Dritten, 1) wenn dabei eine Schenkung zum Grunde gelegen, §. 48. sqq. s. auch Schenkung. 2) wenn etwas an denselben auf den Grund eines lästigen Vertrages weggegeben oder veräussert worden, §. 53. je nachdem die Insolvenz des Gemeinschuldners dem fremden Contrahenten nicht bekannt gewesen, §. 54. oder derselbe darum gewusst hat, §. 55. sqq. Welche Verträge vor dem gehörigen Gerichte vollzogen werden müssen, II. 1. §. 3. In wie fern Verträge über Domänenpertinentien zu verlautbaren sind, §. 3. I. n. 1. (412). In wie fern es der Verlautbarung nicht bedarf, wenn Verträge über Immobilien aufgenommen sind bei dem Gerichte der Sache, (413), oder vom Commissarius des Realrichters, (414). Durch öffentliche Behörden ausgestellte und besiegelte

Urkunden bedürfen dabei keiner gerichtlichen Beglaubigung, II. 1. §. 3. (415). s. auch Dienstregister, Erbpacht, Grundstücke, Pfandrecht, Verjährung. Von Verträgen über das Eigenthum eines Seeschiffes. §. 5. Welche Verträge vor dem ordentlichen persönlichen Richter vollzogen werden müssen, §. 6. u. §. 6. n. 1. (416). s. auch Alimente, Altentheil, Familienstiftungen, Gütergemeinschaft, Väterliche Gewalt, (Entlassung aus derselben) Wechselfähigkeit (Ertheilung der Certificate darüber). Von dem Obergerichte der Provinz muss eine Ehe zur linken Hand, und eine Annahme an Kindesstatt bestätigt werden, §. 7. Die Legitimation unehelicher Kinder, imgleichen die Majorennitätserklärung ist in der Regel bei Hofe nachzusuchen, §. 8. Welche Verträge von jedem gehörig besetzten Gerichte vollzogen werden können, §. 9. s. auch Blinde, Bürgschaften, Eheleute, Einkindschaft, Erbschaftskauf, Erbschatz, Erbvertrag, Künftige Sachen, (Verkäufe derselben), Schenkungen, Stumme und Taube, Testamente. Vor Gericht oder vor einem Justizcommissarius als Notarius müssen die Verträge derjenigen, welche nicht schreiben können, oder der Sprache, in welcher der Contract abgefasst werden soll, nicht mächtig sind; ferner alle Urkunden, welche auch ohne vorhergegangene Recognition Beweiskraft haben sollen etc. (s. auch Eheberedungen. Ehegelöbnisse, Schuldinstrumente, Verpachtung) vollzogen werden, §. 10. Was die unterlassene Befolgung dieser Vorschriften bewirke, §. 11. Die Art der Vollziehung aller übrigen Verträge hängt von den Contrahenten ab, §. 12. Von dem Verfahren bei Aufnehmung und Bestätigung der Verträge und anderer Verhandlungen unter Lebendigen, 3) besondre Vorschriften hierbei, wegen Veräusserung von Grundstücken der Stadtgemeinen, (424) wegen Verträge über Grundstücke, bei welchen sich Bergwerke befinden, (425). wegen der Strafe der Justizofficianten, welche bei Verträgen über Grundstücke zugezogen sind, und nicht dafür sorgen, dass solche Verträge binnen 14 Tagen nach der Naturalübergabe der Hypothekenbehörde angezeigt werden, (426). I) Aufnehmung der Verträge, §. 2. A) Was dabei zu beobachten, wenn einer der Contrahenten mit einem solchem Naturfehler behaftet ist, wodurch die Deutlichkeit und Gewissheit seiner Willensäusserung zweifelhaft bleiben könnte, 3. §. 3. insbesondere a) bei Tauben, §. 4. u. I. 10. §. 19. (73). b) bei Stummen, II. 3, §§. 5. 6. u. I. 10. §. 19. (73). c) bei Taubstummen, II. 3. §. 7. u. I. 10. §. 19. (73). d) bei Blinden, II. 3. §. 8. u. I. 10. §. 19. (73). e) bei Leuten, die zuweilen ihres Verstandes nicht mächtig sind, II. 3. §. 9. B) was in Ansehung des Inhalts zu beobachten, §. 10. s. übrigens: Bürgschaft, Ehepacten, Gütergemeinschaft, Kaufcontract, Pachtcontract, Pfandvertrag, Schenkung, Vollmacht. Verfahren bei Aufnehmung anderer Arten der Verträge, §. 21. a) wenn der Vertrag nur aussergerichtlich, §. 22. b) wenn er gerichtlich geschlossen worden, §. 23. Wie viele Exemplare zu expediren sind, hängt von der Bestimmung der Parteien ab, §. 24. III) Einseitige actus inter vivos, §. 25. IV) Gerichtliche Recognitionen,

§. 26. Wenn in dem über die gerichtlichte Recognition ausgefertigten Attest keine Erwähnung von dem darüber besonders aufgenommenen Protocoll geschehen ist, so zieht dies gleichwohl die Nichtigkeit des Recognitionsacts nicht nach sich, (427). V) Vidimationen, §§. 27. 28. VI. Renovationen, §. 29.
S. übrigens: Freiwillige Gerichtsbarkeit, (Handlungen derselben).

Verträge. Aufhebung der Verlautbarung der Verträge über Immobilien, IV. 7. Die von der fiscalischen Behörde aufgenommenen Verträge bedürfen nicht einer nochmaligen gerichtlichen Anerkennung seitens derselben, IV. 5. Verträge über Errichtung oder Ausschließung der ehelichen Gütergemeinschaft, IV. 12. Verträge, in denen ein Altentheil ausgesetzt wird, müssen gerichtlich geschlossen werden, IV. 13. Kaufverträge und überhaupt Verträge zwischen Eheleuten, wodurch die Frau verpflichtet werden soll, müssen gerichtlich abgeschlossen werden, IV. 28. Was bei Aufnahme der Veräußerungsverträge über Grundstücke zu beobachten, IV. 70. 60.

Vertretung des Gewissens durch Beweis, dadurch kann die Recognition oder Diffession einer Urkunde nicht abgelehnt werden, I. 10. §. 135. In wie fern sie gegen Eidesdelationen statt finde, § 255.

Verwalter und Administratoren, müssen Verordnungen an den Eigenthümer annehmen, I. 7. §. 22.
S. übrigens: Sequestration.

Verwandte eines abwesenden Cantonisten. Unter welchen Bedingungen sie die Todeserklärung desselben nachsuchen können, I. 36. §. 23. (270).

Verzichtleistung auf die, in Ansehung der Gehaltsabzüge im Wege der Execution den Beamten zugestandenen, Rechtswohlthaten ist unstatthaft, I. 24. §. 106 — 108. (163). s. auch Execution.

Verzichtleistung, auf die Bestrafung wegen Injurien, II. 727.

Verzug, s. Mora.

Vicarius ist eximirt, I. 2. §. 45.

Vidimation, wie dabei zu verfahren, II. 3. §. 27. besonders wenn die vidimirte Abschrift die Stelle des Originals vertreten soll, §. 28.

Vieh- und Feldinventarium, s. Wirthschaftsinventarium.

Viehsterben, s, Remission.

Vindication, s. Eigenthumsforderung.

Vollmacht einer Frauensperson, in wie fern es dabei der Zuziehung eines Geschlechtsvormundes bedürfe oder nicht, I. 1. §§. 28. 29. In wie fern ein Assistent derselben bedürfe, 3. § 20. Derselben bedarf es nicht für die einem Mandatarius von den Parteien etwa zugeordneten Personen, §. 24. Zu deren Beibringung ist eine verhältnissmässige Frist zu bestimmen, §. 28. Wenn sie nicht beigebracht werden kann, ist die geschehene Verhandlung für nicht erfolgt zu achten, §. 29. Was die Vollmacht enthalten müsse, §. 30. Wozu der Bevollmächtigte durch eine solche Vollmacht befugt und verbunden werde, §. 31. Um-

fang einer Vollmacht im Concursprozesse, §. 33. In wie fern es zur Widerklage keiner neuen Vollmacht bedürfe, I. 3. §. 34. Von der in Possessorio summariissimo kann in dem nachfolgenden Prozesse über die Hauptsache kein Gebranch gemacht werden, §. 35. Muss allemal schriftlich ertheilt werden, §. 36. und bei Vollmachten der Stadtverordneten muss ein Zeugniss des Magistrats hinzutreten, §. 36. (46). Dazu müssen die Parteien sich der gehörigen gedruckten Formulare bedienen, §. 37. s. auch Justizcommissarius. Erfordernisse der Vollmacht einer Stadt- oder Dorfgemeine, §. 40. sqq. u. (47). eines Collegii oder Magistrats, §. 44. einer geistlichen Gesellschaft, §§. 45. 46. einer Kirche, Schule oder milden Stiftung, §. 47. 48. s. auch Vorsteher der Gilden oder Gewerke, §. 49. für Fiscale, §. 50. s. auch Fiscal, Fiscalischer Civilprozess, welche Vormünder ausstellen, s. auch Vormund, §. 51. sqq. Wie zu verfahren, wenn mangelhafte Vollmachten eingereicht werden, §. 54. Von Substitutionen, §§. 55. 56. Jede Vollmacht verliert durch den Tod des Bevollmächtigten ihre Kraft, §. 57. Verfahren des Gerichts in diesem Falle, §. 58. Durch den Tod des Machtgebers wird die Vollmacht nicht aufgehoben. Was die Gerichte in diesem Falle zu beobachten haben, §. 59. sqq. Der Machtgeber kann die Vollmacht zu jeder Zeit widerrufen, §. 62. und der Bevollmächtigte aufkündigen, welches jedoch nicht zur Unzeit geschehen muss, §. 63. sqq. Die Verhältnisse zwischen dem Machtgeber und Bevollmächtigten werden, in so fern die Gerichtsordnung keine Auskunft darüber giebt, durch die Vorschriften des allgemeinen Landrechts bestimmt, §. 67. Falsche Vollmachten bewirken eine Nullität der ganzen Verhandlung, und der falsche Bevollmächtigte muss Schaden und Kosten erstatten, § 68. wird auch wegen des dabei verübten Falsi bestraft, § 69. Eine jede Partei kann zwar darauf antragen, dass auf ihre Kosten die Vollmacht dem Aussteller zur Recognition vorgelegt werde, doch muss sie in der Zwischenzeit die Verhandlung mit dem Bevollmächtigten fortsetzen, §. 70. Verfahren bei Aufnehmung gerichtlicher, besonders Generalvollmachten, II. 3. §. 16. Zu einem Gesuch um Zurückgabe eines Testaments bedarf es nur einer gewöhnlichen, zur Zurücknahme selbst aber einer Specialvollmacht, 5. §. 9. Eine Vollmacht, um bei Confirmation eines Vertrages zugegen zu sein, muss vor einen Justizcommissarius als Notarius vollzogen werden, III. 7. § 60.

S. übrigens: Bevollmächtigter, Justizcommissarius als Notarius.

Vollmacht; daß die Gerichte auf Beibringung der Vollmachten der Justizcommissarien zu halten haben, I. 285. 286. Folgen der unterlassenen Beibringung der Vollmachten von Seiten der Justizcommissarien, I. 285. Form der von Ressourcen- und von Handlungsgesellschaften ausgestellten Prozeßvollmachten, I. 290. Daß die Vollmachten zur Führung der Prozesse der Stadtgemeinen allein von den Magisträten auszustellen sind, I 292 Verfahren bei Aufnahme der Vollmachten von Gemeinen, I. 294. und daß auch die Vollmachten der Dorfgemeinen in geistlichen, nicht prozessualischen Angelegenheiten gerichtlich aufgenommen

werden müssen, I. 295. Im Herzogthum Westphalen finden die Vorschriften der Großherzoglich Hessischen Communal-Ordnung auf die Vollmachten der Land- und Stadtgemeinen Anwendung, I. 294. In summarischen und Bagatellprozessen müssen auch Personen, welche ein Mandatum praesumtum haben, sich sogleich durch Vollmacht oder Schreiben legitimiren, II. 601. Vollmachten zu Erbeserklärungen, IV. 110.

Vollstreckung des Urtels, s. Execution.

Vorbehalt des Eigenthums, bewirkt in Concursen kein Vorzugsrecht, I. 50. §. 388.

Vorhaltung, bei Zeugeneiden, I. 10. §. 188. (81). bei gerichtlichen Eiden, §. 368. (96).

Vorladung oder andere gerichtliche Verordnungen, Erfordernisse derselben in Ansehung des Styls, I. 7. §. 1. sind, auch wenn sie an Parteien im Auslande erlassen werden, in deutscher Sprache abzufassen, (51). an Regierungsofficianten oder der Regierung untergeordnete Beamten mit Benachrichtigung der unmittelbar vorgesetzten Behörde, (52). an eine moralische Person wird nomine collectivo abgefasst, §. 2. der unter Vormundschaft oder väterliche Gewalt stehenden Personen, wird an den Vormund oder an den Vater gerichtet, §. 3. s. auch Geschlechtsvormundschaft. Von Insinuation der Vorladungen, s. Insinuation. Von Vorladung der Parteien zum Klagebeantwortungstermin, 6. §. 14. u (50). zum Instructionstermin, 9. §. 41. sqq. im Executivprocess, 28. §. 4. (193). Von Vorladungen Fremder in Injuriensachen, 7. §. 12. (53). Von Vorladungen der Militairpersonen: 2) bei Unterofficieren und gemeinen Soldaten durch den Compagnie- oder Escadronschef, §. 19. sqq. (54). b) bei Officieren durch die Regiments-, Bataillons- oder andern Chefs, (55). Vorladungen durch die Post, §. 26. (56). Vorladung des Fiscus durch das Praesidium der Regierungen, §. 28. (57). Vorladung der Seehandlungssocietät, §. 29. (58). Von Vorladungen in fiscalischen Untersuchungssachen, 35. §. 34. (253). §. 41. (256). Von Vorladungen im Confiscationsprocess, 36. §. 30. sqq. Termin zur Bekanntmachung, §. 31. wenn der Aufenthalt des Beklagten unbekannt ist, §. 32. wenn der bekannte Aufenthalt des Beklagten ausser Deutschland, oder gar ausserhalb Europa wäre, §. 33. Von Vorladungen Ausgetretener, die sich befinden in Russland, §. 32. (273). in Nordamerika oder in England, §. 33. (274). Von Vorladung mehrerer Ausgetretener zusammen, §. 35. (275). s. auch Cartellconvention. Von Vorladungen im Concursprocess, 50. §. 98. sqq. u. §. 6. (316). § 100. (322). §. 106. (323. 324). durch specielle Verordnungen, §. 101. sqq. Edictalvorladung, §. 107. sqq. Vorladung des Gemeinschuldners, §. 114. des Contradictors und der Gläubiger in der Appellationsinstanz, §. 182. Vorladung der Gläubiger, wenn der Gemeinschuldner unter andern Gerichten Vermögen besitzt, §. 650. sqq. Von Vorladungen bei Subhastationen, s. Subhastationsprozess. Präjudiz der Vorladung, wenn Urkunden renovirt werden sollen, II. 1. §. 29. S. 60. Die Vorladung zu einem Abschätzungstermin ist bloss monitoria, 6.

§. 7. S. übrigens: Edictalvorladung, imgleichen die einzelnen Gattungen des Processes.

Vorladung der Accise- und Zollbeamten, I. 335. Daß, wenn behufs der Verwaltung eines Mündelguts eine besondere Curatel angeordnet ist, eine gegen den Pupillen in foro rei sitae angestellte Klage nicht dem Hauptvormunde, sondern dem Curator des Guts zu insinuiren ist, I. 336. Daß bei der Vorladung von Ausländern die Termine geräumig anzuberaumen und die Vorladungen nebst Anlagen, so weit es thunlich, auf Briefpapier zu schreiben sind, I. 340. Vorladung russischer Unterthanen in Steuer-Defraudationssachen, I. 346. s. auch Landesjustizcollegia, Insinuation.

Vorläufige Vernehmung der Zeugen. Wann sie zur Begründung einer fiscalischen Untersuchung statt findet, I. 35. §. 40. (255).

Vorlegung der Acten zum Spruch in erster Instanz I. 12. §§. 20. 21. Wann dabei die Parteien die Uebergehung der zweiten, oder der zweiten und dritten Instanz verlangt haben, §. 20. (100). s. Instanz. Wann Militairinstitute dabei schriftliche Gutachten vorbringen können, (101).

Vorlesung des Protocolls, s. Protocoll.

Vormund, welche Personen durch denselben vor Gericht vertreten werden müssen, I. 1. §. 9. s. auch Bevormundung. Wenn die Ehefrau den Beitritt ihres Ehemannes bedarf, muss, wenn dieser unter Vormundschaft steht, dessen Vormund zugezogen werden, §. 17. Von Vollmachten, die Vormünder oder Curatoren ausstellen, 3. §§. 51. 52. und wie sie sich, wenn sie selbst vor Gericht erscheinen, legitimiren müssen, §. 53. Von dem Vormunde kann der Editionseid gefordert werden, 10. §. 96. wohin Vormünder den Diffessionseid abzuleisten haben, §. 141. Wie zu verfahren, wenn der Vormund Anstand nimmt, den Eid adzuleisten, §. 142. oder wenn der Producent verlangt, dass der Pflegbefohlene den Eid selbst schwören solle, §. 143. Vormünder, die überhaupt zur Verhandlung der Sache autorisirt sind, bedürfen zu Eidesdelationen keiner besondern Genehmigung, §. 258. In wie fern, wenn eine Partei unter Vormundschaft steht, der Eidesantrag nur an den Vormund, oder an den Pflegebefohlenen gerichtet werden könne, §. 260. sqq. s. auch Minderjährige, Verschwender. Wer in einem während seiner Minderjahrigkeit durch seinen Vormund oder Curator oder unter dessen Beistande geführten Prozesse verkürzt zu sein glaubt, kann Restitution nachsuchen, 16. §. 12. n. 1. s. auch Restitution. Gegen den Vormund findet, wenn der Pflegbefohlene verurtheilt worden, keine Execution statt, 24. §. 12. Wann gegen einen minderjährigen Ausgetretenen der Confiscationsprozess eingeleitet wird, so muss ausser dessen nächsten Verwandten auch der Vormund zugezogen werden, 36. §. 6. (268). Rechte der Pflegbefohlenen in Ansehung ihrer Ansprüche an den Vormund, 50. §. 421. s. auch Pflegbefohlene.

Uebrigens s. Geschlechtsvormund.

Vormund. Gebühren eines Vormunds in Prozessen, II. 199, namentlich der Justizcommissarien als Vormünder, II. 200. Zuziehung des Vormunds bei der Publication der Erkenntnisse in fiscalischen Untersuchungen, III. 77.

Vormundschaft, Ober-. Wann sie den Ober-, und wann sie den Untergerichten zusteht, I. 2. §. 95. (27).

Vormundschaftliche Collegien können Handlungen der freiwilligen Gerichtsbarkeit, welche solche Personen und Sachen, die den Gegenstand ihres rechtlichen Wirkungskreises ausmachen, betreffen, rechtsgültig vornehmen, II. 2. §. 7. (417).

Vormundschaftliche Collegien, Befugniß derselben, Actus der freiwilligen Gerichtsbarkeit aufzunehmen, IV. 16. desgl. zur Aufnahme von Erbeserklärungen, IV. 109. Concurrenz derselben bei der Sicherstellung eines Nachlasses, wenn ein Testamentsexecutor ernannt ist, IV. 126.

Vormundschaftlicher Prozess, davon handelt I. 39. Verschiedene Fälle, die dabei vorkommen können, §. 1. I) Von dem Verfahren über die causas excusationis eines Vormundes, §. 2. Die Entscheidung erfolgt durch eine Resolution, §§. 3. 4. gegen welche spätestens binnen drei Tagen die Beschwerde von dem Provocanten angemeldet, §. 5. und diese an das ordentliche Appellationsgericht eingesendet werden muss, §. 6. welches die Sache in der nächsten Session vorzunehmen, §. 8. und das Nöthige ebenfalls durch eine Resolution festzusetzen hat, §. 8. Vertretungsverbindlichkeit des Vormundes, wenn dessen Entschuldigungsursachen unerheblich befunden werden, I. 39. §. 9. Rechte desselben, die Wahrheit und Erheblichkeit seiner Entschuldigungsursachen im Wege des ordentlichen Prozesses nachzuweisen, wenn das hier vorgeschriebene schnelle Verfahren es ihm unmöglich gemacht haben sollte, §. 10. II) Wenn mehrere darüber streiten, wem die Vormundschaft gebühre, so wird die Sache ebenfalls durch eine Resolution entschieden, §. 11. gegen welche der §. 5 — 8. beschriebene Recurs offen steht, §. 12. III) Verfahren, wenn auf Entsetzung eines Vormundes angetragen wird, und wie ein solcher Antrag zu begründen, §. 13. Vernehmung des Vormundes darüber, §. 14. in einem Termine, dessen Verlegung nicht statt findet, §. 15. Verfahren, 1) wenn der Vormund bei Gelegenheit dieser Vernehmung erklärt, dass er die Vormundschaft niederlegen wolle, §. 16. 2) wenn er seiner Entlassung widerspricht, §. 17. in welchem Falle das vormundschaftliche Collegium die Sache durch eine schleunig zu publicirende Resolution entscheiden muss, §. 18. Weiteres Verfahren, §. 19. insbesondere, wenn eine fiscalische oder Criminaluntersuchung gegen den removirten Vormund zu verhängen sein möchte, §. 21. sqq. IV) Wenn bei der Administrationsrechnung eines Vormundes Ausstellungen gemacht werden, erfolgt die Entscheidung ebenfalls durch eine Resolution. Verfahren, wenn der Vormund sich bei derselben nicht beruhigen will, §. 27.

Vorschüsse, welche zum Besten der Masse, nach eröffnetem Concurse gethan worden, sind von der Einlassung in den Concurs frei, I. 50. §. 269. Materialien, welche Fabrikanten ihren

Arbeitern vorgeschossen haben, oder die daraus verfertigten Fabrikate, werden — gegen Vergütung des Arbeitslohns an die Masse — in der ersten Classe vindicirt, §. 337. u. (354). §. 338. (355, 356). auch die den Kaufleuten auf Credit gegebenen Waaren, §. 338. Ein gleiches Vorrecht hat der Fabrikationsunterstützungsfond, §. 339. sqq. auch jeder andere, der an Tuchmacher und Wollfabrikanten Materialien vorgeschossen hat, §. 342. sqq. imgleichen wer Vorschüsse an Unterthanen geleistet hat, §. 345. sqq. s. auch Saat-, Brot- und Futtergetreide. In der vierten Classe werden Vorschüsse an einen Officier zu seiner Equipage, §. 423. Vorschüsse zum Aufbau oder zur Reparatur der Gebäude, §. 424. zur Ergänzung des Wirthschaftsinventarii, zum Retablissement der Unterthanen, zur Anschaffung des Saat-, Brot- und Futtergetreides, zur Abtragung der auf den Gütern haftenden Lasten und Abgaben, oder davon zu entrichtenden Brandschatzungen, § 425. (wenn die Gebäude und Güter zur Zeit des ausgebrochenen Concurses noch in der Masse vorhanden sind; ist dieses nicht, so werden dergleichen Vorschüsse in der siebenten Classe angesetzt, §. 426.) in der sechsten Classe Vorschüsse zum Studiren, §. 464 und die den Fabrikanten gegebenen Vorschüsse, wenn das §. 337. bestimmte Vorzugsrecht nicht Anwendung findet, I. 50. §. 469. desgleichen Vorschüsse, die eine Braut ihrem Bräutigam gethan hat, angesetzt, §. 470.

Vorschuss der Kosten, s. Kosten.

Vorsteher der milden Stiftungen müssen die für diese auszustellenden Vollmachten unterschreiben, I. 3. §. 47. In wie fern sie dazu einer besondern Genehmigung bedürfen, und was die Stelle dieser Genehmigung vertrete, §. 48. In wie fern sie zu Eidesdelationen keiner besondern Genehmigung bedürfen, 10. §. 258. Gegen sie findet die Execution der in Ansehung der milden Stiftungen ergangenen Iudicate nicht statt, sondern nur in das Vermögen der milden Stiftungen selbst, 24. §. 12. Sie müssen in schleunigen Arrestfällen, wenn die milde Stiftung zur Cautionsbestellung unvermögend ist, dies auf ihre Pflicht an Eidesstatt versichern, 29. §. 34.

Vortrag, s. Decernent, Sessionstag.

Votum. Wie der Präsident bei Sammlung der Stimmen zu Werke gehen müsse, III. 2. §. 16. Die Stimme des Präsidenten giebt den Ausschlag, wenn von beiden Seiten die Zahl der Stimmen gleich ist, §. 17. (wegen der Ausnahme, s. Revision.) Die Räthe sollen sich in ihren und der Ihrigen Angelegenheiten keiner Stimme anmassen, 3. §. 12. sqq. Die Assessoren haben in den ihnen als Decernenten oder Referenten zugeschriebenen Sachen ein volles, in andern Sachen aber nur ein votum consultativum, §. 62.

Votum. Stimmenzählung bei Abfassung eines Conclusi, I. 569. Votum des Vorsitzenden bei den Deputationen für summarische Prozesse, II. 647. Votum des Dirigenten bei Abfassung des Erkenntnisses in fiscalischen Untersuchungen, III. 65.

W.

Waaren, welche dem Gemeinschuldner zum Verkauf in Commission gegeben worden, in wie fern sie, oder das dafür gelösete Geld in der ersten Classe vindicirt werden könne, I. 50. §§. 309. 301. in wie fern Waaren, zu deren Ankauf Jemand dem Gemeinschuldner den Auftrag und das dazu benöthigte Geld gegeben, §. 302. An wen der Gläubiger sich zu halten habe, wenn der Gemeinschuldner dergleichen Waaren, zu deren Einkauf ihm die benöthigten Fonds schon angewiesen waren, mit Zurückbehaltung dieser Fonds auf Credit gekauft hat, §. 393. Wozu die übrigen Gläubiger berechtigt seien, wenn der Besteller zur Bezahlung der für seine Rechnung eingekauften Waaren keine Fonds angewiesen hat, §. 304. In wie fern dem Gemeinschuldner auf Credit gegebene Waaren in der ersten Classe vindicirt werden können, §. 305. Wie es zu halten, wenn die von dem Gemeinschuldner vor eröffnetem Concurse auf Credit bestellten Waaren erst nach Eröffnung desselben, §. 306. oder doch zu einer Zeit ankommen, wo der Gemeinschuldner sich schon für insolvent erklärt hat, §. 307. sqq. Unter welchen Umständen Waaren für creditirt zu achten, §. 309. b.

Waarenlager, Waarenvorräthe, } Von der Execution in dieselben, I. 24. § 71. (158.) s. Execution.

Wachtmeister sind nicht eximirt, I. 2. §. 48. sqq. (13.) s. Eximirte, Militairpersonen.

Wahn- und Blödsinnige müssen vor Gericht durch ihre Vormünder vertreten werden, I. 1. §. 3. sind zur Ablegung eines Zeugnisses ganz unfähig, 10. §. 227. n. 1. Die Eidesdelation kann nur an deren Vormünder geschehen, §. 260. Sie können in ihren etwanigen lichten Zwischenräumen, wenn der Fall dringend ist, unter Beobachtung gewisser Vorschriften, Verträge schliessen, III. 3. §. 9.

S. auch Rasende.

Wahn- und Blödsinnige, polizeiliches und gerichtliches Verfahren in Beziehung auf solche, III 130 133. Aufnahme derselben in Irrenanstalten, III. 131.

Wahn- und Blödsinnigkeitserklärung, durch wen der Antrag darauf geschehen könne, I. 38. §. 2. Die Untersuchung gehört vor den persönlichen Richter der Imploranten, §. 3. Wie der Antrag begründet werden müsse, §. 4. Bestellung eines Curators, wenn der Richter den Antrag für hinlänglich begründet hält, §. 5. und zwar durch den instruirenden Richter (283). welcher auch für die Sicherstellung des Vermögens während der Instruction des Prozesses Sorge tragen muss, (284). Nähere Untersuchung des Gemüthszustandes, mit Zuziehung zweier sachverständigen Aerzte, §. 6. u. (285), Wie es zu halten, wenn der Curator und die Verwandten mit den Sachverständigen, ferner, wenn diese unter sich nicht einig sind, §. 7.

Die Wahn- und Blödsinnigkeitserklärung muss allemal durch ein Erkenntniss geschehen, gegen welches nur dem Imploraten oder seinem Curator, nicht den Imploranten, die Rechtsmittel offen stehen, während welcher das Erkenntniss erster Instanz als Interimisticum gilt, §. 8. Einer öffentlichen Bekanntmachung dieses Erkenntnisses bedarf es nicht, (286).

Wahn- und Blödsinnigkeitserklärung; Nothwendigkeit derselben Behufs der Aufnahme eines Gemüthskranken in einer Irrenanstalt, III. 131. Bestellung eines fiscalischen Bedienten zur Provocation auf Wahn- oder Blödsinnigkeitserklärung, und Kostentragung, bei der Abweisung, III. 132. Bestellung des Curators bei der Provocation auf Wahn- oder Blödsinnigkeitserklärung, III. 133. Competenz der Polizei- und Gerichtsbehörden in Beziehung auf Blödsinnige, III. 130. 133. Qualification der zur Untersuchung des Gemüthszustandes zuzuziehenden Aerzte und Gebühren derselben, III. 134. Wo solche Untersuchungen vorzunehmen sind, III. 135. Mittheilung der ärztlichen Gutachten an die Regierung, III. 136. Rechtsmittel bei Blödsinnigkeitserklärungen, III. 136. Kosten, III. 136. Benachrichtigung der Militairbehörde bei Blödsinnigkeitserklärungs-Verfahren gegen Militairpersonen, III. 137.

Waisenhaus zu Potsdam, s. Fabrik.

Wartegelder, s. Pension.

Wechsel, in wiefern daraus der Executionsprozess statt finde, I. 28. §. 2. n. 7. daraus kann erst nach Ablauf der Verfallzeit geklagt werden, §. 4. n. 1. dagegen schützt kein Moratorium, 47. §. 97. n. 9. Ihr Vorrecht im Concurs, s. Wechselgläubiger. Von ihrer Aufbietung, s. Aufgebot.
S. übrigens Wechselgläubiger.

Wechselarrest, s. Personalarrest.

Wechselexecution, wie dabei zu verfahren, I. 27. §. 45. u. (187. 188). Der Kläger kann sie auch in dem Vermögen des Schuldners suchen, §. 46. in welchem Falle sogleich die Versiegelung des Mobiliarvermögens, §. 47. und, wenn die Bezahlung nach Ablauf von 24 Stunden, von der verhängten Versiegelung an gerechnet, nicht erfolgt, auf den Antrag des Klägers der gerichtliche Verkauf verfügt werden muss, §. 49. es sei denn, dass innerhalb dieser Frist auf Concurseröffnung angetragen würde, in welchem Falle der Gläubiger durch diesen Beschlag, wenn der Concurs wirklich eröffnet wird, keine Priorität erlangt, I. 27. §. 49. Erfolgt der Antrag auf Concurseröffnung nach Ablauf dieser 24stündigen Frist, so erhält der Gläubiger seine Befriedigung in der fünften Klasse, so weit der Werth der in Beschlag genommenen Effecten reicht. §. 50. Gegen die Wechselexecution kann der Schuldner sich nur durch Deposition schützen, §. 51.

Wechselexecution, Vollstreckung derselben, II. 560, Unzulässigkeit der Wechselexecution gegen einen in activem Militairdienst stehenden Rittergutsbesitzer, II. 496.

Wechselfähigkeit, ein Certificat darüber muss von dem persönlichen Richter, II. 1. §. 6. n. 5. doch kann es in dem Falle von jedem Gerichte ertheilt werden, wenn der Implorant sich

nicht an seinem gewöhnlichen Wohnorte aufhält, 3. §. 30. lit. d. Wie bei Ertheilung des Certificats zu verfahren, lit. a. — c. Wie das über die ertheilten Certificate zu haltende Verzeichniss einzurichten, lit. e.

S. übrigens: Wechselprozess.

Wechselgläubiger, Rechte desselben, wenn er mit der Wechselklage, I. 27. §. 10. s. auch Wechselprozess, oder mit der Wechselforderung, abgewiesen wird, §. 55. Rechte desselben während der Untersuchung eines Antrags auf die Verstattung zu Rechtswohlthat der Cession, 48. §§. 13. 14. s. auch Observation. Wechselgläubiger werden in der sechsten Classe angesetzt, 50.. §. 472. Nach hiesigen Landesgesetzen verjährte Wechsel gehören in die siebente Classe, §. 471. (365). Die in Wechselform ausgestellten Schulddocumente nicht wechselfähiger Personen gehören in die sechste Classe, (366).

S. übrigens: Wechselexecution.

Wechselprotest, bei dessen Aufnehmung müssen die Vorschriften des allgemeinen Landrechts beobachtet werden, III. 7. §. 78.

Wechselprozess, davon handelt I. 27. Aus welchen Instrumenten derselbe statt finde, §. 1. in wiefern aus Handlungsbillets, kaufmännnischen Assignationen etc. §. 2. Anmeldung der Klage, §. 3. wobei die Documente nebst den Beilagen beigebracht werden müssen, widrigenfalls keine wechselmässige Verfügung statt findet, §. 4. Wie die Wechselfähigkeit nachzuweisen, §§. 5. 6. Beschleunigung der Verfügung, zur näheren Vernehmung des Klägers, über die mündlich zu Protocoll angemeldete Klage, §. 7. Verordnung auf die Klage, §. 8. durch eine Resolution, wenn der Wechselprozess nicht begründet befunden worden, §. 9. gegen welche dem Kläger der Recurs oder die Ausführung der Wechselfähigkeit des Beklagten in dem ihm nachgelassenen ordentlichen oder Executivprozess offen steht, §. 10. Wohin die Vorladung des Beklagten zu richten, §. 11. Welcher Unterschied bei Bestimmung des Termins zwischen Kaufleuten, mit Certificaten versehenen, und Besitzern adeliger Güter oder Generalpächtern zu machen, I. 28. §. 12. Die Vorladung wird mündlich, §. 13. oder schriftlich erlassen, je nachdem der Beklagte sich an dem Orte, wo das Gericht seinen Sitz hat, aufhält oder nicht, §. 14. Wo die Insinuationen gültig geschehen können, §. 15. Termine in Wechselsachen können, einen Fall ausgenommen, nicht prorogirt werden, §. 16. Contumacial-Verfahren, wenn der Beklagte nicht erscheint, und Beschleunigung des Erkenntnisses, §. 17. Publication, §. 18. Gegen ein solches Contumacialerkenntniss findet keine Restitution, sondern nur die Appellation statt, §. 19. Instruction, wenn der Beklagte erscheint, §. 20. Von der Diffession, §. 21. insbesondere, wenn der Beklagte durch einen Bevollmächtigten erscheint, der Diffessionseid also im Termine nicht abgenommen werden kann, und das Ausbleiben des Beklagten sich 1) in einer vor der geschehenen Insinuation unternommenen Reise, §. 22. 2) wenn es sich in einer — gehörig bescheinigten Krankheit gründet, §. 23. 3) wenn der Beklagte ohne alle schein-

bare Ursache nicht persönlich erschienen ist, §. 24. Instruction der sofort liquid zu machenden Einwendungen, §. 25. sqq. Wie es zu halten, wenn der Beklagte sich der Eidesdelation bedient, je nachdem der Kläger in Person gegenwärtig ist oder nicht, §. 28. Illiquide Einwendungen verdienen im Wechselprozess keine Rücksicht, §. 29. Im Schlusstermin müssen die Parteien zu Protocolle auf den nächsten Gerichtstag zur Publication des Erkenntnisses, §. 30. (185). Abfassung und Publication des Erkenntnisses, §. 30. Appellation, §. 31. Worüber der Kläger appelliren könne, §. 32. Das Rechtsmittel hat in Ansehung des Beklagten nur effectum devolutivum, §. 33. und muss spätestens innerhalb zehn Tagen, §. 34. bei dem Gerichte erster Instanz angemeldet werden, §. 35. welches den Appellanten zu vernehmen, und sodann einen nicht leicht über 48 Stunden hinauszusetzenden Instructionstermin anzuberaumen hat, §. 36. Präjudiz für den in diesem Termine nicht erscheinenden Appellanten, §. 37. Verfahren, wenn derselbe erscheint, §§. 38. 39. In welchem Falle statt der Anmeldung der Appellation, binnen der dazu bestimmten Frist, eine schriftliche Deduction und Gegendeduction statt finde, §. 40. Was bei Einsendung der Acten an den Appellationsrichter zu beobachten, §. 41. Pflicht desselben, die Sache zu beschleunigen, §. 42. Wie er das Erkenntniss abfassen müsse, wenn er findet, dass kein wechselmässiges Verfahren hätte statt finden sollen, §. 43. Die Revision hat in Anschung des Beklagten nur effectum devolutivum, §. 44. sogar, wenn das verurtheilende Urtel erster Instanz in der zweiten Instanz aufgehoben worden, (186). Execution, §. 45. sqq. s. Wechselexecution. Vom Separato in Wechselsachen, §. 52. sqq. s. Separatum. Im Wechselprozess findet keine Cautionsforderung wegen der Prozesskosten statt, 21. §. 2. n. 3. Wann nach eingeleitetem Concurse ein vorher entstandener Wechselprozess fortzusetzen, I. 50. §. 27. (319). Uebrigens s. Wechsel, Wechselfähigkeit. Wechselgläubiger.

Wechselprozeß. Zulässigkeit der Wechselklage gegen den wechselfähigen Acceptanten eines von einem nicht wechselfähigen Aussteller gezogenen Wechsels, II. 543. Zulässigkeit der Wechselklage aus einem Wechselerkenntnisse, II. 543. Verfahren in Wechselsachen in Naumburg, II. 544. Unzulassigkeit der Adcitation des Cedenten im Wechselprozesse, und Eidesdelation zum Beweise der nicht gezahlten Wechselvaluta, II. 554. Ableistung des in einem Wechselerkenntnisse auferlegten Eides, wenn gegen das Erkenntniß appellirt wird, II. 557. Appellationsfrist in Wechselsachen, II. 110. 557. Wirkung der gegen ein Wechselerkenntniß angebrachten Rechtsmittel rücksichtlich der Executionsvollstreckung, II. 559. Vollstreckung der Wechselexecution, II. 560. Unzulässigkeit der Wechselexecution gegen einen Rittergutsbesitzer, welcher im activen Militairdienst steht, II. 496.

Weitere Vertheidigung, Rechtsmittel derselben. Wann sie in Injuriensachen statt findet, I. 34. §. 1 — 11. (220). Verfahren dabei wegen der Gegenausführung des Gegners, (221). Beschwerden des Klägers wegen zu gelinder Bestrafung oder Freisprechung des Beklagten, §. 13 — 16. (223. 224). Wie es zu halten, wenn in zweiter Instanz ein härteres Urtel erfolgt, (225) Bei fiscalischen Untersuchungen, 35. §. 88. sqq.

Weitere Vertheidigung, daß die in der Prozeßordnung bestimmte Frist zur Einlegung dieses Rechtsmittels in Injuriensachen und fiscalischen Untersuchungen durch die Verordnung vom 14. December 1833 nicht geändert worden ist, II. 113. Rechtsmittel in fiscalischen Untersuchungen, III. 80.

Wenden. Verfahren bei der Aufnahme ihrer Testamente oder Codicille, II. 2. §. 37. sqq. (422).

Werkzeuge der Künstler, s. Kunst u. Handwerksgeräthschaften.

Widerklage, s. Reconvention. Vollmacht dazu, s. Vollmacht.

Widerruf eines Zugeständnisses oder einer Angabe, wie der Instruent sich zu verhalten habe, wenn derselbe erfolgt. Auf einen erst nach geschehener Regulirung des Status causae et controversiae erfolgenden Widerspruch soll für diese Instanz in der Regel keine Rücksicht genommen werden, I. 10. §. 27. Die durch den Widerruf verursachten Kosten und Schäden aus der Versäumniss muss der Widerrufende in jedem Falle erstatten, §. 27. b. Diese Vorschriften finden auch bei Untergerichten Anwendung, 25. §. 62. b.

Widersetzlichkeit gegen den Executor, Strafe derselben I. 24. §. 148. gegen Königl. Bediente in Ausübung ihrer Dienstpflichten, deshalb findet fiscalische Untersuchung statt, 35. §. 34. n. 3. Wenn sie von einer grossen Menschenmenge bei zu vollstreckender Execution zu vermuthen ist, so ist militairische Hülfe zuzuziehen: und wie dies geschehen muss, §. 150. (179).

Widersetzlichkeit gegen Beamte, wegen derselben findet fiscalische Untersuchung statt, III. 16. Mittheilung der wegen Widersetzlichkeit gegen Gensdarmen ergebenden Erkenntnisse an die vorgesetzte Militairbehörde, III. 79.

Widerspruch der Beweismittel unter einander, davon handelt I. 10. §. 391. sqq. Von dem Widerspruche zwischen Documenten, §. 392. zwischen Zeugen, s. 393. zwischen Zeugen und Documenten, wenn jene nämlich entweder die Glaubwürdigkeit des Documents anfechten, §. 39. oder aus ihren Aussagen das Gegentheil desjenigen folgt, was die Documente ergeben, §. 395. zwischen dem Befunde bei der Ocularinspection und den Aussagen der Zeugen, §. 396. Was der Urtelsverfasser zu thun habe, wenn dergleichen Widersprüche nicht haben gehoben werden können, 13. §. 12. sqq. s. Referent. Widersprüche in den Aussagen eines Zeugen schwächen dessen Glaubwürdigkeit, §. 240. Wie es zu halten, wenn sich zwischen einem Zugeständniss und andern von der Sache eingezogenen Nachrichten ein Widerspruch findet, §. 88. b.

Wiederaufsiegelung in Nachlassfällen ist in der Regel sobald zu verfügen, als sie von den Erben oder dem Verlassenschaftscurator nachgesucht wird, II. 5. §. 36. kann nur von dem persönlichen Richter des Verstorbenen verfügt werden, II. 5. §. 37. Verfahren bei Entsiegelung des Nachlasses eines der Regierung ganz oder zum Theil untergeordneten Officianten, (436). Strafe eigenmächtiger Aufsiegelung, §. 38. Verfahren bei der Wiederaufsiegelung, §. 39.

Wiedereinlösung von Seiten des vorigen Besitzers, findet gegen einen Adjudicationsbescheid bei nothwendigen Subhastationen nicht statt, I. 25. §. 60.

18*

Wiedereinsetzung in den vorigen Stand, s. Restitution.

Willkührliche Gerichtsbarkeit, s. Freiwillige Gerichtsbarkeit.

Winkelschriftsteller, s. Landesjustizcollegia, Strafe.

Winkelschriftsteller, Bestrafung derselben, IV. 186.

Wirthschaftsbeamter, in wiefern er die Stelle eines Gerichtsschöppen vertreten könne, I. 25. §. 53.

Wirthschaftsbediente, deren Lohn nach gewissen Verhältnissen der geleisteten Arbeit bestimmt ist, werden in der zweiten Classe befriedigt, I. 50. §. 372. der Gutsherrschaften stehen unter den Patrimonialgerichten derselben, 2. §. 100. (28).

Wirthschaftsinventarium, in wiefern dasselbe Gegenstand der Execution sein könne, I. 24. §. 97. sqq. s. auch Hofwehr. Das den eingetragenen Gläubigern beigelegte Vorrecht der dritten Classe erstreckt sich auch auf das zum Gute gehörende Vieh- und Feldinventarium, 50. §. 389. In wiefern Vorschüsse und Lieferungen zur Ergänzung desselben in der vierten, §. 425. oder in der siebenten Classe angesetzt werden, §. 426. s. auch Vorschüsse.

Wirthschaftsinventarium, Verfahren bei Abschätzung desselben bei Pachtübergabe und Rückgabe, III. 313.

Wissenschaften und Künste, das Honorarium für den Unterricht in denselben wird in der sechsten Classe angesetzt, I. 50. §. 464.

Witthumsgeld, s. Lucra nuptialia.

Wittwe, behält den Gerichtsstand ihres Ehemanns, so lange sie den Wittwenstuhl nicht verändert, I. 2. §. 90. Ausnahmen in Ansehung der Oberförster und der mit ihnen gleichen Rang habenden Forstbedienten, imgleichen der niedern Subalternen Königlicher Collegien, §. 91. Die Wittwen der Canzlisten behalten den Gerichtsstand ihrer Männer, (25). s. auch Nachlass. Die Wittwen der Militairpersonen stehen unter denjenigen Gerichten, welchen ihre Ehemänner nach erhaltener Dimission würden unterworfen gewesen sein, §. 92. der Gesandten etc. auswärtiger Höfe sind, wenn sie in hiesigen Landen bleiben wollen, der hiesigen Gerichtsbarkeit unterworfen, §. 93. In wiefern einer Wittwe auch von ihren eignen Gläubigern die Competenz gelassen werden müsse, 49. §. 30.

Wittwenpensionen, in wie fern sie im Wege der Execution in Beschlag genommen werden können, II. 402.

Wittwenverpflegungsanstalt, von welchen Gläubigern, die aus der allgemeinen und Officierwittwencasse zu zahlenden Pensionen als Executionsobjecte in Vorschlag gebracht, I. 24. §. 109. oder mit Arrest belegt werden können, 29. §. 20. Welche Wittwenanstalten gleich dem Fiscus Kostenfreiheit geniessen, I. 23. §. 46. (145). Von Wahrnehmung der Rechte der Wittwencasse bei Ehescheidungen, 40. §. 43. (291).

Wöchnerinnen, s. Kranke.

Wohnsitz, dadurch wird der ordentliche persönliche Gerichtsstand bestimmt, I. 2. §. 9. was für eine stillschweigende Aeusserung, denselben an einem Orte nehmen zu wollen, geachtet werden müsse, §. 11. In wie fern er durch Uebernehmung einer Pacht begründet werde, §. 12. Woraus die Aufschlagung desselben nicht gefolgert werde könne, §. 14.
S. übrigens: Fremder, Gerichtsstand, Vagabunde.

Wohnsitz; durch ein neben dem gewöhnlichen Wohnsitze abwechselnd von Zeit zu Zeit bewohntes Quartier wird kein forum domicilii begründet, I. 145. In wie fern eine Schlafstelle den Wohnsitz begründet, I. 145.

Wohnung muss dem zur Rechtswohlthat der Cession qualificirten Gemeinschuldner bis zum Verkauf des Hauses oder Landguts verstattet werden, I. 50. §. 266.

Z.

Zahlungsbefehl, vor Vollstreckung der Execution, Nothwendigkeit desselben, II. 304. auch im Mandatsprozesse, III. 305 muß bei nachgesuchter Subhastation allemal mit vierwöchentlicher Frist erlassen werden, II. 304. Verzichtleistung darauf, II. 305. Der Zahlungsbefehl kann dem Executor unmittelbar eingehändigt werden, II. 306.

Zehend, s. Kirchenbediente, Schulbediente.
Zehrungskosten, s. Reisekosten.
Zeichnung, s. Karte, Riss.
Zeitungen und Intelligenzblätter. Wenn ein ausländisches Gericht die Insinuation verweigert, und diese auf keine andere Art bewirkt werden kann, muss die Vorladung in die Zeitungen der Provinz, in welcher das vorladende Gericht seinen Sitz hat, einmal eingerückt werden, I. 7. §. 11. In welchen Zeitungen und Intelligenzblättern eine Edictalvorladung bekannt zu machen, §§. 43. 44. Die Einrückung in den Zeitungen ist zur Gültigkeit nicht erforderlich, obgleich es dem Richter unbenommen bleibt, erforderlichen Falls auch diese zu veranlassen, §§. 42. 43. (59). braucht nicht in die öffentlichen Blätter solcher fremden Lande, aus welchen dergleichen Vorladungen in hiesige Lande nicht eingeschickt zu werden pflegen, eingerückt zu werden, §. 45. In wie fern die Sorge für die Einrückung und für die Herbeischaffung der zu den Acten zu bringenden Exemplare, welche eigentlich dem Gerichte obliegt, dem Extrahenten überlassen werden könne, §. 46. Wie es zu halten, wenn etwas an der Bekanntmachung durch die Zeitungen und Intelligenzblätter ermangelt, 47. a. Es soll den Intelligenz- und Zeitungscomptoirs bestimmt angegeben werden, in welchen Wochen die jedesmalige Einrückung geschehen müsse, §. 47. b. Auctionen müssen durch die Zeitungen und Intelligenzblätter der Provinz bekannt gemacht werden, I. 24. §. 84. Die Edictalvorladung eines ausgetretenen Cantonisten braucht nur in den Zeitungen und öffentlichen Blättern der Provinz zu geschehen, 36. §. 35. In welche öffentliche Blätter und wie

oft die Edictalvorladung eines Verschollenen, §. 6. n. 5. und 6. und die Bekanntmachung einer Prodigalitätserklärung einzurücken, 38 §. 34. Wie oft die Edictalvorladung der Gläubiger im Concursprozess in die Zeitungen und Intelligenzblätter der Provinz einzurücken, 1) wenn die Masse über 1000 Thaler, 50. §. 109. wenn sie nur 1000 Thaler oder weniger, §. 110. wenn sie nur 200 Thaler oder weniger beträgt, §. 111. wenn der Betrag zweifelhaft ist, §. 112. wobei zu bemerken, dass, wenn in einer Provinz mehr als eine Zeitung ausgegeben wird, die Einrückung in Eine hinreicht; und, wenn gar keine Zeitung in der Provinz herauskommt, die Einrückung in die Zeitungen überhaupt, der Regel nach, nicht erforderlich ist, §. 109. S. 423. Von Bekanntmachung des offenen Arrests durch die Zeitungen und Intelligenzblätter, §. 207. Der Einrückung in die Zeitungen bedarf es nicht, (340). Bei Vorladung der Gläubiger im eigentlichen Liquidationsprozess finden die obigen Vorschriften der Concursordnung Anwendung, 51. §. 17. auch im erbschaftlichen Liquidationsprozess, §. 85. desgleichen bei dem Aufgebote liegender Gründe etc. §. 103. b. im Hypothekenbuche eingetragener Posten, §. 114. verlorner Instrumente, §. 117. bei Aufgeboten verloren gegangener Obligationen öffentlicher Anstalten muss jederzeit auch durch die Berliner Intelligenzblätter die Bekanntmachung erfolgen, §. 120. (388). bei Vorladung unbekannter Erben, §. 151. und Agnaten §. 157. und unbekannter Bau- oder Cassengläubiger, §. 171. a. Wie oft und in welchen Zeitungen und Intelligenzblättern das Aufgebot von Pfandbriefen, §. 127. und Seehandlungsactien bekannt zu machen, §. 142. Wonach die Zahl und Art der Bekanntmachung zu bestimmen, wenn unbekannte Handlungs- und Societätsgläubiger, §. 167. oder unbekannte Gläubiger eines Verschwenders vorgeladen werden sollen, §. 177. Bei Vorladung unbekannter Contravenienten finden die Vorschriften Th. I. Tit. 7. Anwendung, §. 179. Wie die Licitationstermine bei nothwendigen Subhastationen nach Verschiedenheit des Objects in den Zeitungen und Intelligenzblättern bekannt zu machen, 52. §. 30. u. (397—399.) besonders wenn die Subhastation fortgesetzt werden soll, I. 52. §. 55. bei anderweiter Subhastation, §. 62 — 64. (408.) imgleichen bei der Subhastation von Mobilien und Gerechtigkeiten, §. 65. insbesondere von Schiffen, §. 65. (409). 50. §§. 230. 231. (341. 344 — 346.) von Hüttenwerken und Bergantheilen, §. 65. (410). Bei freiwilligen Subhastationen finden, wenn die Extrahenten sich deshalb nicht besonders vereinigen, eben diese Vorschriften Anwendung.

Zeitungen; Einrückung der Edictalvorladungen in inländische Zeitungen ist in der Regel nicht erforderlich, I. 375. 379. Die Einrückung der Edictalien in ausländische Zeitungen ist, wo sie vorgeschrieben, noch erforderlich, I. 380. Bekanntmachung der Edictalien durch Wiener oder Hamburger Zeitungen, I. 382. In wie fern Subhastationspatente in eine inländische Zeitung inserirt werden müssen, III. 671. Das Aufgebot der auf einen gewissen oder auf jeden Inhaber lautenden Privaturkunden muß in die Zeitungen inserirt werden, III. 662.

desgl. das Aufgebot von Staats-Schulddocumenten und anderen öffentlichen Documenten, III. 608.

Zeugen, als solche können die zu einer auswärtigen Gesandtschaft gehörenden Personen nicht vorgeladen werden, I. 2. §. 64. deren Namen, Stand und Aufenthalt, auch von welchem Umstande jeder derselben Wissenschaft haben soll, muss bei Aufnehmung der Klage, 5. §. 5. und der Klagebeantwortung genau bemerkt werden, 9. §. 4. Deren Vorladung kann in wichtigen Sachen nicht leicht eher, als nach regulirtem Status causae et controversiae erfolgen, §. 37. (auch 10. §. 170.) Von Aufnehmung des Beweises durch Zeugen handelt 10. §. 169. sqq. In welchem Falle dieselben schon zum Instructionstermine mit vorzuladen, §. 170. Was ihnen in der Vorladung über den Gegenstand ihrer Vernehmung bekannt zu machen, §. 171. Wohin die Zeugen vorzuladen, §. 172. Auf Zeugen, deren Aufenthalt unbekannt ist, kann nicht geachtet werden, §. 173. In wie fern einer Partei, wenn sie auswärtige Zeugen vorschlägt, das juramentum calumniae abgefordert werden könne, §. 174. Mehrere Zeugen werden durch eine Currende, die unter einer andern Gerichtsbarkeit stehen, aber durch Requisition vorgeladen, §. 175 — 177. Wie es zu halten, wenn die vorzuladenden Zeugen einfältige und gemeine Leute sind, §. 178. Wer zur Abgebung eines Zeugnisses verbunden sei, §. 179. sqq. s. Zeugniss. Den Zeugen sollen ihre Reise-, Zehrungs- und Versäumnisskosten aus der Sportelcasse vorgeschossen werden, §. 187. Wie bei Vernehmung der Zeugen zu verfahren, §. 188. sqq. s. Zeugenabhörung. Vereidung der Zeugen, §. 202. und welche Personen von der Ableistung des Zeugeneides frei seien, §. 103. s. Zeugeneid. Als Zeugen sind I) ganz unfähig 1) Rasende, Wahn- und Blödsinnige. 2) Blinde, in Ansehung solcher Gegenstände, zu deren Kenntniss der Sinn des Gesichts erfordert wird. 3) Taube, in so fern sie nicht lesen. 4) Taube und Stumme zugleich, in so fern sie nicht lesen und schreiben können. 5) wer sich von einer Partei hat bestechen lassen, oder 6) eines Meineides überführt, oder 7) eines begangenen Verbrechens wegen für ehrlos erklärt worden ist, I. 10. §. 227. II) Folgende Personen können des Verhältnisses wegen, in welchem sie mit der Partei stehen, zwar nicht als Beweiszeugen, aber doch der nähern Erkundigung wegen abgehört werden: 1) Eltern und andere Verwandte in aufsteigender Linie, jedoch mit einigen Ausnahmen. 2) Kinder oder andere Verwandte in absteigender Linie. 3) Stief- oder Schwiegereltern und Kinder. 4) Geschwister. 5) Verschwägerte. 6) Ehegatten oder öffentlich Verlobte. 7) Mitberechtigte und Mitverpflichtete. 8) Litisdenuncianten, Denuncianten oder Intervenienten. 9) Ueberhaupt alle, die ein Interesse bei der Sache haben. 10) Mitglieder einer in den Streit verwickelten Corporation, §. 228. s. auch Altentheil, Cossäten, Eheleute. (Eltern, Kinder und Ehegatten sollen niemals gezwungen werden, gegen einander zu zeugen, §. 229.) 11) Bevollmächtigte in der Sache ihrer Machtgeber. 12) Juden, in Sachen zwischen Christen und

Juden, §. 230. n. 12. u. (88.) 13. §. 24. (105). 13) Unmündige, weil sie noch mit keinem Eide belegt werden können. Minderjährige sind als Beweiszeugen zulässig. 14) Diejenigen, welche ein ehrloses Geschäft treiben, oder 15) einer Untreue, eines strafbaren Bankeruts überführt, oder 16) für unfähig erklärt worden, einen nothwendigen Eid zu schwören, I. 10. §. 230. Wie es zu halten, wenn der Fall eintritt, dass diese Personen von der streitigen Thatsache Kenntniss haben, §§. 231. 232. III) Folgende Personen sind zwar als Beweismittel zuzulassen, ihren Aussagen kann aber keine volle Glaubwürdigkeit beigelegt werden: 1) Verschwender, 2) diejenigen, welche, ohne Unglücksfälle nachweisen zu können, in Concurs verfallen sind, 3) welche mit einer Partei in notorischer Feindschaft, oder 4) in einem verdächtigen, vertrauten Umgange leben. 5) Dienstboten, unter gewissen Ausnahmen. 6) Unterthanen, §. 233. In wie fern ein Litisconsorte als Zeuge abgehört werden könne, 10. §. 86. Verfahren über die Einwendungen gegen die Person der Zeugen, §. 234. worüber keine besondere Erkenntnisse oder Instanzen statt finden, §. 235. Die Untersuchung solcher Nebenpunkte soll in besondern Protocollen verhandelt werden, §. 236. Strafe einer Partei, welche wissentlich ganz verwerfliche Zeugen in Vorschlag bringt, I. 10. §. 237. Bei Bestimmung der Glaubwürdigkeit eines Zeugen kommt es in der Regel darauf nicht an, auf wessen Veranlassung er abgehört worden, §. 238. Wer für einen völlig glaubwürdigen Zeugen zu achten, §. 239. Widersprüche in der Aussage eines Zeugen, schwächen dessen Glaubwürdigkeit, §. 240. Wie zu verfahren, wenn ein Zeuge etwas vom Hörensagen bekundet, § 241. In wie fern seine Aussagen erheblich seien, wenn er bekundet, dass ihm von der Sache gar nichts bekannt sei, §. 242. Gegen einen Zeugen findet wegen seiner Aussage keine Injurienklage statt, §. 243. Wie zu verfahren, wenn Zeugen unter einander sich widersprechen, §. 393. s. Zeugenabhörung; wenn Zeugen unter einander sich widersprechen, §§. 394. 395. oder sich ein Unterschied zwischen ihrer Aussage und dem Befunde bei der Ocularinspection ergiebt, 396. Von der Restitution wegen neu aufgefundener Zeugen, 16. §. 26. s. Restitution. In wie fern derjenige, der mehr als drei Zeugen über eine Thatsache abgehört wissen will, selbst wenn er obsiegt, doch nur in Ansehung von drei Zeugen, den Ersatz der Abhörungskosten fordern könne, 23. §. 23. n. 4. s. auch Injuriensachen. Von Zuziehung eines blossen Zeugen bei gerichtlichen Verhandlungen in Ermangelung des zweiten Gerichtsbeisitzers, 25. §. 54. oder bei Testamentsaufnahmen statt des zweiten Dolmetschers, II. 2. §. 38. In wie fern in Bagatellsachen die Zeugen der geschehenen Recusation ungeachtet abzuhören, I. 26. §. 5. n. 5. Jeder Inquirent bei fiscalischen Untersuchungen soll befugt sein, die an eben dem Orte sich aufhaltenden Zeugen unmittelbar vorzuladen, 35. §. 61. Wie es dabei zu halten, wenn der Zeuge ein dienstthuender Unterofficier oder Soldat ist, §. 62. S. übrigens: Instrumentszeugen.

Zeugen; preußische Unterthanen sind nur alsdann verpflichtet, sich als Zeugen vor ausländischen Gerichten zu gestellen, wenn diese Pflicht in Folge besonderer Conventionen oder Staatsrücksichten in einzelnen Fällen für sie entsteht, I. 361. Zahlung der baaren Auslagen der Zeugen aus den Salarienkassen, I. 479. Glaubwürdigkeit der unbeeideten Aussagen der Gensd'armes, I. 486. Daß die Beurtheilung der Glaubwürdigkeit naher Verwandten als Zeugen und die Frage, ob dieselben mit dem Zeugeneide zu belegen, dem richterlichen Ermessen anheimfällt, I. 498. Glaubwürdigkeit jüdischer Zeugen, I. 500.

Zeugenabhörung, dabei sollen die Justizcommissarien als Assistenten, I. 3. §. 18. und als Bevollmächtigte zugelassen werden, §. 75. auch 10. §. 189. und 220. und ist dabei, auch in fiscalischen Untersuchungen, auf Verlangen des Denunciaten, der rechtsverständige Beistand desselben zuzulassen, 35. §. 60. Die Assistenten oder Bevollmächtigten können dem Instruenten noch vor der Abhörung ein Promemoria zustellen, in welchem die Umstände bemerkt sind, auf welche bei der Vernehmung der Zeugen vorzüglich Acht zu geben. Sie müssen den Instruenten bei der Abhörung zwar controlliren, demselben aber dabei nicht in die Rede fallen, I. 10. §. 198. und wenn der Instruent sich weigert, ihre Bemerkungen zu benutzen, oder sie wenigstens in das Protocoll aufzunehmen, dem Collegio sofort davon Anzeige machen, §. 199. In wie fern Zeugen in ihrer Behausung abzuhören, §. 182. s. auch Zeugniss. Wie bei Vernehmung der Zeugen zu verfahren, §. 188. sqq. Vermahnung, §. 188. und Vorhaltung, (81. 82). Generalfragen, §. 190. Nach Beantwortung dieser Generalfragen muss der Instruent den Zeugen eine umständliche Erzählung der Thatsache abfordern, diese so getreu als möglich niederschreiben lassen, und sodann nach Anleitung dieser Erzählung besondere Fragestücke formiren, §. 191. Pflicht des Instruenten, wenn der Zeuge unverständlich, verworren und schwankend antwortet, §. 192. oder einen Umstand nicht zu wissen, oder vergessen zu haben vorgiebt, §. 193. Der Instruent muss ferner dahin sehen, dass der Zeuge nicht etwa seine Schlüsse und Folgerungen mit der Thatsache selbst verwechsele, §. 194. auch genau bemerken, wo der Zeuge stockt, §. 195. oder sich, bei Beantwortung der einzelnen Fragestücke, ein Widerspruch mit seiner allgemeinen Erzählung zeigt, §. 196. Worauf insbesondere dann zu sehen, wenn Zeugen über die Verjährung abgehört werden sollen, §. 197. Wie es bei Vorlesung der Zeugenaussagen zu halten, §. 200. besonders wenn dabei der Zeuge seine Aussagen ändert, §. 201. Von Einrichtung und Abschliessung der Vernehmungsprotocolle, §. 205. u. (86). Verschiedenen, mit einander in keiner Verbindung stehenden Gegenständen der Abhörung müssen besondere Protocolle gewidmet werden, §. 206. Von der Confrontation der Zeugen unter sich, §. 207. mit den Parteien, §. 208. In wie fern die Wiederholung des Zeugenverhörs statt finde, §§. 210. 211. Wie es zu halten, wenn ein schon abgehörter und vereideter Zeuge sich zur nochmaligen Abhörung aus eigner Bewegung meldet, §. 212. s. auch Zeugeneid. Wie bei Abhörung solcher Zeugen, welche der deut-

schen Sprache nicht mächtig sind, zu verfahren, §. 213. — 215. u. 216. (87). s. auch Dolmetscher. Von Abhörung auswärtiger Zeugen durch Commissarien oder fremde Gerichte, §§. 216. 217. In diesem Falle muss der Instruent mit Zuziehung der Rechtsbeistände über diejenigen Thatsachen, welche der Zeuge bekunden soll, einen Statum causae entwerfen, §. 218. Wie es bei der auswärtigen Vereidigung zu halten, I. 10. §. 219. s. Zeugeneid. Es hängt von dem Ermessen des Gerichts ab, ob in wichtigen Fällen der auswärtigen Gerichtsperson ein zweiter Commissarius oder ein Notarius beizugeben, §. 220. oder der Instruent nebst den Rechtsbeiständen zur Abhörung des Zeugen an Ort und Stelle anzuordnen sei, §. 221. Der auswärtige Commissarius muss sich überall nach den obigen Vorschriften richten, §. 222. Wenn Zeugen bei einem ausländischen Gerichte abgehört werden sollen, muss demselben, ausser dem Status causae ein Extract aus dem Abschnitte der Gerichtsordnung: vom Beweise durch Zeugen, mitgetheilt werden, §. 223. Die einkommenden Protocolle über auswärtige Zeugenverhöre sind zuerst vorzutragen, sodann dem Instruenten vorzulegen, §. 224. a. Von Mittheilung der Protocolle über die Zeugenverhöre an die Parteien, §. 224. b, Von der Beschleunigung der Zeugenverhöre, §§. 225. a. 225. b. Wie es zu halten, wenn ein Zeugenverhör durch Krankheit eines Zeugen aufgehalten wird, §. 226. a. oder der vorgeschlagene Zeuge sich auf Reisen befindet, §. 226. b. s. auch Calumniae juramentum. In welchem Falle das Protocoll über die Zeugenabhörungen versiegelt zu den Acten genommen werden müsse, §. 224. Wann in fiscalischen Untersuchungssachen die vorläufige Vernehmung der Zeugen zur Begründung der Untersuchung erforderlich ist, 35. §. 40. (255).

Zeugenabhörung; über das Lokal bei Vernehmungen von Staabsoffizieren, I. 476. Verfahren, wenn Beamte über Amtssachen ein Zeugniß ablegen sollen. I. 485.

Zeugeneid, wohin derselbe, nach erfolgter Vorlesung der Aussagen, zu richten, besonders in dem Falle, wenn der Zeuge einige Umstände nach §. 180. zu verschweigen befugt gewesen ist. S. übrigens: Sachverständige, Taxator. Von der Ableistung des Zeugeneides sind folgende Personen frei: 1) Personen fürstlichen Standes, welchen die Eidesformel zur Unterschrift vorgelegt wird. 2) Personen, die in Eid und Pflicht stehen, in Sachen, die ihr Amt unmittelbar betreffen. 3) solche Sachverständige, die ein für allemal vereidet sind. 4) Mennoniten oder andere, nach deren Religionsgrundsätzen Eidesleistungen unzulässig sind, wenn sie dies, in so fern es nicht bei dem Gerichte notorisch ist, gehörig nachweisen. 5) Stumme, welche die Eidesformel abschreiben und unterzeichnen müssen. Blosse Gewissenszweifel geben kein Recht, die Ableistung des Eides zu verweigern. Es kann zwar Niemand zur Ableistung des Eides gezwungen werden; wer sie aber ohne Grund verweigert, gegen den wird eben so verfahren, wie gegen den, wel-

cher sich der Ablegung des Zeugnisses gänzlich entziehen wollen, §. 203. Vor der Abnahme des Eides müssen die Zeugen nochmals ermahnet, §. 204. bei der Ableistung des Zeugeneides ist, wenn die Parteien ihr nicht in Person oder durch Bevollmächtigte beiwohnen, ihnen von Amtswegen ein Bevollmächtigter immer zu bestellen, (85.) bei der Vereidigung der Zeugen durch einen auswärtigen Commissarius müssen den nicht erscheinenden Parteien von Amtswegen Bevollmächtigte bestellt werden, §. 219. Ein schon abgehörter und vereideter Zeuge, der sich zur nochmaligen Abhörung aus eigner Bewegung meldet, muss nicht sogleich wieder mit dem Zeugeneide belegt, sondern die Bestimmung, ob es einer nochmaligen Vereidung bedürfe, dem Erkenntnisse überlassen werden, §. 212. Dadurch, dass ein abgehörter Zeuge vor Beendigung des ganzen Zeugenverhörs, und folglich auch vor Ableistung des Zeugeneides stirbt, verliert dessen Zeugniss nichts von seiner Beweiskraft, §. 299. Jüdische Zeugen brauchen in Sachen der Juden gegen Juden keinen Zeugeneid abzuleisten, §. 343. Der Zeugeneid eines Juden kann an der gewöhnlichen Gerichtsstelle abgeleistet werden, §. 346. n. 1.

S. übrigens: Eid.

Zeugeneid, eidesstattliche Versicherung der Mennoniten statt des Zeugeneides, I. 488.

Zeugniss, dasselbe abzugeben ist ein Jeder ohne Unterschied des Standes schuldig, I. 10. §. 179. In welchen Fällen eine Ausnahme statt finde, §. 180. Wie zu verfahren, wenn dasselbe verweigert wird, je nachdem die Sache bei einem Untergerichte oder bei einem Obergerichte schwebt, §. 181. Strafe desjenigen, der zur Ablegung des Zeugnisses vor Gericht zu erscheinen ohne gesetzmässigen Grund sich weigert, §. 183. oder zwar erscheint, aber ohne Grund sein Zeugniss beharrlich verweigert, §. 184. Ein solcher Zeuge muss alle durch seinen Widerstand verursachte Kosten erstatten, §. 185. und, wenn er wirklich Mittel findet, sich der Abgebung seines Zeugnisses zu entziehen, so bleibt derjenigen Partei, welche dadurch leidet, der Regress gegen ihn vorbehalten, §. 186.

Zinscoupon oder Zinsschein, dessen Aufgebot wird nicht erfordert, wenn der Pfandbrief selbst noch vorhanden ist, I. 51. §. 137.

Zinscoupons, der Staatsschuldscheine können nicht amortisirt werden, und verjähren die Ansprüche aus denselben in vier Jahren, III. 614.

Zinsen, ob dieselben von dem Kläger gefordert werden, darauf muss die Informationseinziehung mit gerichtet werden, I. 5. §. 4. n. 5. In wie fern dieselben bei Berechnung der appellabeln Summe mit in Anschlag zu bringen, 14. §. 3. n. 1. Darauf muss der Richter, wo ein gesetzlicher Grund, sie zu fordern, obwaltet, von Amtswegen erkennen, 23. §. 58. Durch den Arrestschlag auf ein zinsbares Capital wird der Zinsenlauf nicht unterbrochen, 29. §. 63. auch nicht durch die Eröffnung des Liquidationsprozesses, 51. §. 7. und es müssen alle

rückständigen Zinsen mit dem Capitale zuerkannt werden, §. 39. auch §. 89. n 5. Was in Ansehung der Zinsen im Liquidationsprozess Rechtens, wenn die Kaufgelder zur Bezahlung des Capitals nicht zureichen, §. 40. sqq. Wenn in der Folge Concurs eröffnet wird, müssen die Gläubiger der drei ersten Classen mit ihren Forderungen mehr als zweijähriger Zinsenrückstände an den Richter des Concurses verwiesen werden, §. 44. sqq. Im erbschaftlichen Liquidationsprozess muss der Erbe, so lange er in der Administration bleibt, den eingetragenen Gläubigern ihre laufenden Zinsen bezahlen, §. 76. Durch Concurseröffnung wird der Zinsenlauf unterbrochen, Pfand- und Hypothekengläubiger allein ausgenommen, 50. §. 152. auch §§. 158. 159. und es finden in der ersten Classe des Capitals nur zweijährige Zinsenrückstände statt, §. 150. was auch in Ansehung der eingetragenen Forderungen gilt, §. 151. Ausnahme wegen der vermöge ergangener Indultgesetze aufgeschwollenen Zinsen, (309.) und in wie fern sie in der zweiten Classe locirt werden, §. 356. sqq. (357.) Die mehr als zweijährigen Zinsenrückstände werden post omnes locirt, §. 477. b. In wie fern bei der Compensation in Concursen Zinsen statt finden, §§. 58. 59. s. auch Compensation in Concursen. Ein dem Gemeinschuldner zur Unterstützung in seinem Gewerbe ausdrücklich ohne Zinsen dargeliehenes Capital wird in der sechsten Classe angesetzt, §. 457. Wie es bei Vertheilung der currenten Gutsrevenüen in Ansehung der laufenden Zinsen eingetragener Posten zu halten, §. 499. wenn sie zur Bezahlung der laufenden Zinsen zureichen, oder ein Ueberfluss vorhanden ist, §. 501. wenn sie nicht zureichen, §. 502. Gegen die laufenden Zinsen und zweijährigen Rückstände derselben schützt das Moratorium nicht, I. 47. §. 97. n. 3. §. 63. (309).

Zinsen; Berichtigung derselben bei eingeleiteter Administration oder Sequestration der Grundstücke, II. 474. Berichtigung derselben während des erbschaftlichen Liquidationsprozesses, III. 587. Berichtigung derselben beim Concurse, III. 433. Berichtigung derselben bei der Subhastation, III. 705.

Zins- und Steuerregister, deren Beweiskraft, I. 10. §. 159.

Zögerung, s. Mora.

Zoll, s. Privatzoll.

Zollbediente, s. Accise- und Zollbediente.

Zollsachen, s. Accise- und Zollsachen.

Zollcontraventionen, s. Steuercontraventionen.

Zünfte sind nicht eximirt, I. 2. §. 104. Wie die von ihnen auszustellenden Vollmachten eingerichtet werden müssen, 5. §. 49. S. übrigens: Corporation, Gemeine, Moralische Person.

Zugeständniss, damit müssen die Parteien nicht übereilt, oder gar dazu verleitet werden, I. 10. §. 26. auch 26. §. 65. Vom Beweise durch Zugeständniss handelt §. 82. sqq. Wenn eine Thatsache bei der Instruction zugestanden worden, so bedarf es keiner Beweisesaufnahme, §. 82. wohl aber dann, wenn auf einer Seite behauptet, auf der andern geläugnet wird, dass ein Zugeständniss bei einer andern Gelegenheit erfolgt sei, §. 83. Ob in diesem Falle die streitige Hauptsache oder die That-

sache des behaupteten Geständnisses, oder beide zugleich, zu untersuchen, hängt von dem Ermessen des Gerichts ab, §. 84. Wenn ein Geständniss erheblich sein soll, so muss der Gestehende, zur alleinigen Verhandlung der Sache befugt sein, §. 85. Wie es zu halten, wenn von mehrern Litisconsorten nur einige eine Thatsache zugestehen, und in wie fern ein Litisconsorte als Zeuge abgehört werden könne, §. 86. Das Geständniss eines Bevollmächtigten ist eben so verbindlich, als wenn es vor dem Machtgeber selbst erfolgt wäre, §. 87. Die Annahme eines Geständnisses ist nicht erforderlich, §. 88. a. Von der Wirkung aussergerichtlicher und gerichtlicher, aber in einem andern Prozess erfolgter Geständnisse, §. 88. b. s. auch Vermuthung.

Uebrigens: Widerruf eines Zugeständnisses.

Zulässigkeit und Legalität einer Handlung der freiwilligen Gerichtsbarkeit muss der Richter untersuchen, II. 2. §. 28—30.

Zulagen der Staabsofficiere. In wie fern sie bei der Execution durch Gehaltsabzüge nicht mit dem Abzug unterworfen sind, I. 24. §. 106—108. (167).

Zurückbehaltungsrecht, s. Retentionsrecht.

Zuschlag, die Summe, wofür und der Namen desjenigen, an welchen derselbe erfolgt ist, muss im Auctionsprotocoll genau bemerkt werden, I. 24. §. 87. Bei nothwendigen Subhastationen soll der Zuschlag durch solche Erinnerungen gegen die Taxe, welche Jemand erst im Licitationstermine anbringt, nicht aufgehalten werden, §. 26. Der Zuschlag kann im ersten oder zweiten Licitationstermine noch nicht erfolgen, es sei denn, dass alle Interessenten darüber einig wären, §. 32. Wenn ein nach Ablauf des Licitationstermins eingekommenes Gebot auch von den Interessenten zugelassen worden, so erhält der Meistbietende dadurch doch kein vollkommenes Recht auf den Zuschlag, §. 38. Wenn sämmtliche Kauflustige gehört worden, müssen die Interessenten vernommen werden, ob sie in den Zuschlag an den Meistbietenden willigen, §. 41. So lange der Adjudicationsbescheid noch nicht publicirt ist, können die Interessenten ein Mehrgebot annehmen, (404). Der, welchem ein städtisches Grundstück zugeschlagen werden soll, muss das Bürgerrecht gewinnen, §. 42. (405). Von der Caution dabei, §. 44. u. (406). Der Zuschlag muss aber I) bei adeligen Gütern des Widerspruchs ungeachtet erfolgen, sobald das Gebot zwei Drittel der Taxe oder mehr beträgt, §. 46. Ausnahme, §. 47. findet unter zwei Drittel der Taxe ohne Einwilligung sämmtlicher Interessenten nicht statt, §. 48. II) Bei einem nicht adeligen Gute muss der Zuschlag in der Regel geschehen, wenn das Gebot auch unter zwei Drittel der Taxe beträgt, §. 50 Ausnahme, §. 51. Selbst der Schuldner kann der Zuschlag aufhalten, wenn er pro quanto minori sofort einen tüchtigen Caventen bestellt, §. 52. Fiscus, wenn er demselben widerspricht, braucht keine Caution zu bestellen, §. 53. Der Zuschlag kann durch den Widerspruch der Interessenten nur einmal aufgehalten werden, 52. §. 54. S. übrigens: Adjudica-

tionsbescheid, Gefahr, Reluition. III) Bei beweglichen Sachen und Gerechtigkeiten muss der Zuschlag im Termine schlechterdings für das höchste Gebot geschehen, §. 65. Bei freiwilligen Subhastationen kommt es in Ansehung des Zuschlags lediglich auf die Vereinigung der Interessenten an, §. 70. Wenn diese sich nicht vereinigen können, finden die Vorschriften des allgemeinen Landrechts (I. 17. §. 10. sqq.) Anwendung, §. 71. Während dieses Streits haftet der Meistbietende nicht für sein Gebot, es bleiben ihm sogar seine Rechte gegen den ohne Grund Widersprechenden wegen des Interesses bei der Vereitelung des Zuschlags vorbehalten, I. 24. §. 72. In wie fern mit dem Zuschlage verfahren werden könne, wenn die freiwillige Subhastation in eine nothwendige verwandelt werden muss, §. 73. u. (411). Der Zuschlag des Gutes eines Pflegbefohlenen kann, vor erfolgter Genehmigung des vormundschaftlichen Gerichts, nicht geschehen, §. 74. Wann in Moratoriensachen der Zuschlag suspendirt bleibt, 47. §. 63. (308).

Zuschlag der Grundstücke im Wege der Subhastation, in wie fern derselbe erfolgen muß, oder durch Widerspruch der Interessenten aufgehalten werden kann, III. 695.

II.

Chronologisches

Repertorium

der

zur Ergänzung, Abänderung und Erläuterung der Allgemeinen Gerichtsordnung ergangenen Verordnungen und Rescripte.

Bemerkung.

Die römische Zahl bedeutet den Band des vorliegenden Werkes, und die arabische Ziffer die Seitenzahl des betreffenden Bandes.

1776.

12. Jan. Circular-Rescr. betr. den Gerichtsstand der Forstbedienten, I. 192.

1788.

31. Juli. Verordnung betr. die Bestrafung der Militairpersonen wegen Beleidigung der Civilpersonen, II. 733.

1790.

22. Jan. Rescr. betr. den Gerichtsstand der Ehescheidungen katholischer Eheleute, III. 153.

1791.

12. Sptbr. Rescr. betr. die Aufbewahrung der Testamente bei dem Kammergericht, IV. 105.

3. Octbr. Rescr. wegen des Wechselverfahrens gegen minorenne Erben eines verstorbenen Wechselschuldners, II. 277.

31. Octbr. Rescr. wegen Arrestanlegung auf die mit der Post eingehenden Gelder, II. 658.

1793.

1. April. C. O. betr. den Arrest auf Pensionen der Offizierwittwen und Kinder, II. 402.

6. Mai. Rescr enthaltend eine Declaration der vorstehenden Verordnung, II. 403.

2. Decbr. Rescr. wegen Erlassung einer Edictal-Citation unbekannter Gläubiger eines Privati cum effectu praeclusionis, III. 567.

1794.

25. Aug. Rescr. wegen Erforderung der Erklärung der Erben über die Annahme oder Entsagung der Erbschaft von Amtswegen, IV. 113

13. Octbr. Rescr. betr. die Kosten der vormundschaftlichen Gerichte bei der Kostenerstattung in Prozessen der Minderjährigen, II. 197.

12. Novbr. Rescr, welche Kosten den Kämmereien und Minderjährigen bei Prozessen zu erstatten sind, II 198

24. Dezbr. Rescr. an sämmtliche Landes-Justiz-Collegia über die Zufertigung der Allgemeinen Gerichtsordnung, I. 1.

1795.

9. März. Rescr. betr. die Bedeutung des Worts „Gerichtssprengel" IV. 40.

14. April. C. O. betr. den Personalarrest gegen Fremde, II 683.

4. Mai. Rescr. betr. das Verfahren in Ehescheidungssachen, wenn die Ehefrau sich außerhalb Landes befindet, III. 169.

1795.

26. Mai. Rescr. betr. die Citation auswärtiger Gläubiger im Concurse, III. 421.
15. Juni. Rescr. betr. die Wirkung des Contumacial-Urtheils in Miethssachen, III. 322.
25. Sptbr. Rescr. betr. die Prozesse zwischen Herrschaften und Gesinde, II. 11.
25. Sptbr. Rescr. betr. den gerichtlichen Glauben der Domainenbeamten, I. 464.
25. Sptbr. Rescr. betr. die Testamente der Wenden, IV. 53.
5. Octbr. Rescr. betr. das Präjudiz bei Vorladungen bekannter Gläubiger zum Liquidationstermin bei dem abgekürzten Concursverfahren, III. 390.
26. Octbr. Rescr. betr. die Bezahlung der Feuer-Societätsbeiträge bei Distribution der Revenüen eines Grundstücks, III. 518.
2. Novbr. Rescr. betr. die Mortification von Documenten, deren Abschrift nicht beizubringen ist, III. 604.
9. Novbr. Rescr. die Aufhebung des Concurses betr., wenn sämmtliche Gläubiger darein willigen, III. 398.
21. Decbr. Rescr. betr. die Vorladung unbekannter Erben, III. 626.
21. Decbr. Rescr. betr. die Concurseröffnung, wenn der überlebende Ehegatte im Besitz der Erbschaft bleibt, III. 392.

1796.

2. Jan. Rescr. betr. die Aufnahme und Versiegelung der Erbverträge, IV. 106.
25. Jan. Rescr. betr. die Concurrenz der Vormundschaftsgerichte in Erbschaftsfällen, wo Minderjährige mit andern Erben und einem Testaments-Executor concurriren, IV. 126.
15. Febr. Rescr., ob zu vermuthen sei, daß jemand verheirathet gewesen und Kinder erzeugt habe, I. 568.
15. Febr. Rescr. betr. die Aufhebung des Concurses im Wege des Vergleichs, III. 541.
22. Febr. Rescr. über den Executivprozeß aus Schuldinstrumenten in Wechselform, II. 567.
7. März. Rescr. betr. das Verfahren bei Eidesabnahmen, I. 519.
21. März. Rescr. betr. den Gerichtsstand der Wittwen der Kanzlisten, I. 213.
23. Mai. Rescr. betr. die Sportelfreiheit der Militairpersonen und ihrer Ehefrauen, II. 236.
30. Mai. Rescr. betr. die Wechselexecution während der 3. Instanz, wenn der Schuldner in zweiter Instanz losgesprochen ist, II. 559.
13. Juni. Rescr. betr. die Edition der Bücher eines Denunciaten in fiscalischen Untersuchungssachen, III. 59.
1. Aug. Rescr. betr. die Amortisation der von der Bank ausgestellten Pfandrecepisse, III. 608.
8. Aug. Rescr. betr. die Edition der Bücher und Schriften eines Denunciaten, III. 59.
12. Sptbr. Rescr. betr. die Förmlichkeiten beim Aufgebot verlorner Instrumente, III. 604.
12. Sptbr. Rescr. betr. die Wahl der Sachverständigen in fiskalischen Civil-Prozessen, I. 410.
19. Sptbr. Rescr. betr. die Unzulässigkeit des offenen Arrests, wenn ohne förmliche Konkurseröffnung die Masse vertheilt wird, III. 391.
10. Octbr. Rescr. betr. das Verfahren in appellatorio, wenn die Partei keinen Justiz-Commissarius bestellen will, II. 21.
18. Octbr. Entscheidung der Gesetz-Commission über das Vorzugsrecht auswärtiger, nach hiesigen Rechten verjährter Wechsel, III. 510.

1796.

6. Decbr. Rescr. betr. einige Gegenstände des Vormundschaftsrechts, III. 133.
6. Decbr. Rescr. betr. die Kompetenz der Vormundschaftsgerichte zur Aufnahme von Acten der freiwilligen Gerichtsbarkeit, bei denen Minderjährige konkurriren, IV. 16.
19. Decbr. Rescr. betr. die baaren Auslagen der Justizcommissarien in Armensachen, II. 220.
19. Decbr. Rescr. betr. die Glaubwürdigkeit naher Verwandten, I. 498.
27. Decbr. Rescr. wegen Aufnahme und Versiegelung der Erbverträge, IV. 106.
27. Decbr. Rescr. betr. das Verfahren bei Arresten eines Fremden gegen einen Fremden, II. 681.

1797.

1. Jan. Rescr. betr. die Prüfung der Rechtskandidaten, IV. 245.
9. Jan. Rescr. betr. die Verpflichtung der Gläubiger zur Ernährung der Kinder des Schuldners während des Personal-Arrests, II. 501.
23. Jan. Rescr. betr. die Insinuation gerichtlicher Vorladungen durch die Post, I. 368.
30. Jan. Rescr. betr. die Citation der Accise- und Zolloffizianten und den Personal-Arrest derselben, I. 335.
24. April. Rescr. betr. die Vollstreckung der Execution gegen untergeordnete Finanzbehörden. III. 14.
2. Mai. Rescr. betr. die bei der Taxe übergegangenen Pertinentien subhastirter Güter. III. 703.
12. Juni. Rescr. wegen der in den Ferien angesetzten Termine in Konkurs- und andern Ediktalsachen, I. 384.
24. Juli. Rescr. wegen Amortisation eines auf den Inhaber lautenden Wechsels, dessen Datum nicht bekannt ist, III 603.
24. Juli. Rescr. wegen des Forums der bei den Untergerichten stehenden Auskultatoren und Referendarien, I. 150.
24. Juli. Rescr. wegen Behandlung der Gläubiger in Konkurssachen, III. 538.
7. Aug. Rescr. die Anwendung der Classifikationsordnung der A G. O. auf Forderungen, die vor Publikation der letztern entstanden sind, III. 463.
28. Aug. Rescr. wegen des Beweises in Injuriensachen, II. 733.
18. Sptbr. Rescr., wie es bei der Verwandtschaft eines Richters mit einer Prozeß führenden Partei zu halten, I. 258.
25. Sptbr. Rescr. betr. die nach der Präklusion in erster Instanz noch eingereichten Deduktionen, I. 550.
9. Octbr. Rescr. betr. die Zeit der Ausstellung der Quittung und des Mortifikationsscheins bei Amortisationen verlorner Instrumente, III. 604.
11. Octbr. Rescr. wegen Regulirung des Status causae et controversiae, I. 436.
30. Octbr. Rescr. wegen der von Patrimonial-Gerichten an das Obergericht zur Aufbewahrung eingesandten Testamente. IV. 96.
3. Novbr. Rescr. wegen Erhebung der Kosten in Konkursen, wenn die Masse in jährlichen Hebungen besteht, III. 526.
12. Decbr. Rescr. betr. das Verfahren gegen ausgetretene Cantonisten, III. 108.

1798.

15. Jan. Rescr. betr. die Verabfolgung einer inländischen Masse an die Hauptmasse in Hamburg, III. 555.
5. Febr. Rescr. wegen der Verpflegung minorenner Erben aus den Revenüen einer sub beneficio angetretenen Erbschaft, III. 585.

1798.

24. Febr. Rescr. betr. die Begründung der fiskalischen Untersuchungen, III. 53.
26. Febr. Rescr. betr. die Unterlassung der Versiegelung eines Testaments mit dem Gerichtssiegel und der Bemerkung der Ueberschreibung im Annahmeprotokoll, IV. 95.
5. März. Rescr. betr. die Form und Vorlesung der Protokolle, IV. 56.
8. März. C. O. betr. die Anfragen bei der Gesetzcommission, I. 571.
19. März. Rescr. wegen der Prorogation des fori bei der Widerklage, II. 151.
19. März. Rescr. betr. die Regulirung des Nachlasses der Eximirten, I. 214.
19. März. Rescr. betr. die Befugniß eines Generalbevollmächtigten, gerichtliche Handlungen ohne Substituirung eines Justizcommissarius zu besorgen, IV. 384.
21. März. Rescr. betr. die bessere Einrichtung der Patrimonialjurisdiction, namentlich durch Bildung von Kreisgerichten, IV. 417.
21. März. Rescr. betr. die Anfragen bei der Gesetzkommission, I. 571.
26. März. Rescr. betr. die Todeserklärung nach Verlauf von 40 Jahren ohne Citation, III. 122.
27. Mai. Rescr. betr. die Kosten für Versendung der Acten an die höhere Instanz bei erkannter Kostenkompensation, II. 183.
29. Mai. Rescr. wegen Vorladung eines ausgetretenen mit Landgütern nicht angesessenen Cantonisten, III. 120.
29. Mai. Rescr. wegen der Execution in das Mobiliar der Offiziere ꝛc. II. 342.
11. Juni. Rescr. betr. die quota fiscalis bei Begnadigungen, IV. 368.
18. Juni. Rescr. betr. die Berechnung der 5jährigen Frist bei Klagen ex judicato, II. 575.
23. Juni. Rescr. betr. die Berücksichtigung eines Possessorien-Erkenntnisses bei Anordnung des Interimistici in Grenzstreitigkeiten, III. 197.
16. Juli. Rescr. wegen der Legalität der Ediktal-Citationen, I. 384.
31. Juli. C. O. betr. die Beschleunigung der fiskalischen Prozesse, III. 3.
13. Aug. Rescr. betr. die Anwendung der Vorschriften des A. L. R. über die Verbürgungen der Ehefrauen in der Mark, IV. 80.
3. Sptbr. Rescr. betr. den Gerichtsstand einer geschiedenen minorennen Ehefrau, I. 215.
17. Sptbr. Rescr. betr. die Unterlassung der speziellen Vorladung ausgetretener Kantonisten, III. 109.
24. Sptbr. Deklaration einiger Vorschriften des A. L. R. und der A. G. O., welche auf das Staatsrecht und das Verhältniß mit fremden Mächten Bezug haben, II. 681.
23. Octbr. Patent wegen Einrichtung des Militair-Justiz-Departements, IV. 160.
20. Novbr. Rescr. betr. den schnellen Gang der fiskalischen Prozesse, III. 4.
3. Decbr. Rescr. wegen Anwendung der Ediktal-Citation in Konfiskations-Prozessen gegen einen ausgetretenen Unterthan, III 120.
14. Decbr. Rescr, in wie fern streitige Fälle des polnischen Rechts durch Zeugen nachgewiesen werden können, I. 443.
30. Decbr. Cirkularverordnung wegen genauerer Bestimmung verschiedener Vorschriften des A. L. R. und der A. G. O., I. 125. II. 726.

1799.

21. Febr. Rescr. betr. die in zweiter Instanz einzureichenden Deduktionen, I. 425
25. Febr. Rescr., in wie fern die Anfertigung von Eingaben verboten sei, IV. 186.
4. März. Rescr. wegen der Befugniß der Partheien, sich durch Bevollmächtigte

1799.

vertreten zu lassen und wegen Erstattung der hierdurch entstandenen Kosten, I. 122.
26. März. Rescr. betr. den 5. Abschnitt der Cirk. Verordn. vom 30. Decbr. 1798. I. 426.
27. Mai. Rescr. betr. den 5. Abschnitt der Cirk. Verordn. vom 30. Decbr. 1798. I. 428.
1. Juli. Rescr. betr. die Vertretung des bei Schreibensunkundigen nöthigen Beistands durch einen vereideten Protokollführer, I. 429.
29. Juli. Rescr. betr. die Erlassung von Steckbriefen gegen ausgetretene Schuldner, II. 663.
31. Juli. Rescr. betr. das Konkursverfahren, wenn ein Gemeinschuldner in Leipzig Vermögen besitzt, III. 556.
21. Sptbr. Rescr. betr. die Sportelpflichtigkeit der Kompagnie-Chirurgen, II. 235.
23. Sptbr. Rescr. betr. den Zuschlag der subhastirten Grundstücke während der Instruktion des General-Moratorii, III. 358.
30. Sptbr. Rescr. betr. den Unterschied zwischen der Ehrlosigkeit und den Verlust der bürgerlichen Ehre, I. 497.
26. Octbr. Verordnung wegen zweckmäßiger Einrichtung der Eidesleistung, IV. 210.
18. Novbr. Rescr. betr. die Zuziehung eines Dollmetschers, I. 433.
17. Decbr. C. O. betr. die Ertheilung des Urlaubs zum Besuch auswärtiger Bäder, IV. 215.
19. Decbr. Cirkulare wegen genauerer Bestimmung verschiedener Vorschriften des A. L. R. und der A. G. O., II. 374.

1800.

13. Jan. Rescr. betr. die Nothwendigkeit der Zuziehung eines Dollmetschers bei gerichtlichen Verhandlungen, I. 433.
27. Jan. Rescr. betr. die Nullität des Verfahrens, wenn bei Subhastationen die Bekanntmachungen durch die Intelligenzblätter nicht in den vorgeschriebenen Terminen geschehen sind, III. 674.
10. Febr. Instruktion für die Taxatoren zur Abschätzung von Grundstücken in Berlin, IV. 151.
17. März. Rescr. wegen Anwendung der Cirkularverordnung vom 30. Decbr. 1798. in Hypotheken-, Deposital- und fiskalischen Untersuchungssachen I. 431.
17. März. Rescr., daß es in fiskalischen Untersuchungen der Zuziehung eines Protokollführers nicht bedarf, III. 51.
11. April. Rescr. betr. das Verfahren in Ansehung der sich zum öffentlichen Aufgebot qualifizirenden Gelder, III. 633.
21. April. Rescr. betr. die Verhandlung einer, bei der Appellation wider ein Kontumazial-Erkenntniß angebrachten Widerklage, II. 39.
30. Mai. Rescr. betr. die Kompetenz des instruirenden Richters bei der Apellation gegen Kontumazial-Erkenntnisse, II. 38.
30. Juni. Rescr. betr. die öffentliche Vorladung der Fremden in Injuriensachen I. 362.
30. Juni. Rescr. betr. das Verfahren, wenn der überlebende Ehegatte der Erbschaft entsagt, im Besitz der Erbschaft bleibt und zur Einziehung der Erbschaftsaktiva autorisirt zu werden verlangt, III. 392.
30. Juni. Rescr. betr. das Forum bei Realklagen gegen solche Besitzer, welche

1800.

für ihre Person einer andern als der Realgerichtsbarkeit unterworfen sind, I. 225.

21. Juli. Rescr. wegen Aufbewahrung eines Erbvertrags, wenn die Siegelung verbeten worden, IV. 107.

28. Juli. Rescr. betr. die Fortsetzung der Exekution während der Instruktion des Moratorii, III. 359.

31. Juli. Rescr. betr. die Aufsicht über die Untergerichte und deren Visitation, IV. 432.

1. Sptbr. Rescr. betr. das Rechtsmittel gegen den Kostenpunkt in einer Possessoriensache, II. 701.

1. Sptbr. Rescr. betr. die Kostenfreiheit der Unteroffiziere und gemeinen Soldaten und ihrer Frauen. II. 236.

29. Sptbr. Rescr. betr. die Certioration der Frauenspersonen bei Bürgschaften, IV. 76.

10. Octbr. Rescr. betr. die Belehrung der Kontrahenten bei der Veräußerung von Pertinenzstücken eines Hauptguts ohne Konsens der Hypothekengläubiger, IV. 70.

20. Octbr. Dienstinstruktion für das Generalauditoriat, IV. 161.

29. Octbr. Rescr betr. die Qualifikation der Aktuarien bei Vertretung des Richters, IV. 44.

3. Novbr. Rescr. nebst Gutachten der Gesetzkommission, betr. die Anwendung des lübischen Rechts im Pommern, III 499.

24. Novbr. Rescr. betr. das Verfahren in Injuriensachen bei der Appellation gegen ein Kontumazial-Erkenntniß, II. 38.

1. Decbr. Rescr. betr. die Folgen der nicht oft genug geschehenen Insertion bei Subhastationen in die Zeitungen, III. 674.

1801.

12. Jan. Rescr. betr die in Prozessen zuzuziehenden Sachverständigen zur Vergleichung der Handschrift, I. 472.

17. Jan. Rescr. betr. den Rang und die Sportelfreiheit der reitenden Feldjäger, II. 235.

19. Jan. Rescr. betr. die Glaubwürdigkeit der Bücher der Fabrikanten, III. 479.

16. Febr. Rescr. betr. die Präklusion unbekannter Agnaten, III. 629.

27. April. Rescr. betr. die Wiederholung der Ediktal-Citation, wenn dabei ein Versehen begangen, I. 386.

4. Mai. Rescr. betr. die Kompetenz des Gerichts zur Abfassung von Urteln erster Instanz gegen ein abgefaßtes Contumazial-Erkenntniß, II. 38.

5. Mai. Gutachten des Ober-Landrabbiners betr. den Gebrauch des Wortes Jehovah bei Eidesleistungen der Juden, I. 529.

29. Juni. Rescr. betr. das Verfahren bei Aufnahme der Vollmachten von Gemeinden, I. 294.

13. Juli. Rescr. betr. die Form gerichtlicher Atteste I. 466.

23. Juli. Rescr., daß ein Schiffer nicht in die Kategorie der Professionisten und Handwerker rücksichtlich der Exekutions-Modalitäten gehört, II. 357.

8. Octbr. Rescr. betr. die unterbliebene Bekanntmachung der Ediktal-Citation durch die Zeitungen, I. 387.

10. Octbr. Rescr. betr. die Zurückweisung der Appellation per decretum, II. 8.

12. Octbr. Rescr. betr. die Verpflichtung zur Zinsenzahlung während des General-Moratorii, III. 360.

1801.

19. Octbr. Rescr. betr. die Abkürzung der fiskalischen Untersuchungen, III. 48.
20. Octbr. Rescr. betr. die Gebühren der Bevollmächtigten, welche nicht Justiz-Commissarien sind, II. 203.
6. Novbr. Rescr. betr. das Forum der Haus-Offizianten eines fremden Gesandten, I. 200.
12. Novbr. Rescr. betr. die Kompetenz der Obergerichte zur Bestätigung der Adoption bei Adligen, IV. 18.
14. Novbr. Rescr. betr. die Einziehung von Geldstrafen aus dem Gehalt Königl. Offizianten, II. 400.
4. Decbr. Rescr. betr. die Fortsetzung der Spezialprozesse in den höhern Instanzen bei Eröffnung des Konkurses, III. 396.
5. Decbr. Rescr. betr. die Ediktal-Citation in Moratoriensachen, III. 356.
10. Decbr. Rescr. betr. die Publikation und gerichtliche Aufbewahrung wechselseitiger Testamente, IV. 100.
11. Decbr. Rescr. betr. die Befugniß der Eltern, letztwillig zu verfügen, wenn kantonpflichtige Söhne derselben sich im Auslande befinden und wem die Pflicht obliege, für die Sicherstellung des Vermögens ausgetretener Kantonisten für den Fiscus zu sorgen, III. 107.

1802.

4. Jan. Rescr. betr. die Ausmittelung des konfiscirten Erbtheils eines ausgetretenen Kantonisten nach einer gerichtlichen Taxe, III. 116.
28. Jan. Rescr. betr. den Effekt der Appellation in Pachtsachen, III. 310.
8. Febr. Rescr. betr. das Forum der Ehescheidungsklage gegen den ins Ausland zurückgekehrten Ehemann, I. 231.
9. Febr. Rescr. betr. die Belehrung einer Verzicht leistenden Ehefrau, IV. 76.
1. März. Rescr. betr. die Uebersendung eines zurückzugebenden Testaments durch die Post, IV. 99.
16. März. Rescr. betr. die Zulässigkeit des Executivprozesses, wenn die Kündigung nur außergerichtlich erfolgt ist, II. 565.
18. März. Rescr. betr. die Arrestanlegung auf das in hiesigen Landen befindliche Vermögen eines Ausländers, II. 666.
29. März. Rescr. betr. die Wirkung der Appellation in Pachtsachen, III. 316.
8. April. u. 28. April. Rescr betr. die Wirkung der Appellation in Pachtsachen, III. 316.
6. Mai. Rescr. betr. die Erstattung der bei den Regierungen entstandenen Kosten in Prozessen, II. 199.
24. Juni. Rescr. betr. das Verfahren bei Aufnahme eines Testaments von einem Tauben, IV. 63.
9. Aug. Rescr. betr. die unterlassene Attestirung des Anerkenntnisses eines von dem Testator offen übergebenen Testaments, IV. 94.
9. Aug. Rescr. betr. die Eintragung von Urkunden öffentlicher nicht gerichtlicher Behörden in das Hypothekenbuch, IV. 10.
20. Sptbr. Rescr. betr. die Prüfung der Justizcommissarien, IV. 375.
6. Octbr. Rescr. betr. die Publikation früherer durch spätere Verordnungen aufgehobener Testamente, IV. 99.
22. Octbr. Rescr. über die Grundsätze über das zu konfiszirende Vermögen ausgetretener Kantonisten, III. 108.
27. Octbr. Rescr. betr. die Fortsetzung des Personalarrests nach einjähriger Dauer II. 507.

1802.

6. Decbr. Rescr., daß der Fiskus keinen Beitrag zu den Kosten des Verkaufs der Grundstücke ausgetretener Kantonisten zu leisten hat, III. 116.
12. Decbr. Rescr. betr. die Requisitionen an schwedische Behörden, I. 342.

1803.

3. Jan. Rescr. betr. den Gerichtsstand der Ehescheidungen katholischer Eheleute, III. 153.
25. Jan. Rescr. betr. die Sportelfreiheit des Fiskus in Konfiskationsprozessen, III. 117.
5. Febr. Rescr. betr. die Befugniß der Gläubiger zur Anfechtung eines vor Eröffnung des Konkurses gegen den Gemeinschuldner ergangenen Erkenntnisses, III. 404.
11. Febr. Rescr. betr. die Vollstreckung der Wechselexekution im Gefängnisse, II. 560.
24. März. Patent wegen Einführung der A. G. O. in das Fürstenthum Eichsfeld, die Städte Mühlhausen, Nordhausen, Erfurt und das Erfurter Gebiet, I. 5.
30. März. Rescr. betr. das Verfahren bei Justizvisitationen, IV. 429.
5. April. Patent wegen Einführung der A. G. O. in die Fürstenthümer Paderborn und Münster, I. 9.
17. Mai. Rescr. betr. die Ausübung der Ehrenrechte während der Sequestration adliger Güter, II. 470.
19. Mai. u. 27. Mai. Rescr. betr. die Verpflichtung des Gläubigers zur Alimentation des Schuldners im Personal-Arrest, II. 502.
29. Sptbr. Rescr. betr. das polizeiliche und gerichtliche Verfahren in Beziehung auf Wahn- und Blödsinnige. III. 130.
17. Octbr. Rescr. betr. die rechtskundigen Beistände bei Bürgschaften der Ehefrauen. IV. 80.
30. Novbr. Rescr. betr. die Zuziehung eines Protocollführers bei Ehestiftungen. IV. 45.
27. Decbr. Rescr. betr das Aufgebot eingetragener Posten, wenn das Eintragungs-Instrument nicht herbei geschafft werden kann. III. 599.

1804.

14. Febr. Reglement wegen der angeordneten Uniform der Beamten bei den Provinzialcollegien. IV. 175.
14. Febr. Reglement wegen der angeordneten Civil-Uniform bei den Provinzial-Collegien. IV. 175.
12. März. Rescr. wegen Eröffnung des Concurses bei nicht bedeutenden Massen III. 386.
24. — Rescr. betr. die von zwei Notarien, welche mit einander verwandt sind, aufgenommenen Instrumente. IV. 401.
5. April. Rescr. betr. die Aufnahme Gemüthskranker in Heilanstalten. III. 131.
8. — u. 2. Mai. Rescr. enthaltend Modifikationen des Reglements betreffend die angeordnete Civil-Uniform bei den Provinzial-Collegien. IV. 176.
9. April. Wegen Sicherstellung des reservirten Porto in Armensachen. II. 224.
3. Mai. Verordnung wegen näherer Bestimmung verschiedener Vorschriften der A. G. O. I. 375.
19 Mai Rescr betr. die Zuziehung eines Sachverständigen bei Abfassung des Erkenntnisses in Bergwerkssachen. I. 562.

1804.

18. Mai. C. O. wegen des bisher vom Fiscus in Concursen in Ansehung der Accise und Zollstrafen geltend gemachten Vorzugsrechts. III. 511.

26. — Rescr. betr. die nicht zulässige Eintragung von Darlehnen, wenn die von dem Gläubiger gehabten Kosten auf die Valuta angerechnet sind. IV. 74.

11. Juni. C. O. betr. die Unzulässigkeit der Abänderung von Erkenntnissen durch Ministerial-Rescripte. II. 71.

13. Juni. Rescr. betr. die Bekanntmachung der Verfügung über die Eröffnung eines Concurses. III. 398.

21. Juni. C. O. betr. die fiscal schen Rechte der Offizier-Wittwen-Casse. II. 240.

14. Juli. Rescr. daß richterliche Erkenntnisse nicht durch Ministerial-Rescripte, sondern nur im Wege der Rechtsmittel aufgehoben werden können. II. 71.

12. Octbr. Rescr. betreffend die Prüfung der Auscultatoren und Referendarien. IV. 248.

13. — Rescr. betr. das Verfahren in Injuriensachen gegen Ausländer. I. 151.

20. — Rescr. betr. die Form der Eidesleistungen der Juden. I. 524.

27. — Rescr. betr. die Nichtbefugniß der Justiz-Commissarien Grundstücke zu subhastiren. IV. 372.

8. Novbr. Rescr. betr. die Gebühren für militairische Executionscommandos. II. 510.

8. — Rescr. betr. die Kosten der speciellen Liquidation im Concurse. III. 434.

27. Decbr. Rescr. wegen genauerer Controllirung der Dienstführung der Justiz-Commissarien IV. 386.

1805.

11. Jan. Circulare betr. die nähere Bestimmung der Restitutionen gegen ein Contumacial Urtheil, desgleichen das Verfahren bei De- und Redeductionen in revisorio. II. 56.

24. Jan. Rescr. betr. die Execution in Alimentensachen während der Dauer der Rechtsmittel, wenn in erster Instanz auf einen Erfüllungseid erkannt ist. II. 9.

13. Febr. Rescr. wegen des Verfahrens, wenn Schuldgefangene krank werden. II. 504.

18. Febr. C. O. betr. die Feststellung und Einziehung der Beiträge zu Pfarr- und Schulbauten. I. 114.

11. März. Rescr. betr. die Befugniß des Protonotarius bei dem Ober-Landes-Gericht zu Stettin, Actus der freiwilligen Gerichtsbarkeit aufzunehmen. IV. 33.

27. März. Rescr. betr. die Aufnahme von Testamenten vor Dorfgerichten, IV 37.

6. Mai. Rescr. wegen der Verbindlichkeit des Gläubigers seinem inhaftirten Schuldner selbst Arbeit zu seinem Unterhalte zu verschaffen. II. 500.

23. Mai. C. O. betr. die Prüfung der Auscultatoren und Referendarien. IV. 249.

29. Mai. Rescr. über die Grundsätze bei Bestimmung der Revisionssumme. II. 48.

13. Juni. Rescr. betr. das Forum der Prinzen des Königl. Hauses. I. 154.

15. Juni. Rescr. über das Verfahren in Arrestsachen. II. 671.

7. Juli. Rescr., daß die Patrimonialrichter rücksichtlich der Verkümmerung der Besoldungen die Rechte der Beamten haben. II. 378.

1805.

10. Juli. Rescr. betreffend die Nichtbefugniß des Cridarii gegen Erkenntnisse, welche die Concursmasse betreffen, Rechtsmittel einzulegen. III. 400.

22. Juli. Rescr., daß in Adoptionsfällen unter Personen bürgerlichen Standes der landesherrliche Consens vom Justiz-Departement ertheilt werden soll. IV. 19.

15. August. Gutachten des Ober-Landrabbiners und der jüdischen Assessoren zu Berlin betr. das Lokal zu Eidesleistungen der Juden. I. 520.

14. Sptbr. Rescr., daß es behufs der Löschung eines verloren gegangenen Recognitionsscheins über die geschehene Eintragung keines förmlichen Aufgebots bedarf III. 607.

28. Sptbr. Rescr. betr. die Form und die Zeit der schriftlichen Kündigung eines Wechsels, und den Executivprozeß bei mündlich geschehener Aufkündigung. II. 565.

1806.

8. Jan. Rescr. betr. die Einrückung der Ediktalcitationen in die Zeitungen. I. 379.

11. Jan. Rescr., wonach die Competenz des vormundschaftlichen Gerichts, wenn der Vater mit Grundstücken im In- und Auslande angesessen gewesen, lediglich nach dem persönlichen Wohnort desselben bestimmt wird. I. 145.

25 Jan. Rescr. betr. die Eröffnung des Concurses von Amtswegen, wenn der Erbe die Erbschaft sub beneficio inventarii angetreten hat. III. 386.

8. Febr. Rescr., wonach ein angelegter, aber nicht justificirter Arrest die Injurienklage nicht unbedingt begründet. II. 665.

22. Febr. Rescr. betr. die Concurseröffnung über einen insufficienten Nachlaß ohne Antrag der Gläubiger, wenn die Erben die Erbschaft unter Vorbehalt der Rechtswohlthat des Inventarii angetreten haben. III. 386.

23. Febr. Rescr., wonach den Commissarien bei Auctionen für Erhebung und Berechnung der Gelder ein halbes Procent bewilligt worden. II. 352.

28. Febr. Verordnung betr. die Verkümmerung der Besoldung der Beamten, deren Befreiung vom Personal-Arrest und Verfahren gegen diejenigen, welche ihre Gläubiger durch unerlaubte Mittel zum Creditgeben verleiten. II. 374.

12. April. Rescr., daß es bei den von den Finanzbehörden approbirten Contracten über Domainen-Pertinentien keiner gerichtlichen Verlautbarung bedürfe. IV. 5.

26. April. Rescr., betr. die Unzulässigkeit der Beschlagnahme der nach dem Reichsdeputationsbeschluß vom 26. Februar 1803 bewilligten Pensionen II. 386.

10. Mai. Rescr. wegen Anwendung der Zeichensprache bei Aufnahme der Testamente taubstummer Personen. IV. 66.

17. Mai. Rescr., daß der Richter bei der Publication eines Testaments die Interessenten auf die Mängel desselben nicht aufmerksam zu machen hat IV. 102.

22. Mai. Rescr., wonach im Wechselprozeß wider den Willen des klagenden Cessionarii die Adcitation des Cedenten nicht zulässig II. 554.

8. Juni. Rescr. betr. die Inrotulation der Acten in dritter Instanz. II. 58.

16. Juni. Rescr., wonach ein praktischer Arzt rücksichtlich der Verkümmerung der Besoldungen nicht zu den Beamten gerechnet werden kann. II. 381.

23. Juni. Rescr. betr. das Forum der Prinzen des Königl. Hauses. I. 155.

1806.

26. Juni. Rescr. betr. die nähern Bestimmungen wegen der Sportelfreiheit der Prinzen des Königl. Hauses. II. 256.
12. Juli. Rescr., daß die Bestimmung der A. G. O. I. 28. §. 2. Nr. 7. nur von eigenen und nicht von gezogenen Wechseln zu verstehen sei. II. 570.
15. Juli. Rescr. betr. die Unzulässigkeit des Rechtsmittels der Restitution, wenn bereits eine Einlassung auf die Klage erfolgt ist. II. 34.
19. Juli. Rescr. wegen Beitreibung von Geldstrafen und Gerichtskosten aus Gehältern unter 400 Thlr. II. 400.
24. Aug. Rescr über die Ausfertigung eines Scheidungsbriefes in Form eines Erkenntnisses für die Ehefrau eines nach Sibirien transportirten Verbrechers ohne prozessualische Verhandlung. III. 171.
28. Aug. Rescr. betr. die Modification bei Ausübung des Retentionsrechts gegen Handwerker und Künstler als Miether. II. 359.
4. Octbr. Rescr. wegen Einschränkung der Visitation der Untergerichte. IV. 434.
15. Octbr. Rescr. betr. die noch fortdauernde Nothwendigkeit der Einrückung der Edictalcitationen in ausländische Zeitungen in Fällen, wo diese vorgeschrieben ist. I. 380.

1807.

31. Jan. Rescr. betr. die Verpachtung der in Concurs verfallenen Landgüter. III. 459.
3. März. Rescr. betr. die Befugniß eines Patrimonial-Gerichtsherrn, Handlungen der freiwilligen Gerichtsbarkeit in jedem Orte vor seinem Gerichtshalter vorzunehmen. IV. 42.
19. Mai. Verordnung wegen eines den Grundbesitzern zu bewilligenden General-Indults III. 337.
25. Juni. Rescr. betr. die Executionsverfügung gegen den Gemeinschuldner während der Verhandlungen über die Concurseröffnung. III. 395.
14. Octbr. C. O. betr. die Befugniß der Pupillen Collegien zu Majorennitäts-Erklärungen. IV. 25.
24. Novbr. Verordnung zur Conservation der Schuldner im Besitz und Nahrungsstande. III. 338.

1808.

28. März. C. O. betr den Gehaltsabzug bei Beurlaubung aller Hof- Militair- und Civilbeamten auf längere Zeit als vier Wochen. IV. 216.
3. April. C. O. betr. die Befugniß der Pupillen-Collegien zu Majorennitäts-Erklärungen. IV. 25.
26. Juni. Rescr. betr. den Majorennitätstermin und die Behörden, welche Großjährigkeitserklärungen ertheilen dürfen. IV. 26.
24. Decbr. Landschaftsreglement für Ostpreußen, (Extract, betr. das Verfahren beim Aufgebot gekündigter Pfandbriefe). III. 621.
26. Decbr. Verordnung wegen verbesserter Einrichtung der Provinzial-Behörden. I. 97.

1809.

12. Jan. Rescr. betr. den Executivprozeß aus zweiseitigen Contracten. II. 563.
13. März. Rescr. betr. das Forum der Domestiken fürstlicher Personen. I. 155.
16. April. Rescr. betr. die Trennung der Justizverwaltung in den Städten von den Magistråten. IV. 416.

1809.

17. Juni. Rescr. wegen der von den Ritterschaftsdirectionen bei den Güteradministrationen zu übernehmenden Aufsicht über die Depositoria und wegen der bei der Unmöglichkeit des zu leistenden Vorschusses zu besorgenden Sequestrationen. II. 471.

12. Juli. Rescr. betr. das Forum zur Regulirung des Nachlasses der Forstbedienten. I. 214.

15. Juli. C. O. verschiedene Vorschriften der Cr. O. betr. III. 78.

19. Juli. C. O. betr. die Aufhebung des Militair-Gerichtsstandes. I. 166.

22. Juli. Rescr. betr. die Nothwendigkeit des Sühneversuchs in Ehescheidungssachen. III. 155.

9. Aug. C. O. wegen der aus dem Cabinette an die Behörden remittirten Vorstellungen. IV. 190.

8. Sptbr. Rescr. betr. den Arrestschlag auf Feuerkassengelder. II. 660.

16. Octbr. Rescr. betr. den Unterschied der Unmöglichkeitsklagen Dienstpflichtiger und der Klagen auf temporären Erlaß der Dienste. III. 186.

23. Octbr. Rescr. betr. das Vorrecht der Stadtkasse im Concurse wegen rückständiger Kriegssteuern. III 482.

27. Octbr. Rescr, daß zu Prozessen der Stadtgemeinden Autorisation der Regierung nicht erforderlich, dagegen zu Prozessen der Dorfgemeinden über die Substanz ihres Vermögens der Consens der Gutsherrschaft beizubringen sei. I. 142.

30. Octbr. Rescr. betr. das Aufgebot unbekannter Depositalinteressenten. III. 637.

30. Octbr. C. O. betr. die künftige Verfassung der französischen Colonie. I. 153.

20. Novbr. Rescr betr. die Uebertragung der von dem General-Postamt ausgeübten Gerichtsbarkeit an die Gerichte. III 28.

20. Novbr. Rescr. wegen Unzulässigkeit des Verkaufs in Beschlag genommener Obligationen im Wege der Execution. II. 368.

6 Decbr. Rescr. betr. die militairische Hülfe bei Executionen gegen Stadt- und Dorfgemeinden. II. 508.

6. Decbr. Rescr. betr. die Ansetzung der Kriegssteuer im Concurse. III. 482.

8. Decbr. Rescr. betr. die Executionsvollstreckung gegen Provinzialstände. II. 312.

9. Decbr. Verordnung wegen Mortification der an einen gewissen Inhaber und wegen des öffentlichen Aufgebots der an jeden Inhaber ausgestellten Schuldverschreibungen. III. 602.

11. Decbr. Rescr., daß von Justiz-Commissarien Justitiariate nicht übernommen werden können. IV. 403.

1810.

15 Jan. Rescr betr. die Communication der Landes-Justiz-Collegien mit den Regierungen bei Anwendung militairischer Hülfe. II. 509.

16. Jan. Verordnung wegen Abkürzung des Verfahrens bei Amortisation verlorner Pfandbriefszinscoupons III. 622.

20. Jan. Rescr. betr. die Anwendung militairischer Hülfe in dringenden Fällen. II. 509.

31. Jan. Rescr. betr. die Locirung der Kriegssteuern beim Concurse. III. 482.

7. Febr. Rescr. betr. das Forum beurlaubter Soldaten. I. 171.

14. Febr. Publicandum wegen der bei Sr. Königl. Majestät oder deren Ministerio anzubringenden Gesuche oder Beschwerden. IV. 188.

5. Mrz. Rescr. wegen der an Sonn- und Festtagen nicht vorzunehmenden gerichtlichen Handlungen. I. 390.

1810.

15. März. C. O. wegen der Insinuation an Unterofficiere und Soldaten. I. 365
23. März. Rescr. betr. die Subhastationen, wenn mehrere Grundstücke für eine Forderung verpfändet sind. II. 484.
26. März. Rescr. wegen Kostenfreiheit der Armenanstalten. II. 241.
9. Juni. Rescr., daß die Wechselklausel mit voller Wirkung neben Bestellung eines Unterpfandes bestehen könne. II. 560.
14. Juni. C. O. betr. die Gehalts-Abzüge, welche den Officieren wegen Schulden gemacht werden können und die Execution in das Mobiliar derselben. II. 392.
19. Juni. Rescr. betr. die Delegation der Gerichtsbarkeit über das Gesinde der Eximirten und über die Officianten niederen Ranges an die Untergerichte. I. 193.
23. Juni. Rescr. betr. die Frage, gegen welche fiscalische Station eine Klage zu richten, und an wen dieselbe zu insinuiren sei. I. 370.
7. Juli. Rescr. wegen strenger Untersuchung strafbarer Bankerutte. III. 387.
9. Juli. Rescr. betr. den Betrag der Gehaltsabzüge, welche Subalternofficieren gemacht werden können. II. 392.
2. Aug. Rescr. betr. die Nichtanwendung der C. O. vom 28. März 1808 bei Beurlaubungen zu Badereisen behufs Widerherstellung der Gesundheit. IV. 216.
7. Aug. Rescr., daß auf Grund eines schriftlichen Anerkenntnisses der Schuld von Seiten einer öffentlichen Behörde die Agnitions-Resolution abgefasst werden kann. I 393.
10. Aug. Verordnung betr. die wegen schuldiger Alimente in Beschlag zu nehmende Hälfte der Besoldung des Königl. Officianten. II. 396.
11. Aug. Rescr., daß in Concursen über das Vermögen der Militairpersonen die Verfügung wegen Einleitung der Untersuchung den Militairgerichten überlassen bleibt. III. 388.
11. Aug. Rescr. betr. die Delegation der Gerichtsbarkeit über das Gesinde der Eximirten und über die Officianten niederen Ranges an die Untergerichte. I. 193.
20. Aug. C. O. wegen der den Officieren zur Anschaffung ihrer Equipage zu leistenden Vorschüsse. II. 396.
30. Aug. C. O. wegen der Frist, nach welcher die öffentliche Vorladung eines wegen eines Verbrechens entwichenen Ehegatten auf den Antrag des verlassenen geschehen kann. III. 171.
29. Sptbr. Rescr., daß vacante Erbschaften sich nicht zur Abführung an die Justiz-Officianten-Wittwen-Casse eignen. II. 636.
2. Octbr. Rescr. betr. die bei Eidesabnahmen zu beobachtende Sorgfalt. I. 534.
6. Octbr. Rescr. betr. die Einrückung der Edictalcitationen in die Zeitungen. I. 380.
13. Octbr. Rescr. betr. die Zulässigkeit der Executionsverfügung, wenn der Executionssucher das Pfand nicht frei gegeben hat. II. 324
27. Octbr. Verordnung über die veränderte Verfassung der obersten Staatsbehörden in der preußischen Monarchie. I 324. u. IV. 157.
3. Novbr. Rescr. betr. die militairische Gebühren für Executionskommandos II. 510.
20. Novbr. C. O. wegen der Abzüge von Militairgehältern zur Berichtigung von Schulden. II. 395.

1810.

28. Decbr. Reglement wegen Einrichtung der akademischen Gerichtsbarkeit auf deu Universitäten. I. 203.

1811.

1. Febr. C. O. wegen Aufhebung der Privatgenugthuung bei Injurienklagen II. 731.
9. Febr. Rescr. betr. die Delegation der Gerichtsbarkeit über das Gesinde der Eximirten und über die Officianten niederen Ranges an die Untergerichte. I. 193.
21. Febr. Verordnung über die Rechtspflege in Criminal- und Injurienklagen gegen beurlaubte und inactive Unterofficiere und Soldaten. I. 175.
23. Febr. Rescr. betr. die Execution gegen Stadt- und Dorfgemeinden. II. 312.
28. Febr. Verordnung wegen Aufhebung der bisherigen Ausschließung der Untergerichte in Ostpreußen, Litthauen und Westpreußen von Bearbeitung der Wechsel und Concurs-Prozesse. I. 234.
28. März. Verordnung über die Einrichtung der Amtsblätter in den Regierungs-Departements und über die Publication der Gesetze und Verfügungen durch dieselben. I. 380.
4. Juni. Rescr., daß die nicht oft genug geschehene Einrückung des Subhastationspatents nicht Nullität des Verfahrens bewirkt. III. 674.
18. Juni. Rescr. betr. die Befugniß eines hypothekarischen und Pfandgläubigers mit Uebergehung der Realexecution die Execution in das Mobiliarvermögen des Schuldners nachzusuchen. II. 322.
20. Juni. Verordnung betr. die Aufhebung des allgemeinen Indults. III. 338.
23. Juli. C. O., wonach auch beim Militairstande zur Bezahlung von Alimenten Gehälter unter 400. Rthl. bis zur Hälfte in Anspruch genommen werden können. II. 397.
15. Novbr. Gesetz wegen des Wasserstauens bei Mühlen und Verschaffung der Vorfluth. I. 80.
26. Novbr. Rescr. betr. die Legalisation der in Frankreich und in den mit französischen Staaten verbunden gewesenen Ländern aufgenommenen Urkunden. IV. 23.
30. Decbr. Declaration der A. G. O. Th. I. Tit. 24. §. 128. und Tit. 52. §. 14 II. 469.

1812.

7. Jan. Rescr. betr. die Ablieferung der Montirungseauipagestücke der verstorbenen Officiere. IV. 118.
15. Jan. Rescr. betr. die Verhaftung der Justizcommissarien für die Prozeßkosten ihrer Mandaten, so wie die Einziehung der Kostenvorschüsse. II. 259.
17. Jan. Rescr. betr. die Verlängerung der Deductionsfrist im Revisorium. II. 57.
21. Jan. Rescr. betr. die Instruction des Appellatorii beim Obergerichte. II. 519.
6. Febr. Rescr. betr. den Homagialeid der Juden. I. 526.
15. Febr. Rescr. betr. die Berechnung der Jahresfrist bei der Execution. II. 273.
11. März. Edict betr. die bürgerlichen Verhältnisse der Juden in dem Preußischen Staate. I. 153.
14. März. Rescr. betr. die Befugniß der General-Bevollmächtigten zur Prozeßführung. I 288.
24. März. Rescr. betr. die Einziehung der Kosten in Injuriensachen. II. 745.

1812.

14. April. Rescr. betr. die Legalisation der in Frankreich und in den mit dem Französischen Staate verbunden gewesenen Ländern aufgenommenen Urkunden. IV. 23.
17. April. Instruction für die Haus-Administratoren in Berlin. II. 429.
17. April. Instruction für die Haus-Administrations-Inspectoren in Berlin. II. 429.
17. April. Instruction für die Gerichte über das bei den Haus-Administrationen in Berlin zu beobachtende Verfahren. II. 429.
17. April. Rescr. betr. die Competenz der Polizeibehörden in Gesindesachen. I. 116.
18. April. C. O. betr. die Executionsvollstreckung wegen der aus unerlaubten Handlungen entstandenen Schulden. II. 344.
20. April. Verordnung betr. die Form der Verträge über das Eigenthum liegender Güter und der denselben gleich zu achtenden Rechte in Westpreußen. IV. 7.
24. April. C. O. in Betreff einiger Punkte der Militair-Justizverfassung. IV. 36.
2. Mai. Rescr. betr. das Triennium academicum. IV. 239.
8. Mai. Rescr. betr. die Bestimmung der Ehescheidungsstrafe. III. 160.
8. Mai. Rescr. betr. die Realgerichtsbarkeit über die Grundstücke in den Vorstädten. I. 221.
12. Mai. Rescr. betr. das Verfahren bei der gegen einen Studenten reconveniendo angebrachten Injurienklage. II. 147.
20. Mai. Rescr. betr. die Glaubwürdigkeit jüdischer Zeugen. I. 500.
9. Juni. Rescr. betr. die Assistenz jüdischer Gelehrten bei Judeneiden. I. 522.
20. Juni. Re.cr. betr. das Verfahren bei Injurien gegen Bezirks-Vorsteher. II. 719.
30. Juni. Rescr. betr. die Präclusion bei Prioritätsstreiten über bewegliche Sachen. III. 577.
2. Juli. Edict wegen der Auswanderung Preuß. Unterthanen und ihre Naturalisation in fremden Staaten. III. 95.
9. Juli. Instruction für die General-Commission zur Liquidirung, Ausgleichung und Regulirung des Provinzial- und Communal-Kriegsschuldenwesens. I. 74.
10. Juli. Rescr. betr. die Zulässigkeit der Klage gegen Stadtverordnete. I. 140.
14. Juli. Rescr. betr. den Gerichtsstand des Ehemannes einer Gutsbesitzerin I. 224.
18. Juli. Rescr. betr. die Grenze der Justiz- und der Polizeigewalt in Beziehung auf Blödsinnige. III. 133.
30. Juli. Verordnung, die Suspension der das Militair angehenden Processe betr. II. 157.
4. Aug. Rescr. betr. die Jura fisci der Universitäten zu Königsberg und zu Breslau. II. 241.
15. Aug. Rescr. betr. das Verfahren bei Injuriensachen gegen Bezirksvorsteher. II. 719.
18. Aug. Rescr. betr. die veränderte Einrichtung der Militairgerichte. IV. 166.
22. Aug. Rescr. betr. die Bescheinigung der Nachforschungen nach dem Aufenthalte in Confiscationsprozessen. III. 100.
12. Sptbr. Rescr. betr. die Alimente der Schuldgefangenen. II. 500.
24. Sptbr. C. O. das bei Polizei- und andern Contraventionen in Absicht auf Militair-Personen statt findende Verfahren betr. III. 30.

1812.

13. Octbr. Rescr. betr. die Glaubwürdigkeit eines jüdischen Zeugen. I. 500.
27. Octbr. Rescr. betr. den Antrag auf Personalarrest vor Beendigung des Concurses, II. 492.
31. Octbr. Rescr. betr. die Untersuchung gegen Dorfschulzen. III. 35.
20. Novbr. Declaration in Betreff des Kulmischen Rechts, Buch 4. Th. 5. Cap. 7. wegen Verkaufs liegender Gründe. IV. 7.
21. Novbr. Rescr. betr. die Zulässigkeit eines zweiten Moratoriengesuches. III. 345.
24. Novbr. Rescr. betr. die Legalisation der in Frankreich und in den mit dem Französischen Staate verbunden gewesenen Ländern aufgenommenen Urkunden. IV. 23.
29. Decbr. Rescr. betr. die Unzulässigkeit der Ueberlassung der Strafgelder an die Gerichtshalter. IV. 421.

1813.

2. Jan. Rescr. betr. die Eröffnung der Untersuchung gegen Staatsdiener. III. 33.
25. Jan. Regulativ des Kammergerichts, das Verfahren bei Sequestrationen ländlicher Grundstücke betr. II. 409.
26. Jan. Rescr. betr. die Zulassung zum Armenrecht. II. 219.
26. Jan. Rescr. betr. die Unzulässigkeit des Moratorii gegen die Landschaft. III. 344.
30. Jan. Rescr. betr. die Execution in die Gebühren der Justiz-Commissarien. II. 380.
2. Febr. Rescr. betr. die Beweiskraft der Urkunden, welche nach dem vormaligen Code Napoleon ausgefertigt sind. I. 462.
2. Febr. Rescr. betr. die Zulässigkeit des Executivprozesses aus Notariats-Instrumenten nach französischem Recht. II. 566.
2. Febr. Rescr. betr. die Legalisation der in Frankreich und in den mit dem Französischen Staate verbunden gewesenen Ländern aufgenommenen Urkunden. IV. 23.
13. Febr. Rescr. betr. die Execution gegen das Königl. National-Theater zu Berlin. II. 313.
23. Febr. Rescr. betr. die Aufnahme von Notariats-Instrumenten in fremder Sprache. IV. 391.
16. März. Rescr. betr. die Quota fiscalis. IV. 368.
20. März. Rescr. betr. das Verfahren bei Gehalts-Abzügen. II. 389.
29. März. Rescr. betr. das Ressort des Schiffahrts- und Handelsgerichts in Memel. I. 241.
30. März. Rescr. betr. das Forum der Subhastation der Pertinenzstücke. III. 656.
3. April. Resc. betr. die Remuneration der Haus-Administratoren und Anwendung der Instruction vom 17. April 1812. bei andern Gerichten. II. 429.
4. Mai. C. O. wegen Suspension der Prozesse, bei welchen Militair-Personen interessirt sind, während der Dauer des jetzigen Krieges. II. 162.
3. Juli. Rescr betr. die Aufhebung der Provincial- und Ortsobservanzen in Ansehung der Erbgrundtaxen bei bäuerlichen Erbtheilungen. IV. 148.
10. Juli. Rescr. betr. die Execution während des Moratorienverfahrens. III. 351.
16. Aug. Rescr. betr. den Gehaltsabzug wegen Alimente. II. 397.
17. Aug. Rescr. betr. die Ertheilung der Scheidebriefe bei den Juden. III. 154.
11. Sptbr. Rescr. betr. das Honorarium des Vormundes in Prozessen. II. 199.

1813.

26. Octbr. Rescr. betr. die Bestellung eines Bevollmächtigten ad videndum jurare. I. 489.
3. Decbr. C. O. betr. die Uniform der Justizbedienten bei den Untergerichten. IV. 177.
14. Decbr. Rescr. betr. die Anstellung der Referendarien als Auditeure. IV. 260.
31. Decbr. Rescr. betr. Beachtung der Universitätserzeugnisse bei der Prüfung der Auscultatoren. IV. 241.

1814.

15. Febr. Rescr. betr. das Verfahren bei Siegelung in Ansehung der baaren Gelder, Pretiosa und Documente. IV. 114.
18. Febr. Rescr. betr. die Legalisation der in Frankreich und in den mit dem Französischen Staate verbunden gewesenen Ländern aufgenommenen Urkunden. IV. 23.
22. März. Rescr. betr. die eidliche Manifestation der Activa. II. 361.
26. April. Rescr. betr. das Forum der Geistlichen, Lehrer an Gymnasien, Doctorum medicinae, Stadtgerichts-Angehörigen und anderer Staatsdiener. I. 164.
26. April. Rescr. betr. den Gerichtsstand der Accise- und Polizeibedienten. I. 193.
7 Mai. Rescr. betr. die Unterthanen-Prozesse. III. 187.
7. Mai. Rescr. betr. den Kostenvorschuß in Revisorio, II. 259.
10. Mai. Rescr. betr. die Uebersetzung der in fremder Sprache abgefaßten Documente. I. 461.
3. Juni. Edict betr. die Vergütigung der Kriegsleistungen an den Staat. I. 74.
4. Juni. Rescr. betr. den Gerichtsstand der Doctorum Medicinae. I. 202.
4. Juni. Rescr. betr. die Restitutionsgesuche gegen Contumacial-Erkenntnisse. II. 35.
14. Juni. Rescr. betr. das Prädicat der Fürstenthumsgerichte in Schlesien. IV, 415.
17. Juni. Rescr. betr. die Provokation auf den Confiscationsprozeß durch die Regierungen, III. 98.
28. Juni. Rescr. betr. die Tragung der Gebühren des Contradiktors, III. 435.
19. Juli. Rescr. betr. das Prädikat der Fürstenthumsgerichte in Schlesien, IV. 415.
23. Juli. Rescr. betr. den Zweck der Gerichtsferien, IV. 198.
23. Juli. Rescr. betr. die Annahme gerichtlicher Testamente, IV. 94.
29. Juli. Rescr. betr. die Unterthanen-Prozesse, III. 187.
15. Aug. C. O. betr. das Vorzugsrecht der von einzelnen Mitgliedern einer Damm-Societät für andere derselben zur Wiederherstellung durchbrochener Dämme ꝛc. geleisteten Vorschüsse. III. 484.
20. Aug. Rescr. betr. die Gerichtsbarkeit über die Ehefrauen der Militairpersonen, I. 185.
23. Aug. Rescr. betr. das Forum der Revisions-Instanz in Steuerdefraudationssachen, III. 86.
9. Sptbr. Patent wegen Wiedereinführung der A. G. O. in die von dem Preuß. Staat getrennt gewesenen, mit demselben wieder vereinigten Provinzen. I. 12.
11. Octbr. Rescr. betr. die Wirkung des gegen ein Wechselerkenntniß eingelegten Rechtsmittels, II. 550.

1814.

13. Octbr. Rescr. betr. die Verwundungen, welche die Einleitung der fiskalischen Untersuchung begründen, II. 718.
22. Octbr. Rescr. betr. die Bestätigung der Adoption, IV. 19.
25. Octbr. Rescr. betr. den Gerichtsstand entlassener und kassirter Militairpersonen, I. 174.
1. Novbr. Rescr. betr. die Execution wegen schuldiger Gerichtskosten, II. 217.
6. Decbr. Rescr. betr. den Gerichtsstand der Mitglieder des General-Auditoriats I. 188.
10. Decbr. Rescr. betr. den Mangel der Legitimation zur Sache und die Litis-Reassumtion in einem solchen Falle, I. 308.
27. Decbr. Rescr. betr. die Vereinigung der Patrimonialgerichte mit den Königl. Land- und Stadtgerichten, IV. 420.

1815.

7. Jan. Rescr. betr. die Behörde zur Ausfertigung der Beylbriefe in der Provinz Pommern, IV. 10.
24. Jan. Rescr. betr. die Gerichtsbarkeit über Pertinenzien adliger Güter, welche innerhalb der städtischen Feldmark liegen, I. 222.
4. Febr. Patent zur Publication der neuen Auflage der A. G. O. für die Pr. Staaten und des Anhangs zur A. G. O. I. 4
4. Febr. Reglement für die Fabriken-Deputirten des Gerichts zu Berlin I 242.
1. März. Verordnung wegen Vergütigung der Kriegsleistungen an den Staat. I. 74.
13. März. Rescr. betr. die erforderliche Größe zum Militairdienst, III. 102.
18. März. Rescr. betr. die Ueberlassung der Gerichtssporteln an den Justitiarius, IV. 421.
18. März. Rescr. betr. den Gerichtsstand der Konsuln, I. 200.
1. April. Rescr. betr. den Gerichtsstyl der Gerichtshöfe, I. 324.
4. April. Reglement für die Fabrikendeputation des Stadtgerichts zu Berlin, I. 242.
30. April. Verordnung wegen verbesserter Einrichtung der Provinzial-Behörden. IV. 168.
8. Mai. Rescr. betr. die Gültigkeit des einem, mit dem Testator verwandten Richter übergebenen Testaments, IV. 222.
1. Juni. Rescr., wonach das jus eligendi des Gläubigers ihm die Verbindlichkeit auflegt, zuerst aus dem gewählten Gegenstande seine Befriedigung zu nehmen, II. 322.
3. Juni. Rescr. betr. die Eröffnung des Spezialkonkurses über das hiesige Vermögen eines Ausländers, III. 557.
6. Juni. Rescr. betr. die Affigirung der Patente zum öffentlichen Verkauf der Schiffe, III. 455.
10. Juni. Rescr. betr. die Succumbenzgelder in Revisorio in den wiedervereinigten Provinzen, II. 261.
8. Juli. Rescr. betr. die Ausdehnung des §. 160. des Anhangs auf alle Schulden, II. 376.
11. Juli. Rescr. betr. die Ertheilung der Volljährigkeitserklärungen an Personen des Bürger- und Bauernstandes, IV. 26.
15. Juli. Rescr. betr. die Zulassung der Regierungs-Referendarien zu der Session der Oberlandesgerichte, IV. 261.

1815.

22. Juli. Rescr. betr. den außerordentlichen Gerichtsstand bei Klagen gegen ein Mitglied der richterlichen Behörde, I. 258.
22. Juli. Rescr. betr. das Votum decisivum der Gerichtsdirektoren bei Gerichten von zwei Mitgliedern, IV, 427.
8. Aug. Rescr. betr. die Einsendung der Untergerichtserkenntnisse in fiskalischen Untersuchungen, III. 65.
26. Aug. Rescr. betr. die Kostenfreiheit der gerichtlichen Atteste über Legitimation der Interessenten der allgemeinen Wittwen-Verpflegungs-Anstalt, II. 240.
2. Sptbr. C. O. betr. die testamentarischen Dispositionen der Militairpersonen IV. 36.
6. Sptbr. C. O. wegen Einwirkung des Chefs der Justiz auf die formellen Verfügungen der Gerichtsbehörden. IV. 159.
26. Sptbr. Rescr. betr. die Einrichtung der Atteste zum dritten Examen, IV. 266.
27. Sptbr. C. O, betr. den Gerichtsstand der Eximirten in Frankfurth. I. 161.
14. Octbr. Rescr. betr. das Verfahren bei Abänderung der Erkenntnisse in dritter Instanz, II. 59.
7. Novbr. Rescr. betr. den Begriff der Untergerichte 1. Klasse, II. 511.
21. Novbr. Landwehr-Ordnung. I. 176.
23. Novbr. Rescr. betr. die Exekution in das Mobiliar eines pensionirten Offiziers, II. 342.
15. Novbr. Rescr. betr. die Unterscheidung der Polizei- und der Abgaben-Contraventionen bei der Ediktal-Ladung entsprungener Contravenienten, III. 643.
9. Decbr. Rescr. betr. die Löschung der auf einem adjudicirten Grundstück eingetragenen Forderungen, III. 679.

1816.

3. Jan. Verordnung wegen Behandlung der Provinzial- und Communal-Kriegsschulden. I. 74.
13. Jan. Rescr, daß der §. 253. des Anhangs der A. G. O. auch auf Untergerichte Anwendung findet, III. 49.
27. Jan. Rescr. betr. die Wirkung der Notariats-Instrumente über Geschäfte, welche nach dem Gesetz gerichtlich aufgenommen werden müssen, IV. 4.
3. Febr. Rescr. betr. die Beibringung der Vollmacht der Justiz-Commissarien, I. 285.
21. Febr. Edict wegen der den Berggerichten wieder beizulegenden Gerichtsbarkeit. I. 251.
24. Febr. Rescr., daß es bei der Aufnahme von Adoptionsverträgen der Zuziehung eines Protokollführers nicht bedarf, IV. 46.
20. März. C. O. betr. die Aufhebung der Suspension der Militairprozesse, nebst Anweisung für die Gerichtsbehörden. II. 162.
21. März. Rescr. betr. das Forum der Berg- und Hütten-Beamten niedern Ranges, I. 194.
30. März. Rescr. betr. das Vorrecht der Pupillen-Collegien und Gerichte, bei Einziehung der Deposital-Capitalien und Zinsen, II. 272.
30. März. Rescr., daß bei den Prozentgeldern in Vormundschaftssachen nur das unter der obervormundschaftlichen Verwaltung gestandene Vermögen in Betracht kommen kann, II. 246.

1816.

20. April. Rescr. betr. den Zeitpunkt zur Bestellung eines Curators der Masse, III. 392.

22. April. Patent wegen Einführung der A. G. O. in die mit dem Preußischen Staate vereinigten, ehemals sächsischen Provinzen und Districte. I. 18.

25. April. Rescr. betr. das Verfahren bei gerichtlichen Regulirungen von Havariesachen, II. 695.

27. April. Rescr. betr. die Zuziehung der Väter oder Vormünder bei der Publikation der Straferkenntnisse gegen Minderjährige, III. 77.

4. Mai. Rescr. betr. die Glaubwürdigkeit der Aussagen der im Amte beleidigten Executoren, III. 61.

18. Mai. Rescr., daß das Inventarium nicht in foro hereditatis niedergelegt zu sein braucht, III. 581.

18. Mai. Rescr. betr. die Beibringung des gutsherrlichen Consenses zu Prozessen, woran Dorfschaften Theil nehmen, I. 142.

18. Mai. Rescr. betr. die Subhastation von Grundstücken wegen Prozeßkosten, II. 234.

25. Mai. Rescr. betr. die Anwendbarkeit der Preuß. Gesetze auf Prioritäts-Verhältnisse in den neuen Provinzen und die Gültigkeit der Danziger Banquerutt-Ordnung, III. 463.

25. Mai. Rescr. betr. die Qualifikation der Aktuarien und Protokollführer in criminalibus, IV. 321.

1. Juni. Rescr. betr. das Aufgebot und die Amortisation der Pfandbriefe, III. 619.

1. Juni. Rescr. betr. den Geschäftsstyl der Gerichte, I. 325.

8. Juni. Rescr. betr. das Aufgebot verloren gegangener Anerkenntnisse über getragene Kriegslasten, III. 610.

13. Juni. Verordnung wegen Aufhebung des Indults. III. 338.

20. Juni. C. O. betr. die Gültigkeit gerichtlicher Verhandlungen bei Personen, welche des Lesens und Schreibens unerfahren sind, I. 431.

6. Juli. Rescr. betr. das Verfahren, wenn ein Gemeinschuldner in Leipzig Vermögen besitzt, III. 556.

10. Juli. Rescr. enthaltend Erläuterungen über Prozeßkosten der Pupillen, Registraturgebühren, Bibliothekbeiträge, Kalkulaturgebühren und Copialien, II. 252.

21. Aug. Rescr. über das Lokal bei Vernehmung von Staabsoffizieren, I. 476.

14. Sptbr. Rescr. betr. die Verpflichtung der in ihre Heimath beurlaubten Landwehrmänner zur Kostentragung, II. 236.

25. Sptbr. Rescr., wonach der eximirte Gerichtsstand der Juden in Glogau aufgehoben wird, I. 153.

9. Octbr. Rescr. betr. die Unzulässigkeit des Personalarrests wegen Gebühren der Justiz-Commissarien, II. 223.

12. Octbr. Rescr. betr. den Gerichtsstand des in revisorio zugelassenen Beweises neuer Thatsachen, II. 65.

26. Octbr. Rescr. betr die Sportelfreiheit der Hospitäler, II. 242.

5. Novbr. Rescr. betr. die Anwendbarkeit der A. G. O. in den ehemaligen sächsischen Landestheilen, I. 24.

7. Novbr. Rescr. betr. die Gebührenfreiheit derjenigen, welchen der Nießbrauch des Vermögens der unter Vormundschaft stehenden Pupillen, mit Verpflichtung der Alimentation derselben zusteht, II. 248.

1816.

9. Novbr. Patent wegen Wiedereinführung der A. G. O. in die mit der Provinz Westpreußen vereinigten Districte, den Kulm- und Michelauschen Kreis und die Stadt Thorn mit ihrem Gebiete. I. 25.

9. Novbr. Patent wegen Wiedereinführung der Preuß. Gesetze im Großherzogthum Posen. I. 31.

14. Novbr. Rescr. betr. das Verfahren bei Streitigkeiten der Reisenden mit Handwerkern. I. 119.

10. Decbr. Rescr. betr. die Aushängung der Präklusionserkenntnisse an der Gerichtsstelle, I. 363.

24. Decbr. Rescr. betr. die Eröffnung des Specialkonkurses über das hiesige Vermögen eines Ausländers, III. 557.

24. Decbr. Rescr. betr. die Legalisation der von Preuß. Behörden aufgenommenen, in Frankreich zu producirenden Urkunden, IV. 20.

31. Decbr. Rescr. betr. das Aufgebot eingetragener verlorner Instrumente, III. 605.

1817.

7. Jan. Rescr., daß vereidigte Actuarien zur Aufnahme gerichtlicher Haustaxen genügend sind, IV. 137.

13. Jan. Verordnung betr. die Todeserklärung derjenigen Militair-Personen, deren Tod in den letzten Kriegen wahrscheinlich erfolgt ist, aber nicht nachgewiesen werden kann, imgleichen die Befugniß der Ehefrauen der nicht zurückgekehrten Militair-Personen auf Scheidung anzutragen, III. 122.

25. Jan. Rescr. über die Verbindlichkeit der Justiz-Commissarien zur Ausantwortung der Manual-Akten, IV. 390.

4. Febr. Rescr. betr. das Verfahren bei Beschwerden der Reisenden bei Streitigkeiten mit Handwerkern, I. 119.

7. Febr. Verordnung wegen der den Civilbeamten beizulegenden Amtstitel und der Rangordnung derselben, IV. 169.

9. Febr. Verordnung betr. die Justiz-Verwaltung im Großherzogthum Posen I. 37.

11. Febr. Rescr. betr. den Gerichtsstand der Offizianten niedern Ranges und des Gesindes der Eximirten, I. 195.

16. Febr. Deklaration, daß auch der Indossator seinem Wechselverkäufer im exekutiven Prozesse verhaftet ist, II. 570.

27. Febr. Rescr. betr. die Beibringung der zur Konkursmasse gehörigen Gegenstände, III. 450.

1. März. Rescr., daß bei Auslegung der Bestimmungen des Anhangs auf die ältern Verordnungen, aus denen solche entnommen, zurückzugehen sei, I. 2.

1. März. Rescr. enthaltend einen Nachtrag zur Administrations-Ordnung für Berlin, II. 429.

20. März. Verordnung wegen Gültigkeit der in dem Zeitraum vom 5. Juni 1815 bis 1. Juni 1816. ergangenen und publizirten Entscheidungen der Königl. Sächsischen Gerichtshöfe in den ehemals Sächsischen Provinzen, I. 25.

22. März. Rescr. betr. die Restitution gegen Contumazial-Erkenntnisse, II. 34.

6. Mai. Rescr. betr. die Präklusion mit der Deduktion in Revisorio, II. 57.

13. Mai. Rescr. betr. den Gerichtsstand eines kassirten Beamten, I. 211.

1817.

24. Mai. Rescr. betr. die Priorität zwischen den in die zweite und den in die dritte Rubrik des Hypothekenbuchs eingetragenen Gläubigern, III. 490.
31. Mai. Rescr. betr. die Löschung aufgebotener Posten, III. 599.
31. Mai. Rescr. betr. den gerichtlichen Sühneversuch in Ehescheidungs-Prozessen, III. 155.
7. Juni. Rescr. betr. die Ausfertigung der in den Rheinprovinzen zu vollstreckenden Erkenntnisse und Mandate, II. 301.
17. Juni. Rescr. betr. die Einreichung der Instruktionslisten, IV. 206.
20. Juni. Verordnung wegen Organisation der General-Commissionen und der Revisions-Collegien zur Regulirung der gutsherrlichen und bäuerlichen Verhältnisse nebst Reglement wegen der Kosten, III. 212.
1. Juli. Rescr. betr. die Form der Erklärung über die Erbschaftsantretung, IV. 109.
5. Juli. Rescr. betr. die Adjudikation eines subhastirten Grundstücks im erbschaftlichen Liquidationsprozesse, III. 586.
28. Juli. Rescr. betr. die Aufbewahrung und Vernichtung der Manual-Akten der Justiz-Commissarien und Notarien, IV. 462.
29. Juli. Rescr. betr. die Rechts- und Jurisdiktionsverhältnisse der Mitglieder und Beamten der Königl. Landesbehörden in Cleve, I. 161.
1. Aug. Verordnung über die in dem vormaligen Großherzogthum Warschau gegen Preußische Unterthanen ergangenen Contumacial-Erkenntnisse, I. 36.
5. Aug. Rescr. betr. die Adjudikation eines subhastirten Grundstücks im erbschaftlichen Liquidationsprozeß, III. 586.
16. Aug. Rescr. betr. die Zulässigkeit der Nullitätsklage gegen ein Possessorien-Erkenntniß, II. 700.
30. Aug. Rescr. betr. die Gebühren bei Nachlaßregulirungen, wobei Minderjährige konkurriren, II 251.
9. Sptbr. Rescr. betr. die Inrotulation der Akten in fiskalischen Untersuchungssachen, III. 64.
13. Sptbr. Rescr. betr. die Befugniß der Königl. Kammergerichts-Sekretarien, actus voluntariae jurisdictionis in Berlin aufzunehmen, IV. 33.
16. Sptbr. Rescr. betr. die Präklusion mit der Deduktion. I. 550.
27. Sptbr. Rescr. betr. die Befriedigung des Curators und Contradictors aus der Immobiliar-Masse wegen ihrer Gebühren, III. 516.
11. Octbr. Rescr. betr. die Vorladung abwesender Partheien durch ihre zurückgelassenen Bevollmächtigten, I. 367.
11. Octbr. Rescr. betr. das Remedium Nullitatis gegen ein Revisions-Erkenntniß, II. 71.
14. Octbr. Rescr. betr. das Diensteinkommen der Land- und Stadtgerichtsboten, IV. 358.
16. Octbr. Rescr. die Ausschließung des Rechtsverfahrens über die Verpflichtung der bäuerlichen Gemeinden zu Chaussee-Baufuhren, I. 109.
21. Octbr. Rescr. betr. den Gerichtsstand prinzlicher, mit dem Titel Oberamtmann versehener Pächter, I. 191.
23. Octbr. Instruktion zur Geschäftsführung der Regierungen in den Königl. Preuß. Staaten, I. 85.
30. Octbr. Rescr. betr. den Einspruch auf Grund eines ältern Aufgebots, III. 149.
30. Octbr. Rescr. betr. die Dauer der, während des Ehescheidungsprozesses vom Ehemann der Ehefrau schuldigen Alimentation, III. 167.

1817.

4. Novbr. Rescr. betr. das Diensteinkommen der Land und Stadtgerichtsboten, IV. 358.

10. Novbr. C. O. betr. die Niederschlagung aller auf Conscriptionsverbrechen aus der Zeit der französischen und westphälischen Regierung erkannten Strafen und Untersuchungen, III. 105.

11. Novbr. Rescr. betr. die Cautionsleistung und das Armenrecht der Ausländer und Verweigerung der Einlassung des Gegentheils mit ihnen vor bestellter Caution, II. 170.

18. Novbr. Rescr. betr. die allgemeine Niederschlagung aller auf Conscriptionsverbrechen aus der Zeit der französischen und westphälischen Regierung erkannten Strafen und schwebenden Untersuchungen, III. 106.

24. Novbr. Rescr. betr. die Einsendung der bei Nachlaßregulirungen vorgefundenen Orden und Ehrenzeichen, IV. 119.

9. Decbr. Rescr. betr. die Zulässigkeit des Arrestes gegen Fremde, II. 667.

22. Decbr. C. O., daß auch das Gehalt der mobilen Militair-Beamten keinen Abzug erleiden soll, II. 393.

30. Decbr. Rescr. betr. die Rechts- und Jurisdiktions-Verhältnisse der Mitglieder und Beamten der Königl Landesbehörden in Cleve, I. 161.

1818.

10. Jan. Rescr. betr. die Frage: ob bei Klagen wegen Schifferfracht und Warte- und Liegegelder ein kürzeres Verfahren statt hat, II. 694.

20. Jan. Rescr. betr. das ärztliche Gutachten über den Gemüthszustand, III. 136.

2. Febr. Rescr. betr. die Berechtigung eines General-Bevollmächtigten, der nicht Justiz Commissarius ist, Prozesse zu führen, I. 288.

14. Febr. Rescr., daß, wenn von einem Justiz-Commissarius als Curator einer Nachlaßmasse die Ediktalcitation der unbekannten Erben veranlaßt worden, derselbe vor Abfassung des Präklusionserkenntnisses den Deligenzeid ableisten muß, III. 627.

19. Febr. Rescr. betr. das Urlaubsgesuch der Justiz-Commissarien und Notarien, IV. 219.

2. März. Rescr. betr. das Forum der Exmissions-Prozesse gegen Besitzer bäuerlicher Stellen, III. 193.

27. März. Rescr. betr. die Insinuation der gerichtlichen Verfügungen an das Königl. Finanz-Ministerium und an das Schatz-Ministerium, III. 7.

27. März. Rescr. betr. den Rang der Justiz-Commissarien, IV. 175.

27. März. Rescr. betr. die Ableistung des Manifestationseides beim Aufgebot verlorner Dokumente, III. 606.

30. März. Rescr. betr. den Gerichtsstand der Magistrate und Stadt-Gemeinden, I. 219.

11. April. Rescr. betr. die Verbindlichkeit der Justizbedienten, den Hypothekenbehörden abgeschlossene Kauf-Kontrakte anzuzeigen, IV. 60.

21. April. Rescr. betr. die Subhastation eines Theils eines Guts, II. 484.

21. April. Rescr. betr. das triennium academicum angehender Justizbedienten, IV. 239.

27. April. Rescr. betr. die vorschußweise Bezahlung der Revisionskosten, II. 186.

1. Mai. Rescr. betr. die Form der Urkunden und Aktenstücke, welche von der Königl. Gesandtschaft in Paris legalisirt werden sollen, IV. 20.

4. Mai. Rescr. betr. die Compensation der Kosten, II. 184.

8. Mai. Rescr. betr. die Revisions-Deduktionen, II. 57.

11. Mai. Rescr. über den Begriff einer Fabriken-Rechtssache, I. 246.

1818.

22. Mai. Rescr. betr. die außer dem Gerichtssprengel vorgenommenen Handlungen der freiwilligen Gerichtsbarkeit, IV. 40.
22. Mai. Rescr. betr. die aus amtlichen Verhältnissen erhaltenen Risse von Festungen, Operations-Pläne und andere geheime Nachrichten, IV. 118.
25. Mai. Verordnung wegen Einführung der A. G. O. in die mit dem Preuß. Staate vereinigten zwischen den ältern Provinzen belegenen Distrikte und Ortschaften, I. 59.
26. Mai. Zoll- und Verbrauchssteuer-Ordnung, III. 18.
5. Juni. Rescr. betr. das ärztliche Gutachten über den Gemüthszustand, III. 136.
8. Juni. Rescr. betr. die Unabhängigkeit des Instanzenzugs von der Vereinigung der Partheien, II. 4.
13. Juni. Rescr. betr. die Verbindlichkeit der Justiz-Commissarien fiskalische Aufträge zu übernehmen, IV. 379.
24. Juli. Rescr. betr. die Unzulässigkeit des Rekurses gegen Possessorien-Erkenntnisse, II. 700.
27. Juli. Rescr. betr. die Untersagung der Eröffnung des letzten Willens, IV. 100.
31. Juli. Rescr. betr. die Bestimmung des Werths der nach dem Edikt vom 14. September 1811 eigenthümlich verliehenen Grundstücke bei Verschuldungen und Erbtheilungen, IV. 149.
7. Aug. Rescr. betr. die sportelfreie Bearbeitung der zur Ausführung des Edikts vom 7. September 1811. nothwendigen Subhastationen, II. 238.
12. Aug. Rescr. betr. die Requisitionen nach Rußland, I. 345.
17. Aug. Rescr. betr. die Requisition seitens auswärtiger Gerichte in Steuer-Straffachen, I. 341.
17. Aug. Rescr. betr. das Honorar des Curator massae III. 415.
28. Aug. Rescr. betr. die Berücksichtigung des Altentheils bei der Abschätzung, IV. 147.
4. Sptbr. Rescr. betr. die Gebühren bei den als arm behandelten und durch Majorennitäts-Erklärung beendigten Vormundschaften, II. 247.
15. Sptbr. Verordnung wegen Aufhebung des Edikts vom 2. Juli 1812, und wegen der Auswanderungen überhaupt, III. 95.
15. Sptbr. Verordnung wegen der für die Aufhebung des Mahl- und Getränkezwanges, nach dem Edikt vom 28. Oktober 1810, zu leistenden Entschädigungen, I. 78.
2. Octbr. Rescr. betr. die Fassung der Erkenntnisse in Polizei-Contraventionssachen, III. 65.
12. Octbr. Rescr. betr. das Ressort in Gemeinheitstheilungen in der Provinz Neuvorpommern, III. 252.
26. Octbr. Rescr. betr. die Competenz der Untergerichte in Injuriensachen, II. 716.
18. Novbr. Rescr. betr. die Frist bei Ansetzung des neuen Licitationstermins, III. 675.
4. Decbr. Rescr. betr. den Arrestschlag auf reichsdeputationsmäßige Pensionen, II. 386.
4. Decbr. Rescr. betr. die Erfordernisse einer freiwilligen Subhastation, III. 734.
30. Decbr. Rescr. über das Verfahren bei der Cassation der alten Akten, IV. 459.

1819.

19. Jan. Rescr. betr. den Verkauf der Früchte auf dem Halme, II. 353.
20. Jan. Rescr. betr. die Strenge bei Prüfung der Auskultatoren, IV. 249.
8. Febr. Ordnung zum Gesetz wegen Besteuerung des inländischen Branntweins, Braumalzes, Weinmostes und der Tabacksblätter, III. 20.

1819.

9. Febr. Rescr. betr. die Veranlassung der gerichtlichen Untersuchung wegen Steuerdefraudationen, III. 52.
15. Febr. Rescr. betr. die Qualifikation zum Amte eines Sekretairs, IV. 320.
19. Febr. Rescr. betr. die Wirkung eines Judikats über Hypothekenrechte gegen den neuen Acquirenten des Grundstücks, II. 278.
26. Febr. Rescr. betr. die Aufnahme der Erbschaftsentsagungen durch die Vormundschaftsgerichte, IV. 109.
26. Febr. Rescr. betr. die Strafverfügungen und Exekutionen der Untergerichte gegen Eximirte, I. 163.
1. März. Rescr. betr. die Erfordernisse zum Aktuariat, IV. 320.
1. März. Rescr. betr. die Gebühren pro cura instantiae und pro informatione für zwei Justiz-Commissarien in demselben Prozesse, II. 191.
4. März. Rescr. betr. die Eröffnung des Spezialkonkurses über das hiesige Vermögen eines Ausländers, III. 557.
19. März. Rescr. betr. die Nachweisung des triennii academici vor der Prüfung der Auskultatoren, IV. 239.
26. März. Rescr. betr. die Zulassung eines Minderjährigen zum Protokollführer-Amte, IV. 323.
29. März. Rescr. betr. die Stimmenzählung bei der Abfassung eines Conclusi, I. 569.
19. April. Rescr. betr. die Erfordernisse der Provokation auf den erbschaftlichen Liquidations-Prozeß, III. 581.
30. April. Rescr. betr. die Kosten der Untersuchung der Widersetzlichkeiten gegen Königl. Bediente in Ausübung ihrer Amtspflichten, III. 16.
10. Mai. Rescr. betr. die Beschränkung der Notarien in Aufnahme von Zeugenverhören, IV. 406.
17. Mai. Rescr. betr. die Uniform und Epaulettes der Räthe bei den Obergerichten, IV. 177.
4. Juni. Verordnung betr. das Naumburger Handelsgericht, das bei demselben zu beobachtende Verfahren, und das in Naumburg geltende Wechselrecht, II. 544.
7. Juni. Rescr. betr. die Vernichtung alter Criminalakten, IV. 461.
11. Juni. Rescr. betr. die Dauer der Wirkung der auf ein Dulden gerichteten Judicate, II. 274.
16. Juni. Verfahren wegen Erläuterung und Ergänzung der gesetzlichen Bestimmungen über die Amortisation verloren gegangener Staatspapiere, III. 610.
21. Juni. Rescr., wonach Garnison-Veränderungen nichts im foro der schwebenden Prozesse der Militairpersonen ändern, I. 167.
29. Juni. Rescr. betr. die Zulässigkeit einer Entschädigungsklage gegen den Richter wegen angeblich widerrechtlich verhängten Criminal-Arrestes, I. 120.
7. Juli. Verordnung wegen Aufhebung des §. 34. des Anhangs zur A. G. O. in Beziehung auf die Staaten des deutschen Bundes. I. 226.
15. Juli. Rescr. betr. die Bescheinigung der Sävitien in Ehescheidungsprozessen, III. 164.
26. Juli. Rescr. betr. die an Polnische Gerichte oder von denselben ergehenden Requisitorialien, I. 343.
28. Juli. Rescr. betr. die Requisitionen nach Rußland, I. 345.
20. Aug. Rescr. betr. die Abweisung des Moratoriengesuchs wegen mangelnder Sicherheit, III. 346.
23. Aug. Rescr. betr. das Nullitätsverfahren gegen noch nicht rechtskräftige Erkenntnisse incompetenter Richter, II. 79.

1819.

6. Sptbr. Rescr. betr. die Uniform und das Rangverhältniß der Mitglieder der Inquisitoriate, IV. 174.
20. Sptbr. Rescr. betr. die Gebühren für Majorennitäts-Patente, II. 247.
27. Sptbr. Rescr. betr. die Abzüge von Pensionen und Wartegeldern vormaliger Militairpersonen, II. 390.
28. Sptbr. Rescr., wonach der §. 150. der A. G. O. Thl. I. Tit. 2. auch Anwendung findet, wenn ein Rheinländisches Handelsgericht das forum contractus oder das forum der versprochenen Erfüllung ist, I. 259.
1. Octbr. Rescr. betr. die Mitzählung der Stimme eines nach dem ersten Vortrage ausgeschiedenen Mitgliedes, wo zwei Erkenntnisse reformirt werden sollen, II. 59.
8. Octbr. Rescr. betr. den Gerichtsstand der Zoll- und Steuerbeamten niedern Ranges, I. 193.
8. Octbr. Rescr. betr. das forum bei Provokationsklagen Königl. Preuß. und Königl. Sächsischer Unterthanen, II. 703.
15. Octbr. Rescr., wonach die Gerichte auf Requisitionen der Magistrate wegen der Communal-Beiträge keine Exekution vollstrecken dürfen, I. 111.
20. Octbr. Verordnung wegen Anwendung der Preuß. Gesetze in den Aemtern Heringen und Kelbra, I. 61.
25. Octbr. Rescr. betr. die Vorladung der Zeugen in Postkontraventionssachen, III. 61.
25. Octbr. Rescr., daß auch sächsische Advokaten keine Justitiariate verwalten dürfen, IV. 403.
1. Novbr. Rescr. betr. die Aufnahme der Testamente und anderer Handlungen der freiwilligen Gerichtsbarkeit durch Referendarien, IV. 44.
12. Novbr. Rescr. betr. die Ausfertigung der Testamente für mehrere Erben, IV. 102.
15. Novbr. C. O., daß auf die nach dem Tode eines Beamten geschehenen Gnadenbewilligungen die Gläubiger keinen Anspruch haben sollen, II. 403.
18. Novbr. Reglement für die künftige Verwaltung der akademischen Disziplin und Polizeigewalt bei den Universitäten, I. 204.
19. Novbr. Rescr., wonach Patrimonial-Gerichte nicht über 3 Meilen von den Ortschaften ihrer Jurisdiktion entfernt sein sollen, IV. 419.
22. Novbr. Rescr. betr. die Befugnisse der Steuerbehörden, die Bücher der Kaufleute in Beschlag zu nehmen und nachzusehen, III. 60.
22. Novbr. Rescr. betr die Amortisation verloren gegangener Staatspapiere, III. 614.
22. Novbr. Rescr. betr. die Uniform der Land- und Stadtgerichts-, und der Criminal-Direktoren, IV. 178.
29. Novbr. Verordnung wegen Zulassung der 3. Instanz in den gutsherrlichen und bäuerlichen Prozessen aus dem Edikt vom 14. Sptbr. 1811.
8. Decbr. Rescr. betr. die Mittel, die Existenz eines englischen Gesetzes darzuthun, I. 444.
20. Decbr. Rescr. betr. das Forum der von einem Bergamt nomine fisci anzustellenden Klagen, I. 254.
31. Decbr. Rescr. wonach abgesonderte Erkenntnisse über einzelne Gläubiger mit Ausnahme der ersten und 2ten Klasse unzulässig sind, III. 428.

1820.

10. Jan. Rescr. betr. das Verfahren wegen der von einem unbekannten Contravenienten zurückgelassenen Gegenstände, III. 643.
12. Jan. Rescr., wonach Auskultatoren die Amtsblätter halten müssen, IV. 251.
17. Jan. Rescr. betr. das Requisitionsverfahren mit Baierschen, Badenschen und Großherzoglich Hessischen Justizbehörden, I. 350.

1820.

20. Jan. Deklaration betr. die Provokation auf rechtliches Gehör in Steuer-Defraudationsfällen, III. 22.

20. Jan. Deklaration wegen Berichtigung der während des Konkurses laufenden Hypothekenzinsen aus der Immobiliar-Masse, III. 433.

31. Jan. Rescr. betr. die Receptur-Gebühren bei Auktionen, II. 352.

7. Febr. Rescr. betr. die Gültigkeit der von den Justitiarien der General-Commission aufgenommenen Auseinandersetzungsprozesse, III. 247.

9. Febr. Rescr., wonach die exekutivische Beitreibung der Communal-Abgaben durch die Regierungen durch Provokation auf rechtliches Gehör nicht aufgehalten wird, I. 112.

14. Febr. Rescr. betr. die Vollmacht zu Erbeserklärungen, IV. 110.

14. Febr. Rescr. betr. die Amortisation der Staatspapiere, besonders der Banko-Obligationen, III. 609.

18. Febr. Rescr. betr. die Abzüge von den Pensionen und Wartegeldern vormaliger Militairpersonen, II. 390.

18. Febr. Rescr. betr. die Sportelfreiheit armer Pupillen, II. 252.

27. März. Rescr. betr. die Erstattung der Mandatariengebühren, II. 204.

7. April. Rescr. betr. die Vermehrung des Kanzlei-Personals bei den Untergerichten, IV. 355.

10. April. Rescr. betr. die Prüfung der Löschungsgesuche und Erfordernisse der Quittungen, IV. 54.

23. April. Rescr. betr. die Maaaßregeln zur Beschleunigung der Berichterstattungen der Untergerichte, IV. 183.

1. Mai. Rescr. betr. die subsidiarische Tragung der baaren Auslagen in fiskalischen Untersuchungssachen, III. 74.

15. Mai. Rescr. betr. die Verbindlichkeit einer Parthei der andern Reisekosten zu erstatten, I. 276.

23. Mai. Rescr. betr. den Eid de ignorantia über facta tertii, I. 518.

23. Mai. Rescr. betr. das Forum der Vermögensauseinandersetzung geschiedener Eheleute, III. 163.

29. Mai. Rescr. betr. die Gebühren der Prozeß-Assistenten, II. 207.

30. Mai. Instruktion die Ausführung des Edikts vom 21. Juni 1815, die Verhältnisse der Standesherren betr. I. 155.

7. Juni. Rescr. betr. die Sportelfreiheit der Minorennen, II. 252.

9. Juni. Rescr. betr. die Strafverwandlung bei Zoll- und Steuerdefraudationen, III. 68.

14. Juni. Rescr. betr. den Umfang der Gerichtsbarkeit der Bergämter, I. 254.

16. Juni. Verordnung wegen Erwerbung und Ausübung der Realrechte bei nicht vollständig eingerichtetem Hypothekenwesen, III. 493.

19. Juni. Rescr. betr. die Uebereinkunft mit der Herzoglich Nassauischen Regierung wegen der gerichtlichen Requisitionen, I. 356.

26. Juni. Rescr. betr. das Votum des Dirigenten in fiskalischen Untersuchungssachen, III. 65.

26. Juni. Juni. Rescr. betr. das Aufgebot der Real-Prätendenten, wenn der Besitztitel des Auctoris nicht nachzuweisen ist, III. 598.

30. Juni. C. O. betr. die Höhe der Gehaltsabzüge eines Brigade-Kommandeurs, II. 396.

7. Juli. Rescr. betr. die Uebereinkunft mit der Herzoglich-Sachsen Koburgschen Regierung wegen gerichtlicher Requisitionen, I. 355.

1820.

7. Juli. Rescr. betr. die Verbindlichkeit der Kanzlisten, die Geschäfte ihrer zur Landwehr abgerufenen Mitarbeiter zu übernehmen, IV. 356.
10. Juli. Rescr. betr. die Mandatarien-Gebühren für mehrere in derselben Sache und für dieselbe Parthei beschäftigt gewesenen Justiz-Commissarien, II. 191.
14. Juli. Rescr. betr. die Substitution eines Bevollmächtigten, I. 298.
17. Juli. Rescr. betr. die Anwendung der A. G. O. Thl. I. Tit. 16. §. 10. auf schiedsrichterliche Urtheile, II. 80.
21. Juli. Rescr. betr. die Berechnung des Streitobjects in Retentionsstreitigkeiten, II. 53.
11. Aug. Rescr. betr. die Anstellung der qualificirten Unteroffiziere, IV. 298.
21. Aug. Rescr. betr. das Verfahren bei Festsetzung einer Geldstrafe im Civil-Prozeß, I. 419.
28. Aug. Rescr. betr. die Zuziehung des Vormundes in Injuriensachen, I. 135.
11. Sptbr. Rescr. betr. die Requisitionen der Gerichte durch die Spezial-Oekonomie-Kommissionen, I. 493.
11. Sptbr. Rescr. betr. die Verbindlichkeit entfernt wohnender Partheien der Instruktion persönlich beizuwohnen, I. 276.
15. Sptbr. Rescr. betr. den Manifestationseid des fiskalischen Beamten beim Aufgebot der Staatspapiere, III. 609.
18. Sptbr. Rescr., daß die Restitution in Untersuchungen jeder Art statt findet, III. 80.
22. Sptbr. Rescr. betr. das Votum eines zur Vertretung eines Richters angestellten Referendarii, IV. 256.
6. Octbr. Rescr. betr. die Beschäftigung der Auskultatoren, IV. 251.
9. Octbr. Rescr. betr. die unerläßlichen Kosten in Steuer-Contraventionssachen, III. 72.
13. Octbr. Rescr. betr. die Löschung der bei der Subhastation leer ausgegangenen Forderungen ohne Produktion der Dokumente, III. 680.
15. Octbr. Rescr. betr. die Anstellung der qualificirten Unteroffiziere, IV. 298.
23. Octbr. Rescr. betr. den Gebrauch von dem Befehl an den Exekutor, II. 306.
27. Octbr. Rescr. betr. das Aufgebot verloren gegangener fürstlich Wittgensteinscher Obligationen, III. 617.
27. Octbr. C. O. betr. die Entscheidung streitiger aus der Regulirung des Provinzial- und Communal-Schuldenwesens entspringender Gegenstände in letzter Instanz, I. 74.
10. Novbr. Rescr. betr. die Deduktionsschrift des Appellaten, II. 25.
20. Novbr. Rescr. betr. die Appellation des Intervenienten, II. 145.
20. Novbr. C. O. betr. das Forum für die Vollstreckung der rechtskräftigen Erkenntnisse in Provinzial- und Communal-Schuldklagen, I. 75.
28. Novbr. Rescr. wegen des dem Steuerfiscus zustehenden Rechtsmittels der Aggravation gegen Erkenntnisse in Zoll- und Steuer-Contraventionssachen, III. 82.
1. Decbr. Rescr. betr. die unerläßlichen Kosten in Steuer-Contraventionssachen, III. 72.
11. Decbr. Rescr. betr. das Vorzugsrecht der Salarien-Cassen der Stadtgerichte bei Konkursen, III. 496.
11. Decbr. Rescr. betr. die Vorlegung der leer ausgehenden und im Hypothekenbuche gelöschten Obligationen, III. 680.

1820.

22. Decbr. Rescr. betr. die Einsendung der gegen Justizpersonen ergangenen Erkenntnisse in Injuriensachen, II. 743.

29. Decbr. Rescr betr. die Aussetzung der Exmission wegen Krankheit des zu Exmittirenden, III. 324.

30. Decbr. Rescr. betr. das Präsidial Votum bei anderweitig distribuirten Sachen, II. 60.

30. Decbr. Verordnung über die Organisation der Gensdarmerie, I. 185.

1821.

6. Jan. Rescr. betr. die Bevollmächtigung der Justiz-Commissarien, I. 285.

6. Jan. Rescr. betr. das Attest der Rechtskraft eines Scheidungs-Urtheils zum Zweck der Wiederverheirathung, III. 161.

12. Jan. Rescr. betr. die Qualifikation eines beim Untergerichte zu den Civilsachen bestellten Protokollführers, IV. 322.

26. Jan. Rescr. betr. die Einsendung der Relationen an das Geheime Ober-Tribunal von Seiten der General-Commissionen zur Regulirung der gutsherrlichen und bäuerlichen Verhältnisse, II. 59.

31. Jan. Rescr. betr. das Requisitionsverfahren mit Hessen-Homburg und Frankfurt a. M., I. 357.

2. Febr. Rescr. betr. die Priorität der Königl. Stadtgerichts-Salarienkassen in Konkursen, III. 496.

2. Febr. Rescr. betr. das Aufgebot solcher Dokumente, worauf die Hypothekenbehörde die Anmeldung zur künftigen Eintragung attestirt hat, III. 601.

5. Febr. C. O. betr. die Unzulässigkeit der Wechsel-Exekution gegen einen als Rittergutsbesitzer wechselfähigen im aktiven Militairdienst stehenden Offizier, II. 496.

15. Febr. Rescr. betr. das Requisitionsverfahren mit Hessen-Homburg, I. 357.

16. Febr. Rescr. betr. das Züchtigungsrecht des Dienstherrn, II. 730.

18. Febr. Rescr. betr. das Verhältniß der Inquisitoriate zu den Untergerichten, IV. 415.

19. Febr. Rescr. betr. die Steuerdefraudationssachen in Neuvorpommern, III. 24.

5. März. Rescr. betr. die Verwandlung der Geldbußen in Leibesstrafen in Abgabedefraudationssachen, III. 68.

5. März. Rescr., wonach in Retentionsfällen bei Pachtsachen die 3te Instanz nicht statt findet, III. 320.

9. März. Rescr. betr. den Gerichtsstand der Medizinal-Personen, I. 202.

12. März. Reglement für den Exekutions-Inspektor des Königl. Stadtgerichts zu Berlin, II. 310.

12. März. Rescr. betr. die Anstellung temporairer Hülfsarbeiter, IV. 292.

20. März. Rescr. betr. die Vereinbarung mit dem Magistrat der freien Stadt Bremen in Beziehung auf Partikular-Konkurse im Fürstenthum Minden, III. 558.

31. März. Rescr. betr. die Legalisation der nach Frankreich gehenden Aktenstücke, IV. 20.

9. April. Rescr. betr. die Form der Notariats-Handlungen, wenn ein Contrahent Geschriebenes nicht selbst lesen kann, IV. 395.

13. April. Rescr. betr. die Ausfertigung des Testaments, wenn der publizirende Richter nicht der ordentliche ist, IV. 103.

1821.

23. April. Gesetz wegen Aufhebung der Verlautbarung der Verträge über unbewegliche Güter, IV. 7.
3. Mai. C. O. betr. die Annahme der Staatsschuldscheine als Pupillengelder und depositalmäßige Sicherheit, III. 453.
4. Mai. C. O. betr. die Zulassung der Referendarien zu den Geschäften der General-Commission, IV. 261.
7. Mai. Rescr. betr. den Ausschluß der Willkühr der Gläubiger in der gerichtlichen Leitung der Konkursprozesse, III 399.
7. Mai. Rescr. betr. die Frage, ob Stadtrichter und Justizbeamte zur Annahme von Justitiariaten berechtigt sind, IV. 419.
9. Mai. Rescr. betr. das Verfahren, wenn Verwaltungsbeamte über Amtsverhältnisse ein Zeugniß ablegen sollen, I. 485.
4. Juni. Rescr. betr. die Stempel- und Sportelfreiheit der Hauptbank, II. 238.
7. Juni. Gesetz über die Ausführung der Gemeinheitstheilungs- und Ablösungs-Ordnungen, III. 248.
7. Juni. Gesetz wegen des Aufgebots und der Amortisation verlorener sächsischer Kammer-Kredit-Kassen-Scheine und Steuer-Kassen-Kredit-Obligationen, imgleichen wegen Verjährung der Zinsen von diesen Papieren, III. 613.
8. Juni. Rescr. betr. die Bildung von Kreisgerichten aus den Patrimonial-Gerichten, IV. 419.
18. Juni. Rescr. betr. den Gerichtsstand der Kreis-Chirurgen, I. 189.
22. Juni. Rescr. betr. die Anstellung qualifizirter Unteroffiziere, Feldwebel und Wachtmeister, IV. 298.
23. Juni. Rescr. betr. die Insinuation diesseitiger gerichtlicher Vorladungen an Steuer- und Zoll-Kontravenienten im Auslande, I. 342.
25. Juni. Rescr. betr. die gerichtliche Rechnungsabnahme, III. 325.
2. Juli. Rescr. betr. die promissorischen und Diensteide der Juden, I. 527.
13. Juli. Rescr. betr. die Confirmation der Verträge nach dem Gesetz vom 23. April 1821., IV. 8.
16. Juli. Rescr betr. die Eröffnungen von Untersuchungen wider Regierungsbeamte wegen Dienstvergehen, III. 33.
27. Juli. Rescr. betr. die Bezeichnung der an das Königl. Justiz-Ministerium zu erstattenden Berichte, IV. 231.
27. Juli. Rescr. betr. die Fassung der Notariatsurkunden, IV. 399.
3. Aug. Rescr. betr. die Advokation der im Archiv des vormaligen Kaiserlichen und Reichs-Kammergerichts zu Wetzlar befindlichen Akten, I. 458.
29. Aug. Rescr. betr. die Abtretung eines Pertinenzstücks oder Ablösung der Dienste, III. 257.
10. Sptbr. Rescr. betr. den Begriff der Bescheinigung zur Begründuug eines Arrestantrags, II. 669.
26. Sptbr. Rescr. betr. die Zuziehung des Vaters oder Vormundes eines Minderjährigen in fiskalischen Untersuchungen, III. 77.
28. Sptbr. Rescr. betr. die Zulässigkeit der Possessorienklage, II. 697.
5. Octbr. Rescr. betr. den Gerichtsstand der in Schlafstelle liegenden Individuen, I. 145.
15. Octbr. Rescr. betr. die Anstellung der Candidaten, welchen akademische Honorare gestundet werden, IV. 264.
19. Octbr. Rescr. betr. die Zurechnung der während des Prozesses laufenden Zinsen zur Revisionssumme, II. 48.

1821.

29. Octbr. Rescr. betr. den Begriff der Bescheinigungen zur Begründung eines Arrest-Antrags, II. 669.
2. Novbr. Rescr. betr. die Exekution gegen Zoll- und andere Civilbeamte, II. 374.
5. Novbr. Rescr. betr. die Zurechnung der während des Prozesses laufenden Zinsen zur Revisionssumme, III. 48.
5. Novbr. Rescr. betr. die Bekanntmachung der Gemeinheitstheilungen, III. 257.
19. Novbr. Rescr. betr. die Zurückgabe der Eingabe eines nicht gehörig bevollmächtigten Justiz-Kommissarii, I. 285.
15. Decbr. Landschafts-Reglement und Taxations-Grundsätze für Posen, IV. 144.

1822.

25. Jan. Rescr. betr. den Personal Arrest bei Vermögensabtretung, II. 493.
31. Jan. C. O. betr. die Unzulässigkeit des Arrests auf die den Gutsbesitzern bewilligten Retablissementsgelder, II. 660.
1. Febr. Rescr. betr. die Erledigung des Militairdienstjahres vor der zweiten Prüfung, IV. 253.
8. Febr. Rescr. betr. die Sportelfreiheit der Minderjährigen und Kosten der mit ihnen konkurrirenden Großjährigen, II. 251.
8. Febr. Rescr. betr. die Vorladung der Militairpersonen, I. 365.
12. Febr. Rescr. betr. das Aggravationsgesuch der fiskalischen Behörde, III. 82.
18. Febr. Rescr. betr. die Succumbenzgelder bei fiskalischen Untersuchungssachen, II. 263.
22. Febr. Rescr. betr. die Höhe der Verpflegungskosten bei der Personal-Exekution, II. 503.
22. Febr. Rescr. betr. den Criminal-Gerichtsstand der Gensdarmen, I. 186.
7. März. Gesetz wegen der Stempelsteuer nebst Tarif, III. 25.
18. März. Rescr. betr. die Execution aus einem Pacht Kontrakte, II. 276.
26. März. Rescr. betr. die Kosten in Steuerdefraudationssachen, III. 72.
31. März. Rescr. betr. die Befugniß der Magistrate gegen Abgabe-Restanten Exekution zu verfügen, I. 111.
12. April. C. O. betr. das Verfahren bei Amtsentsetzung der Geistlichen und Lehrer und anderer Staatsbeamten, III. 36.
27. April. Rescr. betr. die Nichtigkeitsklage wider Erkenntnisse in fiskalischen Untersuchungen, II. 72.
13. Mai. Rescr. die Ausfertigung der Notariats-Instrumente, IV. 393.
22. Mai. Gesetz betr. die Todeserklärung der aus den Kriegen von 1806 — 1815 nicht zurückgekehrten Militairpersonen, III. 122.
4. Juni. C. O. betr. die Vollstreckung der Exekution aus Civilerkenntnissen gegen Militairpersonen, II 295.
4. Juli. Gesetz betr. die Ueberweisung ausstehender Forderungen und Cours habender Schuldpapiere im Wege der Exekution, II. 362.
5. Juli. Rescr. betr. die Vollstreckung der Exekution wider Militairpersonen, II. 296.
5. Juli. Rescr. betr. die Ediktalcitation in Steuerdefraudationssachen, III. 644.
8. Juli. Rescr. betr. die Vorladung der Militairpersonen, I. 365.
8. Juli. Rescr. betr. die Sorge für die auf das Amt Bezug habenden Papiere verstorbener Civil- und Militairbeamten, IV. 119.
8. Juli. Rescr., wonach Justiz-Commissarien keines Heiraths-Konsenses bedürfen, IV. 370.
11. Juli. Gesetz über die Zuläsigkeit der Wechselklage gegen den wechselfähigen

1822.

Acceptanten eines von einem nicht wechselfähigen Aussteller gezogenen Wechsels, II. 543.

12. Juli. Rescr. betr. die Benachrichtigung des Landwehr-Brigade-Commando's von Bestrafung der 5jährigen Kriegsreservisten, I. 179.

22. Aug. Rescr., wonach Verträge, welche nothwendig vor Gericht aufgenommen werden müssen, in dem Gesetz vom 23. April 1821. nicht begriffen sind, IV. 8.

23. Aug. Rescr. betr. die Vertretung der Pfarr- und Kirchengüter, I. 141.

26. Aug. Rescr. betr. den Gerichtsstand der Minderjährigen in Injuriensachen, I. 147.

27. Aug. Rescr. betr. den nichteximirten Gerichtsstand der Bürgermeister, I. 197.

29. Aug. Rescr. betr. den Begriff eines einseitig ausgestellten Instruments, II. 564.

8. Sptbr. C. O. betr. die Vollstreckung der Exekution gegen Militairpersonen in den Provinzen, in denen das A. L. R. und die A. G. O. nicht eingeführt sind, II. 295.

9. Sptbr. Rescr. betr. das Uebereinkommen mit dem Königl. Niederländischen Gouvernement wegen gegenseitiger Verstattung unvermögender Partheien zum Armenrechte, II. 214.

13. Sptbr. Rescr. betr. die Rückgabe kaufmännischer Bücher nach beendigtem Konkurse, III. 532.

18. Sptbr. C. O. betr. die vierjährige Verjährungsfrist bei den zu sämmtlichen Staatsschuldscheinen ausgereicht werdenden Zins-Coupons, III. 614.

23. Sptbr. Rescr. betr. die Militairpflicht der im Königl. Justiz-Dienst als Auskultatoren angestellten Ausländer, IV. 253.

4. Octbr. Rescr. betr. den nichteximirten Gerichtsstand der Bürgermeister, I. 197.

18. Octbr. Rescr. betr. die Wirkung des General-Moratoriums gegen einen Terminal-Zahlungs-Vergleich, III. 369.

21. Octbr. Rescr. betr. die Instruktion der Untersuchungen gegen Staatsbeamte durch die Regierungen, III. 39.

21. Octbr. Rescr. betr. die Instrumentszeugen der Notarien, IV. 402.

22. Octbr. Rescr. betr. den Gehaltsabzug bei Beurlaubungen, IV. 216.

25. Octbr. Rescr. betr. die Verpflichtung des successor singularis rei litigiosae für die Prozeßkosten, II. 282.

8. Novbr. Rescr. betr. die Justitiariatsverwaltung durch Referendarien, IV. 278.

30. Decbr. Rescr. betr. die Verwerfung der Revision durch ein Dekret, II. 55.

1823.

24. Jan. Rescr. betr. die Execution gegen Militairpersonen, II. 296.

25. Jan. Verordnung wegen Auslegung von Staatsverträgen, I. 555.

27. Jan. Rescr. betr. den Gerichtsstand der Diätarien, I. 190.

4. Febr. C. O., daß ein gerichtliches Verfahren bei Verwaltungs-Ansprüchen an den Staat aus der Zeit der ehemaligen Fremdherrschaft in den neuen und wieder erworbenen Provinzen nicht zugelassen werden soll, I. 75.

5. Febr. Rescr. betr. die Erstattung der fiskalischen Gebühren, III. 12.

5. Febr. Rescr. betr. die Kosten des Contumacial-Verfahrens, II. 180.

10. Febr. Rescr. betr. die Rekognition und Diffession der Urkunden, I. 468.

14. Febr. Rescr. betr. die Besorgung der fiskalischen Geschäfte durch Justiz-Commissarien, IV. 379.

1823.

16. Febr. C. O. betr. das Verfahren bei Kapitalsaufkündigungen und Zinszahlungs-Mandaten, II. 651.
21. Febr. C. O. betr. das Verfahren bei auf administrativem Wege erfolgender Dienstentlassung der Civilbeamten, III. 41.
22. Febr. Verordnung wegen Aufhebung der militairischen Strafverwandlung und über das künftige Strafverfahren gegen beurlaubte Landwehrmänner, zur Kriegsreserve Entlassener und Trainsoldaten, I. 177.
28. Febr. Rescr. betr. die Kosten der Vollziehung der in Zoll- und Steuer-Defraudationssachen erlassenen Erkenntnisse, III. 73.
5. März. Rescr. betr. den Gerichtsstand bei Interventionen, II. 143.
29. März. C. O., daß die wegen Schulden belangten auf Pension oder Wartegeld stehenden Civilbeamten vom Personal-Arrest nicht ferner befreiet sein sollen, II. 497.
11. April. Rescr. betr. den Gerichtsstand der Sträflinge, I. 149.
15. April. Rescr. betr. die Befugniß der Regierungen gegen Steuerdefraudanten auch wegen versuchter Bestechung der Steuerbeamten zu erkennen, III. 24.
21. April. Rescr. betr. die Partial-Cession mit Einräumung des Vorzugsrechts Seitens einer Frau, IV. 77.
28. April. Rescr. betr. die Vollstreckung der Erkenntnisse in Steuer-Contraventionssachen, III. 87.
5. Mai. Rescr. betr. die Zulässigkeit einer faktischen Erörterung und Beweisaufnahme in der Aggravationsinstanz, III. 85.
12. Mai. Rescr. betr. die Prüfung, ob Rechtskandidaten nicht in verbotenen Studentenverbindungen gewesen sind, IV. 242.
23. Mai. Rescr. betr. die Sportelfreiheit der Kirchen, II. 242.
26. Mai. Rescr. betr. die Herbeischaffung und Kassation eines hypothekarischen Instruments über eine in der Subhastation ausgefallene Forderung, III. 680.
28. Mai. Rescr. betr. die vollständige und bestimmte Angabe der Revisionsbeschwerden, II. 54.
28. Mai. Rescr. die Konkurseröffnung wegen angebrachter Intervention, III. 393.
30. Mai. Rescr. betr. die Anwendung des §. 92. Th. 1. Tit. 35. der A. G. O. III. 80.
6. Juni. C. O. betr. den Personal-Arrest gegen Offiziere, II. 496.
18. Juni. Rescr. betr. die Vollstreckung der Erkenntnisse in Steuerdefraudationssachen, III. 87.
4. Juli. Rescr. betr die Zulassung der Revision in Accise- und Zolldefraudationssachen, III. 86.
14. Juli. Rescr. betr. die Gebühren des Curator Massae, III. 416.
21. Juli. Rescr. betr. die Vorladung der unbekannten Militair-Kassengläubiger, III. 638.
26. Juli. Rescr. betr. die Vollziehung der Zoll- und Steuerstrafen, III. 87.
22. Aug. Rescr., daß auf Verträge, welche nothwendig gerichtlich aufgenommen werden müssen, das Gesetz vom 23. April 1821 nicht anzuwenden, IV. 8.
22. Aug. Rescr. betr. das Verfahren bei Insinuationen gerichtlicher Verfügungen in Frankreich und Großbritannien, I. 347.
25. Aug. Rescr. betr. die Einreichung des Original-Annahme-Protokolls mit dem Testamente an den ordentlichen Richter, IV. 103.

1823.

29. Aug. Rescr. betr. die Festsetzung der Mandatariengebühren, welche der Königl. Fiskus zu zahlen hat, II. 209.
5. Sptbr. Rescr. betr. die Vereidung der Oekonomie-Kommissarien bei Abgabe sachverständiger Gutachten, I. 487.
5. Sptbr. Rescr. betr. die baaren Auslagen in Steuerdefraudationssachen, III. 72.
9. Sptbr. Rescr. betr. das Exekutionsverfahren gegen die Person, II. 499.
4. Octbr. Rescr. betr. die Beifügung der letzten Resolution bei Beschwerden, IV. 185.
6. Octbr. C. O., daß auch die pensionirten oder auf Wartegeld stehenden Offiziere bei Schuldklagen vom Personal-Arrest nicht befreit sein sollen, II. 497.
17. Octbr. Rescr. betr. die Mittheilung der geschlossenen Akten in Steuerdefraudationssachen an die Hauptsteuerämter, III. 64.
17. Octbr. Rescr. betr. die Unzulässigkeit der Subhastation der zur erbschaftlichen Liquidationsmasse gehörigen Grundstücke wegen rückständiger Hypothekenzinsen, III. 587.
22. Octbr. C. O., daß bei Kosteneinziehungen in Gemeinheitstheilungssachen nicht mit Härte verfahren werden soll, III 300.
10. Novbr. Rescr. betr. die Solidar-Verpflichtung der Litis Consorten, II. 284.
12. Novbr. Rescr. betr. die Exekution gegen Pächter auf die in erster Instanz erkannten Pachtgelder, III. 302.
18. Novbr. Rescr. betr. die Abweisung angebrachtermaßen, I. 568.
1. Decbr. Rescr. betr. die Vorladung der Steuerbeamten in Steuerdefraudationssachen, III. 62.
5. Decbr. Rescr. betr. den Personal-Arrest gegen die auf Inactivitäts-Gehalt stehenden Offiziere, II. 498.
5. Decbr. Rescr. betr. die Kosten der Untersuchung des Zustandes eines unvermögenden Gemüthskranken, III. 136.
15. Decbr. Rescr. betr. den Zwang zum Manifestationseid mittelst Personal-Arrest in Betreff schuldiger Gerichtskosten, II. 217.
23. Decbr. Rescr. betr. die Verwandschaft des Richters mit den kontrahirenden Partheien, IV. 223.

1824.

2. Jan. Rescr. betr. die Bemerkung des zum Dokument verbrauchten Stempelbetrages auf den Protokollen der Notarien, IV. 392.
20. Jan. u. 6. Febr. Rescr. betr. die Verpflegungskosten für unvermögende Zoll- und Steuer-Kontravenienten während der summarischen Untersuchung, III. 73.
2. Febr. Rescr. betr. die Adressen der polnischen Behörden bei Requisitionen, I. 344.
6. Febr. C. O., wegen des Rangverhältnisses der rheinischen Justizbeamten, IV. 173.
14. Febr. Rescr. betr. die Behandlung der Verwaltungsansprüche an das Preuß. Gouvernement aus der Zeit der ehemaligen Fremdherrschaft in den neuen und wieder eroberten Provinzen, I. 75.
14. Febr. Rescr. betr. die Mittheilung der geschlossenen Untersuchungsakten in Steuerdefraudationen an die Hauptsteuer-Aemter, III. 64.
20. Febr. Rescr., daß zu einem Postlokations-Consense einer Frauensperson die Certioration nicht erforderlich sei, IV. 78.

1824.

27. Febr. Rescr. betr. die Aufhebung des Interimistici in Ehescheidungsprozessen, III. 166.
12. März. Rescr. betr. das rechtliche Verhältniß des Konkurskurators zum Gerichte, III. 410.
22. März. Rescr. betr. den Rechtsweg bei Ablösung des Jagdrechts, I. 120.
26. März. Rescr. betr. die Kosten-Vorschüsse bei nicht formirten Untergerichten, II. 257.
2. April. Rescr. betr. die Zulässigkeit der Beschlagnahme des Traktaments der Unteroffiziere und Soldaten wegen Alimente unehelicher Kinder, II 397.
12. April. Rescr. betr. das Verfahren beim Verkaufe von Verbriefungen über provinzielle Staatsschulden, II. 368.
13. April. C. O. betr. die Bestimmung bleibender Untersuchungsrichter für Steuerdefraudationen, III. 49.
28. April. Regulativ über den Hausirhandel und den Gewerbsbetrieb im Umherziehen, III. 23.
14. Mai. Rescr. betr. den Personal-Arrest gegen standesherrliche Beamten, II. 495.
9. Juni. Rescr. betr. die Benachrichtigung des Kriegs-Ministerii und der Militair-Kassen von der Anstellung der Invaliden, welche Gnadengehalt ꝛc. beziehen, IV. 318.
11. Juni. Rescr. betr. die Zahl der Dolmetscher und Zeugen bei Aufnahme der Testamente solcher Personen, welche der Sprache des Richters nicht mächtig sind, IV. 53.
11. Juni. Rescr. betr. die Niederschlagung der Stempelstrafen, III. 26.
16. Juni. Rescr. betr. die Bemerkung des Stempelbetrages der bei Gelegenheit eines Notariats-Akts producirten Dokumente auf den Protokollen der Notarien, IV. 393.
16. Juli. Rescr., daß der Curator zum Klagen bei andern Gerichten keine besondere Autorisation braucht, III. 412.
2. Aug. Cirkular-Rescript wegen Untersuchung und Bestrafung der zur Landwehr und Kriegsreserve gehörenden Verbrecher und deren Ablieferung zur Strafsektion, I. 179.
3. Aug. C. O. betr. die Einleitung einer fiskalischen Untersuchung wegen Dienstvergehen der Verwaltungsbeamten, III 34.
9. Aug. Rescr. betr. die Zulässigkeit eines Arrestschlages auf Grundstücke, II. 656.
23. Aug. Rescr betr. die Kassation der Vormundschaftsakten, IV. 462.
30. Aug. Rescr. betr. die Zeit der Publikation eines wechselseitigen Testaments, IV 100.
3. Sptbr. Rescr. betr. die Unterscheidung zwischen dem Fiskus oder bestimmten fiskalischen Stationen und zwischen der Regierung in fiskalischen Prozessen, III. 7.
17. Sptbr. Rescr. betr. die gerichtliche Prüfung und Abänderung der in Steuer-Kontraventionssachen ergangenen Resolute in Beziehung auf Strafverwandlung, III. 69.
27. Sptbr. Rescr., daß Fütterungskosten für abgepfändetes Vieh nicht den Intervenienten, sondern den Eigenthümer treffen, II. 346.
15. Octbr. Rescr. betr. die Verpflichtung zur Tragung der Amts-Uniform, IV. 182.
20. Octbr. Rescr. betr. die Exekution auf Pensionen aus dem ersten Erkenntnisse, II. 10.

1824.

25. Octbr. Rescr. betr. die Befugnisse eines Generalbevollmächtigten, IV. 384.
28. Octbr. Rescr. betr. die Strafverwandlung bei Steuerdefraudationen, III. 69.
19. Novbr. Verordnung betr. die Ergänzung der Zollordnung und die Erhebungsrolle der Abgaben, III. 20.
22. Novbr. Rescr. betr. die Abfassung der Berichte mit Bezug auf Rescripte des Justizministers, IV. 231.
26. Novbr. Rescr. betr. das Interimistikum und die Kosten in Dienstprozessen, III. 184.
16. Decbr. Verordnung betr. die Nachsuchung und Ertheilung des Urlaubs der Justizbeamten, IV. 217.

1825.

3. Jan. Rescr. betr. die Aussage der Gensdarmen in Dienstsachen, I. 486.
3. Jan. Rescr. betr. die Strafverwandlung bei Steuerdefraudationen III. 68.
10. Jan. Rescr. betr. die Einleitung der fiskalischen Untersuchung gegen Beamte, III. 34.
12. Jan. C. O. betr. die Untersuchung der Postfuhrzettel-Kontraventionen, III. 29.
14. Jan. Rescr. betr. das Verfahren bei Exekutionen gegen Militairpersonen, II. 296.
28. Jan. Rescr. betr. die Gränzen des Militairgerichtsstandes in Criminal- und Injuriensachen, 172.
16. Febr. C. O. betr. die Anzeige von der Einberufung eines Beamten zur Landwehrübung, IV. 221.
4. März. Rescr. betr. die Verurtheilung des Denunciaten in die Kosten, wenn er freigesprochen wird, III. 76.
14. März. Rescr. betr. den Criminal-Gerichtsstand der Zeughausbeamten, I. 173.
28. März. Rescr. betr. die Anstellung der Gerichtsboten auf Probe, IV. 358.
2. April. Rescr. betr. die Civil-Versorgung der Gendarmen, IV. 299.
15. April. Rescr. betr. die Exekutionsmodalitäten gegen Gewerbtreibende, welche nicht Handwerker sind, II. 357.
22. April. Rescr. betr. die Konkurseröffnung über das Vermögen eines Offiziers, III. 389.
16. Mai. Verordnung über die Abfassung und Bekanntmachung der Präklusionserkenntnisse in Konkurs- und Liquidationsprozessen, III. 431.
27. Mai. Rescr. betr. die Anstellungsfähigkeit der Trompeter, Tambours und Hornisten, IV. 300.
5. Juni. Rescr. des Königl. Staatsministeriums die Anstellung der Freiwilligen betr. IV. 300.
21. Juni. Patent wegen Einführung der A. G. O. in das Herzogthum Westphalen, das Fürstenthum Siegen mit den Aemtern Burbach und Neuenkirchen und die Grafschaften Wittgenstein-Wittgenstein und Wittgenstein-Berleburg, I. 61.
21. Juli. Rescr. betr. die Beweiskraft russischer Urkunden, I. 462.
22. Juli. Rescr., wonach die Regreßklage auch gegen einen Bürgen als Litisdenunciaten sofort angestellt werden kann, II. 136.
29. Juli. Rescr. betr. die Abrechnung des Pensions-Beitrags von dem abzugsfähigen Gehalte, II. 377.
20. Aug. C. O., daß die Ablesung der Subhastations-Patente von Berg- und Hüttenwerken in den Kirchen nicht mehr statt finden soll, III. 732.

1825.

26. Aug. Deklaration betr. die Berechnung des Objects bei Appellationen in gutsherrlichen und bäuerlichen Verhältnissen, III. 254.

5. Sptbr. Rescr. betr. die Qualität der Zeugen bei Notariatsinstrumenten, IV. 402.

22. Octbr. C. O betr. das Verfahren beim Aufgebot verlorner und vernichteter Staatspapiere, III. 615.

31. Octbr. Rescr. betr. die interimistische Gültigkeit des Kostenpunkts in den ersten Erkenntnissen, II. 180.

10. Novbr. Rescr. betr. die Verwarnungs- und Bekräftigungsformel bei Vereidigung jüdischer Aerzte, I. 528.

14. Novbr. Rescr. die Berichtigung der baaren Auslagen in fiskalischen Untersuchungen aus den Criminal-Fonds, III. 74.

14. Novbr. Rescr., daß über einen Offizier, welcher weiter nichts als sein Gehalt bezieht, die Konkurseröffnung unterbleiben kann, III. 389.

21. Novbr. Rescr. betr. den Gerichtsstand des Postfiskus vor dem Kammergericht, I. 229.

25. Novbr. Rescr. betr. die Aufnahme der Gemüthskranken in öffentliche und Privat-Heil-Anstalten, III. 132.

16. Decbr. Rescr. betr. die unmittelbare Kommunikation der Obergerichte mit dem Ministerio der auswärtigen Angelegenheiten, I. 340.

27. Decbr. Rescr. betr. die Exekution wegen Kosten und Abgaben in unentbehrliche Mobilien, II. 345.

29. Decbr. Rescr. betr. die Einleitung einer fiskalischen Untersuchung wider Communal-Beamte, III. 35.

31. Decbr. C. O. betr. die Abänderung in der bisherigen Organisation der Provinzial-Verwaltungsbehörden, I. 103.

1826.

27. Jan. C. O. in Beziehung auf die Zulässigkeit des Personal-Arrests der wegen Schulden belangten auf Pension oder Wartegeld stehenden Civilbeamten und Militairpersonen, II. 498.

13. Febr. Rescr. betr. die Anwendung des Gesetzes vom 16. Mai 1825 auf das abgekürzte Konkursverfahren, III. 390.

13. Febr. Rescr. betr. die bei Eidesleistungen der Juden zuzuziehenden Religionsbeamten, I. 522.

20. Febr. Rescr. betr. die Befugniß der Gerichts-Commissarien Rekognitions-Protokolle auszufertigen, IV. 58.

20. Febr. Rescr. betr. den Umfang der Geschäfte, zu welchem die Auskultatoren qualificirt zu erachten, IV. 341.

6. März. Rescr. betr. die Unzulässigkeit der Zuziehung der Mitglieder der Ober-Baudeputation als Sachverständiger in Prozessen, I. 412.

13. März. Rescr. betr. die Berechnung der dem gesetzlichen Abzuge unterworfenen Gehaltstheile, II. 377.

13. März. Rescr. betr. die Prüfung der Rechtskandidaten in der lateinischen Sprache, IV. 246.

5. Mai. Rescr. betr. die Requisition der Königl. Französischen Behörden, I. 348.

5. Mai. C. O. betr. den Gerichtsstand der nach $2\frac{1}{2}$jähriger Dienstzeit entlassenen erst im Frühjahr zur Kriegsreserve übergehenden Mannschaften, I. 183.

1826.

10. Mai. C. O. betr. die Deklaration der A. G. O. I. 15. §. 7. wegen des Verfahrens in der Revisions-Instanz, II. 61.

16. Mai. Rescr. betr. die Revisions-Instanz in Steuerdefraudationssachen, III. 86.

21. Mai. Rescr. betr. das Verfahren bei Einreichung des an Beschwerdeführer erlassenen Bescheides, IV. 185.

21. Mai. Rescr. betr. die Prüfung der Auskultatoren im Preuß. Recht, IV. 247.

23. Mai. C. O. betr. die Beschlagnahme von Besoldungen und Pensionen der Staatsbeamten in den Provinzen, in welchen das A. L. R. und die A. G. O. noch nicht gesetzliche Kraft haben, II 385.

31. Mai. C. O. betr. die Qualifikation der Referendarien zur Anstellung als Auditeure, IV. 277.

17. Juni. Rescr. betr. den Einfluß der Verzichtleistung des Denuncianten auf seinen Strafantheil bei der Bestimmung des Erkenntnisses, III 66.

10. Juli. Rescr. betr. die Citation Russischer Unterthanen in Steuer-Defraudations-Untersuchungen, I. 346.

26. Juli. Rescr. betr. den Geschäftsstyl der Gerichte, I. 325.

31. Juli. Rescr. betr. die Kosten der Untersuchungen gegen Steuer- und Forstbediente wegen Exzesse bei Verhütung von Kontraventionen, III. 71.

2. Aug. C. O betr. das Verfahren bei Personal-Exekutions-Gesuchen wider die Häupter und Mitglieder der ehemals reichsunmittelbaren, jetzt mediatisirten Fürstenhäuser, II. 494.

11. Aug. Rescr. betr die Tragung der Kosten des vom Gegentheil angenommenen Justiz-Commissarius, II 194.

18. Aug. Rescr. betr. das Abkommen mit dem Königl. Würtembergischen Hofe über die Kostenfreiheit bei gerichtlichen Requisitionen, I. 354.

21. Aug. Rescr., daß die Servisgelder der beurlaubten Landwehr-Offiziere dem Gehaltsabzuge nicht unterworfen werden können, II. 393.

1. Sptbr. Rescr. die Competenz der Untergerichte zur Abfassung des Erkenntnisses wider beurlaubte Landwehrmänner und zum Erkenntnisse auf den Verlust der National-Kokarde, I. 179.

15. Sptbr. Rescr. betr. die Konfiskation des Vermögens der Deserteurs in den Provinzen, wo das A. L. R. noch nicht gilt, III. 106.

15. Sptbr. Rescr. betr. die Unzulässigkeit der Exekution in den Sold der Soldaten und Unteroffiziere, II. 397.

15. Sptbr. Rescr. betr. die Tantieme vom reservirten Porto in fiskalischen Civil-Prozessen und Untersuchungen, II. 232.

18. Sptbr. Rescr. betr. die Unzulässigkeit der Wechsel-Exekution gegen einen als Rittergutsbesitzer wechselfähigen, im aktiven Militairdienst stehenden Offizier, II. 496.

24. Sptbr. C. O. betr. das Verfahren bei unfreiwilliger Dienstentlassung der bei der Militair-Verwaltung angestellten Beamten, III. 41.

29. Sptbr. Rescr. betr. die Anstellung der Justizbeamten und deren Besoldung, IV. 281.

2. Octbr. Rescr. betr. das Forum der nothwendigen Subhastation bäuerlicher Grundstücke vor beendigter Regulirung und Verfahren dabei, III 656.

8. Octbr. Bekanntmachung betr. die Unzulässigkeit der Anträge auf Subhastation zur Deckung der in Steuer-Defraudationssachen erkannten Geldbußen, III. 70.

1826.

16. Octbr. Rescr. betr. die Untersuchung des Gemüthszustandes einer aktiven Militairperson, III. 137.

23. Octbr. Rescr. betr. die Unzulässigkeit persönlicher Klagen vor diesseitigen Gerichten gegen sächsische Unterthanen, welche im Inlande mit Hauseigenthum angesessen sind, und die Unstatthaftigkeit der freiwilligen Prorogation des Gerichtsstandes Seitens eines Ausländers, I. 226.

28. Novbr. Gesetz das Aufgebot der Agnaten bei Veräußerungen der Lehne in Pommern an Familienglieder betr., III. 630.

1. Decbr. Rescr. betr. die Substantiirung einer Proklamation auf Todeserklärung, III. 125.

27. Decbr. Rescr. betr die Wiedereinziehung der Pensionen oder Wartegelder der wieder beschäftigten Beamten, IV. 310.

1827.

5. Jan. Rescr. betr. die Sicherstellung und Kontrollirung des reservirten Porto, II. 229.

29. Jan. Rescr. betr. die Gerichtskosten in Prozessen der Kirchen, Pfarren, Küstereien und Schulen, II 243.

31. Jan. C. O. betr. die Befugniß der Seehandlung zum außergerichtlichen Verkauf der ihr verpfändeten Effekten, III. 449.

12. Febr. Rescr. betr. die Berechnung der Gehaltsabzüge der Gendarmerie-Offiziere. II. 393.

16. Febr. Rescr. betr. die Erstattung der Kassenquote in fiscalibus, III. 12.

16 Febr. Rescr. betr. das Verfahren bei Zurückweisung der in der Prüfung nicht bestandenen Candidaten, IV. 250.

17. Febr. Rescr. betr. das Porto in Armen-Vormundschaftssachen, II. 232.

26. Febr. Rescr. betr. die Succumbenz-Gelder in dritter Instanz, II. 262.

2. März. Rescr. betr. die Kurkosten für Schuldgefangene, II. 504.

8. März. Rescr. betr. die Erstattung der Kassenquote in fiscalibus, III. 12.

10. März. C. O. betr. die Anstellung von Hülfsarbeitern bei den Untergerichten, IV. 292.

11. März. C. O. wegen der von den Mennonisten statt des Eides abzugebenden Versicherungen, I. 488.

22. März. C. O. die Anwendung des §. 54. des Anhangs zur Gerichtsordnung im ganzen Umfange der Monarchie betr., I. 365.

23. März. Rescr. betr. die Unstatthaftigkeit der Ueberweisung eines Aktivi im Wege der Exekution, wenn der Exequendus nicht mehr Eigenthümer desselben ist, II. 364.

7. Mai. Rescr betr. die Anstellung der Hülfsarbeiter bei den Untergerichten, IV. 292.

23. Mai. Rescr. betr. die Kostenfreiheit der Requisition französischer Gerichte, I. 348.

15. Juli. Rescr. betr. die Gebühren-Ansätze in unvermögenden Vormundschaftssachen, II. 247.

6. Aug. Rescr. betr. die Prüfung der Auskultatoren und Referendarien, IV. 249.

13. Aug. Rescr. betr. die Zulässigkeit einer Ehescheidungsklage gegen einen nach Frankreich zurückgekehrten Ehemann, I. 233.

29. Aug. Rescr. betr. die Abfassung des Erkenntnisses durch das Oberlandesge-

1827.

richt in den durch Strafresolute der Finanzbehörde entschiedenen Defraudationssachen, III. 31.

31. Aug. Rescr. betr. die Aufhebung der beim Stadtgericht zu Berlin statt findenden Observanz, daß Ausländer den Vorschuß in Golde leisten, II. 260.

7. Sptbr. Verordnung wegen Anstellung von Schiedsmännern in der Provinz Preußen, I. 264.

20. Sptbr. Rescr. betr. die Anstellung der Unteroffiziere nach neunjähriger Dienstzeit ohne Civilversorgungsschein, IV. 300.

29. Sptbr. Rescr. betr. die Berichterstattung über Resultate der Justizvisitationen, IV. 444.

18. Octbr. Rescr. betr. die Atteste über reservirte Portobeträge, II. 229.

19. Octbr. Rescr. betr. die Berichtigung der baaren Auslagen in fiskalischen Untersuchungen aus dem Criminalfonds, III. 74.

26. Octbr. Rescr. betr. das Verfahren bei Litis-Denunciationen wider den Königl. Fiskus in Prozessen bei auswärtigen Gerichten, II. 131.

30. Octbr. Rescr. betr. die Unvereinbarkeit des Amtes eines Richters mit dem Betrieb von Justizkommissariats-Geschäften, I. 282.

31. Octbr. C. O. wegen Anstellung qualificirter Unteroffiziere im Civildienste, IV. 301.

26. Novbr. Rescr. betr. das Verfahren bei Requisitionen nach Frankreich, I. 348.

10. Decbr. Rescr. betr. das Gnadengehalt der aus dem aktiven Dienst ausscheidenden Gensdarmen bei ihrer Anstellung in Civildiensten, IV. 313.

14. Decbr. Rescr. betr die Compensation und Zurückforderung der in Gemäßheit des ersten Erkenntnisses zu viel gezahlten Alimente, II. 10.

31. Decbr. C. O. betr. das Verfahren bei Anstellung der Subalternen der Justizbehörden, IV. 280.

1828.

7. Jan. Rescr. betr. die Anstellung der Subalternen-Beamten, IV. 290.

18. Jan. Rescr. betr. die Anstellung der Gensdarmen im Civildienst, IV. 313.

4. Febr. Rescr. betr. die Ausschließung des Rechtsverfahrens über die Entschädigung der vormals fremdherrlichen Beamten, I. 76.

11. Febr. Rescr. betr. die Rechnungs-Extrakte bei Salarien- und andern gerichtlichen Kassenverwaltungen, IV. 553.

18. Febr. Rescr. betr. die Befugniß der Privat-Aktuarien der Patrimonial-Richter zu Bagatell-Instruktionen, IV. 341.

10. März. Rescr. betr. den Gerichtsstand der Landschaftsdirektionen zu Bromberg und Schneidemühl als Stellvertreter der Landschaft von Westpreußen, I. 230

20. März. C. O. betr. die Beschlagnahme solcher Pensionen, welche Invaliden aus der Pensionszuschußkasse erhalten, II. 394.

5. April. Rescr. betr. die Aufbewahrung der Testamente bei den Gerichtsämtern in Sachsen, IV. 96.

18. April. Rescr. betr. die Exekutions-Vollstreckung in das Amtseinkommen eines Geistlichen, II. 382.

3. Mai. Verordnung das Aufgebot und die Amortisation verlorner oder vernichteter Staatspapiere betr., III. 615.

5. Mai. Rescr. betr. die Benachrichtigung der Militair-Intendanturen von den

1828.

gegen militairische Kassen- und Magazinbeamte eingeklagten Geldforderungen, I. 320.

5. Mai. Rescr., wonach der Konkurs-Kurator einen Eid ohne Autorisation referiren kann, I. 511.

14. Mai. Rescr. betr. die Anweisung des Diensteinkommens der Boten, Exekutoren und Gefangenwärter auf die zu deservirenden Emolumente, IV. 359.

4. Juni. C. O. betr. die Empfangsbescheinigung bei Insinuationen diesseitiger gerichtlicher Verfügungen im Auslande, I. 341.

7. Juni. C. O. betr. die Konkurrenz der Regierungen und Provinzial-Schulkollegien bei gutsherrlichen und bäuerlichen Regulirungen, Gemeinheitstheilungen und Ablösungen rücksichtlich des fiskalischen Interesse und rücksichtlich der geistlichen Institute, III. 256.

20. Juni. Rescr betr die Beibringung akademischer Zeugnisse vor der Zulassung zum Staatsexamen, IV. 242.

30. Juni. Rescr., daß die Kriminal Untersuchungskosten zu den beständigen Lasten der Grundstücke gehören, III. 465.

30. Juni. C. O. betr. das Verfahren bei Competenz-Konflikten zwischen Gerichten und Verwaltungsbehörden, I. 68.

4. Juli. Rescr. betr. die Legitimation der Militair-Intendanturen zu Prozessen ihres Ressorts, I. 141.

14. Juli. Rescr. betr. die Kommunikation mit den Großherzogl. Mecklenburg-Schwerinschen Behörden, I. 358.

2. Aug. Gesetz zur Erleichterung der Todeserklärungen der aus den Kriegen von 1806 — 1815 nicht zurückgekehrten Personen, III. 122.

21. Aug. Rescr. betr. die Sportelfreiheit der Vikarien und Kaplaneien, II. 244.

27. Sptbr. Rescr., daß die Exekutionsmodalitäten in Ansehung des Handelswerkzeuges nicht bei Schulden aus unerlaubten Handlungen zur Anwendung kommen können, II. 358.

13. Octbr. Rescr. betr. die Provokation auf rechtliches Gehör und Strafverwandlungen in Steuerdefraudationssachen, III. 20.

19. Octbr. C. O betr. die Anstellung qualifizirter Unteroffiziere im Civildienst, IV. 301.

20. Novbr. Rescr. betr. den Anstellungs-Anspruch der vor dem 16. März 1824 ausgeschiedenen Militair Personen, IV. 301.

1. Decbr. Rescr. betr. die Abfassung der Purifikations-Resolution, II 172.

8. Decbr. Rescr. betr. die Beschäftigung der Referendarien im Inquiriren, IV. 257.

20. Decbr. C. O. betr. die Anstellungs-Ansprüche der Offiziere, welche nicht 15 Jahre gedient haben, IV. 304.

29. Decbr. Rescr. betr. die Vereidigung der Amtsdiener bei den Hauptsteuer-Aemtern zu Insinuationen der Vorladungen, III. 55.

29. Decbr. Rescr., wonach die Justiz-Commissarien Rechnungsbücher über empfangene Gelder und Repertorien halten sollen, IV. 379.

29. Decbr. Rescr. betr. die Anstellung der nach neunjähriger Dienstzeit entlassenen Unteroffiziere, IV. 305.

1829.

31. Jan. Rescr. betr. die Anweisungen und Schemata zur Uebereinstimmung der Salarienkassen-Abschlüsse mit den Salarienkassen-Rechnungen, IV. 554.

1829.

14\. Febr. C. O. betr. die Befugniß der landschaftlichen Kreditinstitute zur Auswirkung der gerichtlichen Subhastation bepfandbriefter Grundstücke. II. 490

24\. Febr. Rescr. betr. das Gehalts-Abzugsverfahren gegen Militair-Personen, II. 390.

2\. März. C. O. betr. den Titel des Herrn Herzogs von Braunschweig Oels, I. 334.

16\. März. Rescr. betr. das Gehalts-Abzugsverfahren gegen Militair-Personen, II. 390.

16\. März. Rescr., wonach die zu Patrimonial-Richterstellen sich meldenden Referendarien auch die Qualifikation im Inquiriren nachweisen müssen, IV. 257.

17\. März. C. O. wegen Verwirkung des Militairgnadengehalts und des Civilversorgungsscheins Seitens der im Civildienst angestellten und der wegen Verbrechen ihres Amtes entsetzten Invaliden, IV. 314.

18\. März. Rescr. betr. die Fassung der in die öffentlichen Blätter einzurückenden Bekanntmachungen, I. 382.

29\. März. Deklaration des §. 148 — 154 Tit. 51. Th. I. der A. G. O. die öffentliche Vorladung unbekannter Erbschaftsinteressenten betr. III. 628.

30\. März. Rescr. betr. die Anstellung von Militair-Personen im Justizdienste, IV. 365.

11\. April. Rescr. betr. die Eröffnung des Spezialkonkurses über das hiesige Vermögen eines Ausländers und das Verhältniß der Unterthanen einiger auswärtiger Staaten bei hiesigen Konkursen, III. 557.

17\. April. C. O. betr. den Uebergang der Gerichtsbarkeit für die Juden in Berlin auf das Stadtgericht daselbst, I. 154.

19\. April. Rescr. betr. die Kompetenz der General-Commissionen bei Ablösungen schon feststehender Geldrenten, III. 253.

4\. Mai. Rescr. betr. das Gehalts-Abzugsverfahren gegen Militair-Personen, II. 390.

11\. Mai. Rescr. betr. die Berechnung der, den Unteroffizieren einen Anspruch auf Kanzlistenstellen ꝛc. gewährenden Dienstzeit, IV. 307.

26\. Mai. Rescr. betr. die Eröffnung des Spezialkonkurses über das hiesige Vermögen eines Ausländers und das Verhältniß der Unterthanen einiger auswärtigen Staaten bei hiesigen Konkursen, III. 557.

29\. Mai. Rescr. betr. den Anspruch der Justiz-Commissarien auf Erstattung der baaren Auslagen aus der Salarien-Kasse, 221.

4\. Juni u. 9. Juli. Rescr. betr. das Verfahren und die Kosten in kombinirten Todeserklärungssachen, III. 129.

11\. Juni. C. O. wegen Anwendung des §. 169. des Anhangs auf Untersuchungskosten der Beamten, II. 401.

15\. Juni. C. O. betr. die Anstellung qualificirter Unteroffiziere im Civildienst, IV. 301.

13\. Juli. Rescr. betr. die Kontrollirung des reservirten und niedergeschlagenen Porto, II. 229.

27\. Juli. Rescr. betr das Forum in Steuer-Kontraventionssachen, III. 52.

10\. Aug. Rescr. betr. die Licitations-Termine vor Justiz-Commissarien zum Verkauf von Grundstücken, IV. 372.

10\. Aug. Rescr. betr. die den Minderjährigen zustehende Restitution, II. 122.

2\. Sptbr. Rescr. betr. die interimistische Verwaltung der Civilstellen durch Militairs, welche Wartegeld beziehen, IV. 309.

1829.

12. Sptbr. Rescr. betr. den Anspruch eines Militair-Invaliden, welcher die ihm zu Theil gewordene Civilversorgung freiwillig aufgiebt, auf Wiedergewährung des Militair-Gnadengehalts. IV. 314.

14. Sptbr. Rescr. betr. die Abschätzung ländlicher Grundstücke und die Berücksichtigung eines Altentheils bei der Abschätzung, IV. 147.

21. Sptbr. Rescr. betr. den nicht eximirten Gerichtsstand der Lotterie-Kollekteurs, I. 198.

8. Octbr. C. O. betr. die Modifikation der Verordnungen wegen der Eidesleistungen im Fürstenthum Neuwied vom 26. März. 1805, I. 532.

12. Octbr. Rescr. betr. die Prüfung und Anstellung der Justiz-Commissarien, IV. 375.

14. Octbr. Bekanntmachung betr. die Unzulässigkeit der Subhastation wegen Steuerstrafen, III. 70.

15. Octbr. Rescr. betr. den Anspruch eines Militair-Invaliden, welcher die ihm zu Theil gewordene Civilversorgung freiwillig aufgiebt, auf Wiedergewährung des Militair-Gnadengehalts, IV. 314.

22. Octbr. Rescr. betr. den Vorzug eines durch C. O. zur Anstellung verstatteten Kanzlisten vor den 9 Jahre gedienten Unteroffizieren, IV. 319.

30. Octbr. C. O. betr. die Form des Soldateneides jüdischer Glaubensgenossen, I. 527.

30. Octbr. Rescr. betr. den Anspruch auf Wiedergewährung des Militair-Gnadengehalts, IV. 314.

31. Octbr. Rescr. zur Erlauterung des Gesetzes vom 2. Aug. 1828 betr. die Todeserklärung verschollener Militair-Personen, III. 123.

9. Novbr. Rescr. betr. die Stempel zu Urlaubsgesuchen und Ertheilungen, IV. 221.

12. Novbr. Rescr betr. die Kompetenz der Civilgerichte bei den von Landwehrmännern während der Uebungszeit begangenen gemeinen Verbrechen, I. 183.

19. Novbr. Rescr. betr. die Bestellung eines fiskalischen Bedienten bei Provokation auf Blödsinnigkeits- oder Prodigalitätserklärung und Kostentragung bei seiner Abweisung, III. 132.

19. Novbr. Rescr betr. die Gebühren der Justiz-Commissarien für Vertretung der Salarienkassen, IV. 380.

26. Novbr. Reglement für die Fabrikengerichts-Deputation im Departement von Arnsberg, I. 246.

21. Decbr. Rescr. betr. die Aufbewahrung der Original-Dokumente bei den Akten I. 452.

1830.

2. u. 14. Jan. Rescr. betr. die Bescheinigung der Insinuationen durch die Königl. Postämter, I. 369.

26. Jan. Rescr betr. die einzureichende Nachweisung der Ersparnisse an Aussterbegehaltsbeträgen, IV. 580.

1. Febr. Rescr. betr. die Abschaffung des Verreichs des Eigenthums in Schlesien, IV. 9.

8. Febr. Rescr. betr. das Requisitionsverfahren mit den Niederländischen Behörden, I. 349.

11. Febr. Rescr. betr. die Rechte der Unterthanen Neufchatels bei hiesigen Konkursen, III. 386.

23. Febr. Rescr. betr. die Haussuchungen in Maischsteuerdefraudationsfällen, III 60.

1830.

4. März Rescr. betr. den Verkauf der Früchte auf dem Halme im Wege der Exekution in der Provinz Westphalen, II. 354.

12. März u. 19. Mai. Vereinbarung mit der Großherzoglich Mecklenburg-Strelitzschen Regierung wegen Aufhebung der Kostenvergütigung in Civilvormundschafts- und Criminalsachen, I. 359.

29. März. Rescr. betr. die Beschäftigung der Auskultatoren bei einem Inquisitoriat, IV. 252.

30. März. Rescr. betr. die äußere Form der Proberelationen, IV. 267.

12. April. Rescr. betr. die Certioration der Ehefrauen, welche in demselben Instrumente mit einem Ehemann als Bürgen sich selbst als Hauptschuldnerin verpflichtet haben, IV. 79.

17. April. Rescr., wonach die Gerichtskosten in Injuriensachen der Offiziere dem Offizierfonds gehören, II. 737.

27. April. C. O. wegen unfreiwilliger Emeritirung oder Pensionirung in Untersuchung gewesener Geistlichen und Schullehrer, III. 39.

11. Mai. Rescr. betr. die unmittelbare Zahlung der Gehaltsabzüge an einen einzelnen Gläubiger, II. 389.

31. Mai. Rescr. betr. die Untersuchung der Lokal-Polizei-Vergehungen durch die Polizei-Behörden, III. 30.

22. Juni. C. O. betr. die Anstellung qualificirter Unteroffiziere im Civildienst, IV. 301.

26. Juni. Rescr. betr. das Verfahren wegen Ausmittelung exekutionsfähiger Objekte bei einem Offizier, II. 342.

28. Juni. Rescr betr die Anwendung des Gesetzes vom 23. April 1821. wegen Verlautbarung der Verträge im Departement von Arnsberg, IV. 9.

28. Juni. Rescr. betr. den Verkauf von Grundrenten an den Meistbietenden im Wege der Exekution im Departement von Arnsberg, II. 369.

28. Juni. Rescr. betr. die unmittelbare Zahlung der Gehaltsabzüge an einen einzelnen Glaubiger, II. 389.

13. Juli. Rescr. betr. die Reise- und Zehrungskosten eines Bevollmächtigten, der nicht Justiz-Commissarius ist, II. 304.

20. Juli. Rescr. betr. die Ausschließung des Rechtsverfahrens über das Bestätigungsrecht des Consistorii bei Vokationen der von einem Patron gewählten Geistlichen, I. 72.

24. Juli. Rescr. betr. die Verpflichtung der Dorfgerichte zur Beitreibung der gutsherrlichen Gefälle auf Befehl des Gutsherrn, II. 270.

6. Aug. Rescr. betr. die Zuschüsse der Gerichte zu den Bestandsfonds zur Bestreitung der Pränumerandozahlungen und Vorschüsse, IV. 581.

10. Aug. Rescr. betr. das Lokal für Schuldgefangene, II. 500.

17. Aug. Rescr. betr. den Gerichtsstand der Postbeamten im Herzogthum Anhalt-Köthen, I. 198.

17. Aug. Rescr. betr. die Prüfung der Rechtskandidaten im Staats- und Völkerrecht, IV. 248.

27. Aug. Rescr. betr. die Abtretung der Patrimonial-Gerichtsbarkeit an den Staat, IV. 420.

7. Sptbr. C O. über das Verfahren der Kreditsysteme zur Ausmittelung des unbekannten Inhabers eines vom Schuldner gekündigten Pfandbriefs, III. 621.

10. Sptbr. Rescr. betr. die Exemtion eines bürgerlichen Rittergutsbesitzers vor Berichtigung seines Besitztitels, I. 224.

1830.

10. Sptbr. Rescr. betr. das Verfahren bei Insinuationen an ausländische Behörden, I. 340.
21. Sptbr. Rescr. betr die Einsendung der bei den Untergerichten in revisorio instruirten Akten zum Revisionserkenntnisse, II. 520.
5. Octbr. Rescr., daß die Kosten der Beweisaufnahme zu denen der Instruktion gehören, welche bei der Compensation der Kosten von beiden Theilen zu tragen sind, II. 184.
20. Octbr. Rescr., daß durch Entrichtung von Gerichts- und Untersuchungskosten Niemand außer Nahrungsstand gesetzt werden soll, II 217.
28. Octbr. Rescr., wonach im Präklusionsverfahren gegen unbekannte Militair-Kassengläubiger Referendarien ex officio zu Assistenten der Militair-Behörden bestellt werden sollen, III. 638.
29. Octbr. Rescr. betr. die Gerichtsbarkeit der schlesischen Mediatregierungen über Justizbeamte und Aerzte, I. 190.
2. Novbr. Rescr. betr. die Gerichtsbarkeit der schlesischen Mediat-Regierungen über geistliche Güter, I. 222.
5. Novbr. Rescr. betr. die Disciplinar-Gewalt der Untergerichte über die bei ihnen praktisirenden Justiz-Commissarien, IV. 387.
9. Novbr. Rescr. betr. die unmittelbare Einsendung der Akten von Seiten der Untergerichte erster Klasse, II. 520.
12. Novbr. Rescr. betr. den Beschwerdeweg und Ausschließung des Rechtsverfahrens wegen Verkürzung von Diensteinkünften oder ermäßigten Diäten und Auslage-Liquidationen, I. 72.
12. Novbr. C. O. betr. den Rekurs wegen des Kostenpunkts im Appellationserkenntnisse, II 5.
20. Novbr. Rescr. betr. die Exekutionsmodalitäten gegen Gewerbtreibende, welche nicht Handwerker sind, II. 357.
23. Novbr. Rescr. betr. Insinuationen gerichtlicher Verfügungen und insonderheit der Contumacialbescheide durch die Postbehörden, I 369
26. Novbr. Rescr. betr. das Verfahren bei der Abnahme gerichtlicher Eide. I. 534.
26. Novbr. Rescr., daß während der Instruktion und Dauer eines General Moratorii schuldige Gerichtskosten nicht eingezogen werden können, III. 368.
26. Novbr. Rescr. betr das Votum limitatum der neu angestellten Obergerichts-Assessoren, IV. 235.
29. Novbr. Rescr., wonach die Rechte der Civilbeamten bei Exekutions-Vollstreckungen sämmtlichen Militair- und Medizinalbeamten zustehen, II. 385.
1. Decbr. Rescr. betr. die Berechnung der Revisibilität in Mietsprozessen, III. 323.
3. Decbr. Rescr., wonach Verwaltungs- und Polizei-Behörden zu Verhaftungen ihrer Beamten im Disciplinarwege berechtigt sind. III. 35.
6. Decbr. Rescr. betr. die Anwendung der Vorschrift der A. G. O. Th. I. Tit. II. §. 145. auf fiskalische Untersuchungssachen, I. 259.
20. Decbr. Rescr. betr. die Vorsicht der Gerichtshöfe bei Ertheilung adlicher Prädikate, I. 326.
23. Decbr. Rescr., wonach Justiz-Commissarien, welche armen Partheien als Mandatarien zugeordnet sind, die Erstattung der Copialien aus der Salarien Kasse nicht fordern können, II. 221.
23. Decbr. Rescr. betr. das Forum in Steuer Kontraventionssachen, III. 52.
31. Decbr. Rescr. betr. die Vorladungen an Ausländer, I. 340.

1831.

7. Jan. Rescr. die Ausübung der Patrimonial-Gerichtsbarkeit eines Justiz-Commissarius auf seinem eigenen Gute, IV. 404.

8. Jan. Verordnung über die Maaßgaben, unter welchen die Taxationsgrundsätze der Posenschen Landschaft bei Aufnahme gerichtlicher Taxen der Rittergüter im Großherzogthum Posen anzuwenden sind, IV. 144.

14 Jan. Rescr. betr. die Sportelfreiheit der Militair-Personen, II. 237.

24. Jan. Rescr. betr. die Berechtigung der Untergerichte zu fiskalischen Untersuchungen und Bestrafungen, III. 49.

27. Jan. Rescr. betr. die Correspondenz der Gerichte wegen der Gehaltsabzüge, II. 390.

4. Febr. Rescr. betr. das Verfahren bei Hausir-Steuer-Contraventionen, III. 25.

4. Febr. Rescr. betr. das Verfahren und die Kosten bei Mittheilung der Steuerdefraudations-Erkenntnisse an die Steuerbehörden, und bei Ausfertigung der Moderations-Resolute, III. 78.

7. Febr. Rescr betr. die Abnahme der Eide in den zum mündlichen Verfahren geeigneten Prozessen in Posen, I. 533.

11. Febr. Rescr. betr die Anwendung des §. 168. des Anhangs der A. G. O. bei laufenden Alimenten, II. 399.

11. Febr. Rescr. betr. die kürzeste Dauer der praktischen Vorbereitung der Auskultatoren, IV. 2)2.

11. Febr. Rescr. betr. die Ausschließung der mit einem Voto limitato angestellten Assessoren von der Vollziehung der Beschlüsse, bei welchen sie kein Votum haben, IV. 236.

17. Febr. Rescr., in wiefern Justiz-Commissarien berechtigt sind, ihre Gebühren und Auslagen vom Gegentheil ihrer Mandanten einzuziehen, II 196.

18. Febr. Rescr. betr. die Unzulässigkeit des Editionsgesuchs gegen eine Behörde rücksichtlich einer für dieselbe ergangenen Verordnung, I. 453.

21. Febr. Rescr. betr die Delegation der Gerichtsbarkeit über die niederen Offizianten und das Gesinde der Eximirten an die Untergerichte, I. 195.

22. Febr. Rescr., daß die Exekutoren bei Exekutionsvollstreckungen sich stets durch Vorzeigung des schriftlichen Befehls legitimiren sollen, II. 311.

4. März. Rescr, in wie fern Königl Cabinets Ordres als in Prozessen zu edirende Dokumente angesehen werden können, I 453.

9. März. Rescr. betr. die Berechnung der Diensteinkünfte der im Civil angestellten Invaliden rücksichtlich der Fortgewährung des frühern Militair-Gnadengehalts, IV 310.

12. März. Publikations-Patent über die von der deutschen Bundesversammlung angenommene Cartelkonvention, III. 110.

18. März. Rescr. betr. die Beschäftigung der etatsmäßig oder auf fixirte Diäten angestellten Assessoren bei Verwaltungs Behörden, IV. 236.

18. März. Rescr. betr. die Qualifikation des Arztes bei Gemüthsuntersuchungen, III. 134

21. März. Rescr. betr. das Amtssiegel der Justiz-Commissarien, welche nicht Notarien sind, IV. 376.

22. März. C. O. betr. das Verfahren in den nicht rechtskräftig entschiedenen Unmöglichkeitsprozessen in Schlesien, III. 188

24. März. C O. über die Abänderung der Fristen auf den Messen zu Naumburg, II. 549.

25. März. Rescr betr. die Eidesabnahme durch die, die Stelle eines Gerichtsmitgliedes vertretenden Referendarien, I. 535.

1831.

25. März. Rescr. betr. die Gebühren eines Vormundes in Prozessen seines Mündels, II. 199.

25. März. Rescr. betr. die Entbindung des Fiskus von Kosten-Vorschüssen in Subhastationssachen, II. 258.

26. März. Rescr. betr. das Verfahren bei Entlassung der in Preußen angestellten Schiedsmänner, I. 267.

31. März. Rescr. betr. die Gebühren eines Justiz-Commissarius als Vormunds in Prozessen und anderen Geschäften, II. 200.

14. April. Rescr. betr. die Beurtheilung und Instruktion des Rechtsmittels durch die Inquisitoriate, in den auf Requisition eines Landgerichts geführten fiskalischen Untersuchungen, III. 80.

22. April. Rescr., daß Kosten, wegen welcher die Exekution noch nicht vollstreckt werden, von den Partheien nicht mehr eingezogen werden können, wenn eine inmittelst ergangene rechtskräftige Entscheidung den Kostenpunkt anders bestimmt hat, II. 181.

24. April. Rescr., wonach das Gesetz vom 11. Juni 1829 auf Pensionen nicht angewendet werden kann, II. 401.

29. April. Rescr. betr. den Gerichtsstand der unter väterlicher Gewalt stehenden Offiziere, I. 168.

29. April. Rescr., daß im Exekutionsprozesse Restitutio in integrum gegen ein Contumazial-Erkenntniß nicht statt findet, II. 573.

2. Mai. Rescr. betr. die Versetzung unfleißiger Auskultatoren der Oberlandesgerichte zu den Untergerichten, IV. 263.

9. Mai. Rescr., wonach Dienstvergehungen der Gerichts-Subalternen mehr auf dem Disciplinarwege als durch Untersuchungen zu bestrafen sind, IV. 201.

9. Mai. Rescr. betr. die Beschleunigung und das Verfahren bei den an die Justizbehörden remittirten Immediat-Vorstellungen, IV. 190.

12. Mai. Rescr. betr. die Frage, welche Kosten in fiskalischen Untersuchungen dem Kriminal-Fonds zur Last fallen, III. 75.

19. Mai. Rescr., wonach die Hypothekenbuchsführung über die zu einem Rittergut gehörigen Rustikalgrundstücke vor das Patrimonial-Gericht gehört, I. 222.

19. Mai. Rescr. betr. das Verfahren bei Exekutionen in das Handwerkzeug, worauf dem Gläubiger ein Pfandrecht zusteht, II. 359

27. Mai. Rescr. betr. die Unzulässigkeit einer Vertheilung der Hauptimmobiliar-Masse vor ergangenem Klassifikations-Erkenntnisse, III. 520.

30. Mai. Rescr betr die Vorladung auswärtiger Justiz-Commissarien zur Urtelspublikation. I. 575

30. Mai. Rescr. betr. die Mitbefriedigung der Gerichtskosten bei einer in unentbehrliche Gegenstände des Schuldners, wegen einer Privatforderung vollstreckten Exekution, II. 345.

30. Mai. Rescr. betr. die Berichtigung der Kommunal-Abgaben von gerichtlich sequestrirten Grundstücken in Berlin, II. 467

30. Mai. Rescr. betr. die Beweiskraft der Atteste der Militairärzte bei kranken Schuldnern, II. 505.

4. Juni. Rescr., wonach Mediatstädte auch jetzt kein Forum exemtum haben, I. 219.

4. Juni. Rescr. betr. die Eröffnung des Konkurses über das Vermögen eines

1831.

Inländers, welcher auch im Fürstenthum Neufchatel Vermögen besitzt, III. 559.

6. Juni. Rescr., in wiefern Ressourcen zu Societäten gehören und zur Anstellung von Klagen berechtigt sind, I. 290.

13. Juni. Rescr. betr. die Vernichtung und den Verkauf der Criminal-Akten, IV. 461.

20. Juni. Rescr. betr. die Berechtigung zur exekutivischen Beitreibung des Schutzgeldes, II. 271.

24. Juni. Rescr., daß gegen Ordnungsstrafen kein gerichtliches Verfahren statt findet, IV. 202.

27. Juni. Rescr. betr. die vorzugsweise Versorgung der neunjährigen Unteroffiziere im Justizdienst, IV. 305.

1. Juli. Rescr., wonach Eidesdelation keine Bescheinigung ist und keine Exekutivklage substantiirt, II. 565.

2. Juli. Rescr. betr. den Gerichtsstand bei Ehescheidungen katholischer Eheleute in Schlesien, III 153.

4. Juli. Rescr. betr. das Verfahren wegen Absendung und Aufgebots der zur Justiz-Offizianten Wittwen-Kasse einzusendenden Massen, III. 635.

11. Juli. Rescr. betr. die Ertheilung der Qualifikations-Atteste für diejenigen Unterrichter, welche das dritte Examen abgelegt haben, IV. 276.

11. Juli. Rescr. betr. die Subhastations-Taxe bei Grundstücken von geringem Werth, IV. 137.

12. Juli. C. O. betr. die Sistirung der Prozesse bei denjenigen Personen, welche sich in den wegen ansteckender Krankheit gesperrten Häusern und Straßen befinden, II. 155.

14. Juli. Rescr. betr. die Anwendung der Vorschriften des Anhanges zur A. G. O. §. 160 — 174. auf Königl. und Prinzliche Hofstaatsbeamte, II. 385.

18. Juli. Rescr. betr. die Delegation der Gerichtsbarkeit über niedere Postbeamte, I. 195.

18. Juli. C. O. betr. die Deklaration der Vorschriften der A. G. O. Th. I. Tit. 28. §. 1. und 15. wegen Zulässigkeit des Exekutivprozesses und der Zinsmandate aus hypothekarischen Schuldinstrumenten, die auf zweiseitigen Verträgen beruhen, II. 564.

22. Juli. Rescr. betr. die Begründung des Restitutionsgesuchs gegen die Präklusion in Konkurse, III. 439.

25. Juli. C. O. betr. die Sistirung der hinsichtlich solcher Individuen, welche sich in den wegen ansteckender Krankheiten gesperrten Häusern, Straßen oder Gegenden befinden, zu erlassenden Kontumazial-Bestimmungen und Präklusionen, II. 155.

1. Aug. Rescr. betr. die Beschlagnahme der Gebühren der Justiz-Commissarien im Wege der Exekution, II. 380.

2. Sptbr. Rescr. betr. die Strafe der unterlassenen Meldung der Kriegsreserve- und Landwehrmannschaften bei Aufenthaltsveränderungen, III. 99.

19. Sptbr. Rescr., daß Eidesdelation nicht als Bescheinigung anzusehen sei, II. 669.

19. Sptbr. Rescr. betr. die Unzulässigkeit der Subhastation von Natural-Renten, II. 369.

26. Septbr. Rescr. betr. das Verfahren bei der Exekution in Natural-Renten mittelst Anweisung oder Uebereignung, II. 370.

1831.

3. Octbr. Rescr. betr. das Verfahren bei der Vorbereitung eines schon angestellten Unterrichters zur dritten Prüfung, IV. 266.
3. Octbr. Rescr, wonach gegen Referendarien und Justizkommissarien Verwandlungen der Ordnungsstrafen in Gefängnißstrafen nicht statt finden, IV. 263.
6. Octbr. Deklaration der §. 223. und 237. des Anhangs zur A. G. O. bezüglich auf Injuriensachen, II. 745.
11. Octbr. Rescr., wonach die Salarienkassen nicht verpflichtet sind, Alimente für Schuldgefangene vorzuschießen, II. 503.
19. Octbr. Rescr betr. die Subsistenzmittel der Referendarien und Auskultatoren, IV. 244.
21. Octbr. Rescr. betr. die Pflichten eines Mandatarius, Manual-Akten vorzulegen, in welchen seine Mandanten sich beleidigende Aeußerungen erlaubt haben, I. 302.
21. Octbr. Rescr., wonach der Fiskus auch keine Subhastationskosten trägt, II. 239.
24. Octbr. C. O. betr. die Berichtigung des Legitimationspunkts in Prozessen der Gewerkschaften, I. 141.
26. Octbr. C. O. betr. die fürstlichen und bischöflichen Kuralien nebst Titular-Buch. I. 331.
29. Octbr. Rescr. betr. den Gerichtsstand der nicht mehr unter väterlicher Gewalt stehenden Kinder der Eximirten bürgerlichen Standes, I. 216.
31. Octbr. Rescr. betr. die Entlassung kranker Schuldgefangener, II. 505.
31. Octbr. C. O. betr. die Dispensation der Justizcommissarien vom Kriegsdienste, IV. 376.
8. Novbr. C. O. betr die Modalitäten der Exekution in das Mobiliar der im wirklichen Dienste stehenden Unteroffiziere und gemeinen Soldaten so wie der Militairbeamten jeden Ranges, II. 342.
10. Novbr. Rescr. betr. die bei der Regulirung der gutsherrlichen und bäuerlichen Verhältnisse in Ansehung der Kapitalszahlungen zur Sicherstellung der Gläubiger zu nehmenden Maaßregeln, III. 257.
11. Novbr. Rescr. betr. die Zahlung der baaren Auslagen der Zeugen aus der Salarienkasse, I. 479.
23. Novbr. C. O. wegen Bestrafung der Schiffer, welche Schiffsleute ohne Loosschein heuern, oder unwahre Loosscheine ausstellen, I. 118.
28. Novbr. Rescr. betr. das Verfahren bei Vorstellungen die von den Partheien nicht unterschrieben sind, IV. 187.
30. Novbr. Rescr. betr. den Reiseurlaub der Justiz-Commissarien, IV. 219.
2. Decbr. Rescr. betr. das Mandatum de parendo bei Exekutionen gegen Militairpersonen, II. 298.
4. Decbr. C. O. betr. die genauere Beobachtung der Grenzen zwischen landeshoheitlichen und fiskalischen Rechtsverhältnissen, I. 69.
9. Decbr. Rescr. betr. die Befreiung der den ehemaligen Mitgliedern und Angehörigen der durch die Westphälische Regierung aufgehobenen Stifter bewilligten Pensionen und Competenzen von der Arrestlegung, II. 388.
11. Decbr. C. O. betr. die Bestimmungen hinsichtlich der Abpfändung baarer Gelder gegen Civilbeamte, so wie gegen Offiziere und Militairbeamte imgleichen die Anwendung derselben auf die Pensionen der Offiziere, Militair- und Civil-Beamten, II. 343.
12. Decbr. Rescr. betr. den Gerichtsstand der Kreis-Thierärzte, I. 190.

1831.

14. Decbr. Rescr. betr. die Deposition der Ablösungs-Kapitalien bei Dienstablösungen und Gemeinheitstheilungen, III. 259.

6. Decbr. Rescr., wonach die Vorschrift des A. L. R. Th. I. Tit. 14. §. 229. und 230 nicht anwendbar ist, wenn die Inhaberin einer für sie auf ihr Grundstück eingetragenen Forderung ihre Priorität cedirt, IV. 78.

16. Decbr. Rescr. betr. die Zulassung des Exekutionsgesuchs ohne Freigebung des Pfandes und die Vorschüsse für die Sequestrations- und Subhastations-Kosten, II. 258.

16. Decbr. Rescr. betr. die Einreichung des Appellationsberichts beim Untergerichte und Disciplinar-Gewalt der letztern über die bei ihnen praktisirenden Anwalte, II. 517.

17 Decbr. Rescr. betr. die Nothwendigkeit der Löschung der in der nothwendigen Subhastation und dem Kaufgelder-Liquidationsprozesse ausgefallenen Hypothekenforderungen, III. 682.

23. Decbr. Rescr. betr die Personal-Exekution gegen Grundbesitzer, II. 491.

23. Decbr. Rescr. betr. die Frage, in wiefern der erste Richter zu beurtheilen hat, zu welchem Stande eine Parthei gehöre, II. 723.

24. Decbr. Rescr. über die bei Regulirung der gutsherrlich-bäuerlichen Verhältnisse in Ansehung der bei Kapitalzahlungen der bäuerlichen Wirthe zur Sicherstellung der eingetragenen Gläubiger zu nehmenden Maaßregeln, III. 257.

30. Decbr. Rescr. betr. die Zurückweisung der mit dem Schulzeugnisse Nro. 3. abgegangenen Rechtskandidaten von der gerichtlichen Prüfung, IV. 241.

1832.

2. Jan. Rescr. betr. die Einleitung eines Prioritätsverfahrens über Gehaltsabzüge auf den Antrag des Schuldners, II. 405.

2. Jan. Rescr. betr. die Unzulässigkeit eines Abzugs vom Solde der Gensdarmen zur Entrichtung von Alimenten, II 398.

6. Jan. Rescr. betr. das forum exemtum eines durch Staatsministerial-Beschluß entlassenen Beamten, I. 212.

6. Jan. Rescr. betr. die Hinzurechnung der bis zur Spruchvorlegung in dritter Instanz auflaufenden Zinsen des eingeklagten Kapitals bei Berechnung des Objecti litis und Bestimmung der Competenz, II. 50.

6. Jan. Rescr. betr. die Competenz der Konkursbehörde zur Ausstellung des Löschungs-Attestes wegen der in einem Konkurs- oder Liquidationsprozesse bei der Subhastation ausgefallenen Hypothekenforderungen, III. 682.

9. Jan. Rescr. betr. die Abhaltung von Versteigerungen von Privat-Personen, IV. 32.

10. Jan. Rescr. betr. den Gerichtsstand und die Verkümmerung des Einkommens der Regierungs-Kondukteure, I. 190.

13. Jan. Rescr. betr. die Beurtheilung der Frage: ob eine fiskalische oder Kriminal-Untersuchung einzuleiten sei, III. 15.

16. Jan. Rescr. betr. die Competenz des Geheimen-Ober-Tribunals und der Revisions-Collegien in Streitigkeiten über Planlage und Bonitirung, III. 254.

16. Jan. Rescr. betr. die Berichtigung der Kosten, welche für die Einziehung der Gebühren der Justiz-Commissarien entstehen, II. 211.

1832.

16. Jan. Rescr. betr. die Deposition und Vertheilung der Ablösungsgelder bei Gemeinheitstheilungen und Ablösungen, III. 259.

20. Jan. Rescr. betr. die Zulässigkeit der Revision bei Correalberechtigten und Litis-Consorten, deren Anspruch nur zusammen genommen eine revisible Summe ausmacht, II. 50.

20. Jan. Rescr. betr. die Begründung eines Moratoriengesuchs rücksichtlich eines genügenden Vermögens Objekts, III. 347.

23. Jan. Rescr., inwiefern rechtskräftige Ehescheidungserkenntnisse durch Entsagung unkräftig werden, oder es einer anderweitigen Trauung bedarf, III. 161.

27. Jan. Rescr., wonach der Personal-Arrest wegen Mandatariengebühren der Justiz-Commissarien unzulässig ist, II. 223.

30. Jan. Rescr., wonach die Oberlandes-Gerichte berechtigt sind, als Aufsichtsbehörden Exekutionen der Untergerichte aufzuheben, IV. 429.

6. Febr. Rescr. betr. die Mittheilung der Entscheidungsgründe in jedem Appellations-Erkenntnisse, II. 32.

6. Febr. Rescr. betr. den Inhalt des Ignoranz- und Diligenz-Eides bei Todeserklärungen, III. 128.

8. Febr. Rescr. betr. die Zuziehung eines Justizbedienten bei dem Verkauf der im administrativen Wege abgepfändeten Effekten II. 349.

9. Febr. C. O. betr. die Ernennung des wirklichen Geheimraths v. Kamptz und des Oberlandesgerichts-Präsidenten Mühler zu Justiz-Ministern, IV. 158.

11. Febr. C. O. wegen Regulirung des Cautionswesens für die Staats-Kassen- und Magazin-Beamten, IV. 325.

14. Febr. C. O. betr. die aufmerksame Kontrolle unzulässiger Emolumente der Untergerichtsbeamten, IV. 428.

15. Febr. Rescr. betr. die Aufbewahrung eines von einem Untergerichte aufgenommenen Kodicills bei einem anderen Untergerichte, IV. 97

20. Febr. Rescr. betr. die aufmerksame Kontrolle unzulässiger Emolumente der Untergerichte, IV. 428.

20. Febr. Rescr. betr. die Zahlungs-Modalitäten bei den für einen Fabrikinhaber arbeitenden Handwerker, II. 357.

21. Febr. Rescr., wonach Succumbenzstrafen nicht in Gefängnißstrafen zu verwandeln sind, II. 261.

21. Febr. C. O. über die den vormals reichsständischen Fürsten und Grafen beizulegenden Titel, I. 326.

27. Febr. Rescr. betr. die Anstellungsberechtigung der Trompeter, Pauker und Hautboisten im Kanzleidienste, IV. 300.

5. März. Rescr. betr. die Mitbefriedigung der Gerichtskosten bei einer in unentbehrliche Gegenstände des Schuldners wegen einer Privatforderung vollstreckten Exekution, II. 345.

12. März. Rescr. betr. die Einrichtung der Geld-Cautionen der Rechnungsbeamten, IV. 328.

15. März. Rescr. betr. die Unzulässigkeit einer Arrestklage gegen den Fiskus eines auswärtigen Staats. II 682.

19. März. Rescr. betr. die Beschränkung der Befugniß, Partheien in gerichtlichen Terminen zu assistiren, auf die Justiz Commissarien, I. 281.

2. April. Rescr. betr. die Versetzung der Räthe aus einem Senat in den andern, IV. 200.

1832.

6. April. Rescr. betr. die Nichtbefugniß des Obergerichts ein vom Untergerichte in Ehescheidungs-Prozessen getroffenes Interimistikum abzuändern, III. 166.

7. April. Rescr. betr. die Versetzung der Referendarien und Auskultatoren, IV. 250.

9. April. Rescr. über Amtscautionen, insbesondere deren Bestellungen durch dritte Personen und deren Höhe bei Depositalrendanten, Aktuarien, Boten, Auktionatoren ꝛc., in Beziehung auf die C. O. vom 11. Febr. 1832., IV. 336.

10. April. C. O. wegen Anwendbarkeit der §. 48—56. Tit. 30. Th. I. der A. G. O. auf alle Arten von Assekuranzen, II. 695.

12. April. Rescr. betr. die Befugniß der Hauptzoll- und Hauptsteuerämter, die zu ihrer Kompetenz gehörigen Contraventionen zur gerichtlichen Untersuchung abzugeben, III. 25.

12. April. Rescr. wegen der Uniform der Königl. Staatsbeamten, IV. 178.

12. April. Rescr. enth. die Anweisung zu General-Berichten über das Depositalrechnungswesen und zur Kontrolle des Depositorii, IV. 578.

13. April. Rescr. betr. die Frage: inwiefern die zum Armenrecht zugelassenen Personen dem Prozeßgegner Kosten erstatten und Caution bestellen müssen, II. 166.

14. April. Rescr. über das Verfahren der Gerichte bei der Ueberweisung der Aktiva nach dem Gesetze vom 4. Juni 1822. besonders bei unbestimmten Anträgen der Partheien und bei fruchtloser Realisation des Aktivi, II. 365.

20. April. Rescr. über die Zinsenzahlungen von den Amts-Cautionen, IV. 328.

23. April. Rescr. betr. die Kontrolle der den Referendarien und Auskultatoren übertragenen Referate, IV. 258.

26. April. Rescr. betr. die Beschränkung der Befugniß der außer ihres Gerichts-Sprengels wohnenden Justitiarien an ihren Wohnorten Akta der freiwilligen Gerichtsbarkeit aufzunehmen, IV. 41.

28. April. Bekanntmachung des Staatsministerii wegen der den reichsständischen Fürsten und gräflichen Häusern beizulegenden Titel, I. 326.

28. April. Rescr. betr die Wiederverleihung des Militairwartegeldes und Abnahme des Civilversorgungsscheins, IV. 314.

5. Mai. C. O., wodurch der §. 404. des Anh. zur A. G. O., die Nachgebote bei Subhastationen betr., aufgehoben wird, III. 694.

7. Mai. Rescr. betr. die Wahrnehmung der lehnsherrlichen Gerechtsame bei Auseinandersetzungen auf Lehngütern, III. 256.

9. Mai. Rescr. betr. die Wiederverleihung des Militairwartegeldes und Abnahme des Civilversorgungsscheins, IV. 314.

17. Mai. Rescr. betr. die Bewilligung des Urlaubs an Patrimonial-Gerichtshalter sowohl vom Gerichtsherrn, als von der Aufsichtsbehörde, IV. 220.

17. Mai. Rescr. betr. die Befugniß der Gerichtsämter, Kosten und Auslagen vor Beendigung der Instanz einzufordern, II. 257.

18. Mai. Rescr. betr. die Befreiung der landschaftlichen Kreditsysteme von Communkosten, III. 527.

28. Mai. Rescr. betr. die Bestellung der Amtscaution durch einen Dritten, IV. 336.

1. Juni. Rescr. betr. die Anzeige der Justizcommissarien bei der Hypothekenbehörde von den über Grundstücke geschlossenen Kaufkontrakten, IV. 61.

1832.

4. Juni. Rescr. wegen Amts-Cautionen, insbesondere deren Bestellung durch dritte Personen und deren Höhe bei Deposital-Rendanten, Aktuarien, Boten, Auktionatoren ꝛc. in Beziehung auf die C. O. vom 11. Febr. 1832, IV. 337.

15. Juni. Publ. Pat. betr. die Deklaration der allgemeinen Bundes Cartel-Convention vom 10. Febr. 1831, III. 113.

16. Juni. Instruktion über das Verfahren bei Abschätzung der Inventarienstücke verpachteter Landgüter. III. 313.

18. Juni. Rescr. betr. die Caution der Deposital-Rendanten, IV. 336.

22. Juni. Rescr. betr. den Umfang der Sportelfreiheit der Kirchen, II. 244.

22. Juni. Rescr. betr. den Umfang der Sportelfreiheit der Armenanstalten und milden Stifungen, II. 241.

25 Juni. Rescr. wegen Amts-Cautionen, insbesondere deren Bestellung durch dritte Personen und deren Höhe bei Deposital-Rendanten, Aktuarien, Boten, Auktionatoren ꝛc. IV. 339.

2. Juli. Rescr., wonach die Amortisation der in nothwendiger Subhastation ausgefallenen cessionsfähigen Hypotheken-Dokumente nicht erforderlich ist, III. 68k.

4. Juli. C. O. wegen des Gerichtsstandes minderjähriger oder großjähriger, noch unter väterlicher Gewalt stehender Personen, welche sich im Dienste Anderer befinden, so wie dergleichen Lehrlinge, Gesellen, Handlungsdiener, Kunstgehülfen, Hand- und Fabrikarbeiter, I. 147.

5. Juli. C. O. betr. die Auslegung des §. 146. Tit. 24. Thl. I. der A. G. O. über die Dauer der Verhaftung eines Schuldgefangenen, II. 506.

6. Juli. Rescr. betr. die Berechnung des Streitobjektes in Interventions- und Retentions-Prozessen, II. 142.

6. Juli. Rescr., wonach bei jedem Personal-Arrest der Extrahent einen Alimentations-Vorschuß leisten muß, II. 504.

16. Juli. Rescr. betr. die Cautionspflichtigkeit der Salarienkassen-Kontrolleure, der Gerichtsboten und Exekutoren, IV. 337.

17. Juli. C. O. betr. die Arrestfreiheit der Pensionen und Kompetenzen aus den nach dem Reichsdeputationsschluß von 1803. aufgehobenen Klöstern und Stiftern, II. 388.

19. Juli. C. O. betr. den Geschäftsbetrieb des Geheimen-Obertribunals und die Ausfertigung der Revisionserkenntnisse mit den Entscheidungsgründen, II. 61.

22. Juli. C. O. betr. die Appellations-Summen in dem ostrheinischen Theile des Regierungsbezirks Koblenz, II. 2.

23. Juli. Rescr. betr. die Beschränkung der Befugniß der außer ihrem Gerichtssprengel wohnenden Justitiarien an ihrem Wohnorte Akta der freiwilligen Gerichtsbarkeit aufzunehmen, IV. 41.

24. Juli. C. O. betr. die Vertretung der Gemeinden des Herzogthums Westphalen vor Gericht, I 294.

27. Juli. Rescr. betr. die Uebertragung schon rechtshängiger Prozesse zur Entscheidung an Schiedsrichter; und Belohnung der letztern, I. 263.

29. Juli. Rescr. betr. das Verfahren bei Einsendung der Cautionen der seit dem 11. Febr. 1832. neu angestellten oder beförderten Beamten, IV. 332.

30. Juli. Rescr., wonach zur Suspension eines Justiz-Commissarius in Folge einer Untersuchung, Genehmigung des Justizministers erforderlich ist, III. 45.

1832.

30. Juli. C. O. betr. die Einstellung bei einer Festungsstrafabtheilung, I. 183.

30. Juli. C. O. betr. die Aussetzung der Untersuchungen und Erkenntnisse wider einberufene Landwehrmänner oder zur Kriegsreserve gehöriger Soldaten, I. 184.

8. Aug. C. O. betr. das Rekursverfahren gegen Erkenntnisse der Untergerichte in Bagatellsachen, II. 540.

8. Aug. C. O. betr. die Zulässigkeit des Verkaufs der Früchte auf dem Halm in Westphalen, II. 354.

14. Aug. C. O. betr. die Anstellung der Schiedsmänner in Schlesien und Brandenburg, I. 267.

27. Aug. Rescr. betr. die Cautionsfreiheit der Boten, welche nicht zur Einziehung von Kosten und Exekutionen gebraucht werden, IV. 337.

28. Aug. Rescr. betr. die Berechtigung der Untergerichts-Justiz-Commissarien, Reisekosten für die in zweiter Instanz bei dem Obergerichte abgehaltenen Instruktions-Termine von ihren Mandanten zu fordern, II. 195.

2. Sptbr. Rescr. betr. die Qualifikation und Prüfung der Kassenrendanten, IV. 325.

11. Sptbr. Rescr. betr. die Anweisung wegen der Vorschußzahlungen, welche in den Rechnungen nicht verausgabt, sondern bei den Kassen unter den Beständen nachgewiesen werden müssen, IV. 440.

17. Sptbr. Rescr. betr. die Präsumtion zur Begründung der Todeserklärung eines auf einem untergegangenen Schiffe befindlich gewesenen Ehegatten, III. 124.

17. Sptbr. Rescr. betr. die Verjährungsfrist der Exekutionsbefugniß bei ertheilter Nachsicht, II. 274.

17. Sptbr. Rescr., wonach der öffentliche Verkauf nicht marktgängiger Schulddokumente im Wege der Exekution unzulässig ist, II. 369.

17. Sptbr. Rescr. betr. die successive Abtragung der Caution der als Boten anzustellenden Invaliden, IV. 338.

24. Sptbr. Rescr. betr. das Verfahren bei Aufgeboten und Amortisationen verlorner Staatspapiere, III. 617.

26. Sptbr. Verordnung betr. die Anstellung der Schiedsmänner in der Provinz Brandenburg, I. 267.

1. Octbr. Rescr. betr. die Amtscaution der Aktuarien bei den Gerichtsämtern, IV. 338.

8. Octbr. Rescr., wonach die nur zu ihrer Ausbildung dienenden Beamten zur Bestellung von Amtscautionen nicht verbunden sind, IV. 339.

12. Octbr. Rescr. betr. die Mittheilung der Erkenntnisse wegen Beleidigung der Gensdarmerie an die vorgesetzte Militairbehörde, III. 79.

19. Octbr. Rescr. über die Frage: was sind laufende Alimente, II. 399.

22. Octbr. Rescr. betr. die Anführung der Verfügungen des Justizministeriums in den an dasselbe zu erstattenden Berichten, IV. 231.

26. Octbr. Rescr. betr. die Räumung der Pacht nach Ablauf der kontraktlichen Zeit, III. 318.

31. Octbr. Rescr. betr. das Requisitionsverfahren zwischen den Justizbehörden in den Rhein- und den übrigen Provinzen, I. 337.

1. Novbr. Rescr., wonach sich die Sportelfreiheit der Soldaten nicht auf die in unvermögenden Vormundschaftssachen zu entrichtenden Procentgelder erstreckt, II. 237.

1832.

6. Novbr. Rescr., wonach ein Stadt-Syndikus keine Mandatariengebühren zur Erstattung von Gegnern liquidiren darf, II. 205.

6. Novbr. Rescr. betr. die Zulässigkeit der Hausoffiziauten als Bevollmächtigte ihres Dienstherrn, I. 283.

7. Novbr. Rescr. betr. die Dauer der Auskultatur und Entfernung alter Auskultatoren aus dem Justizdienst, IV. 253.

9. Novbr. Rescr., wonach über die Zulässigkeit der Rekursgesuche die Partheien nicht belehrt werden sollen, II. 540.

12. Novbr. Rescr. betr. die Ausschließung der gerichtlichen Cognition in Fällen, wo es auf eine Expropriation des Gemeinwohls wegen, ankommt, I. 111.

15. Novbr. Rescr. betr. das Verfahren in Untersuchungen gegen Justizbeamte, Bericht an den Justizminister, Suspension und Diensteinkommen während der Untersuchung, III. 42.

19. Novbr. Rescr. betr. die Frage: in wiefern Fabrikanten auf die Exekutionsmodalitäten der Handwerker Anspruch machen können, II. 358.

23. Novbr. Rescr. betr. den Charakter der freiwilligen Subhastation und Abfassung der Adjudikatoria auf Antrag der Beneficial-Erben im erbschaftlichen Liquidations-Prozesse nach ergangener Präklusion, III. 647.

27. Novbr. Rescr. betr. die Beförderung der Einrichtung von Kreis-Patrimonial-Gerichten, IV. 419.

3. Decbr. Rescr. betr. die Ausfertigung niedergelegter Testamente mit dem Annahmeprotokoll, IV. 103.

7. Decbr. Rescr. betr. die Förmlichkeiten der Notariats-Instrumente, wenn ein Contrahent Geschriebenes nicht selbst lesen kann, IV. 395.

10. Decbr. Rescr. betr. die Bekanntmachung gerichtlicher Erlasse durch die Wiener Zeitungen, I. 382.

10. Decbr. Rescr. betr. die Zulässigkeit des Personalarrests gegen Grundbesitzer, II. 491.

21. Decbr. Rescr. betr. die Competenz des Fori zur Regulirung und Fortführung eines Gehalts-Abzugsverfahrens, II. 406.

28. Decbr. Rescr. betr. die Gebühren-, Reise- und Zehrungskosten der Assistenten und Bevollmächtigten in Prozessen, welche nicht Justiz-Commissarien sind, II. 204.

28. Decbr. Rescr. betr. die Gebühren für Auseinandersetzungen zwischen dem Vater und den Kindern wegen des mütterlichen Vermögens, II. 252.

31. Decbr. Rescr. betr. die Art und Weise der Bestellung der Amtscautionen der Rechnungsbeamten, IV. 335.

1833.

4. Jan. C. O. betr. die exekutivischen Maaßregeln gegen die in Kasernen und ähnlichen Dienstgebäuden wohnenden Militair-Personen, II. 299.

9. Jan. Rescr. betr. die Dispensation der Referendarien von allen Arbeiten nach ihrer Zulassung zur dritten Prüfung, IV. 266.

19. Jan. C. O. wegen der Exekutionen gegen Oekonomie-Commissarien, Feldmesser und Bau-Conducteure, II. 382.

21. Jan. Rescr. betr. die Delegation der Gerichtsbarkeit über die beurlaubten Landwehr-Offiziere an die Untergerichte, I. 171.

21. Jan. C. O. betr. die Errichtung von Testamenten vor den Magistraten, IV. 38.

1. Febr. Rescr., wonach Erbtheilungsverträge zu ihrer Gültigkeit nicht der Vollziehung vor dem persönlichen Richter bedürfen, IV. 17.

1833.

4. Febr. Rescr. betr. die Ausführung des Arrestschlags gegen einen Grundbesitzer als solchen, II. 656.

8. Febr. Rescr. betr. die Befugniß des Eigenthümers eines unter Sequestration gestellten Grundstücks, dasselbe noch mit neuen Schulden zu belasten, II. 427.

10. Febr. Rescr. betr. die Kontrollirung der Exekutoren bei Exekutionen, namentlich bei Kosteneinziehungen, II. 328.

15. Febr. Rescr. betr. die Kumulation der Klagen wegen der Gerechtsame und Verbindlichkeiten zwischen der Gutsherrschaft und den Gutseingesessenen, III. 172.

25. Febr. C. O., wegen Unzulässigkeit der freiwilligen Prorogation des Gerichtsstandes in Ehescheidungssachen, I. 230.

3. März. Resc. betr. das Verfahren bei gerichtlichen Erbforderungen, wenn ein Miterbe nicht erscheint, III. 330.

3. März. C. O., wonach allen den Fürstentitel führenden Mitgliedern der in der Instruktion vom 30. Mai 1820. §. 1. benannten fürstlichen Familien das Prädikat „Durchlaucht" ertheilt werden soll, I. 330.

4. März. C. O. betr. die Ausschließung des Rechtsverfahrens über Ansprüche der in feindliche Kriegsgefangenschaft gerathenen Militair-Personen, I. 73.

5. März. Rescr. betr. die Befugniß, die für einen zweiten Justiz-Commissarius verwendeten Mandatariengebühren erstattet zu verlangen, II. 192.

17. März. C. O. wegen Anstellung der Advokaten und Notarien und Zulassung von Referendarien und Auskultatoren in Neuvorpommern, IV. 238.

22. März. Instruktion der Königl. Ministerien der Justiz und der auswärtigen Angelegenheiten wegen des Verfahrens bei der Legalisation von Urkunden, die ins Ausland gehen oder daher kommen, IV. 21.

22. März. Rescr., wonach die Uebergabe der gerichtlich verkauften Brennerei-Geräthschaften und Braupfannen erst nach der Anzeige des Verkaufs bei dem Steueramte des Orts erfolgen darf, II. 351.

25. März. Rescr. betr. die Belohnung der Physiker für die Untersuchung des Gemüthszustandes in Blödsinnigkeits-Prozessen, III. 134.

27. März. Instruktion über die Kosteneinziehungen in Requisitions- und Auftragssachen, I. 337.

27. März. Rescr. betr. die Berichtigung der Kosten, welche für die Einziehung der Gebühren der Justiz-Commissarien entstehen, II. 211.

27. März. C. O. wegen Anwendung der öffentlichen Aufrufe der Forderungen aus Verwaltungs-Ansprüchen an die Staatskassen auf jeden Anspruch an die Domainen-Verwaltung, er mag aus Pacht-Kontrakten oder aus andern Rechtsverhältnissen entspringen, III. 640.

29. März. Rescr. betr. die Abnahme der Eide in Bagatellsachen durch Aktuarien, I. 535.

30. März. Rescr. betr. die Bestimmung, wie das Abkommen zwischen den Gläubigern und dem Konkurs-Kurator über des Letztern Honorar geschlossen werden soll, und wie lange es ihm gebührt, III. 417.

30. März. Rescr. betr. die Berechnung der Caution, besonders bei Gehalts-Zulagen, IV. 335.

30. März. Rescr. betr. das Verfahren bei einem Arrestantrage gegen einen Offizier, wenn dessen Verabschiedung vom Kläger behauptet wird, jedoch nicht feststeht, II. 678.

1. April. Rescr. betr. die Befreiung verschiedener Beamten von der Cautionspflichtigkeit, IV. 339.

1833.

1. April. Rescr. betr. die Unstatthaftigkeit des gerichtlichen Verfahrens über Anordnungen der Verwaltungsbehörde in Bezug auf die Erfüllung einer an sich feststehenden Verpflichtung, einen Graben zu räumen und zu erhalten, I. 109.

10. April. C. O. betr. die fiskalische Behörde, welche zur Einlegung des Aggravations-Rechtsmittels competent ist, III. 83.

13. April. Rescr. betr. die Unzulässigkeit der Subhastation eines einzelnen Antheils von einem gemeinschaftlichen Grundstücke mehrerer Erben vor der Theilung, und die Folgen solcher Veräußerung für die Rechte der Hypothekengläubiger, II. 485.

13. April. C. O. betr. den Rekurs gegen Strafresolute in Stempelsachen, III. 27.

15. April. Rescr. über Einzahlung, Zurückzahlung und Zins-Etats der Beamten-Cautionen, IV. 332.

18. April. Rescr. betr. den Ansatz von Kosten in Vormundschaftssachen, II. 248.

19. April. Rescr. betr. die Berechnung der Revisionssumme bei jährlichen Leistungen und Vorbehalte gewisser Punkte zum Separat-Prozeß, II. 51.

19. April. Rescr. betr. die Sequestration der im erbschaftlichen Liquidations Prozesse befangenen, in Verwaltung der Erben verbliebenen Güter wegen Hypothekenzinsen, III. 589.

20. April. Rescr. betr. die jährliche Nachweisung der Personal- und Etats-Veränderungen, IV. 281.

21. April. Rescr. betr. die Vollstreckung fremdrichterlicher Erkenntnisse in Baiern, II. 303.

22. April. Rescr. betr. die Bewilligung von Commissions-Gebühren und Copialien für die Justitiarien außer ihrem Gehalte, IV. 423.

22. April. Rescr., wonach die Judengemeinden an Exekutions-Modalitäten Anspruch haben, II. 312.

24. April. Rescr. betr. die Vollstreckung der Exekution aus einem fremdherrlichen Erkenntnisse nach Ablauf eines Jahres, II. 303.

25. April. Rescr. betr. die Gebühren bei Curatelen zum Zweck der Auseinandersetzung eines Vaters mit seinen Kindern, Berechnung und Vertheilung der Prozentgelder und Aufbewahrung der Cautions-Dokumente der Väter über das Vermögen ihrer Kinder, II. 249.

26. April. Rescr. betr. den Arrestschlag gegen Beneficial-Erben, II. 653.

26. April. Rescr. betr. das Verfahren bei der Vertheilung der eingezahlten Ablösungsgelder von Gemeinheitstheilungen, Regulirungen und Ablösungen, III. 259.

29. April. Rescr. betr. die Licitation am Nachmittage des peremtorischen Termins, III. 683.

29. April. Rescr. betr. die Verhältnisse des Beneficial-Erben in Beziehung auf die Löschung der eingetragenen Beneficial-Erbes-Qualität einzelner Erben, III. 467.

2. Mai. Rescr., wonach den gerichtlichen Depositorien an sich die Sportelfreiheit nicht zusteht, II. 245.

2. Mai. Rescr. betr. die Reisekostenberechtigung der Patrimonialrichter für die außerhalb der Gerichtstage oder an Sonn- und Festtagen in den Wohnungen der Gerichtseinsassen vorgenommenen Geschäfte, IV. 423.

6. Mai. Rescr., wonach die Eidesabnahme-Gebühren der Rabbiner und Juden-Beglaubte zu den aus der Salarienkasse vorzuschießenden Abgaben gehören, I. 523.

1833.

6. Mai. Rescr. betr die Berechnung des abzugsfähigen Theils des Einkommens eines Oekonomie-Commissarius, II. 383.

10. Mai. Rescr. betr. die Anwendung des §. 169. des Anhanges zur A. G. O. auf die Alimente unehelicher Kinder, II. 402.

13. Mai. Rescr., wonach die Succumbenzgelder auch statt finden, wenn über die zur dritten Instanz gekommenen Punkte gleichförmige Erkenntnisse bestätigt werden, II. 262.

20. Mai. C. O. betr. das Verbot des Besuchs fremder Universitäten, IV. 244.

1. Juni. Verordnung über den Mandats-, den summarischen und den Bagatell-Prozeß, II. 577.

3. Juni. Rescr. betr. die Befugnisse des Protonotarius bei dem Oberlandes-Gerichte zu Stettin actus voluntariae jurisdictionis vorzunehmen, IV. 33.

7. Juni. Rescr., wonach die Gläubiger des Ehemannes auf den Nießbrauch des Eingebrachten, so weit dasselbe zur standesmäßigen Unterhaltung der Kinder nothwendig ist, keinen Anspruch haben, II. 412.

7. Juni. Rescr. betr. die Unzulässigkeit des Rechtsweges, wenn Seitens der Verwaltungsbehörde die Erhebung eines Brückengeldes ohne einen vom Staate genehmigten Tarif untersagt worden, I. 110.

10. Juni. Rescr. betr. die Abgabe der von Magistraten aufgenommenen Testamente an das betreffende Gericht, IV. 39.

24. Juni. u. 26. Juni. Rescr. betr. die Competenz des Militair-Justiz-Departements in Beschwerdesachen über die Militairgerichte, IV. 161.

28. Juni u. 15. Juli. Rescr. betr. die polizeiliche Einwirkung in Vorfluthssachen, IV. 71.

29. Juni. Rescr. betr. die Anführung der Cataster-Nummer bei der Aufnahme von Verträgen, IV. 71.

29. Juni. Rescr. betr. die Entscheidungen über Rekursgesuche gegen Stempelstrafresolute, III. 27.

8. Juli. Rescr. betr. die Benachrichtigung des Kriegs-Ministerii und der Militair-Kassen von der Anstellung der Invaliden, welche Gnadengehalt ꝛc. beziehen, IV. 318.

11. Juli. C. O. betr. die Ausdehnung der Vorschrift des §. 171. Tit. 51. Th. I. A. G. O. auf Deposital- und öffentliche nicht Königl. Kassen-Verwaltungen und auf Rückgabe von Cautionen der Staatsdiener und Gewerbtreibenden, III. 639.

13. Juli. Rescr. betr. die Entscheidungen über Rekursgesuche gegen Stempelstrafresolute, III. 27.

24. Juli. Instruktion zur Ausführung der Verordnung vom 1. Juni 1833, den Mandats-, summarischen und Bagatellprozeß betr. II. 577.

27. Juli. Rescr. betr. die Kostenfreiheit der Urlaubsbewilligungen für Untergerichts-Dirigenten, IV 221.

29. Juli. Rescr. betr. die Form der Eheverträge, welche zugleich Bestimmungen von Todeswegen enthalten, IV. 31.

2. Aug. Rescr. betr. die Unzulässigkeit eines Arrestgesuchs wegen einer nicht schon existirenden, sondern erst künftig möglichen Forderung, II. 652.

3. Aug. Rescr. betr. die Erläuterungen des Gesetzes vom 1. Juni 1833. über den Mandats, den summarischen und Bagatell-Prozeß, II. 591.

12. 26. Aug. Rescr., wonach die Entscheidung über Contraventionen gegen Zwangs- und Bannrechte den Gerichten zusteht, I. 79.

1833.

12. Aug. Rescr. betr. die Aufhebung der Probe-Instruktionen und neue Bestimmungen über die Proberelationen zum dritten Examen, IV. 268.
26. Aug. Rescr., wonach Testamente, welche Legate für milde Stiftungen enthalten, von dem Untergerichte an die Landes-Justiz-Collegien nicht mehr eingereicht werden, IV. 104.
28. Aug. Rescr. betr. die Verhaftung einer Ehefrau als Vindikantin im Konkurse für ihre eigenen Gerichtskosten, III. 525.
28. Aug. C. O. betr. den Erlaß der Injurien unter Privatpersonen und die Verjährung derselben, II. 727.
3. Sptbr. Rescr. betr. die Rechte der Gläubiger an dem maritalischen Nießbrauch ihres Schuldners, II. 413.
6. Sptbr. Rescr., wonach es auch beim Aufgebote vernichteter und verlorner Pfandbriefe der Aushängung der Ediktal-Citation außerhalb der Gerichtsstelle nicht bedarf, III. 618.
9. Sptbr. Deklaration der mit dem Großherzogthum Sachsen-Weimar-Eisenach abgeschlossenen Convention zur Beförderung der Rechtspflege vom $\frac{2}{7}$ Juni 1824 in Betreff des an das Konkurs-Gericht abzuliefernden Vermögens des Gemeinschuldners, III. 558.
9. Sptbr. Rescr. betr. die Behörde, bei welcher nach §. 5. der Verordnung vom 1. Juni 1833. der Rekurs anzubringen ist, II. 594.
19. Sptbr. Rescr. über die Competenz der Polizei-Behörden in Gesindestreitigkeiten, I. 117.
23. Sptbr. Rescr., wonach Succumbenzgelder in fiskalischen Untersuchungen gar nicht und im Civil-Prozeß alsdann nicht statt finden, wenn erst in appellatorio auf einen Eid erkannt ist, II. 263.
27. Sptbr. Rescr., daß Verträge über die Veräußerung bäuerlicher Grundstücke, in denen ein Altentheil vorbehalten wird, gerichtlich abgeschlossen werden müssen, IV. 13.
27. Sptbr. C. O, welche die Bestimmung §. 156. der Zollordnung vom 26. Mai 1818. und des §. 94. der Steuerordnung vom 8. Februar 1819. deklarirt, III. 22.
30. Sptbr. Rescr. über die Ansprüche der Justiz-Commissarien auf Gebühren in den von Vormundschaften geführten Prozessen, II. 200.
30. Sptbr. Rescr. betr. die Befugnisse der Aktuarien und Auskultatoren zur Aufnahme von Handlungen der freiwilligen Gerichtsbarkeit, IV. 45.
30. Sptbr. Rescr. betr. die Beschäftigung der den Criminal-Gerichten oder Inquisitoriaten zugeordneten Referendarien, IV. 257.
7. Octbr. Rescr., wonach die Vorschrift des A. L. R. Th. II. Tit. 7. §. 280. wegen Abfindung der Miterben nach einer gemäßigten Taxe des Bauergutes jetzt noch bei allen Rustikalstellen anwendbar ist, deren Regulirung nicht in Gemäßheit des Edikts vom 14. Septbr. 1811 erfolgt ist, IV. 148.
7. Octbr. Rescr. betr. das Verfahren, wenn der im Termine zum mündlichen Verfahren nicht erschienenen Parthei noch ein Eid zugeschoben wird, II. 611.
7. Octbr. Rescr. betr. die Erläuterung einiger Bestimmungen der Verordnung vom 1. Juni 1833, II. 609. und 618.
7. Octbr. Rescr. betr. die Zulässigkeit des Special-Moratorii im Mandats-Prozesse, II. 591.

1833.

8. Octbr. Rescr. betr. die Erläuterung einiger Bestimmungen der Verordnung vom 1. Juni 1833, II. 607.

12. Octbr. Rescr. betr. die Unzulässigkeit des Rechtswegs, wenn Seitens der Verwaltungsbehörde die Erhebung eines Brückengeldes ohne einen vom Staate genehmigten Tarif untersagt worden, I. 110.

13. Octbr. C. O. betr. die Bestimmung des Instanzenzugs bei den nur aus einem Civilsenat bestehenden Oberlandesgerichten im Mandats-, summarischen und Bagatellprozeß, II. 621.

14. Octbr. Rescr. betr. die Prüfung der Referendarien im mündlichen Vortrage, IV. 259.

17. Octbr. C. O. betr. die Ausführung der Verordnung vom 1. Juni d. J., den Mandats-, summarischen und Bagatell-Prozeß betr. II. 581.

18. Octbr. Rescr. betr. die Kompetenz des Kollegiums und der Deputation zu den Verhandlungen in appellatorio und auf ein Restitutionsgesuch, II. 621.

28. Octbr. Rescr. betr. den Gerichtsstand der Landschaftsdirektion zu Bromberg und Schneidemühl als Stellvertreter der Landschaft von Westpreußen, I. 230.

28. Octbr. Rescr. betr. die Aufbewahrung und Ausfertigung der von Ausländern im Inlande errichteten Testamente, IV. 103.

30. Octbr. Rescr., wonach die Sportelfreiheit bei Nachlaßregulirungen den durch Heirath aus der väterlichen Gewalt geschiedenen minorennen Töchtern und den durch Emancipation oder durch besonderes Gewerbe daraus entlassenen minorennen Söhnen nicht zusteht, II. 250.

1. Novbr. Rescr., wonach der kompetente Richter des Interventions-Prozesses der Richter der Hauptsache ist, II. 144.

1. Novbr. Rescr. betr. die Grundsätze und das Verfahren bei Regulirung des Interimistici rücksichtlich der der Ehefrau zu überlassenden Sachen, III. 165.

2. Novbr. C. O. betr. den Gerichtsstand minderjähriger oder unter väterlicher Gewalt stehender Soldaten in Civilsachen, I. 168.

5. Novbr. C. O. wegen der Dienst- und Bürgereide, IV. 212.

7. Novbr. Rescr. betr. den ordentlichen persönlichen Gerichtsstand der minderjährigen oder unter väterlicher Gewalt stehenden Soldaten vor dem Gericht der Garnisonstadt, I. 168.

11. Novbr. Rescr. betr. das Verfahren zur Verhütung, daß Testamente nicht ganz oder zu lange uneröffnet bleiben und deren Publikation von Amtswegen, IV. 100.

14. Novbr. Rescr. betr. die Copialien-Berechtigung der Justiz-Commissarien als Vormünder in vermögenden Curatelen und ihren eigenen Prozessen, II. 202.

18. Novbr. Rescr. betr. die Kontrollirung der Gerichtsboten und Exekutoren bei Einziehung und Ablieferung der Sporteln, II. 328.

18. Novbr. Rescr. betr. die Dauer der Verpflichtung des Mannes zur Zahlung der während des Ehescheidungsprozesses für die Frau festgesetzten Alimente, III. 167.

22. Novbr. Rescr. betr. die Exekution gegen Erben, II. 277.

22. Novbr. Rescr. betr. die Zulässigkeit des Arrestes gegen einen Besitzer von Grundstücken, welche über die gesetzliche Sicherheit verschuldet sind, II. 655.

1833.

26. Novbr. Rescr., wonach das forum reconventionis nicht begründet ist, wenn der Wiederkläger den erhobenen Reconventions-Anspruch nicht verfolgt hat und denselben nach abgeurtelter Convention wieder aufnimmt, II. 150.

30. Novbr. Verordnung über die Anstellung von Kreis-Justizräthen im Bezirke des Oberlandesgerichts zu Frankfurt, I. 234.

3. Decbr. Rescr. betr. die Verhandlung und Entscheidung der Injurien- und der Bagatellsachen in zweiter Instanz, II. 644.

6. Decbr. Instruktion für sämmtliche Königliche Gerichte über das bei Anwendung der Allerh. Verordnung vom 25. Januar 1823. wegen streitig gewordener Auslegung von Staatsverträgen zu beobachtende Verfahren, I. 555.

6. Decbr. Rescr. betr. das Verfahren bei Auslegung der deutschen Bundesakte, I. 559.

7. Decbr. C. O. betr. die Rechte der Gläubiger bei Exekutionen in den maritalischen Nießbrauch ihres Schuldners. II. 413.

8. Decbr. C. O. betr. die veränderte Kanzleiverwaltung bei den Obergerichten, IV. 478.

13. Decbr. Rescr. betr. die Ausantwortung des Nachlasses an die Erben im erbschaftlichen Liquidations-Prozesse auf ihre Erklärung, daß sie denselben für suffizient annehmen und die Befriedigung der Gläubiger selbst besorgen wollen, III. 593.

14. Decbr. Verordnung über das Rechtsmittel der Revision und Nichtigkeitsbeschwerde, II. 81.

17. Decbr. Rescr. betr. die Anberaumung und Verlegung der Termine in summarischen Prozeßsachen wider den Fiskus, II. 599.

19. Decbr. Kanzlei-Reglement für die Königl. Preuß. Obergerichte, IV. 480.

20. Decbr. Rescr. betr. die Zeit der Anberaumung der Termine und des eintretenden Kontumazial-Verfahrens, II. 603.

24. Decbr. C. O., wonach die Chefs des Generalstaabs und der drei großen Kriegstheater im großen Generalstaabe bei Festsetzung des Gehaltsabzugs den Regiments-Commandeuren gleich gestellt werden, II. 396.

30. Decbr. Rescr. betr. die Dauer und den Abschluß des peremtorischen Bietungstermins bei Subhastationen, III. 683.

1834.

6. Jan. Rescr. über die Befugnisse der Untergerichte gegen Justiz-Commissarien eine Ordnungsstrafe zu erkennen, IV. 387.

6. Jan. Instruktion für sämmtliche Königl. Behörden in Betreff des Verfahrens bei Kassen-Revisionen, IV. 435.

6. Jan. Rescr. betr. den Nachweis der Kündigung bei Anstellung der Mandatsklage wegen einer erst nach vorheriger Kündigung zahlbaren Forderung, II. 582.

10. Jan. Rescr., daß zur Begründung des General-Moratorii der Antrag des Schuldners auf Abschätzung eines Grundstücks, oder die Berufung auf eine vor Jahren aufgenommene Taxe nicht genügt, III. 363.

10. Jan. Ministerial-Erklärung betr. das Uebereinkommen mit dem Freistaat Krakau wegen gegenseitiger kostenfreier Erledigung gerichtlicher Requisitionen, I. 347.

11. Jan. Rescr. betr. die Gebühren der bestellten Assistenten, II. 207.

1834.

17. Jan. Rescr., wonach die Chefs des Generalstaabes und die der drei Kriegstheater des großen Generalstaabes auch bei Feststellung des Abzugs zur Berichtigung von Privatschulden, den Regiments-Commandeuren gleich zu behandeln sind, II. 396.

17. Jan. Rescr. zur Erläuterung der Verordnungen vom 1. Juni und 14. Decbr. 1833. das Rechtsmittel der Revision und der Nichtigkeitsbeschwerde betr. II. 108.

18. Jan. C. O. betr. die Anstellung der Kreis Justizräthe nach der Verordnung vom 30. Novbr. 1833, I. 238.

18. Jan. Rescr., daß es Behufs der Erstattung der Mandatariengebühren vom Gegner nicht der Mandatsklage bedarf, II. 585.

22. Jan. Rescr. betr. die Frage: in wiefern städtische Syndici rücksichtlich der Prozeßgebühren als Justiz-Commissarien anzusehen sind, II. 205.

24. Jan. Rescr. betr. das Verfahren bei Todeserklärungen, III. 126.

24. Jan. Rescr. über die Zulässigkeit des Rekurses gegen Resolute, II. 12.

28. Jan. Rescr. betr. die Zahl der Mitglieder und das Votum bei den Deputationen für den summarischen Prozeß, II. 647.

1. Febr. Rescr., wonach öffentliche Vorladungen, welche in Hamburger Zeitungen einzurücken sind, jederzeit an den Hamburger unpartheiischen Korrespondenten gesendet werden sollen, I. 383.

8. Febr. Rescr. betr. die veränderte Verfassung der Immediat-Justiz-Examinations Commission und die anderweitige Einrichtung der Probearbeiten, IV. 269.

8. Febr. Instruktion für die Immediat-Justiz-Examinations-Commission zu Berlin, IV. 269.

9. Febr. Rescr. betr. die Zulässigkeit des Mandatsprozesses aus einem Vergleiche, II. 585.

10. Febr. Rescr. betr. die Amtscautionen der Criminal-Aktuarien bei Königl. Inquisitoriaten, IV. 338.

10. Febr. Rescr. betr. die Portofreiheit zwischen den Königl. Preuß. und Großherzoglich Meklenburg-Schwerinschen Behörden, I. 358.

10. Febr. Rescr., ob die Festsetzung der Gebühren eines Justiz-Commissarius, der einer Parthei bei der Korrespondenz mit ihrem Mandatar und bei Ausmittelung von Nachrichten Hülfe leistet, resp. Behufs der Erstattung von dem zur Tragung der Kosten verurtheilten Gegner nachgesucht werde, und erfolge, II. 192.

14. Febr. Rescr., daß die Bestimmungen wegen des Verkaufs der Früchte auf dem Halm in Westphalen nicht auf Feldfrüchte, welche keine Halmfrüchte sind, anzuwenden seien, II. 354.

14. Febr. Rescr. über die Form der Kaufverträge unter Eheleuten, IV. 28.

14. Febr. Rescr. betr. die Frage: ob die durch den Ehevertrag ausgeschlossene statutarische Gütergemeinschaft nur durch einen neuen Vertrag wieder eingeführt werden kann? und über die Erfordernisse eines solchen Vertrags, IV. 82.

18. Febr. Rescr. zur Erläuterung der Verordnung vom 14. Decbr. 1833 das Rechtsmittel der Revision und der Nichtigkeitsbeschwerde betr., II. 47.

21. Febr. Rescr. betr. die Berichtigung der Cautionen durch Gehaltsabzüge, IV. 338.

22. Febr. Rescr. betr. das Verfahren bei Ehescheidungen einer Militairperson rücksichtlich der Wittwen-Pensionen, III. 159.

1834.

22. Febr. Rescr. betr. den Titel des Herrn Herzogs von Braunschweig-Oels I. 334.

24. Febr. Rescr. betr. die Dienstentlassung und Versetzung der Auskultatoren und Referendarien, IV. 250.

25. Febr. Rescr., daß fiskalische Behörden auch Copialien und Insinuations-Gebühren nur in sofern zu zahlen haben, als solche wirkliche baare Auslagen der Salarienkassen sind, II. 239.

1. März. Rescr., daß die Vorschriften der A. G. O. Thl. I. Tit. 14. §. 6. Nr. 1. auch auf den Altenantheil Anwendung finden, II. 10.

4. März. Verordnung über die Exekution in Civilsachen, II. 275.

4. März. Verordnung über den Subhastations- und Kaufgelder-Liquidations-Prozeß, III. 645.

5. März. Rescr. betr. das Verfahren bei der Deposition und Vertheilung der Ablösungsgelder bei Gemeinheitstheilungen und Ablösungen, III. 259.

13. März. Rescr. betr. das Verfahren bei der Weigerung der Partheien, Auseinandersetzungsregresse zu vollziehen, III. 253.

15. März. Rescr. betr. die Zulässigkeit des Rekurses gegen Erkenntnisse der Untergerichte, II. 95.

15. März. Rescr. betr. den Kostenansatz in Nichtigkeitsbeschwerdesachen, II. 106.

15. März. C. O. wegen Anwendbarkeit der Verordnung vom 14. Decbr. 1833 auf die gutsherrlich-bäuerlichen Regulirungen, Gemeinheitstheilungen und Ablösungen, III. 255.

17. März. Rescr. betr. den Gerichtsstand der Königl. Mediatstädte, I. 220.

17. März. Rescr. betr. die Zuziehung zweier Gerichtsbeisitzer statt des Protokollführers, II 648.

18. März. Rescr., daß das Recht des Pächters oder Miethers auf die Nutzungen und den Gebrauch der gepachteten oder gemietheten Sache nicht Gegenstand der Exekution sein könne, II. 410.

25. März. C. O. wegen des Aggravationsrechtsmittels bei allen gegen Civilbeamte eingeleiteten Criminal-Untersuchungen, III. 83.

29. März. Rescr. betr. die Appellationsfrist in schleunigen Prozeßarten, II. 110.

30. März. Rescr. betr. die Ausfertigung der Adjudikationsbescheide für alle Interessenten, II. 701.

4. April. Rescr. betr. die Portofreiheit in Armenvormundschaftssachen, II. 232.

4. April. Rescr., daß die Uebergabe adjudicirter Grundstücke an den Adjudikatar durch Einlegung der Nichtigkeitsbeschwerde und durch Uebergabe der Grundstücke zur gerichtlichen Verwaltung nicht aufgehalten wird, II. 97.

7. April. Rescr., wonach die sechswöchentliche Frist zur Einlegung der Appellation auch in Arrest-, Wechsel- und Merkantilprozessen, nicht aber bei dem Aggravations-Gesuche in Injurienprozessen statt findet, II. 110.

7. April. Rescr., daß Assessoren bei demjenigen Gerichte, bei welchem sie als Referendarien gearbeitet haben, mit Gehalt oder Diäten nur dann angestellt werden, wenn sie einige Jahre hindurch bei einem andern Gerichte beschäftigt gewesen sind, IV. 236.

7. April. Rescr. betr. die Zulässigkeit der Revision gegen Appellationserkenntnisse, welche bis zum 1. März 1834. noch nicht rechtskräftig waren, II. 120.

10. April. Rescr., daß, wenn im summarischen Prozesse der Appellant in dem Termine zur Rechtfertigung der Appellation nicht erscheint, eine münd-

1834.

liche Verhandlung nicht weiter statt findet, sondern sofort von dem Appellationsrichter auf den Antrag zweier Referenten zu erkennen ist, II. 622.

10. April. Rescr. betr. die Frist zur Einlegung der Rechtsmittel in Injuriensachen und in fiskalischen Untersuchungen, II. 113.

10. April. Rescr. betr. die Vertheilung der zu den laufenden Zinsen nicht erforderlichen Revenuenbestände, II. 474.

15. April. Rescr. betr. den Erlaß der wegen Steuervergehen erkannten Strafen durch den Finanzminister, III. 88.

16. April. Rescr. betr. die Sportelfreiheit der Feldwebel, II. 235.

16. April. C. O. betr. die Verpflichtung der Beurlaubten des stehenden Heeres zur Tragung der Untersuchungskosten, II. 236.

21. April. Rescr. betr. die Vollstreckung der Exekution gegen die in Kasernen oder andern ähnlichen Dienstgebäuden wohnenden Militair-Personen, II. 299.

21. April. Rescr., wonach bei Interventionsstreitigkeiten über Objecte von 50 Rthlr. und weniger der Bagatell-Prozeß statt findet, II. 649.

22. April. Instruktion wegen Kontrollirung der Gerichtsboten bei Vollstreckung der Exekutionen für sämmtliche Königl. Gerichte im Departement des Königl. Hofgerichts zu Arnsberg, II. 330.

25. April. Rescr., wonach der Mandatar des Klägers zu dem Antrage auf Subhastation des dem Verklagten zugehörigen Grundstücks in der Exekutions-Instanz einer besondern Vollmacht bedarf, I. 287.

25. April. Rescr., daß durch den §. 22. der Verordnung vom 4. März 1834 über den Subhastations- und Kaufgelder-Liquidations-Prozeß die Befugnisse der Gläubiger, welchen ein gerichtlicher Titel zum Pfandrecht zusteht, ihre Forderung auch ohne besondere Einwilligung des Schuldners auf dessen Grundstücke eintragen zu lassen, nicht aufgehoben ist, III. 569.

25. April. Rescr. betr. die Unzulässigkeit des Personalarrests gegen einen zur cessio bonorum verstatteten Schuldner, II. 494.

28. April. Rescr. über die Ertheilung von Erbes Legitimations-Attesten an Testamentserben, IV. 102.

30. April. Rescr., daß Ausländer zu Subalternen Posten bei der Justizverwaltung nur mit Genehmigung des Justizministers befördert werden können, IV. 320.

30. April. Rescr. betr. die Zulässigkeit der Einleitung einer fiskalischen Untersuchung wider Beamte, III. 17.

1. Mai. Rescr., daß in Grenzstreitigkeiten die Appellation nur dann statt findet, wenn das Objekt die Appellationssumme erreicht, III. 198.

2. Mai. Rescr., wonach die Königl. Mediatstädte gleich den Immediatstädten das forum exemtum haben, I. 220.

2. Mai. Rescr. zur Erläuterung der Verordnung vom 4. März 1834. über die Exekution in Civilsachen, und über den Subhastations- und Kaufgelder-Liquidations-Prozeß, II. 474. 384. und III. 685. und 701.

2. Mai. Rescr. betr. die Zulässigkeit eines Arrestgesuchs gegen einen Grundbesitzer, welcher sein Grundstück zu veräußern beabsichtigt, II. 655.

2. Mai. Rescr. betr. die Zuziehung der nicht eingetragenen Realgläubiger, der Kämmerei- Servis- und Steuersocietätskassen und der Grundobrig-

1834.

keit zu dem Kaufgelderbelegungsverfahren, und die Zulässigkeit der Einzahlung der Kaufgelder vor diesem Termine, III. 708.

9. Mai. Rescr., daß das Präjudiz des Contumacial-Verfahrens auch im summarischen Prozesse bei nicht collegialisch formirten Gerichten und im Bagatellprozesse an das Nichterscheinen zu einer bestimmten Stunde geknüpft werden kann, II. 635.

10. Mai. Rescr., wonach Haus-Officianten in den Prozessen ihrer Dienstherren nur dann als Bevollmächtigte auftreten können, wenn ihnen der Betrieb der Rechts-Angelegenheiten des Dienstherrn ein für allemal übertragen worden ist, oder wenn der Prozeß ein ihnen anvertrautes Geschäft betrifft, I. 284.

12. Mai. Rescr., daß die bei Setzung eines Merkpfahls zur Feststellung des Wasserstandes der Mühlen zugezogenen Gerichtspersonen das Geschäft nicht bloß zu beglaubigen, sondern auch auf die gesetzliche Ausführung desselben zu sehen haben, I. 84.

12. Mai. Rescr., daß bei dem Antrage der Erben auf gerichtliche Inventur und Einleitung des erbschaftlichen Liquidations-Prozesses im Falle des §. 2. der Verordnung vom 4. März 1834. auch die Anfertigung des Inventarii von der Vormundschaftsbehörde der Nachlaßbehörde zu überlassen sei, II. 286.

12. Mai. Rescr., daß Termine im Mandats- und summarischen Prozesse auch während der Gerichtsferien zulässig sind, II 600.

12. Mai. C. O. betr. die Erläuterung des §. 171. Littr. E. Tit. 51. der A. G. O. III. 640.

12. Mai. Rescr. betr. die Wirkung der auf den Antrag eines Miteigenthümers eingeleiteten Subhastation, III. 654.

16. Mai. Rescr., wonach Referendarien, welche bei Gerichten, in Ansehung derer die Qualifikation durch das dritte Examen nicht erforderlich ist, einen Richter vertreten, ein volles Votum haben, IV. 256.

17. Mai. Uebereinkunft mit der Königl. Bairschen Regierung wegen der Correspondenz der beiderseitigen Gerichte und wegen der Zulassung zum Armenrechte, I. 353. und II 214.

18. Mai. Rescr. betr. die Subhastation der Stromfahrzeuge, welche zur Frachtschifffahrt gebraucht werden, III. 731.

18. Mai. Rescr., daß durch die Verordnung vom 4. März 1834. die Bestimmung des §. 12. Thl. I. Tit. 51. der A. G. O. rücksichtlich der Anführung der Gläubiger, welchen ein gesetzlicher Titel zum Pfandrecht zusteht, nicht aufgehoben worden, III. 569.

23. Mai. Rescr. betr. den Gerichtsstand der bei der Telegraphen-Linie angestellten Beamten, I. 173.

23. Mai. Rescr., daß die Bestimmung des §. 8. der Verordnung vom 4. März 1834. auch auf Exekution im Wege des disciplinarischen Verfahrens Anwendung findet, II. 314.

24. Mai. Rescr. betr. die Anwendung des §. 14. der Verordnung vom 4. März 1834. auf bereits früher regulirte Zahlungsmodalitäten, II. 356.

29. Mai. C. O. betr. die Abrechnung der Wittwen-Kassenbeiträge bei Ermittelung der zulässigen Gehalts- und Pensionsabzüge, II. 378.

29. Mai. C. O. betr. die Deklaration der allgemeinen Bundes-Kartel-Convention, III. 114.

1834.

30. Mai. Rescr. zur Erläuterung des §. 17. der Verordnung vom 4. März 1834 II. 407.

30. Mai. Rescr. betr. die Zulässigkeit eines Moratoriengesuchs im Mandatsprozesse, II. 591.

1. Juni. C. O. wegen der von beurlaubten Landwehr-Offizieren in der Uniform wider andere Militairpersonen begangenen Vergehen, I. 184.

2. Juni. Rescr. betr. die Exekutions-Gebühren nach der Verordnung vom 4. März 1834, II. 325.

3. Juni. Rescr., daß die Vorschriften des A. L. R. II. I. §. 198. und 200. auf alle Verträge zwischen Eheleuten Anwendung finden, und daß auch nicht die bloße gerichtliche Anerkennung des Vertrages ausreicht, sondern die gerichtliche Abschließung nöthig ist, IV. 28.

3. Juni. Rescr. betr. die Kosten in Vormundschaftssachen, II. 252.

4. Juni. Rescr., wonach Auditeure als Bevollmächtigte für Offiziere in Prozessen nicht zugelassen werden dürfen, I. 282.

6. Juni. Rescr., daß das Kaufgelderbelegungsverfahren durch Einlegung der Nichtigkeitsbeschwerde nicht aufgehalten werde, III. 710.

7. Juni. Rescr., daß der Personalarrest nur in Ermangelung anderer Exekutionsobjekte zulässig ist, II. 340.

7. Juni. C. O. betr. die Anstellung der Schiedsmänner in Pommern, I. 272.

8. Juni. Rescr. betr. den Erlaß der wegen Steuervergehen erkannten Strafen, III. 88.

9. Juni. Rescr. betr. die Zurückweisung einer anscheinend unbegründeten Litisdenunciation, II. 131.

9. Juni. Rescr. betr. die Form der Urtelsausfertigungen, hinsichtlich der Angabe der Richter, welche an der Abfassung des Erkenntnisses Theil genommen haben, I. 578.

9. Juni. Rescr., wonach die in gerichtlichen Registraturen aufbewahrten Akten der Justiz-Commissarien hinsichtlich des Verkaufs denselben Grundsätzen, wie die gerichtlichen Akten unterworfen sind, IV. 462.

13. Juni. Ministerial-Verordnung betr. die Anstellung der Schiedsmänner in Pommern, I. 272.

13. Juni. Rescr. betr. die Unzulässigkeit einer im Urtel auszusprechenden Zahlungsfrist, I. 572.

13. Juni. Rescr. über die Form der Notariats-Instrumente besonders bei Schreibensunkundigen und über das in einem Vertrage enthaltene Bekenntniß der Uebergabe des verkauften Grundstücks, IV. 396.

14. Juni. Rescr. betr. das Formular Behufs Vorladung des Verklagten zur Klagebeantwortung und zum weiteren mündlichen Verfahren im Bagatellprozesse, II. 640.

14. Juni. Rescr. betr. die Führung der Untersuchungen gegen Gensdarmen durch die Civil-Gerichte, I. 186.

14. Juni. Rescr. betr. das Exekutionsverfahren in gutsherrliche Grundrenten und die Unzulässigkeit des Verkaufs derselben im Wege der Exekution und im Konkurse, II. 371.

16. Juni. Rescr., daß wenn Behufs der Verwaltung eines Mündelguts eine besondere Curatel angeordnet, Klagen, die gegen den Pupillen in foro rei sitae angestellt werden, nicht dem Hauptvormunde, sondern dem Curator des Guts zu insinuiren sind, I. 336.

16. Juni. Rescr., wonach in Confiskationsprozessen Gebühren für die Einrückung

1834.

der Ediktal-Citationen in die Intelligenzblätter nur in den Fällen passiren, in welchen der Ausgetretene bloß zu den Kosten verurtheilt wird, III. 115.

16. Juni. Verordnung über die Einrichtung der Justiz-Behörden im Großherzogthum Posen, I. 56.

19. Juni. Rescr. betr. die Kosten der gerichtlichen Bekanntmachungen wegen Eröffnung der seit länger als 56 Jahren deponirten Testamente, IV. 101.

19. Juni. Rescr. betr. den Ablauf des Fatale, wenn der letzte Tag auf einen Feiertag fällt, II. 115.

23. Juni. Rescr. betr. die Zeit der Zulässigkeit der Exekutionsvollstreckung in Bagatellsachen bei appellabeln Objecten und bei nicht appellabeln Objekten, II. 642.

25. Juni. Rescr., daß bei Anträgen auf Todeserklärung die Untergerichte wegen Einleitung des Confiskationsprozesses mit der betr. Polizei-Behörde unmittelbar in Communikation zu treten haben, III. 105.

26. Juni. C. O. betr. das Verfahren bei Begnadigungsgesuchen, Aussetzungen und Umwandlungen von Strafen, III. 90.

27. Juni. Rescr. betr. die Befugniß des Finanz-Ministers zum Erlaß der wegen Steuervergehen erkannten Strafen, III. 88.

27. Juni. Rescr. betr. den Gerichtsstand bei Ansprüchen auf Vergütigung von Kriegsleistungen an den Staat, I. 76.

27. Juni. Rescr. betr. die Vorladung eines unbekannten Realinteressenten bei dem Subhastationsverfahren und die Bestellung eines Assistenten für denselben, wenn er bei der Kaufgelderbelegung zur Hebung kommt, III. 677.

29. Juni. Rescr, daß es der besondern Vorladung des Klägers zum Klagebeantwortungs-Termin in summarischen und Bagatellprozessen nicht bedarf, wenn derselbe im Termine zur Klageaufnahme mündlich ad protocollum vom Richter zum Klagebeantwortungs-Termin beschieden ist, II. 636.

29. Juni. Rescr., daß gegen die von Commissarien der Obergerichte abgefaßten Erkenntnisse in Bagatellsachen nicht der Rekurs, sondern nur die Nichtigkeitsbeschwerde statt findet. II. 644.

30. Juni. Rescr. betr. die militairische Hülfe bei Exekutions-Vollstreckungen, II. 510.

30. Juni. Rescr. betr. die Berechnung der Appellationsfrist in Konkurs- und erbschaftlichen Liquidationsprozessen, III. 442.

30. Juni. Rescr. betr. die Qualifikation der Protokollführer bei Patrimonial-Gerichten, IV. 322.

30. Juni. Rescr., daß weder von den Gerichten noch von den Justiz-Commissarien Publikationsgebühren liquidirt werden können, wenn das Erkenntniß statt der Publikation insinuirt wird, I. 576.

30. Juni. Instruktion über das Verfahren bei Begnadigungsgesuchen, Aussetzungen, Theilungen oder Umwandlungen rechtskräftig erkannter Strafen, III. 90.

30. Juni. Rescr. über die Befugnisse der Miteigenthümer auf den öffentlichen Verkauf der gemeinschaftlichen Sache anzutragen, III. 652.

30. Juni. Verordnung wegen Vereinigung der General-Commissionen zu Königs-

1834.

berg und Marienwerder mit den Regierungen der Provinz Preußen, III. 289.

30. Juni. Verordnung wegen des Geschäftsbetriebs in den Angelegenheiten der Gemeinheitstheilungen, Ablösungen und Regulirung der gutsherrlichen und bäuerlichen Verhältnisse als Anhang zu der Verordnung vom 20. Juni 1817, III. 265.

1. Juli. C. O. betr. die Taxation unbefandbriefter adliger Güter durch die Credit-Direktion, III. 658.

4. Juli. Rescr. betr. die Unzulässigkeit des Rechtsmittels der Nichtigkeitsbeschwerde in Injuriensachen und daß den in Injuriensachen in zweiter Instanz ergehenden Resoluten die Entscheidungsgründe beizufügen sind, II. 85.

7. Juli. Rescr., wonach das in dem §. 42. der Verordnung vom 1. Juni 1833. über den Mandats-, summarischen und Bagatell-Prozeß angedrohete Präjudiz auch dann Anwendung findet, wenn der die Partbei vertretende Justiz-Commissarius die Appellations-Rechtfertigungsschrift binnen der bestimmten Frist nicht eingereicht, II. 626.

7. Juli. Rescr., daß bei der im Konkurse oder erbschaftlichen Liquidations-Prozesse statt findenden nothwendigen Subhastation eines Grundstücks der Kurator nicht die Befugniß hat, den Zuschlag an den Meistbietenden ohne gesetzliche Gründe zu verweigern, III. 695.

11. Juli. Rescr. betr. die Besetzung der Kanzlei-Diätarienstellen, IV. 287.

16. Juli. Rescr. betr. die Einrückung der Subhastationspatente in die Amtsblätter, wenn zu denselben kein Anzeiger erscheint, III. 672.

17. Juli. C. O., daß von den Beamten außer dem Diensteide ein besonderer Huldigungseid nicht zu leisten ist, IV. 212.

19. Juli. Rescr., daß es von der Erklärung des Adjudikators abhängt, ob er eine zur Hebung gekommene Hypothekenforderung ungelöscht stehen lassen will, III. 722.

19. Juli. C. O. betr. die Gerichtsbarkeit der zu den Garnisonen in den Bundesfestungen Mainz und Luxemburg gehörigen diesseitigen Militairpersonen, I. 186.

19. Juli. Rescr., daß die Subhastations-Termine in der Regel an der ordentlichen Gerichtsstelle abzuhalten sind, III. 676

21. Juli. Rescr., wonach Widersprüche gegen den Zuschlag eines subhastirten Grundstücks an den Meistbietenden nur dann zu berücksichtigen sind, wenn die Bedingungen des §. 13. der Verordnungen vom 4. März 1834. sofort im Subhastations-Termin erfüllt werden, III. 696.

22. Juli. Rescr. betr. die Aufnahme der Verhandlungen mit Personen, welche der deutschen Sprache nicht mächtig sind, IV. 52.

25. Juli. Rescr., daß die Befugnisse der einzelnen Gläubiger auf Resubhastation und resp. auf Exekution anzutragen, von dem zuvor eingeleiteten Kaufgelderbelegungsverfahren abhängen, III. 726.

28. Juli. Rescr., daß die Vorschrift des Anhangs zum A. L. R. §. 51. nur dann Anwendung findet, wenn der zu verpflegende Minorenne unter obervormundschaftlicher Aufsicht steht, IV. 17.

28. Juli. Rescr., daß von den Beamten außer dem Diensteide ein besonderer Huldigungseid nicht zu leisten ist, IV. 212.

29. Juli. Rescr. über die Ausführung der Verordnung vom 1. Juni 1833 wegen des Mandats- und Bagatell-Prozesses im Großherzogthum Posen, II. 578.

1834.

29. Juli. Rescr. betr. das Verfahren in appellatorio in Bagatellsachen, II. 645.

31. Juli. Rescr. denselben Gegenstand betreffend, II. 645.

1. Aug. Rescr. betr. die Verbindung eines Arrestgesuchs mit der Mandatsklage, II. 588.

7. Aug. Rescr. betr. die Ertheilung des Heiraths-Consenses an die commissarisch beschäftigten Obergerichts-Assessoren, IV. 236.

9. Aug. Rescr. betr. die Zulassung der Kandidaten zur Staatsprüfung, wenn dieselben an Studentenverbindungen Theil genommen haben, IV. 243.

12. Aug. C. O. betr. die Bekanntmachung der Subhastations-Patente durch die Intelligenzblätter, III. 673.

15. Aug. Rescr. betr. die Befugniß des Miteigenthümers, auf den Verkauf des gemeinschaftlichen Grundstücks anzutragen, III. 652.

15. Aug. Rescr. betr. die Frage: in wiefern die zur Unterweisung im Wege der Exekution sich eignenden Aktivforderungen eine bestimmte Geldsumme zum Gegenstande haben müssen, II. 367.

15. Aug. Rescr. betr. die Unzulässigkeit des Widerspruchs gegen den Zuschlag, wenn den Bedingungen des §. 13. der Verordnung vom 4. März 1834 nicht sofort im Termin genügt wird, III. 696.

16. Aug. Rescr. betr. die vierwöchentliche Frist vor Einleitung der Subhastation, II. 304.

16. Aug. Rescr., wonach bei der Subhastation von Gegenständen von geringem Werthe nicht die Vorschriften der A. G. O., sondern des §. 8. der Verordnung vom 4. März 1834. statt finden, III. 671.

16. Aug. C. O. betr. die Befugniß des Justizministers, die wider Querulanten festgesetzte Ordnungsstrafe niederzuschlagen, IV. 191.

16. Aug. C. O. betr. die Zulassung der Kandidaten zur Staatsprüfung, wenn dieselben auf der Universität an einer Verbindung Theil genommen haben, IV. 243.

21. Aug. Rescr. über die Zulässigkeit eines Compromisses auf das Königl. Geheime Ober-Tribunal, I. 551.

23. Aug. Rescr., wonach in Mandats- und Bagatellprozessen Justiz-Commissarien in ihren eigenen Prozessen nur die Hälfte des sonst zulässigen Pausch-Quantums verlangen können, II. 202.

23. Aug. Rescr. betr. die Reisekosten und Portofreiheit der Schiedsmänner,
16. Sptbr. I. 273.

26. Aug. Rescr., daß die Kreis-Justizräthe über die Gebühren und Gerichtskosten ordnungsmäßige Rechnungsbücher führen sollen, IV. 576.

28. Aug. Rescr. betr. die Befugniß der englischen Konsuls in hiesigen Landen zur Aufnahme von Seeprotesten, IV. 10.

28. Aug. Rescr., daß das Rescr. vom 2. Januar 1832 betr. die Einleitung eines Prioritätsverfahrens über Gehaltsabzüge auf den Antrag des Schuldners, durch den §. 16. der Verordnung vom 4. März 1834 nicht unanwendbar geworden, II. 405.

29. Aug. Rescr. betr. das Verfahren bei Vollstreckung der Exekution gegen die in Kasernen und Dienstgebäuden wohnenden Militairpersonen, II. 299.

29. Aug. Rescr. betr. die Befugniß der Vormundschaftsgerichte auf die Eroffnung des erbschaftlichen Liquidationsprozesses anzutragen, II. 286.

1. Sptbr. Rescr. betr. die Befugnisse der Kreis-Justizräthe, I. 238.

3. Sptbr. Rescr., daß Justiz-Commissarien in ihren eigenen Mandatsklagen we-

1834.

gen rückständiger Gebühren von dem Gegentheile keine Kopialien für die angefertigten Schriftsätze verlangen können, II. 203.

6. Sptbr. Rescr. betr. den Nachweis der Maturitäts-Prüfungen bei dem Examen pro auscultatura, IV. 241.

8. Sptbr. Rescr. zur Erläuterung der Verordnung vom 1. Juni 1833 über den Mandats-, summarischen und Bagatellprozeß, II. 637.

9. Sptbr. Rescr., betr. die Ableistung des Huldigungseides von den Besitzern eximirter Grundstücke, III. 62.

9. Sptbr. Rescr. betr. den Gerichtsstand Königl. Pächter und titulirter Königl. Kommerzienräthe, I. 191.

12. Sptbr. Rescr., wonach die gerichtlichen Untersuchungen über den Gemüthszustand nicht an der Gerichtsstelle, sondern an dem gewöhnlichen Wohnorte des Gemüthskranken erfolgen sollen, III. 135.

14. Sptbr. Rescr., daß die Instruktion vom 38. Juni 1834 auch auf Strafen, die in fiskalischen Untersuchungen erkannt sind, Anwendung finde, III. 92.

14. Sptbr. C. O. betr. die Subhastation von Berg- und Hüttenwerken nach der Verordnung vom 4. März d. J., III. 733.

15. Sptbr. Rescr., daß bei den im Konkurse erfolgten Subhastationen das in der Verordnung vom 4. März 1834 vorgeschriebene Kaufgelder-Belegungsverfahren nicht statt findet, III. 707.

16. Sptbr. Rescr., daß der eximirte Gerichtsstand eines Rittergutsbesitzers nicht von der Berichtigung des Besitztitels abhängt, I. 224.

19. Sptbr. Rescr., daß ein gegen ein Kontumacial-Erkenntniß angebrachtes Restitutionsgesuch, falls dasselbe unbegründet ist, als Appellationsanmeldung anzusehen sei, II. 19.

22. Sptbr. C. O. betr. die Regulirung des Gerichtsstandes des Militairs in Neuvorpommern und Rügen, I. 186.

24. Sptbr. Rescr. betr. die Nichtbefugniß der Polizei-Behörden, den Uebertreter einer gesetzlichen Vorschrift zum Schadenersatze anzuhalten, I. 109.

27. Sptbr. Rescr. betr. den Personal-Arrest, II. 340.

27. Sptbr. Rescr. betr. die sofortige Anberaumung des Kaufgelderbelegungstermins nach Publikation des Adjudikationsbescheids, III. 709.

3. Octbr. Rescr., daß Mandatarien, welche im Namen ihres Mandanten oder auf Anweisung oder Cession desselben ihre Mandatariengebühren von dem Gegner einfordern, dazu weder einer besondern Vollmacht noch des Nachweises ihrer Befriedigung bedürfen, II. 196.

3. Octbr. Rescr., daß vor der bei Veräußerung einer Domaine vorbedungenen Grundsteuer die zu jener Zeit bereits eingetragenen Hypothekenforderungen den Vorzug haben, III. 492.

3. Octbr. Rescr., daß alle Verträge wegen Veräußerung bäuerlicher Grundstücke, in welchen ein Altentheil vorbedungen wird, gerichtlich geschlossen werden müssen, IV. 13.

3. Octbr. Rescr., daß die Einlegung der Nichtigkeitsbeschwerde nicht die Ableistung des in dem rechtskräftigen Erkenntnisse auferlegten Eides hindert, II. 97.

3. Octbr. Rescr., daß durch Anmeldung der Revision die Frist zur Einlegung der Nichtigkeitsbeschwerde nicht erhalten wird, II. 99.

3. Octbr. Rescr. betr. die Grundsätze bei Bestimmung der executionsfreien Saat- und Erntezeit, II 292.

1834.

3. Octbr. Rescr., daß die Eintragung einer Protestatio de non amplius disponendo nach den Vorschriften über Arrestanlegung zu beurtheilen ist, II. 656.

6. Octbr. Rescr. betr. die Eintragung von Untersuchungskosten auf die Grundstücke des Verpflichteten, II. 423.

6. Octbr. Rescr., daß, bevor einem Justiz-Commissarius der Anspruch seines Mandanten gegen den Gegner wegen der Mandatariengebühren übereignet werden kann, ersterer gegen seinen Mandanten ein Zahlungs-Mandat auswirken muß, II. 196.

7. Octbr. Rescr. betr. die Kostenfreiheit bei Todeserklärungen der aus den Kriegen von 1806—15 nicht zurückgekehrten Personen, III, 124.

10. Octbr. Rescr. betr. die Zulässigkeit der freiwilligen Subhastation auf Antrag der Benefizialerben, III. 649.

10. Octbr. Rescr., daß gegen den Kostenpunkt in Appellations-Erkenntnissen ferner kein Rekurs, sondern nur eine Nichtigkeitsbeschwerde statt findet, II. 40.

13. Octbr. Rescr., daß in den bei den Obergerichten den Referendarien zu Proberelationen zugefertigten Sachen von einem Mitgliede des Collegiums noch vollständig zu referiren ist, IV. 274.

13. Octbr. Rescr., daß gegen Purificationsbescheide keine Restitution, sondern nur die Nichtigkeitsbeschwerde statt findet, II. 93.

17. Octbr. Rescr. betr. die sofortige Anberaumung des Kaufgelderbelegungstermins nach Publication des Adjudicationsbescheids, III. 709.

18. Octbr. Rescr., daß bei einer nothwendigen Subhastation die Berichtigung des Besitztitels auf den Adjudikatar von Amtswegen zu veranlassen, bei der vertragsmäßigen Einführung oder Ausschließung der Gütergemeinschaft aber der desfallsige Antrag der Interessenten abzuwarten ist, III. 723.

20. Octbr. Rescr., daß in Bagatellsachen vom Kläger ein Kostenvorschuß nich gefordert werden kann, II. 259.

24. Octbr. Rescr. betr. die Zufertigung der in zweiter Instanz abgefaßten Erkenntnisse, II. 33.

24. Octbr. Rescr. betr. die Zurückweisung der im Mandatsprozesse angebrachten nicht geeigneten Einwendungen per decretum, II 592.

27. Octbr. Rescr. betr. das Forum verabschiedeter Beamten, I. 211.

27. Octbr. Rescr. betr. das Executionsverfahren in gutsherrlichen Grundrenten und die Unzulässigkeit des Verkaufs derselben, II. 371.

31. Octbr. Rescr. betr. die Execution in ein, von dem Schuldner auf fremdem Grund und Boden errichtetes Gebäude, II. 489.

31. Octbr. Rescr., daß in Criminal-Untersuchungen gegen Beamte wegen Dienstvergehen das Rechtsmittel der Nichtigkeitsbeschwerde nicht statt findet, II. 86.

31. Octbr. Rescr., daß, wenn Verurtheilte um die Aufnahme eines Immediat-Begnadigungsgesuches bei den Gerichten bitten, darüber ein besonderes Protokoll aufzunehmen ist, III. 92.

3. Novbr. Rescr. betr. den Gerichtsstand pensionirter Offiziere in Untersuchungssachen, I. 466.

6. Novbr. C. O. betr. das Verfahren bei Auf- und Annahme letztwilliger Verordnungen im Großherzogthum Posen, IV. 39.

1834.

6. Novbr. C. O. über die Vidimation der Urkunden und Abzweigung von Schulddocumenten, IV. 87.

6. Novbr. Rescr. betr. die Unzulässigkeit einer schriftlichen Replik im summarischen Prozesse, II. 608.

7. Novbr. Rescr., daß die Bestimmung, wonach Gehaltsabzüge aus Königl. Kassen an einen einzelnen Gläubiger unmittelbar gezahlt werden können, durch §. 18. der Verordnung vom 4. März 1834 nicht geändert worden, II. 409.

7. Novbr. Rescr., betr. die Beglaubigung der von nicht gerichtlichen Behörden ausgestellten Urkunden, II. 466.

7. Novbr. Rescr., daß wenn im Subhastationsverfahren nach Abhaltung des peremtorischen Bietungstermins der Extrahent den Antrag auf Subhastation zurücknimmt, der Meistbietende aber der Aufhebung des Verfahrens widerspricht, darüber durch Erkenntniß zu entscheiden ist, III. 691.

8. Novbr. Rescr. betr. die Vollstreckung der Execution, namentlich wegen Gerichtskosten, wenn in dem Antrage die specielle Angabe des Executionsobjects fehlt, II. 291.

10. Novbr. Rescr. betr. die Competenz der Untergerichte, auf erhobenen Einspruch das Aufgebot und die Trauung eines Eximirten zu untersagen, III 149.

17. Novbr. Rescr. betr. die Nothwendigkeit eines Termins zur Beantwortung der Appellation, wenn der Appellat durch einen Justizcommissarius vertreten wird, II. 627.

17. Novbr. Rescr. betr. die Nichtanwendung des ersten Abschnitts des 32sten Titels der A. G. O. bei Provocationen der Agnaten oder Wiederkaufsberechtigten, II. 709.

17. Novbr. Rescr., daß bei Beschwerden über die Festsetzung der Gebühren, Diäten oder Auslagen der als Sachverständigen zugezogenen Beamten ein Rekurs an das Staatsministerium nicht stattfindet, I. 73.

19. Novbr. Rescr. betr. die Zufertigung der in zweiter Instanz abgefaßten Erkenntnisse an die Untergerichte, II. 33.

20. Novbr. Rescr. betr. die Anwendung der Verordnung vom 1. Juni 1833 wegen des Mandats- und summarischen Prozesses bei den Gerichtskommissionen, nebst Instruktion vom 26. Septbr. 1833, II. 579.

22. Novbr. Rescr. betr. die Rechte der Gläubiger an dem maritalischen Nießbrauch ihres Schuldners, II. 413.

22. Novbr. Rescr. betr. das Requisitions- und Insinuations-Verfahren mit den Gerichtsbehörden in den deutschen Bundesstaaten, I. 360.

24. Novbr. Rescr., wonach die Restitution gegen die versäumte Apppellationsfrist wegen persönlicher Ehehaften des Assistenten oder des Bevollmächtigten durch die Verordnung vom 14. Decbr. 1833 §. 21 und 22. aufgehoben ist, II. 118.

24. Novbr. Rescr. betr. das Verfahren, welches die Vormundschaftsbehörden zu beobachten haben, wenn ein Grundstück, auf welches aus dem General-Depositorium ein Darlehn bewilligt worden, zur Subhastation gestellt wird, III. 667.

24. Novbr. Rescr. betr. die Delegation der Gerichtsbarkeit über die niederen Postbeamten an standesherrliche Gerichte, I. 197.

28. Novbr. Rescr., wonach die Prozesse über die bei einem Kaufgelderbelegungs-

1834.

verfahren angelegten Spezialmassen vor das subhastirende Gericht gehören, III. 718.

1. Decbr. Rescr., daß Familien- und Standesverhältnisse nur dann die Zulässigkeit der Revision begründen, wenn über dieselben in der Urtelsformel selbst erkannt ist, II. 42.

5. Decbr. Rescr., daß bei den im Konkurse erfolgenden Subhastationen das in der Verordnung vom 4. März 1834 vorgeschriebene Kaufgelderbelegungsverfahren nicht statt findet, III. 707.

5. Decbr. C. O. betr. das Verfahren bei der unfreiwilligen Dienstentlassung oder Pensionirung der Beamten, III. 42.

8. Decbr. Rescr. betr. die Wirkung eines Kontumacialerkenntnisses gegen den Kläger, II. 36.

8. Decbr. Rescr. betr. die Zulässigkeit der Revision in Schwängerungssachen, wenn von der Geschwächten zugleich die Rechte einer geschiedenen Ehefrau und die Rechte der ehelichen Geburt für das Kind in Anspruch genommen werden, II. 47.

8. Decbr. Rescr., daß die sechswöchentliche Frist für die Imploranten vom Tage der Insinuation an den Mandatar desselben ab zu rechnen sei, II. 103.

8. Decbr. Rescr. betr. die Appellationssumme im Concurse und in andern analogen Verfahren, II. 3 und III. 439.

8. Decbr. Rescr., daß die den Minorennen und gewissen moralischen Personen zustehende Wiedereinsetzung in den vorigen Stand durch die Verordnung vom 14. Decbr. 1833 nicht aufgehoben ist, II. 122.

8. Decbr. Rescr., daß bei der Anstellung der Mandatsklage wegen einer Hypothekenforderung gegen den Eigenthümer des verpfändeten Guts es gleichgültig ist, ob der Besitztitel für den letztern bereits berichtigt ist, II. 583.

9. Decbr. C. O. wegen des Gerichtsstandes der auf unbestimmte Zeit beurlaubten Unteroffiziere und Soldaten in Criminal- und Injuriensachen, I. 176.

12. Decbr. Rescr., daß die sechswöchentliche Frist zur Einlegung des Rechtsmittels der Appellation auch in den schleunigen Prozeßarten Anwendung findet, II. 111.

12. Decbr. Rescr. betr. die Unzulässigkeit der Zurückweisung einer von dem Pfandgläubiger nachgesuchten Execution in das Mobiliarvermögen des Schuldners, bevor letzterer den desfallsigen Einwand gemacht hat. II. 324.

15. Decbr. Rescr., daß, wenn ein Landwehrmann aus dem Militairverhältnisse entlassen wird, die gegen ihn erkannte militairische Strafe von dem Civilgerichte mit Vorbehalt des Rechtsmittels in eine bürgerliche Strafe verwandelt werden muß, I. 184.

16. Decbr. Rescr., wonach der Vormundschaftsrichter, in Lehnssachen der Lehnshof, in Kassensachen der Richter, welcher die Kasse zur Klage angewiesen oder zu vertreten hat, sich der Abfassung der Erkenntnisse enthalten muß, II. 88.

19. Decbr. Rescr. betr. die Zulässigkeit der freiwilligen Subhastation auf Antrag der Benefizialerben, III. 649.

20. Decbr. C. O. betr. die Verzichtleistung auf die Bestrafung in Injuriensachen und das Verfahren in solchen Injuriensachen, in welchen Militairpersonen oder Beamte verwickelt sind, II. 727.

1834.

22. Decbr. Rescr. betr. das Wegfallen der mündlichen Verhandlung, wenn der Appellant in dem Termine zur Rechtfertigung der Appellation ausgeblieben, II. 625.

1835.

2. Jan. Rescr. betr. das Forum beurlaubter Landwehr-Officiere, I. 172.
2. Jan. Rescr. betr. die Berechnung der Frist zur Einlegung der Rechtsmittel, wenn auf einen Eid erkannt oder eine Deklaration erfolgt ist, II. 116.
2. Jan. Rescr. betr. die Eintragung des den Gläubigern aus rechtskräftigen Erkenntnissen zustehenden Titels zum Pfandrecht, II. 417.
5. Jan. Rescr., daß der Adjudicatar nicht zur Baarzahlung des Kaufgeldes angehalten werden könne, wenn die Gläubiger solche nicht verlangen, III. 721.
5. Jan. Rescr. betr. die Kompetenz des Geheimen Ober-Tribunals zur Entscheidung auf die Nichtigkeitsbeschwerdesachen aus dem Bezirke des Justiz-Senats zu Koblenz, II. 118.
8. Jan. Rescr. betr. die Berechnung der sechswöchentlichen Frist zur Einlegung der Rechtsmittel. II. 114.
9. Jan. Rescr., daß bei dem vom Schuldner nach §. 24. der Verordnung vom 4. März 1834 zu führenden Nachweise die sämmtlichen laufenden Hypothekenzinsen in Abrechnung zu bringen sind, II. 425.
9. Jan. Rescr. betr. die Vorladung eines unbekannten Real-Interessenten bei dem Subhastationsverfahren und die Bestellung eines Assistenten für denselben, Falls seine Forderung bei den Kaufgeldern zur Hebung kommt, III. 677.
9. Jan. Rescr. betr. das Forum und das Verfahren bei den über streitige Specialmassen anhängig werdenden Prozessen, III. 718.
12. Jan. Rescr., daß auch fiskalische Stationen, Sachwalter einer Kirche und Vormünder sich sofort im Licitationstermine über den Zuschlag erklären müssen, III. 688.
12. Jan. Rescr. betr. die Appellationsfrist in schleunigen Prozeßarten, II. 112.
16. Jan. Rescr., die Competenz des Geh. Obertribunals zur Entscheidung auf Nichtigkeitsbeschwerden in fiskalischen Untersuchungen, II. 119.
19. Jan. Rescr., daß der Zinsberechtigte, statt der im Hypothekenbuche eingetragenen Naturalleistung den ihm gesetzlich gebührenden Preis mittelst der Mandatsklage einfordern kann, wenn auch der Preis aus dem Hypothekenbuche sich nicht ergiebt, derselbe aber durch ein öffentliches Attest bescheinigt ist, II. 584.
21. Jan. C. O. betr. die dem Vereine zur Erziehung armer verlassener Kinder zu Meseritz zustehende Sportelfreiheit, II. 242.
23. Jan. Rescr., daß im summarischen- und Bagatellprozesse auch Personen, welche die Vermuthung einer Vollmacht für sich haben, zur Vermeidung eines Contumacialverfahrens sich durch Vollmacht oder Schreiben legitimiren müssen, II. 601.
27. Jan. Rescr., betr. das Verfahren bei Bestätigung und Vereidung der Schiedsmänner, I. 273.
30. Jan. Resc. betr. die Publikation des Adjudikations-Urtheils an die ihrem Aufenthalte nach unbekannten Real-Gläubiger und die Ansetzung des Kaufgelderbelegungstermins, III. 701.

1835.

31. Jan. Rescr. betr. die Befugniß des Justizministers zur Niederschlagung von Succumbenzstrafen, II. 263.

2. Febr. Rescr. betr. die Zuziehung eines Protokollführers zu Zeugenvernehmungs-Verhandlungen in summarischen und Bagatellprozessen, II. 648.

3. Febr. Rescr. betr. die Frage: wer bei dem Subhastationsverfahren als bekannter Real-Interessent anzusehen ist, III. 677.

3. Febr. Rescr., wonach der Extrahent einer nothwendigen Subhastation nach abgehaltenem Licitationstermine den Antrag auf Subhastation nur mit Einwilligung sämmtlicher Interessenten zurücknehmen kann, III. 691.

4. Febr. u. 2. März. Rescr. über Erbschaftsentsagungen, Erbschaftsantretungen und Erbeslegitimationen, IV. 110.

4. Febr. Rescr. betreffend die Befugniß des Justizministers zur Niederschlagung von Succumbenzstrafen, II. 263.

4. Febr. Rescr. betr. die Nichtbefugniß der Gerichte in Steuerdefraudationen auch über die Verpflichtung zur Zahlung der Steuergefälle zu erkennen, III. 66.

4. Febr. Rescr., daß die Gerichtsferien die Exekutionsvollstreckung nicht hindern, II. 294.

5. Febr. Rescr. betr. die Feststellung der Priorität unter mehreren immittirten Gläubigern durch Erkenntniß, II. 407.

9. Febr. Rescr., daß der Tag der Zustellung des Erkenntnisses bei der sechswöchentlichen Frist nicht mitzurechnen ist, II. 114.

10. Febr. Rescr. betr. die Sistirung der Subhastation im Falle eines erhobenen Interventionsanspruchs, II. 348.

10. Febr. C. O. betr. die Verpflichtung der Beamten, welche in eine andre Amtswirksamkeit treten, IV. 212.

12. Febr. Rescr. betr. die den im Civildienste angestellt gewesenen Militair-Invaliden aus Civil-Fonds zu gewährende Competenz, IV. 317.

14. Febr. Cirkulare betr. die Annahme der Lohnschreiber, IV. 487.

15. Febr. Rescr. betr. das Rechtsmittel der Revision, der Nichtigkeitsbeschwerde und der Appellation, II. 113.

16. Febr. Rescr. betr. die Einrichtung der Referententabellen, IV. 552.

20. Febr. Rescr. betr. die Kumulation der Klagen im summarischen Prozesse, II. 650.

20. Febr. Rescr. betr. die Subhastation eines Grundstücks auf den Antrag eines persönlichen Gläubigers, wenn der Besitztitel für den Schuldner noch nicht berichtigt ist, III. 664.

21. Febr. Rescr. betr. das Verfahren bei Aufnahme von Partial-Cessionen. IV. 87.

23. Febr. Rescr., das gegen Purifications-Resolute der Untergerichte nicht der Rekurs, sondern nur die Nichtigkeitsbeschwerde statt findet, II. 94.

27. Febr. Rescr., daß den Berichten wegen Beförderung der Auskultatoren zu Referendarien die Dienstakten beizufügen sind, IV. 254.

2. März. Rescr., daß wenn in erster Instanz der Verkl. pure verurtheilt, und in zweiter Instanz dem Kläger erst noch ein Eid auferlegt worden, hiergegen dem Beklagten die Revision nicht zusteht, II. 45.

4. März. Rescr. betr. die Portofreiheit der gerichtlichen Correspondenz mit dem Königreiche Belgien in Insinuationssachen, I. 349.

4. März. C. O. betr. die Kosten des Aufgebots unbekannter Kassengläubiger, III. 640.

1835.

7. März. Rescr. betr. das Verfahren bei Belegung der Kaufgelder subhastirter Grundstücke, im Falle Minorenne dabei concurriren, III. 713.

7. März. Rescr. über die Verwendung des Werthstempels bei Abfassung der Adjudicationsbescheide, III. 719.

7. März. Rescr., daß bei allen gegenseitigen Injurien zwischen Militair- und Civilpersonen die Untersuchung durch ein gemischtes Gericht erfolgt, II. 740.

9. März. Rescr., daß von den Patrimonial-Richtern alle Monate Gerichtstage abgehalten werden sollen, IV. 423.

13. März. Rescr. betr. die Zulässigkeit der Wechselklage aus einem Wechselerkenntnisse, II. 543.

15. März. C. O. betr. die Aufhebung der akademischen Gerichtsbarkeit und die akademische Disciplin und Polizei bei der Universität zu Greifswald, I. 209.

19. März. Rescr. betr. die Abfassung der Subhastations-Patente, III. 663.

20. März. Rescr, daß über die Litis Denunciation nur in demselben Erkenntnisse, in welchem über die Hauptsache entschieden wird, erkannt werden kann, II. 133.

21. März. Rescr. betr. die Befugniß der Untergerichte, den an sie ergehenden Requisitionen auswärtiger Behörden unmittelbar zu genügen, I. 361.

25. März. Rescr. betr. die Execution mit Rücksicht auf die Verordnung vom 4. März 1834, II. 323.

26. März. Rescr. betr. die Eintragung des den Gläubigern aus rechtskräftigen Erkenntnissen zustehenden Titels zum Pfandrecht und die Fälle, in denen nur die Eintragung einer Protestation erfolgen kann, II. 417.

26. März. Rescr. betr. die Unzulässigkeit der Resubhastation bei einer freiwilligen Subhastation, III. 725.

30. März. Rescr. betr. die Exekution in den Sold der Feldwebel, Unteroffiziere und Soldaten und gegen Invaliden bei den Invaliden-Kompagnien, II. 398.

30. März. Rescr. betr. die Zulässigkeit der Terminsprorogation Seitens eines Juden, wenn der Termin auf einen Sabbath angesetzt ist, II. 603.

1. April. Rescr. betr. die Nichtbefugniß der Patrimonialgerichte in den wieder vereinigten Provinzen zur Einleitung von fiskalischen Untersuchungen, III. 50.

8. April. Rescr. betr. den Personal-Arrest wegen Befriedigung des Gläubigers, II. 340.

9. April. C. O. betr. die Qualifikation der Beistände der bei gutsherrlich bäuerlichen Regulirungen, Gemeinheitstheilungen und Auseinandersetzungen betheiligten Partheien, III. 253.

10. April. Rescr. betr. das Armenrecht bei den Gerichten verschiedener fremder Staaten, II. 215.

10. April. Rescr. betr. die Nichtbefugniß der Notarien zur Aufnahme von Verträgen über Aussetzung eines Altentheils und Ausschließung der Gütergemeinschaft, IV. 15.

10. April. Rescr. betr. die Zurücknahme des Antrags auf Subhastation Seitens des Extrahenten derselben, nach abgehaltenem Licitationstermine, III. 691.

11. April. Rescr. betr. die Gültigkeit des Subhastationsverfahrens mit Rücksicht auf die Verordnung vom 4. März 1834, wenn das Patent nicht oft

1835.

genug in die öffentlichen Blätter eingerückt und bei der Frist um weniger als 14 Tage gefehlt worden, III, 675.

12. April. C. O. betr. das Verfahren zur Beseitigung der Erinnerungen der Königl. Oberrechnungskammer in Beziehung auf streitige Dienstemolumente der Beamten, I. 73.

13. April. Rescr., daß die Berichtigung des Besitztitels für den Käufer eines im Concurse subhastirten Grundstücks von Distribution der Kaufgelder nicht abhängig ist, III. 724.

13. April. Rescr., betr. die Eintragung der Untersuchungskosten auf das Grundstück des Debenten, II. 423.

20. April. Rescr. betr. die Beschäftigung der Referendarien bei den Landes-Justizcollegien und Inquisitoriaten vor der 3ten Prüfung, IV. 273.

23. April. Rescr., daß bei der Referendariats-Prüfung das mündliche Examen der schriftlichen Probe-Arbeit vorausgehen müsse, IV. 254.

24. April. Rescr., daß ehemalige Offiziere, welche mit Beibehaltung ihrer Militair-Pension definitiv im Civildienst angestellt, in Untersuchungssachen dem Civilgerichtsamte unterworfen sind, I. 175.

24. April. Rescr. betr. die Berechnung der revisiblen Summe, II. 52.

25. April. Rescr. betr. den mit einem Subhastations-Antrage verbundenen Antrag auf Verzeichnung des Wirthschaftsinventarii, II. 305.

25. April. C. O. betr. den gänzlichen Verlust des Gnadengehalts der Militairinvaliden, die eines vor oder nach der Entlassung aus dem Militairstande begangenen Verbrechens überführt werden, welches während ihres Militairdienstes die Ausstoßung aus dem Soldatenstande zur Folge gehabt haben würde, IV. 314.

25. April. Gesetz über die Competenz der Dienst- und Gerichtsbehörden zur Untersuchung der von Staatsbeamten verübten Ehrenkränkungen, II. 742.

25. April. Gesetz betr. die Real-Jurisdiktion über veräußerte Theile eines eximirten Landgutes, I. 222.

26. April. C. O. über Verträge zahlungsunfähiger Schuldner zum Nachtheile ihrer Gläubiger, III. 405.

27. April. Rescr., daß Familien- und Standesverhältnisse nur dann die Zulässigkeit der Revision begründen, wenn über dieselben in der Urtelsformel selbst erkannt ist, II. 42.

27. April. Rescr. betr. die Fälle, in denen der Sequester von der Cautionsleistung befreit werden kann, II. 475.

29. April. Rescr. betr. die Beschäftigung der Referendarien bei den Militair-Gerichten und der Auditeure bei den Civilgerichten, IV. 260.

29. April. Rescr. betr. die Kosten in den auf Antrag des Fiscus eingeleiteten und demnächst wieder aufgehobenen Subhastationen, II. 239.

1. Mai. Rescr. betr. die baaren Auslagen in fiscalischen Untersuchungen bei Patrimonial-Gerichten, III. 75.

1. Mai. Rescr., wonach die Ausfertigung der Erbverträge vor den ordentlichen Richter des Verstorbenen und die Ausfertigung der Eheverträge vor den Richter, vor welchem sie geschlossen worden, gehören, IV. 107.

6. Mai. Resc., daß in summarischen Prozeßsachen 2ter Instanz die mündliche Verhandlung auch dann statt findet, wenn der Appellat in dem Termine zur Beantwortung des Appellationsberichts nicht erschienen ist, II. 628.

8. Mai. Rescr., daß großjährige Gesellen in der Regel an dem Orte, wo sie

1835.

in Arbeit stehen, ihr Domicil und ihren persönlichen Gerichtsstand haben, I. 148.

8. Mai. Rescr., daß bei Gemüthszustands-Untersuchungen Wundärzte die Stelle promovirter Aerzte nicht vertreten können, III. 134.

8. Mai. Rescr., daß wenn bei Vollstreckung der Execution der Exequendus Benefizialerbe zu sein behauptet und auf Eröffnung des erbschaftlichen Liquidationsprozesses anträgt, darüber durch ein Decret zu entscheiden, II. 287.

8. Mai. Rescr. betr. die Ausstellung der Vollmachten von einer Handlungsgesellschaft, I. 290.

9. Mai. Rescr., daß auch in Ansehung des Fiskus die Zustellung des Erkenntnisses an den Mandatar den Anfang des fatale bestimmt, II. 117.

12. Mai. Rescr. betr. die executio ad faciendum, II. 316.

13. Mai. Rescr., daß den Patrimonialrichtern niemals der Genuß der Sporteln überlassen werden darf, IV. 421.

13. Mai. Rescr. betr. die Verzichtleistung auf Bestrafung bei thätlicher Widersetzlichkeit gegen Abgeordnete der Obrigkeit, II. 728.

15. Mai. Rescr. betr. die Verpflichtung der Beamten, welche in eine andere Amtswirksamkeit treten, IV. 212.

15. Mai. Rescr. betr. die Vertheilung der Revenüen eines unter gerichtliche Sequestration gestellten Grundstücks, II. 476.

15. Mai. C. O., daß in geringen Injuriensachen der Militair-Personen die Vorschriften der Prozeßordnung Tit. 34. 35. subsidiarisch zur Anwendung kommen, II. 738.

21. Mai. Rescr., daß Schauspieler auf die den Künstlern und Professionisten bei Vollstreckung der Exekution beigelegten Vorrechte keinen Anspruch haben, II. 358.

28. Mai. Rescr. betr. die Zulässigkeit der Beschlagnahme von Gebühren eines Oekonomie-Kommissarius, welche derselbe außer seinem Dienstverhältniß verdient hat, II. 384.

29. Mai. Rescr. betr. die Abfassung der Purifications-Resolutionen in summarischen Prozessen, II. 632.

29. Mai. C. O., daß die in Prozessen durch das Gericht den Partheien zugeordneten Stellvertreter keiner Vollmacht bedürfen, I. 280.

2. Juni. Rescr., daß der Mandats-, summarische- und Bagatellprozeß auch in den vor die Handelsgerichte gehörigen Rechtssachen statt findet, II. 649.

3. Juni. Rescr. betr. die Berechnung der rückständigen und laufenden Zinsen bei der Kaufgelder-Vertheilung, III. 719.

5. Juni. Resc. betr. die executio ad faciendum, II. 316.

5. Juni. Rescr., daß die in Prozessen, durch das Gericht den Partheien zugeordneten Stellvertreter keiner Vollmacht bedürfen, I. 280.

6. Juni. Rescr. betr. das Verfahren, wenn in Steuer-Contraventionsfällen nach geschehener Verwandlung der Geldbuße in Gefängnißstrafe der Verurtheilte sich zur Erlegung der Geldbuße erbietet, III. 70.

7. Juni. Rescr., daß Patrimonialrichter als Staatsdiener zu betrachten und als solche in Beziehung auf die Heranziehung zur Communalsteuer zu behandeln sind, II. 378.

7. Juni. Rescr. betr. den Ausdruck „laufende Alimente", II. 399.

8. Juni. Verordnung betr. die Einrichtung des Königl. Creditinstituts für Schlesien, III. 624.

1835.

10. Juni. Rescr. betr. die Verbindlichkeit des Verkaufsberechtigten sich über den Zuschlag sofort im Licitationstermin zu erklären, III. 690.

12. Juni. Instruktion wegen Benachrichtigung der hypothekarischen Gläubiger bei Veräußerungen von Grundstücken oder Gerechtigkeiten, IV. 61.

12. Juni. Rescr. betr. die Verpackung von Sachen und Akten, welche mit der Post versandt werden, IV. 491.

16. Juni. Rescr., daß die dem Sequester zu ertheilende Anweisung die Stelle des Distributionsplans vertritt, II. 481.

17. Juni. Rescr. betr. die Grundsätze bei Bestimmung der executionsfreien Saat- und Erntezeit, II. 292.

19. Juni. Rescr., daß das Kaufgelder-Belegungs-Verfahren durch Einlegung der Nichtigkeitsbeschwerde nicht aufgehalten werde, III. 710.

26. Juni. Rescr. betr. die Einreichung der bei den Gerichten eingegangenen Begnadigungsgesuche, III. 93.

26. Juni. Rescr. nebst Anlage betr. die Prüfung der Subaltern-Beamten, IV. 323.

26. Juni. Rescr., wonach die Dirigenten der Deputationen für den summarischen Prozeß von der Bearbeitung einzelner Sachen als Referenten nicht ausgeschlossen sind, II. 606.

29. Juni. Rescr. über die Zulässigkeit der Verzichtleistung auf die mündliche Verhandlung in summarischen Prozeßsachen, II. 608.

29. Juni. Gesetz wegen Sicherstellung der Rechte dritter Personen bei gutsherrlich-bäuerlichen Regulirungen, Gemeinheitstheilungen, Ablösungen u. s. w., III. 261.

30. Juni. Rescr. betr. die Competenz der Gerichtsbehörden im Großherzogthum Posen, I. 59.

30. Juni. Rescr., wonach in Blödsinnigkeits- und Prodigalitäts-Prozessen das Rechtsmittel der Revision zulässig ist, II. 43.

1. Juli. Instruktion über das Verfahren bei Competenz-Conflicten zwischen den Gerichten und Verwaltungsbehörden, I. 68.

6. Juli. Rescr., daß durch Anmeldung der Revision die Frist zur Einlegung der Nichtigkeitsbeschwerde nicht erhalten wird, II. 99.

11. Juli. Rescr. betr. die Abfassung der Erkenntnisse in Vormundschafts-, Lehns- und Kassensachen, in Konkursen und Liquidations-Prozessen, II. 88.

13. Juli. Rescr. betr. die Subhastation eines Grundstücks auf den Antrag eines persönlichen Gläubigers und die Zulässigkeit derselben, wenn der Besitztitel noch nicht für den Schuldner im Hypothekenbuche berichtigt ist, III. 664.

13. Juli. Rescr., daß das Gesetz vom 26. April 1835 über Verträge zahlungsunfähiger Schuldner zum Nachtheil ihrer Gläubiger auf die vor Publikation desselben geschlossenen Verträge keine Anwendung findet, III. 407.

16. Juli. Rescr. betr. die Beschäftigung der Auditeure bei den Civilgerichten, IV. 260.

21. Juli. Rescr. betr. die Zulässigkeit rechtlicher Einwendungen im Mandatsprozeß, II. 591.

23. Juli. C. O. betr. die Depositalverwaltung bei Patrimonialgerichten, IV. 424.

24. Juli. Rescr., daß Justiz-Commissarien und Notarien außer den Grenzen ihres Bezirks keine öffentlichen Versteigerungen vornehmen dürfen. IV. 372.

1835.

25. Juli. Rescr., daß in Injuriensachen das Rechtsmittel der Restitution gegen ein Contumacial-Erkenntniß nicht statt findet, II. 731.

28. Juli. Rescr., daß ein Erkenntniß, welches auf einem nichtigen Grunde beruhet, für nichtig zu erklären ist, wenngleich dessen Entscheidung aus andern Gründen gerechtfertigt wird, II. 104.

31. Juli. Rescr. betr. die Deposital-Verwaltung bei Patrimonial-Gerichten, IV. 424.

6. Aug. Rescr., daß wegen Betrugs die fiskalische Untersuchungsform nur dann statt findet, wenn vorauszusehen ist, daß keine höhere als willkührliche Geld- oder Gefängnißstrafe eintreten wird, III. 15.

8. Aug. C. O. betr. die Bekräftigungsformel bei den Eiden katholischer Confessionsverwandten, I. 520.

9. Aug. Rescr. betr. die Gebühren der Mandatarien in Nichtigkeitssachen, welche durch Entsagung oder Vergleich beendigt sind, II. 107.

10. Aug. Rescr. betr. die Frage: welche Interessenten bei der Nichtigkeitsbeschwerde gegen ein Adjudikations-Erkenntniß als Imploranten zuzuziehen sind, II. 103.

10. Aug. Rescr. betr. die Berichtigung eines im Subhastations-Prozesse enthaltenen Irrthums und die gleichzeitige Ansetzung des Subhastationstermins für mehrere Grundstücke, III. 664.

13. Aug. Rescr. betr. das Verfahren bei Requisitionen an französische Gerichtsbehörden, I. 349.

14. Aug. Rescr., daß, wenn im Bagatellprozesse der Verkl. in dem Termine zur Verhandlung der Sache nicht erscheint, das mit der Vorladung verbundene Mandat in die Kraft eines Contumazial-Erkenntnisses übergeht, ohne daß es einer besondern Benachrichtigung an den Verkl. bedarf, auf schriftliche Eingaben jedoch jederzeit ein Bescheid zu erlassen ist, II. 641.

19. Aug. Rescr., daß die bei Königl. Gerichten in Injuriensachen erwachsenden baaren Auslagen aus dem Criminalfonds zu berichtigen sind, II. 744.

19. Aug. C. O. betr. die Berichtigung des Schuldenverhältnisses mehrerer Landgemeinden in Schlesien, welche durch den Ankauf von Rittergütern und deren Vertheilung sich mit Schulden belastet haben, für welche sie als Correal-Verpflichtete haften, III. 338.

20. Aug. Rescr., daß Beamte zur Ableistung des Manifestationseides durch Personal-Arrest angehalten werden können, II. 177.

25. Aug. Rescr., daß für die von den Justiz-Commissarien zu den Hypothekenakten einzureichende vidimirte Abschrift der Veräußerungsverträge, sowie für den Einreichungsbericht, keine Gebühren genommen werden können, IV. 62.

25. Aug. Rescr. betr. die Exekution aus einem mit einer Ehefrau im Interventionsprozesse geschlossenen Vergleiche und daß die Rechte aus einem exekutorischen Vergleiche auch auf einen Singular-Successor des Berechtigten übergehen, II. 275.

26. Aug. Rescr., daß die bei den Gerichten als Unterbediente beschäftigten Militair-Invaliden das Militairgnadengehalt beziehen, so lange sie keine etatsmäßige Stelle verwalten, IV. 310.

29. Aug. C. O. betr. die Competenz zur Abfassung des Erkenntnisses dritter Instanz in fiskalischen Untersuchungs- und Injuriensachen, II. 726.

1835.

31. Aug. Rescr. betr. die Einreichung einer Liste der seit länger als drei Jahren anhängigen Rechtssachen, IV. 579.

31. Aug. Rescr. betr. die Subhastation eines Grundstücks auf den Antrag eines persönlichen Gläubigers und die Zulässigkeit derselben, wenn der Besitztitel noch nicht für den Schuldner im Hypothekenbuche berichtigt ist, III. 664.

1. Sptbr. Rescr. betr. das Verfahren bei der Exekution in Altentheils-Prästationen, II. 373.

3. Sptbr. C. O., daß in fiskalischen Untersuchungen wider Beamte nicht bloß wegen Dienstvergehen, sondern auch wegen gemeiner Verbrechen das Aggravationsmittel zulässig ist, III. 84.

12. Sptbr. Rescr. betr. die Zulässigkeit der Mandatsklage aus ausländischen Notariatsurkunden und über die Statthaftigkeit der Mandatsklage gegen Erben, deren Besitztitel noch nicht berichtigt ist, II. 583.

14. Sptbr. Rescr. betr. die Annahme von Familiennamen durch Adoption, IV. 19.

16. Sptbr. Rescr. betr. die Befugniß der Landarmen-Direktionen von den in den Landarmenhäusern detinirten Personen die Detentionskosten ohne Prozeß und Festsetzung exekutivisch einziehen zu können, I. 116.

16. Sptbr. Rescr. betr. die Verpflichtung Preußischer Unterthanen, sich auf Vorladungen auswärtiger Behörden, namentlich zur Vernehmung als Zeugen zu gestellen, I. 361.

17. Sptbr. Rescr. betr. die abschriftliche Mittheilung der, gegen Kirchen und andere denselben gleichstehende Stiftungen und Institute angebrachten Klagen an die Regierungen, I. 320.

17. Sptbr. Rescr. betr. die Aufnahme und Eintragung von Partial-Cessionen, IV. 88.

18. Sptbr. Rescr. betr. die Unzulässigkeit der Abänderung der Förmlichkeiten der Subhastation auf Antrag der Interessenten, III. 673.

18. Sptbr. Rescr. betr. die Zulässigkeit des Verzichts auf das in §. 5. der Verordnung vom 4. März 1834 vorgeschriebenen Mandat, III. 620.

18. Sptbr. Rescr., daß bei dem gerichtlichen Aufgebote herrenloser Erbschaften der Diligenzeid nicht von dem Mandatar des Fiskus, sondern von dem Nachlaßkurator zu leisten sei, III. 627.

19. Sptbr. Rescr., daß die Appellation in summarischen Prozessen in denjenigen Fällen, in welchen früher der Exekutiv-Prozeß statt fand, nur Devolutiv-Effekt hat, II. 620.

23. Sptbr. Rescr. betr. die Befugniß des Pfandgläubigers, die Exekution ohne Freigebung des Pfandes nachzusuchen, mit Rücksicht auf die Verordnung vom 4. März 1834. II. 323.

23. Sptbr. C. O. wegen des Rechtsverhältnisses der Eigenthümer von Stromfahrzeugen zu den Führern derselben, der Schiffsführer zu den Schiffsknechten und der Stromschiffer zu den Befrachtern, I. 119.

26. Sptbr.
9. Octbr. Rescr. betr. die Zulässigkeit der Subhastation auf den Antrag eines Miteigenthümers, wenn das Miteigenthum noch nicht im Hypothekenbuche eingetragen ist, III. 667.

28. Sptbr. Rescr. betr. die Regulirung des Nachlasses minderjähriger oder unter väterlicher Gewalt stehender Soldaten, I. 170.

29. Sptbr. C. O. betr. das Verfahren bei den gerichtlich aufzunehmenden Taxen adliger Güter im Großherzogthum Posen, IV. 145.

1835.

1. Octbr. Rescr. betr. die Verschiedenheit der beiden ersten Erkenntnisse, wenn wegen derselben die Revision zulässig sein soll, II. 45.

3. Octbr. Rescr. betr. den Nachweis der Kündigung bei Mandatsklagen, II. 582.

5. Octbr. Rescr. betr. die Cumulation der Revision und Nichtigkeitsbeschwerde, II. 99.

6. Octbr. Rescr., daß der Erbzinsherr und der Erbverpächter ihre Erklärung über die Ertheilung des Zuschlags des subhastirten Erbzins- oder Erbpachtsgutes in dem Subhastationstermine abgeben müssen, III. 689.

8. Octbr. Rescr. betr. die Unzulässigkeit der einseitigen Zunahme einer Ehescheidungsklage in zweiter Instanz, III. 162.

9. Octbr. Rescr. betr. die Gültigkeit des Subhastationsverfahren, wenn das Patent nicht oft genug in die öffentlichen Blätter eingerückt und bei der Frist um weniger als 14 Tage gefehlt worden, III. 675.

9. Octbr. Rescr., daß in den Erkenntnissen die Partheien stets namentlich zu benennen sind, I. 573.

9. Octbr. Rescr. betr. die Befugniß der Mandatarii zu Exekutionsanträgen, I. 287.

12. Octbr. Instruktion wegen des schiedsrichterlichen Verfahrens zur nähern Bestimmung der §. 6. 31—34 der Verordnung vom 30. Juni 1834 wegen des Geschäftsbetriebs in Angelegenheiten der Gemeinheitstheilungen zc. III. 284.

13. Octbr. Rescr. betr. die Anwendung des Rescripts vom 11. Juli 1835, II. 90.

17. Octbr. Rescr., daß die Vollmachten zur Führung der Prozesse der Stadtgemeinden allein durch die Magistrate ausgestellt werden, I. 292.

17. Octbr. Rescr. betr. die Frage: ob eine Prozeß-Vollmacht zur Zurücknahme eines Liquidats im Konkurse ermächtige, I. 288.

19. Octbr. Rescr. betr. die Unzulässigkeit der Revision in Prozessen über Familien-
24. Octbr. und Standesverhältnisse, II 42.

23. Octbr. Rescr., daß Mandatarien auch bloße Abschriften der Erkenntnisse erhalten können, II. 116.

26. Octbr. C. O. betr. das Forum der Militair-Personen bei Verbrechen und Vergehungen wider die Verfassung und öffentliche Ordnung, I. 174.

27. Octbr. Rescr., daß bei der Publikation eines Erkenntnisses an einen der abwesenden Parthei von Amtswegen bestellten Assistenten die Appellationsfrist von dem Tage der Zustellung des Erkenntnisses an den Assistenten berechnet wird, II. 117.

28. Octbr. Rescr. über die Zulässigkeit der Nullitätsklage ex falsa causa neben der Nichtigkeitsbeschwerde, II. 119.

30. Octbr. Rescr. über die Zulässigkeit der Cession der Rechte aus dem Meistgebot bei Subhastationen, III. 693.

30. Octbr. Rescr. betr. die Dauer des Licitationstermins, wenn mehrere Grundstücke zugleich subhastirt werden, III. 685.

31. Octbr. Rescr. betr. die Zulässigkeit persönlicher Klagen vor diesseitigen Gerichten gegen kurhessische Unterthanen, die mit Grundeigenthum in diesseitigen Staaten angesessen sind, I. 227.

31. Octbr. Rescr. betr. die Entlassung untauglicher, noch nicht 15 Jahr dienender Beamten im Disciplinarwege ohne Pension, III. 42.

1. Novbr C. O. wegen des Justizraths-Titels, IV. 174.

2. Novbr. Rescr. betr. die Zulässigkeit der Litisdenunciation im Mandatsprozesse, II. 592.

1835.

6. Novbr. Rescr., daß in die der ehelichen Gütergemeinschaft unterworfenen Grundstücke keine Exekution aus den gegen den Ehemann ergangenen Erkenntnissen statt findet, I. 138.

6. Novbr. Rescr., daß ein Denunziantenantheil an Strafgeldern nicht zu den Dienstemolumenten gehört, und unter den im §. 16. der Verordnung vom 4. März 1834 gedachten andern Einkünften nur regelmäßig wiederkehrende Hebungen zu verstehen, II. 406.

7. Novbr. C. O. betr. die anderweitige Bestimmung der zur Anstellung im Civil berechtigenden Dienstzeit der Unteroffiziere, IV. 307.

8. Novbr. C. O. betr. die Immediat-Begnadigungsgesuche, III. 93.

9. Novbr. Rescr., daß durch die C. O. vom 1. Juli 1834 die Vorschrift des §. 172. des Anh. zur A. G. O. wegen Sequestration der adligen Güter nicht abgeändert worden, II. 469.

10. Novbr. Rescr., daß bei der Exekution gegen Erben, deren Beneficialerben-Qualität dem Gericht nicht bekannt ist, es Seitens des Extrahenten keiner Bezeichnung von Nachlaßgegenständen bedarf, II. 287.

10. Novbr. Rescr., daß in Vormundschaftssachen der Vormundschaftsrichter der Abfassung der Erkenntnisse sich enthalten müsse, II. 90.

10. Novbr. C. O. betr. die Anwendung des §. 73. der Verordnung vom 1. Juni 1833 auf die nicht summarischen Prozeßsachen, und das Verfahren bei Abfassung der Erkenntnisse bei Gerichten, die nur aus drei Mitgliedern bestehen, wenn eins derselben behindert ist, I. 575.

11. Novbr. Rescr., daß durch die bloße Anmeldung der Nichtigkeitsbeschwerde die Einlegungsfrist nicht bewahrt wird, II. 98.

12. Novbr. Rescr. betr. das Subhastations- nnd Kaufgelder-Belegungsverfahren bei bepfandbrieften Gütern, III. 708.

12. Novbr. Rescr. betr. die Anwendung des §. 74. des Anh. zur A. G. O. im summarischen Prozesse, II. 637.

13. Novbr. Rescr. betr. die Eintragung des den Gläubigern aus rechskräftigen Erkenntnissen zustehenden Titels zum Pfandrecht, II. 417.

13. Novbr. Rescr., daß die Verzichtleistung auf Bestrafung in Injuriensachen statt findet, wenn auch der Verurtheilte die Strafe bereits angetreten hat, II. 729.

14. Novbr. Rescr. betr. die Gesuche um Verleihung der Anstellungsfähigkeit zum Subalternendienst, IV. 319.

16. Novbr. Rescr. betr. die sofortige Anberaumung des Kaufgelder-Belegungstermins nach Publikation des Adjudikationsbescheides, III. 709.

18. Novbr. Rescr., daß in Injuriensachen gegen Contumacial-Erkenntnisse das Rechtsmittel der Restitution nicht statt findet, II. 731.

19. Novbr. Rescr. betr. die Anwendu des Circular-Rescripts vom 11. Juli 1835 II. 90.

19. Novbr. Rescr. betr. den Anfang des Fatale, wenn die ertheilte Urtelsausfertigung unvollständig gewesen, II. 116.

21. Novbr. C. O. betr. die Amtsverschwiegenheit öffentlicher Beamten, IV. 224.

24. Novbr. Rescr. betr. die Aufnahme der Taxen von Grundstücken durch Dorfgerichte, IV. 138.

24. Novbr. Rescr. betr. das Exekutionsverfahren in gutsherrliche Grundrenten und die Unzulässigkeit des Verkaufs derselben, II. 371.

1835.

25. Novbr. Rescr., daß die im Bagatellprozeß erlassene Vorladung des Verkl. nur dann die Kraft eines Contumacial-Erkenntnisses erlangt, wenn die Insinuation richtig erfolgt ist, II. 642.

25. Novbr. Rescr. betr. die executio ad faciendum, II. 316.

26. Novbr. Rescr. betr. die Festsetzung der Gebühren und Auslagen der in einer summarischen Prozeßsache die Parthei in zweiter Instanz vertretenden Justizkommissarien, II. 210.

27. Novbr. Rescr. betr. die Exekution in die Nutzungen eines Pachtrechts und die Unzulässigkeit der förmlichen Sequestration eines Pachtrechts, II. 411.

1. Decbr. Rescr., daß die Höhe des Objekts bestimmt, ob über die Einwendungen in der Exekutionsinstanz im summarischen oder im Bagatellprozesse zu verfahren ist, II. 308.

4. Decbr. Rescr., daß die Anträge wegen Einleitung der zur Competenz der Untergerichte gehörenden fiskalischen Untersuchungen über Steuervergehen und Widersetzlichkeiten gegen Steuer- und Polizeibeamte von den Verwaltungsbehörden unmittelbar bei den betreffenden Untergerichten zu machen sind, III. 32.

5. Decbr. C. O. betr. die Anwendbarkeit des fiskalischen Untersuchungsverfahrens bei den den Beamten niedern Ranges in der Ausübung ihres Amtes zugefügten Beleidigungen, II. 719.

5. Decbr. C. O. über die Anwendbarkeit der C. O. vom 4. Juli 1832 auf Klagen der in letzterer gedachten Personen, I. 147.

11. Decbr. Rescr. betr. die Form der Notariats-Instrumente, IV. 393.

18. Decbr. Rescr., daß die Einlegung des Exekutors im Wege des Disciplinarverfahrens gegen säumige Beamte keine zulässige Zwangsmaaßregel ist, II. 314.

8. Decbr. Rescr. betr. die Eintragung von Arresten auf Immobilien, II. 657.

1. Decbr. Instruktion für die General-Commission und die Oberlandes-Gerichte im Großherzogthum Posen über das bei Abschätzung adliger Güter zu beobachtende Verfahren, IV. 145.

7. Decbr. Rescr. betr. die Gebühren und die Competenzbefugnisse der Kreisjustizräthe in Schlesien, III. 497.

28. Decbr. Rescr. betr. die Anwendung des §. 20. der Verordnung vom 4. März 1834, wenn die Subhastation im Konkurse erfolgt ist, III. 726.

30. Decbr. Rescr. betr. die Capitalisirung der Zinsen Rückstände und die Eintragung derselben als eines neuen Kapitals in das Hypothekenbuch, II. 419.

30. Decbr. Rescr. betr. den Einfluß der Verordnung vom 14. December 1833 auf die Bestimmung des §. 37. der Verordnung vom 1. Juni 1833, II. 617.

31. Decbr. Rescr., daß bei Begnadigungs- und Milderungsgesuchen der Strafvollstreckung bis zum Eingange der Entscheidung über die Gesuche Anstand zu geben ist, III. 94.

1836.

4. Jan. Rescr. betr. die Erläuterung des §. 17. der Verordnung vom 4. März 1834, II. 407.

4. Jan. Rescr. betr. das Forum des dem Verkl. im Mandatsprozesse freistehenhenden Separatprozesses, II. 593.

1836.

8. Jan. Rescr. betr. die Unzulässigkeit des Rechtsweges über die Zutheilung eines Grundstücks zu einer bestimmten Schulsocietät, I. 115.

8. Jan. Rescr. betr. das Verfahren im Confiskationsprozesse, III. 96.

11. Jan. Rescr. betr. die Unzulässigkeit der Nichtigkeitsbeschwerde gegen die auf den Rekurs ergehenden Resolutionen, II. 95.

12. Jan. Rescr. betr. die Insinuation der Vorladung der Gläubiger zur Erklärung über die dem Sequester zu ertheilende Anweisung wegen Vertheilung der Revenuen, II. 481.

12. Jan. Rescr. betr. die Nichtbefugniß des Vormundschaftsrichters zur Abfassung des Erkenntnisses in Sachen, bei welchen Curanden interessiren, II. 90.

14. Jan. Rescr. betr. die Fortdauer der Exekutionsmaaßregeln während des erbschaftlichen Liquidationsprozesses, II. 288.

20. Jan. Rescr., daß ein Verlust an dem vom Adjudikatar ad depositum gezahlten Kaufgelde die Berichtigung des Besitztitels für den Adjudikatar nicht hindert, III. 722.

20. Jan. Rescr. betr. die Attestirung der Handschrift bei Notariatsinstrumenten, IV. 397.

22. Jan. Rescr. betr. die Anbringung der Nichtigkeitsbeschwerde bei dem Richter zweiter Instanz, II. 98.

29. Jan. Rescr., daß Kreisphysiker hinsichtlich der Beschlagnahme des Gehalts die Rechte der Beamten haben, II. 381.

31. Jan. Rescr. betr. das Untersuchungsverfahren bei gegenseitigen Injurien zwischen Militair- und Civilpersonen, II. 471.

1. Febr. Rescr, daß über die Vereinigung mehrerer Schulen zu einer Gesammtschule und über die allgemeine Verbindlichkeit zur Unterhaltung einer Schule beizutragen, der Weg Rechtens nicht zulässig, I. 115.

3. Febr. Rescr. betr. die Bekanntmachung des Aufgebots unbekannter Realprätendenten bei Subhastationen, III. 669.

5. Febr. Rescr. betr. die Insinuation gerichtlicher Verfügungen von und nach den Oesterreichischen Staaten, I. 361.

6. Febr. Rescr. betr. die Zulässigkeit der Revision bei Todeserklärungen, II. 43.

8. Febr. Rescr. betr. das Forum und Verfahren bei den über streitige Specialmassen anhängig werdenden Prozessen, III. 718.

15. Febr. Rescr. betr. die Befugniß des Geh. Obertribunals zu moratorischen Verfügungen behufs Erledigung interlokutorischer Anordnungen, II. 105.

18. Febr. Rescr. betr. die Frage, in wiefern der Schuldner durch die an den Exekutor geleistete Zahlung von seiner Verbindlichkeit frei wird, II. 338.

20. Febr. Rescr. betr. die Abfassung des Erkenntnisses zweiter Instanz, wenn auf die mündliche Verhandlung verzichtet ist, II. 630.

20. Febr. Rescr. betr. die Aufnahme von Veräußerungsverträgen über Grundstücke, wenn der Besitztitel des Verkäufers noch nicht berichtigt ist, IV. 70.

24. Febr. Rescr. betr. die Anwendung der C. O. vom 29. Mai. 1835. auf summarische Prozesse, I. 280.

24. Febr. Rescr., daß wenn in erster und zweiter Instanz verschieden erkannt worden, die Revision nur der Parthei zusteht, zu deren Nachtheil in zweiter Instanz geändert ist, II. 46.

1836.

25. Febr. Rescr. betr. die Exekutionsvollstreckung gegen Militairpersonen, II. 298.

26. Febr. Rescr. betr. die Form der von Dorfgemeinden auszustellenden Vollmachten, I. 295.

26. Febr. Rescr. betr. den Rekurs gegen gerichtliche Entscheidungen über die Kosten, II. 5.

26. Febr. Rescr. betr. die Betreibung der von ausländischen Sachwaltern deservirten Gebühren von diesseitigen Unterthanen, II. 302.

28. Febr. Rescr. betr. die Zulässigkeit des Personalarrests bei der executio ad faciendum gegen Beamte, II. 302.

28. Febr. Rescr. betr. das Verfahren, wenn der Adjudikatar und die Gläubiger in dem Kaufgelderbelegungstermine nicht erscheinen, III. 717.

28. Febr. Rescr., daß der Adjudikatar eines im Konkurse subhastirten Grundstücks die Berichtigung des Besitztitels auch vor Vertheilung der Kaufgelder verlangen kann, III. 724.

4. u. 6. März. Rescr. betr. das den bevormundeten Personen und den ihnen gleichgesetzten Corporationen zustehenden Rechtsmittel der Restitution, II. 123.

5. März. Rescr. betr. die Einziehung unstreitiger Dominialgefälle, II. 271.

7. März. Rescr. betr. die Nichtbefugniß der bei Obergerichten angestellten Justizkommissarien als Rechtsbeistände bei Untergerichten aufzutreten, IV. 371.

8. März. Rescr., daß durch die Vorschrift §. 25. der Verordnung vom 4. März 1834 der §. 113. Tit. 24. Thl. I. der A. G. O. nicht aufgehoben ist, II. 482.

9. März. Rescr. betr. das Verhalten des erkennenden Richters bei versäumter Frist zur Einlegung der Rechtsmittel, II. 109.

9. März. Rescr. betr. das Rechtsmittel der Appellation und der Nichtigkeitsbeschwerde, II. 117.

11. März. Rescr. betr. die Zurückweisung der Nichtigkeitsbeschwerde per decretum II. 102.

12. März. Rescr. betr. die Liquidation und Verificirung der Forderungen bei der Kaufgelderbelegung, III. 717.

25. März. Rescr. betr. die Zulässigkeit der Revision gegen solche Erkenntnisse, welche in Folge eines vor dem 14. Decbr. 1833 erlassenen Resoluts des Revisionsrichters ergangen sind, II. 120.

25. März. Rescr. betr. die Begründung der Mandatsklage wegen Mandatariengebühren, II. 586.

26. März. Rescr., daß vor der Beschlagnahme der Gebühren der Feldmesser, Baukondukteure und Oekonomiekommissarien mit der Behörde, bei welcher sie beschäftigt sind, Rücksprache zu nehmen, II. 384.

27. März. Rescr., daß mit dem Antrage auf Eintragung einer Forderung im Wege der Exekution der Antrag auf Beschlagnahme der Revenuen verbunden werden könne, II. 421.

28. März. Rescr. betr. den Verlust oder Fortgenuß des Gnadengehalts oder Wartegeldes solcher Militairinvaliden, welche eine vorübergehende Anstellung im Civil erhalten haben, IV. 310.

29. März. C. O. betr. die Substitution der Gerichte zur Abfassung der Erkenntnisse, II. 92.

30. März. Rescr. betr. die Verwandlung einer freiwilligen Subhastation in eine nothwendige, III. 736.

1836.

4. u. 9. April. Rescr. betr. die Ausschließung der Resubhastation durch ein vom Adjudikatar behauptetes Compensationsrecht, III. 727.

8. April. Rescr., daß es von der Erklärung des Adjudikatars abhängt, ob er eine ihm selbst zustehende, zur Perception gekommene Hypothekenforderung oder auch eine andere, von ihm nicht übernommene Hypothekenpost ungelöscht lassen will, III. 722.

8. April. Rescr. betr. das Forum des dem Verklagten im Mandatsprozesse freistehenden besondern Prozesses, II. 593.

9. April. C. O. betr. die Ausdehnung der C. O. vom 26. August 1825 auf alle bäuerlichen Auseinandersetzungen, III. 254.

11. April. Rescr. betr. die Befugniß eines Miteigenthümers, auf den Verkauf des gemeinschaftlichen Grundstücks anzutragen, III. 653.

14. April. Rescr. betr. den Kostenansatz in cumulirten Konfiskationsprozessen, III. 97.

15. April. Rescr. betr. die Qualität der reconveniendo geltend zu machenden Forderungen, II. 147.

15. April. Rescr. betr. die Wirkung eines Judikats über Hypothekenrechte gegen den neuen Acquirenten eines Grundstücks, II. 279.

16. April. C. O. betr. das Verfahren bei Personal-Exekutions-Gesuchen wider die Häupter und Mitglieder der ehemals reichsunmittelbaren, jetzt mediatisirten Fürstenhäuser, II. 494.

18. April. Rescr., daß in Injuriensachen, wenn in der Hauptsache kein weiteres Rechtsmittel zulässig ist, auch wegen des Kostenpunkts der Rekurs nicht statt findet, II. 722.

22. April. Rescr. betr. die Entrichtung der Grundsteuer von den zu einer Konkursmasse gehörigen Grundstücken, III. 517.

22. April. Rescr. betr. die Befugniß der Justizkommissarien, welche eine Parthei in erster Instanz vertreten haben, zu deren Vertretung in zweiter Instanz bei dem Obergericht, IV. 371.

22. April. Rescr. betr. die Frage, welches Gericht über die Zulassung zur Restitution zu entscheiden hat, II. 124.

24. April. Rescr. betr. die Befugniß der Deputation, eine zum summarischen Prozeß verwiesene Sache zum ordentlichen Prozeß zurückzuverweisen, II. 597.

25. April. Rescr. betr. die Verschiedenheit der beiden ersten Erkenntnisse, wenn wegen derselben die Revision zulässig sein soll, II. 46.

25. April. Regulativ betr. die Kosten der gutsherrlich-bäuerlichen Auseinandersetzungen, Gemeinheitstheilungen, Ablösungen und anderer Geschäfte, die zum Ressort der General-Commissionen, imgleichen der zweiten Abtheilung des Innern bei den Regierungen der Provinz Preußen gehören, III. 291.

27. April. Rescr. betr. die Nothwendigkeit des Erscheinens der Parthei oder ihres Stellvertreters im Klagebeantwortungstermine, wenn auch eine schriftliche Klagebeantwortung eingereicht ist, II. 604.

29. April. Rescr. betr. die Frage, in wiefern sich der Vormundschaftsrichter, der Lehnsrichter oder der die Kasse vertretende Richter der Abfassung des Erkenntnisses zu enthalten habe, II. 90.

1. Mai. Rescr. betr. die Cumulation der Revision und Nichtigkeitsbeschwerde, II. 100.

1836.

2. Mai. Rescr. betr. die Unstatthaftigkeit der Restitution in den Fällen, in denen früher Exekutivprozeß statt fand, II. 100.

4. Mai. Rescr. betr. die Probeinstruktionen zum dritten Examen, IV. 273.

6. Mai. Rescr. betr. die Frage, ob bei dem Kaufgelderbelegungsverfahren der Liquidant oder die seine Forderung bestreitenden Interessenten als Kläger auftreten müssen, III. 717.

6. Mai. C. O. über die Wirkung der von den Regierungen innerhalb der Grenzen des durch die Verordnung vom 26. Decbr. 1808 und die Instruktionen vom 23. Octbr. 1817 und 31. Decbr. 1825 ihnen verliehenen Exekutionsrechts angeordneten exekutiven Maaßregeln, I. 108.

13. Mai. Rescr. betr. die Ableistung des Manifestationseides bei dem Aufgebot verlorner Instrumente III. 606.

15. Mai. C. O. betr. die Zulassung nicht betheiligter Personen zu den mündlichen Verhandlungen im summarischen- und Bagatellprozeß, II. 610.

16. Mai. Rescr. betr. das Institutt der Schiedsmänner, I. 273.

22. Mai. C. O. betr. die anderweitige Bestimmung der zur Anstellung im Civil berechtigenden Dienstzeit der Unteroffiziere, IV. 307.

23. Mai. Rescr. betr. die Zulässigkeit der Appellation gegen eine Appellationsresolution, II. 94.

25. Mai. C. O., daß nur die Ministerien befugt sind, die Bestrafung unbedeutsamer Querulanten durch ein Dekret zu verfügen, IV. 191.

30. Mai. Rescr. betr. die Zulassung nicht betheiligter Personen zu den mündlichen Verhandlungen im summarischen und Bagatellprozesse, II. 610.

3. Juni. Rescr. betr. das Verfahren im Confiskationsprozesse, III. 96.

3. Juni. Rescr. betr. die Erlassung der Requisitionen an die Militairbehörde wegen der Exekutionsvollstreckung gegen Militairpersonen in Bagatellsachen, II. 299.

6. Juni. Rescr. betr. die Wirkung eines Contumacialerkenntnisses ohne vorschriftsmäßige Vorladung des Verklagten oder eines nicht gehörig insinuirten, II. 76.

8. Juni. Rescr. betr. die Zulässigkeit der Nichtigkeitsbeschwerde in Possessoriensachen, II. 86.

9. Juni. Rescr. betr. die Execution in die Nutzungen eines Pachtrechts, II. 411.

10. Juni. Rescr. betr. die Erklärung der Agnaten über die Ausübung des beneficii taxae bei der Subhastation eines Lehngutes, III. 691.

11. Juni. Rescr. betr. die Cumulation der Revision und Nichtigkeitsbeschwerde, II. 100.

11. Juni. Rescr. betr. die Befugniß eines Nachlaßkurators, auf erbschaftlichen Liquidationsprozeß anzutragen, III. 580.

11. Juni. Rescr. betr. die Löschung der Beneficialerbenqualität nach erfolgter Adjudikation eines auf Antrag der Beneficialerben subhastirten Grundstücks, III. 468.

13. Juni. Rescr. betr. die kostenfreie Behandlung der Requisitionen aus und nach Frankreich, I. 349.

13 Juni. Rescr. betr. die Befugniß des Gläubigers, seine judikatmäßige Forderung auf den Antheil seines Schuldners an einem ihm mit anderen gemeinschaftlich gehörigen Grundstücke im Wege der Exekution eintragen zu lassen, II. 420.

16. Juni. Instruktion für die General Commissionen in Beziehung auf das Kostenregulativ vom 25. April 1836, III. 295.

1836.

17. Juni. Rescr. betr. die Zulässigkeit der Sequestration wegen Hypothekenzinsen während des erbschaftlichen Liquidationsprozesses, II. 288.

19. Juni. C. O. betr. die Einziehung der Kirchen-, Pfarr- und Schulabgaben, imgleichen der Forderungen von Medizinalpersonen, I. 114, II. 587.

21. Juni. Rescr. betr. die Erstattung der Mandatariengebühren in Nichtigkeitsbeschwerdesachen, namentlich wenn ein Mandatar mehrere Interessenten zu vertreten hat, II. 107. 108.

21. Juni. Rescr., daß die Eintragung einer rechtskräftigen Forderung auf das Grundstück des Verurtheilten als keine Exekutionsmaaßregel anzusehen, II. 422.

21. Juni. C. O. betr. die Modifikation der C. O. vom 4. Juni 1828 wegen der Empfangsbescheinigung bei Insinuationen diesseitiger Verfügungen im Auslande, I. 341.

23. Juni. Rescr. betr die Requisitionen wegen Zeugenverhöre und Eidesabnahme nach dem Königreich der Niederlande, I. 349.

23. Juni. C. O. betr. die Anwendung der C. O. vom 19. August 1835 wegen Berichtigung des Schuldenverhältnisses mehrerer, mit Correalverpflichtungen behafteten schlesischen Landgemeinden, auf die Gemeinde Klebsch im Kreise Ratibor, III. 343.

26. Juni. Rescr. betr. die Frage, welche Dienstbehörde zur Genehmigung der Verzichtleistung auf die Bestrafung der Beleidigung eines Beamten competent ist, II. 728.

27. Juni. Rescr. betr. den Verlust oder Fortgenuß des Militairgnadengehalts oder Wartegeldes bei einer interimistischen Anstellung, IV. 310.

29. Juni. Rescr. betr. den Kostenpunkt im Rekursverfahren gegen die Erkenntnisse in Bagatellsachen, II. 541.

15. Juli. Rescr. betr. die Unzulässigkeit der Nichtigkeitsbeschwerde gegen Resolutionen in Untersuchungen wegen Steuervergehen, II. 86.

18. Juli. Rescr. betr. das Verfahren bei Beschwerden über die von Beamten aus Veranlassung ihres Amts begangenen Injurien, II. 742.

21. Juli. Rescr. betr. die Exekution in ein dem gemeinschaftlichen Eigenthum unterworfenes Grundstück auf den Antheil eines der Miteigenthümer, II. 487.

25. Juli. Rescr. betr. die Abschätzung bäuerlicher Grundstücke, IV. 148.

28. Juli. Rescr. betr. die Erstattung der Mandatariengebühren vom Gegentheil nach rechtskräftiger Entscheidung, II. 181.

30. Juli. Rescr. betr. die Ergänzung eines Erkenntnisses, II. 93.

1. Aug. C. O. betr. die Erhaltung der Einheit der Rechtsgrundsätze in den richterlichen Entscheidungen, II. 62.

3. Aug. Rescr. betr. die Mittheilung der geschlossenen Akten in Zoll- und Steuerdefraudationssachen an die Steuerbehörde vor Einreichung der Defensionsschrift, III. 64.

4. Aug. Rescr. betr. die Zulässigkeit der Appellation und Revision in schleunigen Miethssachen, III. 323.

4. Aug. Rescr. betr. die Verschiedenheit der beiden ersten Erkenntnisse, wenn wegen derselben die Revision zulässig sein soll, II. 46.

5. Aug. Rescr. betr. die Ableistung des in einem Wechselerkenntnisse auferlegten Eides, wenn appellirt ist, II. 557.

6. Aug. Rescr. betr. die Einlegung der Nichtigkeitsbeschwerde von Seiten eines Adcitaten und Litisdenunciaten, II. 87.

1836.

8. Aug. C. O. betr. die Ressort-Verhältnisse der Gerichte in der Grafschaft Werningerode, III. 85.

16. Aug. Rescr. betr. das Verfahren bei Verzichtleistung der Gensdarmen auf die Bestrafung der ihnen im Amte zugefügten Beleidigungen, II. 729.

20. Aug. Rescr. die Befugniß der Magistrate zur Einziehung der städtischen Abgaben von einem unter gerichtlicher Administration stehenden Grundstücke, II. 468.

20. Aug. Rescr. betr. die anderweitige Bestimmung der zur Anstellung im Civil berechtigenden Dienstzeit der Unteroffiziere, IV. 307.

20. Aug. C. O. betr. die Fortsetzung der Untersuchung gegen einen Militairpflichtigen, I. 185.

23. Aug. Rescr. betr. die Befugniß der Kreis-Justizräthe zur Aufnahme von Handlungen der freiwilligen Gerichtsbarkeit, I. 240.

28. Aug. Rescr. betr. die Uebertragung der Entscheidung der Streitfälle bei der Berliner Lebensversicherungsgesellschaft an den Ober-Appellations-Senat des Kammergerichts, I. 255.

3. Sptbr. Rescr. betr. die Revision in Ehescheidungssachen bei den katholisch-geistlichen Gerichten, II. 44.

7. Sptbr. C. O. betr. das Aufgebot der bei den Patrimonialgerichten vorhandenen unbekannten Depositalmassen, desgleichen die Einrückung der Bekanntmachung in die Amtsblätter, III. 634.

8. Sptbr. Rescr. betr. die Versorgung der Unteroffiziere im Civildienst, IV. 308.

10. Sptbr. Rescr. betr. die Berechnung der Zeit der Rechtskraft der Erkenntnisse, II. 70.

10. Sptbr. Rescr. betr. die Festsetzung der Folgen der Litisdenunciation im Erkenntnisse, wenn der Litisdenunciat sich nicht gemeldet hat, II. 134.

10. Sptbr. Rescr. betr. die Berechnung der dreimonatlichen Frist, nach deren Ablauf die Löschung einer nach §. 22. der Verordnung vom 4. März 1834 eingetragenen Protestation erfolgen soll, II. 419.

10. Sptbr. Rescr. betr. die Exekution in das Miteigenthum eines Grundstücks, namentlich bei ehelicher Gütergemeinschaft, II. 487.

12. Sptbr. Rescr. betr. die Berechnung der Amtskaution bei Gehaltsverbesserungen, IV. 335.

15. Sptbr. C. O. betr. die Eidesleistung fürstlicher Personen in Prozessen, I. 485.

16. Sptbr. Rescr. betr. die Anwendung des §. 74. Tit. 29. Thl. I. der A. G. O. auf das Arrestverfahren in schleunigen Fällen, II. 677.

17. Sptbr. Rescr. betr. die Befugniß des hypothekarischen Gläubigers, seine rechtskräftig erstrittene Forderung noch auf andere Grundstücke des Schuldners eintragen zu lassen, II. 421.

19. Sptbr. Rescr. betr. die Bestrafung der Winkelschriftsteller, IV. 186.

21. Sptbr. Rescr. betr. das Aufgebot der bei Patrimonialgerichten vorhandenen unbekannten Depositalmassen, III. 634.

22. Sptbr. Rescr., daß die unterlassene Zuziehung eines Protokollführers zu den von Kreis-Justizräthen aufgenommenen Verhandlungen die Ungültigkeit derselben nicht zur Folge hat, I. 240.

23. Sptbr. Rescr. betr. die Unzulässigkeit des Rekurses gegen Erkenntnisse in Injuriensachen, II. 722.

30. Sptbr. Rescr. betr. die Beschäftigung der Referendarien und die Aufsicht über dieselben, IV. 259.

30. Sptbr. C. O. betr. den Rang und die Uniform sowie die Anstellung der Di-

1836.

rektoren bei denjenigen Untergerichten, welche mit wenigstens 5 Richtern besetzt sind, IV. 174.

1. Octbr. Rescr. betr. die Ergänzung eines Erkenntnisses auf desfallsige Anträge in zweiter Instanz, II. 93.

3. Octbr. C. O. betr. die Ausdehnung der C. O. vom 12. August 1834 wegen Nichteinrückung der Subhastations-Patente in die Intelligenzblätter auf die Gerichte des Erfurthschen Regierungsbezirks, III. 673.

4. Octbr. Rescr., daß auch in Bagatellsachen ein Verzeichniß der zur Verhandlung bestimmten Sachen drei Tage vor dem Termin an der Gerichtsstelle auszuhängen, II. 641.

5. Octbr. Rescr., daß zur Berücksichtigung der Kostenforderung eines Gerichts bei einem Gehaltsabzugsverfahren die vorherige judikatmäßige Feststellung derselben nicht erforderlich ist, II. 408.

7. Octbr. Rescr. betr die Verpflichtung der Litisconsorten den Kostenantheil eines unvermögenden Theilnehmers zu übertragen, II. 213.

10. Octbr. Rescr. betr. die Berücksichtigung der Hypothekengläubiger bei einer bloßen Beschlagnahme der Revenuen auf Antrag eines persönlichen Gläubigers, II. 425.

17. Octbr. Rescr. betr. die Wirkung des Adjudikationsbescheids gegen den dritten Besitzer des adjudicirten Grundstücks, III. 703.

18. Octbr. Rescr. betr. das bei Vollstreckung der Exekutionen zur Verhütung von Veruntreuungen der Exekutoren zu beobachtende Verfahren, II. 326.

22. Octbr. C. O. über die Unzulässigkeit der zweiten Instanz und die Regulirung des Kostenpunkts in den gegen Militairpersonen, wegen Beleidigung von Civilpersonen, eingeleiteten Untersuchungen, II. 739.

24. Octbr. Rescr. betr. die Exekutionsvollstreckung in die Nutzungen des Vermögens der Frau wegen Schulden des Ehemanns, II. 415.

24. Octbr. Rescr., daß thätliche Widersetzlichkeit gegen Abgeordnete der Obrigkeit im Wege des fiskalischen Untersuchungsverfahrens zu erörtern, III. 16.

25. Octbr. Rescr. betr. die Zulässigkeit des Personalarrests gegen die auf unbestimmte Zeit beurlaubten Invaliden, II. 498.

25. Octbr. Rescr. betr. die Competenz der Kreis-Justizräthe zur Einleitung von Mandatsklagen, II. 580.

27. Octbr. Rescr. betr. die Competenz der Berggerichte in fiskalischen Untersuchungen, III. 50.

31. Octbr. Ministerialverordnung wegen Einreichung der Uebersichten und Tabellen über den Zustand der Justizverwaltung, IV 509.

6. Novbr. C. O. betr. die Anwendung des §. 262 des Anh. zur Gerichtsordnung auf die Kosten der Strafvollstreckung in fiskalischen Untersuchungen, III. 73.

8. Novbr. Rescr. betr. die Zuziehung der unbekannten Realgläubiger bei der Subhastation und bei dem Kaufgelderbelegungsverfahren, III. 702.

10. Novbr. Rescr. betr. die nothwendige Subhastation auf den Antrag eines Beneficialerben in seine Qualität als Miteigenthümer, wenn der Besitztitel für ihn noch nicht berechtigt ist, III. 650.

14. Novbr. Rescr. betr. die Uebereignung baarer im gerichtlichen Depositorio befindlicher Gelder im Wege der Exekution, II. 368.

14. Novbr. Rescr. betr. die Verwaltung der Civiljustiz in den Bundesfestungen, II. 167.

19. Novbr. Rescr. betr. die Unterzeichnung der Nichtigkeitsbeschwerde Seitens eines Justiz-Commissarius, II. 100.

1836.

21. Novbr. C. O. betr. die Aufhebung des unbedingten Verbots des Besuchs der Universitäten zu Erlangen, Würzburg und Heidelberg, IV. 244.

22. Novbr. Rescr. betr. die Annahme der Civil-Supernumerarien bei den Gerichten, IV. 305.

22. Novbr. Rescr. betr. die Befugniß des Miteigenthümers eines Bergwerks, zum Zwecke der Auseinandersetzung die nothwendige Subhastation zu beantragen, III. 654.

24. Novbr. Rescr. betr. das Contumacialverfahren im Bagatellprozeß, II. 636.

24. Novbr. Rescr., daß die Abnahme eines auferlegten Eides auch in Bagatellprozessen wenigstens 8 Tage ausgesetzt bleiben muß, II. 638.

24. Novbr. Rescr, daß von der Vorladung des Verklagten im Bagatellprozeß ein Concept zu den Akten nicht erforderlich ist, II. 641.

24. Novbr. Rescr. betr. die Gebühren für Post-Empfangsbescheinigungen in Subhastationssachen, III. 660.

28. Novbr. C, O. betr. die gegen Beamte wegen Nichtverwendung des tarifmäßigen Stempels eintretende Bestrafung, III. 28.

3. Decbr. Rescr. betr. die Berechnung der fünfjährigen Frist, binnen welcher aus einem Judikat die Mandatsklage angestellt werden kann, II. 575.

3. Decbr. Rescr. betr. die Confiskation des Vermögens verstorbener Deserteurs, III. 102.

5. Decbr. Rescr. betr. die Anstellung der zur Civilversorgung berechtigten Militairpersonen auf Probezeit, IV. 309.

6. Decbr. Rescr. betr. die Anwendung des Mandats-, summarischen und Bagatellprozesses bei den Handelsgerichten, II. 649.

10. Decbr. Rescr. betr. das bei Exekutionsvollstreckungen zur Verhütung von Veruntreuungen der Exekutoren zu beobachtende Verfahren, II. 326.

10. Decbr. Rescr. betr. die Nichtanwendung des §. 25. der Verordnung vom 4. März 1834, wenn eine Landschaft nur wegen ihrer Forderungen ein Grundstück unter Sequestration genommen hat, 469.

10. Decbr. Rescr. betr. die Zulässigkeit der Abtretung der Gebühren-Forderungen der Justiz-Commissarien an Dritte, und daß der Cessionar sodann zur Mandatsklage berechtigt ist, II. 586.

10. Decbr. Rescr. betr. die Competenz der Berggerichte in fiskalischen Untersuchungssachen, III. 50.

12. Decbr. Rescr. betr. die Unzulässigkeit einer theilweisen Verzichtleistung auf die Bestrafung der Injurien, II. 729.

13. Decbr. Rescr. betr. die Konkurrenz der Vormundschaftsbehörden bei gutsherrlichen und bäuerlichen Regulirungen und Auseinandersetzungen, III. 256.

13. Decbr. C. O. betr. die Beobachtung der mildernden Bestimmungen des §. 218 und 315. der Konkursordnung bei allen Exekutionen, II. 344.

21. Decbr. C. O. betr. das den Minderjährigen zu statten kommende Rechtsmittel der Restitution, II. 123.

1837.

2. Jan. Beschluß des Geheimen Obertribunals, betr. die Förmlichkeiten bei Anbringung einer Nichtigkeitsbeschwerde, II. 101.

6. Jan. Rescr. betr. das Verfahren bei Regulirung des Interimistici bei Ehescheidungen, III. 165.

11. Jan. Rescr. betr. den Nachweis der Kündigung bei Anstellung der Mandatsklage, II. 582.

1837.

11. Jan. Rescr., daß Notarien keine Acta der freiwilligen Gerichtsbarkeit aufnehmen dürfen, bei denen Personen interessiren, deren Generalmandatare sie sind, IV. 391.

20. Jan. Rescr. betr. das Aggravations-Rechtsmittel in Untersuchungssachen wider Beamte, III. 84.

24. Jan. Rescr. betr. die Form der Bestätigung der Justitiariats-Contracte, IV. 420.

30. Jan. Rescr. betr. die Zurückweisung der im Mandatsprozesse angebrachten, nicht geeigneten Einwendungen per decretum, II. 592.

31. Jan. Rescript betr. die Unzulässigkeit der Vertretung der Justizcommissarien in Terminen durch ihre Schreiber, IV. 388.

3. Febr. Rescr. betr. die Urtelspublication in Bagatellsachen, II. 639.

3. Febr. Rescr. betr. die Adjudication des Bergwerkeigenthums nach §. 332. Tit 16. Th. II. des A. L. R., III. 733.

8. Febr. Rescr. betr. die Anfertigung der Proberelationen zur dritten Prüfung, IV. 274.

11. Febr. C. O. betr. die Beschäftigung der Auditeure bei den Civilgerichten, IV. 260.

13. Febr. Rescr. betr. die Zulässigkeit der Einwendungen in der Executionsinstanz, II. 307.

20. Febr. Resc. betr. die executio ad faciendum, wenn auch auf Ausstellung einer Quittung oder Vollziehung eines Contrakts erkannt ist, II. 318.

20. Febr. Rescr. betr. die Versorgung der Unteroffiziere im Civildienst, IV. 308.

24. Febr. Rescr. betr. die Executionsvollstreckung gegen die in Kasernen wohnenden Militairpersonen, II. 299.

25. Febr. Rescr. betr. die Anwendbarkeit des §. 300. des Anh. zur A. G. O., III. 319.

26. Febr. Rescr., daß über die Zulässigkeit eines in Konkursen prorogirten Vergleichs sofort nach Abfassung der Präclusoria zu erkennen ist, III. 544.

1. März. Rescr. betr. die Stempelfreiheit der von den Revisionscollegien abgefaßten Erkenntnisse 2ter Instanz, III. 295.

4. März. Rescr. betr. die Unzulässigkeit der Vertheilung der Gehalts- oder Revenüenabzüge vor Ablauf des Kalenderjahres, II. 408.

4. März. Rescr. betr. die Nothwendigkeit des schriftlichen Vortrags des Referenten zweiter Instanz in summarischen Prozessen, II. 631.

4. März. Rescr., daß die Kaufgelder eines subhastirten Grundstücks zur Deckung der Communkosten eines nach Einleitung der Subhastation eröffneten Konkurses nicht herangezogen werden können, III. 730.

9. März. Rescr. betr. die Unzulässigkeit der Aufhebung eines im Mandatsprozesse erlassenen Mandats durch eine Verfügung der Aufsichtsbehörde, II. 589.

11. März. Rescr. betr. die Ertheilung der Scheidebriefe der Juden, III. 154.

14. März. Rescr. betr. die Frist zur Anberaumung des Termins bei einer Fortsetzung der Subhastation, III. 699.

14. März. Rescr. betr. die Befugniß eines Gläubigers, auf Exekution in das Mobiliarvermögen des Adjudikatars anzutragen, wenn von andern die Resubhastation nachgesucht ist, III. 728.

14. März. Rescr. betr. die Aufhebung der Gebühren für Prüfung, Anstellung, Versetzung und Entlassung der Beamten, IV. 291.

1837.

20. März. Rescr. betr. die Begründung einer Mandatsklage wegen Mandatariengebühren, II. 586.

20. März. Gesetz betr. die Errichtung und Bekanntmachung der Verträge über Einführung oder Ausschließung der ehelichen Gütergemeinschaft, IV. 12.

21. März. Rescr. betr. die gesetzliche Folge des Ausbleibens beider Theile in dem zur Verhandlung anberaumten Termine, sofern solcher kein Schlußtermin ist, II. 612.

23. März. Rescr. betr. die Verpflichtung des Pächters eines auf Antrag des Miteigenthümers subhastirten Grundstücks, sich die Kündigung d.r Pacht vor Ablauf der contractlichen Zeit gefallen zu lassen, III. 655.

24. März. Rescr betr. die Eintragung der rückständigen Kaufgelder bei freiwilliger Subhastation, III. 736.

28. März. Rescr. betr. die Form der Dienstsiegel bei Notarien, IV. 399.

29. März. C. O. betr. die Ueberlassung der Entscheidung im Recursverfahren wider disciplinarisch bestrafte Elementarschullehrer an die Oberpräsidenten, III. 39.

31. März. Rescr. betr. die Unzulässigkeit der Nullitätsklage in Injuriensachen, II. 721.

3. April. Rescr. betr. die Einleitung des summarischen Prozesses in andern, als den §. 6. der Verordnung v. 1. Jan. 1833 bestimmten Sachen auf Antrag des Klägers, II. 597.

4. April. Rescr. betr. die executio ad faciendum, wenn es auf Ausstellung einer Quittung oder Vollziehung eines Contrakts ankommt, II. 318.

8. April. Rescr. betr. die Einklagung der Forderungen der Medizinalpersonen, im Mandatsprozesse, II. 588.

14. April. Rescr., daß auch im Mandatsprozesse der wirklichen Vollstreckung der Exekution noch ein Zahlungsmandat vorangehen muß, II. 305.

15. April. C. O. betr. die Ergänzung der C. O. v. 11. Febr. 1832 wegen Regulirung des Cautionswesens der Beamten. III. 639. IV. 325.

18. April. Rescr. betr. die Nichtberücksichtigung der persönlichen Erbschaftsgläubiger bei einer auf Antrag der Beneficialerben eingeleiteten Subhastation, III. 651.

20. April. Rescr. betr. die Aufhebung der Nothwendigkeit besonderer Proberelationen zum 3ten Examen, IV. 275.

24. April. Beschluß des Geh. Ob. Tribunals betr. die Unstatthaftigkeit der nachträglichen Anerkennung einer eingereichten Nichtigkeitsbeschwerde, II. 102.

26. April. Rescr. betr. die Zulassung der Generalbevollmächtigten, welche nicht Justizcommissarien sind, in Subhastationsprozessen, IV. 385.

29. April. Rescr. betr. die Befugniß des Eigenthümers eines zur Subhastation gestellten Grundstücks über dasselbe noch zu disponiren, III. 656.

4. Mai. C. O. betr. die Verhältnisse der mit Pension zur Disposition gestellten Offiziere, II. 342.

6. Mai. Rescr. betr. die fernere Anwendung des §. 67. Tit. 24. Th. II. der A. G. O., II. 339.

6. Mai. Rescr. betr. die Zulässigkeit des Milderungsgesuchs, wenn alternativ auf eine Geldstrafe von nicht über 5 Thlr. oder eine Gefängnißstrafe über 24 Stunden erkannt ist, II. 721.

6. Mai. Rescr. betr. die Verpflichtung des Adjudikatars zur Verzinsung des Kaufgeldes, III. 720.

1837.

9. Mai. C. O. betr. die Pensionirung der im Civildienst angestellt gewesenen Militai.s, IV. 317.

11. Mai. Rescr. betr. die Bekanntmachung des Abschätzungstermins der durch die Creditdirectionen zu taxirenden Güter an den Besitzer und die Gläubiger, III. 658.

12. Mai. Rescr. betr. die Nothwendigkeit der Beschäftigung der Referendarien im Inquiriren, IV. 257.

12. Mai. Rescr. betr. die Anfertigung der Proberelationen zur dritten Prüfung, IV. 274.

15. Mai. Rescr. betr. die Beschäftigung der Referendarien bei der Polizeiverwaltung, IV. 262,

15. Mai. Rescr. betr. die Uebergabe der Dienstwohnungen und deren Instandhaltun , IV. 434.

16. Mai. Rescr., daß eine Prozeßsache, deren Gegenstand in erster Instanz über 50 Thlr. betragen hat, auch in zweiter Instanz nicht als Bagatellsache behandelt werden kann, II 639.

17. Mai. Rescr. betr. die Aufbewahrung der Acten und Hypothekenbücher bei den Patrimonialgerichten, IV. 425.

22. Mai. Rescr. betr. die Zulässigkeit der Nichtigkeitsbeschwerde gegen Adjudicationsbescheide bei freiwilligen Subhastationen, III. 735.

26. Mai. Rescr. betr. die Insinuationen der Klagen gegen den Fiscus, III. 6.

29. Mai. Rescr. betr. die Bestätigung der Justitiariatscontracte, IV. 420.

3. Juni. Rescr., daß es der Aufnahme besonderer Cautionsdocumente über die von Beamten zu bestellende Amtscaution nicht mehr bedarf. IV. 336.

8. Juni. Rescr. betr. die unfreiwillige Pensionirung richterlicher Beamten wegen Dienstunfähigkeit. IV 214.

14. Juni. Rescr. betr. das Verfahren bei Rückgabe von Amtscautionen, III. 639.

17. Juni. Rescr. betr. die Zulässigkeit einer vorläufigen Freisprechung in den im Wege des Civilprozesses behandelten Injuriensachen, II. 724.

20. Juni. Rescr. betr. das weitere Verfahren im Diffamationsprozesse, wenn der Provocat zur Anstellung der Klage verurtheilt ist, II. 707.

21. Juni. Rescr. betr. die Löschung der bei der Subhastation ausgefallenen Forderungen ohne Beibringung der Documente, III. 682.

23. Juni. Rescr., daß auch in Untersuchungssachen gegen Patrimonialgerichtsbeamte das Aggravationsrechtsmittel statt findet, III. 84.

2. Juli. Rescr. betr die Zulässigkeit des Contumacialverfahrens, wenn der die Parthei vertretende Justizcommissarius einen erforderlichen Schriftsatz nicht überreicht, II. 046.

3. Juli. Rescr. betr. die Kosten der durch die Post zu bewirkenden Insinuationen, II. 618.

14. Juli. Rescr., daß es einer Benachrichtigung der Bank von Aufgeboten verlorener Schuldinstrumente nicht mehr bedarf, III. 605.

14. Juli. Rescr. betr. die Frage, welche zu Gunsten der Justizoffizianten-Wittwenkasse aufgebotenen Depositalmassen zur Regierungs-Hauptkasse eingezogen werden können, III. 637.

21. Juli. Rescr., daß die Zahlung eines Kostenvorschusses armer Partheien auch im Subhastationsprozesse erlassen werden muß, III. 645.

1. Juli. Rescr. betr. die Beschlagnahme des Revenuentheils eines Miteigenthümers, II. 426.

31. Juli. Rescr. betr. die Befugniß der Regierungen in Klassen- und Gewerbe-

1837.

steuersachen die terminweise Zahlung von Geldstrafen und resp. die Abbüßung der substituirten Gefängnißstrafen in Zwischenräumen zu gestatten, III. 89

1. Aug. Rescr. betr. die Abfassung der Protokolle in dem Termine zur Klagebeantwortung und zum weitern Verfahren, II. 637.

5. Aug. Rescr. betr. die Tragung der Untersuchungskosten in den wegen Injurien eingeleiteten fiskalischen Untersuchungen, wenn der Beleidigte auf die Bestrafung verzichtet, II. 730.

7. Aug. Rescr. betr. die einjährige Dauer des Schuldarrests, II. 507.

18. Aug. Rescr. betr. die Begnadigungsgesuche in Steuer-Contraventionssachen, III. 93.

23. Aug. Rescr. betr. die Frage, bei welchem Gerichte die Gebühren der Justiz-Commissarien für außerprozessualische Geschäfte festzusetzen sind, IV. 412.

24. Aug. C. O. betr. die Befugniß des Justizministers zur Ertheilung von Geschäftsinstruktionen, IV. 159.

28 Aug. Rescr. betr. die Ernennung der Deputation zur Auf- oder Annahme der Testamente, IV. 92.

31. Aug. Rescr. betr. das Kaufgelderbelegungsverfahren, III. 711.

16. Sptbr. Rescr. betr. die Bescheinigung der Vorladung der Gläubiger zum Kaufgelderbelegungstermin, III. 711.

25. Sptbr. Rescr. betr. das Kaufgelderbelegungsverfahren, wenn die Subhastation in Folge eines abgekürzten Kreditverfahrens eingeleitet ist, III. 708.

8. Octbr. C. O. betr. die Bestimmung, daß bei gerichtlichen Verhandlungen mit Schreibensunkundigen ein gerichtlich vereideter Dollmetscher die Stelle des Unterschriftszeugen vertreten kann, IV. 46.

9. Octbr. Rescr. betr. die Frist, binnen welcher die Gläubiger die im § 20. der Subhastationsordnung vom 4. März 1834 bestimmten Befugnisse geltend machen können, III. 729.

18. Octbr. C. O. betr. das Contumacialverfahren in den Terminen zur Beantwortung der Klage oder der Appellation, II. 603.

25. Octbr. C. O., daß es einer Benachrichtigung der Königl. Bank von dem Aufgebot verlorener Instrumente nicht mehr bedarf, III. 605.

1. Novbr. Rescr. betr. einige Abänderungen der Verordnung vom 31. Octbr. 1836
25. Novbr. über die einzureichenden Geschäftstabellen, IV. 518.

2. Decbr. Verordnung über das Verfahren bei der Subhastation der Grundstücke von geringem Werth, III. 671.

1838.

23. Jan. Gesetz betr. die Untersuchung und Bestrafung der Zollvergehen, III. 644.

26. Sptbr. C. O. betr. die Kosten der Justizvisitationen bei Patrimonialgerichten, IV. 445.

10. Octbr. Rescr. betr. einige Abänderungen und die Erläuterung der Verordnung über die einzureichenden Geschäftstabellen, IV. 518.

Berlin, gedruckt bei A. W. Hayn.

FSC
www.fsc.org
MIX
Papier | Fördert gute Waldnutzung
FSC® C083411

Kolibri 360 GmbH
Ferdinand-Jühlke-Straße 7
99095 Erfurt, Deutschland
produktsicherheit@kolibri360.de